대륙을 움직인 숨겨진 얼굴
# 중국사회 속의 종교

RELIGION IN CHINESE SOCIETY
Copyright ⓒ 1961 The Regents of the University of California
Published by arrangement with University of California Press
All rights reserved

Korean translation copyright ⓒ 2009 by Geul-Eul-kI-Da
Korean translation rights arranged with The Regents of the University of California
through EYA(Eric Yang Agency).

이 책의 한국어판 저작권은 EYA를 통한
The Regents of the University of California사와의 독점계약으로
한국어 판권을 '글을읽다'가 소유합니다.
저작권법에 의하여 한국 내에서 보호를 받는 저작물이므로
무단전재와 복제를 금합니다.

대륙을 움직인 숨겨진 얼굴
중국사회 속의 종교

초판 1쇄 발행 2011년 3월 15일

지은이  양경곤(C. K. Yang)
옮긴이  중국명저독회(中國名著讀會)
펴낸이  김예옥
펴낸곳  글을읽다

등록  2005.11.10 제138-90-47183호
전화  031)422-2215 팩스 031)426-2225
이메일  geuleul@hanmail.net

표지·본문디자인 조진일

ISBN  978-89-93587-07-4 (93210)

*책값은 뒤표지에 있습니다.

대륙을 움직인 숨겨진 얼굴
# 중국사회 속의 종교

양경곤楊慶堃, C. K. Yang 지음 | 중국명저독회中國名著讀會 옮김

## 차례

- 역자 서문 : 한국어판을 내면서 6
- 중국어판 서문(1)
  중국 종교 연구의 사회학적 모델-양경곤 시선 속의 중국사회와 종교 9
  김요기(金耀基) 범려주(范麗珠)
- 중국어판 서문(2) 다니엘 오버마이어(Daniel L. Overmyer) 28
- 지은이 自序(이상, 조재송 역) 30

제1장_ 서론 (조재송 역) ● 33

제2장_ 가족의 결속 측면에서 본 종교 (이치한 역) ● 67

제3장_ 사회와 경제단체 속의 종교 (김윤태 역) ● 107

제4장_ 민간신앙의 사회적 이해 (김상범 역) ● 141

제5장_ 역사적 관점에서 본 중국 종교의 정치적 역할 (김상범 역) ● 177

제6장_ 천명(天命)의 작용 (민병삼 역) ● 211

제7장_ 도덕정치적 신앙: "신의 도로써 교의를 세우다" (강진석 역) ● 235

제8장_ 국가의 종교 통제 (김태성 역) ● 281

**제9장_** 종교와 정치적 반란 (김현주 역) ● 329

**제10장_** 유학의 이론과 실제 속의 종교적 측면 (박흥수 역) ● 363

**제11장_** 종교와 전통 도덕질서 (원종민 역) ● 407

**제12장_** 중국사회 속의 제도종교와 산재형 종교 (오일환 역) ● 429

**제13장_** 1949년 이전 중국사회 속의 종교 역할의 변화 (박남용 역) ● 487

**제14장_** 새로운 신앙, 공산주의 (최성흠 역) ● 529

■ 중국어판 후기 (박남용 역)   564
■ 참고문헌   567

## 역자 서문

### 한국어판을 내면서

이 책은 양경곤(C.K.Yang, 楊慶堃) 교수의 저서 *The Religeon in Chinese Society*을 번역한 것이다.

번역을 하였으니 책의 내용과 가치에 대하여 소개를 하는 것이 상례일 것이다. 하지만 이 책에 실린 학계 권위자들의 서문만으로도 이미 충분하다고 생각한다.

중국 종교 연구의 대가로 알려진 다니엘 오버마이어(Daniel Overmyer)는 이 책을 "중국 종교 연구의 '바이블'로 칭할 수 있다"고 하였다. 홍콩 중문대학의 원로 교수인 김요기(金耀基)는 또 이 책에 대해 "현대의 고전이라고 칭할 수 있을 만큼 값진 명저이며, 중국 종교사회학 연구의 한 패러다임을 제공하는 저술"이라고 찬사를 아끼지 않고 있다.

우리가 주목한 것은 이 책이 사회학자들에게 '중국 종교 연구의 주요한 참고서'로 인정받고 있기 때문만은 아니다. 김요기의 지적대로, 저자가 이 책에서 거론하는 문제와 분석은 그 내용이 중국 종교에만 그치는 것이 아니라 중국 전통사회와 관련된 많은 내용을 광범위하게 섭렵하고 있다. 책의 목차만으로도 우리는 이 책이 다루고 있는 문제의 너비와 깊이를 짐작할 수 있다. 저자가 스스로 밝히고 있는 "중국사회와 종교와의 유기적 정합"이라는 저술 목적은 충분히 구현되었다고 할 수 있다.

무엇보다 한국어판을 출간하면서 우리는 중국 종교의 역사와 위상, 사회적 기능이 우리나라와 유사한 사실에 놀랐다. 유교가 국가 지배이념으로 자리 잡는 과정과 다른 종교보다 그 위상이 확고한 이유, 불교와 도교가 정통 종교에서 밀려나는 과정, 수많은 탄압을 받아 밑바닥으로 뿌리를 내린 민간신앙에 이르기까지 이 모두가 우리의 상황을 떠올리게 한다. 결국 넓은 의미에서 중국의 종교정책은 바로 역대 우리나라 왕조의 종교정책이 되었다는 사실을 미루어 알 수 있다.

이 한국어판 번역은 중국어판을 대본으로 하였다. 이 책은 원래 1961년 미국 캘리포니아 대학에서 영문으로 출간한 것이며 2007년에야 중국어판이 나왔다. 우리가 중국어판을 번역한 것은 책의 내용이 중국을 대상으로 하고 있고 책에 인용된 고전이나 고유명사, 참고자료가 모두 한문이므로 중국어판을 대본으로 사용하는 것이 더 적절하다고 판단했기 때문이다. 그러나 막상 번역을 하면서 이에 따른 문제점이 적지 않았다. 영어가 중국어로 번역되는 과정에서 평이한 문장이 되려 난해한 글로 변하기도 하였고, 게다가 번역자들의 서툰 솜씨까지 더해져 매우 난삽했고 오역도 많았다. 또 여러 사람이 나누어 작업했다는 것이 곳곳에서 발견되었다. 문체가 일정치 않은 것, 전문용어나 고유명사가 통일되지 않은 것 같은 사례들이다. 다만 중국어판에는 영문판에 없는 김요기와 오버마이어 교수의 서문이 실려 있어 최근의 평가를 반영하고 있다는 점에서 의의가 크다.

중국어판이 갖는 문제점은 번역할 때는 사실 하나의 장애였다. 하지만, 공동번역을 의도한 우리들에게는 반면교사의 기능을 하였던 것도 사실이다. 우리는 초역을 거친 각자의 원고를 각 장마다 탁자에 올렸다. 내용에 대한 검토가 우선이었지만, 번역 과정에서 드러난 문제점 또한 하나하나 되짚었다. 개념적 용어와 고유명사의 통일을 위하여 영문을 대조하고 우리 스스로 개념을 정립하고자 노력하였다. 저작에 담긴 방대한 내용에서 중국 전통

사회를 어떻게 이해하여야 할 것인가에 관하여 적지 않은 '계시'를 받기도 하였다.

중국어판에는 원서의 마지막 장인 14장이 빠져 있다. 종교에 대한 중국의 미묘한 현실을 반영하는 것일 터이지만, 우리는 영문판을 통하여 이를 보충하였다.

한국어판이 나오기까지 많은 분들이 수고해 주셨다. 번역은 '중국명저독회'의 여러 선생님들께서 각자의 전공에 가까운 분야를 맡아 주셨다. 특별히 감사를 드려야 할 분도 있다. 책 속의 귀중한 사진 자료는 김상범 선생께서 제공해주셨고, 또 이 작업의 시작과 마지막 작업에는 김윤태, 김상범 두 분의 노고가 컸다. 이 작업의 성공적 마무리를 함께 기뻐할 수 있으리라 믿으며, 동시에 이를 계기로 출범한 '중국명저독회'가 오늘의 협업을 기초 삼아 앞으로 큰 걸음이 이어지기를 소망한다. 책을 펴낸 글을읽다에도 심심한 감사의 말을 드리지 않을 수 없다.

많은 수고를 하였음에도 어색하거나 미비한 점, 오류가 적지 않을 것이라고 생각한다. 책을 읽어주시는 분들의 다른 면의 관심도 기대한다.

2011년 3월<br>
중국명저독회 씀

중국어판 서문(1)

## 중국 종교 연구의 사회학적 모델
### －양경곤 시선 속의 중국사회와 종교

김요기金耀基[1] 범려주范麗珠

양경곤(楊慶堃) 교수가 세계 학술계에 공헌한 것은 비단 중국 종교 연구에 국한되지 않는다. 그의 연구는 중국의 가정과 농촌, 지역사회 그리고 유학 전통 등에도 집중되어 있다. 그의 중국 종교에 대한 연구는 매우 탁월하며 창조적인 것이다. 『중국사회 속의 종교』는 현대의 고전이라고 칭할 수 있을 만한 값진 명저이며, 중국 종교사회학 연구의 새로운 패러다임을 제공하는 저술이다. 중국 종교 연구의 대가 다니엘 오버마이어(Daniel Overmyer)는 이 책을 중국 종교 연구의 '바이블'이라고 칭송한 바 있으며, 적지 않은 사회학자들에게 종교 연구의 지침서가 돼 왔다. 이 책은 1961년 캘리포니아 대학에서 출판되었다. 비록 40여 년이 지났으나 오늘날 이 책을 다시 읽어 보아도, 여전히 새로운 의미와 시사점을 발견할 수 있을 뿐 아니라, 매우 높은 학술적 가치와 이론적 창의성을 보여주고 있다. 특별히 지적하고 싶은 것은, 그가 토론하는 문제와 이 책 속의 관련 내용에 대한 해석이 중국 종교에만 국한된 것이 아니라는 점이다. 실제로 그가 연구하고 다루고자 했던 것은 중국사회와 종교와의 유기적 결합에 관한 문제였다. 이런 점에서 양 교수의 저작 또한 베버의 『중국의 종교－유교와 도교』와 마찬가지로, 상이

---

[1] 金耀基, 홍콩 中文大學 사회과학과 석좌교수, 홍콩 중문대학 총장 역임.

한 종교와 문명 간의 비교 연구에 참고할 만한 가치가 있다고 할 수 있다.

## I. 전통 중국사회에서 종교의 위상

　양경곤이 이 책을 저술하게 된 동기는 무엇이었을까? 저자는 이 책의 서문에서 "수 년 동안 중국 전통사회에서 종교의 위상 문제는 시종 나를 곤혹스럽게 했다"고 적고 있다. 서론에서는 "이 책이 이 같은 문제, 즉 중국 사회생활과 조직에서 종교는 어떠한 역할을 담당해 왔으며, 어떤 구조와 형식을 통하여 이러한 기능들이 실현되었던 것인가?" 하는 문제에 대한 해답을 시도하기 위한 것이라고 언급한 바 있다. 이렇게 볼 때 이 책의 가장 기본적인 목적은 "일부 중요한 사실에 대한 기능적 해석을 통하여 종교와 사회질서 간의 관계 양식을 드러내고자 하는 것이다". 그렇다면 양경곤으로 하여금 중국 종교에 대하여 여러 해 동안 '곤혹스럽게'하였던 것은 도대체 무엇이었을까? 그것은 바로 '유럽과 인도 그리고 중국, 이 3대 문명 체계에서 유독 중국사회에 있어서 종교의 지위가 매우 모호하다'는 점을 발견했기 때문이며, 이런 까닭에 양경곤은 '왜' 라는 의문을 갖게 되었던 것이다.
　양경곤의 관찰에 의하면, 민간 차원에 보편적으로 깊숙이 침투해 있는 신비주의적 체험과 신앙은 표면적으로는 거의 뚜렷한 도덕적 함의를 발견하기 힘들기 때문에 제도종교에 익숙한 사람들은 너무나 자연스럽게 중국인을 미신을 믿는 사람들로 간주하게 되고, 서구 기독교에서는 중국인들의 신앙 행위를 종교의 일부로 인정하기를 거부한다. 그밖에 이해할 수 없는 기타의 현상들 또한 중국사회에서 종교의 위상을 매우 모호한 것으로 만든다. 이 문제에 대하여 양경곤의 견해는 특히 참고할 만하다.

　(중국에서는) 종교 교리와 성직자들이 사회적으로 가질 수 있는 주도적 지

위를 대신하였던 것이 세속지향적인 그리고 (신)불가지론을 고수해 온 유가 전통이었다. 이 전통사회에서 사대부들은 기본적으로 어떠한 종교적 배경도 갖고 있지 않았다. 중국에는 역사적으로 오랜 기간 동안 강력하며 고도로 조직화된 종교는 존재하지 않았으며 또한 교회와 국가 간에 끝이 보이지 않은 장기 투쟁도 발생하지 않았다. (서론)

비단 기독교의 영향을 받은 서구인들만이 중국 종교의 존재 가치를 인식하지 못한 것은 아니었다. 19세기 말엽 동서문명의 충돌 과정에서 중국문화의 특징을 검토하여 이를 증명하고자 노력하였던 현대중국의 문화엘리트들 또한 동일한 관점으로 중서(中西)문화를 구분하였다. "중국은 종교가 없는 국가이며 중화민족은 종교에 미혹되지 않는 민족이다." 신문화운동의 대표적 인물인 호적(胡適)이 보여주었던 이같은 관점은 현대중국 지식인들의 중국 종교에 대한 기본적인 태도를 그대로 반영하는 것이었다.

과거의 사회학 전통에서는 기본적으로 중국 종교를 하나의 실체로 파악하려 하지 않았으며 심지어 중국을 연구하면서 사회와 종교를 완전히 별개의 것으로 다루었다. 이것은 서양의 종교 가치관에 의하여 중국문화를 파악하려는 경향을 직접 반영하고 있는 것이 분명하다. 서양인의 중국 종교에 대한 곤혹은 결코 최근에 형성된 것이 아니며 중국과 맨처음 접촉하던 때부터 시작되었다. 직시해야 할 것은 이러한 곤혹이 사라진 것이 아니라 현재의 학술 저작 가운데서도 여전히 그 자취가 남아있다는 점이다. 곤혹의 근원은 쌍방 간 이해의 결핍으로 말미암은 것이 아니라, 복잡한 과정, 즉 유럽의 문화개념이 동아시아 문화 속으로 강제 이식되는 가운데 나타난 후유증에서 기인한다. 양경곤 이전부터도, 중국에 종교가 존재하였는가의 여부나 민간에서의 신앙 형태를 종교로 간주할 수 있는가 등의 문제는 시종 학자들의 질의를 받아왔으며, 심지어는 서양의 영향을 받은 절대다수 중국학자들도 중국을 '비종교적' 국가라고 강조한다. 우리는 많은 예를 들어 중국의 지식인들이 어떻게 서구의 가치를 기준삼아 자신의 종교를 취급하였는지 설명할 수 있다. 양수명(梁漱溟)은 "세계에서 종교가 가장 취약한 곳이 바로 중국이며, 종교에 대하여 가장 덤덤한 사람 역시 중국인이다. 그리고 이 시기의 종교는 가장 쇠미하며 사람들은 종교에 무관심하다. 중국에 우연찮게 종교가 있다고 하여도 대부분은 저급한 동기에서 나온 것이며 그렇지 않다고 해도 종교에 성공하지 못하는 경우는 다른 길로 나아갔다. 이 시기는 바로 다른 길로 나가는 경우인데, 그 길은 바로 중국이 지금 가고 있는 그 길이다. 중국철학은 인생에 대한 연구가 거의 전부를 차지하는데 이 시기의 철학 역시 크게 이 같은 추세를 보이고 있다. 대개가 이와 같은 경우이니 세세히 헤아릴 필요도 없을 것이다"[2]라고 하였다. 양경곤은 중국사회는 비종교적이라고 하는 근현대 중국학자들의 관점이 부분적으로는 세계적 세속화 조류에 대한 반향임을 날카롭게 지적해내기도 하였다. 왜냐하면 근대 이래 과학은 인류에게 지금까지 가졌던 가장 강력한 무기를 부여하여 자연의 신비를 탐색하도록 함으로써 과거에는 꿈에도 생각할 수 없었던 것들을 볼 수 있게 하고 만져볼 수 있는 실질적인 혜택을 누리게 해주었기 때문이다. 서양문화의 영향을 받은 현대중국 지식인이 중국사회는 '비종교적'이고 '이성적'이라는 가설을 제기하게 된 데에는 바로 그 배후에 이처럼 말로 표현하기 어려운 은밀함이 있었던 것이다. 서양세계의 정치경제적 우세를 목도하면서 오직 중화문명의 위대함을 강조하는 그것만이 그들의 심리적 요구를 만족시킬 수 있었기 때문이다.

양경곤은 상당히 예민한 사회학적 감각으로 이러한 관점이 현실 속에서는 유력한 증거를 찾을 수 없다는 것을 발견하였다. 그는 "중국이라는 광활한 대지에는 거의 모든 모퉁이마다 사원과 사당, 제단 등 신을 모시는 장소가 있다. 사원과 제단은 도처에 산재하여 있으며, 그 하나하나가 모두 종교

---

[2] 梁漱溟, 『東西文化及其哲學』, p.198.

가 중국사회 속에서 갖는 강력하면서도 전면적인 영향력을 보여주고 있다. 그것이 바로 사회적 현실의 상징이다"라고 지적하였다(서론). 언급해야 할 것은 양경곤이 중국사회의 종교의 위상에 관하여 광범하게 적용되고 있는 관점에 대해 반박할 수 있었던 것은, 자신의 경험적 사실의 기초 위에 그 자신만의 독특한 혜안으로 역사자료, 특히 지방지 자료를 이용할 수 있었기 때문이다(표1의 여덟 개 지방 주요 묘우(廟宇) 기능 분류 참고). 지방지 자료를 대량으로 사용하면서 양경곤이 더욱 훌륭하게 종교와 사회 사이의 전면적 관계를 파악할 수 있었던 것이다.

  중국 종교의 보편성을 증명하기 위하여 양경곤은 남방, 북방의 지방지에 기재된 묘우(廟宇)의 수량과 유형을 검토함과 동시에 사회의 다양한 측면에서 작용하고 있는 종교의 기능에 대해서도 별도로 분석하였다. 여기에는 가정과 결합된 종교, 사회와 경제단체 속의 종교, 지역사회의 종교활동, 종교의 정치적인 역할, 천명신앙, 도덕정치 신앙, 국가의 종교에 대한 통제, 종교와 정치적 반란, 유가학설과 실천적 종교 요소, 종교와 전통 도덕 질서 등이 포함된다. 양경곤은 중국에서의 종교는 무소부재하였다는 사실을 적시하고자 한다. 종교는 민중의 일상생활 속에 존재하면서 지역사회의 집단활동을 특징으로 하고 있으며, 나아가 천명신앙을 통하여 종교와 도덕정치를 결합시켰다. 종교는 물론 때로 정치적 반란의 중요한 요인이 되기도 하였다. 양경곤은 광범한 사회학적 시각으로 중국 종교의 존재 형식, 합리성 그리고 역사 전통을 증명해 내었던 최초의 학자라고 할 수 있으며, 이 점은 학자들의 후속 연구에 중요한 학술적 기초를 놓은 것이었다.

## II. 중국사회 속의 종교의 기능에 대한 이해

양경곤이 직면하였던 가장 도전적 임무는 중국 종교의 개념과 이론에 관한 것이었다. 양경곤이 애써 발전시키고자 하였던 것은 바로 해석상의 프레임으로 중국사회 속의 종교라는 복잡하고 또 까다로운 현실을 짚어내어 이를 해석하는 것이었다. 양경곤에게 중국사회에 있어서 종교의 위상이 차지하는 모호함은 반드시 튼실한 답을 필요로 하는 문제였다. "이 모호함을 조성하는 중요한 원인의 하나는 중국사회제도 체계 내부에 구조가 명확하면서 정식으로 조직화된 종교가 결여되어 있다는 점인데, 이 까닭에 사람들은 통상 백성들의 의례를 비조직적인 것으로 취급하여 종교가 중국사회와 도덕 질서 속에서 그다지 중요치 않은 것처럼 여기고 만다."(서론) 양경곤은 "중국 종교에 결여된 가시적 구조"가 바로 그 자신이 존경하여 마지않는 막스 베버(Max Weber)가 중국의 민간신앙을 "기능성 신령들의 대잡탕"으로 개괄하는 원인이라고 생각하였다.

양경곤이 중국 종교의 '모호한' 위상을 '가시적 구조 결여'라는 더없이 적절한 용어로 특징지을 수 있었던 것은 종교가 중국사회 속에서 갖는 기능적인 역할에 대한 매우 통찰력 있는 이해로부터 나온 것이었다고 말할 수 있다. 구조기능주의 학설의 관점에서 보면 양경곤은 파슨스(T. Parsons)의 산발성(散發性)과 특수성 개념에서 영향을 받아서, 바흐(Joachim Wach)의 '기능적 관점'[3]을 경위가 분명한 두 종류의 종교로 분류하는 창조적 발전을 이룩한 것이다. 이러한 개념의 창조는 설득력 있는 해석 프레임을 제공하여 다원적이고 복잡하여 외형상 난잡해 보이는 종교현상을 명료하고 이해하기 쉽게 바꾸어 준다. 이렇게 되어 하나의 분명한 형태로서의 종교 질서가 중

---

[3] Joachim Wach는 종교집단을 두 종류로 구분한다. 하나는 '자연집단'과 동등한 종교집단이며, 다른 하나는 특수한 종교조직을 가진 종교집단이다. Joachim Wach, *Sociology of Religion*, Chicago, 1944.

국에서 출현하게 된 것이다.

양경곤의 해석 프레임 속에서 불교와 도교는 두 개의 제도종교이며 이 종교는 자주적 사회기구로 자체의 기본 개념과 구조체계를 갖추고 있다. 그렇지만 불교와 도교 모두 유럽사회에서 기독교가 세속사회에 윤리적 가치를 제공하는 것과 같은 그러한 모습은 아니었다(제11장). 더욱 중요한 것은 이 두 종교의 구조적 지위가 상대적으로 취약하고(제12장), 게다가 중국사회 종교를 지배하는 밑그림 자체는 오히려 양경곤이 묘사하는 바의 분산형 종교라는 점이다. 양경곤의 관점에 의하면 중국의 원시적 전통종교는 거의가 분산형 종교의 한 형태로서 세속사회의 제도와 결합된 것들이었다(제12장). 말하자면 분산형 종교는 비록 독립적 종교는 아니지만, 구조적 기초를 구비하고 있을 뿐 아니라 그 기능 역시 제왕 체제나 친속 시스템과 같은 사회정치적 구조에 의탁하여 실현되는 그러한 것이었다. 중국에서 공식적인 조직성 종교가 강력하지 않았다는 것이 중국문화 속에서 종교의 기능과 가치 또는 종교 구조체계가 결핍되었다는 것을 의미하는 것은 결코 아니다. 뿐만 아니라 분산형 종교의 신앙과 그 의식은 조직적인 사회시스템으로 발전할 수 있는 기회가 있었다. 동시에 그것들은 사회조직 모형 전체의 일부가 되어 분산된 형식이기는 하지만 그 속에서 다양한 기능을 발휘함으로써, 조직적인 형태로 중국 사회생활 속에 모습을 드러냈던 것이다.

주 왕조(기원 전 1122~기원 전 221)는 전통종교의 핵심이 충분히 발전했던 시기로 제천(祭天), 다신숭배 그리고 조상 숭배를 포괄한다(서론). 이 모든 것은 한대(漢代)에 본토에서 출현한 도교와 외부에서 전래된 불교보다 빠르다(양경곤은 기능 분석을 응용하여 종교가 중국의 친속관계, 가정과 경제단체, 마을공동체, 국가 및 제도화된 정통 학설로서의 유교 등 그 가운데서 가지는 위상을 설득력 있게 피력했다). 물론 양경곤이 구조기능주의 이론을 최대한 활용하였고, 아울러 중국이 종교가 없는 국가인가의 여부에 대하여 일차적으로 답을 내놓았다. 로버트 레드필드(Robert Redfield)가 양경곤을 "중국 종교에 대한 기능 분석의 일인자"로 칭하면서 그의 '거대한 성과'를 칭송하고, 양경곤의 연구를 중국 종교 연구에 대한 여타의 형식을 초월한 사회학 해석의 대성공으로 여긴 것은 조금도 과장이 아니다. 모리스 프리드먼(Maurice Freedman)은 1962년 『아주연구학간(亞洲硏究學刊 Journal of Asian Study)』 서평에서 양경곤의 연구 가치를 소홀히 취급한 적도 있지만, 1974년 「중국 종교의 사회학 연구」라는 글에서는 양경곤의 성취에 대하여 전과는 아주 다른 견해를 보이며 "이 저작은 필경 중국 종교 연구에서 가장 참신한 시도로써, 중국 종교를 하나의 실체로 파악하여 그 사고와 실천을 사회 속에 융합시키고 있다"고 하였다. 동시에 그는 양경곤의 저작을 베버와 마르셀 그라네(Marcel Granet)의 사회학 전통 속에 배열시키면서, "현재까지 내가 말한 것은 양경곤의 저작으로 말미암아 사회학 전통이 하나의 정상에 도달하였고, 그는 중국 종교를 하나의 실체로 만들어냈다"[4]고 쓰고 있다.

좀 더 적확한 표현은 방법론적인 측면에서 양경곤이 따랐던 것은 에밀 뒤르켐과 탈코트 파슨스의 전통이었지만 그러나 자신의 이론적 흥미는 도리어 베버에 가까웠다. 양경곤의 『중국사회 속의 종교』는 베버의 『중국의 종교』에 비견할 수 있다. 양자는 해석력과 이론의 중요성에서 서로 포용하고 또 비교될 수 있다. 두 저작이 근본적으로 다른 점은, 베버가 문화적 각도에서 유교(유교와 도교) 윤리가 중국의 정치경제 질서에 근본적 변화를 일으키지 못함으로써 (중국은)자본주의의 맹아를 격발시킬 수 없었다는 분석을 시도한 반면, 양경곤의 책은 도리어 중국 종교가 중국적 윤리와 정치 질서를 가진 사회문명을 성공적으로 유지시키고 지속시켰다는 것을 종합적으로 고찰해냈다는 점이다.

양경곤은 베버의 『중국의 종교-유교와 도교』를 매우 높게 평가했다. 그는

---

[4] Maurice Freedman, "On the Sociological Study of Chinese Religion" in *Religion and Ritual in Chinese Society*, ed by Arthur P. Wolf, California: Stanford University Press, 1974, p.36.

베버의 저작을 설명하기 위하여 장장 32쪽에 달하는 '서론'을 작성하였다.

베버의 『중국의 종교 - 유교와 도교』는 현대 서구사상의 각도에서 중국사회의 독특하고 체계적인 특징과 주도적 지위를 갖는 가치체계를 보여주고 있다. 책이 출판된 이후 반세기가 지나는 동안 사회과학이 급속한 발전을 보였음에도 불구하고 이 책은 여전히 복잡한 사회시스템을 연구하는 데 있어서 매우 시사적인 작품이며, 중국사회와 그 사회발전의 양식을 연구하는 데 있어서도 도전적 정신의 원천을 이루고 있다.[5]

베버가 어떠한 사회학적 통찰력을 가졌느냐에 관계 없이 양경곤은 또한 베버가 중국 종교에 대해서 전면적으로 고찰하지 못했다는 것을 간파했다. 바로 이 점이 양경곤의 연구열을 불러일으킨 것이다. 물론, 양경곤의 연구가 단지 중국 종교에 관한 베버에 대한 보충이었던 것만은 아니며 베버의 논제에 대한 토론에 참여하면서 선의의 비평도 내놓았다. 좀 더 정확히 말하면 양경곤은 중국 종교에 관하여 유행하고 있던 여러 관점의 토론 속에 자신을 몰입시켰다. 어떤 의미에서 말하면 양경곤은 자신을 위하여 중국 종교 연구에 대한 하나의 참신한 사회학적 해석을 도전적 사명으로 설정하였던 것이다. 때문에 실제에 있어서 그는 일반적 의미의 중국문화와 통설의 유교사상에 대하여 새로운 독해법을 내놓은 셈이다. 유교가 종교인가의 여부를 떠나, 문제의 핵심은 중국 종교 질서에 대하여 합당한 이해가 있어야 한다는 것이다.

유교가 종교인가의 여부는 상당 부분 개인의 종교에 대한 정의에 의해 결정된다. 양경곤의 정의에서는 "광의의 관점에서 보면, 종교는 하나의 연속

---

[5] Max Weber, *The Religion of China*, Translated and edited by H. H. Gerth, N.Y: The Free Press, 1964. p.viii.

적 통일체로 파악할 수 있는데, 그것은 궁극성과 유사하면서 감성적 특질을 강하게 가지는 무신론 신앙으로부터 궁극 가치를 갖고 초자연의 실체적 상징과 숭배를 완전히 탈피하여 조직 방식으로 유지되는 유신론 신앙으로 이행한다."(서론) 이 정의에 의하면 서구 중국학 연구자들인 레게(Legge)와 자일스(Giles) 등이 강조하는 것과, 유사한 '불가지론적 특징'과 현대의 저명 학자(예컨대 호적(胡適))로부터 주창된 유학의 이성적 특징을 인정하게 된다. 양경곤은 날카롭게 지적한다.

> 유가학설은 삶과 죽음이라는 궁극적 의미에 주의력을 집중하기도 하였지만 그것은 다만 인간의 도덕적 의무의 면에 놓여 있을 뿐 초자연 요소에는 무엇에도 관심을 두지 않는다. 사상체계로서 유학의 종교적 특성은 천과 운명 등의 관념에서처럼 애매모호한 태도 속에 존재하며, 지식의 전수나 혹은 도덕적 설교를 통하여 인류가 맞닥뜨리는 헤아릴 수 없이 많은 문제들에 대하여 답을 하고자 한다.(서론)

양경곤은 이어서 논한다.

> 천명을 믿고 점복에 관용적이며, 음양오행 이론과 서로 밀접한 관련을 가지고 제사와 조상 숭배를 강조하는 것은 사회적 통제를 실현하기 위한 기본적인 수단이며 그리고 영혼 문제에서도 철저한 무신론과 이성적 태도를 결여하고 있는 이러한 점들 모두가 유가학설의 기본 취향을 반영하고 있다. 상술한 종교적 요소들은 유학이 귀신은 무소부재하다고 믿고 있는 사람들의 사회 속에서 지도적 학설의 기능을 발휘하는 데 있어 매우 중요하였다. (제10장)

상술한 분석에 근거하여 양경곤은 유신론적 의미에서 보면 유학이 진정한 종교로 인정되는 것은 아니지만 그러나 사회정치상의 교리에서 보면 종교적 기질을 갖는다고 생각했다. 거듭 밝혀 두자면, 중국 종교체계에 관한 양경곤의 총체적인 분석은 모두 위의 사고를 그대로 따르고 있다는 것이며, 그는 종교와 사회의 기능적 관계를 강조한다. 여기서 나는 다시금 양경곤의 '유교 숭배'라는 이 논쟁적 관점에 대한 탁월한 논술을 인용하여 보겠다.

비록 공자라는 성인은 참으로 보기 드물게 신령화되지 않았지만, 유교 신앙은 여전히 뒤르켐이 말하는 모종의 종교적 요소를 포함하는 기념적 신앙으로 볼 수 있다.……왜냐하면 유학은 전통의 도덕정치적 질서의 핵심을 구성하고 있기 때문인데, 따라서 여기서 매우 중요해지는 점은 유가사상이 보편적 존중을 받는 제도로 변화하는 과정에서 그것의 종교성 영향은 비단 독서인 계층에서 발생하였을 뿐 아니라 나아가 일반 백성들을 포괄하였다는 것을 알아야 한다는 점이다.(제7장)

중국사회에 있어서의 종교의 존재를 분석하기 위하여, 양경곤은 기능주의 시각으로 종교의 중국사회 속의 사회적 기능을 전면적으로 관찰하였다. 수많은 사원이 사회관계를 유지하는 기능을 담당하고 있었고, 그것은 가정의 행복과 마을공동체의 보호에서부터 사회의 도덕 질서를 유지하기 위한 정부의 행위에 이르기까지 각 방면의 대소사를 불문하는 것이었다. 경제면에서는 직업별 수호신과 일반의 재신(財神)들은 모두 사회조직의 결합 및 성공적인 인간관계와 상호 관련되어 있었다. 절대다수의 민간 종교의식 가운데서는 어떤 특정한 기능이 각별한 중시를 받았다는 것도 알 수 있었다. 양경곤은 각지 사원이 숭배하고 있는 기능의 다양성은 각 지방의 지역성과 민간문화의 차이를 반영하고 있음을 발견하였는데, 이들 지방의 공통적 특징은 기능의 양식에서 보편적으로 나타나며 구체적인 숭배의 측면에 있지 않았다. 전체적 사회 기능구조는 모두가 종교가 중국사회 운영 과정에서 행하는 중요한 역할을 나타내는 경향이었다.

## III. 제도종교와 분산형 종교의 개념: 공헌 및 과제

양경곤의 연구는 이전 학자들이 소홀히 하였던 민간사회에 대해 더 많은 관심을 기울인 것이었으며, 때문에 그는 소위 제도종교 이외의 각종 신비신앙과 의식에 대한 분석을 강조한다. "초자연적 요소는 우리의 종교 정의 가운데서 매우 중요한 요소이다. 왜냐하면 그것은 중국인의 생활 속에 분명하게 존재하고 있으며, 이런 까닭에 우리들의 연구 대상이 된다."(서론) 동시에 그의 연구에서는 지방지 자료를 대거 동원하였다. 왜냐하면 중국 종교의 민간 형태에 관한 자료는 상대적으로 빈약하여 이 점은 많은 학자들이 직면해야 했던 문제였고, 따라서 지방지 기록에 근거하면 기본적으로 종교와 사회 사이에 발생하였던 여러 관계를 전면적으로 파악할 수 있기 때문이다. 비록 양경곤이 서양 방식의 한계를 벗어나기 위한 노력으로 중국 종교에 대한 경험을 통하여 종교를 정의하고 특히 서구사회의 종교와는 확연히 다른 중국적인 종교의 특성을 적절히 해석해내는 방법을 찾은 것은 아무나 할 수 없는 대단히 탁월한 것임에 분명하다. 그러나 우리는 양경곤이 말하는 제도종교와 분산형 종교의 개념 또한 여러 면에서 여전히 서양식 학술 규범에 준하여 중국의 종교를 연구한 것임을 부인하기 어려우며, 여기서 양경곤의 개념을 어떻게 이해할 것인가 하는 측면에서 일부 동서(東西)학자들 간에 또 다른 차이가 나타난다.

중국에서 사회 역사적으로 종교가 시종 매우 중요한 것이기는 하였지만 그러나 유럽 혹은 아랍문화권의 그것처럼 독립된 요소로 존재하였던 것은 결코 아니었다. 이러한 정황은 양경곤에게 중국사회는 분산형 종교가 주도적 지위를 점하고 제도종교는 상대적으로 취약한 것으로 해석하게 했다. 양경곤의 '분산형 종교' 개념은 한편으로는 중국 종교 형식에 관하여 사회학적 규범에 부합하는 양식을 설정하여 주는 것이기도 하면서 동시에 더 나아가 민간의 생활 속에 존재하고 있던 신앙의식을 중국 종교로서 검토될 수 있게 해 주었다.

제도종교는 그 자체에 독특한 신학과 우주의 해석체계를 가지고 있으며 숭배와 제사에 관한 의식화된 체계와 함께 독립적인 인사조직을 통하여 신학적 관점을 해석하고 제사활동을 책임진다. 제도종교의 가장 큰 특징은 그 자체가 세속체계의 밖에 독립하여 있을 수 있으며 일정 정도 상호 분리되어 있다는 것이다. 그러나 분산형 종교는 비록 자체에 신학과 제사, 인사 등에 관한 운영체계를 갖고 있기는 하지만 그 정신적 실체나 또는 의식화된 의례 조직을 막론하고 모두가 세속제도 및 사회질서와 유기적으로 결합되어 구조의 일부가 됨으로써, 그 자체에는 어떠한 독립적 가치와 의미를 갖지 못한다.(제12장) 양경곤의 견해에 의하면 중국 전통문화에서 종교는 일종의 분산형 종교이지 제도종교가 아니며, 그리고 분산형 종교의 특징은 바로 그 교리와 의식, 조직 모두가 세속사회의 생활이나 제도와 일체로 혼성되어 있다는 점이다.

양경곤의 시각에서 보면, 중국의 불교와 도교가 제도종교로 이해될 수 있는 것은 그 종교가 각각 자체의 기본적 가치와 조직을 가지고 있기 때문이다. 이들 종교는 자체의 경전과 특별한 의식을 발전시켜 공통적인 관심과 가치를 표현한다. 그러나 양경곤의 판단에 의하면 중국사회를 구조화한 것은 불교도 아니었고 도교도 아니었다. 또 중국역사에는 천주교나 기독교의 세계관이 유럽사회의 사회정치 구조를 형상화시켰던 그러한 정황은 출현하지 않았다. 그와 반대로 중국사회는 불가지론적인 유학 전통에 입각한 사대부 계층에 의해 조직되었다.

사람들은 보통 유학을 교육받은 소수인의 세계관이라고 생각하지만, 그러나 중국 종교의 정체는 양경곤의 말처럼 경전을 준수하는 것이거나 아니면 본토의 전통에 따르는 것이었다. 양경곤이 보기에 고대중국의 초기 세계관은 중국 민간사회의 일상생활 속에 스며들어 있으며 대중들의 종교적 감각은 일상생활로서의 사회제도와 완전히 하나로 결합되어 있다. 공동의 종교적 관념과 활동이 사회 전체에 충만해 있다는 것은 "전체로서의 사회 환경이 신성한 분위기로 충만"하여 존재하고 있다는 것을 의미한다.(제12장) 따라서 이러한 분산형 종교는 명실상부한 성직자나 단독의 권력구조 같은 독립된 제도적 기초를 필요로 하지 않는다. 그것의 종교기능은 중국사회의 세속구조, 즉 가족제도와 제국의 대규모 사회·정치 네트워크를 통하여 그 기능을 발휘한다.

『중국사회 속의 종교』에서 양경곤은 중국 종교가 어떻게 중국문명의 윤리와 도덕 질서를 성공적으로 유지시키면서 장구하게 존속하였는가를 전면적으로 논술하고 있다. 그는 지식인 중에는 종교상의 '엘리트' 형식과 '민간' 형식을 구별하려는 경향이 존재하며 신앙과 의례에 관한 민간의 표현방식에 대하여 항상 편견을 가진다는 점을 인식하였다. 이 불량한 영향을 제거하기 위하여 양경곤은 중국역사의 긴 흐름 속에서 엘리트문화와 기층문화 사이에는 결코 분명한 경계가 존재하는 것은 아니고 항상 서로 표리를 이루어 상호 의존한다는 점을 강조하였다.

그렇기는 하지만 중국 종교의 '제도종교'와 '분산형'의 개념을 둘러싸고 중국학자와 서구학자들은 서로 다른 태도를 보인다. 양경곤이 중국 종교와 서구 종교 간의 차이를 직시하여 내놓은 남달리 새롭고도 기왕의 관점과는 전혀 다른 이 모색은 사회학 이론을 통하여 중국의 종교현상을 해석하려는 것이며, 그것은 또 서구의 학술적 규범이 접수 가능한 하나의 해설이었다. 이 점에 대해서는 중국측 학자들도 이의가 없을 듯하다.

저명한 인류학자 이역원(李亦園)은 지고한 종교의 신앙 형태와 근본적인 내용을 검토할 때 바로 양경곤의 중국 종교에 대한 견해에 근거를 두었는데, 그는 중국의 전통종교는 일종의 세속화 종교(이역원은 '분산형 종교(diffused religion)'를 普世化로 번역하였다)이며 제도종교가 아니라고 여겼다. 세속화 종교의 특질은 그 교리와 의식, 조직이 모두 세속의 기타 사회생활이나 제도와 일체를 이루는데 단 제도종교처럼 완전히 독립적인 종교조직과 교리, 의식을 갖지는 않는다. 대전통의 유가이념을 표현하는 것은 바로 '천인합일(天人合一)', '치중화(致中和)' 그리고 '천지와의 합일', '사람 관계의 통합', '사시(四時)와의 조화와 만물과의 정합' 등 형이상학적 철학 개념이며, 소전통과 일상생활 가운데서의 표현은 실물(實物), 의약 습관, 성명 체계, 조상 숭배 의식, 점술과 택일, 풍수지리, 신명의식(神明儀式)과 부적, 주문 등의 면에서 나타난다. 이것들은 바로 세속적인 중국 종교신앙의 기본 가설이기도 하고 또 일반 중국인들의 세속생활의 전제이기도 하다.[6] 양경곤의 'diffused religion' 개념을 빌려온 이역원의 중국 종교신앙에 대한 분석에서 우리는 이역원이 이 개념에 대하여 불만족스럽게 느끼는 어떤 점이 있다거나 혹은 이 개념이 중국 종교에 대하여 공경스럽지 못하다고 생각하고 있는 점을 찾기가 매우 어려워 보인다. 오히려 이 개념이 이역원의 중국 종교 연구에 있어서 강력한 이론적 동기를 제공했음을 느낄 수 있다. 예컨대, 이역원은 개인의 종교성 변천에 대한 연구에서 가설을 제기하고 있는데, 전통중국의 세속화 종교의 영향 아래서 실제로는 절대적 무신앙자는 결코 찾아볼 수 없으며 따라서 일반적으로 말하는 '무신앙자'는 단지 형식상 제도화된 특정한 종교를 신봉하지 않는다는 의미일 뿐 중국문화에서 잉태된 우주 존재에 관한 이념을 완전히 배제하고 있다고 말하기는 매우 어렵다. 그러므로 어떤 식으로 현대화한 '중국인'이라 하여도 그가 중국문화의 영향하에서 성장하였다면, 그는 많건 적건 중국 전통종교의 신앙적 특질을 지니게 되며 절대적 무신앙자는 아니라는 것이다.

우리는 또 '분산형'으로 중국 종교의 특질을 분석하는 것이 결코 중국 종

---

6 李亦園, 『宗敎與神話』, 臺北: 立緖, 1998, pp.126-127.

교의 모호성을 강조하는 것은 아니라고 생각한다. 왜냐하면 본토의 경험으로부터도 중국 종교가 다신적이고 혼합적인 신앙 속에서 신성과 세속이 엉켜 있고 서로 다른 종교와 신들이 함께 신봉되고 있다는 사실을 발견하는 것은 어려운 일이 아니기 때문이다. 불교와 도교는 제도종교로서 분산형 민간 종교신앙에 일정 정도 정신적 자원을 제공하여 민간종교에 상층 이데올로기의 통제를 완전히 한쪽으로 치워놓을 수 있게 했다. 그 결과 분산화되어 있으면서도 탄력적인 방식으로 종교의 마르지 않는 생명력을 중국사회 속에서 구현할 수 있도록 하였던 것이다. 중국 민간사회는 기본적으로 엄격한 의미의 종교적 신학 관념에 열중하지 않았고 신앙에 관한 그들의 지식도 그다지 분명하지 못했으며, 만약 의문이 생기면 생활 속에서의 '민간 지식인'을 찾아 지도를 받으면 그만이었다. 그중 적지 않은 수의 경건한 남녀 신도들은 관음보살을 숭배한다는 이유만으로 자신을 불교도라 생각하기도 했는데, 일반적으로 그들이 불교 교리에 대한 지식은 신통치 않을 뿐만 아니라 도교와 민간 무속, 점술 및 기타 교리들과 한데 뒤섞여 있는 것이 보통이었다. 이러한 상황은 결코 우연한 것이 아니라고 할 수 있다. 이 때문에 '분산형'이라는 용어로 중국 종교에 대해 이론적인 정의를 설정함으로써, 중국 종교와 서구 종교 사이에 평등한 문화적 차원의 대화가 가능해질 수 있다.

그러나 중국문화에 정통한 일부 서양학자들은 그렇게 생각하지만은 않는다. 오버마이머는 중국문화를 깊이 이해하고 있고 유창한 중국어를 구사하며 중국 고전문헌에도 매우 밝다. 그는 비록 양경곤의 저작이 중국 종교에 대한 지금까지의 논술 가운데서 가장 훌륭한 것이라고 여기지만 "그러나 나는 지금도 양경곤이 '분산형'이라는 단어를 사용하여, 열등의 의미가 담긴 산만, 무조직, 무구조 등을 암시하는 것에 동의하지 않는다. 양경곤 본인이 물론 이러한 암시를 의도한 것은 아니며, 책에서 그는 중국의 일반 종교 전통의 사회적 기능에 대하여 긍정적 평가를 보여주고 있다. 그러나 그렇다고 '분산형'이란 어휘가 암시하는 열등적 의미가 감소되는 것은 아니다. 이 점은 그 원인의 일정 부분을 기독교를 종교의 모델로 삼아 기독교와 같은 조직과 경전, 신앙을 구비하고 있어야만 종교라는 생각에서 기인한다."7 오버마이어는 근본적으로 소위 말하는 중국 종교의 분산형, 즉 양경곤이 사용하는 영문 'diffused'에는 암암리에 중국 종교는 열등하다는 의미가 포함되어 있고, '분산형'은 조직, 구조의 결여를 의미하는 것으로 생각한다. 영어가 모국어인 학자로서 그는 'diffused' 속에 내포되어 있는 하위, 열등(inferiority)의 의미를 제대로 이해하고 있겠지만, 실재 영어를 외국어로 공부해야 하는 중국학자들이 이러한 미묘함을 철저히 이해할 수 있는 것은 아니다.

영어의 'diffused'를 중국어로 번역하는 데는 '분산적', '세속적' 등 여러 방법이 있으나 그러나 중국어의 '분산적', '세속적'에는 어떠한 폄하의 의미도 없다. 오버마이어가 지적한 바에 따르면 영문 'diffused'에는 폄하의 의미가 두드러진다. 우리는 이에 대하여 다른 미국학자들에게 의견을 구하였는데, 그들도 'diffused'의 영문은 열등의 의미로 이해할 수 있다고 인정하였다. 중국 종교를 열등한 종교로 간주하는 것은 오버마이머에게 용납될 수 없는 일이었으며, 때문에 최근 그는 중국 종교에 대한 연구에서 줄곧 각종 민간조직 활동에서 그 안에 내재된 논리와 이성을 찾고자 하고 있다. 실제적으로 사원과 민간 마을공동체의 제사활동은 모두 가정과 향촌생활의 질서를 기초로 하는 조직 및 구조와 서로 관련된 것이며, 그들은 가정과 사원의 전통에 근거하여 조심스럽게 여러 계획을 수집하고 활동을 안배한다. 오버마이어는 현지 사회구조 속에 융합된 민간종교는 깊숙이 제도화되어 있고 나아가 끊임없이 계승되는 것으로 생각한다. 그것들은 개별적, 분산적 현상이 아니라 제도화된 것이었다. 이 때문에 우리는 서구 기독교를 모델로 한 종교로는 중국인의 신앙활동을 판단할 수 없다는 것이다.

여기에서 우리는 다소의 곤혹을 느끼지 않을 수 없다. 이러한 곤혹은 두

---

7 Daniel Overmyer, 『中國民間信仰的秩序和內在理性』, 1999, 未刊稿.

개의 상이한 문화체계가 서로 근접해 있는 문화현상에 대하여 보여주는 표현방법에서 나오는 것이다. 도대체 양경곤의 영어 실력이 'diffused'가 갖는 미묘한 의미를 이해하지 못하는 것인가? 아니면 오버마이어의 중국어 '분산'에 대한 이해가 여전히 영문 'diffused'에 집착하여 스스로 번거로움을 자초해낸 것인가? 이 두통거리는 실제로 우리가 중국 종교를 연구할 때 서구에 근원을 두는 여러 명사들을 대면하면서 반드시 부딪히게 되는 문제이다.

중국 종교에 대한 서양의 곤혹스러움은 사실 최근에 나타난 것이 아니고 그것은 중국과 최초로 접촉했던 때부터 시작되었다. 지금도 이러한 곤혹이 소멸된 것은 아니며 아직도 학술 저작 가운데서 그런 흔적을 찾아볼 수 있다는 사실을 주의해야 한다. 사실 곤혹의 근원은 쌍방 간의 이해 부족에서 나오는 것이 아니라 일종의 복잡한 역사 과정, 즉 유럽의 문화개념을 동아시아 문화에 강제 이식하려는 데서 나오는 후유증이다. 비록 중국의 전통문화 가운데 서구적인 관념에서 다루는 '경제적', '정치적' 그리고 '종교적'인 것에 유사한 현상이 있기는 하지만, 그러나 중국문화 속의 심리구조로는 유럽문명에 속하는 이러한 문제들을 적절히 표현할 수 없다.

프랑스의 인류학자 토라발(Joel Thoraval)은 일찍이 홍콩의 종교 상황을 배경으로 중국 종교에 대한 서구인들의 오해를 다루어 보고자 한 적이 있었다. 그는 중서 간에 내재하는 심리적 차이의 중요성이 별다른 주목을 받지 못하는 원인으로 유럽에서 형성된 이 관념들이 이미 몇 세대에 걸쳐 지식인들의 소화 과정을 거치면서 그들 심리세계의 일부가 되어버렸고, 또 그것을 매우 익숙하게 본토문화에 적용했기 때문이라고 지적하였다. 문제를 더욱 복잡하게 했던 것의 하나는 서양을 모델로 하는 세계화라는 개념 자체가 이미 모종의 가치를 대표하고 있다는 점이다. 그러나 이러한 전이의 배경은 서양이 중국을 이해할 때 편차를 낳게 만들었고, 또 서양의 중국 종교에 대한 이해 또한 바로 이 편차에 수반하여 형성되었기 때문에 결과적으로 중국 종교의 실제 상황을 유교를 통해 치환하려 했고 민간종교의 거대한 실제적인 영역은 배제되었다. 민간에서의 실제 상황은 무시되거나 부정되었고 기껏해야 원시적 전통 습속쯤으로 낮게 평가되었다. 여기서 이미 중국의 '종교'는 사라져버리고 남는 것은 다만 일종의 지식과 미신 따위일 뿐이었던 것이다.[8]

사실, 그가 다룬 것은 문제의 한 측면, 즉 서양의 가치를 통해 중국 종교 실제를 해석하는 데 커다란 문제가 존재한다는 점이다. 또 다른 문제는 우리가 서양적 가치의 영향을 탈피하고자 하는 과정에서 스스로도 의식하지 못한 채 또 다른 오류에 빠져들어 결과적으로는 우리가 타당하지 않다고 생각하는 것을 벗어나지 못하는 수도 있다는 점이다.

다시 '분산형(diffused)' 종교개념으로 돌아가 보자. 우리 학자들이 연구 과정에서 부단히 여러 증거를 들어 중국 종교의 조직성, 제도성 등을 증명하고자 하는 것이 중국의 종교문화가 이미 자체의 이론체계를 갖고 있다는 것을 의미하는 것인가? 아니면 우리가 그것은 결코 '분산형적인 것'이 아니라는 점을 증명하여 그것을 문화적으로 고귀한 품질을 갖게 하려는 것 때문인가? 사실 이러한 시도 자체도 어쩌면 바로 서양의 가치 기준에 빠져드는 본질적인 흠결을 갖는 것인지도 모른다.

### 중국어판 서문(2)

다니엘 오버마이어(Daniel L. Overmyer)

양경곤의 이 책 『중국사회 속의 종교』는 1961년 캘리포니아 대학에서 영문으로 출판되었다. 중국의 종교·사회·문화 연구의 고전으로서 중국문화를 이해하는 데 매우 큰 기여를 하고 있음에도 불구하고 아직까지 중국어로 번역되지 못하고 있었다. 이제 복단(復旦)대학의 범려주(范麗珠) 선생께서 힘든 작업을 마쳐 비교적 완벽한 중국어본을 갖게 되었다. 이 책은 중국문화의 중요한 정보를 제공하고 있으며 서술의 내용이 중국사회에 매우 큰 영향을 끼쳤던 종교와 제사의식, 신앙이기 때문에 나는 중국의 학자, 관리 그리고 일반 대중들이 모두 이 책을 읽을 수 있기를 바란다. 이에 대하여 양경곤은 수많은 역사와 인류학 자료, 특히 지방지에서 객관적이고 상세한 증거들을 발굴해냈다. 그의 가장 큰 공헌은 종교의식과 신앙이 어떻게 가정, 계층, 민간단체, 직업, 경제활동 그리고 조정을 포함하여 전 중국사회의 필수불가결한 일부가 되었는가를 분석해낸 것이다. 이들 계층, 종교, 사회는 전체가 모두 서로 영향을 미치고 서로 의존하는 것이다. 종교적 전통은 동시에 또 개인 및 사회의 도덕 기초였다.

그의 이러한 모든 공헌은 나의 연구에도 많은 영향을 주었다. 나에게 양경곤의 저작은 곧 중국 종교 연구의 '바이블'이라 부를 만한 것이었다. 나는 이 책을 몇 번이나 독파하였는지 모르며 내 손에 있는 이 책은 이미 너덜너덜해졌다. 나의 첫 번째 연구인 민간종교 교파에 대한 연구는 바로 이 책의 제9장에서 영향을 받아 이루어진 것이며, 현재 연구하고 있는 화북(華北)지방의 민간의식과 신앙 또한 제4장 '민간신앙의 사회적 이해'의 영향을 받았다. 그러나 보충해 둘 점은, 민간신앙에 대한 연구를 통하여 나는 양경곤이 제기한 '분산형'과 '제도'의 종교개념에는 토론의 여지가 있다는 것을 인식하게 되었다. 양경곤이 생각하는 '제도종교'는 국가 및 사원의 승려, 도관(道觀)의 도사 그리고 민간종교 교파 등이 연관된 의식과 신앙을 가리킨다. 문제는 '분산형 종교'에 관한 그의 논법에 있는데, '분산형'은 조직구조의 결여를 의미한다. 실제로 사원과 민간 지역사회의 제사의식은 모두 가정과 향촌의 생활질서를 기초로 하는 조직·구조와 상호 관련되어 있는데, 그들은 가정과 사원의 전통에 근거하여 세심하게 여러 계획을 안배하고 각종 활동을 조직한다. 현지의 사회구조 속에 용해된 민간종교는 깊숙이 제도화된 것이었으며 또한 끊임없이 연속되고 있었다. 그것들은 개별적, 분산적인 현상이 아니라 제도화된 것이었다. 때문에 우리는 서구 기독교를 모델로 하는 종교이론으로는 중국인의 신앙활동을 판단할 수가 없다. 우리의 중국 종교에 대한 연구는 마땅히 중국의 역사와 문화 분류를 기초로 하는 것이어야 하고 기타 다른 지역의 문화적 편견에서 나오는 한계를 받아들일 이유가 없다.

범려주 선생이 이 책의 번역을 책임지고 순조롭게 완성한 것을 진심으로 축하한다.

2005년 1월 27일
캐나다 토론토
브리티시 컬럼비아 대학(University of British Columbia)
아시아연구학과 중국연구센터에서

## 지은이 自序

전통 중국사회에서 종교의 위상 문제, 특히 전통사회에서 종교적인 요소들이 전파되고 또 그것이 끊임없이 전해질 수 있었던 종교생활과 조직구조의 기능적 기초에 관한 것들은 여러 해 동안, 시종 나를 곤혹스럽게 했다. 여기 내놓은 이 책은 이러한 문제를 사회학적 시각을 통하여 검토하고자 시도한 것이다. 사회학 개념 가운데서 (파슨스가 제기한) 분산형과 특수성은 우리에게 문제를 해결하는 하나의 열쇠를 제공하였다.

이 책을 저술하는 과정에서 나는 많은 도움을 받았다. 록펠러재단, 사회과학조사위원회와 영남대학 이사진들의 흔쾌한 지원에 감사드린다. 피츠버그 대학의 직원과 동료들은 강의에 대한 압박감을 분담해주어 내가 작업하는.데 좋은 환경을 제공해 주었다. 내 작업에 격려와 지지를 보내주었고 또 나의 초고에 대해서 좋은 의견을 주셨던 레드필드(Robert Redfield)와 페어뱅크(John K. Fairbank)에게 감사를 표한다. 또 진영첩(陳榮捷, W. T. Chan)과 라이트(Arthur F. Wright)는 자료와 정보를 찾아주었으며 컬럼비아 대학 도서관의 린튼(Howard Linton)은 자료를 검색할 수 있도록 편의를 제공해 주었다. 로버트 진(秦, Robert Chin)과 에일리 진(秦, Aili Chin)의 비평과 의견에 고마움을 표하며 원고의 타자 작업에 도움을 준 랭포드(Joyce Langford)에게도 감사드린다.

나의 아내 루이스(Louise Chin Yang)는 책의 전 내용을 교열해 주었으며, 나의 두 아들 왤라스(Wallace)와 웨슬리(Wesley)는 내가 책을 쓰는 동안 돌봐 주지 못했는데도 잘 참아줬다. 특별히 감사를 표한다.

피츠버그 대학에서<br>
1960년 8월<br>
양경곤

# 제1장
# 서론

　중국의 사회생활과 조직에서 종교는 어떠한 기능을 담당하였을까? 또 어떤 구조와 형식을 통하여 이러한 기능이 수행되었을까? 이 책은 바로 이러한 문제에 해답을 구하고자 하는 것이다. 이 책의 가장 기본적인 목적은 종교와 사회질서 간의 '관계 양식'을 드러내기 위하여 논란이 있는 사실에 대해 기능적 해석을 하는 일이다. 지금까지 중국 종교에 관한 체계적이고 철저한 연구가 시도된 적이 없었다.

　이 연구를 위해 바흐(Joachim Wach)의 구조주의적 관점을 틸리히(Paul Tillich)의 기능주의 관점과 결합했다. 틸리히는 종교를 신앙 시스템과 의례 활동 및 인간사의 궁극적인 문제를 다루도록 설계된 조직상의 관계로 정의한다. 인간사 궁극적인 문제는 죽음의 비극이나 부당한 고통, 예컨대 인류의 사회적인 관계를 파괴할 수도 있는 현실적 위협, 즉 수없이 많은 좌절, 통제 불가능한 적대감 등으로 이것은 인간의 사회적 결속을 깨뜨리는 위협이 되며 현실적인 경험과 모순되는 증거에 대항해 처리하려는 것이다. 그러한 문제들은 조건적이고 제한적인 경험과 이성적인 지식 세계를 초월하는 것이며 삶의 본질적인 부분으로 그것들을 극복하기 위해 인간은 초자연적인 관념에 의해 영감을 받은 정신력 같은 비경험적 영역에서 신앙을 찾지 않을 수 없다.

초자연적 요소는 종교를 정의하는 데 있어서 매우 중요한 요소인데, 이는 우리의 연구 대상인 중국인의 종교생활에서 현저하게 드러나기 때문이다. 물론 이것은 초자연적인 표현이 없는 종교적인 현상을 무시한다는 것을 의미하지는 않는다. 그러나 사회질서 속에서의 한 요소로써 초자연적 신앙이 아닌 종교적인 힘의 중요성을 강조하기 위해서는 완전한 존재론과 문화의 가치 체계의 광범위한 고찰이 필요하다. 마치 어떤 지배적이고 영속적인 사고나 가치가 삶의 궁극적인 문제에 직면하지 않을 수 없는 것처럼, 그리고 경험적이고 이성적인 지식의 한계 때문에 다양한 수준에서 궁극, 무조건, 무궁, 불후 그리고 지속적인 활력 같은 개념을 발전시킨다. 본 연구는 이러한 종교적인 측면에 대해서는 세밀하고 심도 있는 고찰을 행하지는 않을 것이다. 초자연적 요소는 줄곧 중국인의 종교생활 가운데서 매우 분명한 상징이었던 점을 감안하여, 본 연구는 초자연적 요소를 중국 종교의 중심 내용으로서 그리고 전통 중국사회 조직의 핵심 요소로써 처리할 것이다. 종교신앙의 비초자연적인 면에 대해서는 다만 관련된 부분에 한하여 검토할 것이다.

이상의 구상은 전통중국의 종교 개념과 거의 일치하는 것이다. 고대 중국어 가운데서 몇 개의 어휘가 종교와 관련되어 사물에 사용되었는데, 예컨대 '교(敎)'는 서구의 'religion(종교)'이라는 명사에 가장 근접한 것이다. 거기에는 '불교(佛敎)', '백양교(白陽敎)' 등의 어휘가 있다. 중국어 가운데 종교의 함의를 갖는 또 다른 어휘는 '선천도(先天道)'와 같은 '도(道)'이다. '도'의 의미는 바로 'the way', 즉 인류세계를 포함한 만사만물을 통섭하는 우주의 법칙 혹은 원리를 의미하며, 종교신앙과 조직을 표명하는 데 사용되는 경우는 교파(sect)를 가리킨다. 또 다른 어휘인 '종(宗)'은 경건, 충성 등을 의미하며, 다른 용어인 '문(門)'은 깨달음과 구속(救贖)의 길로 인도하는 통로를 의미하는데, 실제 운용에서는 '종'과 '문'은 교파를 대표한다. 현대중국어에서 'religion'은 바로 '종교(宗敎)' 또는 '신조(信條)'이다.

상술한 종교 관련의 명사들에는 하나의 공통점이 있는데, 바로 인간을 제도한다는 것이며,[9] 초자연적 사상은 어휘의 의미면에서는 그다지 두드러지지 않아 보인다. 그러나 중국인의 현실생활 가운데서 종교는 신과 영혼에 대한 숭배 그리고 이러한 신앙(beliefs)에 연원을 두는 의식행위 및 조직의 기초 위에 세워져 있다. 종교의 전형에 대한 중국식 토론은 초자연적 요소를 중심 대상으로 삼아 종교와 비종교를 구분하는 기준으로 삼는다. 대중들의 종교생활은 신명, 영혼의 관념을 중심으로 하는 것인데, 현재 종교에 대한 비판적 관점은 주로 종교는 초자연적 신앙 성분이 있어야 한다는 것이다. 초자연인 요소를 무시하고서는 중국인들의 종교생활의 객관적인 내용을 정확히 반영할 수 있는 어떠한 개념도 없는 듯하다.

초자연적 요소와 관련한 어휘가 '미신(superstition)'인데, 이 어휘는 보통 서양 사람들에게 특별히 중국인의 종교생활을 개괄하는 특징으로 곧잘 사용되고는 한다. 객관적으로 말하면 미신은 초자연적인 힘과 이로부터 형성된 숭배와 의식(儀式)에 있어서 검증을 거치지 않은 채 접수된 하나의 신앙이다. 그것은 자연과 인간사에 관한 비경험적 해석을 나타내고 있을 뿐 아니라, 나아가 인류가 능동적인 통제나 피동적인 도피를 통하여 초자연적 역량을 조종하고자 하는 희망을 표현한다. 이러한 의미에서 그것은 주술(magic)의 일부로 간주될 수 있다. 실제 응용면에서 미신은 주관적인 어휘인데, 왜냐하면 그것은 보통 비신도들이 신앙과 행위에 대하여 부정적으로 표현할 때 사용하기 때문이다. 무속은 중국인의 생활 속에서 보편성을 지니는 까닭에 무속을 종교 가운데서 구분해내는 것은 매우 어려운 일이며 이 연구에서 언급하는 일부 내용 역시 곧잘 미신적 주술로 간주되는 것이다.

---

[9] Y. C. Yang, *China's Religious Heritage*, New York, 1953, pp.42-43; W. T. Chan, *Religious Trends in Modern China*, New York, 1953, p.14 and p.246.

## 중국사회의 종교적 특성에 관한 현존하는 관점

　유럽과 인도 및 중국, 이 3대 문명체계 가운데서 유독 중국의 종교만이 사회에서 지위가 가장 모호하다. 사실상 여러 모순적 요인 탓에 중국사회에서의 종교의 위상은 시종 논쟁이 그치지 않았던 화제였다. 우리가 민간에서 민중들의 종교생활을 관찰할 때 보편적으로 존재하는 주술적 의례와 신비한 신앙을 보게 되면 쉽게 충격을 받곤 한다. 보통 사람들의 정신 속에는 우주에 관한 인식-사실상 인생에서의 총체적 패턴-은 어둡고 그윽한 세계 속 신(神)과 귀신(鬼, specter), 영혼(靈魂)의 세계에 깊이 물들어 있다. 더 나아가 대부분의 신앙과 의례에는 명확한 윤리적인 암시도 들어있지 않다. 바로 이 때문에, 어떤 사람이 엄격한 규칙을 지닌 종교생활을 경험했다 해도 중국인을 미신적인 운명으로 간주되는 것은 아주 자연스러운 일이다. 중국에 온 서양 선교사들도 무엇보다 먼저 서양의 기독교 신앙과는 확연히 다른 상황을 목도하게 되었고, 이것을 복음 전파의 가장 설득력 있는 정당한 근거로 내세우게 된 것이다. 중국인의 신앙이 미신이라는 관점은 서양에서는 매우 보편적인 것이었으며, 이는 이미 몇 세기 동안 유행한 것이다.

　중국에는 서구 기독교인들이 종교로 취급하지 않는 무속적인 영향력의 확산 이외에도 다른 이해할 수 없는 현상들이 있었다. 그것은 바로 종교 교리와 강력한 종교계 세력을 대신하여 사회와 정치 등에서 주도적 지위를 점하고 있는 그리고 세속 지향적이고 불가지론으로 무장한 유교전통이다. 이 전통 속에서 고급 사대부들은 기본적으로 어떠한 종교적 배경도 지니지 않은 사람들이었다. 중국의 역사에서는 오랜 기간 동안 강력하고도 고도로 조직적인 종교는 존재하지 않았으며, 또한 교회와 국가 간에 끝이 없는 장기적 투쟁도 없었다. 유가적 윤리가 사회 가치체계를 지배하면서 많은 면에서 기독교가 가진 그 종교상의 윤리적 기능을 대신하였던 것이다.

　레게(Legge)와 자일스(Giles)와 같은 대단한 서양의 중국학 연구자들은 유학의 불가지론적인 특징을 강조하였다. 후대의 서양학자들도 레게와 자일스의 영향을 받았으며, 중국학자들의 협조 속에서 중국의 경전문화에 대한 연구를 통하여 중국문화를 시나브로 이해하게 되었지만, 그러나 중국사회 속의 종교는 여전히 상대적으로 중요하지 않은 채로 놔두었고 종교의 영향에 대한 전면적 해석에는 더욱 소홀하였다. 때문에 보데(Derk Bodde)는 이렇게 적고 있다.

중국인들은 자연과 인간의 세계에 비교적 많은 관심을 보이며 초자연에는 관심을 기울이지 않는다. 그들은 종교사상과 종교활동을 생활 속에서 가장 중요한 부분으로 생각하는 사람들이 아니다.…… 기원 1세기 경 중국에는 종교지도자로 칭할 수 있는 사상가는 하나도 없었고, ……그것은 윤리(특히 유가윤리)이지 중화문명의 정신적 기초를 제공해온 공식적이고 조직화된 형태의 종교가 아니다.[10]

그밖에 각주에서 그는 비교적 자세하게 쓰고 있다.

이것은 중국역사에서 종교의 영향력이 강력했던 시기가 없었다고 부인하는 것이 아니고, …… 중국의 대중들이 미신에서 벗어났다고 말하는 것도 아니다. 민속학자들에게 중국은 연구할 가치를 지닌 하나의 보물창고이다. 그렇다고 해도 기타 많은 다른 국가와 비교하면 종교가 중국에서 경시를 받은 것은 확실하다. 특히 중요한 것은, 짧은 기간 동안 세력을 잃은 것을 제외하고는, 도교와 불교를 희생시켜, 유교가 최근 800년 동안 사회적으로 시종 지배적 지위를 유지하여 왔다는 점이다.

---

10 *China*, ed. by H.F.MacNair, Berkely and Los Angeles, 1951, pp.18-21.

중국사회의 종교적 전통에 부정적이었던 양계초(梁啓超).

현대 중국학자들도 중국사회가 비종교적이라는 논지를 발전시켜 왔는데, 이러한 관점의 선구자라 할 수 있는 양계초(梁啓超)는 20세기 초에 이렇게 논한 바 있다.

중국에서 종교사 - 순수한 종교사 - 의 저술이 가능한가 하는 점은 여전히 문제이다. 종교사는 교리와 종교조직의 변화와 일치한다. 교리는 현실적인 세계를 넘어 파라다이스나 사후의 영혼을 이야기한다.……이 두 가지 관점에 근거해 볼 때 중국이 과연 종교를 가진 국가인가 아닌가 여부는 진지한 연구가 요구되는 질문이다. 근래 공자(孔子)를 추존하는 사람들은 유교를 종교로 만들고자 한다.……첫째로는 종교는 인류의 애매모호한 감정을 이용하여야 성공할 수 있는 것인데 이는 합리주의와는 상반되는 것이다.……공자는 완전히 이것과는 다르다. 즉, 공자는 현실에 관심을 기울였으며 그의 사상은 종교적인 요소와는 상반되었다. 둘째로는, 유교사상가들은 어떠한 종교적 조직도 갖지 않았다. 만약 현재 그러한 조직이 있다면, 그것은 가짜이다.……중국에서 자생한 종교가 없으므로 중국 종교사를 구성하는 것은 대부분 외국에서 수입된 종교들이다.……불교의 선종(禪宗)은 중국에서 만든 교파라고 우길 수는 있겠으나 그러나 그것은 종교보다는 철학에 매우 가까운 것이고……도교만 중국에서 자생한 유일한 종교이다. 그것을 교파로 보아야 하는지 아니면 학파로 간주해야 하는지도 또한 문제이다.……중국 본래의 종교에 대해서 말하면, 진(秦) 이전에는 종교가 없었고 후대에 다만 도교가 있을 뿐인데 이 또한 무료한 것이었다.……중국 종교사에 도교를 그 안에 서술하는 것은 가히 큰 부끄러움이라고 말할 수 있다. 도교의 활동이라는 것은 전혀 국가에 아무런 이익도 되지 못하였고, 뿐만 아니라 수세기에 걸쳐 혹세무민하거나 치안을 교란시키는 경우가 역사에서 끊이지 않았다.……[11]

중국의 문화엘리트 가운데 호적(胡適) 역시 "중국 지식인은 종교에 냉담했다"[12]고 생각하였으며, 전체적으로 "중국은 종교가 없는 국가이며 중국인은 종교를 미신에 속박하지 않는 사람들이다"라고 하였다. 이것이 근래 대다수 학자들이 도달한 결론이다.[13] 이러한 관점은 다수 중국 지식인들의 태도를 특징짓는데 지속적으로 사용되고 있다. 정치학자 진단생(陳端生)의 매우 영향력 있는 관점은 이에 대한 또 다른 예를 제공한다.

중국인은 비종교적이다. 중국에 위대한 종교란 없다……다른 국가에서처럼 다수의 중국인을 끌어들일 수 있는 그런 종교는 존재하지 않는다. 이슬람교와 기독교가 중국에서 일부 성공을 거두었다고는 해도 5퍼센트의 중국인만이 이슬람교도일 뿐이며 기독교도는 1퍼센트에 불과하다. 기원 4세기에서 8세기는 불교의 전성기를 이루었으며, 나아가 불교가 역사적으로 어떤 시기에도 이슬람교와 기독교보다 성행하였다. 그러나 중국에 있어서 불교는 신앙의 영역이기 보다 사상이나 예술의 영역이었다. 중국인은 비종교적이기 때문에 그들이 혹 미신을 믿는다 하더라도 미신을 좀처럼 터부시하지 않는다……[14]

근현대 중국학자들의 중국사회가 비종교적이라는 견해는, 그 일부는 세

---

11 梁啓超, 『中國歷史研究法』, 上海, 1929.
12 Hu Shih, *The Chinese, Renaissance*, Chicago, 1934, p.78.
13 胡適, 「名敎」, 『胡適文存(三集)』第1券, 上海, 1928.
14 Chien Tuan-Sheng, *The Government and Politics in China*, Mass.:Cambridge, 1950, p.15.

중국인들을 합리적 현실주의자로 인식한 호적(胡適).

계적인 세속화 조류에 대한 반향과 관련되어 있기도 하다. 현대 유럽은 중세 교회에 대한 폭력적인 반동에 의해 출현한 것이다. 과학은 인류에게 지금까지 있었던 가장 강력한 무기를 제공했으며, 이것은 인간이 자연의 비밀을 탐색하여 이제껏 꿈에도 생각할 수 없었던 것을 볼 수 있게 하고 만져 볼 수 있게 하는 실제적 혜택을 얻게 해주었다. 이지적으로 말하면, 도전이나 멸시의 방식으로 종교의 지위를 흔드는 이성화의 시대인 것이다. 서양문화를 좇아 과학의 기치를 높이 치켜들었던 현대중국 지식인들에게 있어서 시대정신을 장악하여 종교적 논제를 피하고자 했던 것은 매우 자연스러운 일이었다. 중국사회가 '비종교적'이고 '이성화하였다'는 가설은 중국 지식인에게 어쩌면 더 큰 동기를 제공해 주었을지도 모른다. 서구세계의 정치·경제적 우세에 직면하여 그들은 오직 중화문명의 위대함을 강조하는 것만이 자신들의 심리적 욕구를 만족시킬 수 있었기 때문이다. 양계초는 매우 솔직하게도 주술적인 색채가 농후한 도교를 민족의 수치로 간주하여 버렸던 것이다. 그 어떤 민족도 도교와 같이 발달된 무속종교가 있는 것을 아주 자랑스럽게 여기지 못하는 그 유일한 원인은 이성주의가 지고무상으로 치닫고 있는 시대에는 일반적으로 종교, 특히 무속 숭배는 경시하기 때문이다. 물론, 신비주의가 중국 특유의 것만은 결코 아니다.

## 중국사회에서의 일반적인 종교의 중요성

중국사회에 있어서 종교의 지위를 낮게 평가하는 것은 실제로는 역사적 사실에 반하는 것이다. 중국의 광활한 대지 위에는 거의 모든 구석구석에 사원(temples)이 있고 사묘(shrines)와 제단(altars) 그리고 신을 모시는 기타 장소들이 있다. 사원과 제단은 각처에 산재하여 있으며 이것들은 하나하나 종교가 중국사회에서 행사하고 있는 강력하고도 무소부재한 영향력을 표현하고 있으며, 사회적 현실의 상징으로 서 있다.

### 지방의 사례로 본 사원의 숫자

지역사회의 사례 연구에서 현지 사원에 관한 통계 숫자를 수집하였다. 하북성 정현(定縣)은 1882년 한 부락마다 평균 8개의 묘우(廟宇)가 존재했으며, 1928년에는 평균 1.9개의 묘우가 있었다. 호구를 단위로 하면 1882년에는 평균 24호 당 1개의 묘우가 있었고 1928년에는 평균 50호 당 1개의 묘우가 있는 셈이며, 사람을 단위로 하면 1928년에는 1개 촌락 당 600명의 사람이 있었으니[15] 대략 300명에 1개의 묘우가 있는 셈이다. 비교 가능한 예의 하나로 찰합이(察哈爾)성 만전현(萬全縣, 현재는 하북성에 귀속)을 들 수 있는데, 1947년에 행해진 86개 촌락에 대한 연구에서는 한 촌락 당 6.5개의 묘우가 발견되었다.[16] 하북성의 망도현(望都縣)은 1905년의 자료에서는 평균 100호 또는 500명 단위의 촌락에 5.7개의 묘우, 즉 17.7호 또는 88.5명 당 1개의 묘우가 있었던 것으로 나타났다.[17]

---

15 李景漢, 『定縣社會槪況調査』, 北京, 1932, pp.424-426.
16 Williem, A.Grootaers, Li Shih-yu, Chang chih-wen, *Temples and history of Wanchun*(Chahar), Monumentta Serica, Peking, 1948, vol.VIII.
17 『望都縣鄕土誌』, 1905.

이 현들은 모두 중국의 북방에 위치하는 것으로 기타 다른 지방의 상황은 현재 참고 가능한 자료가 없다. 중국 남방의 지방지는 주요 사원들의 자료만을 보존하고 있을 뿐 비교적 소규모의 사묘(寺廟)는 생략되어 있고 특히 제단에 관해서는 거의 언급되어 있지 않다. 때문에 이러한 자료만으로는 중국 북방과의 비교 연구가 불가능하다. 그렇지만, 남방의 몇몇 소수의 촌락 사례는 상대적으로 완전한 사묘와 제단에 대한 기록을 제공하고 있다. 광동(廣東) 부근의 남경(南慶)이라는 이름의 촌락에 관한 현지 조사는 233호 촌락에 8개의 묘우와 사묘, 종사(宗祠)가 있는 것을 보여주는데, 평균 30호 당 1개의 묘우가 있는 셈이다. 광동성 순덕(順德)현에 있는 상원위(桑園圍)라는 촌락에는 161호에 5개의 묘우와 사당 및 제단이 있어 평균 32호 당 1개 꼴이다.[18] 남방인이 북방인보다 신비한 신앙을 더욱 숭상한다는 일반적인 견해를 고려한다면, 인구의 비율로 남방과 비교할 때 북방의 사묘와 제단의 숫자는 실제로 조금도 과장이 아닌 셈이다.

**사묘의 사회적 기능**

우리는 사묘에서 신도에게 제공하는 광범한 기복(祈福) 기능을 통하여 중국사회 속의 종교 분포 상황을 관찰할 수 있다. 일신교 신앙에서는 사람들의 정신적 혹은 신비적 욕구는 유일신에 대한 기도로 이루어진다. 그러나 중국인의 다신숭배 전통 속에서 사람들은 목적에 따라 다양한 신에게 기도한다. 〈표1〉은 중국 5개 지역 8개 지방에 분포된 1786개 사묘의 기능을 개괄한 것이다. 전반의 두 개 현 망도(望都)와 청하(淸河)는 북방에 위치하고 있고, 그 뒤의 두 개 현 천사(川沙)와 보산(寶山)은 중국의 동해안, 나정(羅定)과 남해(南海) 불산(佛山)지역은 남중국인 광동성, 수녕(綏寧)은 중국 서

---

18 『桑園縣志』, 제14권, pp.3-10.

〈표1〉 8개 지방 주요 사원의 기능 분류(각 사묘에 모신 주요 신상의 속성에 근거함)

| 기능 | 망도 | 청하 | 천사 | 보산 | 나정 | 불산 | 수녕 | 마성 | 숫자 | 비율 |
|---|---|---|---|---|---|---|---|---|---|---|
| I. 사회조직의 통합과 복리 | 48 | 86 | 70 | 93 | 59 | 78 | 71 | 97 | 602 | 33.7 |
| A. 가족집단 | 20 | 20 | 26 | 29 | 3 | 31 | 9 | 23 | 161 | |
| 1. 결혼 | | | | | 1 | | | | 1 | |
| 2. 출산 | 19 | 19 | 24 | 26 | 2 | 30 | 8 | 22 | 150 | |
| 3. 가족의 가치 | 1 | 1 | 2 | 2 | 1 | 1 | 1 | 1 | 10 | |
| B. 지역사회 보호 | 3 | 8 | 14 | 26 | 2 | 30 | 8 | 22 | 138 | |
| C. 省(성) | 25 | 58 | 30 | 38 | 32 | 32 | 50 | 38 | 303 | |
| 1. 시민 및 정치적 덕목을 상징하는 숫자 | 21 | 54 | 25 | 34 | 26 | 24 | 43 | 31 | 258 | |
| a. 시민 및 정치적 숫자 | 10 | 2 | 15 | 22 | 17 | 9 | 28 | 19 | 122 | |
| (1) 역사상의 인물 | 7 | 1 | 15 | 21 | 14 | 4 | 24 | 18 | 104 | |
| (2) 전설상의 인물 | 3 | 1 | | 1 | 3 | 5 | 4 | 1 | 18 | |
| b. 군사적인 인물 | 11 | 52 | 10 | 12 | 9 | 15 | 15 | 12 | 136 | |
| 2. 정의의 신(神) | 1 | 1 | 1 | 1 | | | 1 | | 5 | |
| 3. 학자-관료계층의 후원자와 문자 전통 | 3 | 3 | 4 | 3 | 6 | 8 | 6 | 7 | 40 | |
| II. 보편적 도덕 질서 | 26 | 73 | 20 | 28 | 64 | 117 | 37 | 41 | 406 | 22.7 |
| A. 하늘의 신 | 14 | 61 | 3 | 10 | 11 | 31 | 29 | 25 | 184 | |
| B. 저승의 권위자 | 12 | 12 | 17 | 18 | 53 | 86 | 8 | 16 | 222 | |
| III. 경제 기능 | 12 | 10 | 21 | 29 | 18 | 17 | 25 | 11 | 143 | 8.1 |
| A. 농사 신 | 12 | 10 | 17 | 17 | 12 | 8 | 24 | 8 | 108 | |
| B. 기술과 상업의 후원자 | | | 2 | 7 | 4 | 7 | | | 20 | |
| C. 상업과 총체적인 경제의 번영 | | | 2 | 5 | 2 | 2 | 1 | 3 | 15 | |
| IV. 건강 | 3 | 2 | 2 | 3 | 1 | 8 | | | 19 | 1.1 |
| V. 공공 및 개인의 복리 | 10 | 13 | 2 | 16 | 4 | 20 | 3 | | 68 | 3.8 |
| A. 만신전 | 2 | 1 | 1 | 1 | | | | | 5 | |
| B. 축귀(逐鬼)자 | 1 | 1 | | | | 12 | | | 14 | |
| C. 축복신 | 7 | 7 | | 5 | | 5 | 1 | | 25 | |
| D. 지정되지 않은 신을 모신 사당 | | 4 | 1 | 10 | 4 | 3 | 2 | | 24 | |
| VI. 사원과 비구니 절 | 25 | 5 | 29 | 49 | 24 | 28 | 166 | 222 | 548 | 30.6 |
| A. 불교 | 25 | 5 | 20 | 48 | 22 | 26 | 146 | 202 | 494 | |
| B. 도교 | | | 9 | 1 | 2 | 2 | 20 | 20 | 54 | |
| 합계 | 124 | 189 | 144 | 218 | 170 | 268 | 302 | 371 | 1,786 | 100.0 |

부의 사천성(四川省), 마성(麻城)은 호북성(湖北省)에 위치하고 있으며 중부 지역이다. 5개 지역 8개 지방에 달하는 각기 다른 지방의 사묘 분포를 집계하는 것은 이 지방들의 주요 사묘에서 거행되는 가장 중요한 제사들이 공유

하는 그 기능 양식을 알아보고자 함이며, 이 지역의 자료를 사용하는 것은 민간 종교생활의 시스템적 양식을 적시하려는 것은 아니다. 각기 다른 지역과 다른 현 가운데서 이 지방을 선택한 것은 순전히 이 지역들의 지방지가 제공하는 자료가 상대적으로 완전했기 때문이다. 8개 지방 가운데 불산지역은 불산시가 중심이고, 천사(川沙)와 보산은 상해의 외곽에 위치하는 탓에 도시의 영향을 쉽게 받지만, 다른 지방은 주로 향촌적 특색을 지니고 있다.

〈표1〉에서의 각기 다른 기능에 의거한 사묘에 대한 분류는 상대적 방식이며 절대적인 것은 아니다. 왜냐하면 대다수는 아니더라도 적지 않은 종교 숭배의식이 기능적으로 다양한 성격을 가지고 있기 때문이다. 그러나 절대다수의 민간 종교의식 가운데서 어느 특정한 기능이 각별히 중시되고 있다는 것은 쉽게 알 수

아이를 낳게 해주는 신으로 남중국 일대에서 널리 숭배되고 있는 송자관음(送子觀音).(위 아래)

있다. 독자들은 사묘 숭배의 기능적 다양성이 이 방대한 내륙국가의 각기 다른 지리적 특성과 하부문화의 차이를 반영하는 것이며, 이들 지역의 공통적인 특징은 보편적인 기능 양식에서 표현되는 것이지 구체적인 숭배 면에 있지 않다는 것을 인식해 두어야 한다. 즉, 일부 전국적인 제사의식이라고 해도 그 명칭과 시간 그리고 동일한 신의 기능에 이르기까지 각기 지역마다 편차를 보인다.

사회조직의 범주에서 가정과 관련된 사묘는 그 주요 기능이 생식숭배로 나타나는데, 남방의 관음숭배와 북방의 삼신어미(送子娘娘) 또는 삼신할매(送子奶奶) 숭배가 있다. 관음은 북방에서는 보통의 신령일 뿐 생식을 관장하는 기능을 갖지 않는다. 가정과 관련된 숭배로 이미 이 세상에 존재하지 않는 모범적 인간상을 제사 드리기도 하는데, 효자이거나 열녀처럼 가족의 미덕을 표현하는 상징이 된다. 생식 숭배와 현지 마을의 효자 열녀를 모시는 사묘는 위의 표에서도 볼 수 있는 것처럼 1949년 이전 중국사회의 도처에서 발견되는 것으로, 가정이 사회구조 속에서 실질적인 중요성을 갖고 있음을 분명히 반영하고 있다. 그러나, 조상 숭배가 가정의 조직을 공고히 하는데 도움이 되는 종교적 핵심임에도 불구하고 그것이 위의 표에 나타나지 않는 것은, 지방지 속에 이와 관련된 사당에 관한 일차적 자료가 기재되어 있지 않기 때문이다.

보호와 기복에 동원되는 사묘 의식은 화재 예방을 위한 화신 숭배와 같은 보통의 제사의식을 포함한다. 그러나 마을공동체의 사회적 안녕은 광범하고도 또 포함하지 않는 것이 없기 때문에, 많은 기타의 사묘 제사의식은 마을공동체 조직에 대해서도 상당한 중요성을 갖는다. 때문에 도덕 질서의 범주 내에서 성황신(城隍神)이나 토지신(土地神) 같은 전국적인 신들도 지방을 보호하고 가뭄과 홍수 등 자연재해를 방어하는 기능을 담당하고 있으며, 또한 이들 신에 대한 집단적 제사의식은 위급한 경우나 또는 명절 기간에 이루어져 현지 대중들의 집단적인 결속력을 강화시킬 수 있다. 수많은 숭배

위의 사진은 산서성 평요에 위치한 문묘의 대성전으로 문묘에서는 정기적으로 공자께 석전례(釋奠禮)를 올린다. 아래 사진은 강서성 무원현에 소재한 문창각으로 과거(科擧)의 신인 문창신(文昌神)을 모신 곳이다.

의식은 농촌의 용왕이나 도시의 직업 수호신(trade patrons)처럼 경제적으로 공동체의 이익을 위한다는 동일한 의미를 갖는다. 민간의 종교의식에서 강조되는 마을공동체에 대한 보호가 각각의 지역마다 다른 방식으로 표현되는 것은 주로 지역경제적 요소가 민간종교의 발전에 현저한 영향을 미쳤기 때문이다. 예컨대, 보산현과 천사현에 해안가마다 해신(海神)묘가 자리를 잡은 것은 해일이 이 지역의 주요한 재난이기 때문이다. 불산에 11개의 화신(火神)묘가 있는 것은 이 지역이 폭죽사업으로 매우 유명한 것과 관련된 것으로 폭죽업은 화마에 쉽게 노출되기 때문이다. 그러나 이러한 지역의 종교적인 표현이 공동체의 안녕과 보호를 광범위한 기초로 삼는 숭배 대상의 기능 양식을 바꾸지는 않는다.

관방이나 성(省)이 정치질서의 운영에 대해 강조하는 사묘 숭배 의식은 주로 그들 신격화된 인물을 모시는 것으로 표현된다. 이들 신격화된 인물들은 백성들에게는 정치·군사적 가치의 상징으로서 존재한다. 이러한 신명에는 전설적 영도자이었던 요(堯) 임금, 유명한 역사적 인물인 관우(關羽)뿐만 아니라 당대에 공적이 높은 관원이나 지방 지도자들도 포괄하는데, 관리들이나 지방 유지들을 막론하고 엘리트들은 그들을 정치적 상징으로 여겨 최대한의 관심을 쏟았다. 문묘(孔子) 제사와 문창신(文昌神) 신앙은 사대부 집단이 그들의 통치 지위를 유지하는 도덕적 사회구조상의 유력한 보장이기도 하다. 이 표에 그 성의 제천(祭天)의식을 포함하지 않은 것은 제천의식은 수도 지역에 국한되고, 수도가 위의 표 8개 지방의 예에 들어 있지 않기 때문이다.

사회의 보편적 도덕 질서를 지지하는데 전념하는 사묘 의식은 천신(天神)과 지하신이 포함됐다. 수많은 기능성 해석은 모두 이 두 종류의 의식으로부터 반영되어 나온 것들이다. 다만 민중 종교생활 속에서 하늘과 지하에 관한 관념을 반영하는 것은 도덕적 계시인데, 하늘을 통하여 착한 일에 상을 내리고 지하의 악귀들은 악행으로 벌을 받는다. 권선징악(勸善懲惡)은 인간에게 희망을 주지만, 뜻밖의 횡재나 각종 불행한 현실은 초자연적 요소에 의해서 해석이 가해진다. 하늘과 지하의 권위에 대한 숭배는 바로 이렇게 사회 도덕 질서를 수호하는 중요한 기능을 발휘하게 되는 것이다.

경제생활과 상관이 있는 사묘는 농업신을 모시고 있는데 농업신은 기본적으로 자연의 힘을 장악하고 있으며, 아울러 농촌사회 성원들의 응집력을 공고히 하는 데 도움이 된다. 즉, 각종 직업 수호신이 모셔져 있는데, 이 신명들은 각종 직업활동이 순조롭게 이루어질 수 있도록 보우하고 또 그들의 정신적 유대를 강화하여 구성원들을 통합시킨다. 또 재신(財神)이 모셔진 경우 재신은 사람들이 재물을 추구하고자 노력하는 과정에서 각종 재난을 극복할 수 있도록 도움을 준다. 관개농업을 기초로 하는 사회에 대해서는 신농단(神農壇, 농업 시조 神農의 제단)과 각양각색의 수신(水神), 지역마다 각기 다른 호칭을 갖고 있는 용왕 등 전국 각지에 보편적으로 통행되는 숭배의식을 찾고자 한다. 그러나 특유의 경제 지리적 요인적으로도 민간의 종교의식 속에 반영되는데, 장강(長江) 이북의 충신(蟲神) 숭배는 황충(蝗蟲, 메뚜기)류와 유사한 해충들이 장기적으로 생활에 해를 끼치고 있었기 때문이며, 또 수녕(綏寧)지역의 산간 수목신 숭배는 그곳에서 임업이 중요한 산업이었던 까닭이다. 재신 숭배 의식은 하나의 전국적인 의식인 반면, 일반적으로 보통사람들, 특히 상인들이 경제적인 번영을 목적으로 숭배하는 특정한 신들은 지역마다 각양각색이다. 가장 흔히 보게 되는 재신은 바로 충의와 전쟁의 신인 관우로서, 관우 숭배는 일반적으로 재물을 얻고자 하는 것이다.

건강에 관한 민간의 신앙은 전문적으로 약왕(藥王)과 의성(醫聖)을 모시는 사묘가 있다. 그러나 백성들은 사실 다른 신에게도 낫게 해달라고 기도하는데, 거의 모든 신들이 잠재적 신의(神醫)로서 기능한다. 물론 의약신에 속하는 신은 그들의 탁월한 치료 능력으로 알려져 있는 대상들이다.

마지막으로 어떤 사묘는 특정한 기능을 갖지는 않지만 개인 혹은 공공의 삶에서, 특히 위기의 상황에서, 구원을 요청할 때 축복을 내린다.

하북성 보정시 안국에 위치한 약왕묘의 약왕신(藥王神). 약왕신은 병을 낫게 해주는 신이자 제약업자들의 직업신이기도 하다.

불교의 사원과 비구니암자 그리고 도교의 궁관(宮觀)과 도고암(道姑庵)은 종교 시설이므로 설명이 필요하다. 몇몇 불교의 사원과 비구니암자 그리고 도교의 궁관과 도고암은 대중의 기도를 위해 개방되어 있다. 그러나 다수의 사원들은 단골 평신도에게만 접근이 허용되어 있다. 일반적으로 사원은 대중의 보편적 복리를 위해 존재하는 것으로 인식되고 있다. 그러나 또다른 측면에서 이러한 종교 시설들은 출가자(화상, 비구니, 도사, 도고)에게 세상과 격리된 환경을 제공하여 영혼 구제의 염원을 품고 교리 연마에 전심 전력을 기울이도록 한다. 이렇듯, 사원의 담장 안쪽은 개개의 사원과 비구니암자 모두가 세속의 사회질서와는 구별되는 작은 신성한 질서를 대표하며, 이 신성한 질서는 물질세계의 불완전한 것들을 모두 닦아낼 수 있고 또 인간들이 그지없는 고해 속에서 구제될 수 있는 아름다운 곳으로 인정되었다. 사원은 종교적으로 독실한 영적인 생활을 위한 장소이며—고통 받는 세상을 구원하는 역할로서—신성한 삶의 질서를 구현하며 수행자들을 훈련하고 임명하는 중심 역할을 제공하는 것이다. 그러므로 사원과 비구니암자는 중국인의 종교생활을 통합시키는 중심지가 되는 것이다.

사묘 전체 수량 가운데서 각 유형별 사묘가 점하는 비율이 종교가 사회생활 각 측면에서 갖는 상대적 중요성을 완전히 반영하지 못하는 부분적 이유는 신이 갖는 다기능적 속성 때문이다. 예컨대, 건강과 관련된 사묘는 기능적 분류에서는 그 수가 가장 적지만, 헤이에스(L. Newton Hayes)의 연구에 의하면 사묘에 오는 참배객 500명 가운데 96.6퍼센트가 질병에 관한 점을 친다. 이것은 대중들이 모든 신령은 전지전능하다고 믿는 결과이며, 어떤 신에게 기도를 드려도 모두 건강에 도움이 된다고 확신하고 있다는 것을 보여준다. 광동성의 남경(南慶)촌에서 화신묘의 출가자는 저자에게 사묘를 찾아 참배하는 80퍼센트는 모두 무병장수를 기원하는 것이라고 알려주었다. 〈표2〉는 헤이에스가 사원 분향객이 써놓은 문구를 통해 사회적 기능을 분석한 결과인데 대중의 종교의식의 다기능적 속성을 보여준다.[19]

이 표에서 보여주는 사묘의 사회기능 외에 또 하나 매우 흥미 있는 사실은 많은 사묘들이 사회관계를 유지시키는 기능을 담당하고 있다는 점이다. 이는 가정의 행복과 마을공동체를 보호하는 것에서부터 정부의 행위와 사회적 도덕 질서의 유지에 이르기까지 각 방면의 대소사를 모두 아우른다. 경제적인 부분에서는 직업 수호신과 일반적인 재신 모두가 사회적인 통합과 성공적인 인간관계와 서로 관련되어 있다. 사회적 기능 구조와 관련한 모든 것들은 종교가 전통 중국사회의 운행 과정에서 담당하는 중요한 역할을 나타내는 경향을 보인다. 참배객들의 점치는 내용에 관한 하이에스의 연구는 사람들이 사회관계에 대해서도 같은 관심을 갖고 있다는 것을 보여준다.

중국의 농촌에서 규모가 가장 크며 인상적인 건물은 일반적으로 종교 건

---

19 L.Newton Hayes, "Gods of Chinese", *Royal Asiatic Society, North China Branch*, 1924, vol.55, pp.97, 103, quoted in Clarence G. Day, *Chinese Peasant Cults*, Shanghai, 1940, p.13.

〈표2〉 500명 참배객들의 점치는 내용과 관련한 민간 종교의식의 사회적 기능

| 기능 | 점치는 사람의 숫자 | 전체 숫자에 대한 비율 |
|---|---|---|
| 질병 쾌유 | 484 | 96.8 |
| 결혼 | 459 | 90.2 |
| 여행운 | 440 | 88.0 |
| 부 | 424 | 85.0 |
| 소송 | 391 | 78.2 |
| 자손 | 348 | 70.0 |
| 가족 문제 | 348 | 70.0 |
| 분실품 | 346 | 69.2 |
| 이사 | 308 | 60.2 |
| 업무 | 290 | 58.0 |
| 수확 | 273 | 54.6 |
| 가축 | 266 | 53.2 |
| 공적인 지위 | 246 | 50.0 |

축물이다. 설사 도시라고 하여도 관부의 관청 정도나 사묘와 비교될 수 있다. 사실상 중국에서는 규모가 웅장하고 예술적 품격을 갖춘 건축물은 모두 기본적으로 종교 건축물이다. 사묘 건축에 사용된 목재와 석재는 모두 어마어마한 자금을 들여 먼 곳에서 운반해온 것들이며, 보통은 공동체 전체의 집단적 노력 봉사까지 들어간다. 사원과 종교가 사람들의 마음에서 가장 중요한 상징일 수 있어야 이와같이 거대한 물적, 인적 자원을 필요로 하는 사묘 건축에 사람들을 기꺼이 참여시킬 수 있었을 것이다.

하나의 예는 종교가 지역의 마을공동체 집단활동 속에서 차지하는 중요성을 설명해준다. 앞서 우리가 언급한 남경의 한 촌락에서, 마을 주민들은 1949년 여름 사묘의 행사를 위하여 약 500달러에 달하는 거금을 조금도 아끼지 않고 사용하였는데, 이는 이 지역의 수호신인 토지신의 탄생을 경축하기 위한 것이었다. 같은 시기, 이 마을에서는 마을 저수지를 수리하려고 하였으나 이에 소요되는 같은 규모의 자금을 도저히 모금하지 못하였고, 또

그 돈의 3분의 1만 있어도 돈 없는 마을의 자제들이 공부하는 곳을 마련해 줄 수 있었지만 그마저도 이루어지지 못하였다. 오랜 기간의 궁핍한 경제 상황하에서, 수리사업과 교육 계획을 희생시키면서까지 이처럼 거대한 자금을 들여 종교행사를 거행하는 경우는 '비종교적'이니 뭐니 하는 민족에게는 결코 있을 법하지 않다.

### 중국 사회생활에서 종교 영향의 다른 표현들

사원과 제단이 분향하고 참배하는 공공장소로서 갖는 의미는 단지 대중 종교생활의 다양한 표현 형식의 하나에 불과할 뿐이다. 많은 종교활동이 공공장소에서만 행해지는 것은 아니었다. 어떤 의미에서는 전통적인 중국 가정은 모두 종교적 제단이 있다고 할 수 있는데, 가정마다 조상의 신위나 혹은 가족이 모시는 신명의 화상 혹은 신상을 보유하고 있다. 공공 숭배의 부분에 포함되지 않는 개인생활에서도 의식주와 여행, 결혼, 죽음 그리고 다른 위기상황에서 수도 없이 많은 종교의식이 있다. 우리는 비록 사원의 수량에 관한 완전한 통계 자료를 제공할 수는 없지만, 확인할 수 있는 것은 신령의 세계에 관한 관념은 이미 신비한 전통을 통하여 대중들의 심령 깊은 곳에 뿌리내려 있고 풍부하게 저장되어 있다는 점이다. 노인네들이 이야기하는 고사 속의 신명과 영혼의 형상은 생생한 생활 속으로 들어앉아 있으며 동시에 아이들에게는 동화였기 때문에, 대중들의 심령 속에서는 정신적인 세계와 사람들이 사는 일상 세계가 밀접하게 하나로 결합되어 있다. 설사 불가지론을 고수하는 현대의 중국 지식인에게도 어린 시절의 기억 – 깜깜한 밤에 조상의 영혼이 위패 앞에 정말로 나타나는 것 같은 느낌 – 을 가지고 있다. 남방에서 살았던 많은 아이들은 밤에 길모퉁이에서 오줌을 싸기 전에 반드시 "나 쉬 하게 좀 비켜주세요"라고 작은 소리로 말을 한다. 이렇게 해야 사방을 돌아다니는 혼백과 귀신들에게 오줌이 튀지 않게 된다는 것이다. 아이나 어른을 포함하여 교육을 받지 않은 사람들 가운데는 일상생활 속에서 초자연적 신앙을 멀리한다면 하루를 소일하는 것도 쉽지 않은 경우가 있다. 전통시대에 가장 잘 팔리던 책은 유가의 경전이 아니라 『역서(曆書)』이었으며, 역서는 농업생산을 위해 절기에 관한 자료를 제공할 뿐만 아니라 일상생활 속의 신비한 지식을 제공하는 지침서였다.

종교는 또 광의의 문화체계에 스며들어 있었다. 중국의 역사 편찬과 철학은 종교적 해석의 영향 하에 있었다. 중국사상의 양대 노선-유가와 도가-은 모두 종교적 색채에서 결코 벗어나지 않았다는 것은 사실이다. 도교의 신비주의는 주술적 의식(儀式)에 붙들려 있었고 도교라는 종교로 발전했다. 유교가 불교의 영향을 받아들였다는 것이 당연한 사실이다. 비단 우주관에 관한 비유학적 이론과 '심과 성'의 문제뿐 아니라 많은 유학자들이 불교의 참선 수행법을 받아들였다. 음양오행의 이론 또한 도교와 유학 속에 침투되었다.

문학에서, 중국의 현실을 반영하는 모든 전통소설은 인간의 위기를 서술

도교의 성지인 중국 사천성 청성산(靑城山).

하는데 종교적인 요소를 빠뜨리지 않는다. 심지어 통속이나 민중소설이랄 수 있는 『홍루몽』도 '불교에의 귀의'를 애정에서 좌절을 겪은 주인공이 취하는 도피의 길로 삼음으로써, 이야기의 구성이 카타르시스로 치닫게 한다. 무엇보다 신화를 소재로 삼은 소설들은 일반 독자와 글자를 모르는 사람들을 위하여 이야기를 꾸며내는 민간 이야기꾼에게 각별한 사랑을 받았다.

다음의 예는 그러한 신화적 이야기의 실제적인 영향력을 보여준다. 즉, 1953년 중국 공산당은 신화적 소설을 읽는 것을 반대하는 명령을 발동했다. 그 이유인즉, 불멸의 비밀을 가르쳐주는 도교 주술사를 찾아서 집을 나와 사천의 영산을 찾아 가려는 초심자의 예를 들어 '악영향'을 미친다는 것이었다.

시문학 방면에서도 종교의 영향은 많은 걸작에서 현저하게 나타나는데, 평범한 일상의 번잡함 속에서 해방되어 정신적 경지가 최고점으로 승화될 수 있도록 해준다. 저명한 사례로 산문 「황주죽루기(黃州竹樓記)」를 들 수 있는데, 작자인 왕우칭(王禹偁)은 송대의 관리로 각종 역경을 겪었다. 그는 장강으로 쫓겨나 황주(호북성) 위수를 맡았는데, 사방 도처에 대나무가 널린 곳이었다. 그는 그곳의 생활과 자신이 직접 지은 대나무 정자 그리고 주변 모든 것을 이렇게 묘사하였다.

> 하루의 업무를 마치고…… 여유를 찾아본다. 학창(도포)를 걸치고 화양건을 머리에 올리니 손에 『주역』이 들려진다. 향을 살라 묵묵히 선정에 드니 세상의 근심이 절로 사그러든다. 문득 눈을 뜨니, 산과 강, 이어서 떠다니는 배와 모래 위의 새들, 구름 같은 안개 사이로는 대나무 숲 그리고…….

여기의 묘사는 완연히 자연으로 돌아가야 한다는 도가철학이 메아리치고 있다. 그러나 종교적 영향 또한 신비적 경전인 『주역』 풀이에서 충분히 표현되고 있고, 불교의 명상을 통하여 세속의 번뇌를 떨쳐버리고자 하고 있다.

인간의 정신적 경지를 승화, 짧은 생애를 점철하고 있는 범속한 욕망을 초월하여 우주의 영원한 진리와 일체화되기를 추구하고 있다. 삼국시대(三國時代)에서 수(隋)왕조가 수립되던 분열의 시기(221-589)까지, 세속을 초탈하고자 하는 경향이 시와 산문 작품 속에 가득 등장하게 되는 것도 바로 중국문화 속에 시나브로 뿌리를 다져가고 있던 불교의 영향 때문이다.

중국예술, 특히 장식미술에서 기본적인 주제에서 종교의 공헌을 잘 인식할 수 있다. 불교의 영향에서 나온 연화문(蓮花紋) 도안이 가장 명확한 예이다.[20] 정교한 중국 전통 장식예술에서는 거의 예외없이 종교에 감화를 받은 도안, 예를 들면 구름, 용, 봉황, 혹은 도교의 신선 등이 나타난다. 그리고 더 빈번한 것은 예술과 건축에서의 종교적 상징들은 한때 중국역사에서 중요한 역할을 담당했던 이문화(異文化)의 명백한 증거로서 남아있다. 그것은 한때의 강력한 세속 권력 구조가 아니라 세월의 침식에서도 성공적으로 살아남은 예술의 종교적인 표현이었다. 결코 잊혀질 수 없는 산서(山西) 대동(大同)의 운강(雲岡)석굴도 바로 북위(北魏, 368-534) 시기 일시 강성하였던 선비 탁발족(拓跋族) 사람들과 요대(遼代, 907-1125) 거란(契丹) 사람들이 남긴 중요한 역사 기념물의 하나이다.[21]

이후의 각 장에서 다루게 될 중국의 주요 사회제도의 사상과 구조는 모두 종교 요소를 포함하고 있으며, 이 관계 속에서 학자들은 이미 충분히 중국의 정치제도를 검토하였다. 조직화된 종교와 정부 사이에 장기적 투쟁이 존재하지 않았던 것은 중국정부가 종교의 영향을 받지 않았다는 것을 설명하는 데 곧잘 사용된다. 사실은 중국 국가 개념은 역사의 여명기에서 청 왕조

---

20 C. A. S. Williams, *Outlines of Chinese Symbolism and Art Motive*, Shanghai, 1932. J. LeRoy Davidson, *The Lotus Sutra in Chinese Art*, New York, 1954.
21 Suiichi Mizuno, "Archeological Survey of the Yun-kang Grottoes", *Archives of the Chinese Art Society of America*, 1950, vol. IV, pp.39-60. L. Carriton Goodirich, *A Short history of the Chinese People*, New York, 1943, p.100.

북위시대에 건설된 운강석굴. 용문, 돈황과 함께 중국 3대 석굴의 하나로 손꼽힌다.

(1644-1911)까지 시종 신화와 불가분의 관계가 있다. 종교운동에 대하여 피비린내 나는 진압을 가하였던 것은 19세기 중국의 두드러진 특징이었다.[22] 1959년까지 공산정권은 종교사회에 대해서는 반혁명 집단이라며 잔인한 반대운동을 하고 있다. 정부에 대항하는 종교의 조직력이 약하다고 해서 둘 사이에 투쟁이 없었다는 말은 아니다. 만약 정말로 하나의 '이성적인' 사회이거나 '비종교적인' 사람들이었다면, 명 왕조를 도왔던 백련교와 같은 강대한 종교세력을 만들어내기 어려웠을 것이고, 청 왕조의 기반을 흔들었던 태평천국운동을 출현시키는 것은 불가능하였을 것이다. 그리고 많은 교파운동이 현재 공산정권의 소요의 원인이 되고 있다. 종교운동을 간단히 보통 민중들의 미신적 산물로 치부하여 버리는 것은 중국사회의 본질을 이해하는 데 아무런 도움도 되지 않는다.

많은 경우 중국에서 종교를 과소평가하는 것은 유교의 합리적 특질에서 비롯된 것이다. 그러나 오직 유교의 이성주의에 의탁한 사상만으로는 거대하고 예측할 수 없는 영역으로부터 오는 도전을 성공적으로 맞을 수 없으며, 사회와 자연에 존재하고 있는 엄청난 현상들 - 죽음을 포함하여 인생에서의 비극이 가져오는 공포와 실망을 처리하는 일 - 을 설득력 있게 해석하기도 어렵다. 인간의 정신적 경지를 제고시켜 범속한 세계의 이기성과 공명을 초월하고 인간에게 더 높은 목표를 갖게 하여 주위 사람들과 단결하고 화목하게 사는 일 혹은 오랜 기간 유지되어온 도덕 질서의 정당성을 조정하여 순수 도덕으로는 해결하기 어려운 성공과 실패에 맞설 수 있도록 하는 일은 결코 쉽지가 않다. 위의 내용 그리고 이와 상관된 생활상의 사회문제는 기타의 다른 문화체계에서와 마찬가지로 중국사회에 있어서 종교의 발전을 필연적인 것으로 만든다.

---

22 J. J. M. DeGroot, *Sectarianism and Religious Persecution in China*, Amsterdam, 1903.

## 연구의 접근과 범위, 자료

중국 종교에 대한 현존하는 논쟁과 방대한 양의 문학 그리고 중국인의 생활에서 결코 부인될 수 없는 그리고 짚어보면 모든 것이 사실인 종교의 영향들, 이것이 중국사회에서 종교를 매우 모호한 지위에 처하게 하고 있다. 이 모호성을 조성하는 중요한 이유의 하나는 중국사회의 제도적 프레임에는 공식적으로 조직화된 종교체계가 두드러지지 않아, 이 때문에 사람들은 통상 많은 민간신앙을 비조직적인 것으로 치부해버리고 그리고 종교는 중국의 사회와 도덕 질서 속에 그다지 중요치 않은 것으로 봐버린다. 종교에 상당한 중요성을 부여하였던 베버조차도, 중국의 종교신앙의 상황을 "기능적 신령들의 대잡탕(a chaotic mass of functional gods)"으로 특징화했다. 이러한 해석은 상당 부분 기독교의 패턴으로 중국문화 속의 종교 상황을 검토한 결과이다. 기독교 세계에서 종교는 공식적인 조직체계를 갖고 있으며 서구사회의 조직화된 틀에서 확실한 구조적인 위상을 확보하고 있다.

중국사회를 구조기능적 방법을 적용하여 분석하면서 우리는 종교에 두 가지의 구조적 형식을 분별해낼 수 있었다. 하나는 제도종교(institutional religion)인데, 제도종교는 자체의 신학과 의례 그리고 조직체계를 가지고 있으며 다른 세속의 사회조직과는 독립되어 있다. 그것은 자체로 하나의 사회제도가 되고 기본적인 관념과 구조체계를 갖는다. 다른 하나는 분산형 종교(diffused religion)로 그 신학과 의례 및 조직은 세속 제도의 관념과 구조, 사회질서의 다른 측면과 긴밀하게 융합되어 있다. 분산형 종교의 신앙과 의식은 조직을 갖춘 사회적 양식과 통합된 부분으로 발전되고 동시에 그것은 사회조직 전체 속의 일부로서 분산적 형식 속에서 다양한 기능을 발휘하면서 조직적인 방식으로 중국의 사회생활에 스며든다. 이렇게 보면 중국은 형식상의 조직을 가진 종교는 그다지 강대하지는 않지만, 이것이 중국문화 속의 종교의 기능과 가치 또는 종교 구조체계의 결여를 의미하는 것은 결코 아니다.

이 방법을 사용하여 우리는 우선 종교의 위치를 중국의 가족제도와 가정 이외의 사회·경제단체, 마을공동체, 중국정부, 제도적 정통 지위에 놓인 유학 그리고 보편적 도덕 질서 속에서 논증할 것이다. 그 후에 우리는 다시 전통 중국사회에서 제도종교와 분산형 종교의 상대적 지위를 평가할 것이다. 마지막으로, 우리는 현대 중국사회의 발전 과정에서 종교의 기능적 역할의 새로운 추세를 요약하고자 한다. 이 연구에서는 중국사회에서 종교의 기능적 지위가 강조된다.

이 연구는 주로 종교체계에 국한할 것이다. 왜냐하면 종교체계는 중국문화와 확고하게 결합된 부분이기 때문이다. 여기에는 불교와 도교 그리고 무수한 전통적인 종교의식이 포함된다. 불교는 외국에서 들어왔지만 이미 중국문화에 동화되어 일반 대중들은 근본적으로 불교가 인도에서 전래되었다는 것을 의식하지도 못한다. 기독교와 이슬람교가 시종 외래의 것으로 남아 있는 것은 그것들이 문화 적응의 유사성에 아직 대중들의 인정을 얻지 못하고 있고, 그 신학과 윤리체계가 중국 보통 민중들의 생활에 부합하지 못하기 때문이다. 이 때문에 소수의 사람만이 이에 귀의하고 있다.

시간적인 측면에서 본 연구는 주로 청말(淸末)과 민국 시기 특히 19세기와 20세기에 집중된다. 그러나 중국문화의 뿌리는 과거로 그대로 연장될 수 있으므로 현재의 구조와 기능적 지위를 이해하려면 역사 연원과 그 발전 맥락에 대하여 뿌리까지 탐색해야 한다. 이 때문에 이 연구는 종교가 중국 사회제도 속에서 도대체 어떠한 구조와 기능을 가졌는지를 명료히 할 수 있도록 역사 자료와 역사에 대한 토론을 대거 섭렵하게 될 것이다. 물론 역사의 각도에서 말하면 이러한 방법이 완전하지도 못하고 또 적합하지 않을 수도 있다. 그러나 중국 종교의 역사적인 발전의 체계적인 연구를 행하는 것은 확실히 관심을 기울여야 할 또 다른 항목의 작업이 될 것이다.

하나의 연합 방법론적 전략은 고전에서 취한 인용문을 이용하는 것이다. 이 연구에서 고전 문헌의 인용이 갖는 가치는 현대생활에서 사고와 행동을 이끄는 권위있는 말로써 대중들이 받아들이는 데 용이하다는 점 때문이다. 우리는 이들 문헌이 출현한 시간의 문제에는 주의를 기울이지 않을 것이며, 마찬가지로 원문의 정확성과 작자의 신원에도 개의치 않을 것이다. 고전에 나오는 말들은 종교의 역할을 포함해 현대사회 상황에서 효과적인 개념을 지니고 있으면 언제든지 사용될 것이다. 전통은 여전히 인용될 것이며 실제 지도적 작용을 갖는 개념이 될 것이다.

중국 종교 특히 그 기능과 구조에 대한 실제적인 자료의 부족은 이 연구를 하면서 직면한 것으로 이러한 점은 중국사회에서 종교의 기능적 역할에 관심을 갖는 다른 학자들을 괴롭히는 것이다.[23] 상대적으로 채 발굴되지 않은 자료들은 중국의 지방지에 대량으로 존재하고 있다. 호적은 "한 지방지의 어떤 연구는 …지역의 조상 사당, 사묘(祠廟), 도교와 불교사원, 공자를 모시는 문묘 등에 관한 한 권의 방대한 책을 쓸 수 있는 충분한 양이다……"고 말하였다.[24] 지금까지 이 지방지들은 서구학자들에게는 완전히 무시되었던 것이다. 최근 들어 어떤 이는 이미 전 중국의 5개 지역 민간 지방지 자료를 대량 이용하여 실험적 연구를 시작하였다. 이러한 자원을 활용하여 각기 다른 지역의 사원 유형과 민간의식에 관하여 이미 상당한 자료를 확보하였다. 〈표1〉에 열거한 사원의 기능적 배치는 바로 이 자료를 이용한 결과이다. 사원의 특정한 유형이 빈번히 출현하는 것은 많은 민간의식에 국가적인 체계가 존재한다는 것을 보여준다. 사원의 비문도 대량으로 이용되었는데, 이 비문은 그 사원이 모시는 성인과 신과 영혼의 기능을 이야기하고 있으며 그 민간신앙과 사회생활과의 관계를 고찰하는 데 도움이 된다.

지금까지 다른 일부 자료, 예컨대 문학 속의 신화와 구전설화 같은 것도 거의 이용되지 못했다. 이러한 것은 중국 사람들에게는, 매우 풍부한 가치

---

23 W. T. Chan, *Religious Trends in Modern China*, pp.144-240.
24 E. R. Hughes and K. Hughes, *Religion in China*, London, 1950, p.9.

를 지닌 종교 지식의 원천이다. 중국인들은 자신들이 직접 읽거나 혹은 읽었던 사람들로부터 들어보았던 것이다. 설교가 아니라 이 신화 고사로부터 중국인들은 신명의 신비한 위력이나 혼귀의 공포스러움, 천당의 길상과 풍요 그리고 음간지옥의 두려움을 알게 된다. 비록 대다수의 신화 이야기가 중국 문인들이 쓴 것이지만 그러나 이러한 고사는 사실 사회생활과 완전히 동떨어진 완전한 상상의 산물만은 아니다. 많은 고사들은 예술적인 문장으로 윤색되기 전에 이미 일반에서는 상당 기간 유행되었던 것들이다. 유명한 신화소설 『서유기(西遊記)』는 웨일리(Arther Waley)가 『원숭이 왕』으로 번역하기도 하였는데, 호적은 이것이 민간소설에서 명작으로 다듬어지기 전에 이미 상당히 오랜 기간의 성장 과정이 있었음을 고증한 바 있다.[25] 이 『서유기』 고사 속의 신화적 영웅인 원숭이 왕 손오공과 마찬가지로 진무신(眞武神)은 『북유기(北遊記)』, 이랑신(二郞神)은 『봉신연의(封神演義)』가 완성되기 전부터 민간신앙에서는 일찍부터 신처럼 모셔지고 있었으며, 국내의 각기 다른 여러 지방에서는 그들을 모시는 묘우를 세우기도 하였다. 이런 까닭에 신화소설은 중국 민간종교 신앙 발전의 한 부분이 되었던 것이다. 이러한 설화의 영향으로서 주문에 홀려 1953년 불사(不死)를 찾아서 그 산으로 떠나는 앞쪽의 초심자의 이야기는 아직도 대중들의 마음을 사로잡고 있다.

이 연구의 가치는 중국사회에서 종교가 갖는 구조기능적인 역할을 분석하고 해석하는 데 있으며, 중국 종교체계에 대한 체계적인 서술은 이미 많은 수가 있는 다른 연구에 남기기로 한다. 그러나 중국 종교체계와 관련한 몇 가지는 여기서 간단히 소개할 필요가 있겠다.

도교와 불교가 정식 종교체계를 갖추어 대중들의 인정을 받게 된 반면 중국의 원래 토착적 종교는 역사 기록에서 곧잘 무시돼 왔다.[26] 우리가 전통종

---

25 胡適, 『中國章回小說考證』, pp.315-379.
26 John Ross, "*The Original Religion of China*", Edingburgh, H. G. Creel, *Sinicism*, Chicago, 1929.

교라고 부르는 것은, 주 왕조(기원 전 1122-기원 전 221)부터 서한 시기에 이르는 동안, 즉 외래에서 들어온 불교와 도교가 그 영향 하에서 종교로 형성되기 이전에 이미 충분히 발전하고 있었다. 현대중국의 종교생활에 대한 모든 일반적인 조사에서도 고대의 신앙과 신명이 지금까지도 여전히 광범한 영향을 지니고 있다는 것을 알게 해준다. 전통종교의 핵심으로 여겨졌던 것은 천(天), 즉 하늘에 대한 것이며, 천에 종속되는 것은 많은 신 그리고 조상숭배였다. 『예기(禮記)』에는 다음과 같은 문장이 있다. "천(하늘)이 만물을 낳고, 그 가운데서 인간은 조상으로부터 비롯되었다." 천은 정신세계의 운행을 주도하는 지고무상의 인격화된 역량이었다. 이 정신세계는 이분법의 구조를 가지는데, 상부는 중신(衆神)으로 모든 신마다 명확한 기능이 부여되어 인간과 영혼을 다스렸다. 아래 틀은 다수의 영혼과 귀신이며 이것들은 영혼세계의 주체들이었다.

이러한 신앙체계는 공자가 살았던 시대에 이미 충분한 발전을 보았으며, 후대에 우주와 인류세계의 행위 준칙으로서 그리고 또 진일보한 격식으로 음양오행의 신학적 체계 속으로 합류한다. 의식의 상징은 신위(神位), 우상(偶像), 화상 그리고 이에 수반되는 신성한 대상의 형식으로 정신적인 존재를 구체화하는 것으로 발전한다. 제사(祭祀)와 점복(占卜), 그리고 각양각색의 신비적 활동과 의식은 인간이 혼령왕국과 상호 교통하기 위해 고안된 것이다. 그래서 전통종교에는 자체의 신학과 의식체계를 갖고 있었던 것이다.

전통종교의 중요성은 그루테어스(Grootaers)의 연구에 의해 실증된 바 있는데, 그는 찰합이(察哈爾) 만전현(萬全縣)의 민간 사묘 의식을 연구하였다.[27] 〈표3〉은 바로 민간신앙의 분포 현황을 제공한다. 구루테어스는 민간신앙은 일반적으로 전통종교와 같다고 주장했다. 그는 나아가 종교체계에

---

[27] Willem A. Grootaers, Li Shih-yu, Chang Chih-wen, *Temples and History of Wanchuan*, Monument Serica, Peking, 1948, vol.Ⅷ, pp.314-315.

〈표3〉 만전현(萬全縣)의 민간신앙 분포(주요 종교 중심)

| 종교의 정체성 | 예배집단의 수 | 비율 |
|---|---|---|
| 불교 | 169 | 19.7 |
| 도교 | 78 | 9.1 |
| 민간신앙 | 604 | 71.2 |
| 합계 | 851 | 100.0 |

있어서 민간신앙의 주도적 지위를 서술하여 "일상생활 속에서 민간신앙의 비중은 점점 커지고 있으며, 6개 사묘만 승려와 도사가 운영하고 기타의 모든 사묘들(569개의 99퍼센트)은 하나의 거대한 만신전(萬神殿)"이라고 서술하였다.

전통종교보다는 오히려 불교와 도교가 중국 종교를 연구하는 학자들의 많은 관심을 불러일으키는 것은 아래 몇 가지 원인에서 기인한다. 우선, 불교와 도교는 방대한 문헌-고유한 고전적 종교 이념, 신, 자체적인 의식전통 등-을 생산함으로써 자신들의 의견을 내놓는 종교엘리트들을 보유하고 있다. 두 번째로, 한때 큰 영향력을 낳았던 전통 교단은 오랫동안 주로 비조직화된 개인으로서, 의례를 주도하는 전문 무속인들의 지위를 떨어뜨렸다. 셋째 신학과 의례, 전통적인 종교의 조직은 일찍부터 주요한 세속제도, 특히 국가의 정치제도 속으로 침투되었다. 유가사상가들은 전통종교를 언급할 때 통상 그것을 세속제도의 기본 관념으로 취급한다. 주로 분산 형태로 존재하는 전통종교는 이 때문에 독립적 시스템으로 삼기에는 상대적으로 모호해진 것이다.

여기에 관련된 논점은 중국 종교가 고도로 절충적이고 신축적인 본질을 가졌다는 것이다. 민중의 종교생활에 있어서, 사람들의 의식을 지배하는 것은 민간신앙이 갖고 있는 도덕과 신비한 기능이지 종교적 신앙의 범위를 묘사하는 것이 아니다. 즉 향촌 사묘의 승려와 도사조차도 그들 자신이 믿는 종교가 도대체 무엇인지 명백히 말로 표현하지 못하기도 한다. 수 세기를 거치면서 여러 다른 신앙의 신들이 혼합되어 대중들의 만신전에서 가리지 않고 받들어지고 있으며, 이 과정에서 형성된 기능적 경향의 신앙관이 종교적 지식에 관한 의문을 부차적 위치로 밀어낸 것이다. 그 예로 도시 속에서 자리 잡은 성황묘가 있는데, 중국의 어느 곳에도 이러한 묘가 있다. 성황은 도교의 산물로 간주되지만 그러나 이 신은 실제로는 도교가 종교로 확립되기 훨씬 이전인, 상고시대인 주대(周代)에 이미 언급되었다. 도시의 모든 성황묘에는 필히 불교의 십간 지옥을 묘사한 벽화가 있는데, 주로 죽은 자들이 살아생전에 지었던 잘못 때문에 지옥에 떨어져 벌을 받고 있는 광경을 보여준다. 매 제사 형식이 어떤 종교와 일치하고 있는 것인지는 학자들의 흥미를 이끌어내곤 하지만, 묘우에서 기도를 하고 향을 사르는 보통의 신도들은 이것에 거의 관심을 두지 않는다. 그러므로 본 연구에서 우리는 종교적 정체성보다는 민간신앙의 기능적 중요성에 대해 보다 많이 고찰하려는 것이다. 민간의 종교 전통이 기능적인 부분으로 가는 것은 분업을 포함해 어쩌면 다른 신앙의식 사이의 일부 신학 측면의 모순을 조화시키고, 한편으로는 하나의 만신전에서 다신숭배라는 혼합신앙 속에서 신도들이 모든 신에 대하여 똑같은 경외의 마음을 갖는다는 데서 연유한다.

앞서의 논의에서는 유학을 주요 종교체계 속에 포함시키지 않았다. 그렇다면 유학은 종교인가, 아닌가? 이 익숙한 질문에 답을 하기 위해서는 분명히 종교에 대한 정의는 변화되어야만 한다. 넓은 관점에서 보면, 종교는 거의 궁극적이라 할 수 있는 감성적인 격렬함을 가진 무신론적 신앙체계로부터 궁극 가치를 갖고 초자연의 실체에서 충분히 상징화하고 숭배와 조직화의 양식으로 지탱되는 가치를 지닌 유신론적 신앙까지 연결되는 연속체로서 파악할 수 있다. 많은 무신론적인 사상과 행위체계 - 공산주의 같은 - 는 하나의 종교적 특질을 지니고 있으며 어엿한 유신론적 종교와 유사한 심리적 기능을 수행하고 있다. 잉거(Yinger)는 무신론 신앙체계를 유신론적 신앙의 기능적인 대체품이라고 생각하였다.[28] 앞서의 서술대로 이 연구는 유

강서성 경덕진에 위치한 '도자기의 신'을 모시는 사묘의 신상 앞에 불교의 신인 관음과 포대화상의 신상이 함께 모셔져 있다. 혼합종교적 특색을 보여준다.

신론 신앙에 중점을 두고 있는데, 여기에서 초자연성은 매우 두드러진 요소이다. 이 관점에 비추어, 유학은 유신론적 의미의 어엿한 종교가 아니라 종교적 특성을 가진 사회정치적인 학설(doctrine)로 다루어진다. 유학은 가르침의 전제로 신이 없다고 주장했고, 그 기본 원칙은 주로 실용주의적 가치로부터 발전되어 나온 것이었다. 설사 신유학이 불교사상과 융합하였다고는 하나 그것이 유학의 기본인 현세 지향성을 동요시키는 것은 아니었다. 유학은 삶과 죽음의 궁극적 의미에 집중하기도 하였지만, 그것은 다만 인간의 도덕적 책임의 측면에서일 뿐 어떤 초자연적인 힘에 관심을 갖는 것이 아니었다. 사상체계로서 유학이 갖는 종교적 특징은 천(天)과 명(命) 등의 관념에서 보는 것처럼 애매모호한 태도 속에 존재하고 있으며, 지식으로나 혹은 도덕적 설교로는 설명할 수 없는 인간의 문제에 답을 하고자 하는 것이다. 하나의 실용적 학설로서의 유학은 공자 숭배 의식과 석전제와 연관된

---

28 J. Milton Yinger, *Religion, Society and Individual*, New York, 1957, chap.1.

많은 초자연적인 관념과 의식으로부터 지지를 얻었다.

　서구 문헌 속에서 유학은 곧잘 종교로 간주되기도 하는데 이러한 관념은 부분적으로는 기독교 전통의 영향에 기인한다. 체계성과 도덕적 가치의 강제성은 기독교 전통을 주도해온 종교 기능이었으며, 중국사회에서 유학의 도덕적 가치는 추호의 의문도 없이 처음부터 끝까지 주도적 지위를 점유하면서 또 광범하게 접수되었기 때문이다. 기능주의적 시각－삶의 궁극적 의미를 다루는 무신론적 신앙체계를 종교의 특질로 인지하는－을 채택하는 서구학자들은 유학을 종교로 간주한다. 왜냐하면 유학은 확실히 궁극적 의미를 갖는 도덕체계로 발전되었기 때문이다. 유학을 종교로 간주하는 데는 두 가지 관점 중 어느 하나는 확실한 버팀목이 되어 줄 수 있다. 그러나 이 연구에서 우리가 흥미를 갖는 것은 다만 유학의 발전과정에서 유효한 사회정치적 전통으로서 종교 요소를 분석하는 것이다. 이러한 요소들이 학설의 고유한 부분으로써 존재하는 것인지, 아니면 결합된 의식들로 외부에서 발전했는지 여부이다. 그러므로 우리는 유학을 종교적 특성을 가진 학설로 간주한다. 제10장과 제11장에서 전통적인 도덕질서에서 유학의 종교적 본질과 종교의 기능을 다룰 것이다.

# 제2장
# 가족의 결속 측면에서 본 종교

아무리 노력을 해도 평생 무병무탈하고 풍요로우며 가정이 화목하기는 힘들다고, 중국의 일반 서민들은 종종 개탄을 한다. 가정생활의 평안함 여부는 사람들이 결코 완전히 장악할 수 없으며, 신령스런 힘의 도움이 필요하다는 것을 사람들은 분명히 느끼고 있다.

전통가정에서 종교의 영향은 어디에서나 찾아볼 수 있다. 어느 집에 들어가든 처음으로 마주치게 되는 것이 문에 붙어 있는 총천연색으로 인쇄되었거나 손으로 그린 문신(門神)[29]이다. 문신은 집과 가족 구성원들을 보호하며 액막이를 하고 귀신을 쫓는 역할을 한다. 문과 맞닿은 곳에는 토지신의 신상(神像)이 놓여 있다. 토지신은 악재로부터 가족을 지켜주며, 가족 구성원이 종교·사회적인 규범을 잘 준수하도록 한다. 그리고 천관(天官)은 마당에 모셔져 있고 집안에 부귀를 가져다주는 재물신은 통상 대청이나 본채에 위치해 있다. 조왕신(竈王神)에 대해서 이야기하지 않을 수 없다. 조왕신은 언제나 밥을 짓는 아궁이 위나 그 옆에 모신다. 조왕신은 연말이면 하늘의 최

---

[29] 文門神과 武門神 두 신의 상 - 옮긴이

운남성 여강에서 마주친 어느 집의 대문. 관우와 장비가 문신(門神)으로 그려져 있다.

일 년 동안 가족들의 언행을 감시하는 부뚜막의 신 조왕(竈王).

고의 신인 옥황상제에게 해당 가정과 그 구성원들의 일 년간 행실을 보고하여, 상을 받게 될 것인지 벌을 받게 될 것인지를 결정하게 한다. 그밖의 종교에 대해 독실한 신앙을 가진 가정의 경우, 관음보살과 기타의 신상을 모셔 가정의 행복을 기원하기도 한다. 위기가 닥치거나 출생, 혼인, 사망 혹은 전통명절 같은 중대한 일이 있을 경우, 사람들은 집에서 여러 신들의 제단에 공양을 드린다. 이때에는 신성하고 경건한 분위기가 온 집안에 그득하며 집안은 종교 숭배의 중심이 된다.

## 조상 숭배의 보편적 의의와 성격

이처럼 터줏신(宅神)들이 가족의 재산을 보호하고 집안의 화목과 번영을 증진하는 데 있어서 중요한 것으로 여겨지는 반면, 중국의 가정생활에 있어서 가장 중요한 종교의식은 역시 조상에 대한 숭배이다. 이것은 중국사회의 기본 단위인 가족의 결속과 보존에 기여하는 의식의 일종이다.

조상을 모시는 탁자형 제단은 현관이나 거실과 같은 가장 눈에 잘 띄는 곳에 배치하며, 이를 통해 중국의 가족생활에 있어서 조상신의 중요성을 쉽게 알 수 있다. 제단에는 조상들의 위패를 모시는데, 위패 하나하나는 각기 다른 조상들을 상징한다.[30] 조상의 위패 앞에는 그윽한 등잔불을 하나 켜 놓으며, 수시로 향과 초를 공양한다. 가족의 제사의식은 이곳에서 거행된다. 이 모든 것은 돌아가신 조상이 여전히 가족생활의 일부분을 차지하며, 저승에서 가족 구성원의 일거수일투족을 지켜보고 보이지 않는 방식으로 가족의 행복과 번영을 보우하고 있음을 나타내는 것이다. 실제로 후손들이 누리

---

30 조상의 위패는 나무로 만들며, 너비는 4인치 정도, 높이는 8내지 9인치, 두께는 1인치 정도이고, 나무받침 위에 세워져 있다. 정면에는 돌아가신 조상의 이름, 가족 내의 위상 및 관직명(있을 경우)을, 뒷면에는 생졸 연월일을 쓴다.

장학량(張學良) 고거(故居)의 사당에 모셔져 있는 조상신의 위패. 요녕성 심양.

는 행복과 성공은 모두 조상들이 쌓은 공덕의 연속이며 음덕의 결과로 여기고 있다. 이를 통해 조상 숭배의식은 돌아가신 조상들이 살아 있는 후손들에게 끊임없는 역할을 부여하고 있는 것이다. 전통사상을 계승한 중국인은 조상 숭배의 가치를 인정한다. 그들은 만약에 젊은 세대들이 조상에 대한 지속적인 숭배를 거절할 경우 예측할 수 없는 재난을 맞게 되지 않을까 매우 걱정하고 있다.

기본적으로, 조상 숭배의식은 집안에서 가까운 사람의 죽음이 가져올 수 있는 심리적 충격과 공동체의 와해라는 위기상황을 극복하기 위한 하나의 장치이다. 감정적으로나 사회·경제적으로 산 자는 망자(亡者)에게 상당히 의지했을 것이며, 더욱이 망자가 한 집안을 책임지던 어른일 경우에는 더 그러하다. 한 사람이 갑자기 떠나가서 다시는 돌아오지 않는다면, 살아있는 가족 구성원들은 마음의 슬픔은 물론이고 정신적인 압박으로 당황스럽고 슬퍼서 어찌할 바를 모르게 된다. 물론 각종 현실적 문제들도 뒤이어 발생할 것이다. 앞으로 어떻게 살 것인가? 어디에서 위안을 얻고, 교제를 하며 경제적 지원을 얻을 수 있을까? 어떻게 갑자기 닥쳐온 빈자리의 적막을 마주대할 것인가? 가족을 잃은 느낌은 "천리 길 외로운 무덤, 말 걸 곳 없어 처량하다"[31]는 익숙한 시구의 묘사를 떠올리게 한다.

분명한 것은 사람들이 2천 년 전의 양주(楊朱)처럼 조소하거나 혹은 요즘 사람들이 이야기할 때 흔히 듣는 것과 같은 태도로 죽음을 대하지는 않을 것이다. 양주는 "(내가 죽은 후)시체는 불에 태워도 되고, 깊은 물에 던져도 되고, 매장을 해도 혹은 하지 않아도 괜찮으며, 아예 멍석에 말아 도랑에 버려도 상관없다"[32]고 했다. 양주처럼 극단적인 개인주의 사상가는 이러한 방식을 받아들일 수 있을 것이다. 그러나 죽음은 한 개인의 문제가 아니라 사회적인 비극으로, 한 명의 구성원이 영원히 조직에서 소실되는 것을 의미하는 것이기 때문에 산 자의 입장에서는 받아들이기 힘든 것이다. 죽음이 죽은 자에게는 최후의 결말이라고 할 수 있지만, 산 자는 죽음과 연결되어 있어서 여전히 그들을 맴돌고 있기에, 죽음을 두려워하고, 심적으로 죽음을 받아들이지 않는 것이다. 그러나 결국은 죽음을 잊고 계속 살아가야 하는 책임도 받아들여야 한다.

죽음이 가져온 모든 부정적 영향을 변화시키는 한 가지 방법은 죽은 자가 계속 존재하는 것처럼 가정을 하여 비통함과 의기소침을 경감시키는 것인데, 이를 통해 가족 구성원들은 다시 역량을 집중하여 계속 생활해 갈 수 있게 된다. 이러한 가정적인 표현 방식 중 하나는 영혼의 존재를 믿는 것이며, 다른 하나는 고인에 대한 기억을 영속시키는 것이다. 조상 숭배의 정교한 의례는 바로 이러한 가설에서 발전해온 것이다. 유가의 전통에서는 고인에 대한 기억을 영속화하는 것을 강조하는데, 이 부분에 대해서는 뒤에 다시 언급하겠다. 어쨌든 죽은 자가 계속해서 영혼의 형태로 존재하고 더 나아가

---

31 "千里孤憤, 無處話凄涼": 蘇軾, 「江城子」 - 옮긴이
32 『列子』참조. 上海商務印書局, 1933, 제7권, p.2; 馮友蘭, 『中國哲學史』, 제1권, p.418에서 재인용; Derk Bodde 譯, Princeton Univ. Press, 1952, 제1권, p.345.

서 영혼이 산 자와 상호의존한다는 가정이야말로 조상 숭배에서 많은 의례를 이끌어냈음에 틀림없다.

기술적으로 말한다면, 조상 숭배는 사람이 죽으면 즉시 진행되는 매장 의식, 즉 장례(葬禮)와 산 자와 죽은 자 사이에 오랜 기간의 관계를 유지시키는 제사 의례(祭禮) 두 부분으로 이루어져 있다.

## 장례의 기본 구성

상례(喪禮)라고 하는 매장 의례는 복잡한 제사의식으로 구성되어 있다. 각 지역별로 세목에 있어서는 차이가 있으나 전체적인 기본 관념과 형식은 중국 전역에서 대체로 유사하다. 현존하는 동서양의 문헌에서 아래의 몇 가지 기본적인 제사 유형을 분리해 낼 수 있을 것이다.

### 죽은 영혼을 평안하게 제도하다

죽음을 받아들이지 않음으로써 생성된 일련의 종교의식의 목적은 죽은 자로 하여금 다른 세상에서 편안하고 행복하게 살게 하기 위함이다. 이러한 복잡한 숭배의식 및 그 상징적 의미는 살아있는 친지들이 영혼이 계속 존재한다는 사실을 굳게 믿는 기초 위에 성립된다.

사람이 죽은 후에 보편적으로 제일 먼저 하는 것은 즉시 사묘(祠廟)를 찾아 죽음의 소식을 저승의 염라대왕에게 보고하는 '보묘(報廟)'이다. 보묘는 일반적으로 토지묘(土地廟), 성황묘(城隍廟), 혹은 오도묘(五道廟)[33]에서 할 수 있는데, 해당지역의 풍습에 따라 정해진다. 사람들은 이러한 신들의 역할

---

33 五道將軍이라고도 하며 생사를 관장하는 신 – 옮긴이

가운데 하나가 저승의 문을 지키는 것이라서, 영혼이 신령세계로 들어갈 때 도움이 될 것이라고 믿는다. 이러한 관념은 중국의 종교를 연구하는 종교학자들이 제기한 '중국의 북방에서는 왜 죽은 자의 친지들이 오도묘에 가서 보묘를 하는가?'라는 문제를 해결하는데 도움이 된다. 오도묘는 저승으로 들어가는 다섯 개(북·남·동·서·중앙)의 입구를 지키는 곳으로 죽은 자의 영혼이 무탈하게 저승으로 가서 천국으로 들어가게 하는 작용을 한다.

그 밖의 종교적인 행위의 목적은 죽은 자의 영혼이 안전하고 신속하게 천당에 가도록 경로를 제공하는 것이며, 그들로 하여금 그곳에서 편안히 지낼 수 있도록 하는 것이다. 비교적 전형적인 것으로는 죽은 자

위의 그림은 명대에 그려진 저승의 신 '오도신(五道神)'의 신상. 아래 사진은 하북성에서 출토된 한대(漢代) 금루옥의(金縷玉衣).

에게 제일 좋은 옷을 입히고 입 안에는 금, 은, 보석 혹은 그 밖의 귀중한 물건을 집어넣으며, 관에다 생전에 가장 즐겨 사용하던 물건을 넣는 것 등이 있다. 장례 대열의 앞에서 지전을 뿌리는 것도 이와 같은 기능을 하는 것으로, 그 목적은 저승길의 모든 요괴와 악귀들의 괴롭힘을 덜어주기 위함이

다. 그리고 상중에는 단계별로 죽은 자가 생전에 소유했던 옷, 지전, 종이 말, 종이배 및 종이집과 같은 대량의 물품을 태우는 의식이 설정되어 있다. 종이집은 축소한 집으로 대청, 방, 화원, 가구 및 노복 등을 포함하고 있다. 이러한 물품들을 태우는 것은 산 자와 죽은 자가 마지막으로 분리됨을 의미하는 것이 결코 아니고, 단지 죽은 자로 하여금 다른 세상에 가서 생전과 같이 심지어는 더 풍성하게 각종 물품을 향유하도록 비는 것이다.

특히 형편이 좋은 집안에서는 사후 7주 동안 7일 간격으로 한 번씩 종교의식을 행하여 죽은 자의 영혼을 위로하는데, 만약 경제적 여건이 허락된다면, 도사와 승려를 불러 독경을 하기도 한다. 이러한 의식들을 행하는 목적은 영혼이 무탈하게 서방 극락세계로 갈 수 있도록 도와주는 것이다. 이러한 행위에는 영혼이 '저승으로 가는 다리인 내하교(奈何橋, Bridge of Sighs)'를 건널 수 있도록 도와주는 것이 포함되며, 이는 사후에 반드시 거쳐야 하는 길이다. 이 다리는 이승과 저승 두 세상을 나누고 있으며, 사람들은 죽은 자의 영혼이 이 다리에서 마지막으로 인간 세상을 한 번 볼 수 있다고 믿고 있다. '내하교'란 이름도 여기에서 유래한다. 어떤 지역에서는 사후 3일에서 7일 사이에 복잡하고 세밀한 의식을 거행하는데, 그중의 하나는 뜰이나 건물 앞에 커다란 종이다리를 놓고, 승려가 염불을 하고 동시에, 일반적으로는 죽은 자의 장남이 죽은 자의 위패를 받들고 한 발 한 발 다리를 오르락내리락 하다가 종이다리를 불태우는 것이다. 추도자의 이러한 행위는 비록 친지의 생명은 다했지만 그 영혼은 여전히 존재한다는 신념을 강화시킨다.

만약 경제 여건이 허락한다면, 또 다른 의식이 있어 죽은 자가 저승의 10층 지옥을 통과할 수 있게 도와준다. 이를 통하여 그 영혼은 생전에 저지른 잘못으로 인한 저승의 무서운 벌을 받지 않을 수 있다. 이 의식은 독경으로 진행하는 것이 보통이지만 때로는 제단 앞의 긴 탁자에 기와조각을 연결해 만든 모형을 한 줄로 나열하여 저승의 10층 지옥을 상징하기도 한다. 승려는 독경을 하며, 영혼이 10번째 지옥에서 나올 때까지 위패 혹은 영혼을 상징하는 기타의 물건들을 이 지옥에서 저 지옥으로 옮긴다. 이때가 되면 사람들은 영혼이 저승으로 가는 길목에서 이미 가장 어려운 단계를 벗어났으며, 지금은 행복한 목적지인 서방 극락세계로 향하고 있다고 여기게 된다. 이러한 유사종교행위는 '비록 보이지는 않지만 죽은 자는 여전히 이 세상에 존재하며, 산 자는 향과 초를 공양하여 조상들의 다른 세상에서의 생활을 도와주어야 한다'는 관념을 형성하였다.

### 산 자가 혼령의 괴롭힘을 받지 않도록 보호함

위에서 언급한 종교적 행위에서는 주로 산 자가 친지의 죽음이라는 현실을 감정적으로 받아들이기를 거부하는 것을 이야기하였다. 그러나 이러한 행위에는 한편으로는 죽은 자의 영혼에게 환심을 사기 위한 목적도 있다. 즉, 죽은 자가 초자연의 힘을 이용하여 가족들을 보우하여 여러 재난과 곤란함에 놓이지 않게 되기를 희망하는 것이다. 만약에 죽은 자의 영혼이 살아있는 가족들이 거행하는 의식과 종교활동에 의지하여 안전하게 지옥을 통과하여 천당에 갈 수 있다면, 마찬가지로 산 자도 보호와 축복이 있도록 죽은 자의 영혼에 의지해야 하는 것이다.

그러나 영혼의 보호를 받는 것 이외에 죽음 자체는 무서운 것이므로 사람들은 죽은 자에 대해 모종의 공포와 혐오의 감정을 가지고 있다. 비록 자기와 가장 친밀한 친족이라 할지라도 죽은 자는 인성이 없고 행동도 예측할 수 없으며 사람에게 위해를 가할 수 있기에 죽음은 사악한 것으로 여겨진다. 그래서 장례와 제사의식은 정결하지 않고 사악한 기운을 띠며 악마에게 피해를 입을 수도 있다고 여긴다. 따라서 산 자는 반드시 친지의 사망 혹은 기타 관련이 있는 영혼이 가져오는 불미스러움을 방지하는 조치를 취해야 한다. 왜냐하면 제사의식은 죽은 자에 대한 추모 및 죽은 자가 계속해서 가족들 사이에 살아있다는 희망을 뭉뚱그려 놓은 것이기 때문이다.

시체는 입관 전 통상적으로 발이 문을 마주하는데, 이는 만일 죽은 자가 흡혈귀처럼 변해서 일어났을 때에도 바로 문으로 나갈 수 있어 집안 사람들이 해를 입지 않기 때문이다. 죽음이 가지고 있는 모종의 신기한 전염력을 두려워하여, 사람들은 상주가 자기 집으로 놀러오는 것을 기피한다. 장례 자체가 모종의 불미스러움을 갖고 있기 때문에, 중국 전통의 음력에 맞춰 점을 쳐서 제일 좋은 날짜와 시간을 택해 사악한 기운이 장례를 방해하는 것을 방지하고 조상의 넋이 괴롭힘을 받지 않게 함으로써 불미스러운 결과를 피해야 한다. 따라서 입관, 장례의식의 개시 및 매장의 날짜와 시간 등 모두 신중히 고려하여 결정하여야 한다. 사람들은 풍수에 의한 묘자리 선택에도 주의를 기울이게 된다. 이는 후손들에게 나쁜 영향을 미치는 것을 피할 수 있고, 더 나아가서는 이 묘에서 영면을 하는 조상이 후손들의 흥성을 보우하여 준다고 믿기 때문이다. 이밖에 장례 중 발생할 수도 있는 사악한 기운을 집에서 몰아내기 위해 장례의 마지막에는 상복을 태워야 한다. 어떤 지역에서는 상주와 장례에 참여한 사람들이 달콤한 찹쌀밥(黏米飯)을 먹어야 하는데, 이런 의식에도 사악한 기운을 제거하는 것과 유사한 작용이 있다. 이 모든 것들은 산 자가 사악한 기운의 괴롭힘에서 벗어났음을 상징하는 것으로, 이를 통해 공포를 없애고 다시 자신감과 희망을 갖고 정상생활로 돌아가는 것이다.

### 슬픔의 표현방식

친지의 사망이 가져온 마음의 충격과 놀람을 완화하는 또 다른 방법은 흔히 슬픔의 표현에서 발견되는데, 이는 중국의 장례에서 특히 두드러지게 드러난다. 이러한 표현에는, 길거리의 모든 사람들이 들을 수 있을 정도로 크게 통곡을 하는 것, 최소한의 그릇만 사용해 조악한 음식을 먹는 것, 제일 값싼 마로 만든 상복을 입고 평상시 복장을 금하며, 색상이 화려한 장식과 비단과 같은 좋은 옷감을 사용하지 않는 것, 상중에는 결혼 혹은 생일 축하연과 같은 모든 경사에 참석하지 않는 것 등이 포함된다.

중국의 장례를 연구하는 학자들은 이미 상술한 것과 기타의 유사한 슬픔의 표출 방식에 주목하였다. 여기서 강조해야 할 것은, 애통의 표현은 친지의 사망이 가져온 심적 충격을 감소시키는 것 외에도, 새로이 가족 구성원의 응집력과 단결을 촉진시키는 중대한 의의를 지니고 있다. 뒤르켐(Durkheim)과 말리노프스키(Malinowski)도 전통종교 연구에서 이러한 점을 지적한 바 있다.

중국의 많은 전통적인 애도 행위 중 특히 통곡하는 의식이 가족 구성원들로 하여금 응집력을 쉽게 느끼게 한다. 가장 가까운 가족 - 통상적으로 죽은 자의 자녀 혹은 배우자 - 의 대성통곡은 진정으로 아픔을 표현하는 것이다. 상주 집안의 사람들이 당연히 가장 비통하며, 마치 슬픔으로 무너져 내린 듯, 걸을 때도 다른 사람의 부축을 받아야 한다. 그러나 이 때 그 자리에 있는 다른 친족들의 통곡은 종종 두드러지게 가식적인 요소를 띠고 있다.[34] 기나긴 상중(종종 49일간 지속되기도 한다)에 여러 상황에서 곡을 하게 되는데, 죽은 자의 직계친족이 아닌 자들의 곡은 종종 내심에서 우러나온 것이 아니다. 때로는 가족 구성원들이 모두 제단 앞에 모여 합창을 하듯이 단체로 곡을 하기도 한다. 이때 귀 기울여 듣는다면 누가 진정으로 우는지를 분별해 낼 수가 있다. 더욱 중요한 것은 헤브루(Hebrew)의 풍습처럼 형편이 좋은 집안에서는 전문적으로 곡을 하는 자를 고용하여 상중 내내 매일 아침, 점심, 저녁 공양 때마다 곡을 하도록 한다.

곡을 하는 의식은 여러 문화에서 흔히 볼 수 있는 것이다. 이러한 곡은 내심에서 우러나온 것인지 여부와 무관하게, 의식으로서 공동체의 화해와 단결의 가치를 강조하고, 가족 구성원을 잃은 것에 대한 배려를 표현하고 있

---

34 Francis L. K. Hsu, *Under the Ancestors' Shadow*, London 1949, pp.158-160 참조.

다. 만약 곡을 하지 않는다면, 죽은 자 내지는 가족공동체에 대한 진실함이 부족하다고 여겨질 것이다. 예를 들어 시집 온지 얼마 안 되는 새색시는 통상적으로 타박을 받는 대상이다. 새색시는 죽은 자와 생전에 소통을 하거나 감정을 쌓을 충분한 시간이 없었다, 더욱이 죽은 자가 생전에 새색시와 사이가 좋지 않았던 시어머니일 경우, 새색시는 통곡의식에서 규정한 것과 같이 곡을 하기가 어려울 것이다. 그녀의 이러한 행위는 가족에 대한 불충의 표현으로 여겨질 것이고, 심지어는 온 집안의 사람들과 소원해지는 결과를 초래할 수도 있다. 왜냐하면 죽음은 단지 죽은 자의 개인적인 일이 아니라, 사회조직으로서 가족의 중대한 사건이기 때문이다. 자발적인지 여부와 관계없이 곡을 하는 것은 가족에 대한 관심과 충성을 상징하는 지표이다. 전문적으로 곡을 하는 사람들을 고용하는 것은 공동체에 대한 관심과 단결력의 진일보한 표현이다.

　의식으로서 곡을 할 때는 흐느끼는 것과 탄식 외에도 죽은 자에 대한 감정, 죽은 자가 승천하기를 바라는 마음, 생전의 행적을 칭송하는 것 등을 이야기의 형식으로 표현하는데, 이 가운데 행적을 칭송하는 마지막 항목이 가장 중요하며, 보통 전문적으로 곡을 하는 사람들의 읍소를 통하여 표현된다. 일부 지역, 예를 들어 광동성 남부의 경우에는 가난한 가정의 장례연회석에서는 곡을 할 때 내용 중에 좋은 음식들을 상상하며 나열을 하기도 한다. 이는 죽은 자의 생전 혹은 사후에 가족들이 이러한 음식들을 공양하지 못하기 때문이며, 이 또한 죽은 자에 대한 감정의 표현이다. 이러한 매우 전통적인 모든 읍소의 내용들은 다시 한 번 산 자와 죽은 자 사이의 사회적 정감과 관계를 강화한다. 가족의 위기가 발생했을 때, 이러한 사회 정감과 관계를 불러일으킴으로써 가족공동체의 응집력을 강화시키는 작용을 할 수 있다. 또 하나 주목할 만한 현상은, 친족관계의 가까운 정도에 따라 비통함을 표현하는 데 차이가 있다는 것이다. 전통적으로 죽은 자와 제일 가까운 사람이 가장 비통해 한다. 예를 들어 죽은 자의 아들은 가장 애달프게 울어야 하고, 제일 조악한 밥을 먹고, 상복을 입어야 하며, 복상하는 기간(통상적으로 3년)도 가장 길다. 그러나 죽은 자의 조카와 손자의 경우 상징적으로 울기만 하면 되고, 소식을 하거나 상복을 입을 필요가 없다. 장례 후 복상하는 기간도 3개월에서 1년으로 일정치 않을 뿐더러, 각지의 풍습에 따라 결정된다. 장례 과정에서 사람들의 상복과 자세만 보면 그 사람과 죽은 자가 어떤 친족관계인지를 알 수 있다.

가족은 사회조직의 기본 단위로, 보편적으로 받아들여지는 예의에 의해 통제를 받으며, 장례는 모든 가족 구성원들로 하여금 가족의 위상과 구성원 사이의 관계를 새롭게 인식하도록 만든다. 어떤 구성원의 죽음 – 특히 한 집안의 우두머리 – 으로 가족관계가 해체될 위기에 직면할 때, 장례의식은 가족 구성원 사이의 새로운 유대관계를 확정짓는 데에 도움을 준다. 따라서 각양각색의 애도의식은 죽은 자에 대한 애도의 감정을 표현하고 추도자의 심리적 충격을 줄여줄 뿐 아니라 가족 구성원의 단결을 도모하는 작용을 한다.

### 친족의 결집과 가족 위상의 진작

일련의 장례 과정을 통해 상주 가족과 직계 친족 이외의 더욱 광범위한 사람들이 본래의 친족관계를 재확인하고 이로써 자기 집안의 사회적 위상을 재천명함으로 해서 친족조직을 공고히 하게 된다. 이는 남겨진 가족의 사회경제적 위상을 강화하기 위한 노력이다.

이러한 기능을 수행하기 위해 먼저 친척과 친구들에게 부고를 전하는데, 부고는 단지 사람들에게 불행한 일이 발생했음을 알리는 것일 뿐 아니라, 그들에게 장례식에 참석하여 달라고 요청하는 것이다. 이는 사회에서의 친척과 친구를 불러 모으기 위해 노력하는 것으로, 친지나 친구의 규모 역시 가족의 사회경제적 위상을 상징하고 있다. 가난하거나 위상이 낮은 가정에는 소수의 사람만이 장례식에 참가할 것이며, 장례 피로연도 없을 것이다.

그러나 부유하고 영향력 있는 가정에서는 1000명을 상회하는 사람들에게 장례식에 참석해 달라고 요청할 것이다. 부고를 받은 사람은 요청을 중시할 것이고, 조문용품을 가지고 갈 것이다. 조문용 예물은 죽은 자에 대한 칭송 혹은 가족들을 위로하는 글귀가 적힌 화환일 수도 있고, 엄청난 장례 비용에 보탬을 주기 위한 현금일 수도 있는데, 특히 가난한 가정일 경우에는 매우 유용하다. 화환이나 현금을 막론하고 조문용 예물들은 더욱 광범위한 사회 구성원들이 사랑하는 사람을 잃은 가족에 대해 정신적 지지와 물질적 도움을 표현하는 것으로, 그 가족과 친척 및 지인들 간의 사회적 유대를 상징하는 것이다. 실제로도 사회 구성원들이 장례에 참여하는 규모는 기타의 어떠한 가족 내의 중대한 활동인 결혼과 생일잔치보다도 더 크다. 장례에 참여하는 많은 친척들과 친구들은 상을 당한 가족에게 용기와 자신감을 북돋워주고, 가족을 잃은 상황이지만 그래도 굳건히 살아가야 한다고 격려를 한다.

　가족의 부와 영향력을 드러내고, 지역사회에서의 위상을 새롭게 확정짓는 것은 가족 구성원을 여의어 약해진 가족의 조직적인 토대를 강화하는 또 다른 방편의 하나이다. 이를 위해 저택의 앞에 사람들의 주목을 끄는 아치를 만들고, 대청 특히 영구나 영정을 모신 방 앞을 정교하고 예쁜 장례용 장식들로 꾸미며, 또한 비교적 호화스러운 피로연을 열게 된다. 특히 장지로 가는 동안의 특수한 의식들, 예를 들어 상여 행렬 중 하늘과 땅을 울리는 북소리, 정성들여 제작한 만장, 관에서 발급한 영예의 칭호가 적힌 팻말(청나라 시절), 개인과 단체의 조의가 적힌 깃발, 화환에 적힌 각종 찬미의 문구, 만가를 연주하는 악대, 일군의 찬란한 법의를 잘 갖추어 입은 도사와 승려들, 친척과 친구 및 민간단체의 대표들로 조직된 길고 긴 장례 행렬, 장식을 한 거대한 위패를 모신 교의, 그리고 최종적으로는 관의 품질과 가격 역시 장례를 치르는 집안의 부의 정도를 가늠하는 지표이다. 물론 이상의 예는 부유한 집안에서 장례를 치르는 방식이다. 가난한 집에서는 그저 부러워하며 희망사항으로 여길 뿐이다. 경제 여건이 좋지 않은 집에서 체면치레를 위해서 장례를 치르며 종종 빚을 지기도 하는데, 빚을 갚는데 여러 해가 걸리기도 한다.

　죽은 자의 생시의 공적과 은덕에 대한 찬양 및 장례의식 각 부문에 대한 세밀한 안배, 이 모든 것들을 사람들에게 보여주어, 그들로 하여금 죽은 자에 대한 일체의 것들이 중국 전통의 '살아서는 명성이 있고 죽은 뒤는 추모되다(生榮死哀)'라는 이상적 기준에 부합한다고 느끼게 해야 한다. 그렇다면 왜 죽은 자에 대해 찬양과 애도를 하는 것일까? 지엽적인 이유는 죽은 자의 영혼이 계속 존재하며, 또한 자손들에게 상과 벌을 줄 능력이 있음을 믿기 때문이다. 그러나 영혼에 대해 반신반의하는 전통유학자들의 이에 대한 전형적인 답변은, 아마도 '애도의식은 자손들이 마땅히 행해야 하는 효도 혹은 산 자가 죽은 자에게 표현해야 하는 사회적으로 규정된 감정이다'일 것이다. 사회제도는 한 가지만의 동기로 이루어지는 것이 아니다. 때문에 산 자의 죽은 자에 대한 감정과 그리움도 예를 들어 영혼의 존재를 믿는다면 사진(혹은 초상화)을 통해서 표출할 수 있을 것이며, 전통유학의 학설도 고려할 만하다. 하지만 이러한 두 가지 해석도 가족 구성원의 죽음으로 가족의 힘과 응집력이 약해지는 그 시점에 방대한 사회 구성원의 지지를 집결시키는 능력을 보임으로써 가족의 위상과 명망을 주장하기 위한 사회적 요구와 만나는 곳에 있다.


## 제사의식

　장례의 마지막은 죽은 자를 상징하는 위패를 이미 돌아가신 선조의 위패와 함께 모시는 것이다. 이때가 되면 죽은 자는 이미 영혼의 세계에서 안식을 하게 됐다고 여겨지게 되는 것이다. 이승의 친척과 자손들은 정기적으로

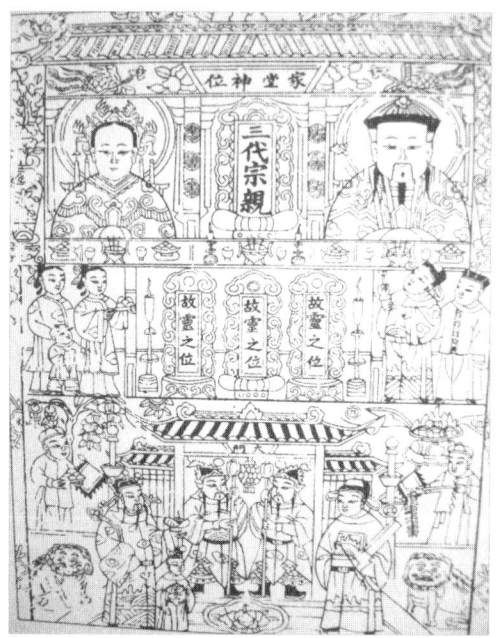

조상들의 신위를 모시고 제사를 올리는 모습을 그린 그림. 삼대종친(三代宗親)이라 쓰여져 있다.

추모를 하게 되는데, 이러한 경배를 제례라 한다. 이러한 종류의 세심하게 준비한, 장황한 의식성 장례는 사람들에게 깊은 인상을 남기며, 산 자로 하여금 죽은 자의 중요성을 새기게 한다. 이 단계가 완수되면 다음 단계는 바로 정기적인 제사를 통하여 산 자와 죽은 자 사이의 관계를 안정시키는 것이며, 이로써 산 자의 죽은 자에 대한 기억은 시간이 흘러도 소멸되지 않는다.

**가족 제사**

영령을 공양하는 의식 가운데 제일 간단한 제사는 영령을 상징하는 위패나 초상화 앞에서 매일 아침저녁으로 분향하고 경건하게 허리 굽혀 절을 올리는 것이다. 그윽한 향기의 연무가 피어오르는 것은 저승에 있는 조상의 영혼과 소통하는 방식이다. 어떤 이들은 이것을 죽은 자에 대한 일상적인 공양이라고 생각한다. 이러한 죽은 자와의 교류방식과 선조의 위패 및 경건한 인사 등은 모두 죽은 자가 여전히 산 자의 세계에서 영향을 미치고 있음을 드러내는 것이다.

기일(忌日), 중요한 기념일, 음력 초하루와 보름 및 결혼, 출산일 등 특별한 날에 거행하는 가족의 제사의식은 더욱 복잡하고 세밀해서 큰절(머리가 땅에 닿아야 하며 3-9회 조아린다)과 인사를 포함한다. 가장이 먼저 예를 행하고 그 뒤 남은 가족들이 서열에 따라 형식대로 예를 행한다. 아버지가 죽은 아들에게 예를 행하지 않는 것처럼, 제삿날 손윗사람은 죽은 손아랫사람에게 위의 의식을 행하지 않는다. 장례와 제례에서는 가족 구성원들의 서열을 분명히 해야 하는데, 이는 실질적으로 가족의 조직구조를 재확인하는 절차이기도 하다. 가족은 조직이 있는 단위이며, 수시로 가족 구성원들에게 가족 관념을 강화하여야 한다.

분향 이외에 초를 켜거나 지전을 태우는 것을 죽은 자와의 소통방식으로 삼고, 죽은 자를 위해 제물을 바친다. 이중에서 제일 중요한 것은 먹을 것과 마실 것을 공양하는 것인데, 이는 제사의식에서 필수불가결한 항목이다. 부유한 집안에서는 구미가 당기는 식사를 공양하기도 한다. 가난한 집이라 할지라도 가진 것을 다 털어서 좋은 음식을 공양한다. 선조들을 모신 제단 앞에 먹을 것과 마실 것을 공양하며, 의식이 끝난 후에는 가족 구성원이 나누어 먹게 된다.

기타 다른 지역의 여러 문화적 전통과 마찬가지로[35] 조상에게 헌상했던 먹을 것과 마실 것을 제사 후에 가족 구성원들이 함께 나누어 먹는 것은 중요한 사회적 의미를 지니고 있다. 음식은 생명을 유지하는 가장 중요한 요소이므로, 그것을 얻기 위한 인간의 투쟁은 늘 그 사회집단과 연관되어 있다. 제사의식에서 음식을 공양하는 것은 산 자와 죽은 자가 먹을 것을 같이 향유하도록 하는 것이며, 이로써 양자로 하여금 관계를 유지하도록 하는 것이다. 중국의 모든 정식 추도문은 '상향(尙饗)'으로 끝맺는데, 그 의미는 '제

---

[35] Bronislaw Malinowski, *Magic, Science and Religion*, New York, 1954, pp.41-43. 및 Emile Durkheim, *The Elementary Forms of the Religious Life*, tr. by Joseph Swain, London, 1926, p.33. 참조.

가 올린 제물을 향유하시길 바랍니다'라는 뜻이다.

  조상에게 바쳐져 신령스런 기운이 담긴 음식을 함께 향유하면, 신성한 기운이 생겨나고 가족 구성원들 사이의 충정과 단결도 끊임없이 강화된다. 조상의 신성한 이름으로 음식을 공양하고 함께 향유하는 것은 가족의 아름다운 미래와 풍요를 의미하는 것이다. 따라서 모든 가족 구성원들은 제사의식에 참석해야 한다. 타지에 나가 생계를 도모하는 사람들의 경우, 집에서 그리 먼 곳이 아니면 반드시 돌아와야 한다. 거리가 너무 멀어 참가할 수 없는 사람들도 제사란 실질적으로는 가족이 모이는 기회임을 명심하고 있다. 부모의 기일과 매년 봄, 가을에 산소에서 지내는 제사는 더욱 그러하다.

### 사당(祠堂) 제사

  씨족은 중국 사회구조의 중요한 단위이다. 가족 구성원을 융합시키는 데 조상의 영혼에 의지하는 것만큼이나 씨족도 조상 숭배에 의지하여 자손들의 영속과 내부 단결을 유지한다. 조상의 사당은 씨족이 조상에 대한 제사를 올리는 중심 공간으로써, 통상적으로 집성촌의 중심부에 위치한다. 사당은 일반적으로 마을에서 가장 크고 사람들의 주목을 끄는 건축물이다. 거대한 저택에 한 줄 한 줄 모셔져 있는 신위, 웅장한 기둥과 인테리어 등은, 씨족이 돌아가신 조상을 경건하게 봉양하는 정신적 가치를 성스럽게 하고 있음을 상징한다. 씨족이 가장 발달해 있는 중국 남방에서는 그 씨족의 부와 영향력 그리고 지역에서의 명망 등이 사당의 규모와 품격으로 대표된다. 사당의 핵심 부분은 대청에 위치한 제단이다. 제단에는 한 개 혹은 여러 개의 문이 활짝 열리는 수납장이 있다. 주로 세밀하게 조각된 나무로 만들어졌으며, 금박 혹은 도금으로 치장하고 있다. 각각의 수납장 내부는 층층이 나무로 된 선반 형식으로 이루어져 있으며 여기에 한 줄씩 신위를 나열하는데, 각각의 신위는 각기 다른 조상을 상징한다. 제단의 정중앙 제일 높은 곳에는

씨족의 시조나 창시자의 위패가 놓여 있다. 그 옆이나 아래 칸에는 씨족 시조와 후대의 위패를 모시며, 순서는 항렬에 의거하여 정한다. 예를 들어 사당의 제일 아래 칸 말단에는 선대로부터 제38대 후손의 위패를 모신다. 만약 수납장이 다 찼다면 새로운 수납장을 만들어 위패를 모신다. 제단 위의 수백(어떤 경우엔 1000개도 넘는)에 달하는 위패는 씨족의 유구함과 연속성의 지표이며, 종족 구성원들에게 산 자만이 아니라 산

강서성 무원현(婺源縣) 왕구(旺口)소재 유씨종사(俞氏宗祠)의 외관과 위패와 화상(畫像)을 모셔 놓은 사당 내부의 모습.

자와 죽은 자가 함께 씨족의 혈통을 구성하고 있음을 분명히 상기시킨다.

조상의 위대한 공적이 나무와 돌 위에 새겨져 찬란한 과거를 재현해 내기에, 위패는 아무 말이 없는 나뭇조각이 아니다. 벽, 처마, 기둥 어디에나 목각편액이 있어, 예전에 봉해진 관직의 등급, 과거시험의 등급, 공인된 영예나 조정, 지방 관원, 공공조직에서 제수한 표창 문구 등을 드러내 보이고 있

다. 그 밖의 편액에는 선조들이 남긴 가훈과 잠언이 새겨져 있어, 후손들이 진취적 기상과 도덕 수양이 풍성해지도록 격려하고 있다. 위패를 보고 다시 경외감이 드는 관직 직함과 도덕적 훈계를 보면 사람들은 조상들이 제단에서 하시는 말씀을 들을 수 있게 될 것이다. 즉 반복해서 자신들의 공적을 이야기하며, 산 자들이 선조들이 이루어 놓은 가업을 소중히 여기고 더 큰 성과를 거두어 조상을 빛내라고 격려한다. 조상 영령들의 신성함으로 사당은 가족 전통과 도덕 기풍의 상징이 되었다.

이렇듯 신성한 환경에서 매년 수많은 제사의식이 거행된다. 음력설이나 출산, 혼례 때에는 제사를 올리며 그밖의 중요한 기념일에도 규모가 작은 제사의식이 있다. 제일 중요하고 규모가 큰 것은 봄, 가을의 제사이다. 농민의 생활이 일 년 사계절 대자연의 주기적인 순환과 밀접한 관계가 있어, 이 두 제사의식은 농경사회의 사람들에게는 매우 중요하다. 봄은 한 해의 시작이며, 또한 추운 겨울이 지난 후 만물의 소생을 의미한다. 가을 제사는 풍요로운 수확을 상징한다. 봄, 가을에 조상에게 제사를 지내는 목적은, 조상들이 신성한 힘으로 보우하사 사계가 계절에 부합하고, 비바람이 순조롭기를 기원하는 것이다. 풍성한 가을에 조상에게 제사를 지내는 것은 조상의 신령한 도움에 감사하는 의미이기도 하다.

평상시 사당은 먼지가 자욱하여 마치 사람들에게 잊혀진 듯하지만, 봄, 가을 제사 때가 되면 다른 장면이 연출된다. 사당 전체가 깨끗이 정돈되며, 장식품과 위패는 찬란하게 빛나고 종이와 비단으로 만든 등이 높이 내걸린다. 온 씨족의 남자들은 모두 모여 성대한 제사의식을 거행한다.

제물은 향, 초, 지전, 음식, 술 등 일상적인 물품이다. 특수한 경우에는 씨돼지, 양이 공양되며, 소가 포함되기도 한다. 이 밖에 돼지피, 양피 그리고 돼지털, 양털을 담아 제물로 공양하기도 한다. 이것들을 땅에 뿌리며 영령에게 공양을 하는데, 이를 '여모혈(茹毛血)', 즉 '여모음혈(茹毛飮血)'[36]이라고 부른다. 가족 제사와 마찬가지로 모든 공양은 조상과 소통하는 방식이

명절을 앞두고 제사와 성대한 잔치를 준비하는 모습.
강서성 무원현.

다. 그러나 왜 도살한 동물이나 동물의 피와 털을 공양해야 하는지는 수수께끼이다. 『예기』에서 일컫는 '여모음혈'은 인류가 불을 사용하기 이전 원시의 먹고 마시는 방식이다. 따라서 이는 아마도 아주 먼 조상에게 날고기와 피를 공양함으로써, 가족 구성원이 대대로 이어지기를 기원하는 것일 것이며, 바로 이것이 중국 혈연조직에 있어 중요한 가치관의 하나이다. 어쩌면 '여모음혈'은 이미 어떤 신비스러움의 일부분이 되었을 것이며, 설령 그것의 의미를 더 이상 사람들이 이해하지 못한다 하더

---

36 털을 먹고 피를 마심 – 옮긴이

2장 _ 가족의 결속 측면에서 본 종교  87

라도, 고대의 공양방식을 고쳐서는 안 된다고 사람들에게 요구한다.

  제사의 모든 과정은 집사가 정성껏 안배를 하며, 의식의 매 항목을 선포한다. 공양을 하는 제물은 통상적으로 씨족 가운데 어른이 바친다. 제물이 진설된 후, 가족 구성원들은 각자의 항렬에 맞추어 절을 드린다. 씨족 제사에서 서열에 입각한 이러한 의식은 씨족 구성원의 위상을 드러내는 것이다. 씨족의 규모가 매우 클 경우, 상대적으로 평상시 구성원 간의 친밀한 접촉이 부족할 것이므로, 씨족 제사의 기회를 빌려 방대한 씨족 조직의 위계질서를 다시금 강화할 필요가 있다. 씨족 제사의 또 다른 중요한 작용도 바로 이것이다.

  제사의식이 끝나면 성대한 잔치가 베풀어지는데 집안 사람은 수십 개 때로는 수백 개의 식탁에 모여든다. 이는 극히 드물게 볼 수 있는 장면 중의 하나이다. 이때 수백 수천에 달하는 집안 사람들이 한 곳에 모이고, 구성원의 결속이 새롭게 다져진다. 이렇게 많은 씨족 구성원들을 보고, 함께 풍성한 음식을 나누게 되면 그곳에 있는 모든 사람들은 깊은 집단의식을 느끼게 된다. 피로연이 끝난 후 씨족의 어른은 제물을 모든 남자 구성원들에게 나누어 준다. 광동성의 남부에서는 제물을 배당받는다는 것은 그 사람이 씨족의 구성원임을 의미하는 것이다. 만약 음복하는 것을 거절당한다면, 그 사람은 씨족의 규율을 어기고 가문에서 쫓겨났음을 의미한다.

  또한 일련의 제사의식은 구성원들이 씨족 전통과 역사적인 의미를 영속화하는데 도움을 주고, 도덕적인 믿음을 유지시킨다. 또 집단 의식이 이를 통해 용솟음치게 된다. 모든 가족 구성원이 참여하는 의식을 통해 가족은 자긍심, 충정 및 단결의 마음가짐을 부단히 강화시킨다.

## 장례와 제례에 관한 고전의 해석

장례와 제례의식은 중국문화에 있어 기본적인 부분이다. 수천 년 동안 중국의 사상가들은 이에 대해 많은 언급들을 했다. 조상 숭배의 사회적 기능의 진일보한 이해를 위해 먼저 이러한 관점들을 살펴볼 필요가 있다.

기원전 6세기에서 기원전 3세기에 이르는 300년 동안 초기 중국의 문화는 거대한 변화를 겪었다. 백가쟁명이라 불리는 이 시대에는 이미 오래전부터 존재했던 조상 숭배에 대해 새로운 논의가 이루어졌다. 사람들은 고대의 예의제도(禮儀制度)에 대해서 새로운 평가를 시도했는데, 이로 인해 장례절차를 둘러싼 유명한 논쟁이 발생했다. 그 핵심은 검소한 장례(薄禮) 혹은 화려한 장례(厚禮)를 치를 것인가 하는 문제였다. 결국 유가의 관점이 득세를 하여 이후 수세기 동안 고대 전통으로 확립되었다.

조상 숭배를 지지하는 유가 전통에 따르면, 장례와 제례를 거행하는 가장 근본적인 목적은 '장례와 제사에 정성을 다함(愼終追遠)'[37]이다. 이러한 관념은 현대까지도 이어지고 있는데, 1933년 발행된 강소성 보산현 월포리진(江蘇省 寶山縣 月浦里鎭)의 지방지에서 그 증거를 찾아볼 수 있다.

> 현지의 관습은 영혼과 신에 대한 숭배 및 조상에 대한 공경을 강조한다… 거기에는…사당은 씨족 제사를 지내는 사당이 있고, 선조의 위패가 안치된 개인 제단이 있다. 부단히 향과 초를 공양하는 것 이외에 성묘도 하여야 한다. 이것은 '물은 원류가 있고, 나무는 뿌리가 있다(水有源樹有根)'[38]는 원리에 근거하고 있다.

'수유원, 수유근(水有源樹有根)'의 함축된 의미는 '근본을 잊지 않는다(飮

---

[37] 『論語』「學而」.
[38] 陳英康 편저, 『月浦里志』, 1933년판, 제4장, p.3 참조.

水思源)'라는 사상의 표현이다.

그러나 영혼과 같은 초자연적인 문제들에 언급을 꺼렸던 유학자들에게 "그 처음을 상기"하고, "(오래전에 죽고, 감사를 표현하는 것을 알아내지도 못하는) 조상에 대해 감사를 표현하는 목적은 무엇인가." 해답은 죽은 자가 이익을 얻는 것이 아니라, 산 자가 이러한 의례를 수행하는 데서 얻어지는 것이다. 유가의 해석에 의하면 이런 의식은 덕행, 특히 자녀의 효심, 효도를 배양하는 데 도움을 주며, 게다가 이러한 가치관을 지지하는 사람들의 감정을 더욱 세밀히 가다듬는 데 도움을 준다. 이러한 점은 익숙한 성어나 경전의 유명한 구절에 잘 표현되어 있다. 공자의 제자인 증자(曾子: 기원전 506-436)가 말한 "조상의 장례와 제사를 정성스레 치르면 백성들의 덕이 두터워진다(慎終追遠, 民德歸厚矣)"[39]와 관련된 윤리에 대해 『대대례기(大戴禮記)·성덕(盛德)』에는 다음과 같이 쓰여 있다.

상례와 제례는 인애를 가르치는 것이다. 인애에 치성을 드리기에 상례와 제례를 치를 수 있고, 끊임없이 봄가을로 제사를 지내 추모의 심정을 바치는 것이다. 무릇 제사란 봉양하는 것이다. 죽은 사람도 그리워하고 봉양하는데 하물며 생존해 계신 분께는 얼마나 더 하겠는가! 따라서 상례와 제례가 밝혀지면 백성들은 효성스러워진다고 말했다.[40]

이러한 관점은 『순자(荀子)』(第13卷, 第19篇, 禮論)에 더욱 자세히 나타나 있다.

---

39 『論語』, 「學而」.
40 『大戴禮記』, 「盛德」.

예란 삶과 죽음을 다루는 데에 신중히 함을 말한다. 삶은 사람의 시작이요, 죽음은 사람의 마지막이다. 시작과 끝이 모두 좋다면 사람의 도리는 다하는 것이다. 따라서 시작을 공경하고 마지막을 신중히 하여, 끝과 시작을 하나 되게 하는 것이 군자의 도요 예의의 형식이다 ······상례란 산 사람처럼 죽은 사람을 섬기고, 되도록 생전의 모습으로 본떠 죽은 사람을 송별하는 것이다. 그러므로 죽은 사람 섬기기를 산 사람처럼, 없는 사람 섬기기를 있는 사람처럼 하여 시작과 끝이 하나 되게 하는 것이다 ······따라서 상례는 별다른 것이 아니다. 생사의 의미를 밝혀 슬픔과 공경의 마음으로 죽은 사람을 송별하며 잘 묻는 것으로 끝맺는 것이다. 그러므로 죽은 이를 묻는 것은 그의 형체를 공경히 땅속에 모시는 것이며, 제사는 그 영령을 공경히 섬기는 것이며, 그의 행장과 가계를 새긴 조문은 공경히 그의 이름을 전하는 것이다. 탄생을 맞이함은 사람의 시작을 장식하는 것이고, 죽음을 전송함은 마지막을 장식하는 것이다. 시작과 끝이 모두 갖추어져야만 효자로서의 일이 끝나고 성인의 도가 갖추어지는 것이다.[41]

이러한 해석의 근본은 "생전에 잘 섬기고 사후에 정중히 제사 지낸다(養生送死)"의 전형적인 관념이며, 자손들의 효도에 대한 가장 기본적인 내용의 개괄로 오늘날까지 영향을 미치고 있다. 효성스런 아들은 부모 생전에만 잘 모시는 것이 아니라, 사후에도 정성껏 장례와 제사의식을 안배함으로써 마음에서 우러나 지속되는 효심을 표현한다. 이것이 바로 "죽은 사람은 산 사람처럼, 없는 사람은 있는 사람처럼 대우한다"는 표현의 목적이다. 개인적인 관점에서 보면 자식은 하나에서 열까지 최선을 다해 부모의 장례를 안배함으로써 생성되는 만족감으로 부모의 죽음이 가져온 정신적 충격을 다소나마 감소시킬 수 있는 것이다. 사회적인 관점에서 보면, 장례

---

41 『荀子』, 「禮論」.

와 제례를 통해 효행을 장려하는 것은 친족 체계에서의 기본적인 가치로써 효도를 유지하는 방편이었다.

일상생활에서 사람들이 접촉하게 되는 사회는 그다지 광범위하지 않으며 통상적으로 모종의 작은 범주에 국한된다. 또한 여러 대(代)의 구성원으로 이루어진 혈연공동체는 점차 확대되어 구성원 간의 접촉은 오히려 그다지 빈번하지 않으며, 구성원 사이의 긴밀함도 공동체의 크기와 반비례한다. 다른 한편에서는 좀 더 커진 친족공동체의 구성원들 사이에 효과적인 관계를 요구하는 경우도 있다. 중국의 전통적인 사회 질서에서는 개인이 종족의 영향력에 의존해 사회경제적인 도움을 구하는 경우가 많다. 개개인의 가족공동체 의식을 유지하기 위해 사회적 교류가 제한적인 일상생활에서도 모종의 의식을 통해 부단히 공동의 조상을 추억하고, 후손들 간의 혈연관계를 강화하여 혈연관계로 인한 사회적 책임을 대물림한다.

이러한 관계에서 흥미로운 것은 어떤 실질적인 사회적 의무가 부과된 혈연공동체의 크기는 장례와 제사에서 모셔지는 조상이 현세와 멀리 떨어진 정도에 따라 정해진다는 점이다. 먼 조상일수록, 후손들의 규모가 클수록, 구성원 간의 사회적 책임의 구속력은 약해진다. 앞에서 이미 지적한 바와 같이 추도자의 상심의 정도는 죽은 자와의 가까운 정도에 의해 결정된다. 이것 역시 친족의 범주에서 피차간 져야할 사회적 책임도 차이가 있음을 의미한다. '일방(一房)' 혹은 '일지(一支)', 즉, 한 명의 남자 선조로부터 5대까지의 남자 후손으로 구성되는 친족은, 자손의 수도 그리 많지 않아, 실질적인 사회관계를 유지하는 것도 어렵지 않다. '방(房)'을 초과하면, 바로 크고 비교적 느슨한 집단인 친족으로 그 기준은 모든 종족 구성원이 한 명의 아득한 공동의 조상 및 사회관계를 갖고 있는 것이다. 친족체계는 구조에 있어 가족과 더 큰 친족으로 구성되며, 이 둘은 장례의 의무가 있느냐로 구분할 수 있다. '방'(혹은 '지')과 '씨족'이 그것이다. 방과 씨족은 장례 의무는 없고 제사 의무만 있다. 이러한 친족 집단은 각각 살아있는 후손과 조상 사이의 세대관계로 통합됐던 것이다.

조상 숭배라는 공동체 통합기능은 장례와 제례의식의 다른 측면에서도 찾아볼 수 있다. 예를 들어 장례의식의 세심한 정도는 죽은 자의 가족 내 위상을 살펴보아야 한다. 일반적으로 죽은 자의 나이가 많은 경우가 젊은 경우보다, 그리고 남자의 경우가 여자보다 더 세밀하게 안배될 것이다. 이러한 나이와 성별의 요인에 따른 차별 대우는 가족 구성원 간의 서열별 대우에 종교적인 지지 근거를 제공하였다. 미혼이거나 12세 이하에 불행히 요절한 자는 단지 간단한 의식이 있을 뿐이거나 혹은 의식도 없이 묻히며, 심지어는 미성년자들은 위패도 만들지 않는다. 이러한 안배에 대한 유일한 근거는 미혼자와 어린아이는 집안에서 위상이 낮기 때문이다. 왜냐하면 조상 숭배의 주요한 목적은 혈연 조직의 지속성을 강화하거나 유지하기 위한 것이기 때문이다. 따라서 상술한 미혼자와 12세 이하에 요절한 자의 경우처럼 집안에서 위상이 낮은 구성원들은 존중받지 못한다. 그러나 감성에 기초한 전통 유교사상은 이러한 상황을 설명하기가 어려울 것이다. 왜냐하면 일상생활에서는 사람들이 미혼자와 어린아이에 대해 예의 규정에서처럼 그렇게 무정하지 않기 때문이다. 조상 숭배의 기본적인 기능은 여전히 친족 구성원의 통합과 전통적인 유교사상에서 주장하듯이, 감성과 효도 등과 같은 사회 가치의 배양조차도 역시 직접적으로 이러한 목적에 부합하는 것이다.

## 유학자의 조상 숭배에 대한 합리화

조상 숭배의 종교적 본질은 줄곧 국내외 학자들이 제기해온 문제이다. 다수의 유학자들은 제사는 무신론적 관점임을 주장하고 있으며, 제사의식은 이런 논리로서 완벽하게 해석이 가능하다. 따라서 장례의식은 다음과 같이 합리적으로 해석될 것이다. 친밀한 가족의 일원을 잃은 것에 대한 슬픔의

상장(喪葬)의례를 이성적으로 파악했던 순자.

표현, 즉 상징적으로 죽은 자가 떠나가는 것을 원치 않고, 죽음이 끝을 의미하는 것이 아니며 또 다른 방식으로서의 시작이라고. 죽은 자는 귀신으로 변하는 것이 아니고 사람들의 추억 속에 살아 있는 것이다. 『예기』에는 이것을 "단지 사람의 감정을 표현한 것"[42]이라 개괄하고 있다. 이러한 관점은 상당히 정확한 것이고, 장례의식의 기능은 산 자들에게 가족의 죽음이 몰고온 충격을 감소시키는 데 도움을 주는 것이라는 분석에서 이미 밝힌 바 있다. 유교사상가 중 이성주의자인 순자(荀子)는 장례의식에서 영혼이 초자연적 요소의 문제인지를 언급하지 않는 것이라는 생각을 견지한다. 죽은 자에 대해 행한 모든 의식행위와 공양은 모두 일종의 희망, 즉 죽은 자가 계속 존재하며 영혼의 형식으로 존재함이 아니라는 희망을 표현하는 것이라고 해석한다. 순자는 다음과 같이 말하였다(『荀子』(第13卷, 第19篇, 禮論)).

　　제사는 죽은 이를 생각하는 뜻과 사모하는 마음이다. 특별한 변화로 감동하고 울분이 느껴지는 일은 갑작스럽게 닥쳐온다. 그러므로 사람들이 기뻐하며 잘 화합하고 있을 때에도 충신이나 효자라면 역시 특별한 변화에 의한 감동이 가끔 있을 것이다. 그렇게 닥쳐오는 감동은 매우 크다는 것인데, 아무것도 않고 그대로 넘겨 버린다면 곧 죽은 이를 생각하는 뜻을 지닌 감정에서 슬픔을 느끼며 만족하지 못할 것이고, 그분을 대하는 예절이 다 갖추지 못하였음을 느낄 것이다. 그러므로 선대의 임금들께서는 거기에 따라 예절의 형식을 마련해, 존귀한 분을 존경하고 친근한 분을 친히 모시는 뜻을 다하도록

---

42 蔣榮, 『禮記訓譯擇言』, 제2권, p.31.

했던 것이다. 그러므로 제사는 죽은 이를 생각하는 뜻과 사모하는 마음이며, 충성과 신의와 사랑과 공경을 지극히 다하는 일이며, 예절과 형식의 모양을 성대하게 갖추는 의식이다. 진실로 성인이 아니면 그 뜻을 알 수 없다. 성인께서는 그 의미를 분명히 알고, 선비와 군자는 그것을 편안히 행하고, 관리들은 그것을 자기의 수칙으로 삼고, 백성들은 그것으로 풍속을 이루었다. 그것을 군자들은 사람의 도리라고 생각하고, 백성들은 귀신에 관한 일이라 생각하고 있다. 그러므로 종(鍾), 고(鼓), 관(管), 경(磬), 금(琴), 슬(瑟), 우(竽), 생(笙) 같은 악기, 소(韶), 하(夏), 호(護), 무(武), 작(酌), 환(桓), 삭(箾), 간(簡), 상(象) 같은 악무(樂舞)는 군자들이 변화로 인한 감동을 드러내고 기쁘고 즐거운 마음을 드러내는 형식이다. 상복에 대지팡이를 짚고, 움막에 거처하면서 죽을 먹고, 거친 풀을 깔고 흙덩이를 베고 자는 것은 군자들이 변화로 인한 감동을 드러내고 슬프고 아픈 것을 드러내는 형식이다. 군대에는 제도가 있고, 형법에는 차등이 있어 죄에 상응하지 않는 것이 없음이, 군자들이 변화로 인한 감동을 드러내고 미워하고 싫어하는 것을 드러내는 형식이다. 점을 쳐서 길일을 택하고, 재계를 하고 주변을 청소하며, 궤연(几筵)[43]에 제물을 올리고, 축문을 읽어 마치 직접 드시는 듯이 한다. 제물은 하나하나 모두 들어 올려 직접 맛을 보는 듯이 한다. 음식을 올리는 사람이 술잔을 올려서는 안 되고, 주인이 손수 술잔을 올려 마치 그분이 직접 마시는 듯이 한다. 손님들이 나가면 주인은 절을 하며 전송하고 와서는 옷을 갈아입고 제자리로 돌아와 곡을 하여 마치 그분이 떠나가신 듯이 한다. 슬프고 엄숙하다! 죽은 이 섬기기를 마치 살아 계신 이 섬기듯이 하고, 돌아가신 이 섬기기를 생존해 계신 이 섬기듯이 하는구나. 형체도 그림자도 없으나 의식을 마련한 것이다.[44]

---

43 희생을 올려놓는 기구와 땅에 까는 깔개 - 옮긴이
44 『荀子』, 「禮論」.

또한 순자는 일반적인 제례도 언급을 하였다. "성인께서는 그 뜻을 분명히 알고, 선비와 군자는 그것을 편안히 시행하고, 관리들은 그것을 자기의 수칙으로 삼고, 백성들은 그것을 풍속으로 이루었다. 그것을 군자들은 사람의 도리라고 생각하고 있으나, 백성들은 초자연적인 일이라 생각하고 있다."[45]

이와 같이 유명한 유교사상가의 관점을 인용하여, 공자사상에 대한 상세한 해석을 할 수 있을 것이다. 예를 들어 "조상에게 제사를 지낼 때에는 앞에 계신 듯이 하고 신에게 제사 지낼 때에는 신이 있는 듯이 하였다(祭如在, 祭神如神在)."[46] 의심의 여지도 없이, 이러한 해석은 공자, 순자로부터 현재에 이르는 역대 유가의 사상에 심오하게 영향을 끼쳤다. 현대 중국학자의 저술 중에 보편적인 종교에 관한 문제 및 조상 숭배 행위에 대한 특수한 문제들에서 이런 유가학설이 여전히 광범위하게 인용됨으로써, 유가학설의 중국문화에 대한 지속적인 영향을 드러내고 있다. 많은 유학자들과 절대다수의 현대 지식인들이 볼 때, 이러한 제례는 주로 인류의 기본적인 감정을 표현했으며, 이런 관점이 여전히 주도적인 지위를 차지하고 있다. 그러나 초자연적인 관념은 상당수의 전통유학자들의 사상에서 결코 완전히 제거되지 않았으며(제10장), 그들은 단지 부분적으로 합리화된 해석을 받아들였다.

순자가 스스로 말한 것처럼, "성인은 그 뜻을 분명히 안다(聖人明知之)."이다. 문제는 얼마나 많은 학자와 군자가 성인처럼 이에 대해 명확히 이해를 해서, 그 신비함을 일종의 '인간의 행위'로 여기는가 하는 것이다. '보통사람'의 경우처럼 합리주의자인 순자도 제사는 "영혼에 봉사하는 것"이며 "초자연적인 문제"였다. 죽은 자에 대해 애틋함을 표현하고 그들이 계속 살기를 바라는 것은 보통사람들이 제사를 거행하는 기본적인 동기이며, 제사는 사람들이 영혼에 대해 초자연적 요소의 신앙으로 여기는 것에 의지하는

---

45 「荀子」, 「禮論」.
46 「論語」, 「八佾」.

것이다. 이렇게 하여 조상 숭배는 민간에서 영향력을 유지하는 것이다. 중국사회의 혈연체계를 결속시키는 주요한 요소로서, 조상 숭배는 철학적 관점이 아닌 그것의 특수한 종교적 가치로부터 효능이 파생된다. 왜냐하면 보통사람이 이해할 수 있는 것은 철학이 아닌 종교이기 때문이다.

만약에 『예기(禮記)』라는 예의에 관한 권위 있는 저술에서 이야기하는 절차에 완전히 의거한다면, 설령 군자라 해도 제사의식에서 영혼과 소통하는 신비한 경험을 피할 수는 없다.

부모가 돌아간 처음에는 관을 벗고 비녀와 머리싸개만 하고 맨발로 옷자락을 허리에 끼고 손을 엇갈리게 가슴에 대고 곡을 한다. 애달픈 마음과 괴로운 생각에 신장이 상하고 간이 마르고 폐가 타서 물과 미음이 입에 들어가지 않고, 사흘 동안 밥을 짓기 위해 불을 피우지 않아, 이웃에서 미음과 죽을 쑤어 그에게 마시고 먹게 한다. 무릇 슬프고 애통함이 있으므로 형상이 변하여 밖으로 나타난다. 괴로움이 마음에 잠겨 있으므로 입에는 단맛이 없고, 몸은 편안하거나 즐겁지 않다.

사흘째 염을 하는데, 침상에 있으면 시(尸)라 하고 관 안에 있으면 구(柩)라 하며 주검을 옮기고 영구를 들어 올리면 곡을 하고 춤(踊)을 춘다. 애달픈 마음과 괴로운 생각에 비애로 번민이 가득하다. 그래서 한쪽 어깨를 드러내고 춤을 추며, 몸을 움직여 마음을 편안히 하고 기운을 내리게 하려는 것이다. 부녀자는 한쪽 어깨를 드러내기가 불편하므로 가슴을 풀고 심장을 두드리며 제자리에서 뛰며 답답한 가슴을 치는 것이 담장 무너지는 것과 같다. 지극한 비애와 괴로워하는 마음이다. 그러므로 "가슴을 두드리며 뛰고 울면서 슬프게 그를 떠나보낸다"라고 하였다. 육신을 떠나보내고 혼백을 맞아서 돌아온다.

육신을 떠나보낼 때에는 사모의 정에 사무쳐 넋을 잃고 할 수만 있다면 그 뒤를 쫓아가고 싶으나 미치지 못함이 있는 것처럼 하고, 곡을 하면서 돌아올 때에는 마음의 갈피를 잡지 못하여 마치 찾으나 찾지 못하는 것처럼 한다. 그러므로 떠나보낼 때에는 사모하듯이 하고 돌아올 때는 행여나 하는 의심을 품은 것처럼 한다.

구하되 얻을 것이 없으며, 문에 들어서도 보이지 않고, 마루로 올라가도 또한 보이지 않으며, 방으로 들어가도 보이지 않으니, 돌아가셔서 다시는 뵐 수 없구나. 그러므로 곡을 하고 발을 굴러 오로지 슬픔을 다하고 그칠 뿐이다. 마음이 원통하여 한숨지으며 가슴은 애절하고 뜻이 비통할 뿐이다. 종묘에 제사하여 귀신으로써 흠향하시게 함은 행여 다시 돌아올까 함이다.

묘혈을 만들고 돌아와, 감히 거처하는 방으로 들어가지 못하고 초가오두막에 거처하는 것은 어버이가 밖에 있는 것을 슬퍼함이다. 거적에서 자고 흙덩어리를 베고 눕는 것은 어버이가 땅속에 있음을 슬퍼하는 것이다. 무시로 곡하고 눈물 흘리며, 상복을 3년 동안 입는 것은 사모하는 마음과 효자의 뜻이요, 인정의 실질이다.[47]

삼일 동안 밤을 새우면서 죽은 자의 생전의 모습에 초점을 맞추어 명상에 집중하면 "꿈꾸는 듯한 마음 상태"가 되는데, 이러한 상태는 다른 문화의 심령가들도 영혼과 소통하는 신비한 경험을 얻기 위해 종종 사용하는 방식이다.[48] 중국의 제례에서는 독한 술을 사용하게 되는데, 우선 술을 땅에 뿌려 조상에게 공양을 하고 난 연후에 의식에 참석한 사람들이 마신다. 이는 기타 여러 문화의 종교의식에서도 자주 보이는데, 아마 '명상 상태' 및 영혼과 소통하는 경험의 생성과 관련이 있을 것이다.[49]

만약 조상 숭배의 유일한 목적이 도덕성, 특히 효심의 배양이라면, 사람들은 유학자들이 왜 고대 종교의식의 하나를 선택하여 이러한 목적을 달성

---

47 『禮記』, 「問喪」.; 『荀子』, 「禮論」.
48 Robert H. Lowie, *Primitive Religion*, London, 1936, pp. 3-14.
49 William James, *Varieties of Religious Experience*, London, 1902, pp.386-388.

하려고 했는지, 그리고 왜 다른 종교의 수단을 선택하지 않았는지에 의문을 가질 것이다. 비록 이러한 관점에서 아주 합리적이었을지라도 유학자들은 그러한 의식에서 혈연의 가치와 가족의 결속을 강화하는 강력한 감정적 뿌리를 보았던 것이다. 종교의식을 재해석하고 인간의 감정을 초자연적인 믿음으로 대체함으로써, 그들은 고대 의식을 존속시키기를 희망한다. 그리고 이것을 교화되고, 무신론의 의식으로 전환시켜, 사회조직의 기본 단위로서 혈연체계를 더욱 안정시키고 영원히 지속시키기를 바랐다.

그러나 고대의 종교의식에서 초자연적 요소를 벗겨내고자 하는 노력이 완전히 성공한 것은 아니다. 우리가 보게 되는 전통 장례에서 관을 지키는 행위는 실질적으로는 조상의 영령과 소통하는 신비한 행위이다. 결정적인 증거는 상당히 많은 전통유학자들을 포함해 절대다수의 중국인들은 조상 숭배의식이 초자연 신앙의 관념을 보존하고 있다고 믿는다는 것이다. 숭배의식이 세속적인 것인지 아니면 종교적인 본질을 가진 것인지에 대한 해석을 하면서 순자는 성인과 보통사람을 구분해야만 했다. 다시 말해, 초자연 신앙이 있는지 여부가 성인과 보통사람 사이의 틈을 벌이는 변별점이다. 그러나 순자와 이후의 합리주의 유학자들은 성인과 보통사람이 무신론적이고, 계몽된 견해를 취하기 위한 틈을 메꾸는 방법에 대해서는 어떠한 주장도 내놓지 못하였다.

최근 몇 십 년 동안 유교사상을 지닌 가장(家長)들은 점차 제사를 지낼 때 무신론의 관점을 택할지도 모른다. 그러나 그들은 설사 그럴 권한이 있다 하더라도, 가족의 다른 구성원, 특히 부녀자들의 초자연적 힘에 대한 신앙과 종교활동에 대해 거의 간섭하지 않을 것이다. 그의 종교신앙과 의식에서 관용적인 태도는 틈을 메꾸려는 관심이 부족함을 나타내는 것이다. 이론적으로 말하면 유학에서 구상하는 보편적인 교육으로 (누구에게나 차별 없이 교육하는 것) 틈을 메꿀 수 있다. 그러나 비산업화되고 권위적인 사회에서 보편적인 교육은 시행되지 않았다. 분명한 것은 순자와 기타의 고대 합리주의적인 유학자들에 대해 말한다면, 그들은 분명한 취사의 원칙이 있었다. 초자연적 요소를 제거하면 제사의 효과를 심각하게 약화시킬 수 있으나, 백성들 사이에 초자연적 신앙을 보존시킴으로써 조상 숭배의 영향을 유지하는 또 다른 하나의 선택을 한 것이다. 유학자들은 이미 현대심리학과 사회학이 주장한 일부 관점들을 어렴풋하게 인식하고 있었던 것 같다. 즉, 조상숭배신앙이 체현한 것은 일종의 도덕가치의 상징이며, 또한 이러한 가치들을 안정된 민간 전통을 영속시키는 데 필요한 수단으로 삼게 하는 것이다.

조상 숭배를 답습한 전통중국 가정과 비교하여 현대화되고 서구화된 중국 가정에서는 조상 숭배의 방대한 혈연조직에 대한 결속작용과 안정작용이 이미 현저하게 중단된 추세를 보이고 있다. 게다가 이러한 상황은 중국의 대도시에서 점차 더 보편화될 것이다. 현대의 핵가족에 있어 부모의 생존 시, 봉양은 여전히 자녀들의 신성한 의무로 형제자매들 간의 우애와 상부상조를 담보해내고, 가족의 혈연관계를 유지시킨다. 그러나 자녀들의 성장, 결혼, 출산에 따라 각자 다른 관심사를 갖게 되어, 서로의 관계가 점차 약화될 것이다. 부모가 돌아가면 공동으로 봉양해야 할 대상도 잃어버리게 되는 것이다. 이러한 관점에서 볼 때(만약에 후손으로 하여금 돌아간 부모와 더 먼 조상을 추억함으로써) 살아있는 자손들이 가족에 대해 동질성을 강화하는 일종의 상징성 숭배의식으로서의 조상 숭배가 없다면, 성장한 세대와 결혼하여 가족을 이룬 자손들 사이는 점점 서먹해질 것이며, 그 무엇도 그들을 조직으로서의 가족이라는 단위로 결속시킬 수 없을 것이다.

상대적으로 규모가 작은 2대 혹은 3대로 이루어진 친족공동체의 사회학적 의의는 다음과 같다. 만약 단지 산 자들 간의 생물적 연계를 지칭한다면, 소규모의 혈연공동체 구성원 간의 생물적 연계의 범위 내에서 효과적인 사회관계의 유대를 맺을 수 있다. 중국문화에서 세대 간 연속성은 종종 2대 내지 3대 친족 혈연공동체를 초월한다. 그러므로 조상 숭배에 의지하여 결속의 기능을 수행할 필요가 있다. 조상 숭배에 있어 죽은 자가 발휘하는 사회 심리작용은 시공의 제한을 받지 않고, 생물적 연계를 사회적 연계로 전환시킬 수 있으므로, 실질적인 친족의 연계를 비교적 작고, 친밀하게 접촉하는 범주로 제한할 필요가 없다. 따라서 조상 숭배는 다수의 가족 구성원을 하나의 조직적인 혈연구조로 결속시키는 기능을 갖추고 있다. 구성원 간의 생물적 연계는 일종의 효과적인 사회적 연계이며, 구성원의 규모는 세대와 정비례한다. 이러한 자손들은 공통의 조상을 갖고 있으며, 그들은 정기적으로 조상에게 제사드린다.

유신론 신앙의 일종으로서 조상 숭배는 세심하게 준비한 장례와 제례가 있고, 혈연가족 조직을 단결시키고 안정시키는 중요한 기능을 발휘할 수 있다. 따라서 중국 가족의 안정은 상당 부분 이러한 신앙에 힘입은 것이라 할 수 있다.

그러나 일단 그중의 초자연적인 요소의 작용으로 간주하게 되면, 조상 숭배는 중국문화에서 "핵심종교"라는 것을 부정할 수 있는 사람은 매우 적을 것이다. 중국 사회조직에 있어 친족 체계의 핵심적 중요성은 조상 숭배가 중국에서 보편적인 의의를 갖게 하였다. 만약 종교의 믿음과 실천에 있어 중국인들 사이에 사회 계층상의 차별이 존재한다고 했다면, 모든 종교의식이 가지고 있는 조상 숭배는 계층의 장벽을 초월했을 것이다. 비록 유가가 시종 종교적 이단을 반대하였지만, 부단히 조상에 대한 제사를 제창하고 그것을 유가 전통의 일부분으로 흡수하였다. 유가 전통은 중국 전통의 정치와 사회질서를 결정하였으며, 영향을 미쳤다. 비록 역대의 통치자가 늘 엄격하게 승인받지 않은 교파의 종교활동을 억눌렀지만, 조상 숭배는 지난 수백 년이 넘게 통치계급이 완전히 수용했을 뿐 아니라 백성들이 반드시 지켜야 하는 규정이 되었다. 청대의 법률에는 출가한 승려도 부모의 장례를 거행해야 한다고 규정하고 있다.[50] 통치자가 조상 숭배를 지지하는 기본적인 동기

---

50 『大淸律例集成』, 上海, 1900, 제7장, p.19.

는 조상에게 제사 지내는 것이 혈연 가족체계를 유지하는 데 도움이 되고, 혈연 가족체계는 정통의 정치·사회질서를 유지하는 중요한 수단이기 때문이다.

### 중국 가족생활 속의 기타 종교 요소

조상 숭배가 중요하다고 하여도 그것은 가족생활의 일부분일 뿐이며, 그 외에 수많은 기타 종교적 요소가 가족을 결속시키고 가족생활 중에서 일정한 작용을 한다. 본장의 서두에서 지적한 바와 같이 사실 전통 중국가정의 모든 방면에는 종교의 그림자가 드리워져 있다. 예컨대 조상 숭배가 사람들이 죽음에 대응하는 중대한 종교활동이라면, 마찬가지로 가족생활 중의 기타 중대한 사건 즉, 자녀의 출생이나 결혼 등에도 영향을 미친다.

결혼과 출생은 가문의 대를 잇는 것과 관련되며, 조상 숭배 역시 아주 자연스럽게 중요한 작용을 한다. 결혼과 출생 시 조상 숭배의 의식을 치르는데, 이는 『禮記』「祭統」편에 분명히 해석되어 있다. 결혼(과 출생)은 "조상의 종묘사직을 높이 받들고 후대에까지 가문을 계속 잇는 것이다."[51]

조상 숭배 외에도 전통적 종교 요소, "전생에 이미 결정되었다"는 관념 역시 매우 중요하다. 태어날 때 모두 길하거나 혹은 흉한 초자연적인 힘과 관련이 있는 것이며, 사람의 일생에도 영향을 미치는 것으로 여겨졌다. 만일 불길한 때에 출생하였다면 많은 주술적 행위를 하여 악귀를 물리쳐야 한다. 보편적으로 배우자의 선택과 결혼 이후의 행불행 역시 출생 시의 어떤 초자연적인 힘과 관련이 있다고 믿는다. 민간에서의 월하노인이 보이지 않는 빨간실로 한쌍의 남녀를 묶는 것과 관련된 풍습이 바로 그 일례인데 여기서 인연은 전생에 결정되어졌다는 것을 의미한다. 음력 칠월칠석, 견우와 직녀

---

51 『禮記』, 「祭統」.

가 은하수에서 만나는 것 역시 또 다른 한 예이다. 여자 아이는 칠월칠석 전날 밤 하늘을 응시하다 만일 두 개의 낭만적인 별이 은하수를 넘는 것을 본다면, 그 여자 아이는 전생에 결정된 혼인이 임박했다고 믿는다. 농촌에서는 견우와 직녀의 묘를 짓고, 젊은 처녀는 그곳에서 하늘을 향해 마음에 드는 낭군을 만나게 해달라고 기도드린다.

전생에 이미 결정되었다는 것과 관련된 신비한 신앙과 활동은 수많은 중요한 기능을 한다. 그중 하나는 자식의 요절과 액운이 가져온 극도의 슬픔을 완화시키는 것이다. 중국의 어머니는 일생의 모든 희망을 아들에게 기탁하고, 아들에 기대어 가족생활에서의 위상을 개선하며 자신의 노후를 의지한다. 만일 아들이 불행히 요절하거나 또는 가르침과 통제를 따르지 않아 불효자가 되면 봉양할 사람이 없어 그저 불행하고 쓸쓸한 노년을 맞이할 수밖에 없다. 어머니는 심리적으로 충격을 받을 것이며 심지어 아들을 중시하는 이상생활에 대해서 다시는 어떠한 희망도 품지 않을 것이다. 결혼을 할 때 여자는 최선을 다해 현모양처가 되고, 시댁에 공헌하려 할 것이다. 그러나 만약 아들을 낳지 못하고, 남편이 일찍 죽거나 시댁의 학대가 있다면 그녀가 아무리 전통적 부덕, 예의범절을 지킨다 하여도 그녀가 기대하는 아름다운 혼인은 악몽으로 바뀔 것이다. 이러한 실망은 가족구조를 유지하려는 전통적 가치관과 신념을 동요시킬 것이다.

위에서 언급한 부정적인 감정에 따른 영향과 사회적 곤란은 전생에 결정되었다는 신비한 관념을 신봉함으로써 완화되거나 소멸된다. 초자연적인 힘을 믿는 환경하에서 운명론은 사람들로 하여금 개인이 성실하게 노력하는 장점과 성실한 노력이 성공을 가져다 줄 수 있다는 것을 확신할 수 있게 하기 때문이다. 실패하더라도 그것은 다른 이유가 있기 때문이며, 실패 후에도 이미 기울인 노력에 대해 후회하거나, 이로 인해 사회구조의 공정성에 대해 완전히 신뢰를 잃지는 않을 것이다. 일단 불만과 절망이 생기면 먼저 운명과의 직접적인 관계를 떠올리게 될 것이며 가족구조와 전통적 가치관에까지는 생각이 미치지 않을 것이다. 혹은 극단적으로 열악한 상황에서 절대적으로 운명을 믿는 관념도 사람들을 소극적으로 변화시켜 방임적인 태도를 취하게 할 것이다. 다만 아주 드물게 사람들을 선동하여 사회제도에 도전하게 하는 현상이 나타나기도 하는데 이러한 것들이 바로 중국인의 기질이다.

뿐만 아니라 운명을 믿는 민중은 신비한 힘에 대해 희망으로 가득 차 부단히 노력하고 도덕규범, 종교 행위를 따르면 하늘이 복을 내려 앞날의 운명을 바꾸어 줄 것이라고 기대한다. 특정한 사회제도 속에서 사람들은 행복과 성공을 위해 노력하고, 모두 자신과 사회제도에 대해 신뢰하기를 바란다. 따라서 견우직녀의 신앙 같은 결혼의 신을 만들어냈고, 삼신할머니나 관음보살 등 출산의 신도 필요해졌다.

운남성 여강 대연고진 민가의 대련(對聯). 정면에 '독례(讀禮)'라 붙여놓았다.

그러나 만약 종교적인 정성을 상실하여 더 이상 기도하지 않고 현실 상황이 사람들로 하여금 성공할 수 없게 할 때 사람들은 영혼이 내세에서 다른 것으로 다시 태어나기를 희망하기 시작한다. 따라서 가족이 불행한 사람의 기대를 충족시키지 못한다 하여도 사람들은 가족에 대한 충성을 유지하였다.

1951년 중국 공산치하에서 새혼인법에 따라 한 미망인이 상해에서 재혼을 하려하자 시어머니가 말하길 "과부는 네 운명이다. 그러니 너는 재혼하지 말고 과부로 사는 것이 마땅하다. 네가 혼령과 귀신을 정성껏 섬기면 너는 다음에 아름다운 생으로 다시 태어날 것이다." 그 시어머니는 젊은 며느리에게 불행은 운명이라고 하고 전통적인 가족 구조의 도덕에 따라 다음에 태어날 때는 더 나은 생을 타고날 것이라고 말했다. 중국의 도처에서 볼 수 있는 효자를 장려하는 편액과 정절을 지킨 과부의 열녀문은 전통 친족체계를 지지하는 도덕관에서 중요한 작용을 한다. 설사 영혼을 믿지 않는 사람이라도 왕왕 백년 후의 자손이 자신의 이름을 기억해 주기를 희망하기 때문에 불행한 현상을 바꾸려는 노력을 포기하고자 한다.

사회의 수요에 맞게 종교신앙이 각색된 예는 중국의 독특한 귀신 이야기에서 단서를 찾을 수 있다. 중국 민속에 등장하는 귀신과 영혼은 모두 사악하거나 두려운, 쌍방을 부추겨 시비를 일으키는 저승 귀신이 아니다. 수많은 고사들은 매력적인 여자 귀신 혹은 여우가 둔갑한 요술을 부리는 아름다운 여자와 서생의 낭만적인 이야기이다. 외롭고 가난한 서생이 깊은 밤 희미한 등불 아래서 힘들게 경서를 읽고 있다. 그가 우연히 고개를 들었을 때 매혹적인 여인이 자신의 서재에 들어와 있는 것을 발견하고 놀란다. 그후 서생이 그녀가 본래 귀신이었음을 알게 될 때까지 이들은 수년을 부부로 지낸다. 또는 훗날 여인이 질투 혹은 다른 이유로 다시 귀신세계로 돌아가 부부관계가 끝난다. 전 과정에서 귀신 또는 영혼의 화신은 심리, 정신적인 특징 및 한 여성으로서의 장단점을 나타낸다. 가장 대중적인 중국의 전통적인 애정고사는 낭만적일 뿐 아니라 놀람과 전율로 가득 차 있다.

가부장적인 전통중국 가족구조 속에서 중요한 한 측면은 부모가 독단적으로 정해주는 혼인이다. 부모가 정해주는 혼인은 낭만적인 애정이 토대가 되지 못한다.[52] 그러나 계율이 엄격한 전통문화 속에서도 사람들의 낭만에 대한 갈망을 철저히 막는 것은 매우 어렵다. 기녀와 축첩제도에 대한 묵인은 부분적으로 정식혼인의 낭만적인 애정 결핍을 보충해 준다. 유가 전통의 지배를 받은 사회 습속에서의 정식 결혼은 낭만적인 애정이 없다. 심지어

---

52 C. K. Yang, *The Chinese Family in the Communist Revolution*, Cambridge, Mass, 1959, chap II.

문학에 있어서도 애정고사는 환영받지 못하는 주제이다. 왜냐하면 그것은 도덕적으로 일치되는 동의를 얻을 수 없기 때문이다. 여기에서 초자연적인 영혼과 귀신의 화신은 이러한 상황을 바꾸었다. 귀신의 고사는 완전히 유가 전통에 따라서 쓰여질 수 있다. 왜냐하면 낭만의 대상은 도덕 습속의 계율과 구속을 받는 인간이 아니라 도덕적 심판이 필요없는 귀신이나 영혼이기 때문이다. 이러한 고사는 인습에 묶여있는 인간 체계의 영구적인 결혼으로 결말을 맺을 필요도, 맺을 수도 없다. 이야기의 클라이막스에서 여자는 한 줄기 연기로 변한다. 그러므로 귀신이나 영혼과의 애정고사는 결혼에서도 유교전통으로 금지되어 있는 낭만적인 모험을 제공하면서도 어떠한 기본적인 사회 습속도 침범하지 않는다.

초자연적인 민간전통과 고사가 종교를 구성하지는 않지만 보통의 중국 사람에게 있어서 그것은 초자연적인 세계에 대한 기본적인 정보의 원천이다. 도교와 불교 경전을 탐독하는 사람은 아주 드물지만 귀신 이야기를 읽거나 듣는 것을 빠뜨리는 사람은 거의 없다.

또 다른 초자연적인 민간전통은 인습적인 가족 윤리의 준수 또는 위배와 관련되어 상을 받거나 벌을 받는 것이다. 이러한 귀신 이야기는 중국인들에게 확실한 영향을 미쳤으며, 중국 전통 가족생활의 도덕적 가치에 대한 강력한 제재수단이 되었다.

# 제3장
# 사회와 경제단체 속의 종교

중국 전통사회의 조직에는 가족이나 종족과 같이 혈연을 중심으로 형성된 조직 외에도, 친족관계를 뛰어넘는 사회경제적 기능을 수행하는 결사체가 존재한다. 하지만 중국사회는 기본적으로 자급자족의 농업경제를 그 특징으로 하고 있으며, 사회적 관계에 있어서 친족관계가 주도적 지위를 차지하고 있기 때문에 이러한 결사체가 많은 편은 아니다.[53] 비록 그렇다 해도 친족체계를 통해서는 만족하기 어려운 수요를 제공하기 때문에, 이러한 결사체는 중국사회에서 분명 특정한 기능을 수행하고 있는 것이 사실이다.

가족체계는 생식관계에 의해 형성된 강력한 혈연적 유대를 갖추고 있다. 그러나 가족체계를 지속적으로 유지하기 위해서는, 전체 구성원의 충성과 단결을 필요로 한다. 이러한 이유 때문에 조상 숭배는 가족체계 속에서 그 의미가 결코 작지 않다. 조상 숭배는 일정 정도 종교적 특성을 가지고 있어서 자연적으로 형성된 혈연관계에 신성한 성격을 부여해줄 수 있기 때문이

---

[53] Joachim Wach, *Sociology of Religion*, Chicago, 1944, p256, 및 H. T. Fe, *Peasant Life in China*, London, 1940, Chap.3-6.

다. 가족을 초월하는 결사체가 이러한 친족과 다른 점은, 기본적으로 공동의 이익을 위해 자발적으로 조직되었다는 점이다. 이는 생육과는 아무런 관계도 갖지 않는 것이다. 내재적인 유대관계가 결여되었기 때문에 가족을 넘어서는 이 단체가 응집력을 갖기 위해서는 일정한 공동의 이익을 특별히 강조해야 하고, 또한 구성원을 구속하는 규정과 제도를 제정해야 하며 관련된 가치관과 의식도 마련해야 한다. 산업화 이전의 특수한 사회에 있어서는, 통합력이 강력하지 않았기 때문에 세속적 이익에 대해 종교적인 제재가 필요했으며, 이를 통해 단체의 단결을 강화하고 개인의 충성도를 향상시킬 수 있었다. 그러한 상황에 종교신앙을 끌어들인 것은 개인적이거나 공리적인 이익을 위해 발생하는 구성원 간의 충돌을 완화시키는 데 도움이 되었을 뿐 아니라, 단체의 신성한 상징부호를 강조함으로써 구성원들의 의식을 집단 차원으로 끌어올릴 수 있었다. 집단의 단결과 안전성을 강화시킬 필요가 있기 때문에 여러 사회경제 결사체에는 종교적 요소가 광범위하게 존재하게 된 것이다.

## 사회단체와 종교의 결합

전통 중국사회에서 규모도 크지 않고 숫적으로도 그리 많지 않지만, 친족을 넘어서는 사회단체는 주로 형제회(兄弟會) 혹은 자매회(姉妹會)의 형식으로 나타난다. 전통사회 질서에 있어서 처음에는 마음에 맞는 친구끼리 의기투합하여 서로를 지기(知己)라 여기면서 밀접한 관계를 형성하지만, 점차 사회생활에서도 서로 의지하게 되면서 형제회 혹은 자매회를 결성하여 피차간의 관계를 더욱 굳건하게 한다. 사람들은 통상 천지신명과 조상님께 절을 올려 고하는 결의의식(結義儀式)을 통해 형제자매 관계를 결성한다. 비록 어떤 때에는 특별한 종교의식을 생략하는 경우도 있지만 '결의형제', '결의

관제묘(關帝廟)에 세워진 도원결의를 기념하는 패방. 산서성 운성시(運城市).

자매' 같은 호칭에서부터 이러한 관계의 신성성을 확인할 수 있다. 왜냐하면 구성원 간에 일종의 신성화된 의사혈연관계(擬似血緣關係)를 맺고 있기 때문이다. 결의의식을 거행할 때 여성들은 일반적으로 향촉(香燭)을 사르고 천지신명께 제사를 올리는 종교의식을 거행한다. 남성들의 결의의식 가운데 가장 보편적인 방법은 유비, 관우, 장비에게 제사를 지내는 것이다. 유비, 관우, 장비는 3세기 경 삼국시대의 인물들이다. 그들은 도원결의(桃園結義)를 통해 서로에게 충성할 것을 다짐한 뒤, 형제의 정과 의리를 끝까지 지킴으로써 역사적인 결의형제의 모범으로 추앙된다.

　결의의식은 새롭게 결성된 사회관계를 신성화시킬 뿐만 아니라, 충의(忠義)의 원칙을 배반하는 행위에 대하여 초자연적인 징벌이 가해진다는 것을 의미하기도 한다. 일부 단체들은 확실한 정치적 목적을 가지고 있거나 조정(朝廷)과 경제적으로 이익을 다투는 경우도 있어서 상당히 위험하다. 이러한 단체의 '결의의식'은 구성원들의 행위에 대하여 강력한 구속력을 갖추는 데 중점을 둔다. 때로는 입회의식에서 손가락을 베어 상처를 낸 뒤 피를 술잔 속에 떨어뜨려 마시는 혈맹의식을 거행함으로써, 서로의 관계가 혈연관계로 격상되었음을 상징적으로 표현한다. 단체를 결성할 때의 결의의식과 새로운 구성원을 받아들이는 의식 외에도, 명절과 같이 중요한 경우에도 수시로 종교의식, 즉 신에게 제사를 드리는 의례를 거행한다.

일단 결의관계가 형성되면, 형제회 혹은 자매회는 '의사친족단체(擬似親族團體)'로서의 특징을 갖게 된다. 그 내부 구성원들도 사회경제적 생활에 있어서 서로 돕는 것을 신성한 의무로 인식하게 된다. 1948년 중국의 남부 도시 광주(廣州) 근처 한 촌락에서 진행된 현지조사는 '형제회'가 해당 촌락의 정치사회적 생활 속에서 매우 중요한 역할을 수행하고 있었음을 보여준다. 이 형제회는 약 12명으로 이루어졌는데, 구성원 모두가 교육을 받았고 특히 일부 구성원은 정치경제적으로 중요한 위치에 있어서 나머지 구성원들이 그들에게 의지하고 있었다. 도시와 다성촌(多姓村)에서는 친족체계가 반드시 여러 한계에 부딪칠 수 있기 때문에, 형제회는 일부 사람들의 사회생활에 있어서 적극적인 작용을 할 가능성이 충분하다.

'자매회'는 보통 가족을 떠나 타지에서 생활하는 여성들이 결성하는데, 특히 남방에서 비교적 보편적이다. 일례로 광동성(廣東省)은 제사(製絲) 및 방직(紡織)공업의 중심지로 유명한데, 잠사업(蠶絲業) 등은 여성 취업의 신천지를 열어주었다. 독신여성들은 보편적으로 잠사업에 종사했는데, 의사친족단체인 자매회는 이들의 사회경제 활동에 있어서 매우 중요한 역할을 담당했다. 자매회는 형제회보다도 훨씬 짙은 종교적 요소를 포함하고 있다. 자매회의 결성과 신입회원의 입회, 명절과 같은 중요한 집회에 있어서 종교의식은 빼놓을 수 없는 필수 요소라 할 수 있다.

광동성의 많은 지역에서는 '노처녀회(老姑娘社)'라 불리는 독신여성 상조회가 설립되었다. 여기의 회원은 평생 독신을 고수하려는 여성과 다시는 남편에게 돌아가지 않으려는 여성들로 구성된다. 일반적인 자매회와 구별되는 것은, 그녀들은 집을 개조하여 총본부로 삼고, 그곳에서 재봉질 등의 일상활동을 전개하면서 돌아갈 집이 없는 여성들에게 거처를 제공해준다는 점이다. 특히, 구성원이 죽으면 그녀가 소속된 '노처녀회'에서는 위패를 모셔 제사까지 지내준다. 이것이 바로 중국사회에 보편적으로 존재하는 의사친족 단체조직의 전형적인 사례이다. 가족이 개인의 정신적, 물질적 욕구를 충족시켜주지 못할 때, 이러한 단체조직이 가족의 기능을 대행해주는 것이다.

　남성 및 그 배우자에게 있어서, 가족과 종족은 모두 부계를 중심으로 하는 사회조직이다. 여성의 경우도 일단 출가하면 배우자의 가족과 종족의 일원이 되기 때문에, 친정에서는 심하면 영구적으로 가족 구성원으로서 대우를 받지 못한다. 따라서 조상 숭배의 종교체계 속에서, 혼기를 넘긴 여성은 혼인 여부와 상관없이 사후의 영혼이 친정과는 아무런 관련이 없기 때문에, 친정 후손들의 제사를 받을 수도 없다. 때문에 미혼이거나 혹은 이혼한 여성의 영혼은 후대의 제사를 받을 수 없어 의지할 데 없는 외로운 영혼이 되고 만다. 이렇게 사후에 고혼(孤魂)이 되는 것을 피하기 위해 '노처녀회'가 결성되고, 사망한 구성원을 위해 위패를 모시고 살아 있는 자매들이 매년 명절 때마다 그들을 위해 제사를 지낸다.

　이러한 이유로, 조상에게 제사 지내는 종교적 요소는 확실히 구성원 간의 단결을 도모하고 응집력을 키워주는 역할을 하게 된다. 또한 사회적으로 보면, 이러한 조직은 아주 중요하고도 다양한 세속적 기능을 담당한다. 전통 중국사회에서 혈연관계는 개인의 사회경제적 이익을 유지하는 데 있어 매우 중요한 역할을 한다. 어떤 사람이 가족과 종족 중에서 충분히 평등한 지위를 차지하지 못한다는 것은 그가 소속집단의 인정과 지지를 받지 못하고 있음을 의미한다. 미혼여성이나 이혼여성은 근본적으로 친정에서는 인정을 받지 못하기 때문에 지위 또한 누릴 수 없는 것이다. 특히 이혼여성의 경우, 전통사회에서는 모종의 편견과 냉대를 받을 수밖에 없었다. 이들은 당연히 사회경제적 측면에서 모두 '노처녀회'와 같은 의사친족조직을 필요로 하게 되는 것이다. 그러나 특정 조직이 응집력을 발휘하기 위해서는 단순히 세속의 이익에만 의존하는 것으로는 부족하다. 따라서 종교적 요소가 때마침 이들 조직에게 모종의 신성한 그리고 사람들로 하여금 숭배하고 경외하게 하는 특성을 부여해줌으로써, 조직 구성원의 단결과 충성도를 강화시키는 역할을 완벽하게 담당하는 것이다.

### 비밀결사(Secret Societies)

비록 중국사회에서 종교를 이용하여 사회적 통합기능을 발휘하는 사회단체에 대하여 일일이 거론할 수는 없겠지만, 비밀결사에 대해서는 특별히 소개할 필요성을 느낀다. 비밀결사에 있어서 종교는 아주 특별한 역할을 담당했기 때문이다. 필자가 여기에서 중국인의 사회생활에 미친 비밀결사의 영향을 연구하려는 것은 아니지만, 사회적 약자 계층 특히 사회경제적 생활에 있어서 가족의 지지를 받지 못하는 많은 사람들이 바로 이 비밀결사 조직에서 그들이 필요로 하는 도움을 받고 의지할 데를 찾고 있다는 점을 지적하고 싶다. 빈농, 도시노동자, 부랑아 등 빈민계층은 원래부터 빈곤한 가정 출신이 대부분이다. 정치적 입장에서 본다면 비밀결사는 오랫동안 존재해왔던 반란의 잠재적인 역량과 혁명성을 갖춘 집단이기도 하다. 비밀결사가 중국사회에서 친족체계 밖에 존재하는, 조직력이 가장 강한 단체 가운데 하나라는 사실은 의심할 여지가 없으며, 다른 사회단체와 마찬가지로 종교적인 요소가 구성원들을 통제하고 동원하는 데 있어서 조직의 중요한 동인이 된다.

비밀결사 단체에는 두 가지 일반적인 형식이 존재한다. 그중 하나는 종교적 성격이 뚜렷한 결사단체이다. 우리는 다음 장에서 이러한 종교·사회단체를 설명할 것이다. 다른 하나는 정치경제적 이익을 우선시하는 결사단체이다. 예를 들면, 일찍부터 위세를 떨친 바 있는 '청방(靑幇)'과 '홍문(洪門)'[54] 그리고 빈농과 도시노동자 중에 성행했던 동업단체들이다.

비밀결사의 두 번째 유형이 비록 세속적 이익을 중시하는 특징을 갖고 있긴 하지만 종교는 여전히 단체에 대한 충성도와 단결을 촉진시키는 수단으로 중시된다. 두 번째 유형의 비밀결사 단체에 있어서, 충성도와 단결은 다른 어떤 사회단체보다도 중요한 요소가 되는데, 불충과 배반이 전체 조직의 와해를 가져올 수 있기 때문이다. 종교적 요소는 특히 결사의식(結社儀式)에서 두드러지게 나타난다. 비록 각 단체 간 결사의식이 약간의 차이를 보이긴 하지만 기본적으로는 유사하다. 아래에서는 홍문의 지파인 '삼합회(Triad Society, 三合會)'의 결사의식을 예로 들어 설명하겠다.[55]

새로운 구성원의 입회의식은 정성들여 마련된 제단 앞에서 거행된다. 제단 위에 놓여있는 신상(神像)은 정의와 전쟁을 상징하는 관우와 삼합회의 창시자 오조(五祖) 및 창시 유공자 등을 포함하며, 모든 위패는 가정에서 제사를 지낼 때와 마찬가지로 항렬에 따라 배열된다. 신상 앞에는 음식, 술, 향촉과 초롱 등 제물을 가지런히 배열한다. 이어서 칠성검, 창, 곤봉 등 병기를 배치함으로써 사람들로 하여금 경외심을 느끼도록 분위기를 조성한다. 마치 신과 선조들의 영혼이 각종 병기를 들고, 구성원들이 조직의 각종 규칙을 제대로 준수하는지 감시하는 것과 같은 분위기를 자아낸다. 다음으로는 신통력을 갖춘 상징적 제물을 배치하는데, 거짓말을 감별한다는 빨간 초롱, 행위의 정당성 여부를 측정한다는 자(尺), 선악을 판별하는 거울과 구름을 걷어내고 해를 찾아낸다는 가위(하늘을 가리는 구름은 국가가 반란세력에게 넘어가는 것을 상징함) 등이 있다.

이러한 훈계의식 외에도 신입회원의 종교적 입회의식은 모두 제단 앞에

---

54 J. S. M. Ward와 W. G. Sterling, *The Hung Society*, London, 1925.
55 Hirayama Amane, 『中國秘密社會史』, 上海, 1912년판, pp.36-48.

서 완성된다. 종교의식의 의의는 한번 맹세하면 절대 바꿀 수 없는 입회 맹서에 선명하게 드러난다.

> 형제여, 오늘 다시 너를 충의(忠義)의 가운데로 인도하며 함께 생사를 같이 할 것을 하늘에 맹세한다. 오늘 밤 나는 여러 명의 새 신도를 천지회에 소개하고, 도원결의의 고사에 따라 형제가 되어 다 같이 홍씨 성을 따를 것을 약속한다……오늘 밤 천지신명에게 제사를 올려 하늘을 아버지로 땅을 어머니로 해와 달을 형제자매로 모시며, 오조(五祖) 및 만운룡(萬雲龍) 등 홍씨 가문의 모든 신령께 거듭 절을 올린다. 오늘 밤 나는 향불 앞에 꿇어 경배하며 정신을 맑게 하고, 손가락을 찔러 피를 마심으로써 생사를 같이 하기로 맹세한다……오로지 충심과 의리가 있는 자만이 영원한 행복을 누릴 수 있다. 나는 천지로부터 생명을 받았고 해와 달의 보호를 받았다. 결의 후 함께 피를 마시며 맹세하나니, 신명의 교훈을 우러러 받들며 성심성의로 36개 서약을 지킬 것을 맹세하노라.

'36개 서약'은 신입회원이 생명과 재산을 조직에 헌납하는 엄숙한 서약과 동문형제 간 상부상조 등을 담고 있다. 예를 들면 제1조의 서약은 다음과 같이 규정하고 있다.

> 홍문(洪門)에 들어간 이후부터 그대의 부모는 곧 나의 부모이며 그대의 형제자매는 곧 나의 형제자매이다. 그대의 아내는 나의 형수가 되며 자식과 조카는 곧 나의 자식과 조카가 된다. 만약 이를 어기고 이러한 정(情)을 마음에 두지 않는다면 맹세를 배반하는 것이 되며 다섯 번 벼락을 맞아 죽음을 면치 못할 것이다.

입회 맹세와 제1조 서약은 혈연관계의 자연적 유대를 최대한 고취시킴으로써 회원을 한데 뭉치게 한다. 따라서 조직(幇會)은 일가(一家)를 이루게 되고, 회원 간의 관계 또한 가족성원과 같은 자연적 관계로 발전하게 된다. 조직 내 구성원의 혈연가족에 대한 기존의 충성을 비밀결사라는 새로운 대가족에 대한 충성으로 전환시키기 위하여, 조직에서는 천지신을 부모로 받들고 모든 회원들은 비공식적으로 홍(洪)씨 성을 따르게 된다.

종교의식을 통해 형성된 인위적 혈연관계는 구성원의 조직에 대한 존경과 경외를 강화시킴과 동시에 이러한 이념을 반복적으로 주입하게 된다. 이것은 조직 전체의 배후에 초자연적인 역량이 조직의 사업을 지지하고 있기 때문에 모든 구성원은 반드시 조직의 규율을 준수해야만 한다고 믿게 하기 위함이다. 종교의식을 통해 창시자와 기타 이미 죽은 동문형제들에게 제사를 드리는 행위는 조상 숭배의 형식을 통해 방회(幇會) 내부의 단결을 강화시키며 또한 정신상의 상징적 역량을 형성하게 된다. 조직의 형제들이 이미 죽은 구성원들의 위패 앞에서 제사를 지낼 때, 분명 조직에 존재하는 모종의 정신적 유대감을 느끼게 될 것이다. 신입회원에게 있어서 비밀결사조직에 가입하는 것은 확실히 인생의 전환점이 된다. 입회의식 중 종교적인 요소는 장엄하고 숙연한 분위기를 조성할 뿐만 아니라, 방회의 규율에 대한 구성원들의 복종을 강화하고 조직에 대한 충성심을 고취시킨다. 동시에 구성원들로 하여금 초자연적 힘의 보호와 지지를 느끼게 함으로써, 조직이 진행하는 사업에 대한 구성원의 믿음을 강화시키는 역할을 한다.

입회의식 외에 배신자를 징벌하거나 특별한 명절을 경축하는 등 중요한 업무를 처리하기 위한 집회 때에도 홍문의 구성원들은 관우상과 조상의 위패가 모셔진 제단 앞에서 종교의식을 거행한다. 이러한 경우 제단 앞에서 거행되는 종교의식은 모두 구성원의 종교적 신념을 부단히 환기시키기 위함이다. 비밀결사의 활동은 위험하기 때문에 구성원들은 기존의 지식과 경험의 한계를 초월하는 모종의 신비로운 힘이 그들의 행동에 성공을 보장해 줄 것을 염원한다.

이밖에, 홍문(洪門)이 전국적인 조직망을 갖고 있는 것과 같이 비밀결사도 일반적으로 각 지역에 광범위한 조직체계를 갖추고 있다. 많은 수의 회원으로 구성되어 있고, 서로 다른 지역 배경을 갖고 있어서, 추구하는 이익 또한 상당한 차이가 발생할 수 있다. 이러한 차이는 조직의 분열에 심각한 영향을 미칠 수 있다. 법률의 통제와 정부 관청의 압력하에서, 비밀결사 조직은 극도로 높은 충성도와 단결로 그 존재를 보장해야만 한다. 그러나 구성원 간에는 아주 다양한 개인의 이익들이 융합되어 있기 때문에 단순히 세속적 이익에 의존하는 유대만으로는 부족하게 된다. 따라서 반드시 구성원들로 하여금 눈앞의 물질적인 유혹을 초월하여 조직을 위해서는 죽음도 불사할 수 있는 방회에 대한 지고무상한 충성심을 유지하도록 해야 하는데, 이때 종교적 요인의 개입이 매우 중요한 역할을 하게 된다.

### 농민들의 농업신 숭배

중국의 여러 경제단체 중에서 무엇보다도 농민들이 절대 다수를 차지한다. 전통시대 중국인들이 가정과 기타 사회단체에 대한 충성과 구성원 간의 결집력을 강화하기 위하여 초자연적인 힘의 지지를 얻기 위해 노력해왔다면, 농민들은 그보다도 경제적인 목적을 위해 분투하는 과정에서 종교에 대하여 더욱 중요한 위상을 부여해왔다. 오늘날과 같은 과학기술이 없는 상황에서 농민들은 여타 직업과 달리 각종 불확실한 요소로 가득 찬 자연과 직면하면서, 좋은 날씨와 풍성한 수확을 얻기 위해 하늘에 기구해왔다. 인력이 미치는 범위에서도 여러 가지 제한을 받기 마련인데, 자연에 맞서 풍성한 수확을 얻고자 한다면 하늘의 뜻에 기대야 할 것임은 말하지 않아도 충분히 짐작할 수 있는 것이다. 사실 기타 경제단체들은 농민과 같이 직접적으로 혹독한 자연의 도전에 직면해 있지는 않기 때문에 이만큼의 압력은 없

북경 천단의 풍년을 기원하는 제사를 올리던 건축물 기년전.

을 것이다. 대자연의 변화, 애니미즘의 계시는 죽음의 문제와 더불어 가장 일찍이 종교적인 이념을 일으킨 것이다. 농업신 숭배와 조상 숭배가 중국 고대 종교 전통의 일부를 형성하게 된 것은 결코 우연한 일이 아니며, 오늘날까지도 토지신을 모시는 사묘(土地廟)가 중국 농촌 풍경에서 눈에 띄는 부분으로 자리 잡게 되었다.

 1911년 이전의 전제왕조 시기에는, 수도와 성(省)정부 그리고 현(縣)정부 소재지에 이르기까지 각층의 정치행정 중심지마다 농업신께 제사를 올리는 표준화된 제단이 설치되어 있었다. 북경을 예로 들자면 사람들은 기년전(祈年殿)[56]이나 천단(天壇)과 같은 엄숙하고 경건한 건축물을 기억할 것이다. 성정부나 현정부 소재지에도 신농단(神農壇, 농업 시조신께 제사를 드리는 제단), 사직단(社稷壇, 토지와 곡물의 신께 수확을 기리는 제단) 및 우사단(雨師壇, 그밖에 바람, 구름, 벼락, 비와 가뭄의 신께 제사를 드리는 제단)이 설치되었다. 매년 봄, 가을이면 위로는 군왕으로부터 아래로는 지방관에 이르기까

---

56 북경 천단의 건축물 가운데 기곡제(祈穀祭)를 올리던 신전.-옮긴이

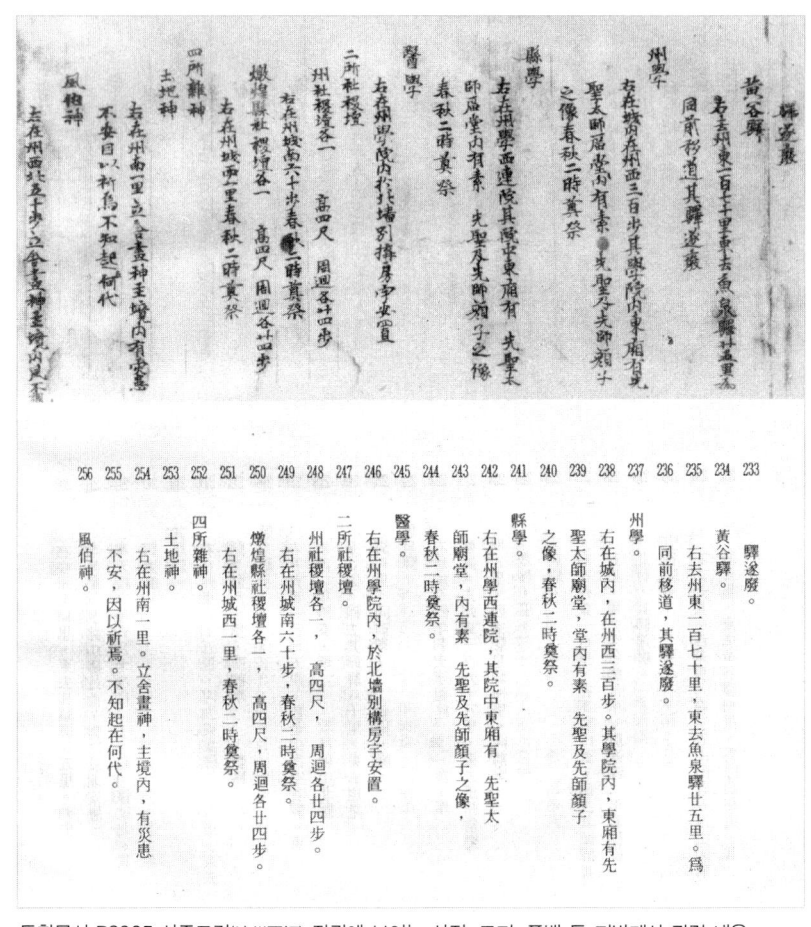

돈황문서 P2005 사주도경(沙州圖經) 잔권에 보이는 사직, 토지, 풍백 등 지방제사 관련 내용.

지, 농민을 대표하여 토지를 경작하는 의례를 거행한 뒤, 제단에서 농업신께 제사를 올림으로써 초자연적인 힘을 빌려 한 해의 풍작을 기원한다.

관의 종교 시설 외에도, 신령을 모시는 수많은 묘우(廟宇)나 신감(神龕)에서도 계절의 순행과 좋은 날씨, 풍성한 수확을 기원하는 제사를 드린다. 부록1에서는 8개 현의 지방정부 소재지에 위치한 이들 묘우에 관한 자료를 열거해 놓았다. 이러한 사묘에서 제사를 올리는 주신(主神)은 대략 다섯 가지로 구분할 수 있다.

1. 날씨와 관련된 신. 예를 들면 풍신(風神)·뇌신(雷神)·상신(霜神) 등.
2. 가뭄 때 구름과 단비를 가져오거나 홍수 시에 물길을 원활히 흐르게 하는 등 물을 주재하는 신. 비구름과 하천을 관장하는 용왕과 우신(雨神)·하신(河神) 그리고 전설의 치수 영웅인 우왕(禹王) 혹은 대우신(大禹神) 등.
3. 각종 곤충을 통제할 수 있다는 충신(蟲神). 장강 이북에서는 메뚜기 떼가 줄곧 곡식을 위협했기 때문에 각종 충신의 묘우가 매우 넓게 분포되어 있다.
4. 가축을 보호한다는 축신(畜神). 일례로 마신(馬神)은 말을 보호할 뿐 아니라 현지의 모든 동물을 보호한다.
5. 나무를 보호하는 수신(樹神). 중국 남부의 삼림지역에서는 임업이 중요한 산업이므로 수신 숭배가 매우 보편적이다.

중국과 같이 아직 산업화가 이루어지지 않은 사회에서 열악한 생활환경은 사람들로 하여금 자신의 지식이 제한적이라는 사실을 깨닫게 한다. 그들은 초자연적인 힘의 보호를 받아, 추위와 폭풍, 폭설, 가뭄, 홍수, 메뚜기 피해, 하루 저녁에 모든 가축들을 희생시키는 역병 및 각종 농장을 파괴하는 자연재해를 막을 수 있게 되기를 염원한다. 고대 농업에 있어서는 '천재(天災)'가 바로 재해였다. 대자연의 재해를 막고자 할 때 사람들은 늘 무력함을 느낀다. 따라서 사람들은 자연적으로 자연과의 투쟁에 대해서 큰 희망을 품지 않게 되고, 자연의 위협에 맞서는 투쟁을 포기하고, 오히려 그러한 희망을 종교의식으로 대체한다. 만약 재난이 다시금 닥치게 되면, 사람들은 예전에 신명이 신통력을 발휘했던 기적과 응답에 대해 떠올리게 되고 다시금 희망을 품고 믿음을 회복하게 된다. 실패와 폐허로부터 딛고 일어서서 이번에는 신명이 그들과 함께 할 것이라고 믿는다. 만약 이렇게 되지 못한다면 재해 앞에서 속수무책인 사람들이 믿음과 열정을 가지고 미래를 설계하고 생활해 나가지 못할 것이다.

초기의 합리주의적 유학자들은 농업신 숭배에서 종교적 요소를 깎아내리려는 경향이 있었다. 기원전 3세기 경 순자(荀子)는 후대의 유교사상가들을 위해 이성주의 사상의 기초를 세워 놓았다.

기우제를 지내니 비가 왔다. 어째서 그러한가라고 물으니, 제사를 지내지 않아도 비가 내리는 것과 마찬가지니 별것 아니라고 대답하였다. 일식과 월식이 발생하면 해와 달을 구하려 하고, 가뭄이 들면 기우제를 지내며, 점을 친 뒤에 중대사를 결정하는 것은 해결방안을 강구하는 행위라기보다 의례화(文)라고 보아야 한다. 그런 까닭에 군자는 이를 예라고 생각하지만, 백성들은 여기서 신비로움(神)을 느낀다. 의례화로 생각하면 길(吉)하지만, 신을 찾는다면 오히려 불길(凶)한 것이다.[57]

보데(Bodde)가 번역한 『중국철학사(中國哲學史)』에서는 '문(文)'을 '아름다운 표상' 혹은 '무늬장식'으로 번역했지만 이는 적절한 번역이 아니다. 중국 문장 속의 '문(文)'은 여러 가지 함의를 갖고 있는 다의자(多義字)이다. 여기에서는 '문(文)'을 종교의례의 장엄한 형식으로 해석하는 것이 더욱 정확할 것이다. 앞뒤 문장으로 보아, 해와 달에 일식과 월식이 발생하면 곧 해와 달을 구하려 하고, 가뭄이 들면 기우제를 지내며, 점을 쳐서 큰일을 결정하는 것은 모두가 매우 완벽한 종교의례이다.[58] 이러한 활동은 대중으로 하여금 사건이 거룩하고 신성함을 깨닫게 한다. 추측컨대 신성한 분위기를 조성하는 것은 대중의 관심을 불러일으키는 하나의 방법이자 집단의 위기에 맞서게 하는 노력의 결과이다. 일부 유교사상가들은 이러한 대중 종교의례

---

57 Feng Yu-lan(馮友蘭), *History of Chinese Philosophy*, Princeton, 1952, tr. By Derk Bodde, vol.1, p.352.
58 '文'의 정의에 대해서는 『辭源』, 商務印書館, 上海, 1935년판, 제158권.

의 관점을 받아들인다.

그러나 농업신을 숭배하는 국가행사에서 순자가 '불길(凶)하다'고 여겼던 관념이 오히려 광범위하게 존재한다. 1869년 황제는 조칙을 내려 하신(河神)을 금룡(金龍)에 책봉한 바 있는데, "그 해 하신이 빈번하게 현신하여 황하의 제방이 무너지는 위험에서 벗어나게 했기 때문이다." "1868년 음력 11월 초이레, 황하 대제방이 붕괴 위험에 직면했을 때도 갑자기 금룡이 강의 양편에서 동시에 현신한 뒤, 그 다음 날로 강물이 빠져나갔다"고 한다. 이 조서로부터 초자연적인 힘에 대한 의존을 충분히 감지할 수 있다.[59]

청대 사료(史料)에 의하면[60] 19세기 말에서 20세기 초까지도, 수차례에 걸쳐 영적(靈蹟)을 드러낸 하신(河神)이나 호신(湖神), 산신(山神) 들에게 봉호를 하사했는데, '감응현상을 묘사하는 봉호(顯應封號)'나 '백성에 대한 도움을 직접적으로 표현하는 봉호(勅賜佑民衍則封號)'를 통해, 백성들을 도와 홍수와 가뭄의 재난을 모면하게 해준 공덕을 표창했다. 일례로 '해신묘(海神廟)'의 석각에는 "미쳐 날뛰는 홍수 앞에서……하늘의 마음을 돌리는 데 의지할 데라고는 오로지 신밖에 없었다"고 새겨져 있다.[61] 가뭄이 심할 때 일부 지방관들은 '성황(城隍)'을 채찍질하는 종교의식을 통해 비가 내리기를 기원하기도 했다.[62] 이러한 종교의식은 19세기의 서구학자들을 놀라게 하기에 충분했다. 민국 시기에 이르면서 정부 관원들은 더 이상 이러한 종교의식을 거행하지 않았다. 그러나 1949년까지도 내륙의 농촌에서는 농민들이 수신상(水神像)을 가마에 태우고 거리를 돌며 기우제를 지내는 모습이나, 군중들이 제물을 바치는 의식을 통해 용왕께 강물을 잘 다스려 줄 것

---

59 『大淸律例增修統纂集成』, 제16권, pp.4-5, 제사 부분.
60 예를 들면, 『淸朝續文獻通考』, 上海, 1935년판, 제158권.
61 『佛山忠義鄕誌』, 1923년판, 제8권, p.12.
62 Willem A. Grootaers, Li Shih-yu, Chang Chih-wen, *Temples and History of Wanchuan*(Chahar), Monumenta Serica(Peking, 1948), vol. VIII, p.298.

벌레로부터 곡물을 보호해주는 청묘포신(青苗蒲神) 총성(總聖)(위)과 충왕(蟲王) 유맹 장군(劉猛將軍)의 초상.

을 기원하는 광경은 어렵지 않게 목격할 수 있었다.

각종 충신묘(蟲神廟) 역시 일찍부터 대량으로 존재했는데, 북부 찰합이성(察哈爾省) 만전현(萬全縣)의 충왕묘(蟲王廟)가 바로 하나의 실례이다. 충왕묘의 안쪽에는 충왕 신상이 놓여 있고 그 좌우에는 두 명의 동자가 서 있다. 그중 갈색 얼굴의 사나운 표정의 동자는 호리병을 들어 곤충을 풀어주고 있고, 선(善)하게 생긴 흰 얼굴의 동자는 곤충을 모아 담은 병을 들고 있다.

충신(蟲神) 중 지위가 가장 높은 이는 유맹 장군(劉猛將軍)으로 그의 묘우는 중국 동부지역에 광범위하게 분포되어 있다. 유맹 장군은 원래 14세기 중엽에 생존했던 무장으로, 검을 이용해 메뚜기 떼를 쫓아낸 공덕으로 후세 사람들에게 신으로 받들어진 인물이다. 상해 근교의 천사현(川沙縣)에 유맹 장군의 사묘가 있는데, 1861년 태평천국의 난 때 훼손되었다가 후일 중건되었다. 사당의 비문에는 다음과 같이 묘우를 중건한 사유가 기술되어 있다.

……함풍(咸豊) 11년(1861) 태평천국의 난 때 사묘가 훼손되었다…….광서(光緖) 3년(1877) 늦은 여름 메뚜기 떼가 강북으로부터 강남으로 날아와 하늘을 뒤덮었다 …… 전통적 방법으로 포획하려 했으나 힘이 닿지 못하자 유맹장군에게 기도했다. 현지인들의 말을 들으니 메뚜기의 뒤를 이어 오리 떼가 몰려와서 메뚜기를 바다 동편으로 몰아내어 놀랍게도 해를 입지 않았다고 한다. 이는 신께서 백성들을 보살펴 구해준 분명한 증거가 아니겠는가?……[63]

메뚜기 떼는 통제하기가 어렵기 때문에 중국 농민이 줄곧 두려워한 해충이다. 메뚜기는 번식도 매우 빨라서 한번 출현하면 하늘을 뒤덮고 사람들이 조치를 취할 새도 없이 순식간에 농토를 파괴해 버린다. 참혹하고 뼈아픈 교훈은 사람들에게 '메뚜기를 잡으라는 명령'만으로는 턱없이 부족하다는 것을 일깨워준다. 인력으로는 해결할 수 없는 상황에서, 지방관들은 어쩔 수 없이 목욕재계하며 초자연적 존재의 도움을 구하는 방식을 통해, 정신적으로나마 더욱 많은 민중들의 노력에 호소할 수밖에 없었다.[64]

메뚜기 피해를 관리하는 대량의 정부 문서 속에서도 하늘의 도움을 염원할 수밖에 없는 이유를 심심찮게 발견할 수 있다. 1856년 하북성(河北省)을 위시한 북부의 몇 개 성(省)에서는 메뚜기 떼의 내습으로 속수무책의 지경에 이르자, 일부 사람들은 심지어 메뚜기를 초자연적인 존재의 화신이라고 여겼고, 메뚜기를 죽이는 것조차 두려워했다. 황제는 조령을 내려 백성들과 관원들에게 메뚜기를 힘써 잡을 것을 독려했고, 즉각 충신(蟲神)인 유장군

---

[63] 『川沙廳誌』, 1880년판, 제5권, p.2.
[64] Bronislaw Malinowski, *Magic, Science and Religion*, New York, 1954, pp.24-36.

에게 봉호(封號)를 내렸다. 조서에는 "······어떤 곳에서는 천둥과 비가 해충을 박멸했다. 해충을 몰아내고 백성을 보호하는 신의 영험함이 입증되고 있다······"65고 기록하고 있다.

다수의 유사한 사례에서도 확인되듯이, 농업신 숭배와 관련된 종교의례는 이미 자연에 대한 농민들의 기나긴 도전의 일부분이 되었을 뿐 아니라, 더 나아가서는 공동의 위기에 직면한 집단행동과 의식의 결집점이 되었던 것이다.

중국의 농업경제에서 경작의 주된 생산 단위는 가족이다. 그러나 가족의 범주를 넘어서서 대규모의 단체 협력을 필요로 하는 경제활동이 여전히 존재한다. 농업신 숭배는 이러한 활동 가운데 몇 가지 중요한 유형을 대표한다. 장기적으로 국가는 치수(治水), 기우(祈雨), 구충(驅蟲) 등 경제적 업무를 책임지는 최대의 사회조직을 통제해왔고, 전국적 범위에서 농업경제에 영향을 미치는 각종 자연재해가 유발시킬 수 있는 문제들을 처리해왔다. 그 경제종교적 기능을 드러내는 방법을 통해 정부의 농업신 숭배의식은 국가의 역량을 강화해온 것이다. 이러한 의식들은 농민들로 하여금 신묘(神廟) 자체의 역량 외에도 조정이 백성을 대표하여 초자연적인 존재의 도움을 기구함으로써 자연재해 시에 초자연적 역량을 일정 정도 효과적으로 통제할 수 있다고 여기게 된다. 경제적 기능의 실행을 통해서, 정부의 장엄한 농업신 숭배의식은 일종의 상징이 되었으며, 백성들로 하여금 국가의 존재를 인식하게 한다. 만약 이러한 의례가 없었더라면, 가족을 중심으로 하는 농민들에게 조정은 아주 멀고도 분명치 않은 존재일 뿐이다.

일반적으로 농민에게 직접적이고 더욱 현실적인 것은 바로 그들이 생활하고 있는 촌락이나 이웃 촌락이다. 지방의 촌락공동체는 농업신 숭배에 있어서 국가에 비해 더욱 현실적으로 집단의 상징을 추구한다. 우선 사묘(寺廟)는 개인이 아닌 집단이 함께 건립한 것으로, 지방의례가 거행되는 대다

---

65 『清朝續文獻通考』, 제158권, p.9128.

수의 사묘는 집단적인 모금을 통해 건축된 것이다. 광동성 중산현(廣東省中山縣)의 상원제촌(桑園堤村)에서는 촌민들이 홍수에 무너진 제방을 중건하고는 제방 위에 홍수신을 위해 작은 사묘를 세우고 초자연적 힘에 호소했다. 동시에 이를 통해 촌민의 희망과 홍수를 극복할 수 있다는 믿음을 표현했다.[66] 다른 지역의 농업과 관련된 또 다른 신묘들도 대부분 가뭄이나 홍수, 메뚜기 피해 등 비교적 큰 자연재해를 당한 후에 건축된 것이다. 일부 관방에서 건축한 사묘가 있긴 하나 개인이 단독으로 출자해서 건축한 사묘는 아주 제한적이다.(제12장 참조)

따라서, 농민이 사묘에 가서 풍성한 수확을 기원하거나 혹은 신령께 가축이 역병을 피할 수 있게 보우해달라고 기원할 때에도, 지역민들의 도움이 있어야만 제사의식을 성공적으로 거행할 수 있다. 그러나 개인의 제사 외에도 신의 탄생기념일과 같은 날에 정기적인 제사가 있다. 또한 위험에 직면했을 때 전체 지역공동체의 촌민들이 또한 함께 모여 집단의식을 거행한다. 종교의식은 가족을 중심으로 하는 농민들을 한데 모이게 할 수 있는 많지 않은 활동 중의 하나이다. 따라서 농촌지역에서 농업신에게 제사 지내는 주요 사묘들은 공동체 집단을 통합시키는 역할을 한다. 이 점에 대해서는 다음 장에서 상세히 설명하기로 한다.

## 수공업과 무역에 있어서의 종교

농업이 많은 수호신을 갖고 있는 것과 마찬가지로 경제 영역의 여러 업종도 각각의 수호신을 갖고 있다. 농업은 거대한 자연에 직접적으로 대항해야 하고, 자연 앞에서 인간의 힘은 미약하기 그지없다. 그러나 농업과는 달리

---

66 『桑園圍誌(桑園堤村地方誌)』, 1932년판, 제14권, pp.1-8.

강서성 경덕진 소재 도자기의 신 풍화 선사를 모시는 사묘.

경제 영역에서는 경험의 축적과 지식과 기능의 보유가 성공 여부를 좌우한다. 그러나 근대과학이 출현하기 이전에는 기술 수준이 보편적으로 낮았고 상품의 품질 또한 통제하기가 쉽지 않았다. 또한 시장 상황의 좋고 나쁨 등의 우연적 요소를 많이 갖고 있어 사람의 의지로 극복하는 데 한계가 분명히 있었다.

따라서 다른 민족문화와 마찬가지로,[67] 중국의 여러 업종과 상업조직들은 각자 수호신을 갖고 있었다. 1924년 북경에서 조사된 28개의 조합(行會) 가운데 단지 네 곳만 수호신이 없거나 제사를 지내지 않을 정도였고,[68] 다른 지역의 상황도 이와 기본적으로 비슷했다.[69] 염색공, 주류업자, 재봉사, 악기공, 요리사, 이발사 심지어는 이야기꾼(說書先生)까지도 수호신을 갖고

---

[67] Bronislaw Malinowski, *Magic, Science and Religion*, New York, 1954, pp.24-36 및 Joachim Wach, *Sociology of Religion*, Chicago, 1944, p.220.

[68] John S. Burgess, *The Guilds of Peking*, New York, 1928, p.176.

있다. 건축업자들의 직업신인 노반(魯班), 의약업의 화타(華陀), 해운업의 천후(天后)는 그들의 종교적 의미를 가장 잘 설명해 줄 수 있는 신들이다. 노반과 화타는 업종의 범위를 초월해 일반 백성들 사이에서도 아주 잘 알려져 있는 수호신이다.

노반(魯班; 公叔子)은 기원전 3세기 경 솜씨가 아주 비범했던 신격화된 장인(匠人)이다. 그의 행적은 수천 년 세월이 흐르면서 신화가 되었고, 여러 직업의 수호신이 되었다.[70] 특히 건축업에서 노반 숭배에 대한 종교적 의미가 더욱 각별하게 드러난다. 터를 닦고 상량을 하는 등 집을 짓는 중요한 과정마다 장인(匠人)은 모종의 제사의식을 거행하여 선명한 종교적 태도를 표현한다. 대들보를 올리기 전에 장인은 대들보 위에 행운을 가져다주는 빨간 보자기를 걸친 후, 향을 사르고 촛불을 밝히며 지전을 태우는 의식을 행한다. 어떤 때에는 음식과 술을 바치기도 한다. 이어서 대들보를 올리고 폭죽을 터뜨려 모든 의식을 마친다. 집을 짓는 일과 같이 중요한 공사에

목수를 위시한 장인(匠人)들의 직업신 노반(魯班)의 화상.

---

69 직업별 수호신에 대한 저작은 Clarence B. Day, *Chinese Peasant Cult*, Shanghai, 1940, pp.108-113, 213; Burgess, *The Guilds of Peking*, New York, 1928, pp.172-182, 188-189; John Shryock, *The Temples of Anking and Their Cults*, Paris, 1937, p.505.를 참고할 것.

70 瞿兌之, 『中國社會史料叢鈔』(中國社會史的史料), 上海, 1937년판, p.505.

서는 관건이 되는 단계의 어느 한 곳의 자그마한 실수가 벽이 무너지고 지붕이 내려앉아 사람을 상하게 하거나 목숨을 잃는 경우도 있다. 이러한 상황을 예방하기 위해서 사람들은 초자연적인 힘을 동원한다. 유사한 상황이 조선업에도 존재하기 때문에 이 업종에서도 노반을 자신들의 수호신으로 삼는다. 용골(龍骨)의 자리를 잡거나 기타 중요한 절차를 밟을 때마다 종교의식을 거행한다. 이러한 의식은 배의 침몰을 야기할 수 있는 기술적 실수를 방지하기 위한 것이다. 집을 짓든 배를 만들든, 공사가 끝나면 낙성식과 종교의식을 거행해 노반에게 감사를 표하고 신명이 내려준 복을 같이 나눔으로써 긴장과 불확실성에 대한 두려움을 해소한다. 이러한 상황하에서 종교의식을 행하며 생성되는 경외심은 사람들의 경각심과 일에 대한 믿음을 높여주며, 사람들이 추구하는 작업의 효과 역시 이성의 통제 범위를 초월하게 된다.

전근대 시기에 있어서 생로병사에 대한 사람들의 통제 능력에는 분명 한계가 있었다. 따라서 초자연적인 존재에 건강을 기원하고 특수한 힘으로 기적이 발생할 것을 믿는다. 신의(神醫)로 불리는 화타(華陀)를 숭배하는 종교의식 가운데에도 이러한 점이 충분히 반영된다. 화타는 기원 3세기 경의 명의로 의술의 경지가 높아 신의로 추앙받는다. 화타는 점차 의약업을 보호하는 기능을 갖게 되었고, 의약업에 종사하는 수많은 사람들에게 신성한 응집력의 상징이 되었다. 역사에서는 화타를 무속인이 아닌 외과의사로 기록하고 있다. 그러나 오랫동안 쌓인 명성은 그를 의약업의 수호신일 뿐 아니라 일반인들에게도 건강을 지켜주는 신으로서 보통 백성들의 숭배를 받게 되었다. 따라서 여러 지방에서 어렵지 않게 화타의 사묘를 발견할 수 있다.

마지막으로 해운업의 수호신인 천후(天后)를 소개하고자 한다. 해운업이 매우 위험한 직업이라는 점을 감안할 때 천후가 해운업의 신이 된 것은 흥미로운 일이다. 지방지에 수록된 사묘의 비문에는 천후 마조(媽祖)에 대한 서로 다른 다양한 기록이 남아있지만, 천후의 생애에 대한 서술은 대체로 일치한다.[71] 천후는 기원 10세기 경에 복건성(福建省) 어느 해변마을의 관리 집안에서 태어났다. 그녀는 어려서부터 남달리 비범했는데, 이때 이미 결혼하지 않겠다고 맹세했다고 한다. 그녀가 죽은 지 얼마 되지 않아서, 먼 바다에서 풍랑과 싸우던 어부가 그녀의 환영을 보았고, 환영이 출현한 후 바로 위험에서 벗어날 수 있었다는 소문이 퍼지기 시작했다. 지금까지도 중국 해안지역에서는 천후의 신비한 전설이 선원들 사이에서 여전히 넓게 전해져 내려오고 있다. 중국 해안지역에 위치한 여러 성(省)과 내륙운하가 통과하는 지역에서는 천후를 모신 사묘를 쉽게 발견할 수 있다.

천후궁에 모셔진 항해의 여신 마조(媽祖)의 신상. 복건성 미주도.

공산화된 중국 본토와 달리 홍콩은 종교에 대한 제한이 거의 없다. 천후 탄생을 경축하는 기념행사는 1951년까지 홍콩에서 거행된, 참가 인원이 가장 많은 집회 가운데 하나로 기록되었다. 3일 간의 경축행사는 조용하기만 했던 천후궁을 하루 종일 시끌벅적하게 만든다. 수많은 천막이 드리워지고 각종 종교기념품이 판매되며, 수만을 헤아리는 어민과 선원들이 항구와 해변으로부터 물밀 듯 밀려온다. 인파와 종교음악의 소리가 시끌벅적하게 뒤엉켰고, 사묘 앞 향로 주위는 향촉과 지전을 사르는 연기로 앞을 분간하기 어려울 정도이다. 참배객 가운데 가난한 선주(船主)들은 겨우 닭 한 마리를 준비해 제물로 바치지만, 부유한 선단의 상인들은 각종 술과 음식과 더불어 붉은색 제기 위에 돼지 한 마리를 통째로 바친다. 그들은 천후궁(天后宮)에

---

71 『寶山縣誌』, 1921년판, 제5권, p.3과 『佛山縣誌』, 1923년판, 제8권, pp.11-12를 비교해 볼 것.

와서 천후가 그들에게 위험한 바다에서 평안하게 생활하게 해준 것에 대해 감사한다. 바다와 싸우며 생활하는 사람들에게 있어서, 천후는 위험이 닥칠 때마다 이를 모면하게 해주는 신비한 존재로 뇌리에 깊이 각인되어 있다. 다른 문화권에서와 마찬가지로 중국의 선원들도 늘 커다란 위험과 직면해야 하고 그만큼 가장 강인한 집단 가운데 하나이다. 초자연적 힘에 대한 그들의 독실한 믿음은 항해 중에 부딪힌 수많은 신기한 경험에서 비롯되었을 것이다.

직업신에 대한 숭배는 위험하고 불확실한 직무에 대한 신념과 낙관적인 태도를 강화시키는 기능 외에, 직업단체를 통합시켜주는 역할을 한다. 버지스(Burgess)는 1920년 북경의 조합(行會, 동업조합)에 대한 연구에서 이 점을 분명하게 지적한 바 있다. 비록 조합이 중국의 주요 도시에서 일련의 세속화 과정을 겪긴 했으나, 버지스는 연구를 통해 직업신 숭배가 여전히 구성원들을 결집시키는 작용을 하고 있음을 확인하였다.[72]

매년 벌어지는 기념행사는 조합의 회원이 함께 모이는 날이다. 이런 모임에서 종교의 역할은 더욱 현저히 드러난다. 그곳이 사묘(寺廟)이건, 음식점이건, 지역회관이건, 아니면 조합의 강당(만약 조합의 강당이 있다면)이건 간에, 가장 중요한 위치는 강단이 아니라 직업신을 모셔놓은 제단이다. 제단의 양쪽에는 돌아가신 선배, 특히 업종의 발전에 중요한 공헌을 한 지도자의 이름이 쓰인 족자가 걸려있다. 신상(神像)과 족자의 앞에는 향촉과 술과 음식 등 제물이 놓여있다.

조합원들은 먼저 등록을 하고 회비를 납부하고는 한 사람 혹은 몇 사람이 함께 신상 앞으로 가서 무릎을 꿇고 신령을 향해 머리를 땅에 대는 절을 하는 등의 의식을 거행한다. 대다수 회원이 도착하면 신에 제사를 지내고 연극공연은 막이 오른다.

---

[72] Burgess, *The Guilds of Peking*, New York, 1928, pp.182-187.

공연 전후와 중간 휴식시간에는 각종 통지가 발표되고 조합 업무에 대한 토론이 벌어진다. 규칙 위반자의 명단과 벌칙 금액을 발표하고 신상 앞에서 조합의 규칙을 위반한 회원을 심판한다. 어떤 때에는 규칙 위반자가 신상 앞에 엎드려 죄를 인정하고 참회해야만 한다.[73]

경제 상황이 허락하기만 하면, 조합은 일반적으로 연회를 마련하여 신을 경배한다. 모든 기념행사는 지전과 부적을 태우며 신을 배웅하는 의식(送神儀式)으로 막을 내린다.

동업조합과 비밀결사와 같은 조직이 완비된 사회단체의 집회 중에도 종교의식과 세속의 업무가 교차되는 유사한 과정이 있다. 신명의 명의로써 조직되고 그 활동 또한 신명의 감독 하에서 진행된다. 따라서 결사단체의 순수한 공리적 활동 중에도 신성한 내용이 들어가게 마련이다. 학도가 스승을 모시는 일도 업종의 수호신상 앞에서 종교의식을 거행해야 한다. 제단의 앞에서 규칙을 위반한 단체의 구성원을 심판하고 징벌하는 것은 경고성 의미를 충분히 발휘한다. 그것은 초자연적인 존재의 심판을 통해 해당 단체의 단결을 해치는 개인주의적 행동을 용인하지 않겠다는 사실을 명확히 보여주는 것이다. 공동의 물질적 이익의 기초 위에 세워진 동업단체의 입장에서 이러한 통합적 기능은 구성원 간의 협력과 결집을 강조하게 된다. 사유재산제 하에서 물질적 이익은 왕왕 단체의 단결에 영향을 미치고 구성원 간에 분규를 야기하는 주요한 원인이 된다. 경쟁이 치열한 업종에서는 공격적인 개인주의 성향을 규제하기가 쉽지 않다. 따라서 집단의 이익을 상징하는 신성함을 경외함으로써 구성원의 관심을 개인의 단순한 물질적 이익 범위를 넘어서게 유도한다.

많은 동업조합의 구성원들이 이 점을 인식하고 있다. 기와공들은 "만약

---

[73] Burgess, *The Guilds of Peking*, New York, 1928, pp181-182.

종교적 유대가 없었다면 조합이 이렇게 오래 유지될 수가 없었다"고 말한다. 천막공들노 "종교의식과 조합의 단결이 매우 밀접한 관계를 갖고 있기 때문에, 규칙 위반자는 신상 앞에 끌려가 향촉금을 물어야 한다"고 말한다. 남경의 주단상인 조합의 구성원들 역시 "종교는 조합의 중요한 특징으로, 업종의 창시자는 조합의 집단적 상징이다"라고 생각하고 있다.[74]

이것이 또한 상해 근교 보산(寶山)과 천사(川沙)에 소재한 기와공과 목공 조합의 본부가 노반묘(魯班廟)로 불리는 까닭이기도 하다.[75] 1920년대 광동의 가장 현대화된 도시에서 가장 재미있는 활동은 여전히 각종 수공업조합이 매년 거행하는 종교 퍼레이드였다. 이러한 종교 퍼레이드에서는 직업 수호신의 신상을 위시하여 각종 신상들을 둘러메고 거리를 행진하게 된다. 조합의 제단과 종교극은 해당 업종의 신성한 '집단적 상징부호'로서, 조직의 응집력을 강화하고 마을공동체에 자신의 존재를 드러냄으로써, 소속단체에 대한 구성원들의 충성심과 자부심을 강화해준다.

## 재신(財神)

중국의 경제생활에서 종교가 수행하는 역할 중 중국 각지에 보편적으로 존재하는 재신(財神)을 빼놓을 수 없다. 부의 추구는 인간의 보편적인 욕망이다. 그러나 개인의 노력에만 의지하여 부를 성취하는 것은 결코 쉬운 일이 아니다. 기회나 운도 영원히 통제하기 힘든 중요한 요인이기 때문에, 재신 숭배는 중국 각 계층에서 가장 보편적으로 유행하는 종교의식이 되었으며, 특히 이윤을 목표로 삼는 상인들 사이에 더욱 두드러지게 되었다. 따라

---

[74] Burgess, *The Guilds of Peking*, New York, 1928, pp.183-184.
[75] 『川沙縣誌』, 1936년판, 제12권, p.7

귀주성 천태산 오룡사의 재신묘(財神廟).

서 재신은 사묘나 가정뿐 아니라 상점이나 점포에서도 당당하고 성대하게 등장하곤 한다.

재신에는 여러 가지가 있다. 전문적으로 재복을 기원하는 신들이 있고, 재물에 대한 기원과 더불어 사회도덕적 절제의 기능이 부가된 신들도 있다. 비록 재물 신의 외형이 서로 다르지만 중국인의 경제생활에서 재신은 공동의 종교적 기능을 담당하고 있다.

재신의 중요성은 음력설 기간 동안에 상점과 점포에서 가장 두드러지게 나타난다. 설날은 일 년의 경제활동이 시작되는 날이다. 데이(Clarence B. Day)[76]는 음력설 동안 벌어지는 상해 한 상점의 종교활동에 대해 아주 상세하고 생동감 넘치는 묘사를 한 적이 있다. 중국 기타 지방의 상황도 이 사례와 기본적으로 비슷하다. 점포의 뒤쪽 탁자에는 아주 정교하게 다듬어진 신

---

[76] Clarence B. Day, "Shanghai Invites the God of Wealth", *China Journal*, June,1928, pp.289-294.

강서성 남창시 등왕각 부근 '인정미(人情美)'라는 식당 안에 모셔진 무재신상(武財神像)

감(神龕)이 놓여있다. 선명하고 아름다운 재물신의 초상화가 신감의 중앙에 걸려있다. 초상화의 앞에는 술과 음식, 사탕, 향촉 등 일반적인 제물이 놓여있다.

  신감의 양쪽 끝에는 주판, 지필묵, 자와 새장부 등 사업을 상징하는 물건들을 비치해 새로운 일 년 동안의 사업을 준비한다. 마지막으로 화룡점정 격인 것은 향로 위에 삼각대를 받쳐놓고 그 위에 등 지느러미를 편 신선하고 꿈틀거리는 생선 두 마리를 가로로 걸어놓는 것이다. 생선의 아가미가 천천히 소리 없이 빼끔거리는 모양을 '부유하고 넉넉함'의 상징으로 섬기는 것이다. 왜냐하면 중국어에서는 '물고기 어(魚)'와 '남을 여(餘)', '넉넉할 유(裕)'의 발음이 서로 비슷하기 때문이다.

  재신의 신상 앞에 사업의 번창을 상징하는 물건을 바치는 것 외에도 상점의 주인은 통상 재신을 위해 잔치를 마련한다.

잔치에 참석하는 사람은 일반적으로 다음 해에 계속 점포에서 일을 해야 하는 점원들이다. 이 연회에 초대받지 못한 사람은 해고통지를 받은 것으로 생각하면 된다. 마찬가지로 사직을 원하는 사람은 반드시 연회가 열리기 전에 알려주어야 한다. 왜냐하면 잔치에 흔쾌히 참석하고 점포의 재신에게 참배하는 것은 자동계약을 의미하기 때문이다.[77]

재신에 대한 참배의식은 재신이 상업활동에 종사하는 경제단체에 있어서 통합의 기능을 수행하고 있음을 잘 보여준다. 일 년을 맞는 점원들은 물질적 이익이라는 단순한 동기뿐만 아니라, 재신의 이름 아래서 새로운 마음가짐으로 회사의 일을 시작한다. 점원을 해고할 때에도 종교의식을 통해 이루어진다. 새로운 점원을 선발할 때에는 초자연적인 힘에 의지하여 새로운 구성원의 충성심을 자극하게 된다. 물론 해고된 점원의 원망도 이러한 과정을 통해 공동으로 감수하게 된다.

상업단체의 내부 단결과 관련해서는 '화합이선(和合二仙)'이라는 민간에서 널리 숭배되는 두 명의 재신이 있는데, 그 내용을 민간전설에 의거해 기록해 보자.

'화합이선'은 각기 어려서 부모를 잃고 서로 의지하며 형제처럼 다정하게 지내다가 함께 사업을 일으켜 큰돈을 벌게 된다. 그러나 두 사람 간에 불화가 생기면서 서서히 원수처럼 변해갔는데, 7대 후손에 이르기까지도 반목이 지속되었다. 이를 보다 못한 일부 신선들의 도움으로 제8대 후손에 이르러 마침내 예전의 우정을 회복하게 된다. 상인들이 '화합이선'을 숭배하는 이유는 다름 아닌 화합이 귀중한 자산이고 웃는 얼굴이 재산을 부른다는 의미를 체득했기 때문이며, 부는 유쾌한 협력 속에서 이루어진다는 사실을 잘 이해했

---

[77] Clarence B. Day, *Chinese Peasant Cult*, p.20.

기 때문이다.[78]

중국 상점에서 이루어지는 종교의식은 비록 완전하지는 않지만 여러 사람들의 협력을 촉진하는 데에는 여전히 특별한 의미를 갖고 있다. 예를 들면, 여러 사람들이 먹는 큰 그릇 속의 음식을 다 비우지 않고 남기는 것은 일반 가정의 식탁에서는 잘 볼 수 없지만, 상점의 회식 때에는 반드시 지켜지는 습관이다. 연배가 높은 중국인들은 이를 부유함의 상징인 것처럼 여긴다. 이 규칙이 깨지는 것은 불길한 징조로써 가난해질 수 있다고 믿는다. 상점의 입장에서는 부귀는 매우 중요한 것이고 부귀는 여유를 의미하기 때문에 이러한 해석은 정확하게 부합하는 것이다. 그러나 외면적으로만 본다면 의문이 생기는 것도 사실이다. 이러한 규칙이 단지 전체 구성원이 함께 사용하는 그릇의 음식에만 적용된다는 점이 바로 그것이다. 개인의 그릇에 담긴 음식은 전통에 따라 낭비하지 말고 완전히 비워야 한다. 음식의 낭비는 공인된 죄악이고 지옥귀신의 징벌을 초래할 수 있기 때문이다. 공동 그릇과 개인 그릇이라는 단순한 차이 때문에 어떻게 이러한 차이가 발생할 수 있는가? 가능한 해석 중의 하나는 집단의 규칙은 사람 간의 관계와 관련이 있기 때문이다. 음식이 귀한 사회에서 음식을 서로 먹겠다고 다투다 발생하는 충돌은 통상 단체의 화합을 해치는 요인이 될 수 있다. 그릇 속에 남은 마지막 음식을 누가 차지할 것인가 하는 것이 단체에 있어서 하나의 문제가 될 수 있기 때문에 차라리 남겨서 거지나 동물에게 주거나 혹은 다음 음식에 덜어놓게 되면 이러한 문제는 자연스럽게 해결되는 것이다. 따라서 이러한 규칙은 이중의 기능을 수행하는 것인데, 부에 대한 희망과 믿음을 상징적으로 표현함과 더불어 단체의 결집을 도모할 수도 있는 것이다.

또 다른 재신은 재물을 구하는 도리와 관련된 신이다. 이들은 원래 부자

---

[78] Vasilli M. Alexseev, *The Chinese Gods of Wealth*, Hertford, 1928, p.4.

출신으로 자연재해가 발생했을 때 재산을 털어 아낌없이 이웃을 도와줌으로써 여러 사람들에 의해 신으로 받들어졌다. 이 가운데 유해(劉海)라는 재물을 나눠주는 동자신(童子神)이 있는데, 보통 목에 동전 꾸러미를 걸고 있는 뚱뚱한 남자 아이로 형상화된다. 대부분의 점포와 상점들은 모두 유해를 모시고 있다. 어떤 때에는 그의 초상화를 문신(門神)으로 삼아 붙여놓고 재운이 들어오기를 기원한다. 관우(關羽)

춘절을 맞아 대문에 붙이는 문무재신상. 재원무성(財源茂盛)의 소망을 담고 있다.

는 충성, 용맹, 정직을 상징하는 전신(戰神)이지만, 통상 '무재신(武財神)'으로 받들어진다. 민간에서 전해져 오는 기록에 의하면, 관우가 재물신으로 받들어지게 된 까닭은 그가 재물과 부를 가져다 주기도 하지만(초자연적인 힘은 어떠한 물건이라도 가져다줄 수 있다), 무엇보다도 그가 대범하고 공정해서 재물과 부의 분배를 공평하게 관장할 수 있기 때문이다. 이러한 신들을 숭배하게 된 것은, 사람들에게 재운을 가져다줄 뿐만 아니라 재물을 모은 후 정직하고 선량한 마음을 유지해야 한다고 생각하기 때문이다.

비록 중국 종교가 줄곧 정직함과 의로움 등 도덕적 요소에 의한 초자연적인 구속력을 통해서 부자들의 사회적 영향력을 완화시키고자 노력했지만, 이것이 결코 재산 축적에 대한 중국 종교의 반감을 표출하는 것은 아니다. 부자가 되기를 기원하는 각종 의례의 성행은 상인들 간에 개인의 노력과 초자연적인 기도의 결합이 그들에게 재부를 가져다 줄 것이라는 보편적인 믿음이 통용되고 있다는 사실을 확실히 보여주는 것이다. 따라서 그들은 이러한 의식에서 도덕적 신조의 영향을 받지 않을 수 없게 된다. 비록 불교나 도교가 세속의 모든 재물을 포기할 것을 주문하지만 중국에서 유행되고 있는 종교는 재물의 획득을 탐욕스러운 죄악으로 간주하지 않는다. 이는 중세 유럽의 기독교 교리에서 자신의 수요를 초과하는 재물을 부도덕한 것으로 여기는 것과는 확실히 다르다.[79]

비록 중국 종교 중에서 탐욕스러운 혹은 비정상적인 방법을 통해 재물을 획득한 행위에 반대하는 중요한 의식은 존재하지 않지만, 이 또한 이러한 문제에 대해 중국사회가 소홀히 하고 있음을 의미하지는 않는다. 유가나 전통사회의 정치사회적 질서를 막론하고 모두가 상업에 종사하는 행위를 직업으로 인정하지 않았을 뿐 아니라 상인을 사회 계층으로 간주하지도 않았다. 상업을 통한 재물의 축적은 윤리적으로는 덕행, 선행과 결코 동일시될 수 없는 것이었다. 상인 계층은 도덕적 멸시와 사회적 비난을 감수했을 뿐 아니라 역사적으로 오랜 기간 동안 정치적 압박과 차별을 당해왔다. 따라서 상업활동에 대한 도덕적, 사회적, 정치적 견책이 이미 상업에 대하여 반대여론을 형성하기에 충분하였기 때문에, 더 이상 종교와 같은 초자연적인 존재를 동원해 비난할 필요는 없었을 가능성도 크다.

베버[80]를 비롯한 일부 학자들이 지적한 바와 같이, 특수한 가치관의 성행, 특히 친족집단의 가족 지상주의적인 가치관의 성행은 현대 산업제도를 향한 중국의 경제사회적 모델의 발전을 저해하는 요인 가운데 하나이다. 현재 관심을 기울이고 있는 연구는 유신론적인 종교(theistic religion) 문제이기 때문에, 이 복잡한 문제에 대해 집중적으로 토론할 수는 없다. 다만 간략하게

---

79 R. H. Tawney, *Religion and the Rise of Capitalism*, NewYork, 1953, pp.39-54.
80 Max Weber, *The Religion of China: Confucianism and Taoism*, tr. And ed. by Hans H. Gerth, Glencoe, Ⅲ, 1951, pp.247-248, 237.

지적한다면, 중국의 유신론적 종교 전통이 광범위한 경제조직에 대하여 확실한 구속력을 가할 수 없었던 것은, 종교적 가치관이 경제적 계약관계에 있어서 공정과 신뢰에 대한 초자연적인 구속을 강조했기 때문이다. 또한 이러한 가치관은 보편적으로 적용되었다. 19세기와 20세기에 있어서, 전통사상을 계승한 중국인들이 동남아와 남미라는 또 다른 사회구조 속에서 현대적인 상공업을 성공적으로 발전시킨 사실은 중국이 산업사회의 모델을 발전시키지 못한 사회경제적 이유를 그 가치체계의 특징에서 뿐만 아니라 전통 중국사회의 구조에서도 찾아야 한다는 사실을 표명해주는 것이다. 전통 중국의 사회구조 속에서 사대부와 문인의 사회정치적 지위는 상인들보다 월등히 높았으며, 상인이 부단히 재부를 축적하려 했던 것도 결국은 사회정치적 권력을 획득하기 위한 것이었다.

# 제4장
# 민간신앙의 사회적 이해

　사회 구조상 친족체계나 사회경제적인 개별 단체를 넘어서면, 더 큰 사회적 단위라고 할 수 있는 지역공동체가 존재한다. 전통시대에는 종교 또한 사회경제적 단체 가운데 하나로서 개인의 일생뿐 아니라 지역공동체에도 중요한 영향을 미쳤다. 중국 각지의 주요한 지역 종교활동으로는 묘회(廟會), 공공 위기 시의 종교의례 그리고 명절 때의 집단적인 경축행사 등을 들 수 있는데, 모두가 지역공동체의 중요한 사회적 행사이다. 중국에는 향촌공동체마다 하나 혹은 그 이상의 지역 수호신이 있어서 집단적 상징으로 여겨졌는데, 이들 신령에 대한 숭배의례는 지역사회의 중심적인 종교활동이라 할 수 있다. 사실 이러한 집단활동은 지역공동체의 다양한 행사 가운데 소수 유형에 속하는 것으로써, 중국인들의 가족중심적 사회생활과는 별도로 발전해온 것이다.
　이러한 지역공동체의 행사에 있어서 종교의 중요한 역할은 경제적인 영향력, 신분에 따른 위상 그리고 사회적 배경의 차이를 초월하여, 공동체 내에서 다수의 군중이 일체화할 수 있는 집단적인 상징을 제공해주는 것이다. 이를 통해 각계각층의 사람들이 공동의 입장에서 동일한 민간신앙을 받아

운남성 여강 속하고진의 삼성궁. 이곳은 원래 용왕을 모시는 용왕묘였으나, 후에 불교신인 관음(觀音)과 피혁업자들의 직업신 손빈을 함께 모시는 신앙센터로 발전했다.

들일 수 있게 된다. 공공의 종교의례가 무엇이었든 간에, 그것이 묘회이든, 기우제(祈雨祭)이든 혹은 무언가를 경축하는 명절이든, 종교는 사람들을 평상시의 생활과는 다른 길로 이끌고, 지역공동체의 활동 속으로 향하게 하는 공동 헌신의 상징으로 활용된다. 거의 모든 지역의 주요 사묘(寺廟)에 나타나는 다신교적인 특징도 지역 통합의 요구를 수렴하는 과정 속에서 종교의 기능으로 확립된 것이다. 영향력 있는 사묘들은 보통 주신(主神) 외에 다른 종류의 민간신앙을 부속 신으로 거느리고 있는데, 이들은 일반적으로 각기 다른 직업을 관장하는 직업별 수호신 같은 것이다. 이런 까닭에 종교나 배경이 다양함에도 불구하고 사람들은 사묘를 공동의 신앙센터로 여길 수 있다. 이러한 특징은 부분적이지만 지역민들이 민간 사묘의 행사에 열성적으로 참여할 수 있는 원인이 되기도 한다.

## 묘회(廟會)

묘회는 지역사회 최대의 정기집회로서 종교가 중요한 기능을 발휘한다. 특히 북부 중국에서는 농촌지역마다 묘회가 상당히 보편적이다. 시기적으로 대개 늦겨울에서 초봄 혹은 봄 농사가 시작되기 직전까지 거행된다는 점에서, 생명이 자라나며 한해의 새로운 주기가 시작됨을 상징적으로 보여준다. 보통 3일에서 5일 정도 지속되는데, 묘회마다 수천에서 수만에 달하는 참배자들이 참석한다. 묘회는 일반적으로 해당 지역사회의 중심이 되는 소도시나 촌락에서 거행되는데, 도시와 촌락들 간에 편리한 교역의 기회를 제공함으로써 간접적이나마 경제발전에 기여하기도 한다. 묘회 동안에는 사묘 주위에 수백 개의 가설 점포와 노점상들이 들어서서 각양각색의 상품을 판매한다. 일시적이나마 평소의 정적이 깨지면서 농촌지역의 작은 마을들이 순식간에 도회지의 번화가처럼 들썩거린다. 이런 분위기는 묘회 기간 내내 계속되는데, 이곳에서 부딪히는 사람들은 신도들과 물건을 사고파는 상인들이 대부분이다.[81]

중국 묘회는 중세 유럽의 집시(集市)와 매우 흡사해서 종교적 색채가 두드러진다. 원래 묘회는 지역공동체에서 공동으로 사묘의 주신(主神, 하나의 사묘에서도 수많은 신들을 모시는 것이 일반적이다)께 제사를 드리는 행사로, 근래에 출현한 묘회를 제외하고는 대부분 마을 한 곳의 사묘를 중심으로 거행된다. 묘회 자체뿐 아니라 묘회와 관련된 다른 일들이 지역공동체에서 사묘신의 생일을 축하하기 위해 준비하는 과정 속에서 형성되기도 한다. 종교가 경제구조에 있어서 중요한 역할을 하게 된 것은 개인의 사회경제적 이익과 직접적으로 관련되었다기보다는, 종교의례 자체의 매력이 지역 주민들을 끌어들일 수 있었기 때문이다. 일단 군중들이 모여들면 교역을 위시한

---

[81] C. K. Yang, *A North China Rural Market Economy*, Institute of Pacific Relations, New York, 1944.

산서성 오대산의 묘시(廟市).

사회활동의 기회가 제공된다. 물론 이와는 반대로 장사를 위해 이곳을 찾은 상인들이 사묘에 들어가서 묘회의 신께 고개를 숙여 경배를 하기도 한다. 사묘에서는 묘회 기간 내내 심혈을 기울여 준비한 각종 제사의식이 거행되는데, 묘회에 참가한 상인들도 장사를 개시하기 전에 사묘를 방문해 향촉에 불을 붙여 신령께 머리를 조아리는 것이 보통이다. 이처럼 묘회에서는 종교와 경제 두 측면의 요소들이 서로 교차하기 때문에 각지의 민중들을 더욱 끌어들이게 된다.

하북성 북부 정현(定縣)에 위치한 요류장(堯柳庄)이라는 마을에서도 정기적으로 묘회가 거행되었다. 이곳의 사례에서 우리는 묘회의 종교적 특성을 관찰할 수 있다. 1927년 이곳에서 묘회가 거행되었다.

점점 더 많은 사람들이 몰려들어 마을 변두리에 자리 잡은 버드나무에 경배했다. 본래 촌장은 마을 학교의 기금을 마련하기 위해 나무를 베어버릴 계획이었지만, 절단 직전에 한 남자가 찾아왔다. 남자는 자신의 꿈에 신(神)이

강서성 무원현 이갱(李坑) 마을 입구에 자리 잡은 소원수. 명절을 앞두고 나무 앞에서 폭죽을 터뜨리고 있다.

현몽하여, 마을 서편 커다란 버드나무가 영험을 드러낼 것인데 그 나무껍질이 만병을 치유할 수 있을 것이라고 말했다고 전해주었다. 이 소식은 순식간에 퍼져나갔으며, 사람들이 꼬리를 물고 방문하여 향을 피우고 머리 숙여 경배했다. 마침 환자 한 명이 버드나무 껍질을 끓인 물을 마시고는 깨끗이 나았다고 한다.······또한 버드나무 신을 절대 믿지 못한다고 떠들던 사람이 나무 밑을 지나다가 반신불수가 되었다는 소문이 퍼졌다. 이런 식으로 버드나무의 명성은 나날이 부풀려져 확산되었다. ······어느 날 외지에서 온 어느 환자가 나무를 지나며 숙연히 경의를 표하더니 무릎을 꿇고 큰절을 올린 뒤 도움을 청했다. 이 사람은 후에 병에서 완전히 회복되었다고 한다.[82]

나날이 더 많은 사람들이 몰려들어 참배하자 마을에서 해마다 4일간의

---

[82] Sidney D. Gamble, *Ting Hsien, A North China Rural Community*, New York, 1954, pp.412–413. 보편적인 나무 신 숭배에 대한 부분은 James George Frazer, *The Golden Bough*, New York, 1922, pp.126–138을 참조.

섬서성 포성현(蒲城縣) 요산묘(堯山廟)에서 거행된 묘회의 광경.

묘회를 마련했다. 3월 2일부터 5일까지 거행되는 묘회 기간 동안에 무려 4000여 명에 달하는 사람들이 매일같이 묘우를 방문했다. 대다수의 묘회는 유구한 역사를 가지고 있거나 탁월한 영험력을 지녔다는 신(神)들을 위해 마련되는 것이지만, 신이 신도들을 끌어들일 수 있는 역량은 기도에 대한 영험한 응답과 신도들에 대한 기적 같은 도움에 의해 결정된다. 신이 얼마나 오랜 역사와 높은 지위를 가지고 있든, 혹은 그 신에 관한 전설이 어떤 특징을 가지고 있든, 종교적인 구성요소의 본질적인 역할은 공동의 신앙과 관심을 바탕으로 마련한 행사에 지역사회의 구성원들을 동원하여 참가시킬 수 있는 능력이다.

우리는 1920년대 정현(定縣) 북제촌(北齊村) 묘회의 사례를 통해 묘회가 지역사회 구성원들을 집결시키는 능력을 증명해볼 수 있다. 집안에 남아 집보는 사람을 빼고는 전체 326호에 이르는 마을 사람들 모두와 인근 마을에서 온 사람들까지 쉴 새 없이 묘회로 몰려들었다. 실제로 주변 십리팔향(十里八鄕)의 마을 사람들만 이곳을 찾은 것이 아니라, 20마일 밖에서 온 외지인과 상인들도 있었다. 4일 간의 묘회 중에 수천수만의 인파가 사묘로 밀려들었다. 어떤 사람들은 노천시장에 노점을 차려놓고 물건을 팔았고, 어떤 이들은 오락활동을 선보이기도 했다. 4일 동안 묘회의 가축시장에선 제사용으로 2000필이 넘는 가축의 교역이 이루어졌으며, 대량의 식료품, 농지(農地), 농기구, 각종 용구, 금속식기, 의복, 화장품 그리고 장난감 등이 매매되었다.

비록 묘회의 상교역이 활기에 넘쳤다고 해도, 사람들이 사묘를 방문하는 종교적인 목적을 잊었다는 것은 아니다. 묘회가 개시되기 하루 전날 밤에, 마을 사람들과 상인들은 모두 사묘에 배알한다. 이들 독실한 참배객들은

> 3월 20일 밤엔 아예 귀가하지 않고 사묘 계단 앞에서 밤을 꼬박 샜는데, 이를 '앉아 밤새기', 즉 '좌야(坐夜)'라 불렀다. 사묘 안은 온통 좌야하는 사람들로 가득 찬다. 계단에 가까이 앉으면 앉을수록 다음 날 날이 새면 신의 보우를 얻을 수 있다고 전해진다. 마을 사람들은 종이로 새롭게 도포를 만들어 한조신(韓祖神) 신상(神像)에 걸쳐주기도 했고, 신상에 부채질을 해주기도 했다. 물론 향을 피우거나 지전을 태우는 사람들도 매우 많았다. 한조신의 신상 앞에는 원형 바구니가 하나 놓여있었다. 무릎 꿇고 경배하는 사람들이 형편에 맞게 돈을 던졌는데, 이런 행위는 신께 '기름값(油錢)'을 올리는 것이라고 일컬어졌다.[83]

경건한 예배와 상교역 외에, 묘회에서 벌어지는 오락활동도 민중들에게 일상의 노동과 도덕의 구속으로부터 잠시 벗어날 수 있는 기회를 제공해주었다. 보통 묘회에서 빠질 수 없는 것이 무대를 세워 연극을 공연하는 것이

---

[83] Sidney D. Gamble, *Ting Hsien, A North China Rural Community*, pp.411-412.와 李景漢, 『定縣社會槪況調査』, 北平, 1933, pp.436-443 참조.

귀주성 청암고진 영상사(迎祥寺)에서 거행된 묘회의 광경.

었다. 연극 공연은 수호신께 숭배와 존경을 표현하는 방식으로 여겨졌다.

공연 때가 되면 묘회는 전에 없는 열기로 가득하여 각양각색의 생생한 광경들을 볼 수 있었다. 사람을 태우고 묘회에 온 마차는 연극무대 앞의 노천광장 양측에 가지런히 정렬된다. 부녀자들은 보통 마차 위에 걸터앉는다.

그 밖의 관중들은 두 줄의 마차 행렬 사이에 앉거나 쭈그리고 있었으며, 서 있는 사람, 서로 이야기를 나누는 사람들도 있었다. 그 가운데 일부는 연극 내용에 흠뻑 빠져들기도 한다. 연극의 개막은 각지의 신령들이 신화(神話)의 내용에 따라 분장을 하고 등장하여 지역사회의 안녕과 번영을 기원하는 장면으로 시작된다. 중국인의 종교생활을 연구하는 수많은 학자들은 묘회의 연극무대와 같은 공연장소가 일부 중국 사묘에 영구적으로 설치되어 있는데 대해 감탄을 한다.[84] 비록 연극과 사묘의 결합에 대해 이론적인 해석을 진행하는 것이 본 책 연구의 중점은 아니지만 결코 부인할 수 없는 사실은 연극이 오락적인 기능을 발휘함으로써, 종교적인 내용을 통해 지역공동체의 응집력을 형성한다는 것이다. 게다가 초기의 종교무용과 세속적인 연극예술의 발전 사이에도 매우 밀접한 연계성이 발견되는데, 이러한 결합은 지금까지도 그대로 전해져서 사묘의 건축구조 속에 연극무대가 포함되어 있는 이유를 충분히 설명해준다.

묘회 중에는 다른 형태의 오락도 출현하였다. 요지경상자, 인형극, 마술 그리고 약장수들이 약을 팔기 위해 보여주는 잡기와 차력, 직업 이야기꾼들의 만담과 노점도박 등이 있었다. 이밖에 평생의 운수를 따져보고 점을 치는 일도 성행했다. 사람들은 이런 종교활동 속에서 당장의 쾌락을 향수했을 뿐 아니라, 자신의 미래에 대해서도 예측해보려 했던 것이다. 묘회는 대중들에게 즐거운 분위기를 제공하고 사람들로 하여금 이제껏 느껴보지 못한 자유로움을 맛보게 했다. 평소 행동에 가해지는 엄격한 도덕적 요구도 이러한 분위기 속에서 홀가분해질 수 있었다. 일례로 일반 사람들이 혐오하는 도박도 오락의 형식으로 출현하여 많은 사람들의 발길을 유혹했다. 그러나 주도면밀하게 기획된 대규모의 묘회에서는 주최 측에서 도박을 특별히 금지시키곤 했다.

성(Sex)에 관한 금기도 느슨해지는데, 줄곧 집안에 구속되어 있던 부녀자

---

[84] John Shyrock, *The Temples of Anking and Their Cults*, Paris, 1932, p.32.

들도 모처럼 남성들과 뒤섞여 이야기를 나눌 기회를 갖게 된다. 남녀 간의 유혹도 공개적으로 허용되는데 관습이 엄격한 일상생활에서는 결코 상상조차 할 수 없는 일이다. 뿐만 아니라 상업활동 또한 매우 활기차서 냉정한 현금 거래의 범위를 훨씬 뛰어넘곤 했는데, 묘회의 기회를 이용해 많은 부녀자들까지 스스로 만든 수공예품을 가지고 나와서 가격을 흥정하거나 매매상들과 거래를 했다. "묘회는 일 년 중에서 드물게 온 가족이 함께 나와 오락거리로 소일하는 기회였으며, 집밖에서 많은 부녀자들과 접촉할 수 있는 몇 안 되는 날 중의 하나였다."[85] 이처럼 묘회가 벌어지면 남녀 간의 금기가 느슨해지기 때문에, 부유하거나 가규(家規)가 엄한 적지 않은 가정에서는 집안 여성들이 묘회나 이와 유사한 종교행사에 참여하는 것을 허락하지 않았다.

이처럼 수천수만의 사람들이 운집한 성대한 집회 속에서, 종교신앙과 경제활동 그리고 오락이 함께 어우러지면서, 개인에게도 가족중심의 틀에 박힌 생활에서 친구 동료와 어울리는 가운데 사회적 교제를 확대할 수 있는 기회가 제공되었으며, 자연의 고정된 주기에 맞추어 하루하루 똑같은 날들이 반복되는 농민들의 단조로운 일상을 깨뜨려주기도 했다. 북방의 기나긴 겨울날에 더해지는 이와 같은 심각한 정도의 단조로운 일상생활 또한 대다수의 묘회가 늦겨울과 초봄에 거행되는 이유이다. 이제 곧 시작될 농번기를 맞이하기 위해서도 농민들은 정신을 가다듬을 필요가 있다. 더욱 중요한 것은 이렇듯 수많은 개인들이 몰려드는 지역공동체의 집회에 있어서, 묘회 참가자들이 주위 십리팔향(十里八鄕)에 한정된 것이 아니라, 북제묘회(北齊廟會)에 사방 20마일에서 내방하는 것처럼 아주 먼 곳에서 오는 사람도 있다는 사실이다. 이는 당연히 지역사회 대중 활동의 범위가 광대하다는 것을 반영해줄 뿐 아니라, 동시에 친히 이곳을 방문한 많은 사람들로 하여금 비록 자신들이 생활하는 농촌은 협소하지만, 사회경제적 조직의 외연에 더욱

---

85 Sidney D. Gamble, *Ting Hsien, A North China Rural Community*, p.414.

커다란 지역사회 조직이 존재한다는 점을 실감케 한다.

중국 북방에서 묘회는 지역을 대표하는 가장 중요하면서도 종교적 특성이 강한 정기집회이다. 하북성 정현(定縣)에서도 묘회 활동이 활발하게 전개되었는데, 1920년대에는 480평방마일의 지역 내에 36개의 묘회가 열렸다. 평균 13.5평방마일 당 한 개의 묘회가 존재했던 것이다.[86]

## 지역공동체의 비경제적 종교행사

묘회가 경제적 기능이 두드러지는 공동체의 종교행사인 반면에, 지역공동체에는 경제적 기능과 관련 없는 기타 수많은 공공 종교활동도 존재한다. 지역사회의 종교집회는 정기적인 것과 비정기적인 것으로 나눌 수 있다. 지역 주민들의 정기적인 종교활동은 일반적으로 어떤 신의 탄신일이나 신과 관련된 기념일에 매년 정기적으로 거행된다. 두 번째의 비정기적인 유형은 지역사회가 위기에 봉착했을 때 거행하는 종교의식으로 오랜 가뭄으로 비가 내리지 않거나, 우발적으로 돌림병이 발생하는 경우를 예로 들 수 있다.

앞장에서 소개한 '묘회' 외에도, '묘회'라는 용어는 어떤 신의 탄신일이나 혹은 기타 이와 관련된 대중 종교집회에도 적용된다. 이러한 집회는 향촉, 지전, 종교 기념품, 완구류 같은 물품의 매매 외에는 상업활동이 거의 없으며, 보통 외지고 경치가 빼어난 산중 사묘에서 거행된다. 인적이 미치지 않고 외부와 격리된 장소에서 경제활동이 전개될 수 없음은 당연하다. 이와 같은 사묘를 참배하고 순례하기 위해서는 산 넘고 물 건너 먼 길을 오는 고생을 감수해야 하기 때문에, 그만큼 멀리서 방문하는 독실한 신도들을 깊숙이 끌어들일 수 있어야 한다. 전형적인 사례로 묘봉산(妙峰山)의 묘회를 들

---

[86] Sidney D. Gamble, *Ting Hsien, A North China Rural Community*, pp.4-5.

수 있는데, 묘봉산은 북경 서북쪽의 서산(西山)에 위치하고 있다. 매년 적지 않은 사람들이 방문해 향을 피우고 참배하는데 보통 50마일 밖에서도 순례자들이 오지만 현대적인 교통시설은 아무것도 없었다. 이곳에 오는 모든 도로에는 전부터 오가던 사람들이 거리를 표시해 두었다. 사묘 안에는 사람들이 무리지어 움직이며 향과 초, 지전 그리고 종교적 의미를 갖고 있는 종이 제품들을 태웠는데, 향과 초를 태우는 연기가 사방을 휘감았다. 사묘 대청의 어둠침침한 제단 앞에는, 줄지어 무릎을 꿇은 수많은 선남선녀들이 전심 전력으로 신을 향해 중얼거리며 기도하고 있었으며, 때로는 마을을 대표하는 참배단들이 마을 전체와 다른 가정의 행복을 신께 간구하기도 했다. 이러한 참배단에 있어 흥미로운 것은, 이들이 같은 마을 사람들이나 마을의 참배조직에 의해 파견되기 때문에, 모든 경비가 여러 사람에 의해 공동으로 지불된다는 사실이다. 이들은 단정한 복장에 여행 보따리와 제사용품을 지고 가는데, 신을 향한 신실한 믿음을 표현하기 위해 멀고 험한 길이지만 차를 타지 않고 걸어서 가는 것이 보통이다. 어떤 사람들은 몸에 두른 띠나 휴대하고 있는 바구니 위에 방울을 달아, 오가는 내내 흥겨운 종소리와 동행하기도 한다. 온갖 어려움과 고통을 이기고 마침내 목적지에 도달하면 그들은 곧바로 제사 의례에 참가한다. 향촉과 지전을 태우며 음식과 과일 등 가지고 온 제물들을 정성스럽게 차려놓고는, 신의 면전에 무릎을 꿇고서 허원(許願)을 하거나 환원(還願)을 하게 된다. 허원은 신령 앞에서 소망하는 바를 알려 도움을 기원하는 것으로, 원하는 바가 이루어지면 다시 찾아와서 제물을 바치고 참배한다. 환원은 이렇게 소원 성취한 후 신께 감사의 뜻을 전하는 것이다. 기도를 통해 병이 나았거나 집안에 재복이 들어왔을 때 혹은 사내아이를 낳았을 때, 사람들은 식언을 해서는 아니 되며 반드시 찾아와 환원해야 한다. 물론 과거 몇 년간 성취했던 소망에 대해 신께 감사드리고 더불어 또 다시 새로운 소원을 간구하는 것이 보통이다.

시간이 늦어 돌아가기 힘들면, 순례자들은 사묘나 혹은 인근에 순례자들이 세운 천막에서 함께 밤을 지새우기도 한다. 다음날 이른 아침 귀가길에 오르기 전에 그들은 색색의 종이꽃을 사서 옷이나 모자에 꽂기도 하는데, 이것은 행운의 상징이자 묘회에 참가했음을 나타내는 것이다. 그들은 집에서 학수고대하고 있을 아이들을 위해 장난감을 사기도 한다. 그런 다음 충만한 믿음과 유쾌한 마음으로 귀가길에 오른다. 유명한 종교성지는 대부분 아주 먼 곳에 위치하고 있어서, 대다수 사람들은 일생에 한 번 정도 순례의 기회를 가질 뿐이다.

이런 유형의 종교집회는 중국 여러 지방의 유명한 사묘에서는 항시 출현한다. 사묘나 사묘에서 모시는 신의 명성이

위의 사진은 운남성 곤명시 소재 공죽사에서 할머니가 어린 손자들을 대동하고 소원을 비는 장면. 아래 사진은 섬서성 포성현 요산묘의 묘회에 등장한 휘장. 신이 소원을 들어주신 데 감사하는 환원의 내용이 적혀있다.

먼 지역의 신도들까지 끌어들일 수 있는 정도가 되면, 근방뿐 아니라 먼 곳의 순례객들까지 묘우를 찾아 분향하게 된다. 예를 들어 수려한 풍광을 자랑하는 항주의 산정(山頂)과 절강·안휘 두 성(省)의 고산(高山) 그리고 기타 성에 위치한 저명한 사묘들 모두가 평소에 많은 사람들이 순례를 떠나는 최적의 장소들이다. 이곳에서 거행되는 묘회는 각기 다른 지역에서 온 사람들로

하여금 함께 모일 수 있는 기회를 제공하는데, 교통이 발달하지 못한 전통사회에서 이런 기회는 매우 드물다. 향촌사회에 있어서 이러한 참배조직에 대한 보편적인 참여는 바로 묘회가 농촌 지역사회 특히 중국 북방사회에서 차지하는 중요성을 반영하는 것이다.

그러나 비경제적인 종교집회가 이처럼 멀리까지 명성이 나 있는 사묘에만 국한된 것은 아닌데, 이러한 사묘는 매 지역 내에서 겨우 손가락으로 꼽을 수 있을 정도이기 때문이다. 지방적 특색이 강하고 규모도 초라한 사묘에서도 이와 유사한 집회가 거행되는데, 참가자들은 물론 현지에서 온 지역 주민들이 대부분이다. 이들 현지의 종교집회는 대다수가 특별한 행사를 중심으로 조직되는데, 남방 중국에서는 특히 신의 탄신일이 중요한 의미를 갖는다. 지도에서 쉽게 발견할 수 있다시피, 남중국 소도시의 농업 교역시장은 사방 도처에 널리 분포하기 때문에, 정기적인 교역성 묘회를 거행하는 것이 시진(市鎭)경제가 발달하지 못한 북방처럼 중요하지는 않다. 그러나 교역 기능이 부재하다는 것이 남방에 있어서 묘회 같은 종교활동을 감소시키는 것은 아닌데, 남방의 묘회도 북방과 마찬가지로 인간의 마음을 들뜨게 하거나 격동케 하는 분위기가 존재하며, 마찬가지로 수천수만에 이르는 민중들의 참여를 유도한다.

좋은 사례 가운데 하나로, 신으로 받들던 마원(馬原, 기원 1세기에 생존했던 장군) 장군의 탄신일 경축활동을 들 수 있는데, 마원을 모시는 사묘 가운데 하나가 광주(廣州) 서편 비교적 부유한 주민들의 주택가 내에 자리 잡고 있었다. 탄생 축하 의례는 음력 2월15일부터 18일 사이에 거행된다. 묘회에 앞서 현지인으로 구성된 준비위원회가 연회를 마련하기 위해 집집마다 경비를 거두는데, 통상적으로 가정에서는 능력에 맞추어 돈과 물건을 기부한다. 이러한 기부는 묘회의 순조로운 진행을 보증할 뿐 아니라, 종교적으로도 마을 주민 전체의 참여를 나타내는 것이기에 매우 중요하다.

북방의 묘회와 마찬가지로, 경축행사는 신에 대한 헌제(獻祭)로 시작되며,

산서성 오대산 오룡묘 희대(戲臺)에서 산서지방의 연극인 진극을 공연하는 모습.

많은 민중들을 끌어들인다. 물론 이때가 일 년 중 공짜로 연극을 감상할 수 있는 몇 안 되는 기회 가운데 하나이지만, 어른이라면 먼저 사묘에 들어가 신에게 경배한 다음 군중들 틈에 섞여 연극공연을 관람하게 된다. 사묘 부근의 길을 따라 세워진 노점에서는 향, 초, 기타 제사용품 그리고 아이들의 장난감 따위를 판다. 그밖에 행인들을 끌어들여 도박에 참가하도록 유혹하는 노점들도 적지 않다. 비록 이성 간의 행위는 외면상으로는 여전히 금지하고 있지만, 도덕적 규제가 평시와 달리 엄격하지 않았기 때문에 남녀 간에도 비교적 자유로운 교제가 허락되었다. 이점도 북방 묘회의 정황과 매우 흡사하다.

삼일 밤낮동안 감정적인 흥분상태와 신앙심으로 충만된 분위기가 도덕적 금기의 이완과 함께 어우러지면서 일시적이나마 참가자들이 소농민적 일상과 각종 전통규범 그리고 변화가 없는 생활습관으로부터 해방되면서, 묘회활동이 만들어내는 더욱 큰 지역 단위의 활동과 감정 속으로 진입할 수 있게 사회적 심리를 조정해 준다. 이러한 분위기 속에서, 현지 주민들 누구나가 폐부 깊숙이 지역의 공동체의식을 체험하게 되는 것이다. 이러한 종교행사에 있어서 만약 사묘에 상설무대가 없을 때에는, 성내 주택가에 정교하게 장식된 임시무대를 설치하여 각지에서 온 극단들이 서로 순위를 다투며 경쟁하게 되는데, 이 또한 보이지 않게 지역민들의 집단의식을 증강시키게 된다. 이러한 지역 경축의례 외에 또 다른 종교행사도 적지 않은데, 예를 들어 성황신의 생일에는 성내에 거주하는 모든 주민들이 함께 참여한다.

유사한 지역 종교행사는 농촌에서도 매우 보편적이다. 클레런스 데이(Clarence Day)는 비록 서로 다른 지역공동체의 특징을 전문적으로 비교 분석한 것은 아니지만 중국 농민의 신앙에 관한 연구에서 농촌지역의 경축의례에 대하여 다음과 같이 묘사한 바 있다.[87] 광동성의 농촌에서 우리는 지역사회에 있어서 종교행사의 의의를 분명하게 발견할 수 있다. 좋은 사례로서, 일 년에 한차례씩 거행되는 '소포(燒炮)'라는 활동을 들 수 있는데, 폭죽을 터뜨리는 행사이다. 1949년 이전까지 가을이면 촌락마다 이 행사를 거행했는데 보통은 현지 수호신의 탄생날이었다.

광주(廣州)에서 5마일 떨어진 한 촌락에서도, 이것은 일 년 중 가장 성대한 지역공동체의 행사였다. 이 촌락은 두 개 마을로 나눠지는데, 그중 한 마을에는 한 종족(宗族)만 거주했고, 다른 마을에는 네 개의 종족이 함께 살고 있었다. 네 종족이 거주하는 마을의 지역수호신은 토지할배(土地爺)라 일컬어지는 토지신이다. 그의 생일은 음력 2월 말경이었다. 경축활동은 3일 간 지속되는데, 대나무로 세워진 가설무대에서는 보통 공짜로 사희(社戲)가 공연되었다. 초청된 극단은 색색의 무대커튼과 전에 다른 지역에서 받았던 우승기, 족자 등으로 무대를 장식했다. 우승기와 족자에는 "덕과 예술의 향기가 함께 풍겨난다(德藝雙馨)"는 식의 극단에 대한 찬사가 새겨져 있었다. 경축 행사기간 동안 매일같이 가설무대 앞에는 이 마을 주민들뿐 아니라 또 다른 씨족 마을에서 온 사람들까지 모여들어 연극을 감상했다.

---

87 Clarence B. Day, *Chinese Peasant Cults*, chap.3.

그러나 이 행사의 상징적인 의식은 역시 폭죽을 터뜨리는 활동이기 때문에 보통 첫날에 안배해 진행한다. 사람들은 탁 트인 광장에 높은 돈대 같은 것을 세우고, 한 사람이 돈대 꼭대기에 올라가 죽통으로 만들어진 10피트 정도의 원통형 폭죽에 점화한다. 폭죽이 터진 뒤 지상으로 떨어지면 현장에 운집한 수백 수천의 사람들이 떨어지는 폭죽을 집으려고 서로 달려든다. 보통 세 발에서 다섯 발의 폭죽이 발사되는데, 첫 번째 폭죽을 주은 사람은 다음해에 신의 축복으로 귀한 아들을 얻거나 재운이 형통하게 된다고 한다. 두 번째나 세 번째 폭죽을 주은 사람도 마찬가지로 신의 도움을 받게 된다. 주민들은 폭죽을 주은 사람은 반드시 신의 도움을 얻을 수 있을 것이라고 확신했다. 이밖에 운수가 좋으면 상품까지 받을 수 있는데, 작은 것으로는 일정량이 담긴 쌀 같은 것이 있고, 고급상품으로는 값비싼 가구 따위가 포함된다. 승자들은 다음해 행사에 자신이 받았던 것과 비슷한 상품으로 공헌해야 한다. 만약 다음해에 정말로 아들을 낳았거나 사업에 성공하게 되면 더욱 특별하게 보답해야 한다.

전통시대 부잣집의 일가가 함께 폭죽을 터뜨리는 장면을 묘사한 그림.

폭죽행사는 모든 주민들이 참여하는 가운데 진행되기 때문에, 행사의 의식 자체가 전체 지역사회에 대한 신의 축복과 가호를 기원하는 공동의 바람과 경건한 마음을 대표한다고 할 수 있다. 공개적인 제사 의례와 무료공연 그리고 새롭게 장식한 사묘 안의 풍성한 상품들, 폭죽을 획득한 승자들의 귀가 길을 따르는 대오와 집안 제단 위에 바쳐진 폭죽, 이러한 모든 것들이 주민들을 흥분시켜 축제 분위기에 빠져들게 했으며, 때로는 참가자로 하여금 종교적인 열정을 토로하게 했다. 묘회는 연령이나 성별의 제한을 두지 않고 지역사회의 구성원들이 모일 수 있는 기회이다. 이를 통해서, 마을의 네 종족은 평상시 성(姓)이 달라 생길 수 있는 사회적 제한을 뛰어넘어서, 함께 공공활동을 조직하며 책임을 분담하게 된다.

묘회는 모든 가족 구성원들이 함께 참여할 뿐 아니라, 가정마다 금전과 인력을 투자하여 공연과 상품 경비를 마련하기 때문에 경제적으로도 일조하게 되는 것이다. 심지어 봄, 가을 두 차례 거행되는 조상제사도 규모와 영향력이라는 측면에서 주민들이 광범위하게 참여하는 이러한 지역공동체의 행사와 견주기 힘들다. 이는 조상제사가 한 종족의 구성원에 국한될 뿐 아니라 참여자 대다수가 집안에서 남성으로 제한되기 때문이다. 이 촌락의 또 다른 마을에 거주하는 동성 종족(宗族)들도 이와 비슷한 행사가 있다. 그들의 수호신은 토지신이 아니라 화신(火神)이다. 화신의 생일 축하의례는 늦가을에 거행된다. 네 종족이 함께 사는 마을과 마찬가지로, 많은 유사한 활동들이 거행된다. 주목되는 것은 종족단체들 간에 더욱 뛰어난 연극단을 불러오기 위해 경쟁하고, 승자에게는 귀중한 상품을 제공한다는 점이다. 하나하나의 종족단체가 촌락 내에서 비교적 규모가 작은 공동체라고 한다면, 이러한 경쟁이 지역공동체의 자부심에 미치는 영향은 도시 주민들이나 다름없을 것이다. 물론 촌락 내 종족 간의 경쟁이 이웃 간의 불화를 조성하고 심지어는 분열을 야기하여 지역단체 사이의 파벌의식을 심화시킬 수 있다는 점도 주목해야 한다.

## 위기상황의 공공의례

정기적인 집회 외에 일부 종교의례는 예상치 못했던 긴급 상황이 발생했을 때 거행된다. 가뭄, 홍수, 메뚜기 떼(蝗災), 전염병같이 자연재해가 갑작스럽게 들이닥치거나, 불행하게도 전쟁이나 토비의 습격 같은 인위적인 재난과 맞닥뜨렸을 때이다. 중국 민중의 종교생활과 관련된 자료에도 돌발적인 상황에 대처하기 위한 많은 공공의례가 기록되어 있다.[88]

가뭄이 길어지면 많은 농촌지역, 특히 건조한 북방지역에서는 다양한 종교의식을 통해 기우제를 올린다. 우신(雨神)을 모시는 사묘에는 다량의 제물들이 배열되는데, 용왕신에서 성황신에 이르기까지 모두가 현지에 비를 불러올 책임을 지고 있다. 스님과 도사로 구성된 승려 악대와 고용된 취·고수(吹·鼓手)들이 큰길 양편에서 징과 북을 치며 종교음악을 연주한다. 군중들도 대오를 이루어 우신과 보조신 그리고 모든 종교의례용 도구들을 메고 거리 행진을 벌인다. 민국(民國) 이전까지만 해도 현(縣)의 현장이 직접 의례를 주도하곤 했는데, 뜨거운 햇빛 아래서 성황신상을 채찍질하는 장면도 우연찮게 목격할 수 있었다. 이는 현장이 신에게 비를 내리도록 명령할 수 있는 세속적 권위까지 가지고 있었음을 시사해주는 것이다. 심지어 민국시대에는 성황신에게 비를 내리도록 재촉하기 위해서 농민들이 작렬하는 태양 아래 성황신을 말리는 장면도 출현했다. 사람들은 묘우 주변에 모여서 이러한 경관을 구경했으며, 거리 양편에서 신상을 메고 거리를 행진하는 대열을 볼 수 있었다. 기타 우발적 상황이 발생할 때 거행하는 공공의례도 세부절차에서는 차이가 있겠지만, 기본적인 이념은 비슷한 것이다.

허량광(許烺光)은 중국 서남부지역의 서성(西城)에 관한 연구에서 콜레라가 유행했을 때 지역공동체가 어떻게 대처했는지에 대해 상술한 바 있다.[89]

---

88 李景漢, 『定縣社會槪況調査』, pp.431-432.
89 Francis L. K. Hsu, *Religion, Science and Human Crises*, London, 1952, chaps. 2-5.

콜레라가 엄습해오면서 끊임없이 늘어나는 사망자와 도처에서 발견되는 장례행렬 그리고 비통하게 가족을 잃은 호구 수가 지속적으로 증가하면서, 감당하기 힘든 공포에 빠져들었다. 지역공동체는 이 때문에, 생명이 왔다 갔다 하는 긴박한 시점에 전체 주민들의 안전을 빌기 위한 제대(祭臺)를 성내에 세웠다. 이곳에서 승려와 도사들은 밤낮없이 사악한 귀신을 쫓기 위한 기도를 올렸으며, 인력으로는 저지하기 힘든 죽음의 신을 물리치기 위하여 노력했다. 주민들은 매일같이 주문과 기도소리를 들을 수 있었으며, 한밤중에도 음산한 행렬을 볼 수 있었다. 승려와 도사 그리고 그들의 조수들이 횃불과 쇠사슬을 쥐고 보검을 흔들면서 콜레라를 일으킨 악귀를 몰아내려 했다. 이때는 가가호호 문을 굳게 걸어 잠그고, 설사 사람들이 문을 두드려도 열어주지 않았는데, 승려들에게 쫓겨난 악귀가 들어오는 것을 막기 위해서였다.

　모든 공공의 종교의례에서 주술의 중요성이 두드러지게 나타난다. 인공적으로 구름을 일으켜 비를 내리고, 전염병을 막을 수 있는 지식을 갖춘 현대인들은 이러한 지역 종교의례의 우매함에 대해서 비웃을 수도 있을 것이다. 하지만 과학지식이 보편화되지 못했던 시대에, 중국 민중들은 종교의례를 통해 기아와 사망의 재난과 맞서 싸울 수 있었다. 이는 그들이 희망과 용기를 완전히 포기하지 않았음을 보여주는 것이기도 하다. 과학적 이성의 전통이 보편적으로 확립되지 못한 문화 속에서, 불가항력의 재난에 직면한 사람들이 모든 초인적인 역량에 도움을 호소하는 것은 필연적인 것이다. 특히 이러한 불행이 개인에 한정된 것이 아니라 전체로 확산될 때, 지역공동체는 집단적인 종교의식을 거행하게 된다.

　이러한 종교의례는 승려와 지역사회의 지도자들 그리고 그들의 협조자들에 의해 진행된다. 많은 주민들이 참여한다는 점에서 묘회나 정기적인 종교행사와 비슷하지만, 지역공동체의 구성원 전체가 참가하는 것은 아니다. 물론 예외도 있다. 지역공동체에서 용왕신을 기쁘게 하여 강우를 기원한다는 명목으로, 극단을 초청해 공연을 벌이는 경우이다. 공짜로 연극을 관람할 수 있기 때문에, 일반적인 종교 경축행사나 다름없이 대다수의 지역사회 구성원들이 참가하게 된다. 이처럼 비록 모든 구성원들이 참여하는 의례는 아니지만, 거대한 재난은 지역사회의 공동체 의식을 자극할 수 있다. 장엄한 종교의식, 열을 맞춘 대오의 퍼레이드, 무수한 관중들 그리고 한밤중에도 돌림병의 병마를 쫓는 무리들, 이 모든 것들이 주민들에게 지역사회가 공동의 위기에 직면했음을 일깨워준다. 모든 사람들은 구원을 받기 위해 집단적인 행동을 선택하게 된다. 이런 과정 속에 개인의 안위와 지역공동체의 운명이 긴밀하게 얽히면서, 사람들은 자신이 결코 고독하지 않으며 지역공동체라는 질서 정연한 사회 속에서 생활하고 있음을 실감하게 되는 것이다.

### 전통명절의 공동체적 의미

전통명절의 축하활동은 또 다른 형식의 종교행사로 중요한 공동체적 의의를 갖는다. 이러한 행사들이 외형적으로는 유희나 오락 같은 세속적 활동과 관련된 것으로만 보이지만, 그 내부에 뚜렷한 종교적 특성을 가지고 있다. 모든 중요한 전통명절에는 유신론적인 이론과 신화적인 해설 그리고 신과 조상신께 봉헌할 제물 등이 포함되어 있다. 명절의 제사활동은 마을 전체를 신성한 분위기로 물들인다. 중국어나 영어로 된 전통중국인의 사회생활에 관한 기록[90]에는 명절에 관한 서술 자료가 풍부하게 남아있다. 아래 글에서는 공동체 조직의 특별한 준거로서 전통명절의 사회적 기능에 국한해서 해석해 보겠다.

---

90 명절에 관한 영문자료로는 Wolfram Eberhard, *Chinese Festival*(New York, 1952)을 참조할 수 있다. 명절에 관한 중문자료는 매우 풍부한 편인데, 다양한 종류의 민속지와 민속 전통에 관한 전문적 기록이 존재할 뿐 아니라 독립된 작품 형식 속에 남아있거나 지방지의 일부로 보존되고 있는 것도 적지 않다.

전통 사회생활에 있어서 매달 크고 작은 명절이 있지만, 그 가운데 중요한 것은 주로 봄과 가을에 집중되어 있다. 일 년의 일상적 생활 주기가 명절의 축하행사로 잠시 중단되는데, 전통적으로 설계된 연중활동의 진행을 돋보이게 하는 부분이다. 명절은 지역공동체의 생활 일정에 있어서 마치 조정자 같은 역할을 한다.

중국의 민간명절은 새해를 맞는 축하행사로 시작되어, 가는 해를 보내는 행사로 끝을 맺는다. 명절은 고단한 노동에 찌든 서민들이 틀에 박힌 생활의 단조로움에서 해방될 수 있는 기회를 제공하고, 한 번씩 조정의 기회를 가짐으로써 몸과 마음을 새롭게 진작시킬 수 있다. 또한 일 년 내내 생활을 위해 분투해온 사람들에게 연회나 오락을 통해 상대적인 풍요로움과 보상심리를 느낄 수 있게 한다. 실제로 그 동기가 무엇이든 간에, 명절은 단체활동으로 온 가족이 함께 모여 즐기는 날이기에, 가족에 대한 개인의 귀속감을 강화시켜줄 뿐 아니라 기타 단체와의 연계를 늘릴 수 있는 기회를 제공한다. 가족연회는 대다수 명절에 있어서 가장 중요한 부분이다. 부잣집의 잔칫상은 고기와 생선 그리고 평상시 맛보기 힘든 산해진미로 가득하다. 가난한 집들은 어떤 때는 명절날에도 고기를 살 수 없다. 그래도 명절을 쉴 때만큼은 평상시 거칠고 마음껏 먹기 힘든 사정에 비해 모든 사람들이 밥과 반찬을 배불리 먹을 수 있다는 점에서 좋다. 어쨌든 명절날의 잔칫상은 풍요로움 속에 삶의 보상을 느끼게 함으로써, 미래에 대해 충만한 믿음을 갖게 하고 적극적으로 생활에 임할 수 있도록 고무시킨다. 바쁜 일상생활에서 실패는 성공보다 항상 많다. 오랜 고생과 성공하기 힘들다는 절망의 경험은, 사람들로 하여금 주기적으로 명절이 가져오는 물질적 위안을 더욱 더 갈망하게 하며, 이를 통해 다시금 생활에 대한 희망을 충전하게 된다. 그러나 연회의 가장 중요한 의의는 역시 모든 사람들이 함께 모여서 신의 뜻을 새기며 하늘이 내려준 맛있는 음식을 먹고 서로가 좋은 결과를 얻을 수 있도록 격려해주는 것이다. 이렇게 함께 음식을 나누면서 느끼는 즐거움은 사람들에게 실제생활에서 부

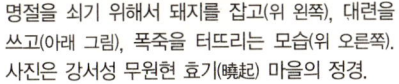
명절을 쇠기 위해서 돼지를 잡고(위 왼쪽), 대련을 쓰고(아래 그림), 폭죽을 터뜨리는 모습(위 오른쪽). 사진은 강서성 무원현 효기(曉起) 마을의 정경.

딪혔던 어려움과 고통을 잠시 잊게 해 준다. 또한 어떤 중대한 일이 발생하든지, 가족 그리고 지역공동체의 구성원들과 운명을 함께 할 수 있다는 다짐을 하게 한다. 명절날 거행되는 종교의례에 참가한 후 모두 함께 앉아 연회석상의 맛있는 음식을 포식할 때면, 사람들의 만면에 만족감과 편안함이 가득하게 된다.

명절은 또한 사회적 가치의 중요한 표상으로서, 명절의 의례는 공동체의 가치를 부단히 재인식시키는 기능을 발휘한다. 예를 들어, 정월 초하루에 새해를 맞이하는 축하의례는 낙관, 화목, 선의 등 도덕적 가치를 강화해준다. 청명절(3월 3일)은 벌초의례를 통해 개인들에게 혈연관계의 중요성을 상기시킨다. 칠월칠석(7월 7일, 견우와 직녀의 사랑을 기리는 명절)은 여성들에게 행복 여부와 관계없이 혼인이 피할 수 없는 숙명 같은 것이라는 관념을 주입시키는 날이다. 귀신절(7월 15일)[91]은 후손이 없는 고혼(孤魂)과 야귀(野鬼)들에게 지역사회에서 향을 피워 모실 책임이 있음을 상징적으로 표현하는 날이다. 말리노프스키(Bronislaw Malinowski)가 날카롭게 지적한 바처럼, "종교는 가치 있는 문화의식을 정형화해서, 공공의 관습으로 실행하는 것이다."[92]

대다수 명절의 경축행사는 가정이나 상점 같은 곳에서 거행된다. 그러나 이것이 개별적인 모임이라고 해서 서로 연관 없는 고립적 행위를 의미하는 것은 아니다. 공통적인 종교관습에 의해서, 지역공동체의 모든 구성원들이 양식화된 의례를 동일한 방식으로 경건하게 진행한다. 예를 들어, 설날에는 지역사회의 집집마다 문 밖에는 홍색 춘련(春聯)을 붙이고, 집안에는 형형색색의 장식물들을 걸어놓는다. 거리는 설빔을 차려입은 사람들로 북적거리고, 서로가 행운을 빌어주는 신년인사를 건넨다. 중요한 명절날이 저물 무렵, 도시나 농촌마을을 걷다 보면 집집마다 신감 앞에 향을 피우고 제물을 차려놓은 광경을 목격할 수 있다. 공동체의 생생한 존재감은 함께 공유하는 전통 속에서 표출된다. 이러한 일치된 행동을 이끌어내는 데 있어서, 종교는 사람들에게 지역공동체의 생활규범에 반드시 경외하고 준수해야 하는 신성한 특성을 부여하게 된다.

수많은 명절 가운데 어떤 때는 지역공동체의 집단활동이 거행되기도 한다. 가장 전형적인 예로 5월 5일 중국 남부의 민간에서 거행되는 용선(龍船) 경기를 들 수 있다. 잘 알려졌다시피 2200년 전 이날, 천재적인 문학가

---

91 역자 주: 흔히 백중으로 불리며 도교에서는 중원절(中元節)이라 칭한다. 이에 관한 연구로는 Stephen F. Teiser, *The Ghost Festival in Meadieval China*, Princeton University Press, 1988이 있다.
92 Bronislaw Malinowski, *Masic, Science and Religion*, New York, 1954, p.65.

이자 정치가인 굴원(屈原)이 강에 몸을 던져 자살했다고 한다. 중원절(中元節)[93]에는 도시마다 가장 유명한 절에서 집 없이 떠도는 고혼과 아귀에게 향을 피워 제사를 올리며, 지역사회의 모든 가정이 절을 찾아서 향을 피운다. 기타 수많은 명절 날, 예를 들어 신의 생일과 신과 관련된 특수한 기념일에도 신년행사와 마찬가지로 공동체의 집단적인 활동이 준비되기도 한다.

단오절에 거행하는 용선경기를 묘사한 그림.

## 지역공동체의 집단적인 상징, 사묘와 신들

정기적이든 비정기적이든 간에 묘회나 비경제적인 종교집회는 모두 공공의 사묘에서 신을 제사하기 위해 준비된다. 이러한 역할을 통해 사묘와 사묘의 신들은 지역공동체의 이익뿐 아니라 존재의 집단적 상징으로서 그 특징을 갖는다. 절대다수의 사묘는 현지 지역사회 전체나 지방정부의 공공장소로서의 특징을 가지고 있기 때문에, 사묘는 지역공동체의 가시적인 상징이자 그들의 집단이익을 대표한다. 사묘에서 거행되는 공공의례는 공동의 신앙과

---

[93] 원문에는 'the Feast of Souls'로 되어 있는데 중국어 번역본에서는 귀신절(鬼節)로 번역하였다. 음력 7월 15일을 도교에서는 중원절, 불교에서는 우란분절(盂蘭盆節), 민간신앙에서는 귀신절로 일컫는데, 혼귀(魂鬼)를 위로하고 조상신계 제사를 올리는 날이다.

이익을 표명하기 위한 지역공동체의 정기적인 집회를 의미하는 것이다.

### 토지와 곡물의 신

지역사회를 통합시키는 기능은, 충분한 보편적 가치를 지닌 민간신앙의 매우 두드러지는 특징으로써 지역공동체 전체의 종교적인 열정을 자극한다. 이러한 민간신앙에 있어서 자연신 계통의 신들에 대한 숭배의례는 특히 주목되는데, 오랫동안 농민들의 의식세계를 지배해왔다. 이런 유형의 신앙 가운데 가장 오래된 것이 토지와 곡물의 신인 사직(社稷)에 대한 숭배로서, 농업공동체에 있어서 다른 어떤 요소들보다 그 중요성이 더하다. 사직신에 대한 신앙은 주대(周代, 기원전 1027-기원전 286)부터 시작되어 점차 자리 잡았다. 그런데 기원 1세기경에 토지신(土地神)이 출현해 사직신을 대체하거나 사직신과 동일시되기 시작했다.[94]

사직과 토지신이 주대 이래로 어떻게 융합되었는지는 중국 민간신앙에 관한 기록에서는 여전히 수수께끼로 존재하지만, 기능적 관점에서 본다면 융합은 필연적이라 할 수 있다. 사직이 봉건제후국의 '신권의 상징(theistic symbol)'이라면, 토지신은 지역공동체의 수호신적 특징을 갖는다. 주대 이후 봉건제후국이 붕괴되면서 사직신앙의 정치적인 의의도 함께 사라졌다. 하지만 사직신과 토지와 곡물의 밀접한 관계로 인해 농민 경제에서 차지하는 위상만큼은 그대로 유지되었고, 정치적 신앙에서 지역적 신앙으로 탈바꿈하면서 토지신과 비슷한 새로운 역할을 하게 된다. 농업을 기본으로 하는 농촌 지역사회의 집단적인 상징이 된 것이다. 도시 지역사회의 주민들도 기본적으로 농업사회의 전통을 계승하고 있기 때문에, 이 두 신을 함께 숭배한다. 이렇게 오랫동안 사직신과 토지신을 같은 신으로 보아왔기 때문에,

---

94 瞿兌之, 『中國社會史料叢鈔』, 上海, 1937, p.498.

이론적으로는 사(社)와 직(稷)이 두 개의 서로 다른 신이고, 토지신 역시 전에는 분명히 이들과 완전히 다른 신이었지만, 오늘날 일반인들에게 이들 두 신앙의 역사적인 차이는 매우 낯선 문제이다.

이와 더불어 한자에 있어서 '사(社)', '직(稷)' 두 글자의 어원상 보이는 기능적인 의미 또한 사직신을 토지신과 동일한 것으로 간주하게 한다. 토지신은 당연히 '토지'의 신이라는 의미지만, 사직신의 '사(社)'자 역시 두 개의 편방이 신을 상징하는 좌변의 시(示)와 더불어 '토지'를 의미하는 토(土)자로 구성된 것이다. 직(稷)은 일반적으로 곡물, 특히 수수의 이삭 모양을 나타내는 것이지만, 농민들은 토지가 비옥해야 곡물이 잘 자란다고 생각하기 때문에, '사(社)'가 '직(稷)'의 의미까지 포함하고 있다고 할 수 있다. 이렇게 볼 때, 사직의 전체적인 함의에 있어서 곡물과 관련된 신앙의 의미는 생략될 수 있지만, 풍년을 기원하는 것을 주목적으로 삼는 토지숭배의 기본적 성격은 바뀔 수 없는 것이다. 이 때문에 사직신과 토지신은 민간의 의식 속에서는 비슷하게 존재한다. 본 연구에서도, 이 두 신앙은 현실적인 민간의 종교생활 속에서 존재하는 것이기 때문에 완전히 동등한 기능을 가진 것으로 본다.

지역사회에 있어서 이 두 가지 신앙이 지니는 의의는 역사의 전개과정에도 잘 설명된다. 주대에 있어서 사직단은 봉건제후국 정치공동체의 신성한 상징물로서, 제후국의 제후왕들이 제사를 주도해왔다. 하지만 한대(기원전 206-기원 220)에는 모든 현(縣)과 촌락, 성진(城鎭) 그리고 예하 지역사회에 이르기까지 사와 토지신의 제단이 설립되었으며 지역공동체의 각종 활동이 거행되는 의례의 장소가 된다. 지방관의 임직선서와 기우제, 신에 대한 공공의 서원과 기복행사가 이곳에서 거행되었다. 현대에 이르러서도 토지신의 생일은 여전히 지역사회의 잔칫날로서 축하 연회를 마련하게 된다. 민간신앙은 지역공동체의 활동이기 때문에, '사(社)'라는 말 자체가 지역공동체와 동의어가 되기도 했다. 당대(唐代)에는 촌(村)과 이(里)의 사회적 조직이 종종 '사'로 칭해지기 시작했다. 송대부터는 공공의 곡식창고를 '사창(社

倉)'이라 부르기 시작했고 현지 지역사회에 위치한 학교는 '사학(社學)'으로 불렸다.[95] 중국어에는 'society'를 의미하는 고유의 단어가 없었다. 현대적 술어인 'society'를 '토지신을 숭배하는 집회'라는 의미의 사회(社會)로 부른다는 것이 일견 조잡해 보이는데, 원래 '영지의 조직'이라는 의미를 함축하고 있는 일본어 번역어에서 차용해왔기 때문이다. 하지만 어쨌든 지역공동체의 종교적 상징물로서 토지신의 중요성을 충분히 강조해주는 것이다.

현대에도 토지신과 사직신은 여전히 농촌과 도시의 보편적 신앙으로 남아있어서 현지 주민들에게 아직도 중요한 의미를 지닌다. 지역공동체에 있어서의 '사'의 중요성은 특히 남부 중국에 잘 남아있다. 광동성(廣東省) 불산진(佛山鎭)에서는 거리를 '사'라고 부르는데, 모든 구역의 조직과 관리는 사직신의 공동숭배 구역을 기본단위로 삼는다.

무릇 각향의 향민들은 매 백리 일백 호마다 단을 한 곳씩 세워서, 오토(五土) 오곡(五穀)의 신께 제사를 드린다. 해마다 봄, 가을 두 차례 두 사(社)의 이장(里長)들이 이곳에 왕림하여 사신(토지의 신) 제단의 동편에, 직신(곡물의 신)은 제단의 서편에 놓고 제사를 올린다. 제사가 끝나고 회식이 시작되기에 앞서서 한 사람이 서약문을 읽는데 그 내용은 "무릇 우리 동리(同里) 사람들은 각기 예법을 준수하여 힘만 믿고 약자를 능욕하지 않는다. 이를 위반하면 우선 함께 제재하고, 그런 연후에 관청을 거친다. 혼인과 장례를 치를 때는, 힘을 모아 서로 돕는다. 무리의 뜻을 따르지 않고 간통, 도둑질, 사기 등 해서는 안 될 일을 한 사람들은 입회를 불허한다"는 것이다. 선서가 끝나면 어른부터 차례로 앉고, 신나게 즐긴 연후에야 산회한다. 법을 읽어주고 계약을 설명하는 것도, 풍년을 비는 봄의 기풍제와 추수에 감사하는 가을 감사제의 또 다른 기능 가운데 하나이다. ……지금은……점차 옛 뜻이 사라지고 있지만,

---

95 瞿兌之, 『中國社會史料叢鈔』, 上海, 1937, pp.482-498.

제사를 올리는 정성만큼은 부녀자나 아이나 마찬가지이다. 노회한 정부 관료들은 신을 이용해 백성들을 집결시키고, 다시 집회를 이용해 예의(禮義)를 설명하니, 풍속을 개선하는 좋은 방도라고 할 수 있다.[96]

이러한 의례와 더불어 진행된 집회와 연회가 불산(佛山)뿐 아니라 광동성의 수많은 도시에서 일찌감치 사라졌지만, 적지 않은 남방 도시에서 거리의 구획만큼은 사(社)로 통칭된다. 1920년대에는 세속화의 조류가 전통관습의 영향력을 급속히 약화시켰지만, 토지와 곡물신을 모시는 사직단은 여전히 지역사회의 정신적인 상징물로 여겨졌다. 1948년에 이르러서도 광주 근방의 농촌에서는 이러한 신단(神壇)이 지역사회를 보호한다는 상징적인 기능이 유지되었다. 관리이사회의 사람들도 '사(社) 이사(理事)'의 명의로 매년 한 번씩 치르는 선거에 참여할 수 있었다. 사 이사는 토지신과 곡물신의 사직단 관리자로서 해마다 거행되는 제사를 세심하게 관리해야 할 뿐 아니라, 지역공동체의 청소작업 중에 얻어지는 경제적 가치가 있는 쓰레기를 위시한 폐기물의 처리도 책임을 진다. 물론 이러한 임무는 다른 사람에게 위탁하는 것이 보통이지만, 어쨌든 지역사회의 지도자들은 폐기물 처리과정에서 얻어지는 수입을 지역의 공익사업에 사용하였다. 지역공동체의 명의로 기획하는 사업과 신령에 의거해 상호 간의 결집을 호소하는 일이 동일한 원리에 의해 진행되는 것이다.

### 기타 자연신 신앙

토지와 곡물신 외에 기타 수많은 자연신 신앙이 존재하는데, 이러한 신앙은 지역사회의 공동체 의식을 고무시키는 종교적 상징이 되곤 한다. 용왕님

---

96 『佛山忠義縣誌』, 1923, 第8卷, pp.19-22.

현재 광동성 광주시 월수공원에 위치한 진해루 정경. 용왕님께 제사를 드리는 곳이다.

께 제사를 드리는 진해루(鎭海樓)는 5층 건물로 풍광이 그림 같은데, 오랫동안 남방도시 광주의 종교적인 상징물로 여겨졌다. 비가 많이 내리는 아열대 지역에 위치한 이 도시는 항시 홍수의 궤멸적인 위험에 직면하곤 했다. 이 묘우는 주강(珠江) 연안의 산꼭대기 높은 곳에 축조되어 한눈에 도시를 내려다 볼 수 있어서, 홍수를 피하고 싶은 주민들의 공통된 염원을 대표한다. 이 건물은 지금부터 거의 2000년 전인 한대에 건립되었다. 시간이 흐르면서 사람들은 이 불교사원과 후대에 사원의 안쪽 묘우에서 받들기 시작한 용왕을, 이 홍수를 조절하는 신기한 능력을 갖고 있을 뿐 아니라 이 도시에서 액운을 가져오는 모든 악귀에 대항할 수 있는 액막이로 간주하기 시작했다. 그러면서 이 묘우와 기적을 창조하는 신에 대한 설화가 날로 증가하였다. 도시의 현대화 속도가 점차 빨라지던 1920년대에 정부가 사묘(寺廟)의 철거를 계획하고 있다는 소문이 퍼졌다. 이는 결국 민중들의 강력한 반발을 야기했다. 그들은 오랫동안 지역사회를 보호해온 신비한 상징물이 사라지면 악귀들의 활동이 단번에 창궐할 것이라고 여겼으며, 정부의 거동이 도시에 미칠 재앙을 두려워했다. 이 건물은 결국 철거를 면할 수 있었는데, 1940년대에도 지역의 연장자들이 함께 모여 사원이 벽사(辟邪)의 능력을 가지고 있다는 점을 선포한 바 있다.

위의 경우와 마찬가지로 자연신을 숭배하는 기타 수많은 민간신앙도 지역공동체의 이익과 의견을 상징적으로 표출한다. 중국의 이러한 일반적인 신앙 가운데 '삼관(三官)'이 있다. 하북성 망도현(河北省 望都縣)의 현지(縣志)에 다음과 같은 내용이 전한다.

> 채장(蔡莊)에는 삼관묘(三官廟)란 사묘 하나가 촌락 서쪽의 작은 언덕에 자리 잡고 있다. 사묘에서 내려다보면 촌락 전체와 주변 경관이 한눈에 들어온다. 촌락의 주민들은 오랜 번영을 누려왔고, 일대 일대마다 과거에 합격해 이름을 떨치는 자손들이 출현했다. 그런데 최근 들어 언덕이 침식되면서 사묘도 촌 북쪽의 다른 곳으로 옮겨야 했다. 이후 현지의 학문 전통이 급격히 쇠락했으며 부유했던 대호(大戶)들까지 몰락했다. 촌락 전체가 다시는 이전처럼 흥성할 수 없었다. 일반적인 해석은 이 모두가 사묘의 이전(移轉)과 쇠락에서 기인한다는 것이다…….[97]

농촌사회에서 보편적으로 신봉되는 또 다른 사묘로 오악묘(五嶽廟)를 들 수 있는데, 앞의 묘우들과 유사한 기능을 가지고 있다. 오악묘는 각각 중국 오대명산의 신을 모시는 사묘로서 전국 각지에 널리 분포한다. 오악묘의 주요 기능은 지진, 홍수, 한발 등 여러 자연재해를 막아주는 것이다.[98] 우뚝 솟은 산봉우리가 운무 속에 어슴프레 웅장한 자태를 감추고 있고, 동굴과 협곡엔 여러 사나운 동물들이 몸을 숨기고 있는 이들 고산은 오랫동안 수많은 자연적 요소의 운동을 조정할 수 있는 신비하고 초자연적인 에너지의 근원처럼 여겨져 왔다. 이 때문에 이들 영산(靈山)의 산신을 모시는 사묘들도 자연스레 지역사회 공동의 이익을 지킬 수 있는 기능을 구비한 것으로 알려져 왔다.

그밖에 몇몇 사묘들도 일부 한정된 자연재해로부터 지역사회를 보호해

---

97 『望都縣誌』, 1905, 第2卷, p.92.
98 『望都縣誌』, 1934, 第2卷, p.42-55. 역자 주: 1905년인데 『청하현지』에 따라 잘못 수정한 것으로 판단된다.

태산신을 모시는 동악묘의 패방과 산문.

주는 역할을 한다. 1000개가 넘는 중국의 거의 모든 현(縣)마다 하나 혹은 그 이상의 화신묘(火神廟)가 있다. 화신은 지역마다 다양한 명칭으로 나타난다. 이들 화신묘의 비문을 작성했던 일부 유학자들은 불을 처음으로 사용했던 발명자의 기념비적인 공헌을 인류의 은인이라는 이성적인 문투로 담담하게 강조하곤 했다. 그러나 많은 유학자들과 훨씬 대중적인 민의(民意)가 담긴 비문에서는 화신의 마술 같은 능력을 상세하게 예찬하며 시가 지나 농촌마을 전체를 순식간에 괴멸시켜 버릴 수 있는 화재를 막아주기를 기원한다. 왜냐하면 화재라는 것이 어떤 도움으로도 구하기 힘든 대재난이기 때문이다. 일례로 하북성 청하현(淸河縣)의 현령은 1743년에 화신묘를 개축하게 된 원인에 대해서, "……화신께서는 마음대로 불을 다루실 수 있는 분이시다. 한번은 현 내에서 대화재가 발생했는데 성 북문 안쪽 거의 모든 지역이 초토화될 뻔했다……"고 기록한 바 있다.[99] 보통 다른 화신묘의

---

99 『淸河縣誌』, 1934, 第2卷, p.42-55.

홍수를 방지하고 사천 성도평원을 옥토로 바꾼 이빙(李氷) 부자를 모시는 사천성 도강언시 소재 이 왕묘(二王廟).

비문에서도 사묘의 건립과 보수에 대하여 이와 유사한 설명을 하고 있다.

특수한 자연재해가 일상적으로 발생하는 곳에서는 지역공동체를 보호하기 위해 설립된 특별한 유형의 사묘들이 존재한다. 예를 들어 연해지역인 강소성(江蘇省)의 천사(川沙)와 보산(寶山: 현재는 상해직할시에 속함) 그리고 절강성(浙江省)의 항주(杭州) 등지에는, 조수와 해일로부터 지역사회를 보호해주는 해신묘(海神廟)가 있다. 강과 계곡 그리고 운하가 밀집한 지역에는 사람들이 떨어지거나 물에 빠지는 것을 방지하기 위한 선신묘(船神廟)와 교신묘(橋神廟)가 존재한다. 선신묘는 선객들이 폭풍을 피하는 은신처나 대기실로도 사용되는데, 전형적으로 지역적 특성이 반영된 사례라 할 수 있다.

### 신격화된 위인들의 사묘

또 다른 유형의 사묘로는 신격화된 전설 속의 영웅과 역사적으로 걸출했던 민간 지도자, 정치 지도자들을 모시는 곳을 들 수 있다. 이러한 사묘들은 중국 도처에 가장 널리 퍼져있는 종교 건축물이다. 그 가운데 어떤 곳은 유명한 특정 개인의 제사를 받들고, 어떤 곳은 지방을 위해 공헌을 하거나 정치적으로 중요한 의의를 지니는 선현들을 집단으로 모시기도 한다. 이렇게 신격화된 인물들은 개인이건 단체건 간에 국가를 위해 위대한 업적을 남겼거나, 좀 더 일반적인 사례로는 지역사회를 위해 공헌한 사람들이다. 예를 들자면, 하류(河流)를 정비하고 용수로나 제방 등 수리시설을 축조하고 관리하는데 공헌한 인물들, 지방관으로 지역사회를 질서정연하게 잘 통치한 사람들, 도적이나 반란세력, 침략자 등으로부터 지역사회를 지켜준 사람들, 혹은 백성들을 위해 잡다한 세목을 면제해 주거나 자연재해의 고통에서 벗어나게 하는 데 공헌한 인물들이다. 이러한 공적들은 이상적인 공민상과 정치적 가치의 실현을 상징적으로 표출해준다. 이 주제에 대해서는 제7장에서 따로 상세히 다룰 것이다. 하지만 이러한 공적은 또한 지역공동체를 위한 공익의 상징이다. 이들 신격화된 인물들의 중요성은 국가나 지역사회의 집단적인 행동에 있어서 지도력을 발휘했다는 점이다. 바로 이점 때문에 이들 사묘가 현지 지역사회에 대해 보편적인 보호기능을 갖춘 것으로 여겨지는 것인데, 현지의 대중적인 신들과 동일한 사묘에서 함께 신봉되기도 한다.

 통설에 의하면, 하북성 망도현에 위치한 요모묘(堯母廟)는 최초로 국가를 만들었고 중국인들을 문명화시켰다고 전해지는 전설상의 성군 요 임금의 어머니를 숭배하는 사묘이다. 하지만 도덕정치적인 기능 외에도, 이 사묘는 지역공동체의 평안을 상징한다. 많은 축복을 내리겠지만 심지어는 마을의 늪을 마르게 한 적도 있다.

 사묘를 세운 이유는 비가 억수같이 내린 후에 갑자기 마을 저지대에 커다란 늪이 생겼기 때문이다. 동네 사람들은 늪 한 지점에 흙을 둔덕처럼 쌓아올렸고 그 꼭대기에 사악한 기운을 누르기 위해 묘우를 세웠다. 그 후 물은 말랐고 다시는 전과 같은 일이 일어나지 않았다. 이 사묘가 지역사회의 의사소

통에 큰 보탬이 된다는 것이 입증되었다.[100]

강소성과 절강성에서는 현지의 저명인사들을 숭배하는 수많은 사묘들이 지역 종교의례의 중심지로 이용된다. 신격화된 인물들은 지역공동체의 수호신으로 받들어진다. 이러한 사묘는 신년 경축행사와 같은 지역사회의 제반 종교활동을 거행하는 거점이다.[101] 강소성 천사현(川沙縣)의 시선공묘(施先公廟)나 양야묘(楊爺廟)에서도 이러한 사회적 기능이 행해진다.

세 번째 유형의 사묘는 중국의 어느 곳에서나 발견되지만 특히 강소나 절강과 같은 연해지역에 많은 것으로, 호촌묘(護村廟)·대상묘(大常廟)·전가묘(田家廟)처럼 현지 지명을 사묘의 이름으로 명명하는 경우이다. 이러한 사묘에서는 각양각색의 신들을 받든다. 때로는 특정인을 신으로 받들기도 하고 토지신이나 보살처럼 널리 유행하는 신을 숭배하기도 한다. 사묘에서 신봉하는 신이 무엇이든 간에, 이들 사묘가 신의 명칭 대신에 촌락이나 소도시 혹은 지역 명칭을 사묘 이름으로 사용했다는 것은 그만큼 사묘가 지방 신앙활동의 중심지로서의 기능뿐 아니라, 지역공동체 집단활동의 상징적인 역할을 수행하고 있음을 시사해주는 것이다. 흥미로운 사실은 작은 읍내나 촌락에서는, 이들 사묘가 마을사람들의 모임과 의식 그리고 축제 등을 거행하기 위해 각종 탁자·의자·그릇·수저 등을 제공할 수 있는 유일한 장소라는 점이다. 이것들은 집단적인 생활의 도구라고 할 수 있는데, 세속적인 조직 대신에 사묘에서 이를 제공한다는 것은 의미심장한 일이다. 이 찬구는 마을 전체의 공유물로서, 사묘에서 한꺼번에 보관하고 있다가 특수한 상황과 필요에 따라 사용하는 것이 보통이다. 때로는 진무묘(眞武廟)나 관제묘(關帝廟) 같은 사묘에서도 이런 물건들을 사람들에게 빌려주기도 한다. 물

---

100 『望都縣誌』, 1934, 第2卷, p.50.
101 Clarence B. Day, *Chinese Peasant Cults*, chap.3.와 『川沙縣誌』, 1936, 第2卷.

론 좀 더 큰 읍내나 도시에는 이런 물건을 전문적으로 빌려주는 상업적인 점포가 생겨나서 이러한 사묘의 기능은 점차 사라졌다.

# 제5장
# 역사적 관점에서 본 중국 종교의 정치적 역할

    정치적 의미에서 국가는 가장 큰 사회적 단위로서, 무수히 많은 지역공동체가 통합되면서 통일된 국가체제를 형성하게 된다. 가족·사회·경제단체 그리고 지역사회에 있어서 종교의 역할은 비교적 분명하게 밝혀졌지만, 전통중국에 있어서 국가와 종교와의 관계에 대해서는 중국문화 연구자들 사이에서도 아직 이론이 분분하다. 세계문명의 대표적인 유형이라고 할 수 있는 유럽, 인도, 중국 가운데, 오직 중국문명만이 정치활동에 있어서 종교의 역할에 관한 체계적인 연구가 이루어지지 못하고 있다. 유럽 국가들의 발전과정에 있어서 종교와 교회가 차지했던 위상에 대해서는 이미 상세한 연구가 진행되어 왔다. 인도에서 정치에 대한 종교의 영향력은, 아대륙(亞大陸)으로 칭해지던 이 지역이 종교분쟁에 의해 인도와 파키스탄으로 분열되는 과정 속에서 이미 나타난 바 있다. 그러나 중국에 있어서 종교의 정치적인 역할은 국가의 기능과 구조에 있어서 지배적인 위치를 차지하는 유가의 정교론(政敎論)에 의해 모호해졌다. 이는 유가이념 자체가 비종교적이며 세속적 성분이 매우 두드러지기 때문이다.
    중국도 그밖의 문명과 마찬가지로 국가가 순수하게 세속적이고 공리적인 체제였던 것은 아니었으며, 물질적 이익만을 위해 경험적인 지식에 의해 작동되는 차가운 기계적 조직 또한 아니다. 정부기구는 언제나 종교적 교의와 신화 그리고 초자연적 믿음에 바탕을 둔 신앙이 뒤엉켜 형성된 가치체계에 의해 조종되었다. 따라서 정부의 구조뿐 아니라 기능적인 면에서 보다라도 정부가 종교체계로부터 완전히 독립된 것은 아니었다.[102]

이론적으로 볼 때, 종교와 국가의 관계는 대략 세 가지 유형으로 나타난다. 첫 번째는, 종교가 정부와 적극적으로 혼연일체가 되어 국가의 유용한 도구로써 정권을 조종하거나 지지하는 경우이다. 두 번째는, 종교가 세속적인 정치활동을 완전히 포기하고 은둔의 세계로 물러나는 경우이다. 세 번째는, 자기 세력을 유지하거나 직접 정치권력을 얻기 위하여 활발한 반정부 투쟁을 전개하는 경우이다.[103] 근대 중국인들의 종교생활에 있어서는 이런 모든 유형이 일정 정도 동시에 표출되었다고 볼 수 있다. 우리는 정부에 대한 적극적인 지지를 표명하기 위한 종교적 가치의 복잡한 내용들을 보아왔다. 우리는 태평천국운동처럼 종교가 정치권력에 투쟁하는 모습도 볼 수 있었는데, 많은 비밀 종교결사들도 그들의 은밀한 활동 가운데 분명한 정치적 취향을 보여준 바 있다. 우리는 또한 대규모 사원들이 정부와 평화로운 관계를 유지하며, 세속의 생활로부터 빛나는 은둔을 통해 종교적 구원의 사명에만 전념하는 것을 보기도 했다.

단지 현대사회의 사실만 가지고는 종교와 국가 간의 복잡다단한 관계를 이해하기는 매우 어렵다. 왜냐하면 우리가 보는 현실은 다만 역사 발전의 결과만이 나타나는 것으로, 역사적으로 언젠가 활동하며 주도적인 힘을 발휘했을 종교적 현상들은 현대적 배경하에서는 이미 영향력을 상실했기 때

---

102 예를 들어 Joachim Wach의 *Sociology of Religion*, chapter7, Chicago, 1944에서는 이러한 문제에 대한 광범위한 조사기록을 참조할 수 있다. Ernst Cassire, *The Myth of state*, New York, 1955, chap.7. Henry Sumner Maine, *Ancient Law*, New York, 1864, pp.15–16.
103 Joachim Wach의 *Sociology of Religion*, chapter7.

문이다. 이런 점에서, 종교와 국가 간의 관계에 있어서의 근원적인 형태와 이러한 상호관계의 형태를 창출해내는 데 중대한 영향을 미쳤던 사회적 역량에 대하여 간략한 역사적 분석을 시도할 필요가 있다.

중국역사상 대부분의 시기에 있어서 종교는 지속적으로 정부를 지지해 왔다. 이러한 지지는 통치세력에게 초자연적인 신성성을 부여해주고, 윤리적인 통치질서를 유지하는 데 도움이 되는 전통가치를 강화해줌으로써 실현되었다. 종교로부터 얻어낼 수 있는 지지를 보장받기 위하여, 정부는 종교신앙과 종교조직에 대하여 엄밀한 통제정책을 실시해 왔으며, 정부와 대립했던 종교조직의 규모를 제한하기도 했다. 그러나 이러한 통제정책이 완벽한 성공을 거둔 적은 없었다. 때로는 종교신앙과 조직이 통치권에 도전하기도 했는데, 특히 반란이나 왕조 교체기에는 적극적인 영향력을 발휘했다. 정치에 대한 종교의 정당화 기능, 종교를 통제하기 위한 정부의 시도 그리고 이러한 통제에 대한 산발적인 저항과 정치권력에 대한 투쟁에 종교가 적극적으로 참여하는 것, 이런 것들이 중국역사에서 종교의 정치적인 역할을 특성화시켰다. 세 가지 주요한 요소들이 이번 장과 다음 네 장의 주요한 토론과제가 될 것이다.

간략한 역사적인 개관을 통해 중국 종교의 발전단계를 주목되는 정치적인 변화에 따라 대략 세 시기로 나누어 윤곽을 정리해보면서 시작하는 것도 괜찮을 것이다.[104] 첫 번째 시기는 중국사의 여명기라 할 수 있는 기원전 2000년경부터 전한제국(기원전 206-기원 9)의 말기까지이다. 이 기간 중에 전통 종교는 정부의 조직과 정치적 활동에 있어서 중요한 역할을 담당한다. 두 번째 시기는 1세기에서 11세기까지로 도교가 흥기하고 불교가 유입되는 시기이다. 자발적인 종교조직으로서 도·불 양교는 다양한 수단을 통해, 전

---

104 傅勤家, 『中國道敎史』, 上海, 1937, 제1-8장. 王治心, 『中國宗敎思想史』, 上海, 1930, 제1장-6장. 胡適, 『中國歷史的宗敎和哲學』, 中國文化討論會, Sophia H. Chen Zen 編輯, 上海, 1931, p32.

통종교와 정부에 맞서서 주도권을 경쟁하는 모습을 보여준다. 세 번째 시기는 11세기부터 현대에 이르는 시기이다. 종교에 대한 정부의 통제가 점차 안정화되는 것이 특색인데, 이에 따라 전통종교와 도·불 양교가 상호 침투하며 절충적인 종교체계를 형성한다.

## 초기 중국의 정치생활에서의 전통종교

중국역사의 여명기에는, 종교와 정치공동체 간에 긴밀한 구조적 일체감을 보여준다. 초기 역사문헌인 『국어(國語)』의 기록에 의하면, 상대(商代) 이전까지는 종교가 곧 정치적인 기능의 일부분을 담당하여, 국가에 의해 지명된 무속집단의 무당이나 주술사들이 이를 수행하였다. 민간에서 사적인 종교활동이 흥기하는 것은 도덕과 정치질서가 퇴락하는 신호로 간주되었다.[105] 역사적인 기록물에 의하면, 상나라 정부에서는 적어도 두 명의 주술사들이 '재상(宰相)'에 해당되는 고관에 오를 정도로 기원전 2000년 경에는 주술이 흥성하였다.[106]

전통종교는 일종의 토착 종교체계로서, 상주(商周)시대를 거쳐 서한(西漢)에 이르기까지 비교적 외부로부터 격리된 환경 속에서, 발전과 성숙을 거듭했다. 전통종교는 조상 숭배 그리고 천신과 천신의 부속신에 대한 자연신 숭배, 점복과 제사 등 4가지 주요한 구성요소들을 포함하고 있다. 마르셀 그라네(Marcel Granet)는 이러한 요소들이 봉건사회의 국가종교가 일반 농민들의 종교와 구별되는 부분이라고 주장했다.[107] 하지만 이런 차이가 초기 중국인들의 정치공동체에 있어서, 통합적인 역량으로서 전통종교의 기

---

[105] 傅勤家, 『中國道敎史』, 上海, 1937, p32.
[106] 傅勤家, 『中國道敎史』, 上海, 1937, p32.
[107] Marcel Granet, *La Religion des Chinois*, Paris, 1922, pp1-35, 102-139.

능적 중요성을 감소시키는 것은 아니다. 2장에서 본 바와 같이, 일반인들의 혈연단체에 있어서 조상숭배의 통합적인 기능은 고대에 있어서 정치적 구조를 안정화시키는 중요한 요소이기도 했다. 그런 즉 귀족들의 종사(宗祠)에도 정치권력의 상징적 중

점복을 통해 국가 대사를 결정한 기록인 상대(商代)의 갑골문.

요성이 부가되었는데, 제후의 조상묘인 종묘는 사직과 더불어 봉건국가의 집단적인 부호로서 차별화되었다. 크릴(Herrlee G. Creel)은 조상 숭배를 천(天)에 대한 초자연적인 관념과 연계시켰는데, 상대 초기의 통치자들이 천을 혼령들이 돌아가 머무르는 곳으로 여겼기 때문이다.[108] 이후부터 청조에 이르는 수천 년에 걸쳐, 제국의 종묘와 그곳에서 거행되는 대규모 제사 의례는 언제나 정치권력을 상징하는 중요성을 가지게 되었다. 신성한 부호로서 종묘는 정치적인 권력과 국가를 대표하게 되었고, 고대에 있어서 정치질서를 안정시키는 도구의 하나였다.

점복은 후대에 들어 점차 개인적인 종교활동으로 변했지만, 고대에는 중요한 정치적 기능을 가지고 있었다. 중국인들의 최초의 체계적인 문자기록은 갑골에 새겨져 있는데, 바로 상나라(약 기원전 1523-기원전 1027)시기에 전쟁과 평화를 점치던 기록이다. 더욱 중요한 것은, 초기 중국인들의 이러한 표의문자가 세속적인 언어 소통을 위한 것이 아니라, 공적 업무에 대한

---

108 顧立雅,「釋天」,『燕京學報』, 1935, 第18期, p71. 郭沫若,『先秦天道觀念的進展』, 上海, 1930, p14.

신령의 지시를 받기 위하여 종교적 목적으로 사용되었다는 점이다. 상대와 주대(약 기원전 1027-기원전 256)에 있어서 점복은 미래를 예측하는 방법이자 인간의 세계와 신의 세계를 연계하는 수단으로써, 관방의 주술사들과 귀족들에 의해 주도되었던 것이다. 『역경(易經)』에는 이와 관련된 많은 사실들이 포함되어 있다. 이 책은 점복에 사용되었을 뿐 아니라, 후에 유가에 의해 관료를 양성하는 교재이자 경전으로 채택되었다. 점복을 조종하는 것은 초기 정치적 리더십의 확실한 수단 가운데 하나였다. 점복은 정치적인 결정에 신성성을 부여해 주었기 때문에 일반 대중들에게 쉽게 받아들여졌다. 점복을 통해서 정치적인 결정은 곧 신의 명령이 되었다.

이 책의 제10장에서 유교의 종교성에 대해 토론하겠지만, 여기에서 먼저 유교사상이 비록 합리적인 특성이 강하다고 하더라도, 유교에 내재된 전통 종교의 정치적 기능을 감소시킬 수 없음을 지적해 두고자 한다. 게다가 유교는 신비한 내용으로 이루어진 『역경』을 유가경전 속에 편입시켰을 뿐 아니라, 제사를 통한 조상 숭배의 실천을 지지하고 윤리적으로 이를 합리화했다. 묵가(墨家)는 유가가 제사에 있어서 종교의례적인 부분만 보존하고 그 정신적인 신앙은 접수하지 않은 것을 비웃은 바 있다. 무엇보다도 유가는 군주권이 하늘에 의해 부여된다는 '천명설(天命說)'을 지지함으로써, 정치권력의 신성성을 완전하게 인정하였다. 묵자(墨子, 기원전 372-기원전 288)는 천의(天意)가 곧 '대중의 이익'이자 '공공의 의견'이라는 새로운 해석을 시도함으로써, 이를 통치자의 의무적인 부분으로 재확정했지만, 권력의 근원에 대해 세속적 이론을 제공하지는 않았다.

춘추전국시대(기원전 8세기-기원전 3세기)는 하늘의 공정성과 천의에 대한 신념이 부분적으로 동요되었을 뿐 아니라, 정치적 혼란과 사회질서가 붕괴되는 국면이 오랫동안 지속되면서, 오히려 세속적인 사상들이 활발하게 전개된다. 진(秦)이 중국을 통일한 후, 첫 번째로 장기적인 통일체제가 지속되는 것은 한(漢)제국 시기이다. 한대에는 전통종교가 다시 전면적으로 부흥하였고, 특히 음양오행설의 지지하에 정치적 실천에 있어서 천신 숭배도 새로운 발전을 이룩한다.[109] 전한(前漢) 초기에는, 전통종교가 많은 지방적 요소를 포함하고 있어서 종교적인 믿음과 실천에 있어서 여전히 불균형한 형태에 머물렀다. 천의와 천명에 대한 개념도 초자연적인 힘에 대한 모호한 인식의 수준에 머물러 있었다. 한대에 첫 번째로 전통종교에 체계적인 신학 이론을 제공한 것은 음양오행학파였다. 또한 유교학자 동중서(董仲舒, ?~기원전 104)가 금문학파(金文學派)의 학자들과 창안해낸 '천인상응(天人相應)'의 이론이, 천(天)의 인격신적인 특징과 천이 인류의 공적인 행위에 대하여 직접 영향력을 발휘한다는 도덕정치적인 의미를 부여해주었다. 이렇게 완전히 새로워진 관점에 의해서 주대와 같은 '침묵과 무언'의 역량 대신에, 천은 천지 간에 다양한 이상(異常) 현상을 드러냄으로써 권선징악을 표현할 수 있게 되었다. 정치권력의 계승에 관한 이론이 5가지 자연의 구성요소에 상응하는 오덕(五德)에 근거하게 되면서, 음양신학의 이론이 정치생활의 영역까지 더욱 확대, 적용되었다.[110] 조정에서 일반 백성에 이르기까지 한대 사회는 이처럼 종교적 기운으로 휩싸였는데, 주술, 연단술, 신비주의가 정치활동 깊숙이 스며 들어갔다.

 종교적 영향력의 부흥과 장기적으로 통일을 유지한 첫 번째 제국의 출현이 동시에 이루어졌다는 사실을 단지 역사의 우연으로 돌릴 수는 없다. 주대 중후반기 이래로 중국문화와 정치는 신속하게 변경지대로 확산되었고, 중화민족의 사회는 각기 자신들의 토착적 전통과 신앙을 가지고 있는 수많은 지역적 집단의 이질적인 통합체가 되었다. 이러한 사회구조 속에서 통일제국을 장기적으로 존속시키기 위해서는 단지 정치적 권력의 성공에만 기댈 수는 없다. 한제국의 전신인 진나라는 비록 무력을 통해 세속 정권을 수립

---

109 許地山,「道家思想與道敎」『燕京學報』, 1927年 第2期.
110 梁啓超「陰陽五行說之來歷」, 顧頡剛「五德終始說下之政治和歷史」두 편 모두 顧頡剛 主編『古史辨』, 上海, 1935年版, 卷5, pp343-353, pp404-597에 실림.

음양오행과 천인감응의 이론을 통해 유교 국교화의 이론 체계를 정립한 동중서(?~기원전 104).

하는 데 성공할 수 있었지만 종교적인 가지의 지지를 얻지 못했다. 어쩌면 이러한 사실들은 대제국의 급속한 붕괴의 원인이 될 수 있음을 반영해주는 것이다. 이에 비해 한제국은 오랫동안 통일의 상태를 유지할 수 있었다. 이는 종교의 일반적인 영향력이 부활하는데 그친 것이 아니라, 전통종교의 신학적 체계화가 수많은 지방종교의 전통을 보편화시키는 작용을 했기 때문이다. 이러한 과정은 지방의 신들을 천신신앙(天神信仰) 아래 통합시킴으로써, 이와 관련된 초자연적 신령들의 질서체계를 확립하는 것이다. 음양오행설은 화이(華夷)를 통괄하여 천하를 다스릴 수 있는 기본적인 원칙들을 제공해 주었다. 이러한 통일관의 영향력은 현재까지도 여전히 전승되고 있는데, 모든 공동체의 지역적 신앙들이 지고무상(至高無上)한 천지신의 예하 신으로서 존재하게 되었다. 도교의 신학이론도 이러한 구조 안에서 발전하게 된다. 독자적인 종교체계를 가진 불교조차도 대중적인 개념 속에서는 이러한 영향에서 벗어나기 힘들었는데, 부처나 보살까지도 최고신인 천(天)을 중심으로 한 신들의 거대한 질서체계 속의 일부로 간주되었다. 최고신인 천지신에 대한 믿음을 통해 전통종교가 부활한 것은 새로 성립된 중앙집권 국가를 확고히 지지해 주었다. 지방의 다양한 종교적 요소들이 전통종교를 중심으로 한 국가종교 체계 속으로 편입되었다. 천지신 숭배의 중요성에 대한 강조는 한나라의 도덕정치적 질서를 더욱 공고히 하는 데 기여하였다. 동중서(董仲舒)는 음양오행적 신학체계의 주창자로서, 유교를 도덕정치적 정통학설로 받드는 과정에서 핵심적인 역할을 한 인물이다. 향후 유교는 한대뿐 아니라 이어지는 주요 왕조에서도 도덕정치적인 정교일체적 신앙으로서 위상을 확고히 한다. 종교와 도덕 질서 간의 상호작용이 정치권력의 기초로 확립된 것이다.[111]

역사학과 종교사회학을 연구하는 학자들은 기타 문화 속에서도, 이러한 종교의 영향력을 확인한 바 있다. 예를 들어 부르크하르트(Jacob Burckhardt)는 종교는 "인류의 가장 본질적 관계"라고 주장한 바 있다.[112] 재난과 위기에 봉착하여, 세속적이고 공리적인 사회적 연대가 붕괴되거나 지나치게 약화되어 개인을 사회 속에 통합시키기 힘든 상황에 직면했을 때, 종교는 국가와 같은 많은 사회적 집단들을 함께 묶을 수 있는 중요한 요소이다. 종교는 사람들이 조화롭고 평화롭게 공존할 수 있는 보편적인 정서적 기초와 더불어 개인과 집단들 사이에 존재하는 차이를 감소시켜줌으로써, 공동의 이상적인 사회질서를 제공해 준다.

한제국이 건립되었을 때, 수백 년 동안 진행된 전쟁과 이에 수반된 사회정치적 변화 속에서 봉건제의 전통 속에 유지되던 수많은 지방사회 사이의 연계가 붕괴되었다. 지리멸렬해진 지방종교의 전통 또한 방대한 통일제국의 시대적 요청에 더 이상 부합할 수 없었다. 이런 시점에, 천지신과 기타 자연신들을 묶어주는 보편적 관념에 기초한 새로운 종교체계가 출현함으로써 새로운 시대의 절박한 필요성과 대면하게 되었다.

---

111 C. K. Yang, "Functional Relationship between Confucian Thought and Religion", in *Chinese Thought and Institution*, ed. by John K. Fairbank, Chicago, 1957, pp. 269-290.
112 Jacob Burckhardt, *Reflection on History*, London, 1943, p.43.

## 도·불 흥기의 정치적 함의

지역적, 개별적 차이를 최소화시키고 사회통합을 가져올 수 있기 때문에 종교의 통합기능은 왕조의 정치적, 사회적 질서를 공고히 하는데 있어서 매우 중요하다. 이런 까닭에 평화와 질서를 회복하기 위한 갈망이 혼란기에 있어서 종교운동의 부흥을 촉구하는 부분적인 원인이 된다. 도교와 불교의 흥기는 한제국이 붕괴하면서 장기적으로 지속되는 분열기 동안에 이루어진다. 중국역사에 있어서 이 두 가지 중요한 종교가 출현하고 발전해간 맥락은 일반적인 문헌 속에서도 쉽게 확인되지만, 여기서는 두 종교의 흥기가 갖고 있는 정치적 의의에 대해서만 간단히 분석해 보겠다.

### 공동체 종교 대 자원종교

한대 이후 중국인의 종교생활에 나타나는 두드러진 특징은 자유의지에 의한 자원종교(自願宗敎, Voluntary religion)가 흥기한다는 점이다. 한대 후기까지만 해도 전통종교는 보편적으로 공공적인 특징을 가지고 있었다. 제천과 조상 숭배의 의례 그리고 기타 신령 숭배는 모두 관리와 향촌사회의 지도자들이 주도하였고, 국가와 지역사회 모든 사람들을 위해 복을 빌었다. 그 원대한 이상은 상천(上天)과 신명(神明)의 보우를 통해 천국의 질서를 모방한 지상왕국을 건설한다는 것이다. 개개인들은 국가, 지역사회 그리고 사회단체의 일원으로, 예를 들자면 친족과 가족의 구성원 명목으로 자연스럽게 신도로 간주된다. 개인의 의지가 어떻든 간에, 그들은 기우제 같은 지역사회의 모든 종교의례로부터 수혜를 받는 것으로 가정되며, 단체의 보이지 않는 압력하에 조상 숭배에 참여하는 것이 강요되었다. 종교신앙에 있어서 개인은 선택의 기회가 없었다. 보통 사람들이 어떤 또 다른 선택을 할 수 있는 일은 발생하기 힘들었다. 종교의 가치는 전통적인 도덕 질서 속에 깊이 각인되어 있었고, 종교는 공동체의 존속과 연계된 절대적인 부분이어서 구성원 개인의 존재와도 불가분의 관계이다.

도교와 불교의 흥기는 이러한 국면을 완전히 바꾸어 놓았다. 중국역사에 있어서 처음으로 스스로 자원한 구성원들로 조직된 종교가 출현하였다. 이것은 공동체 일원으로 상속되듯이 강제 가입한 것이 아니라 신자들 개인의 자발적 선택에 기초한 것이다. 물론 이에 앞서 전통 신앙에서도 주술행위처럼 어느 정도 개인의 자발적 숭배가 용인되었지만, 이러한 행위는 조직화된 것이 아닐 뿐더러 전통 신앙에서 벗어난 것도 아니었다. 자원종교의 조직화된 체계를 처음으로 소개한 것은 역시 도교와 불교라 할 수 있다.

자원종교의 흥기는 정치적 의미를 내포한다. 새로운 종교는 오랜 중국사의 전개에 있어서 도교와 불교가 그랬던 것처럼, 기존의 정치질서를 인정하고 지지해 왔다. 그러나 정치적 분열기에 있어서는, 종교가 오로지 본원적으로 내재된 도덕적 특성에 의거하여 신도들을 끌어들이고 성장할 수밖에 없다는 점이 매우 중요하다. 원시신앙의 사회적 특징은 뚜렷한 창시자 없이 전통 속에서 성장해온 것으로써, 공동의 신앙체계를 보편적으로 접수하는 것이지 선택이 허용되는 것이 아니라는 점이다. 그러나 자원종교는 이와 반대로 집단의 공동신앙을 그대로 받아들이는 것으로부터 벗어난다는 이탈적 의미에 그 기초를 두고 있다.

자원종교는 이처럼 내재된 이탈적 속성으로 인해 때로는 정치운동에 말려들기도 하는데, 이는 대략 두 가지 형태로 나타난다. 첫 번째는, 현 정권을 뒤엎으려는 정치단체나 정치 지도자들이 자원종교의 이탈적 속성을 이용해 반란세력을 좀 더 확대시키려는 경우이다. 두 번째는, 이러한 이탈적 성격으로 인해 자원종교 자체가 정치운동 세력으로 발전하는 경우이다. 보통 규모가 크고 잘 조직화된 종교는 현실에 대한 불만에서 시작되며, 고통으로부터 인간을 구제하겠다는 절박한 필요성을 제기하고, 기존의 사회적 도덕적 질서를 대체할 수 있는 새로운 이상세계의 이념을 제시한다. 새로운 사회를 건립하겠다는 이상을 실현하고 신도들의 종교자유를 확보하기 위해서는 종교적인 개혁이 사회적, 정치적 영역까지 파급되어야 하기 때문에, 이러한 조직을 갖춘 세력으로 하여금 정치적인 특징을 갖게 하는 것이다. 이런 까닭에 체계를 잘 갖춘 종교조직이든 혹은 강압적으로 세속사회와 격리된 조직이든 간에, 독립조직을 갖춘 단체라면 세속 정부로부터 끊임없는 반대와 간섭을 받게 된다. 물론 이러한 정황은 평화롭고 안정된 시기에만 출현할 수 있는 것으로, 세속 정권은 평화 국면에만 종교에 대해 엄격하고도 효과적인 통제를 가할 수 있다. 일단 정부의 중앙집권 역량이 쇠퇴하고, 백성들이 곤궁하여 기아가 속출하며, 사회적 동요로 불안이 가중되면, 새로운 종교의 이상은 자연스레 구질서 속의 삶에 대한 재설계를 통해 희망을 제공하려 한다. 따라서 자원종교운동도 강력한 정치적 색채를 갖게 되는 것이다. 이러한 모든 상황은 중국에 있어서 도교와 불교가 흥기하고 발전해가는 과정 속에서 분명하게 발현되었다.

### 도교의 흥기

2세기경 도교의 흥기는 자원종교의 탄생을 보여준다. 도교는 향후 400여 년에 이르는 사회, 정치적인 분열 국면을 이용해 강력한 민중운동으로 성장한다.[113] 한때 최고의 전성기를 구가했던 한왕조는 2세기 말에 이르면서 내부 분쟁으로 인해 사분오열된다. 탐욕스러운 환관들과 외척집단 그리고 약탈성이 매우 강했던 호족(豪族)들 사이에 권력과 재부를 탈취하기 위한 격렬한 투쟁이 전개된다. 여전히 도통(道統)을 견지하면서, 환관과 외척 그리고 호족들의 불법적 뇌물수수에 강력히 반발했던 지식인들은 환관들의 박

---

113 이 시기의 사회적, 정치적 조건에 있어서의 생동감 넘치는 재구성은 다음과 같은 자료들에서 확인된다. Etienne Balazs, "La crise sociale et la philosophie à la des Han", *T oung Pao*, 1949, vol. XXIX, pp. 83-131. 유소흠「東漢經濟狀況」『金陵文學院期刊』, vol. I, no.2, 1936.

해와 살육을 모면할 수가 없었다. 한나라의 사회적, 정치적 계층질서의 지배적 이데올로기라 할 수 있는 유교사상의 통제력도 점차 와해되어, 심지어는 엘리트 지식인들에 대한 영향력까지도 약화되었다. 질서정연하게 유지되던 한나라 사회가 심각한 해체의 위기에 봉착하였다. 이에 대해 유교학자들조차 속수무책이었다. 누구나 신봉할 수 있는 어떤 해석이나 효과적인 해결방안을 제시하지 못했다. 각 지방의 토지소유권은 점차 권력을 가진 귀족들의 수중으로 집중되었다. 이러한 현상은 토지소유권을 가지고 있던 대다수 농민들이 거처를 버리고 고향을 떠나는 계기가 되었다. 무거운 조세의 부담은 자연스레 여타 농민들에게 가중되었다. 주기적으로 발생하는 홍수와 한발 또한 농민들로 하여금 불쌍할 정도로 작았던 땅뙈기마저 잃어버리게 했다. 농민들은 귀족의 노복으로 자원하거나, 토비 혹은 도적질을 선택했고, 때로는 조정의 구제만을 기다리는 신세로 추락하였다. 압박을 못 이겨 고향을 등진 대량의 유민들로 인해 한나라의 사회경제는 점차 해체되었고, 치명적인 재난에 직면하게 되었다.

조정 내부는 나날이 사분오열되고 민중들은 해결하기 힘든 곤경에 봉착했지만, 당시 유교는 의미 없는 공허한 학설로 변해갔다. 점점 더 많은 농민들이 도교에 가입했고, 한나라 전역에서 도교단체들이 우후죽순처럼 생겨났다. 종교지도자들의 통솔 하에 도교는 고향을 떠나 거처를 잃은 백성들에게 희망과 안정감을 제공해줌으로써 그들의 생활을 개선해 주었고, 야심 차고 재능 있는 사람들에겐 사회적 지위를 상승시킬 수 있는 통로를 제공했다. 도교의 신비한 의식은 사람들에게 믿음과 사기를 불러일으켰고, 도교 조직은 새로운 질서를 세움으로써 해체된 사회생활을 통제해 나갔다. 도교가 전국 각지로 부단히 확장되면서, 한나라 조정 그리고 호족세력과의 대립이 불가피해졌다. 지방에서 잇따른 충돌이 누적되어 마침내 두 차례에 걸쳐

---

114 『後漢書』「諸帝志」에는 109년부터 183년 사이에 발생한 31차례의 농민봉기가 열거되어 있다.

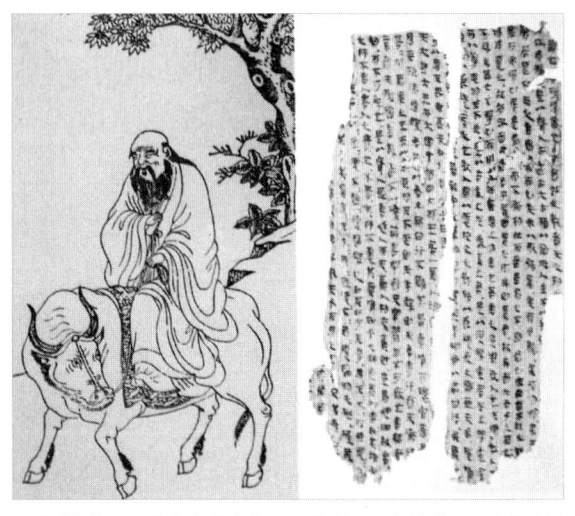
도가이론이 도교에 흡수되면서 도교의 신으로 숭상되는 노자의 초상과 백서(帛書) 『도덕경』.

도교세력은 대규모로 봉기했다.[114] 184년 태평도(太平道)는 거록(巨鹿, 현재 河北省에 위치)에서 대규모 반란을 일으키는데, 태평도의 창시자인 장각(張角)의 통솔 하에 제국의 동부지역으로 확산되었다.

그동안 누려온 기득권을 수호하기 위해서, 한조정에 적대적이었던 세력들까지 일시적으로 단결했다. 그들은 반란세력 황건군(黃巾軍)을 진압하기 위하여 공동으로 대처했다. 마침내 반란이 평정되었다. 하지만 한제국 또한 원기에 커다란 손상을 입었고, 다시는 이전의 세력을 회복할 수 없었다.[115]

또 한 차례의 도교 봉기는 189년 도교 오두미파(五斗米派, 입도자들은 가입시에 5두의 쌀을 내야 했기 때문에 오두미교라 불린다)의 장도릉(張道陵 혹은 張陵)에 의해 사천성의 서부지역에서 폭발했다. 이들은 한제국의 분열을 이용하여 지방정권까지 수립했는데, 막스 베버(Max Weber)는 이를 '교회국가'라고 일컬은 바 있다.[116] 이들 교단조직은 사천성과 섬서성 인근 지역에서 20여 년간 통치했다. 이곳에서는 도사들이 정치와 행정관리, 세금징수, 치안유

---

115 彭祖愼 『漢末黃巾之亂的社會背景』, 上海, 1934, pp41-85. Howerd S. Levy "Yellow Turban Religion and Religion at the end of Han", *Journal of The American Oriental Society*, 1956, vol. LXXVI pp.214-227.
116 Max Weber, *The Religion of China*, tr. by Hans H. Gerth, Glencoe, 1951, p.193.

지, 안전방위 등의 업무를 총괄했다. 215년 그들은 마침내 조조(曹操)를 우두머리로 하는 세속 권력에 귀속되었지만, 도교는 매우 좋은 처우를 약속받았을 뿐 아니라 민중들에게 평화롭게 교의를 전파하는 것도 허락되었다. 후대에 이 교파의 창립자인 장씨 가족의 후손들은 역대 조정에서 중국 도교의 정종(正宗)으로 승인받았다.

태평도운동과 관련된 여러 자료들은 세월이 흐르면서 대부분 유실되었다. 이에 반해 오두미교 관련 주요 사료들은 지금까지도 잘 보전되어 왔다. 이 교파의 지도자들은 신도들에게 노자의 『도덕경(道德經)』을 읽을 것을 요구했는데, 순박한 원시적 사회질서로의 회귀를 창도(倡導)하는 이 책을 통해 복잡한 문명사회의 고질적 병폐를 치유하려 했다. 사람들은 기도를 통해서 속죄할 수 있을 뿐 아니라, 자선사업과 도로와 교량 보수 등을 통해서도 이를 실천할 수

위의 사진은 운남성 곤명시 소재 도관(道觀)인 태화궁 정경. 아래 사진은 도교의 신계를 그린 신계도.

있다고 생각했다. 도교의 교의와 실천 행위는 도교운동의 이상적 방식은 혈육 사이에 존재하는 따뜻한 정을 통해 붕괴에 직면한 사회정치 질서를 대체하는 것이라고 표명한다.

중국의 역사기록을 보면 그 후 몇 세기 동안 도교 교파가 여전히 지속적으로 정치적인 반란을 일으킨 것을 발견할 수 있으며, 향후 정치파동을 일으키는 일부 종교단체 역시 도교적 색채를 가지고 있었음이 분명하다. 그러나 도교와 정치적인 봉기가 항상 절대적으로 연계된 것처럼 파악하는 것은 정확한 시각이라고 볼 수 없다. 조직 형태를 갖춘 종교로 성장한 후 대부분의 시간 동안 도교는 정부의 승인 하에서 평화적으로 존재해왔다. 사실 도교가 가지고 있는 고행의 전통과 속세와 일정한 거리를 두는 은일의 삶은, 도교로 하여금 세속 정권에 적응하며 존재할 수 있는 공간을 얻을 수 있게 한다. 도교는 정치 안정과 사회질서 유지에도 중요한 공헌을 하였다. 그것은 중국 전통종교에 수많은 인격신들을 추가한 것인데, 민중들에게 익숙한 신화와 역사적인 인물들을 전통의 도덕적인 이상과 결부시킴으로써, 현존하는 도덕정치적인 질서에 대해 종교적인 지지를 제공하였다. 한대 이전까지 전통종교는 대부분이 천(天)이나 이와 관련된 자연신 숭배에 국한되어 있었다. 조상에 대한 제사 의례를 제외하고, 기타 작고한 역사적인 인물에 대한 숭배는 중요한 위치를 차지하지 못했다. 신학이론상으로 볼 때 원시신앙의 체계화는 한대의 음양학파에 의해 시작되지만, 그 완성은 향후 수세기 동안에 도교에 의해 이룩된다. 도교는 각기 다른 원시신앙을 융합하여 공통된 체계를 확립했으며, 관방에서 승인한 많은 신령과 지방의 신령을 계층화된 제신(諸神) 체계로 엮어냈다.

도교의 주술 역시 수많은 통치계층 출신의 귀의자들을 매료시켰다. 4세기 초반에 도교는 이미 중요한 종교운동으로 발전하게 된다. 신실한 도교도인 왕응지(王凝之)는 동진시대의 영향력 있는 지방관으로서, 적군이 그의 속지를 공격하자 방어 진지를 강화해야 한다는 건의를 무시하고 하늘에 대한 기도를 통해 천병(天兵)의 원조를 보증할 수 있다고 공언한 바 있다. 결국 그는 적군에게 피살되었지만, 이 사건은 적어도 도교의 주술이 이미 신흥종교에 필수적인 정치적 지지를 확보하고 있었음을 시사해준다.[117]

### 불교의 흥기

불교는 세속사회에 대해 부정적 태도를 내포하고 있어서, 불교 발전과정 속에 드러나는 정치적 영향력이 도교처럼 그렇게 확실했던 것은 아니다. 그렇다고 해서 실제로 불교가 현실정치로부터 완전히 거리를 두었던 것은 결코 아니다. 다만 도교와 다른 점은, 불교는 현실세계의 이상적인 질서를 대체할 수 있는 하나의 체계를 통해 중생들을 제도하여 고해로부터 벗어나게 하는 방법으로 삼고 있다는 것이다.

물론 한말(漢末) 분열기의 사회적 환경은 불교의 구세적인 기능이 개입하고 발전해 나가는 데 도움이 되었다. 하나의 종교로서 도교와 마찬가지로 비바람에도 흔들릴 것 같은 불안한 정국은 불교가 발전할 수 있는 좋은 기회가 되었다. 당시에는 계층을 불문하고 백성들 모두가 고통이 줄어들고 곤경에서 벗어날 수 있기를 갈망하고 있었기 때문이다. 한제국이 와해된 후, 4세기 동안에 사회와 정치질서가 붕괴되고 위기감이 더욱 가중되면서, 불교는 마침내 하나의 강대한 독립적 역량으로 성장하게 되었다.

한나라 이후 연달아 발흥하는 몇몇 단명 왕조들 사이에서 한 세기가 넘는 분쟁이 지속되었으며, 연이은 두 세기 동안에는 더욱 큰 재난 속으로 빠져 들어갔다. 4, 5세기, 중국문화의 발원지인 황하유역은 침략해 온 유목민족에 의해 완전히 점령되었다. 흉노, 몽골, 선비, 돌궐 등 서로 간에 끊임없는 약탈이 계속되었으며, 빠른 왕조 교체가 진행되면서 서로가 서로를 대체해갔다. 피난

---

[117] 『釋老志』, 第8卷, p28.

내려간 한족들은 장강유역에 취약한 동진(東晉) 정권(265-420)을 건립했는데, 강남에 겨우 둥지를 튼 동진은 부단히 공격해 오는 북방 소수민족들의 위협에 시달렸을 뿐 아니라 내부의 분쟁과 부패로 사분오열되었다. 대량의 북방 한인들이 강남지역으로 물밀듯이 내려오면서 정국은 시도 때도 없이 혼란스러웠고, 백성들의 생활도 도탄에 빠졌다. 420년, 동진이 멸망하고 589년[118]에 수(隋)가 재차 통일을 이룩할 때까지 남방에는 4개의 단명왕조가 거쳐 갔다.

소수민족들이 통치한 북방도 남쪽과 사정은 별반 다르지 않았다. 정권은 부단히 교체되었으며 백성들은 고향을 등지고 거처를 잃은 채 생활해야 했다. 통치계층도 구제하기 힘들 정도로 쇠락해 갔는데, 지식인 계층은 점차 퇴폐에 빠져 방향을 잃었다. 통제하기 힘든 혼란스러운 국면 속에서, 한나라 시대에 통치 질서의 기반을 공고히 다졌던 유교도 다시는 사회를 지도하고 계발할 수 있는 어떤 이념도 제공하지 못했다. 비극의 시대에 처지가 가장 참담했던 것은 역시 일반 백성들로, 이들은 고난을 지고 사는 사람들이다. 일단 징병에 응해 입대하면 곧 피비린내 나는 전장에서 피살될지도 모르는 사병이 되었다. 일반 백성으로 살아갈 때는 번거롭고 무거운 요역을 부담해야 할 뿐 아니라, 그칠 줄 모르는 전쟁과 통치자들의 호화로운 생활을 위해서 무거운 세금을 납부해야 했다. 혼란스러운 무정부 상태로 수세기 동안에 생활과 재산이 완전히 파괴되었을 뿐 아니라, 더욱 불행한 백성들은 빈번한 홍수와 한발 그리고 기타 자연재해에 시달려야 했다. 중국사 전체를 통틀어, 재난은 태평시대보다 훨씬 많았다. 역사기록에 의하면, 220년부터 420년까지 두 세기 동안에 340차례의 자연재해가 발생했다. 420년부터 589년까지 169년 사이에도 무려 315차례의 재해가 발생했다고 한다. 자연재해가 발생하면 매번 수천만 명의 사람들이 목숨을 잃었다.[119]

---

118 역자주: 원문에는 수의 재통일을 590년으로 기록하고 있어서 바로잡음.
119 鄧雲特, 『中國救荒史』, 北京, 1958, pp8-12.

2세기에서 6세기까지, 기나긴 세월 동안 재난은 끝없이 지속되었고, 사람들은 실낱 같은 희망의 서광도 찾아볼 수 없었다. 한나라 통치 하에서 경험했던 그런 안정되고 질서 있는 생활은 마치 한번 가버리면 돌이킬 수 없는 것처럼 여겨졌다. 익사 직전의 사람이 급한 마음에 지푸라기라도 잡는 심정으로, 정신적으로나 물질적으로나 곤경으로부터 벗어나는 데 조금이라도 도움이 된다면 그것이 어떤 것이든 지지를 얻을 수 있었다. 당시 중국사회는 사회구조적으로 뿐 아니라 이데올로기적으로도 와해 직전이었다. 장기적인 사회 동요와 불안은 민중들의 무기력한 심리를 더욱 부채질했다. 이국에서 전파된 신앙인 불교도 마침내 중국인들의 사회생활 내부로 진입할 기회를 얻었고 마른 벌판에 붙은 불씨처럼 확산되어 갔다.

**정부의 후원과 주술적 기능** : 불교가 중국에 전파된 확실한 시간과 경로는 아직도 해결되지 못한 문제이다. 그러나 믿을 만한 자료에 의하면 불교가 중국에 진입하는 데 있어서 두 가지 특징을 발견할 수 있다. 하나는 통치계층의 보호를 받았다는 점이고, 또 다른 하나는 통치계층이 불교의 주술적인 행위를 중시했다는 점이다. 도교와는 달리 불교는 이국에서 전해진 신앙이기 때문에, 다른 민족의 문화 속으로 그리고 전제국가 속으로 진입하기 위해서는 통치집단의 인가와 지지가 필수적이었다. 이 때문에 중국에 있어서 불교와 관계된 초기 역사기록은 불가피하게도 조정과 관계를 가지고 있다. 65년 동한의 명제(明帝)는 중앙아시아로 사절을 파견해 불교경문을 얻어 왔다. 기록에 따르면 같은 해에, 황실의 경제적 후원으로 불교단체 하나가 지금의 강소성(江蘇省) 북부에 세워졌다고 한다. 1세기 후인 166년에는 궁중에서 불타(佛陀)와 황제(黃帝) 그리고 도교의 신인 노자(老子)를 함께 받들었다고 한다. 분열의 시기에 있어서 화북지방의 불교 전파는 의심할 여지없이 비한족 유목국가의 통치와 관련을 맺고 있다. 이들 유목민족의 수장들은 불교를 비한족 신앙으로 간주하는 경향이 있었다. 남방에서도 황제와 대다

섬서성 서안 근처의 천년고찰 법문사(法門寺)와 호국진신보탑.

한유는 불골 영접을 반대하는 간언을 올렸다. 사진은 호국진신보탑의 지궁(地宮)에서 발견된 진신사리(佛骨).

수 관료들이 불교에 귀의했는데, 이를 통해 불교가 중화문화 속에서 신앙으로서의 지위를 확보할 수 있게 되었다. 사실 불교가 조직을 갖춘 종교적 지위를 완전히 확립한 연후에도, 그 영향력의 성쇠는 여전히 통치집단의 지지를 얻을 수 있는가 하는 문제와 밀접한 관계를 가졌다.

불교는 발전 초기단계에 있어서는 주로 주술적 의례로 표현되었다. 불교의 신령은 마력을 가지고 있다고 공언했으며, 이 점은 통치집단의 지지와 일반 민중들의 추종을 얻어내는 중요한 동기가 되었다. 다신숭배의 특성이 강한 문화 속에서는 사람들이 보통 새로운 신령이 범상치 않은 능력을 소유했다는 공언을 쉽게 받아들인다. 특히 사회에 보편적으로 집단적인 불안과 우려가 존재할 때, 예를 들어 동한 말에 국가가 쇠락하고 분열되는 시기 같은 경우에 전통 신령들은 오히려 신비한 역량이 약화된 것 같았다. 불교가 중국에서 한자리를 확보한 연후에도, 초자연적으로 조정과 숭배자들을 비호해 주는 주술적인 역량은 여전히 신흥종교인 불교가 그 세력을 유지하고 확장해 가는 중요한 밑천이 되었다. 이 점은 한유의 「불골 영접을 반대하는 간언문(諫迎佛骨表)」에도 확실히 표현된다. 그는 당 헌종(憲宗, 806-820까지 재위)이 호국진신보탑(護國眞身寶塔)을 축조해 석가모니의 지골(指骨)을 받드는 것을 반대하며, 불교 주술의 허구성을 비판했다.

신모(臣謀)가 간언합니다. 엎드려 살피건대, 불(佛)이라는 것은 이적(夷狄)의 법술에 불과하며, 후한(後漢)대에 중국에 유입된 것으로 상고시대에는 존재하지 않았던 것입니다. 옛날 황제(黃帝)께서는 100년간 재위하셨고 연세는 110세에 이르셨습니다. 소호(少昊) 씨는 80년간 재위하셨으며, 연세는 100세에 달하셨습니다. 전욱(顓頊)은 79년간 재위하셨고 연세는 98세에 이르렀습니다. 제곡(帝嚳)은 70년간 재위하셨고 105세까지 사셨으며, 요(堯) 임금께서는 재위 98년에 연세는 118세에 이르셨습니다. 순(舜) 임금과 우(禹) 임금께서도 100세까지 사셨고, 탕(湯) 임금 또한 연세가 100세에 이르셨습니다.

탕 임금의 손자이신 태술(太戌)은 75년간 재위했고, 무정(武丁)은 59년간 재위에 있으셨으니, 비록 역사기록에는 그 나이가 얼마나 되었는지 언급하고 있지 않지만 연수를 추정할 때, 모두가 100세보다 적지는 않을 것입니다. 주 문왕(文王)은 97세까지 사셨고, 무왕(武王)은 93세까지 사셨으며, 목왕(穆王)은 재위만 100년에 이르나 이때 불법은 아직 중국에 들어오지 않았으니, 불타를 숭배해 얻은 것이 아닙니다. 한나라 명제 때에 비로소 불법이 있기 시작했으나 명제의 재위기간은 겨우 18년에 불과합니다. 그 후 나라는 난망을 거듭했고, 국가의 명운 또한 길지 않습니다. 송, 제, 양, 진, 북위(北魏) 이래 부처를 섬김이 더욱 정성스러워졌으나 오히려 국가가 유지된 시간은 창졸하기만 합니다. 다만 양 무제(梁武帝, 502-550까지 재위)는 48년간 즉위했는데, 전후 3차례에 걸쳐 몸을 바쳐 부처를 봉양했고, 종묘제사도 희생(犧牲)을 사용하지 않았을 뿐더러 온종일 한 차례만 드셨는데 그것도 채식과 과일뿐이었습니다. 그러나 그 후 도리어 후경(侯景)에 쫓겨 대성(臺城)에서 아사하는 신세가 되었으며, 국가 또한 곧 멸망하고 말았습니다. 부처를 섬기고 복을 구했던 것이 오히려 재앙을 불러온 것입니다. 이렇게 볼 때 부처는 섬길 만한 존재가 아니라는 것을 또한 알 수 있는 것입니다. ……이에 부처가 정말로 영험하여 재앙을 불러온다면, 모든 재앙은 마땅히 신(臣)의 몸을 덮칠 것이지만, 하늘에서 굽어본다 해도 신은 조금의 원망과 후회도 없습니다.[120]

주술은 불교 흥성의 주요 요인 가운데 하나로써, 불교의 초기 발전단계에서는 소승불교(Hinayana Buddhism)가 우세했기 때문에 더욱 중시된다. 소승불교에서는 인류세계에 고난을 가져오는 사악한 세력의 영향을 피하기 위하여 주술에 대한 연마를 강조한다.[121] 폴 틸리히(Paul Tillich)는 악마의

---

120 韓愈,「諫迎佛骨表」,『古文評注』, 上海, 第6卷, pp. 8-12.
121 錢穆,『國史大綱』, 上海, 1934, 第1卷, p260.

형상을 의지력을 표현하는 신체기관의 과장된 부호[122](외부로 돌출된 두 눈이나 이빨)로 해석한 바 있는데, 주술과 귀신론에 대한 뚜렷한 강조는 밀교적 전통이 특정 시기에 있어서 소승불교의 발전에 긴밀한 영향을 미쳤기 때문이다. 불교가 중국에 전파되는 시기는 사회질서가 전체적으로 붕괴되면서 폭력과 살인이 만연하여 이를 제도적으로 통제할 수 있는 수단이 상실된 시기이다. 질서가 완전히 붕괴된 몇 세기 동안, 인간의 심리도 당연히 영향을 받아서 끝없는 충돌과 사회관계의 해체가 야기되었다. 이러한 상황 속에서 귀신에 대한 경외감은 인류 자체의 공격적인 성향을 극복하는 데 있어서 일정 정도 구속의 작용을 하였다. 사람들은 몇 가지 방면에서 사회질서를 회복하고 정부기능을 활성화시키기 위하여 총력을 기울였다. 소승불교의 이러한 밀교적 전통은 도교의 귀신체계 성립에도 분명한 영향을 미치는데, 불교가 중국에 전파되기 전까지만 해도 귀신신앙은 아직 도교의 종교적 특징으로 드러나지 않는다.

**민중운동으로서의 불교** : 중국에 있어서 초기 불교의 발전은 주로 소승불교적 특징을 갖고 있어서 개인적 해탈을 강조했다. 그러다가 불교가 점차 신흥종교에서 주류 종교운동으로 확대 발전해 나가는 과정 속에서 대승불교(Mahayana Buddhism)의 성장과 긴밀한 평행 발전을 보이기 시작한다. 대승불교는 모든 생명체에 대한 자비와 중생을 구원하기 위한 노력이 곧 개인적인 해탈을 성취하는 수단이라고 주장한다. 이처럼 세상에 대한 구원을 강조함으로써 불교는 개인적, 주술적 차원을 극복하게 되었고, 위기의 시대에 있어서 새로운 정신적 진로의 중심점이 될 수 있었다. 한나라가 붕괴하여 사분오열되면서 전통종교와 유가학설의 핵심인 천(天)의 권위에 대한 믿음

---

122 Paul Tillich, *The Interpretation of History*, tr. by N.A. Rasetzki and Elso L. Talmey, New York, 1936, pp. 77-107.

이 실추되고 사회경제적인 고통 또한 가중되면서, 바야흐로 새로운 신앙의 필요성이 대두되었다. 이 시기에 불교가 신비한 주술적 단계에서 모든 계층의 기대를 포용할 수 있는 대규모 종교운동으로 전환된 것은 상당 부분 대승불교의 형식을 빌린 것인데, 이를 통해 혁명적인 발전의 기회를 잡게 되었다. 유가적 배경을 갖춘 지식인들도 고도의 추상적인 철학이론과 보세적인 구원관 그리고 많은 부분에서 유교사상과 일치하는 도덕적 관심에 매혹되기 시작했다.

대승불교의 초보적인 사상은 이미 2세기경부터 인도와 중앙아시아의 승려들에 의해 유입되었다. 하지만 심오하고 정묘(精妙)한 대승불교의 이론은 4세기 말에서 5세기 초에, 중국인 순례자인 법현(法顯)이나 인도에서 온 저명한 승려인 구마라습(Kumarajiva) 등에 의해서 알기 쉬운 중국어 불경으로 번역되면서 본격적으로 전파되었다. 새로운 종교의 대중적 확산에 있어서 불경의 번역은 매우 중요한데, 특히 대표적인 것으로 『법화경(妙法蓮花經)』을 들 수 있다. 기념비적 불교경전으로 손꼽히는 『법화경』은 끝없이 펼쳐진 시공 속의 환상적인 세계를 묘사하고 있는데, 신과 악마들이 각각 희극적인 역할을 담당한다. 이곳에서 석가모니 부처께서는 영원한 진리를 설파하는데, 신과 악마들뿐 아니라 세속의 국왕까지 모두 일어나 불타가 깨달은 진리에 환호하게 된다. 부처의 깨달음이 곧 속세 모든 사람들에게 있어서 개인뿐 아니라 우주 전체의 구원을 의미하는 것임을 나타내준다. 이러한 보편적인 신앙은 끝없이 윤회하는 인과응보(karma)에 대한 믿음과 더불어 4세기에 걸친 중국의 분열 시기에 있어서 자연스럽게 흡인력을 발휘하였다. 당시 각축을 벌이던 세력들 사이의 그칠 줄 모르던 분쟁은 마치 『법화경』 속에 묘사된 강력한 장면들이 거울에 반사되어 나타나는 것 같았다. 생활은 허무한 것이며 순식간에 가버리고 마는 것이라는 불경의 가르침처럼, 동란의 시대에는 불경의 진리 하나하나가 모두 사실에 부합하는 것처럼 느껴졌다. 사람들은 현실의 생활 속에서, 어떤 물건도 영구히 존속하는 것은 없고,

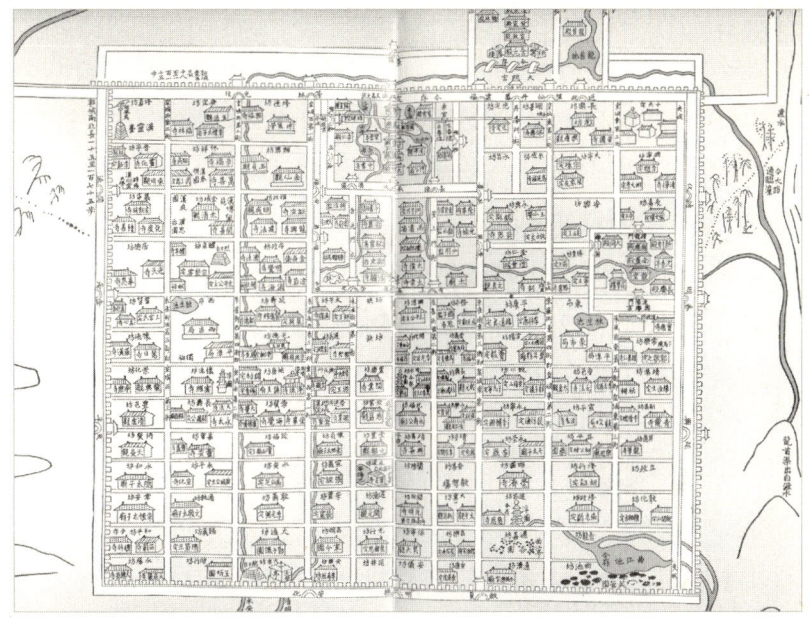
수도 장안의 불사(佛寺)와 도관(道觀)의 위치가 표시되어 있는 그림

영원히 흥성하는 왕조 또한 존재하지 않는 것임을 발견하였다. 일반 백성들에게도 변하지 않는 생활과 재산은 결코 존재하지 않는 것이다.

3세기 이래로 사회와 정치의 혼란이 가중되면서, 보편적인 구원의 교훈과 환영과 같은 실제의 삶은, 대다수 지식인과 관료들이 불교에 귀의하는 계기가 되었으며, 황제와 번왕(藩王)들까지 불교를 받아들였다. 5세기 초까지는 불교가 대다수 민중들에게도 확산되어서 북중국의 수도인 장안(長安)에서는 "10호 가운데 9호가 부처를 경배한다"고 말할 정도였다.[123] 물론 이런 표현이 과장되었을 수도 있지만, 종교운동으로서 불교가 가지고 있는 대중적 특징을 분명하게 반영하는 것이다. 6세기 전반기까지 남북조 분열 시기에 있어서, 특히 세 명의 황제와 한 명의 왕자가 불교에 심취하는데, 그

---

123 『廣弘明集』, 錢穆 『國史大綱』, pp.260-261.

5장 _ 역사적 관점에서 본 중국 종교의 정치적 역할   201

가운데 남조의 양 무제(武帝)는 직접 승려가 되겠다고 발원하기도 했다. 아마도 양 무제와 같은 통치자는 부처의 진리에 대한 진실한 추종자였겠지만, 동시대의 대다수 사람들이 자신의 권력과 재산을 포기하며 불교에 귀의한 것은 상대적으로 평온한 사원의 생활 속에서 현실의 고난을 피하고 싶었기 때문일 것이다. 당시 대부분의 백성들은 더 이상 견디기 힘든 전쟁과 무거운 조세 그리고 경제적인 궁핍 속에서 시련을 겪어야 했다. 그들은 불문에 귀의함으로써 정신적인 위안 그리고 신비한 존재의 보호로 인한 안정감과 더불어 실제적인 물질적 혜택까지 얻을 수 있었는데, 요역과 병역이 면제되었기 때문이다.

이처럼 강력해진 종교운동은 자연스레 통치자들의 주목을 받게 된다. 제국의 오랜 분열을 종식하고 통일을 회복한 수 문제(隋文帝)를 포함한 동시대의 통치자들이 불교의 지지자가 되었다.[124] 불교를 믿는다고 공언한 통치자는 자연스레 정권에 대한 종교측의 지지를 확보할 수 있을 뿐 아니라, 불교신앙을 가진 대다수 민중들의 동정적 지지까지 얻게 된다.

**정치적 지배에 대한 승려집단의 도전** : 중국의 전통종교가 세속 세계의 사회구조 속에 분산되어 있어서 정권의 완전한 통제를 받는 것과 달리, 불교는 독립적이고 조직적인 사원(寺院) 형식으로 존재하며 세속생활을 포기하는 것을 신앙의 기초로 삼고 있다. 사원제도는 이상세계를 건립하기 위한 노력을 대표하는 것으로, 그 안에 권위, 규율, 생계, 사회생활 등 독립적인 체계를 포함하고 있다. 보통 사람의 입장에서 볼 때, 사원조직의 구성원이 되는 것은 속세와 인연을 끊고 사회로부터 격리되는 것이지만, 또한 병역과 요역 등 각종 부담으로부터 벗어나 자유를 갖는 것을 의미한다. 이상적으로

---

[124] 수 양제의 불교에 대한 지지에 대해서는 Authur F. Wright, "The Formation of Sui Ideology", *Chinese Thought and Institutions*, ed. By John K. Fairbank, Chicago, 1957, pp.71-105 참조.

볼 때, 최후의 구원은 사원사회가 모든 인류를 포용할 수 있을 정도로 확대되어서, 정부를 포함한 모든 세속사회를 대체할 수 있을 때 도래한다. 황제가 불문에 귀의하는 경우를 제외하고, 이처럼 종교운동이 확대되면 결과적으로 세속 정권과의 충돌이 불가피하다는 것은 매우 명백한 사실이다.

 3세기 중반기까지 인도 승려가 사원의 계율을 중국어로 번역하여 제도종교로서 불교운동의 필요한 부분을 충족시켰다. 4, 5세기에 이르러서는 불교 발전이 정점에 도달하며, 종교적인 역량을 통해 사원제도를 조직해 냈다. 아무런 도움도 받을 수 없는 수많은 백성들이 사원을 병역과 부역에서 벗어나는 피난처로 삼기 시작했다. 문벌귀족과 관료들도 세금과 기타 공적인 책임으로부터 벗어나기 위하여 사원에 토지와 재산을 기부하고 계를 받아 출가함으로써, 신종교는 이제 정치적인 문제에 깊숙이 휘말리게 되었다. 6세기 전반기까지, 이러한 '국가 속의 국가'가 이미 일정한 수준까지 발전했다. 남조(南朝) 양 무제와 같은 신실한 불교도의 통치 하에서도, 불교 교단이 세속 정권을 잠식하며 발전해 오는데 대한 강력한 반발이 일어났다. 당시 영향력이 있던 관리인 곽조심(郭祖深)은 황제에게 다음과 같이 건의하고 있다.

 십만 명이 넘는 비구와 비구니들이 막대한 재산과 토지를 점유하고 있습니다. 이뿐 아니라 비구들은 새로운 개종자들을 받아들이고 있고 비구니들은 양녀까지 거느리고 있습니다. 전 제국의 인구 가운데 거의 반을 그들에게 빼앗겼습니다. 저는 모든 건물이 사원으로 변할까 두렵고, 모든 가족 구성원들이 계를 받고 승려가 될까 두려우며 그리고 이로 인해 국가에는 한 점 흙도 남아있지 않을까 두렵습니다.[125]

 또 다른 관료인 순제(荀濟)도 상층의 불교승려들이 황제에 필적할 정도로

---

125 錢穆, 『國史大綱』, p.264.

천년고찰인 하북성 정정(正定) 융흥사(隆興寺)의 부처 부조상. 훼손된 모습이 뚜렷이 보인다.

호사스러운 생활을 할 뿐 아니라, 가신(家臣)까지 두고 조정 관료들처럼 자신들을 위해 봉사하게 한다는 불만으로 가득 찬 상주를 올린 바 있다.

이러한 상황은 자연스레 신흥종교 불교와 세속 정권 간의 충돌을 야기했다. 날로 자신감에 넘치고 강대해진 불교단체들은 부단히 정부 권위에 공개적으로 도전했다. 북위(北魏) 왕조 하에서 불교는 정치적인 비호를 받으며 강력하고 조직적인 역량으로 성장하는데, 477년부터 534년까지 채 60년도 안 되는 바로 이 기간 동안에 여덟 차례에 걸친 불교도들의 무장 반란이 발생했다. 실은 당나라(唐朝, 618-907)처럼 통일된 강력한 중앙집권 하에서도, 불교는 국가의 조세와 징병, 요역 등에 대해 적지 않은 영향을 미쳤다. 한유(韓愈)는 상소를 통해 이에 대해 문제를 제기하며, "승려들을 환속시키고, 불경을 불살라버리며, 사원 건물을 개조해서 백성들이 거주하도록 해야 한다"고 요구했다.[126] 이처럼 조직화된 불교와 세속 정권의 이익을 둘러싼 충돌로 인해, 446년, 574년, 845년, 955년 등 4차례에 걸쳐 역사적인 불교

---

126 胡適, 「禪宗在中國」, 『東西方哲學』, 1953年 4月, 第3卷, p.17.

박해사건이 발생했다.[127] 955년 이후 다시는 불교에 대한 대규모 박해가 발생하지 않았다. 그러나 정치적인 쟁점과 긴밀히 연계될 수 있는 불교의 전국적인 조직력도 이미 와해되었다. 이 시기부터 불교는 신학이론에 있어서뿐 아니라, 세속 정권과의 조직적인 관계에 있어서도 중국의 사회환경에 순응해갔다.

## 절충적 형태의 전통종교에 대한 재평가

인도에서 기원한 종교가 중국사회에서 정치적 영향력을 갖춘 거대한 조직의 종교로 성장할 수 있었던 것은, 분열기 동안 비중국계 침략자들이 황하유역 일대를 점령했던 사실과 긴밀한 관련을 맺고 있다. 예를 들어, 4세기 초 북방 왕국 후조(後趙)의 무자비한 폭군 석호(石虎)는 비중국 종교인 불교와의 관계를 단절할 것을 요구하는 신하들의 건의에, 그 자신도 원래 외국인인만큼 외국 신(神)인 부처를 숭배하는 것은 당연하다며 거절했다. 당대(唐代)에 불교가 계속해서 번영을 구가하게 된 것도 다양한 외래문화의 영향을 포용했던 당조 통치의 개방적인 특징과 일정한 관련이 있다.

그러나 10세기 후반기에 송조(960-1279)가 흥기하면서 외래문화의 영향력에 반대하는 국수적인 민족문화 부흥의 조류가 형성되었다. 이후 천 년에 달하는 시간 동안에, 불교의 영향력이 컸던 원나라(1260-1368) 시기를 제외하고는, 민족주의가 종교의 향방에 결정적인 영향을 미쳤다. 이러한 추세 하에 전통적인 전통종교의 정치적 지위도 재확립되었다. 지고무상한 천신(天神)과 예하 신령체계에 대한 신앙이 국가종교의 중심에 위치하게 되었으

---

[127] Kenneth Ch'en, "On Some Factors Responsible for the Anti-Buddhist Persecution under the Bei Chao", in *Harvard Journal of Asiatic Studies*, June, 1594, vol. XVII, nos. and 2, pp.261-274.

며, 이들의 능력이 인류 가운데 진명천자(眞命天子)에게 부여되어 평화로운 통일세국이 선립된다는 이론이 재성립되었다. 성치석 실서에 대한 종교적인 믿음에 대하여, 군주와 세속 정권에 대한 권위가 하늘(上天)의 인가로부터 연원한다는 것이다. 막후로 후퇴할 수 있었던 것은 불교에 대한 대중들의 열정 때문인데, 그들은 부처만이 인류를 영원한 고통으로부터 구원할 수 있다고 확신했다.

당나라는 약 300년 가까이 강력한 통일제국을 유지했는데, 이는 절대적인 세속 정권에 대한 믿음을 회복시켰다. 송대에 유학이 부흥한 것은 정치질서를 유지하는 데 전통종교의 역할이 필요했기 때문이다. 이것은 부분적으로는 전통적인 유가학자들이 원시신앙을 수용했기 때문이며, 부분적으로는 또한 요지부동의 유가학자들이 외래신앙, 즉 불교와 같이 독립적인 교단조직을 갖춘 주요 종교의 세속 정권에 대한 지지를 거부했기 때문이다. 정치적인 영역에 있어서 주도적인 위상을 차지하는 신앙이 다시금 유교사상을 지향하게 된 것인데, 유교사상은 전통적인 신령들에 의해 지지되는 사회 정치적인 계층제도의 영향을 받아들여서, 천상의 질서를 인간세계로 가져오게 된다.

불교가 흥기한 것은 유교사상이 쇠락하는 한대(漢代)이다. 유교사상의 쇠락은 학설 내부에 초자연적인 해설을 결핍하고 있기 때문이다. 부단히 변화하는 현실과 인류의 내세에 대한 집착 그리고 최후의 운명에 대한 모순 등을 해결하지 못한다. 후한 때 백성들이 피할 수 없는 재난과 고초를 겪고 있음에도 유교사상은 격려와 위안을 제공하지 못했다. 휴스(Hughes)의 말처럼, 송대에 이르러 신유학(新儒學)은 대승불교의 많은 사상들을 흡수함으로써 비로소 사상체계에 있어서의 결함을 보완할 수 있었다.[128]

불교의 도전은 기정사실이었다. 끊임없이 변하는 세계에 있어서 인생의

---

[128] E. R. Huges & K. Hughes, *Religion in China*, London, 1950, Chap. 5.

허망함과 영원한 열반의 진리에 대한 의문 등 각양각색의 의문과 피할 수 없는 곤혹스러움에 직면하여, 일부 신유학자(新儒家)들은 『역경(易經)』 연구로 돌아섰다. 『역경』은 세계의 변화를 서술한 신비한 고전으로서 공자조차도 이해하기 쉽지 않다던 책이다. 『역경』에는 심(心)과 물(物) 사이에 관계된 상호 객관성과, 무한한 우주 속에서 물질세계가 인식 가능한 진리, 즉 이(理)에 의해 통제되는 화합의 체계라는 것이 언급되어 있다. 『역경』에 의하면, 모든

복건성 무이산에 있는 신유학의 완성자 주희의 동상.

물체는 보거나 만질 수 없는 무형의 영원한 물질인 기(氣)로부터 생성되며, 정(靜)과 동(動)이 상호 교대되면서 모든 현상들 속에 일체로 존재하는 면모를 가지고 있다. 신유학자들은 이를 통하여, 인생과 물질에 있어서의 지속적인 변화와 끝없는 다양성이 거대한 우주의 무한한 복잡성을 설명하는 것이지, 꿈과 같은 환상이 결코 아니라고 주장하였다. 이로 인해 사람들은 다시금 구원의 희망을 니르바나를 향한 영원한 꿈이나 도가의 선경(仙境)과 같은 이상향이 아니라 현실세계로 전향하게 되었다.

제국이 통일되어 평화를 되찾고 사회질서를 어느 정도 회복하게 되자, 유교사상도 생기를 찾아 시대를 주도하는 정신사조로서 도교와 불교를 대체할 수 있었다. 하지만 신유학은 심(心)과 물(物)에 관련된 이론의 정립에 있어서, 많은 불교의 사상을 포용하게 된다. 대다수 신유학자의 실리적인 현실주의가 엄격한 과학적 방법론을 차용하지 않았더라면, 우주를 스스로 운전하는 메커니즘으로 해석하는 것은 생각해내기 힘들었다. 어쩌면 당시로

는 불가능한 일이었을 것이다. 결과적으로 신유학자는 불교 선종(禪宗)의 도움을 받은 것인데, 명상을 통해 정신을 집중하는 방식을 받아들였고, 우주의 법칙을 깨닫는 주요한 방법으로서 돈오(頓悟)를 주목하였다. 이를 통해 내적 수양이 유학자들의 친숙한 일상생활의 일부가 되었다. 대승불교의 만물에 대한 자비(慈悲)와 중생을 제도(濟度)하겠다는 갈망 또한 유교의 보편적인 선인 '인애'의 개념과 도덕적 책임을 위한 헌신을 사명으로 삼는 윤리의식 속에 융화되었다. 근대 유학자인 강유위(康有爲)는 변법(變法)을 통해 중화제국을 구하겠다고 열정을 보이던 시기에 유교에 대한 불교의 영향력을 인정한 바 있다.[129] 이렇게 개인을 영원한 진리와 일체화하는 것은 도덕적 책무를 추구하는 과정 속에서 개인의 안위와 현실적인 불행을 고려치 않게 하기도 한다. 11세기 이래로 불교사상의 제요소들이 이와 같은 다양한 방식을 통해서 중국의 주류 이데올로기와 결합하게 되었다.

불교의 기본적인 신앙이 일반 백성들의 도덕생활 속으로 녹아 들어갔다. 윤회와 인과응보 같은 불교적 관념이 대중들에게 보편적으로 수용되면서 사회적 관습과 규범을 강화하는 효과적인 수단이 되었으며, 정치 윤리질서를 건립하는 데에도 강력한 지지작용을 했다. 불교와 도교는 많은 새로운 신들에 관한 소재를 제공하여, 민간문학과 전설의 형성에도 기여했다. 또한 많은 장엄한 사원들은 전통적인 사회질서를 유지하기 위한 도덕과 정치적 가치의 상징이 되었다. 전통 신앙의 아성이라 할 수 있는 조상 숭배 역시 도교와 불교의 참여로 인해 더욱 풍부해졌는데, 장례와 제례에 있어서 도·불의 신학이론과 의례절차가 활용되었다. 가정을 정치적 질서의 기초단위로 중시하는 유교정부 지배하의 중국사회에 있어서, 종교적인 영향력을 통한 가족제도의 강화는 중요한 정치적 의의를 갖는 것이다.

11세기 전의 반복적인 종교박해 후에, 유교사상은 다시금 주도적인 통치

---

129 梁啓超,「南海先生傳」,『飮氷室全集』, 上海, 1924年版, 第3卷, pp50-59.

사상의 위상을 확립함으로써, 제국의 정치적인 통합과 평화를 더욱 장기적으로 지속시킬 수 있었다. 이에 비해, 한때 방대했던 불교의 사원조직은 규모가 축소되었을 뿐 아니라, 정치적인 영향력도 점차 쇠퇴했다. 세상을 구원하는 중심을 자처해 온 불교사원은 이제 황제와 관료 그리고 일반 백성을 불문하고 사회경제적 불행을 당한 개인의 휴식처이자 피난처로 변하였다. 불교는 세속사회나 유교로부터 평화와 위안을 얻을 수 없었던 사람들을 참을성을 갖고 기다렸으며, 좀 더 유리한 기회를 통해 사회적 현실 속으로 녹아 들어갔다. 비록 정부가 절충적인 민간종교에 대한 지배와 통제를 포기하지 않았음에도 불구하고, 불교는 세속 정권에 대한 대항을 단념했으며, 불교사원은 시종 하나의 독립적인 종교로서 불교의 정체성을 유지할 수 있었다. 불교가 사회적 통제권에 대한 쟁탈을 포기하는 과정은, 초기 반란 실패 후 도교의 암담한 경력과 매우 흡사하다.

 그러나 이것이 이들 두 종교가 세속 정권의 정치적 권위에 완전히 굴복했음을 의미하는 것은 아니다. 당시부터 현재에 이르기까지도, 그들은 함께 비밀 종교조직의 형성과 발전을 촉진해 왔고, 반란과 왕조 교체를 선동하는 데 있어서도 결정적인 역할을 해왔다.

# 제6장
# 천명(天命)의 작용

　앞장에서 얘기한 것처럼 역사적 시각에서 보면 전통중국의 정부가 완전히 세속화되었던 시기는 결코 없었다. 오히려 종교와 정권 사이에서 줄곧 밀접한 상호작용을 해왔다. 12세기 이후 독립적인 정치적 영향력을 갖춘 대규모의 조직적이고 자발적인 종교는 그 지위가 뒷전으로 밀려났고, 유교사상의 주도적 위치가 다시 새롭게 강조되면서 전통종교의 요소들이 정치체제 가운데서 더욱 더 많이 작용할 수 있는 기회를 제공하였다. 이러한 작용은 국가의 도덕정치적인 질서에 종교적 재가(裁可)를 부여하는 데서 주로 나타났다. 바로 이런 의미에서 종교가 그 정치적 역할을 했고 유교사상가들이 고수하는 원칙은 정권이 세속적인 통제를 주장하는 원칙과도 서로 조화를 이룬 것이다.

## 근대 시기에 있어서 천명의 효력

　모두 알다시피 중국 정치생활 가운데 수많은 종교의 영향은 모두가 '천

(天)'이라는 이 기본개념과 '천'에 딸린 여러 신의 체계에서 나왔는데 이 체계는 정치 사건을 포함한 우주 만물의 생성 발전과정을 미리 결정할 수 있다. 그 핵심 개념이 바로 '천명(天命)'이며, 이 정통의 상징은 역대 왕권에 의해 주장되었고 일반 백성에게도 널리 받아들여진 것이다. 16-17세기의 기독교 선교사들은 장엄한 제천의식이야말로 가장 인상 깊은 중세 왕조의 제도라고 여겼으며, 청나라(1644-1911) 시기 내내 제천의식은 엄숙하면서도 장엄한 전통적인 기풍을 간직하고 있었다. 이에 대해 후스(Hughes)는 다음과 같이 평한 바 있다.

> 제국의 장엄한 제천의식에서 백성을 대표하는 황제가 웅장한 천단(天壇)에 나타난다. 심신을 깨끗하게 재계한 후, 화려한 옷을 입은 조정의 명관(命官)이 함께하며 세상에서 제일 높은 황제가 천단(天壇)에서 하늘에 제사를 지내는데 근본적으로 어떠한 우상의 상징물도 필요치 않다. 마치 푸른 하늘이 하얀 대리석 제단 위에 자리하고 있는 것처럼 신성한 존재가 황제와 백성 위에 있다. 사계절을 순리대로 운행하는 그의 섭리가 없다면 백성들은 살아갈 수가 없으며, 그의 명령에 의해 황제는 옥좌를 유지했다.[130]

이렇게 유구한 종교 전통은 외래신앙에 의해 대체되지 않았고 기나긴 3000여 년의 세월 가운데서 그 영향력을 잃지도 않았다. 1644년 청나라가 개국해서 1909년에 이르기까지 역대 황제의 즉위식은 모두 하늘과 땅의 신에게 성대한 제사를 지내서[131] 황제의 권력이 신으로부터 받았음을 상징하게 되었다. 청나라 시기 내내 황제의 수도 북경 부근의 행정구역은 모두 '순천부(順天府)'라고 불렸는데 바로 '하늘의 뜻에 순응한다'라는 의미이다.

---

130 E.R.Hughers and K. Hughes, *Religion in China*, London, 1950, p.92.
131 『淸朝續文獻通考』, 제147-149권, pp.9071-9088.

북경 천단 상의 천심석(天心石).

1850년 태평천국운동의 시기에 청나라의 지위를 새삼 공고히 하기 위해 도광(道光) 황제는 "오로지 우리 청나라만이 천명을 받았노라"고 반복해서 언급했다.[132] 4년 후에는 나날이 확산되는 반란에 직면해서 왕조의 정당성을 증명하기 위해 함풍(咸豊) 황제

낙양 원구단(天壇) 발굴도.

가 "천명을 받들어서 온 세상을 부양한다"라고 또다시 밝혔다.[133]

유사한 성명이 청나라 여러 황제의 칙령 가운데 많이 나타났는데 더욱이 왕조의 정치권력이 난립하거나 반란의 위협을 당했을 때 그러했다. 장엄한

---

132 上同, 제147권, p.7076.
133 上同, 제148권, p.9079.

손문으로부터 중화민국 정권을 이양 받은 뒤 천단에서 제사를 올리고 왕정복귀를 시도했던 원세개 (중앙).

제천의식은 이러한 선언을 다시금 증명한다는 것을 의미한다. 평상시에도 사건이 많이 발생할 때처럼 이와 같은 선언과 제사의식은 백성들을 확실하게 깨우쳐주는 작용을 했다. 즉 통치권을 부여받는 것은 보통 사람의 일이 아니라 하늘과 통치계급 사이의 안배라는 것이다.

민간의 신화 역시 유사한 의의를 갖고 있으니 바로 황제는 용의 화신이라는 것이다. 가장 강력한 힘을 가진 동물로서, 신화 속의 용은 구름 사이에서 꿈틀대며 비를 통제하는 천(天)의 여러 능력과 밀접하게 연계되어 있고 농업에 가장 필수적인 기후 요소를 조절할 수 있다. 따라서 수놓은 황제의 의복, 궁전과 황궁 안에서 쓰는 물건들은 모두 용과 구름 문양을 기본적인 장식 도안으로 삼았다. 이러한 모든 것이 천(天)과 그 능력을 황제의 권력에 함께 연결시키는 전통 방식이다.

'천명(天命)'이라는 이 기본 관념이 1911년 청나라의 멸망과 함께 결코 사라진 것은 아니다. 공화체제의 반역자인 원세개(袁世凱)는 천지의 신에게 융성하게 제사를 지내어 1915년에 시도했던 왕정체제로의 복귀를 위한 준비의 일부분으로 삼았다. 당시 공화제를 반대하는 각 성 의회는 음모를 꾸미며 성명서 하나를 발표해서 원세개로 하여금 하늘에서 내려준 이 최고의 자리를 받도록 온 힘을 다해 선동했다.[134] 왕정제로의 복귀를 시도했던 위기의 시기로부터 1930년대에 이르기까지 줄곧 북경에선 이러한 얘기가 널리 퍼졌다. 원세개는 주방장에게 매일 보석이 박힌 사발에 밥을 담아 자신의 침실로 가져오도록 명령했다. 하루는 주방장이 그의 침실로 막 들어오다 사발을 바닥에 떨어뜨려 깨뜨렸다. 벌을 모면하려고 주방장은 "갑자기 침대에서 커다란 용 한 마리가 뻗어 오르는 것을 보고 깜짝 놀라 사발을 떨어뜨렸습니다"라고 말했다. 이 이야기에서 원세개는 아주 기뻐하며 주방장에게 벌을 내리지 않았다.

이런 사실이 실제로 있었는지는 그리 중요치 않다. 중요한 것은 왕정제로의 복귀운동에는 초자연의 힘으로 그 정당성을 증명해서 백성의 지지를 받아야만 했고 그래서 이 얘기가 북경의 백성들 사이에 널리 퍼졌다는 것이다.

## 신성화되는 중앙권력의 지고무상성

인상 깊은 제사의식, 공식적인 발표와 민간 전설을 통하여 천(天)과 강력한 힘을 가진 왕권이 연계되도록 끊임없이 노력했다. 중국문화를 연구하는 학자들은 이미 이러한 사실을 충분히 알고 있었다.[135] 가장 기본적인 사실은 천(天)과 그 위력이 모든 것을 통제한다는 것이다. 인간은 인류를 초월하고 신비하며 또 지고무상(至高無上)한 천과 같은 상징물을 다시 하나 더 찾아낼 수는 없었다. 규칙적으로 움직이는 천체 운행은 안정된 질서를 가진

---

134 李劍農, 『中國近百年政治史』, 上海, 1947, pp.426-451.
135 Clarence B.Day, *Chinese Peasant Cults*, p.75; E.R.Hughes and Hughes, *Religion in China*, London, 1950,pp.90-93.

우주를 유지하는 천의 통제력을 상징하고 있다. 천이 계절의 변화를 만들어 내는데 사계절의 질서는 농민에게는 특별히 중요하다.

개인이든 집단이든 백성들로 하여금 자신들이 인간 세상에서 천의 힘을 대표한다고 믿게 하기만 하면 그들은 곧 천의 지지를 받았고 천의 초인적인 권력을 갖고 있음을 의미했다. 따라서 1881년 호북성(湖北省) 『마성현지(麻城縣誌)』가 관방(官方)의 제사의 대상을 소개하며 고대 경전을 인용했다. "천에 별자리가 10개 있듯이 사람도 10개 등급으로 나뉜다. 그래서 낮은 계층은 높은 계층에게 복무하고, 높은 계층은 신과 통하여 존재하는 것이다."[136]

원시부락에서 정치권력의 신성화는 보편적으로 존재했고 현대 이전 국가 역시 이와 같았다.[137] 그러나 중국에서는 황권의 지고무상성과 백성의 경외심을 확보하기 위해 어떤 특별한 요소가 제국 정권의 신성성을 굳건히 하고 강화하는 데 쓰여질 수 있다. 이러한 요소는 국가 정통성으로서의 유학이 군주권력의 기원론을 제시하는 데 실패한 것과 관련이 있다.

"우수한 자를 뽑아 벼슬을 하게 한다"(과거제도)라는 이 유학의 기본 원칙은 행정 관원이 권위를 확보하는 기초이지만 군주 권력의 기초는 결코 아니다. 이론적으로 얘기하자면 도덕의 원칙도 군주에게 적용해야 한다. 왜냐하면 유학의 경전 가운데 이상적인 군주는 품성을 갖춰야 한다는 논리와 서술이 많다. 예를 들어 군주는 마땅히 성현과 같은 지혜와 비범한 자제력을 갖춰야 하며, 군주는 마땅히 인의(仁義)의 정치를 베풀어야 하고 도량이 넓어야 한다. 군주는 마땅히 몸과 마음을 다하여 공공의 직무에 임해야 하고, 군주는 마땅히 '인간의 도리(人道)'를 이해해야 할 뿐 아니라 '하늘의 이치(天道)'에도 통달해야 한다.[138] 몇 세기 동인 유학경진은 시종 요(堯)와 순(舜)

---

[136] 『麻城縣誌』, 1881, 제8권, p.1.
[137] Ernst Cassirer, *The Myth of the State*, New York, 1955, chap. Ⅶ; Robert W. Williamson, *Religion and Organization in Central Polynesia*, Cambridge, England, 1937, chap. Ⅺ.
[138] 『中庸』.

등 신화 속의 통치자를 이상적인 군주의 모범으로 삼았다.

위에서 말한 품성들은 어쩌면 막스 베버가 언급한 영도자의 카리스마, 천부적인 우아함, 그리고 세속을 초월한 신성함이라고 여겨질 수도 있다. 비록 유교사상은 인간이 교화(敎化)와 노력을 통하여 위에서 언급한 품성을 얻을 수 있다고 여기지만 역사에서는 이러한 예를 찾을 수 없다. 이러한 기준을 세웠지만 그 결과 수백 년 동안 황제들이 얻은 것은 오로지 길고 긴 봉호(封號)뿐이었다. 예를 들어 헌(獻: 성현과 같다), 소(昭: 세상을 밝게 다스리는 비범한 능력이 있

순(舜)임금의 선양(禪讓)으로 왕위에 올랐다는 전설상의 하(夏)의 시조 우(禹).

다), 또는 목(睦: 세상을 화목하게 하는 덕성을 갖췄다)이 있다. 이 모든 것을 이용해서 황제들의 비범한 품성을 만들어 내는데, 비록 이런 봉건 호칭이 이 칭호를 가진 황제의 품행과 늘 대응하지는 않지만 이로써 권력에 대한 경외심을 일으키고 권력이 일체를 초월한다는 정당성을 대표하게 되었다. 이러한 기준을 제정해서 전통적인 조정의 칙령은 신성함을 많이 갖추게 되었기에 이 칙령을 '성유(聖諭)' 또는 성훈(聖訓)'이라고 불렀다. 마침 우리가 볼 수 있듯이 이런 칭호나 기준 역시 유가의 '이상적 모델'의 일부분이 되었는데, 그 의미는 권력에 대해 도덕적 통제를 하는 데 있다. 그러나 한 가지 문제는 여전히 존재하고 있으니, 즉 어째서 도덕을 갖춘 것처럼 거짓으로 꾸민 사람도 지고무상한 권좌를 차지할 수 있는 것인가? 라는 것이다.

유학의 정통 가운데서 줄곧 버려져 왔던 또 다른 문제는 "설사 표준에 맞

는 인물을 찾아낸다 해도 그가 어떻게 군주의 자리를 얻을 수 있는가?"라는 것이다. 공자(孔子)와 맹자(孟子)도 신화에서 줄곧 등장하던 '선양(禪讓)'의 상황이 일어나는 것은 보지 못했다. '선양'은 바로 성군이 순수하게 덕행을 기본으로 해서 선택된 계승자에게 지위를 물려주는 것이다. 분명한 것은 실제 권력 투쟁에서 이러한 방식은 통하지 않는다는 것이다(마치 기원 9년 왕망(王莽)이 한(漢)의 황제를 협박해서 물러나게 한 것과 같은 방식). 맹자의 민본혁명론은 폭군을 제거하는 소극적 방식이지 가장 좋은 인물을 선택해서 그가 최고 권력의 자리를 갖게 하는 적극적 방식이 아니다. 이런 이론은 아직까지 제도화된 모델로 발전하지 못했다. 여기서 설명할 수 있는 것은, 공자의 실용 정치의식과 우주 조화에 대한 강조가 혁명이론의 충분한 발전을 방해했거나 과거제도의 이념을 확대하여 군주를 뽑는 것을 막았다는 것이다.

어찌되었든 유교사상 체계를 만들 때 공자와 맹자는 제왕의 권력이 어디서 오는지에 대해 명백히 서술한 바가 없고 도덕정치 원칙체계를 세우는 것에 국한되었다. 이런 도덕체계가 정의한 것은 군주가 권력을 장악한 이후의 의무와 그 권력을 어떻게 제한하는지에 대한 것이다. 이후 수백 년 동안 유가의 정통은 "승리한 자가 왕이 되고 패한 자는 역적이 된다"는 사실을 결코 반대하지 않았고 실제로도 절대적으로 받아들였다. 분명 이것은 이미 발생한 현실적인 상황 아래서 권력을 받아들이고 그 후 방법을 강구해서 도덕전통의 압력을 이용하여 권력을 제약하려는 방식으로, 역시 습관적으로 해왔던 편의상의 조치다.

이런 기정사실들은 피비린내와 파괴적인 폭력투쟁을 거쳐 획득한 왕권이 단지 초경헌적인 것에 대한 도덕화만 가지고는 승자의 핏자국을 지우기에 부족하고, 정치체계를 공고히 하기 위해 군주와 새로운 왕권의 지위에 대한 존경과 믿음을 일으켜 세우기에도 부족하다는 점을 표명해준다. 도덕화 말고도 초자연적인 해석으로 백성들이 새로운 황제를 받아들이게 할 필요가 있다. '천의(天意)'와 '천명(天命)'이 이러한 초자연적 해석을 제공했는데,

승자에게 유리했으니, 즉 "투쟁의 결과는 모두 천명으로 결정된 것이라 인간이 바꾸거나 조정할 수 없는 것"이라고 했다. 게다가 가장 중요한 것은 사건의 예정자로서 천(天)은 우주 도덕의 최고 재판관이라는 것이다. 바로 이런 의미에서 백성들은 승자를 받아들이게 되고 어길 수 없는 운명으로 여겼으며 승자를 추대하고 천의 결정에 관한 도덕적 교훈을 붙여준다. 그래서 초자연에 대한 경외는 왕조의 창립자에게 도덕과 영광의 외투를 걸치게 하는 중요한 요소다. 그러므로 이들은 기본적으로 모두가 권모술수와 폭력에 정통한 사람들이다.

왕조 건립 이후 만약 군주가 영명하고 비범한 매력을 지닌 영도자라면 그 효과적인 정치 업적은 그 정권의 합법성을 증명하게끔 부분적으로 바뀔 것이다. 그러나 군주가 평범하고 무능력하거나 국가 정치를 황폐하게 했다면, 백성들의 정치체계에 대한 존경과 믿음을 유지하기 위해 다른 무엇이 그 통치의 합법성을 유지하고 보호할 필요가 있다. 이런 점에서 유학이론은 정치권력은 '천명'으로부터 나온다는 독단적인 관념을 받아들였다.

학자들은 늘 통치자가 어떻게 천이 주는 권력을 받아들이는지에 관해 문제를 제기할 수 있다. 유교사상 혹은 다른 이론도 모두 이 신비한 것을 해석할 수도 없고 또한 필요치도 않다. 더 중요한 것은 '천명'은 왕의 지위에 부여된 것이지 통치자 개인에게 더해진 것이 아니라는 것이다. 마치 천지(天地)에 대한 제사의식이 상징하는 것처럼 바로 왕위를 가졌기 때문에 비로소 통치자 개인에게 신성성을 갖출 수 있게 되는 것이다. 어떤 개인이 아니라 왕위에 대해서만 신성성을 인정하기 때문에 상황의 변화가 생겼을 때 유학이론이 왕조 교체를 정당화 할 수 있게 했다. 바로 이런 방식을 통해서 전제적인 최고의 권력 중심은 제국의 통치를 안정되게 했다. 이런 권력의 정당성은 세속적인 백성의 동의가 아니라 신성한 힘을 가진 전능한 '천'이 제공하는 것이다.

## 신뢰 구축

왕권의 절대성을 승인하는 것 외에 천(天)으로부터 온 신성한 재가(裁可) 역시 사람들의 정치 권위에 대한 믿음을 더욱 강하게 했으니 이러한 정치 권위는 제국의 정치구조 가운데 안정적 요소다. 만약 불확실성과 경험적인 지식의 제한이 사회, 경제활동에서 예배 의식을 발전하게 하는 요소라면, 이러한 요소 역시 정부가 하늘과 땅 및 그 부속 신의 체계에 대해 끊임없이 제사를 지내는 원인으로 이해할 수 있다. 자연재해나 인적 재해가 언제든지 원래의 계획을 망가뜨릴 수 있고, 가장 뛰어난 군주 역시 방대한 제국을 다스리고 복잡한 사무들을 처리하는 데 있어서 원만한 성공을 보장할 수는 없다. 그래서 어쩔 수 없는 위기에 직면하게 되면 사람들은 지고무상한 천(天)의 힘에 부탁해서 믿음과 능력을 얻으니 이 또한 자연스러운 일이다.

이러한 것들 가운데 가장 뚜렷한 예는 바로 태평천국(太平天國)의 난 시기에 조정이 벌인 종교활동이다. 난이 한창일 때 황제는 계속 칙령을 발표하며 난을 진압하면서 얻은 신의 도움을 열거했다. 드디어 1864년 태평군의 수도 남경(南京)이 함락될 때 여기저기서 종교활동을 벌였는데 그 가운데 조정에서 지내는 하늘 신과 대지 신에 대한 대규모의 제사의식, 왕실의 역대 선조들에게 지내는 제사의식과 각 성의 지방정부 관원이 그 지방의 신에게 올리는 제사가 있었다. 이런 의식은 모두 신의 도움으로 청 왕조가 태평천국의 난을 진압한 것에 감사하는 것이었다. 그래서 동치(同治) 황제가 칙령을 발표하여 "집단 소요를 일으켜 여러 지방을 무너뜨려 백성에게 해를 주고 죄악이 넘쳐나서 신과 사람이 모두 분개했으니 조정이 군대를 파견했고 특별히 하늘에 토벌을 아뢰었다"라며 태평군이 이를 자초한 것이라 했다. 남경이 수복되자 "짐과 만백성이 태평시대의 복을 누리게 되었으니 모두 하늘이 보살펴 주시고 여러 선조께서 은혜를 베푸신 덕분에 이런 위대한 업적을 얻게 되었다. 성공을 아뢰는 제전을 열어 감사의 정성을 보여야 한다. 천단

남경 수복 후 동치 황제가 관리를 파견해 제사를 올린 북릉(昭陵). 청 태종 홍타이지(皇太極)의 능묘이다.

(天壇), 지단(地壇), 사직단(社稷壇)과 심양(沈陽)의 삼릉(三陵), 동릉(東陵), 서릉(西陵), 태묘(太廟)에 관원을 보내어 제사를 올려라"라고 했다.139

이러한 여러 종교활동과 칙령은 인간이 혼자 제국을 통치한다는 것에 대해서 조정의 믿음이 결여되었고 초자연의 힘이 도와주기를 바란다는 것을 보여주고 있다. 설사 제왕의 성의에 대해 의심을 할지라도 이런 칙령과 제사 의식은 사람들로 하여금 천(天)과 신(神)이 청 황실을 계속 지지함을 보게 했으니 인상적이었다. 정치 지도 원칙에서 공자의 가르침은 여전히 가치가 있다. 자공(子貢)이 정치에 대해 묻자 공자는 "먹을 것이 풍부하고 군대가 충분하면 백성이 정치를 믿는다"고 했다. 자공이 말했다. "어쩔 수 없이 하나를 버려야 한다면 이 셋 중 어느 것을 먼저 버릴까요?" 그러자 공자는 "군대를 버려라"라고 말했다. 자공이 "어쩔 수 없이 버려야 한다면 이 둘 중 어

---

139 『淸朝續文獻通考』, 제156권 p.9117

6장 _ 천명(天命)의 작용  221

느 것을 먼저 버릴까요?" 이에 공자는 "먹을 것을 버려라. 옛부터 모두 죽었지만 백성의 믿음이 없으면 정치는 존립할 수 없다"(『論語』「顔淵」)고 했다.

심지어 평화시대에도 조정은 여전히 천(天)으로부터의 종교적 재가를 받아 백성의 믿음을 얻을 필요가 있었던 것이다. 왕권의 지고무상한 지위가 위태롭게 되어 백성들의 그에 대한 믿음이 흔들릴 때 초자연적 신앙은 더욱 더 필요하였다.

## 천명의 민본적 근거

만약 천명과 왕권의 지고무상함을 천(天)이 결정한 것이라 한다면 백성들은 어떻게 '천명'관을 믿기 시작했을까? 또 어떻게 이 세상에서 왕권이 지고무상하다는 것을 받아들이기 시작했을까? 중앙정권과 백성의 일상생활 관계가 상대적으로 빈약한 것을 고려하면 이 질문은 분명 적절한 것이다. 백성들은 "하늘은 높고 황제는 저 멀리 있다"고 여겨 누가 황제가 되든지 그다지 관심이 없었다. 그래서 중앙정권에 대한 종교적 관념이 어떻게 백성의 마음속에 깊이 새겨졌는지 의문이다.

여기에는 수많은 요소가 관련되어 있다. 예를 들어 세속의 사물 가운데 황권이 갖고 있는 절대권력과 강제성, 때때로 일어나는 전쟁, 세금과 부역을 강제로 징수하고 법률을 집행하는 것 등이 모두 봉건 왕조의 중앙 정치권력으로 하여금 백성의 일상생활에 깊이 파고들게 했다. 그러나 정치권력과 관련된 종교신앙에 대해 말하자면 '천명'의 관념은 백성이 친을 지고무상한 권력으로 받아들이고 이 권력이 우주의 모든 사물, 즉 국가의 중대한 사건에서부터 개인생활의 조그만 일까지 예정했다고 믿는 것에 의거한다.

'음양오행설'은 천의 힘과 국가 제반 업무와의 관계에 신비한 해석을 제공하였다. 즉 왕위 계승권은 오행의 운행에 의해 예정되어 있다는 사상이 결합되기 시작했다.[140] 이 이론은 또한 음양오행 체계를 통해 모든 개인의 숙명적인 예언을 해석한다. '음양오행설'은 시간과 공간의 신비한 운행체계 중의 천체운동과 관련이 있고 개인 운명의 길을 결정한다.

예를 들어 하루의 시간은 한자 12개로 '십이지지(十二地支)'를 대표해서 부르고 또 다른 10개 '천간(天干)'을 대표하는 한자와 결합해서 한 해의 특별 명칭으로 삼았다. 매 시간은 하늘과 땅의 힘이 결합해서 함께하는 작용을 대표하고 있다. 어느 해(年) 어느 달(月) 어느 날(日) 어떤 시간(時)에 이 힘들의 결합이 서로 잘 어울리면 좋은 운세를 가져올 수 있다. 반면 다른 시간의 결합은 서로 잘 어울리지 않아 액운을 가져올 수 있다는 것을 의미한다. 이런 생각은 서양 전통 가운데 금요일과 매달 13일이 겹치는 날을 불길하다고 여기는 것과 유사하다. 예를 들어 어느 한 사람이 어떤 시간에 태어났는데 이 시간이 모든 희귀한 조화의 힘을 함께 갖추고 있다면 그는 아마도 왕위에 오를 운명이 정해졌을 것이다. 반면 또 다른 한 사람이 태어난 시간, 해와 달과 시간이 모두 잘 어울리지 못하면, 즉 이 특정 시간에 여러 가지 서로 어울리지 못하는 신비한 힘이 모였다면 이 사람은 아마도 굶어 죽어야 할 운명이 정해졌을 것이다. 인간 행위의 결과 역시 그 행위가 발생한 특정한 시간에 의해 미리 결정되어 있었다. 따라서 어느 한 사람의 직업과 운명은 그것이 개인에게 미친 영향만큼 이러한 신비한 힘의 작용에 의존한다. 이러한 신앙을 믿는 일반 백성들은 살아가면서 결혼이나 가게 개업 등 큰일을 결정할 때 반드시 음력으로 좋은 날과 시간을 받아야 비로소 안심하고 그 큰일들을 치를 수 있게 된다. 음양오행설은 또한 풍수이론의 기초를 이루었다. 풍수이론은 주택과 묘지의 공간과 위치가 모두 각 개인에게 영향을 줄 수 있기에 좋은 운을 가져올 수도 있고 화근을 만들 수도 있다고 한다. 음양오행이 포함하는 신비한 힘의 운용 과정에서 공간 요소도 시간처럼

---

140 顧頡剛, 『古史辯』, 上海, 開明書局, pp.404-616

무척 중요하다. 중국의 신비주의와 미신에 관한 기타 저작에서는 시간과 공간의 신비한 영향을 믿는 것에 내해 전년적이고 상세하게 설명했다.[141]

연구자들은 일반적으로 이러한 점괘 예측과 풍수의 신앙은 무식한 미신의 난잡한 혼합물이라고 여긴다. 사실 점괘와 풍수는 탁월하게 정합된 종교 관념체계인데, 이 체계는 크고 작은 모든 사건의 운행을 예정짓는 '천지'의 힘에 대한 믿음을 포함하고 있고, 이러한 예정은 사건이 발생한 시간과 공간을 지배함으로써 가능하다. 바로 천(天)이 개인생활의 운명을 조정할 수 있다고 믿기에 사람들은 '천명' 관념과 황권의 지고무상함을 받아들이는 것이다. 그렇지 않다면 정치·종교의식의 하나인 천에 대한 숭배는 백성의 일상생활에서 멀리 떨어져 나갔을 것이다. 이런 의미에서 보면, 음양오행설은 국가 제반 업무의 초자연적인 기반과 백성들의 일상생활을 연결해주는 기능을 수행하였다.

### 천(天)의 보편적 영향

천(天)이 모든 신과 인간들 위에 지고무상한 힘을 갖고 있다는 보편적인 인식은 황권이 정치적으로 이 방대한 국가를 통합하는 데 중요한 종교적 기초를 제공했다. 중국은 강역이 드넓고 지리 환경이 각각 다르며 각 지역사회의 민족 배경은 더욱 더 복잡하다. 그래서 정치와 종교의 다양성이 이루어졌고, 이 때문에 제국의 대통일을 위협할 수가 있다. 그러나 믿음이나 교의와 상관없이 천이 모든 신들을 위에서 지배한다는 것을 받아들이고 또 천이 중앙의 정치권력을 재가해주는 권위로서 사용될 때, 제국의 통합효과는 증가한다. 왜냐하면 지방의 다양한 종교 전통을 중앙의 통제하에 둘 수 있

---

141 容肇祖, 『迷信與傳說』, 廣東, 1929.

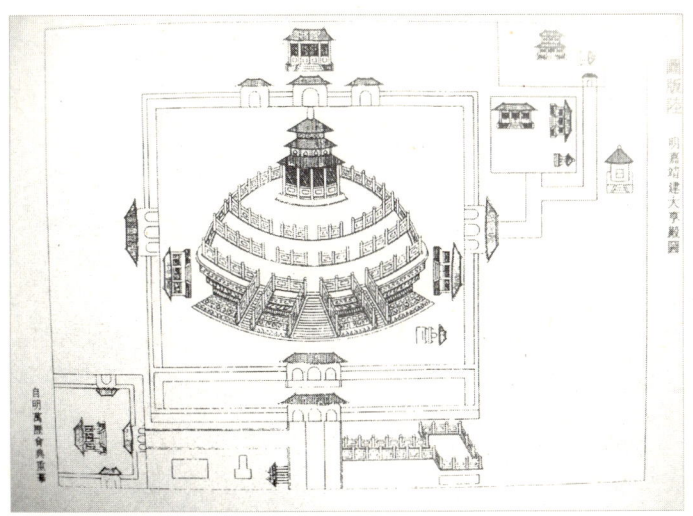
명대의 천단을 묘사한 대향전도(大享殿圖).

기 때문이다. 그렇지 않다면 지방 종교 전통은 지방의 정치적 자치의 상징이 될 수도 있다. 천이 여러 신들을 위에서 부리는 지고무상성을 갖추는 것은 지방의 여러 신들을 통합하는 과정 중 단일한 등급 체계를 만드는 것이다. 만약에 신의 등급 체계가 없다면 종교 전통의 상호 배척이나 혼란이 나타나서 제국의 정치사회 활동의 통합에 영향을 미치지 않을 수가 없을 것이다. 따라서 천은 다양한 지방의 신앙과 전통을 제국으로 통합하는 일반적인 영향을 대표한다. 이 체계 아래서 절강(浙江)과 광동(廣東) 농민이 여전히 지방문화 특색을 갖춘 신령을 모실지라도, 이 신들은 천이 주재하는 것에 속하며 등급을 갖고 있는 특정한 초자연적 힘의 일부일 뿐이다. 그래서 천에 올리는 정식제사는 조정이 완전히 독점하게 된다.

## 천(天)의 도덕정치적 의의 – "천인합일(天人合一)"

사회와 정치적 활동이 천에 의해 예정됐다는 이론을 받아들임으로써 '순천(順天), 응시(應時), 지족(知足), 신명(信命)'의 태도로 발전되었다. 이러한 태도는 봉건통치자의 권력 지위를 굳건히 하는 데 가장 유리하다. 그러나 세상의 일들이 천으로부터 결정됨을 피할 수 없을지라도, 백성들이 즐겁게 성심껏 복종하게 하기 위하여 천이 결정한다는 이론은 반드시 도덕적 내용이 있어야 한다. 정치세력에 도덕적 의의를 부여함으로써 도덕정치적인 질서가 형성되었고, 이러한 질서는 정치제도의 안정에 필수적이었다. 바로 이러한 과정에서 종교는 정치에 영향을 끼치는 또 다른 역할을 하기 시작했다.

### 종교 그리고 권력의 도덕화

위에서 지적했듯이 정통유학은 폭력으로 권력을 얻은 승자를 합법적인 통치자라고 묵인했다. 그러나 이와 동시에 통치자 및 그 정부는 정해진 도덕정치적 격언과 규범을 준수해야 한다는 것을 무척 강조한다. 유가가 반복적으로 윤리도덕을 강조하는 것은 힘으로 사람들을 굴복시키거나 법치의 수단을 가지고 천하를 통치하는 것을 반대하는 것이다. 예를 들어 유학의 핵심개념인 '정교(政敎)'는 교화의 방식으로 다스린다는 원칙을 강조한다. 정통 유학사상은 강렬한 도덕 가치를 포함하고 있는데, 이를 빌려서 봉건정권에 영향을 주려고 한다. 특별히 정상적으로 왕권을 계승하지 않고 무력으로 천하를 제패해 정권을 잡은 개국 황제들에 대해서는 말을 타고 무력으로 천하를 얻었으나, 말을 타고 무력으로 천하를 다스릴 수는 없다는 이치를 더욱 강조한다. 권력의 도덕화는 단지 무력만으로는 영원히 이룰 수 없는 안정을 정권에 부여한다.

중화제국은 방대한 영토에, 오히려 단순한 정부기구와 소수의 정부 관원만이 있었다. 권력의 도덕화가 왕권의 운용과정 중에 중요한 작용을 했다는 사실은 전혀 의심할 바 없이 확실한 것이다. 19세기, 겨우 4만 개의 중앙과 지방정부 직위를 가지고 350만 평방킬로미터의 국토와 약 4억 명의 인구를 통치했다.[142] 대조적으로 1957년 중화인민공화국은 약 150만 명의 정부 관원과 별도로 정권의 사회적 기초가 된 공산당원 1200만 명, 공산청년단원 2300만 명이 있었다.[143] 제국정치 관료체계에서 현(縣)마다 평균적으로 인구가 20만 명이었다. 만약에 백성들의 의식에 매우 깊은 영향을 준 유가의 도덕적 정치질서의 도움이 없었다면, 관원이 모자라는 제국정부는 광대한 국토의 통일과 질서를 유지할 수 없었다.

그러나 도덕정치 질서의 효과적 운영은 어느 정도 종교의 영향에 의거한다. 특별히 중국 같은 전통사회에서는 더욱 더 그렇다. 두드러진 원인 중 하나는, 종교는 백성의 경외심과 도덕정치 질서에 대해 저항할 수 없는 보편적인 숙명감을 불러일으킬 수 있는데 그 가운데는 이미 종교적 요소가 포함되어 있다. 또 다른 원인은 장기적인 실제 운용에서 어떠한 도덕체계나 도덕정치 질서라도 영원히 정확하거나 전혀 흠집이 없을 수는 없다. 우리들의 개인생활에서의 경력과 마찬가지로, 역사도 역시 도덕에 위배된 성공과 윤리상 불공평한 치욕이 충만하다. 이러한 사실은 사람들이 도덕정치 질서의 합리성에 대하여 의심하게 하며, 심지어 어떤 사람은 이를 빌려 민중들의 마음속에서 도덕이 차지한 위치를 흔들어댄다. 이 점에서 초자연적인 숙명관이 작용하기 시작한다. 또한 세속정치 체계에서 이미 발생했던 도덕적인 실책을 메우는 데 도움을 준다. 중국 종교는 두 가지 주요 방면으로 설명할 수 있으니, 즉, '천인합일(天人合一)' 사상(아래에서 곧 얘기하겠다)과 도덕정치 숭배(제7장에서 토론할 것이다)가 그것이다.

---

[142] Franz Michael, "State and Society in Nineteenth Century China", in *World Politics* April,1955,vol.Ⅶ,no.3,p.420.
[143] C.K.Yang, *A Chinese Village in Early Communist Transition*, Cambridge,Mass,1959,p.255.

### 천(天)의 도덕화

천(天)에 대한 국가의 제사의식은 필연적으로 '천인합일'의 이론을 확대 해석해냈다. '천인합일'론은 동중서(董仲舒) 등의 해석과 발전을 거쳐 한(漢)나라 때(기원전 206-기원 220) 점차로 제도화되어 지도력을 갖는 정치개념이 되었다. 아울러 수많은 문헌을 해석하였다. 19세기 말에 이르기까지 세속정치 생활과 관련 있는 '천인합일'의 내용을 해석하는 일은 줄곧 조정의 천문학자가 다뤄 왔다. 심지어 현재까지 많은 백성들은 자연과 인간은 불가분의 관계가 있다고 믿는다. 1953년 1월 1일 일식이 나타났다. 이때 정부 홍보부처는 백성들이 갖고 있는 '천인합일'의 태도에 대해서 비판했다. '천인합일' 자체는 상당히 간단하다. 이상적인 상황은 인간과 자연은 서로 조화롭게 지내는 공동체와 같은 것이다. 통치자, 신하, 백성을 막론하고 사람이 사악한 일을 하는 것이 곧 우주의 조화로운 질서를 교란시킨다는 것을 의미한다. 따라서 천은 때로는 사전에 경고하고, 때로는 사후에 벌을 주었다. 경고는 여러 종류의 자연적 이상현상의 형식으로 나타날 수 있다. 예를 들어 일식, 더군다나 정월 초하루와 같은 특별한 날에 나타난다. 혜성이 나타나거나, 유성 또는 기형적인 사람 혹은 동물이 태어난다. 벌을 주는 것으로는 가뭄, 홍수, 계절에 맞지 않은 눈과 비, 지진, 큰 화재 그리고 벼락이 내리치는 것 등이다. 불길한 징조가 나타나거나 또는 벌이 내려질 때가 바로 사람이 행동방식을 고치고 속죄하고 또 방법을 강구하여 우주의 조화를 회복해야 하는 시기가 되는 것이다.

자연을 해석하는 데 정치적 의의기 최우선이라는 것은 명백하다. 원래 도덕과는 상관없는 자연의 힘에 도덕적 의의를 주입한 것이다. 마치 천이 상징하는 것처럼 자연의 힘은 천에 대한 숭배의 본질이고 국가 정치체제에 대한 경외를 일으키는 데 도움이 된다. 그러나 백성이 정치체제를 받아들이는 것은 반드시 도덕과 공정한 개념의 기초 위에 세워야 하는 것이다. 순수한 권력사상이 아무리 인간을 초월하고 경외를 일으킨다 할지라도, 천에 대한 숭배가 발휘하는 만큼 중요한 작용을 하지는 못한다.

자연의 힘이 작용하게 되면 도덕적 판단을 무시하거나 도덕과 상관이 없을 것이며, 또한 그들이 도덕적 품격이 어찌되었든 상관하지 않고, 좋은 사람과 나쁜 사람 모두에게 똑같이 재앙이나 이익을 주는 것이다. 이것이 바로 노자(老子)가 말했던 "하늘과 땅은 애증이 없어서 만물을 다 있는 그대로 대한다. 성인은 애증이 없어서 백성들을 자연 그대로 대한다"인 것이다. 주(周)나라 후기(기원전 6-3세기) 예(禮)와 악(樂)이 무너지고 천에 대한 신앙이 식어서 자아에 대한 이성주의적인 사고가 나왔다. 정치체제에 대한 사람들의 믿음을 일으키는 신앙의 중심이 되기 위해 천과 그 자연적 힘의 체계는 도덕적 내용을 얻어야만 했다.

이것이 바로 "천인합일" 이론이 도달하려는 목표다. 통치자와 백성은 모두 이런 이론을 받아들여 천은 강대하고 도덕적 내용이 풍부한 역량을 상징하며, 그것은 도덕 원칙에 따라서 운행되는데 이 도덕 원칙은 사람이 우주 전체에서 떨어질 수 없는 일부분이라는 것을 강조한다. 모든 문화 가운데서 자연계의 이상현상은 언제나 종교관념과 함께 연결된다. 중국에서 이러한 이론은 자연계의 이상현상을 우주의 도덕적인 욕구가 펼쳐지는 것으로 해석했다. 마치 천이 갖고 있는 상징과 같다. 권력과 도덕적인 욕구가 결합하여 천에 정치체제를 재가해주는 가장 적합한 권위를 부여했다.

한나라 이후에 몇 세기 동안 이러한 이론은 권력정치의 도구가 되었다. 정치 파벌 사이에서 상대방의 잘못을 공격할 때 천이 불길한 징조의 형식으로 분노를 나타나게끔 하였다.[144] 게다가 반란을 일으킨 사람은 덕이 없는 군주를 비난하였고, 정권의 실정도 역시 이상현상을 통해 증명하였다. 그런

---

144 Wolfram Eberhard, "The Function of Astronomy and Astronomers in China during the Han Period", in *Chinese Thought and Institutions*, ed. by John K. Fairbank, Chicago, 1957, pp.37-70.

북경 이화원에 있는 용왕묘 광윤영우사(廣潤靈雨祠).

데, 이전의 역대 왕조와 마찬가지로 근대 청(淸)나라도 자연의 이상현상에 대한 도덕정치적 해석을 국가의 특권으로 삼았다. 게다가 개인이 자유롭게 해석해서 퍼뜨리는 것을 법률로 엄격히 금지했다. 이러한 상황에서 '천인합일'은 왕조를 통치하는 권력의 정당성을 증명하였다. 왕조가 반란으로 인한 위기에 직면했을 때 하늘의 이런 작용은 특별히 두드러지게 나타났다.

예를 들면, 1814년 가경(嘉慶) 황제의 유시 가운데는 이렇게 시작하는 것이 있다. "천인감응의 이치는 세월을 돌아보고 징조를 살펴봐도 역대로 어긋난 적이 없다." 아울러 더 나아가서 말하기를, 지난해에 호북성 기보경(畿輔境)에서 임청(林淸), 이문성(李文成) 등이 이끈 반란군을 성공적으로 진압해서 이 지역에 눈비가 제때 내리고 수확이 풍성했다고 밝혔다. 이러한 것들은 모두 "천의 관대함과 자비"라는 것이다. 그런데 임청을 우두머리로 하는 반란군이 여전히 북경 부근에서 소란을 멈추지 않자, "겨울에 눈이 오고 여름에 비가 오는 계절에 적합한 현상"을 방해했으니, 이것이 바로 '천벌(天罰)'이라고 칙령에서 계속 천명했다. 그래서 황제는 흑룡담(黑龍潭)의 신령들에게 제사를 지내서 하늘의 용서와 더불어 용왕이 비를 내려주기를 기원했다.[145]

또한, 1851-54년까지 태평천국의 난이 국토의 절반에 이르도록 급속히

---

[145] 『淸朝續文獻通考』, 제150권, p.9092

만연됐을 시기에, 함풍(咸豊) 황제 4년 동안 하늘에 제사를 9번이나 지내며 천의 도움으로 반란이 평정되기를 기원했다. 아울러 계속해서 내리는 칙령마다 반란군을 비난했고, 반란이 홍수와 가뭄과 계절에 어긋난 기후를 야기해서 전국의 농업이 파괴되었다고 비난했다. 이러한 파괴는 전국의 지방지(地方誌) 기록에 반영됐다. 1861년 『천사현지(川沙縣誌)』에서 이러한 전형적인 예를 찾을 수 있다.

> (咸豊 11년) 6월 하순에 혜성이 나타났는데 그 빛이 몇 미터나 되었다. (다가올 전쟁을 예고하는) 가을 7월 19일 밤에 온 천지가 시끄럽고 폭풍우가 이틀이나 계속되었다. 겨울 12월 19일 태평천국의 반란군이 천사현을 함락시켰다. 27일 폭설이 시작되어 3일 밤낮 계속되었다. 평지에 눈이 높이 쌓였고, 몹시 춥고 길이 끊겼다. 얼어 죽고 굶어 죽는 사람이 헤아릴 수 없었다.[146]

따라서 계절과 어긋난 눈과 비, 혜성, 폭우, 혹한 모두가 반란에 대한 분노의 표현으로, 특별히 태평천국의 난은 국가의 조화를 파괴해서 우주의 정상적인 질서를 교란시킨 것으로 여겨졌다. 이렇게 왕조를 통치해서 종교의 합리성을 가지고 반란을 평정하여 권력을 회복했으니 종교 해석을 가지고 도덕정치 질서의 혼란을 설명했다. 모든 재난과 불행은 반란활동 때문인 것이다. 이런 경우 조정의 칙령은 통상 황제가 스스로의 죄를 밝히고 자기의 실책과 실정을 비난하게 된다. 그러나 이것은 기본적으로 중국인의 예의 겸손에서 나온 것이지, 절대로 그 '천자(天子)'의 지위가 흔들릴 수는 없다. 또한 신이 봉건왕조 권력의 합법성에 대하여 지지해 준다는 해석을 약화시킬 수도 없고 "우주 질서를 교란시키는 반역집단에 대한 천의 분노라는 해석을 약화시킬 수도 없다." 어쨌든 간에 지고무상의 권위를 가진 천은 재난과 고

---

[146] 『川沙廳誌』, 1879, 제14권, p.16

통을 최종적으로 결정하는 책임을 갖고 있다. 그래서 이론적으로 얘기하자면, 조정은 백성들의 불만과 공격의 직접적인 목표가 되는 것을 면할 수 있게 된다.

이러한 숭배이론의 정치적 효과는 백성이 그것들을 받아들이는 것에 의거한다. 근대에 모든 지방 현지(縣誌)에 이러한 내용이 가득하고, 장황하고도 과장되어 있어, 이러한 신앙이 백성 가운데서 보편적으로 존재했음을 나타낸다. 비록 20세기 중엽일지라도 어느 진(鎭)과 촌(村)에서 어떠한 이상현상이 나타났을 때, 통상적으로 천과 인간 사이의 관계에 대한 이러한 추측과 의론들을 일으킬 수도 있다.[147]

교육을 받은 통치계급이 이러한 이론을 진실로 믿는지 여부는 별도로 논의할 필요가 있다. 한나라 때 왕충(王充)에서부터 이후의 1000여 년 동안 같은 관점을 가진 이성주의자들이 수없이 많았다. 이들은 모두 이런 이론의 잘못을 날카롭게 지적했다. 그러나 자연에 대한 이성주의적 해석은 아직까지 광범하게 받아들여진 적이 없었다. 부분적으로는 '천인합일' 이론이 경험적 사실에 대한 흥미에 기초하기 보다는 인간을 초월한 믿음에 대한 감정적 요구에 기초한 때문이다.

전통적인 지식인은 유가의 이성주의 관점을 이어받았다. 따라서 그들은 이런 믿지 못할 해석을 완전하고 독실하게 믿을 수 없었다. 그러나 이 역시 천이 미리 결정한다는 심각한 유가적 숙명론에 기초한 것이다. 전통교육을 받은 중국인들 중 소수 몇 사람만이 널리 알려진 유가의 격언 즉, "국가가 흥성하려면 반드시 상서로운 징조가 있고, 국가가 망하려면 반드시 요괴들이 나타난다"[148]는 말을 잊어버릴 수 있었다. 중국 정치평론에서 이 말이 빈번히 인용되어서 초자연적 관념이 유교사상에 침투한 영향을 보여준다.

---

147 『川沙廳誌』, 1879, 제14권, p.1
148 『中庸』.

모든 사실은, 과학 이전 시대의 전통적 지식인이 이런 이론을 보편적으로 받아들였고, 결국 그 시대 사람들은 자연계의 이상현상에 관한 지식이 제한적이었다는 것을 보여준다. 이성주의 관점이 유교사상 가운데서 더욱 더 커다란 영향력을 갖고 있었을지라도, 믿지 못할 문헌을 썼고 미신적인 전설을 많이 꾸며낸 것도 바로 유가사상가들이었다. 백성을 통치하거나 권력을 쟁취하는 정치도구로써 '천인합일' 이론의 기능과 효과를 그들은 이해했다.

# 제7장
# 도덕정치적 신앙:
## "신의 도로써 교의를 세우다"

오랜 역사 속에서 중국인들은 '천(天)'에 대한 숭배와 더불어 다양하고 복잡한 민간신앙을 발전시켰다. 이는 봉건왕조가 오랜 세월동안 안정적인 정권을 유지하는 데 중요한 도덕정치적 의미를 지닌다. 제천의례와 천인감응(天人感應) 이론의 관방적 해석은 모두 조정의 특권에 불과했고, 백성들은 제사의식에 참여할 수 없었다(제8장 참고). 비록 음양오행 이론이 천의 최고 권위와 신(神)의 체계를 가지고 백성들 한 사람 한 사람의 생활에 개입했을지라도, 그들은 여전히 관방의례를 통해 은혜를 입는 신앙의 방식을 고수하였다. 이로 인해 천에 대한 숭배 외의 민간의 도덕정치적 신앙이 발전될 필요가 생겼고, 백성들은 종교의례에 참여할 수 있는 기회를 가지게 되었으며, '천'이 정치생활과 사회생활 가운데 지니는 초자연적 권위를 느끼게 되었다.

중국의 종교 전통 가운데 초자연적 영역의 구축은 현실생활의 세계와 그 양상이 매우 비슷하다. 세속생활에서 일반 백성들은 군주와 특정한 관계를 맺을 기회가 드물었지만, 때로는 하층 관리들과 교류할 수 있었다. 이와 마찬가지로, 제사 의례 가운데 백성들은 '천'에게 직접 제사를 할 자격이 없었지만, 그들은 천신(天神)에 속하는 다른 신들에 제사를 할 수 있었다.

수많은 고대 문헌들이 보여주는 바와 같이, 유가 전통은 시종 민중의 도덕정치적 신앙의 수요를 긍정하였다. 앞서 간단히 언급한 내용은 『역경(易經)』에서 공자가 "성인이 그 신령한 도로 교의를 세우니, 온 천하가 이에 복종하였다"는 말로 설명할 수 있다. 공자의 본뜻과는 상관없이 이 말은 확실히 고대부터 현재까지 널리 인용되어 종교문제를 논하는 데 사용되었으니, 그 영향력을 짐작할 수 있다. 이밖에 도덕정치적 신앙의 존재를 증명하는 더 많은 해석들이 존재하였다. 예를 들면 1923년 광동 불산(佛山)의 지방지에 "밝음에는 예악이 있고 그윽함에는 신령들이 있으니, 예악으로 다스릴 수 없는 것은 신령들이 다스리니, 참으로 어긋남이 없구나"라고 한 것이 그 예이다.[149]

## 국가제사과 민간신앙

"신령한 도로써 교의를 세운다(以神道設教)"는 기본 관념은 민간신앙을 거치면서 전통적인 정치제도의 견고한 구성 요소가 되었다. 모든 관방 자료들을 살펴보면, 관방 문헌과 지방지에는 모두 종교적 업무에 관한 길고 상세한 기록이 있고, 사묘(寺廟)들은 크게 두 가지로 분류되었는데, 즉 국가제사와 민간제사로 나누어졌다. 이 분류의 기준은 의식의 내용보다는 후원자에 기초를 둔 것이다. 국가제사 부분은 국가에 등록된 묘우(廟宇) 명단 속에 편입되어 있다. 보통 매년 봄과 가을로 대표되는 제사의 절기에 국가에서 인가한 신명에 제사를 올리는 일은 지방관의 업무에서 빼놓을 수 없는 부분이다. 그러므로 제사 의례에 정통해야 하는 것은 관리의 수양 덕목에서 중요한 요소였다. 19세기 중국의 법률에 의하면, 제사 의례를 주관하는 것은 현

---

149 『佛山忠義鄉誌』, 1923, 第8卷, p.13.

과 향에 종사하는 지방관의 주요한 임무 가운데 하나로서 사직신(社稷神), 산신(山神), 하신(河神), 풍신(風神), 운신(雲神), 뇌신(雷神)과 우신(雨神)에게 올리는 제사 의례를 주관하고, 묘우에서는 성현과 제왕, 걸출한 왕공(王公) 귀족, 관원과 지방 영웅들의 위패를 모신다. 당시의 법률에는 신에 대한 제사를 소홀히 한다거나 집행을 소홀히 하는 관리는 곤장 100대에 해당한다고 명시되어 있다.[150]

중악(中嶽) 숭산(嵩山)의 산신을 모신 중악묘도(中嶽廟圖).

국가제사과 민간신앙의 차이는 전자가 봄과 가을에 제사를 지내는 데 반해, 후자는 통상적으로 신령의 생일에 거행된다는 데에 있다. 봄과 가을에 거행되는 국가제사는 두 가지 의미를 지닌다. 첫째는 그것이 생명 윤회의 중요한 관념과 관련되며, 농경생활에 익숙한 자들에게 매우 중요하며, 관에 의해 통제된다는 것이다. 둘째는 모든 국가제사의 거행 시기는 고정적이며, 이는 제국이 생명을 연장하는 데 있어서 통합과 보급 방면에 큰 효력을 발휘하였다. 반면 어떤 신(神)의 탄신일과 기타 개별적인 신명에 대한 제사는 사람들로 하여금 이를 순수한 지방 업무로 여기게 되어, 중앙의 정치 권위를 약화시키는 결과를 초래하기도 하였다.

관방과 민간신앙의 또 다른 차이는 국가제사는 명예 칭호나 상과 장려의 형식으로 관방의 인가를 받고, 때로는 황제의 하사품인 편액을 받으며, 심지어는 정부가 묘우 건축과 수리 비용을 부담하기도 한다. 국가제사의 의례

---

150 『大淸律例增修統纂集成』, 上海, 1908, 第16卷, p.5.

는 정식 규정을 엄격히 준수해야 하고, 어떠한 제사 의례라도 그 내용에 있어서 『순자』「예기」편에서 말하는 정의에 부합해야 한다. 이런 경우에만 국가제사가 될 수 있다.

무릇 성왕(聖王)께서 제사를 제정할 때, 법이 백성들에게 시행된 경우, 목숨을 바쳐 국가사업에 힘쓴 경우, 노력분투하여 국가를 평정한 경우, 큰 재난을 막아낸 경우, 큰 환란을 물리친 경우에 제사를 지냈다. …… 또 일월성신은 백성이 앙모하는 것이고, 산림과 개천과 구릉은 백성이 취하는 재원이니, 이런 부류가 아니면 제사 전례에 포함시키지 않았다.[151]

이러한 정의 아래 국가제사는 두 가지 신앙 형태로 표현되는데, 하나는 정치 우두머리와 공민의 덕행과 연관된 것이고, 또 하나는 자연의 힘과 자연세계를 상징하는 것이다. 비록 이러한 정의가 2000여 년 전에 확립되어 내려온 것일지라도 20세기 초까지 줄곧 국가제사의 방향을 주도하였는데, 이는 표4에서 나타난 국가제사의 신앙 유형과 같다.[152] 5개 성(省)에 분포된 1786개의 주요 사묘(寺廟) 가운데 22.2퍼센트가 국가제사에 속하였다. 갬블(Sidney D. Gamble)이 1925년에서 1933년까지 하북성 정현(定縣)에서 조사한 바에 의하면, 총 855개 사묘 가운데 국가제사에 속하는 사묘가 26퍼센트를 차지했다.[153] 국가제사는 중국 각지에 광범위하게 퍼져 있었으니, 이는 국가제사가 전통적인 정치질서 가운데 중요한 위상을 차지하였음을 증명하는 것이다.

국가제시는 정치 우두머리와 도덕 질서의 엉역에서 높은 비율을 차지힌다는 점은 종교가 도덕정치의 가치체계뿐만 아니라 통치계급이 시종 그 신

---

151 馮友蘭,『中國哲學史』, 第1卷, pp.353-354.
152 『淸朝續文獻通考』에서 사직신을 제사지내는 규칙의 서문, 第153卷, p.9105.
153 Sidney D. Gamble, *Ting Hsien*, p.401.

〈표4〉 8개 지역의 국가제사와 민간신앙의 사묘(寺廟)
(1921년부터 1936년까지 출판된 지방지를 근거로 함).

| 사묘(寺廟) 유형 (사묘 主神의 기능에 의거함) | 총계 수량 | 총계 백분율 | 관사사묘(官祀寺廟) 수량 | 관사사묘(官祀寺廟) 백분율 | 민간사묘(民間寺廟) 수량 | 민간사묘(民間寺廟) 백분율 |
|---|---|---|---|---|---|---|
| I. 사군(社群)의 통합과 복리 | 602 | 100.0 | 210 | 35.0 | 392 | 65.0 |
| A. 친족조직 | 161 | 100.0 | 0 | 0 | 161 | 100.0 |
| 1. 혼인 | 1 | 100.0 | 0 | 0 | 1 | 100.0 |
| 2. 출산 | 150 | 100.0 | 0 | 0 | 150 | 100.0 |
| 3. 친족가치 | 10 | 100.0 | 0 | 0 | 10 | 100.0 |
| B. 지방공동체 보호 | 138 | 100.0 | 7 | 9.6 | 131 | 90.4 |
| C. 국가 | 303 | 100.0 | 203 | 67.0 | 100 | 33.0 |
| 1. 민간과 도덕정치적 상징 인물 | 258 | 100.0 | 172 | 67.0 | 86 | 33.0 |
| a. 민간과 정치인물 | 122 | 100.0 | 59 | 48.5 | 63 | 51.5 |
| (1)역사인물 | 104 | 100.0 | 59 | 56.7 | 45 | 43.3 |
| (2)전설인물 | 18 | 100.0 | 0 | 0 | 18 | 100.0 |
| b. 무장(武將) | 136 | 100.0 | 113 | 83.1 | 23 | 16.9 |
| 2. 판관 | 5 | 100.0 | 2 | 40.0 | 3 | 60.0 |
| 3. 문창신 | 40 | 100.0 | 29 | 72.5 | 11 | 27.5 |
| II. 일반적인 도덕 질서 | 406 | 100.0 | 114 | 27.6 | 292 | 72.4 |
| A. 천신(天神) | 184 | 100.0 | 56 | 30.4 | 128 | 69.6 |
| B. 지부(地府) | 222 | 100.0 | 58 | 26.2 | 164 | 73.8 |
| III. 경제기능 | 143 | 100.0 | 74 | 51.7 | 69 | 48.3 |
| A. 농업신 | 108 | 100.0 | 63 | 58.3 | 45 | 41.7 |
| B. 직업수호신 | 20 | 100.0 | 11 | 55.0 | 9 | 45.0 |
| C. 상업신과 재신 | 15 | 100.0 | 0 | 0 | 15 | 100.0 |
| IV. 건강 | 19 | 100.0 | 0 | 0 | 19 | 100.0 |
| V. 일반 공공과 개인 복리 | 68 | 100.0 | 0 | 0 | 68 | 100.0 |
| A. 선현사(先賢祠) | 5 | 100.0 | 0 | 0 | 5 | 100.0 |
| B. 퇴마신 | 14 | 100.0 | 0 | 0 | 14 | 100.0 |
| C. 복신(福神) | 25 | 100.0 | 0 | 0 | 25 | 100.0 |
| D. 무전문신(無專門神) | 24 | 100.0 | 0 | 0 | 24 | 100.0 |
| VI. 사원과 비구니암자 | 548 | 100.0 | 0 | 0 | 548 | 100.0 |
| A. 불교 | 494 | 100.0 | 0 | 0 | 494 | 100.0 |
| B. 도교 | 54 | 100.0 | 0 | 0 | 54 | 100.0 |
| 合計 | 1786 | 100.0 | 398 | 22.2 | 1388 | 77.8 |

앙에 대한 통제의 고삐를 늦추지 않으려고 한 면에서도 중요한 작용을 했음을 말해준다. 국가제사는 정치윤리적 의미를 지닌 농업신의 사묘를 매우 중시한다. 왜냐하면 농업은 국가의 장기적인 통치 및 안정과 관련되기 때문이

위쪽 사진은 공자를 모신 문묘(文廟). 문묘는 전국의 행정 중심지마다 설치되었는데 사진은 하북성 정주(定州) 문묘의 대성전이다. 아래 사진은 과거(科擧)의 신 문창제군의 신상으로 운남성 백사고진의 문창궁에 있는 것이다.

다. 사원과 비구니절의 경우 비록 관에서 관할하는 경우도 있었지만 표4에서 제시한 8개 지역에는 관련 자료가 없다.

표면적으로 보면 많은 민간제사 부류의 사묘(寺廟)가 개인의 행복, 녹봉, 장수 같은 측면에 치중되어 있어서, 이것이 도덕정치 면에서 영향력을 지니지 않는 것으로 오해하기 쉽다. 그러나 실제로는 많은 지방의 정치 우두머리와 도덕 질서와 관련된 사묘들은 대부분 민간제사 부류에 속하며, 가정과 현지 지역사회와 부합하는 신앙과 유사하나, 그것들은 보편적으로 도덕정치 체계를 유지하는 중요한 의의를 지니고 있다. 비록 8개 지역의 자료 가운데 국가제사에 속하는 사원과 비구니절은 없지만, 이 조직들은 민중을 도덕적인 면에서 구휼하는 데 관심을 가지므로 도덕정치의 중요성을 지닌다. 어찌되었든 간에 이 사실은 도덕정치의 질서를 안정시키기 위해 관방이 민간신앙을 종교적 도구로 삼아 직접적으로 조종하는 것을 시사한다.

도덕정치적 신앙이 조정하는 사회심리적 메커니즘을 이해하기 위해서 우리는 그것들을 세 가지로 분류해볼 수 있다. 첫째는 천(天), 지(地)와 명계(冥界)에 관한 신앙이고, 둘째는 신화화된 개인의 신앙이며, 셋째는 공자와 문창신(文昌神)에 대한 신앙이다. 첫 번째 신앙은 신령한 세계를 권위적인 등급을 갖춘 체계로 정합하여, 마치 도덕정치의 가치와 같이 보편적 도덕을 강화하고, 신령한 세계로 인해 배후에 있는 자연력의 권위를 통해 민중의 보편적 신앙을 얻을 수 있게 하는 작용을 한다. 두 번째 신앙은 신화를 통해 공적이 있는 자들로 하여금 도덕정치적 가치를 지지하게끔 하는 작용을 한다. 세 번째 신앙은 유학의 정통과 신사(紳士)계급으로 하여금 전체 도덕정치적 가치체계를 주도하게 하는 작용을 한다.

도덕정치적 기능의 실현 과정 중에서, 초자연적인 힘은 앞의 두 부류 신앙 가운데 주도적인 작용을 하지만, 세 번째 신앙에 대해서는 영향력이 미미하다. 초자연적인 요소는 일반적으로 도덕정치적 기능이 뚜렷하게 드러나지 않는다는 특징을 가지고 있으나, 바로 초자연적 권위에 대한 경외와 숭배를 통하여, 일반적 도덕은 비로소 민간신앙 속에서 강화된다. 담사동(譚嗣同)의 『인학(仁學)』 중에서 이러한 의미를 발견할 수 있다. 우리가 어떤 사람을 붙들고서 왜 감히 사람을 죽이고 방화하지 않느냐고 묻는다면, 그는 반드시 "그런 일을 난 할 수 없소이다. 머리를 들면 삼척(三尺) 앞에 신명이 있거늘, 만약 사람을 죽인다면 설령 국법이 없더라도 죽고 나서의 천벌이 두렵지 않겠습니까?"라고 답할 것이다.[154] 이는 분명히 민간신앙이 백성에 영향력을 행사하는 과정 중에 초자연적 요소와 도덕정치의 신앙 사이의 복잡한 상호작용이 존재함을 잘 보여준다.

### 천(天), 지(地), 명계(冥界), 업보(業報, 인과응보)

전통사상의 영향을 깊게 받은 일반 백성에게는 천(天), 지(地), 명계(冥界)의 신앙이 주도적인 지위를 차지한다. 천(天), 지(地), 명계(冥界)의 신앙은 초자연적인 등급의 구조로 드러나서, 모종의 힘을 발휘하고, 나아가 개인의 도덕행위에 근거하여 그 운명을 결정짓는다. 민간신앙에서 천(天)을 다스리는 자는 옥황상제이다. 이 때문에 옥황상제를 모시는 묘우가 중국의 농촌과 도시에 두루 퍼져 있다. 천정(天庭) 내에는 중성관(衆星官)과 불교, 도교의 고급 신령이 있다. 천정(天庭)보다 한 단계 낮은 곳인 세간의 자연만물 중에 존재하는 정령은 산과 강 또는 지옥의 권위적이고 복잡한 체계 속에서 관리의 직무를 맡는다. 이러한 초자연적 권위의 조직 구성은 중국의 전통적인 세속 정부를 모방한 것으로, 황제는 최고 권력을 장악하고, 육부(六部)는 공공 시무 관리를 담당하고 성(省) 혹은 지방행정 구역에서부디 농촌에 이르기까지 행정을 세분화한다. 초자연적 권위를 지닌 조직을 통솔하는 것은 사람의 영혼으로써 또 다른 세계인 '명계(冥界)'에서 생활한다.[155] 중국의

---

154 余牧仁, 「譚嗣同的宗教觀」, 『文社月刊』 第3卷, 第5號, 1928年 2月, p.24.

면류관을 쓴 황제의 모습을 한 옥황상제 신상.

종교신앙과 민간 풍속에 관한 현존하는 문헌 속에는 많은 명계의 권위와 그들의 공공 사무에 대한 책임과 관련한 이야기로 가득 차 있다. 이러한 종류의 초자연적 권위의 등급체계는 사람들의 현세와 내세 속에서는 권선징악의 내용을 거치면서 세속 권력과 대동소이한 방식으로 사회생활에 영향력을 행사하였다.

세속적인 관리체계에 근거해 구축된 신령의 등급체계는 보편적인 신임을 획득하였는데, 왜냐하면 사람들은 이러한 조직에 매우 익숙하고 현실세계와 유리되지 않았기 때문이다. 또한 그것은 세속 정권의 영향력을 강화하게 되었다. 왜냐하면 이 체계는 사람으로 하여금 도덕을 강조하고 정의를 신장하며 등급 지위의 중요성을 부각하여 현세뿐만이 아니라 현세 외의 세계도

---

155 Clarence B. Day, *Chinese Peasant Cults*, chaps. 8, 9. 六部는 이(吏), 호(戶), 예(禮), 병(兵), 형(刑), 공(工)이다.

지배하다는 것을 깨닫게 하는 작용을 하는데, 이는 한 사람의 영혼세계에 대한 상상이 세속 권위에 의해 강화된 도덕 질서의 영향을 벗어날 수는 없다는 사실을 잘 설명해주고 있다. 이는 성황(城隍)신앙에서 그 생동적이고 구체적인 증거를 찾아낼 수 있다.

비록 이러한 이중적 정치체계는 중국 본토의 등급 관념과 천(天)과 지(地) 간의 초자연적 권위 속에서 파생되어 나온 것이지만, 사회 도덕 질서가 정치질서의 기초가 되는 과정 중에, 정통문화와 불교사상의 상호작용을 일으켜 이 체계의 영향력을 대폭 증강시켰다. 불교는 상천(上天)과 지옥의 관념에다 더욱 세밀한 내용과 현실주의적 요소를 첨가하여 사람들이 더욱 경외심을 갖도록 만들었다. 특히 불교는 완전히 새롭게 해석한 '업보(業報)' 관념을 중국에 가지고 들어왔고, 사람들에게 생명은 시작도 끝도 없는 인과윤회(因果輪回) 가운데 있음을 설파하였다. 생은 수많은 단계로 나눌 수 있으며, 각 단계는 한 기(期)의 생명이며, 전후가 서로 맞물려 인과관계를 형성한다. 생명이 윤회할 때 때로는 다른 동물로 변모할 수도 있다. 동일한 영혼이 제각기 다른 물리적 형태로서 멈추지 않는 윤회 가운데 놓여 있으며, 도덕성의 상벌은 현세에 국한되지 않고 내세에까지 확장되며, 전세(轉世)하는 영혼은 선 또는 악의 씨앗을 가지고 종전의 생명에서 다음 생명으로 진입하는 윤회를 거듭한다.

그러므로 도덕규범을 엄수하는 사람이 고난을 만나는 것은 결코 그가 현세에 지은 업보 때문이 아니라 전생에 지은 죄업과 관계될 것이고, 바로 그렇기 때문에 징벌 역시 다음 생에까지 이어진다. 어떤 사람은 매우 부도덕하고 일체의 도덕 계율을 어겼는데도 오히려 부귀영화를 누린다면, 그는 내세에 반드시 상응하는 징벌을 받게 될 것이다. 그의 영혼은 비참한 환경에서 환생할 것이며, 심지어 돼지나 개로 환생할지도 모른다.

도덕 질서에 선험적인 공정성을 부여함으로써 업보는 일체의 경험주의적 증명을 초월할 수 있으며, 동시에 해석을 함에 있어서 도덕적인 해석이 곧

란해지는 상황에 대해서도 도덕적 질서를 강화할 수 있게 되었다. 일상생활에서 사람들은 곧잘 인과응보를 이야기한다. 예를 들어 신변에 불행한 일이 생겨도 도덕과 양지(良知)가 있는 사람들은 "이는 내가 전생에 죄를 지어서 그런 것이라오"라고 말할 것이다. 인도의 인과응보설은 중국에 전파되어 초자연적 권위를 현세의 생명 밖에까지 확대시켰다. 이것은 인도의 인과응보설을 능가하는 것이며, 도덕정치적 질서를 강화하는 목적을 달성하였고, 이로써 천지에 대한 신앙이 더욱 풍부해졌다.

아래 세 종류의 신앙은 초자연적 요소가 어떻게 전통적인 공민 도덕과 정치생활 속으로 진입하게 되었는가를 설명해준다.

**진무(眞武)신앙** : 상천(上天)의 권위와 관계된 많은 민간신앙 가운데 진무(眞武)신앙은 중요한 신앙 형태로써 중국 대부분의 지역에 분포하고 있다. 진무 대제(眞武大帝)는 또한 현천 상제(玄天上帝)라고도 칭하는데, 민간과 도교에서 추앙하는 북방의 현무신(玄武神)이다. 현무는 본래 28숙(宿) 중에 북방 7숙(宿)의 총칭이다. 중국어로 기술되는 '진무(眞武)'의 문자적 의미는 '진정한 군사'로서 '군사가 영특하고 용맹하다'는 의미를 나타낸다. 민간 전설과 신화, 고사 속에서 요괴가 수시로 도적과 반란자로 다시 태어나 인간의 안녕을 어지럽히는데, 진무신은 요괴를 제압하고 마귀를 굴복시키는 신기한 힘을 가진 것으로 돋보인다.[156]

진무가 전설 속에서 군인의 품격을 지니기 때문에, 백성들은 그가 도적의 환란과 반란의 재앙으로부터 그들이 속한 농촌사회를 보호해 줄 수 있는 신비한 능력이 있다고 믿게 되었다. 그가 지닌 이러한 보호 기능은 이 신앙이 중국에 전파되는 데 일조하였다. 심지어 20세기에 들어와서도 현지 백성들

---

156 이 신령의 신화적 배경은 Willem A. Grootaers, "The Hagiography of the Chinese God Chen-wu", in *Folklore Studies*, 1952, vol. XI, no.2에서와 許道齡, 「玄武的始原與蛻變」, 「史學季刊」, 1947년 12月, 제5期 참조.

운남성 곤명시 서산에 위치한 도관의 진무전(眞武殿).

에게 성 안에 어째서 진무묘우가 있냐고 묻는다면, 그들은 반드시 이 수호신이 도적의 환란과 전란의 재앙으로부터 그들을 보호해 줄 것이라고 대답할 것이다.

사묘 안의 비문은 종종 이러한 기능의 증거가 되곤 한다. 하북성(河北省) 망도현(望都縣)에 있는 진무묘의 비문은 15세기에 묘를 짓고 그 후에 몇 100년간 사묘(寺廟)를 보수했던 이유를 적고 있다. 비문에 의하면, 15세기에 이 지역 사람들의 혼인 사례는 드물었고 수시로 도적들에게 화를 당했다. 그래서 이 지역 백성들이 "진무묘를 세워 그것들을 안정시키고, 도적을 쫓고 막으며…… 현무는 바로 악귀를 물리치는 상천(上天)의 존귀한 신이다"라고 했다.[157]

광동성 불산(佛山)의 진무묘 비문은 신령의 도덕정치적 작용을 잘 보여준다.[158] 묘우 내에 모셔진 12개의 석비문은 4세기 반의 세월을 거쳐 왔는데, 가장 이른 것은 1451년의 것이고, 가장 늦은 것은 1899년의 것이다. 모든 석비문은 보존이 잘 되어 있고, 비문은 진무가 현시한 영험한 기적들을 서술하였다. 그중 한 편의 비문을 소개하면, 14세기 말엽에 도적들이 계속 들

---

157 『望都縣誌』, 第2卷, 1934, pp.46-47.
158 『佛山忠義縣誌』, 第8卷, pp.1-43.

끓었는데, 한 무리의 도적 떼 함대가 불산성을 향해 공격을 개시했다. 그런데 갑자기 엄청난 먹구름이 맑은 하늘을 덮으면서 한 차례 강력한 폭풍우가 도적 떼 함대를 전복시켰고, 이로 인해 도적 떼 대다수가 물에 빠져 죽었다. 이 전투 중에 백성들은 진무신의 구름을 보았는데, 그 구름의 긴 수염과 머리털이 바람에 휘날렸다. 이는 진무신이 마을을 도적의 강탈로부터 보호한 것이다.

다른 하나의 명문은 15세기 중엽에 한 지역에서 발생한 대규모의 반란에 대해 기술하고 있다. 비적의 우두머리는 탈옥범이었는데, 반란자들은 촌장의 주변을 점령했고, 1000여 척의 전투선으로 도시를 포위하여 공격했다. 관병들은 성을 버리고 달아났으며, 성안의 민병들은 긴 나무를 사용하여 방어용 성벽을 설치했고, 진무묘에서 신의 도움을 기도했다. 연이어 전투가 벌어지는 동안, 수많은 갈매기 떼가 하늘로부터 날아오더니 잠시 도적의 배 위에 내려앉았다. 또한 검은 모기 떼가 나무 꼭대기에 모이더니 바람에 펄럭이는 깃발 형상으로 변했다. 사람들이 모두 깜깜한 어둠 속에서 무장을 한 형상의 신이 방어 성벽의 밖 공터에서 천천히 거닐고 있는 모습을 보았다고 말했다. "사람들은 모두 투지가 불타올라 방어전에 몰입했다." 얼마 지나지 않아 반란군의 우두머리는 성의 포로가 되었으며, 포위망은 무너졌고, 도시는 적의 약탈로부터 무사할 수 있었다.

또 다른 비문에는 다음과 같은 사건이 기록되어 있다. 재물을 잃어버린 사람이 진무신에게 기도를 하자, 도둑이 갑자기 정신착란을 일으켜 소유한 장물을 순순히 도둑맞은 주인에게 돌려주었다. 또 다른 사례로는 어떤 상인이 동업자의 이익 분배가 공평하지 않아 신령에게 기도를 했는데, 그 후에 불성실한 동업자는 벌을 받았다. 비문 위에 기록된 진무 신령의 기적은 해당 지역 진무신과 그 사묘(寺廟)와 관련된 정보를 알 수 있는 중요한 내용이다. 비문의 기록자는 신령한 기적이 도덕과 정치상에 작용하는 중요한 의의를 충분히 인지한 듯하다. 1529년에 새워진 비문은 다음과 같이 기록하고 있다.

신의 형상은 흙과 나무로 만들어질 뿐이나, 언어가 없어도 들을 수 있고, 호령이 없어도 오래간다. 그러나 이것은 흉악한 자들이 그 포악함을 부리지 못하게 하고, 양심을 속이는 자들로 하여금 그 간악함을 이루지 못하게 한다. 기록에 전하기를, 백성에게 법을 반포하고, 큰 재앙과 환란을 막을 수 있으니, 신이 어찌 기대에 어긋나겠는가! 백성은 신을 숭배함이 마땅하다.[159]

1797년에 세워진 비석은 사묘를 수리하고 신앙을 수호하는 이유를 상세히 설명하고 있다. 당시 이곳은 아마도 각지의 상인과 고객이 운집한 무역시장을 이루어 발전했을 것이며, 동시에 여러 모험가들이 선망의 대상으로 삼았을 것이다. 이 비문에서 강조하는 것은 무서운 강제력을 지닌 법률을 시행하는 것 외에도 '존경심과 외경심을 고무시키기' 위해 진무묘를 수리할 필요가 있었다는 사실이다.[160]

민중의 진무에 대한 신앙은 그것이 시민을 격려하고 가정을 보호하여 기아에서 해방되고 도적의 피해를 면하게 하는 것과 또는 도덕 전통에 대한 존중과 경외를 촉진시키는 것뿐만 아니라, 이 모든 것이 조정과 법률을 지지하고 보편 사회가 도덕을 유지하는 작용을 하였다.

이처럼 오랜 세월 동안 발생한 영험한 기적들로 민중들은 진무신에 대한 인식을 쌓아갔고, 이로부터 백성들의 신앙심은 날로 커졌으며, 진무신은 도덕정치 같은 가치 방면에서 하나의 상징이 되었다. 이로써 진무에 대한 신앙은 관방의 인가를 취득하였고, 잇달아 조정의 봉호(封號)를 받게 되었다. 관방은 정기적으로 사묘 수리를 위해 경비를 제공하였다. 19세기 말 해당 지역 백성들은 농촌의 관원들이 봄과 여름에 거행되는 제사 의례에 불참하는 것에 대해 항의를 하였다.[161]

---

159 『佛山忠義縣誌』, 第8卷, p.20.
160 『佛山忠義縣誌』, 第8卷, p.32.
161 『佛山忠義縣誌』, 第8卷, p.32.

산천(山川)의 신 : 천국의 신들보다 한 등급 낮은 신이 지상의 신령이다. 그 중에서 특히 산신(山神)과 하신(河神)이 대표적인 신이다. 천신과 마찬가지로 이 신령들도 도덕정치를 강화하는 작용을 하는데, 바로 오악묘(五岳廟)의 비문에 나타난 바와 같다. "신은 상을 주거나 징벌을 돕고, 선함과 악함 그리고 충신과 간신을 분별하며, 그 형상이 감춰지는 바가 없다."[162] 신이 황제를 도와 인간사회의 정의로운 경영을 할 수 있게 하는 것이 또 하나의 민간신앙이다. 사람들은 초자연적인 힘이 현세와 내세의 운명을 관할한다고 믿는다. 태산신(泰山神)은 삶과 죽음을 관장하는 능력을 지닌 십전염왕(十殿閻王) 중의 한 왕으로서, 염라전에 이른 영혼은 생전에 지은 죄에 대해 심문을 받아야 한다. 일부 지방에서는 태산신이 죽은 사람의 영혼을 불러들일 수 있다고 여기고, 또 다른 지방에서는 아들을 희구하는 기도의 대상이 된다.[163] 그렇지만 모든 곳에서 태산신은 지역사회를 보호하고 재난을 면하게 하여 평안과 화해를 가져다주는 기능을 한다.

당연히 이러한 보호기능은 결코 태산신앙에만 국한되는 것이 아니고, 다른 산천의 신도 보편적으로 보호의 기능을 갖는다. 태평천국의 난 당시 수도인 남경을 수복할 때, 조정은 각지의 산천신에게 봉호를 수여하였고, 각지의 관리에게 산천신에게 경외의 제물을 바치게 하였다. 당시 조정에서 내건 게시물 중의 하나는 다음과 같다. "관병이 이르러 산천의 영험한 신령에게 의뢰하니, 천신지기(天神地祇)가 순조롭게 도와 효과적으로 군사를 움직이고, 길운이 넘쳐 성공할 것이다."[164]

『예기』에서 산천(山川)은 사람으로 하여금 신비주의 사상을 고무시키고, 종교신앙을 갖게 하는 원인으로 설명된다. "산림, 계곡, 언덕은 구름을 품고 비와 바람을 만들어 괴이한 형상을 드러내니, 이를 모두 신(神)이라고 한

---

[162] 『望都縣誌』, 第2卷, 1934, p.42.
[163] Lewis Hodous, *Folkways in China*, London, 1929, p.114.
[164] 『淸朝續文獻通考』, 第154卷, p.9111.

다." 이 경구는 현대학자들이 종교와 관련된 저술에서 광범위하게 인용하는 것인데, 이는 예부터 이어져 내려오는 산천신앙이 끊기지 않고 이어져 내려오는 증거가 된다.[165]

성황신앙(城隍神仰), 도시의 신 : 산천신앙은 중국의 어느 곳에나 퍼져 있고, 이와 마찬가지로 저승의 귀신에 대한 신앙도 매우 보편적이다. 명계(冥界) 역시 상당히 복잡한 하나의 신령체계로서, 많은 신들이 인간세와 연관되어 있다. 예를 들어 오도(五道: 천상(天上)·인간(人間)·지옥(地獄)·축생(畜生)·아귀(餓鬼))와 토지도 명계의 일부분인데, 그것은 영혼을 관리하는 권위를 지닌다. 십전염왕(十殿閻王)과 18층 지옥에 대한 이야기는 누구나 잘 아는 것으로, 그것이 내포하는 도덕의식은 매우 분명하다.

그러나 명계신앙의 도덕정치적 성격을 더 잘 설명해 주는 것은 중국 전역에 퍼져 있는 성황신앙이다. 중국에는 거의 모든 지역에 성황묘가 있다. 매년 성황을 위해 거행하는 제사, 경축, 순례는 전통 지역사회의 생활 중에 가장 영향력이 있고 가장 주목을 받는 활동의 하나이다. 성황신앙은 중국에서 이미 2000년 이상의 역사를 가지고 있기 때문에 이와 관련되어 많은 기록이 있다.[166] 여기서는 성황신황의 도덕정치상의 중요성에 대해 살펴보자.

성황신앙은 성벽과 성을 둘러싼 해자를 보호하는 신에 대한 신앙에서 시작되어, 그 후에 체계적으로 귀신의 권위를 갖춘 신앙으로 발전하였다. 현대인들은 '성황(城隍)'이란 말이 저승을 가리킨다고 생각하지만, 특별히 어떤 하나의 신령을 가리키는 것은 아니다. 따라서 등급이 분명한 성황체계가 존재

---

165 이는 제왕에게 있어서 河神에 대해 봉호를 수여한 상주문(上奏文)을 청구한 내용을 인용하였다. 『清朝續文獻通考』, 第158卷, p.9128.
166 Florence Ayscough, "The Chinese Cult of Ch'eng Huang Lao Yeh", in *Royal Asiatic Society, North China Branch*, 1924, vol. 55, p.136 and E.T.C.Werner, *Dictionary of Chinese Mythology*, Shanghai, 1932, p49.

산서성 평요에 있는 성황묘 정문(위). 항주 오산의 다양한 신들을 모시는 사묘(아래). 이정표에 태산신을 모시는 동악묘, 오자서(伍子胥)신을 받드는 오공묘, 약왕을 받드는 약왕묘와 더불어 성황신을 받드는 성황각이 보인다.

하고, 각 신(神)의 등급은 관할 지역의 크고 작음에 따라 결정되니, 이는 인간 세상의 성(省), 현(縣), 향(鄕)의 모습과 유사하다. 죽은 관리의 영혼은 3년간 성황의 직무를 담당해야 하고, 그의 신령세계 내에서의 직급은 그의 생전 관직의 등급과 짝을 이룬다. 과거에는 매년 각 지방에서 모두 성황의 행신(行神)을 묘 안에서 밖으로 세 번을 불러들여 거리를 순시하게끔 하였다. 첫 번째 순시는 음력 3월 3일로 신이 귀신을 석방하는 날이다. 두 번째는 음력 7월 1일로 성황이 영혼에 대해 일체조사를 진행하여, 그것이 적합하게 봉양되었는지를 살핀다. 세 번째는 음력 10월 1일로 가장 복잡한 양상을 띠며, 성황이 각 거리의 영혼을 소집하여 그들에게 겨

울을 날 옷과 집을 분배한다.[167]

이처럼 사람이 죽은 후의 영혼을 지배하는 것을 통해, 성황의식은 그 위협의 권위로써 사람들의 의식에 영향을 끼친다. 이는 바로 세속의 정부가 무서운 법률로 사람의 행위를 다스리는 것과 같다. 각지에 흩어져 있는 수많은 성황묘의 비문은 모두 이러한 도덕정치적 의미를 아주 명확하게 제시하고 있다. 다음 글도 그중의 하나이다. 비석은 비록 16세기에 세워졌지만, 그 비문의 내용이 설령 후에 출현한 비문 가운데에 있을지라도 대표성을 가질 정도로 당시 백성들의 심리구조에 두루 영향을 끼쳤다.

성황묘는 수도에서 현과 향촌에 이르기까지 두루 세워져 있었다. 양계에서 통치하는 지방관이 있고, 음계를 통치하는 신들이 있다. 두 권능 간에는 밀접한 협력관계가 있다.

1370년 명 태조가 나라 전체의 성황신에게 봉호를 부여했을 때 제(帝), 왕(王), 공(公), 후(侯), 백(伯) 순이었다.……신의 힘은 선을 권장하고 악을 응징하는 것으로 어디에서나 효력이 있었다……그렇게 인간에게 큰 이익을 미쳤다. 인간은 풍년을 기원하고 홍수와 가뭄과 역병을 막아달라고 간구했다. 그런 점에서 신에게 경의를 표하는 것은 당연한 일이었다……한 지방관이 이 지역을 다스리러 올 때 메뚜기 재앙이 있었다. 그 지방관이 성황묘에 가서 기도를 올리자 메뚜기 떼는 곡식에 피해를 입히지 않고 사라졌다. 그는 다시 신에게 기도를 하자 강도를 잡았고, 돈을 되찾았다. 그는 신의 영험한 보호에 감동되어 지금보다 더 신을 경배하는 데 열중했다. 그는 "사원은 신을 숭배하기 위한 것이다. 민약 꾸미지도 않고 확장하지도 않는다면 어떻게 신이 거처할 수 있을 것이며 특별한 경배를 보이겠으며, 백성들에게 안전을 가져올 수 있겠는가?"(그래서 사묘를 재단장하고 비석을 세워서 그 사건을 기록했다.)

---

167 Clarence B.Day, *Chinese Peasant Cults*, Shanghai, 1940, p.121.

"사람은 만물의 영장이고, 신(神)은 한 고을의 주인이다. 오로지 신만이 강림할 수 있다."[168]

신앙의 도덕적이고 정치적 의미는 이 비문에 잘 드러나 있다. 끊임없이 누적되어 온 이 신화체계는 일반 민중으로 하여금 신이 우리를 보호하고 그 영험함을 믿는다는 사실을 포함하며, 민중이 성황신앙에 대해 경건함을 유지하게 되는 하나의 요인이 된다.

관리가 죽은 후에 성황의 직무를 담당하면서, 성황묘는 관묘(官廟)의 형태를 갖추게 되고, 성황의 벼슬 품계도 황제가 내리게 된다. 이러한 관계는 또다시 백성들에게 하늘 아래 질서는 도덕정치적 질서를 벗어날 수 없음을 알려주는 것이다. 왜냐하면 현세에서 그들의 관리를 관할하는 전통은 사후세계에서 그들의 성황을 통치하는 것과 연결되기 때문이다. 그리고 불교의 십전대왕이 영혼을 심판하고 징벌하는 내용은 민중의 도덕정치 질서에 대한 경외감을 더욱 가중시키게 되었다. 성황묘를 참관해 본 적이 있는 아이들에게 묘 안의 벽화는 모골이 송연해질 만큼 깊은 인상을 남긴다. 거기에는 영혼이 지하의 판관에게 심판을 받고, 죄악을 저지른 영혼이 지옥으로 보내져 무서운 고통을 겪게 되는 모습이 그려져 있다. 성황묘에 있는 이 보기만 해도 몸서리쳐지는 장면들은 현세에서 도덕적 결함이 있는 사람은 지옥에서 벌받게 된다는 민간전설을 각인시킨다.

20세기에 들어서도 성황묘는 여전히 중국 각지에서 각광받는 종교 장소로 인식되었다. 심지어 1940년대까지 운남성(雲南省)의 한 마을의 백성들은 자신들 중에 가장 특출한 자가 장차 파견되어 성황이 되어야 한다고 여전히 믿고 있었다.[169] 이는 성황신앙이 당대의 영향력을 증명하기에 충분하며, 이러한 영향력은 일반 백성들에게 도덕정치 질서를 강화시키는 중요한

---

168 『望都縣誌』, 第2卷, 1934, pp.47-48.
169 Francis L. K. Hsu, *Under the Ancestors Shadow*, London, 1949, p.150.

수단이 되고 있다.

### 신격화된 인물에 대한 신앙

만약 천, 지 그리고 명계(冥界) 대한 신앙이 자연신—천문, 산의 신, 강의 신—과 죽은 사람의 영혼의 결합이라면, 또 다른 측면의 신앙은 전문적으로 신화화된 인격신에 의해 구성된다. 이 신(神)들은 생전에 매우 도덕적인 인물이었거나 정치적 명망이 높았던 자들이다. 이미 고인이 된 출중한 인물을 숭배하는 신앙은 여러 문화에서 공통적으로 나타나는 현상이지만, 특히 이 신앙 전통은 중국역사에서 중국 종교생활을 구성하는 독보적인 특징을 지니고 있다. 이 전통은 중국 종교를 연구하는 학자들의 주목을 받았는데, 예를 들면 존 셜록(John Shryock)은 다음과 같이 말했다.

> 아마도 영웅에 대한 숭배가 중국처럼 발달한 국가는 없을 것이다. …… 몇몇 영웅들은 신령으로 간주되어 숭배되고, 또 어떤 이는 신의 지위조차 얻지 못하는 것은 전적으로 그들이 생전에 쌓아올린 공적에 따라 구분되어 제사를 받는 것이다. …… 이 형식들은 관방에서 장려하는 것인데, 왜냐하면 이것들은 대중들의 귀감으로 세워지고 나아가 공로자를 기념함으로써, 민중이 미덕을 실천하도록 격려하려는 것 때문이다. 의심할 바 없이 민중은 신화 속의 인물들에 대해 특수한 감정이 생겨나고, 저 세상에서 더 큰 힘으로 자신을 보호해 줄 것을 기대하게 된다.[170]

인격신 신앙은 두 가지로 분류된다. 하나는 전국적으로 지명도가 높은 걸출한 인물에 대한 보편 숭배이고, 다른 하나는 특정 지역에서 배출된 공로

---

[170] John Shryock, *The temples of Anking and Their Cults*, Paris, 1931, p.45.

자에 대한 지방 숭배이다. 중국의 모든 지역에는 이 두 종류의 사묘가 건립되어 있어서, 어떤 사묘에서는 전국적으로 유명한 신을 모시고, 또 다른 많은 사묘들은 그 지방의 인물을 모신다. 희귀하게도 어느 사원은 살아있는 자 중에 신격화된 인물을 모시기도 한다. 아래 사례를 통해 이 신앙이 지닌 도덕정치적 성격을 알아보자.

**전국적인 관우(關羽) 숭배** : 당시 전국적인 인격신 숭배 중에서 관우보다 더 두드러진 신은 없었으며, 관제묘(關帝廟)는 중국 전역에 보편적으로 파급되었다. 성황(城隍)에 대한 대중적 신앙처럼 관공(關公:『삼국지연의』에 나오는 관우를 말한다) 숭배신앙은 보편적 가치와 특수한 가치를 담보하는 작용을 하였다. 이 3세기의 전사가 서양학자들에게는 전쟁의 신으로 알려져 있었던 사실에도 불구하고 말이다.[171] 상인들은 관공을 재물의 신으로 추앙하였고 백성들은 만병을 치유하는 만능신으로 간주하였으며, 병사들은 전쟁의 신으로 추앙하였다. 또 많은 지역사회에서는 관공을 지역사회를 보호하고 재난을 막아주는 지역 수호신으로 섬겼다. 그리고 많은 민간 결사조직들, 예를 들면 조합(行會)이나 비밀결사는 관공을 의형제 결의의 감독자 그리고 공동 이익과 공정성을 지켜주는 수호신으로 간주하였다.

관공 신앙의 더욱 두드러진 특징은 도덕정치 방면에서 찾을 수 있는데, 관공을 신으로 모시는 전통은 중국 전역에서 조정과 귀족의 보편적인 지지를 얻었다는 점이다. 그 이유는 관공이 충의(忠義)를 상징하여 전통 왕권에 있어서 신민(臣民)의 가치를 형성했기 때문이다. 대중문학과 민간전설 속에서 관우는 간신에 반대하고 한 왕조의 복원을 그리는 영웅으로 묘사되었으나, 그 전쟁은 비극으로 가득 차 있다. 많은 관우묘의 비문에는 하나같이 이

---

[171] See R. F. Johnston, "The Cult of Military Heroes in China," in *New China review* (Febuary, 1921), vol.VIII, no.1, p.49.

산서성 운성시 소재 해주(解州) 관제묘(關帝廟).

러한 신앙의 기본 가치가 강조되고 있다. 남방 불산(佛山)에 있는 관우묘의 비문도 같은 사례인데 여기에는 관우가 단지 후대를 위해 문화를 밝혔을 뿐만 아니라, 그의 특별히 위대한 업적은 "충신과 간신을 분별함"을 통해 "충신에게 상을 주고 선을 칭찬함"이라는 전통을 세웠다는 것이다. 19세기의 비문에서도 관공의 충의에 대해 이렇게 표현하였다. "큰 도읍들과 거대한 도시에서 산의 협곡이나 해안가에 이르기까지, 사람들은 그를 경외의 대상으로 삼는다. 그가 사람들의 개인적 행동의 모든 자취와 움직임을 넌지시 내려다본다고 여기기 때문이다."[172]

전국에 만연한 관우에 대한 숭배는 부분적으로는 관우의 도덕적 행위가 사람들에 의해 칭송되는 데서 유래하지만, 동시에 그의 수많은 기적 고사가 각지로 퍼져 간 데서도 그 원인을 찾을 수 있다. 관우의 신령이 현시되는 현상은 중국 민간에서 가장 흔히 볼 수 있는 기적 가운데 하나이며, 이는 대중의 흥분을 야기하고 종교의 집회와 순례를 동반한다. 때로는 도덕 문제와 관련된 민중의 활동 중에도 관공은 신령을 드러내는데, 예를 들어 어떤 이의 행위가 도덕 관습에 무례했거나, 심지어 관리가 환영받지 못하는 이유까지도 그의 신통력과 연관이 있다. 관공 신앙이 드러낸 신비성에 의해 상징화된 도덕정치의 가치는 일상을 뛰어넘는 중요한 의미를 지닌다. 과거의 통

---

172 『佛山忠義鄕誌』, 第8卷, p.20.

치계급은 관공 신앙의 가치를 명확히 인식하였는데, 왜냐하면 각종 기적의 고사는 조정의 독려를 받았기 때문이다.

예를 들어, 청나라 조정의 한 조칙에는 1813년 자금성을 습격했던 봉기를 진압한 사건에서 관우의 영험하고 신성한 도움을 얻었다고 언급하고 있다.[173] 문헌에는 다음과 같이 적혀 있다. "잡힌 포로의 진술에 의하면, 그날 반역자들이 자금성에서 소란을 피우고 있을 때, 정신없는 와중에 관우신의 형상이 멀리 보이자, 역적 무리들이 두려워서 도망쳤으나 결국 모두 죽거나 생포되기에 이르렀다." 그 결과 조정은 관우신에게 봉호를 수여했고, 아울러 반드시 특별히 그를 제사해야 한다고 규정했다. 1826년 남방 주강(珠江) 삼각주 지역에서 일어난 반란이 평정된 후, 관부의 기록에는 동일하게 관우의 신령한 도움을 빌어 반란자들을 굴복시켰다고 적혀 있다. 2년 후 어떤 이는 관우가 1차 북방 흑룡강 지역의 봉기를 진압하는 데 도움을 주었다고 말했는데, 관우가 구름을 가리고 태양을 숨기는 모래폭풍을 지휘하여 반란군과 대적했다는 것이다.[174]

이러한 관우 신화와 이와 유사한 수많은 고사는 관방 문서와 지방지에서 수두룩하게 수집되는데, 이는 관공이 각종 추앙을 받게 되었고, 많은 봉호를 얻게 되었으며, 전국 각지에서는 정기적으로 관제묘(關帝廟)를 복원하고 개축하게 하는 직접적인 원인이었다. 신화 전설과 정기적인 의례활동은 백성들이 관우에 대해 경건한 신앙을 유지하도록 도왔고, 관우 신앙이 1000년 이상 민간에서 영향력을 유지하게끔 하였다.

이밖에 신화적 인물들 중에서 전국적인 숭배신앙으로는 한나라의 군사영웅 마원(馬援)과 송나라의 악비(岳飛) 장군이 있는데, 이들도 역시 도덕정치적인 성격과 역할을 갖고 있었다.

---

173 『淸朝續文獻通考』, 第157卷, p.9119.
174 『淸朝續文獻通考』, 第157卷, p.9119.

절강성 항주 소재 악비사당의 정문과 사당의 내부 모습.

 **지방에서의 숭배신앙과 사당** : 전국적인 숭배신앙 외에도 각 지역사회에는 생전에 공공이익을 위해 뛰어난 업적을 남긴 지방 관리나 지방의 우두머리를 전문적으로 모시는 사당이 있다. 이들은 공공이익을 위해 공헌한 것은 물론, 심지어 목숨을 바친 경우도 있었다. 이러한 공로자들은 지역 내에서 선한 일을 하였기 때문에 후대에 본받을 만한 모범이 되었고, 이로 인해 사당에서 봉양을 받으며 신성성(神聖性)을 얻게 되었다.

 선현을 기리기 위해 축조된 건물은 일반적으로 '묘(廟)'라고 하지 않고 '사(祠)'라고 칭한다. '사(祠)'에는 신주(神主)를 모신 위패가 없으며, 정기적으로 제사 의례를 거행한다. 반면 '묘(廟)'에는 하나의 주신(主神) 혹은 여러 신을 모시며, 사람들이 수시로 와서 참배하고 향불을 피울 수 있다. 실제로 사당에서 모시는 몇몇 지방성(地方性) 인격신도 사람들의 기도를 충족시킬 만한 광범위한 신통력을 지니고 있어, '사'의 활동도 정기적인 제사에 한정되지 않고, 평상시에도 사람들이 와서 향을 피우고 절을 한다. 그리하여 도덕정치적 신앙은 보편적인 민간신앙으로 변모하여 여러 가지 공공의 또는 개인의 이익과 관계된 신비스러운 도움을 준다. 어떤 '사'는 소수의 선현만 봉양하는 반면, 어떤 사당에서는 일군의 선현을 봉양하기도 한다.

어떤 문화든지 어떤 방식을 통해 고매한 인격을 지닌 자나 공공의 이익을 위해 힘쓴 자를 기념하고, 특히 대의를 위해 희생한 자를 더욱 발양하고자 한다. 이러한 행위의 목적은 바로 후대에 본받을 만한 모범을 만들어 고상한 품성을 추구하고, 아울러 문화체계를 높이려는 데에 있다. 서양에서는 이러한 도덕적 가치가 도시 광장의 기념당이나 조각품들로 표현되고, 중국문화 속에서는 '사당(祠堂)'에서 선현들을 기리는 형식으로 표출된다.

대다수 지역성 인격신 숭배의 도덕정치적 성격은 사당의 이름에 고스란히 반영되어 있다. 예를 들어 '충정사(忠正祠)', '본지공신사(本地功臣祠)', '숭정사(崇正祠)', '숭공사(崇公祠)', '보은사(報恩祠)', '명신사(名臣祠)' 등은 그 특징을 잘 드러낸다. 사당 내의 비석이나 지방지의 기록은 모두 이러한 신앙의 배후에 깃든 도덕정치적 의미를 암시한다.

예를 들어 불산(佛山)의 '충정사(忠正祠)'는 22명의 현지 지역 우두머리의 위패를 모셨다. 그들은 생전에 큰 위험을 무릅쓰고 자신의 목숨을 바쳐 15세기에 발생한 반란을 진압했다. 이 '사당'은 바로 그들을 기념하기 위해 세워졌으며, 최근 수십 년 동안에도 정기적으로 보수를 해왔다. 왜냐하면 그들은 탁월한 관리도 아니고 지배 권력도 가지지 못한 평민 신분으로 반란을 진압하여 마을 전체가 재난에 휩싸이는 것을 막았기 때문이다.[175]

---

[175] 『佛山忠義鄉誌』, 第8卷, pp.20-23.

이 밖에 민중을 위해 뛰어난 공적을 남긴 자들은 종종 사후에 조정에서 봉호를 받거나, 그 지역민들이 기념 사당을 세우기도 한다. 예를 들면 절강성(浙江省) 해안지방의 인화(仁和) 마을의 부우(孚佑) 영주의 사원에서는 장씨 삼 형제를 모셨는데, 이들 삼 형제는 생전에 자선과 기부로 이름을 날렸던 이들이다. 조정은 그들에게 신성한 봉호를 수여하고, 지방 관리에게 정기적으로 그들을 제사하도록 하였다. 13세기에 복건성(福建省)의 한 귀부인은 지역사회를 위한 제방을 건설하는 데 전 재산을 바쳤다. 그 지역 사람들은 그 은혜에 감사하며 그녀를 기념하기 위한 사당을 지었고, 조정에서도 그녀에게 봉호를 하사했다. "송나라 원년(1604)에 한 귀부인이 재산을 모두 들여 제방 세우는 것을 도왔는데, 그 후 그 지역 관리가 사원을 세우고 제사를 드렸다. 후세 사람들이 이를 가지고 기준을 삼아, 신기한 영험이 나타난 것을 숭상하여, 제사 의례에 가입시키기를 청하니, 매년 봄 농사가 막 시작될 즈음, 지방관이 제사를 지내도록 하라고 명령하였다." 그녀가 받은 신성한 지위와 지방 관리에 의한 제사는 19세기 말까지 지속되었다.[176]

대개 한 지역사회를 위해 특출한 공헌이나 선행을 한 사람들은 모두 죽은 후에 공공의 제사를 받았지만, 지방 관리는 이러한 특권을 비교적 쉽게 획득할 수 있었다. 실제로 각 지역사회에는 지역을 위해 공헌한 인물이나 단체를 기리는 사당이 한두 개씩 있었다. 이러한 지역적 특색을 지닌 숭배신앙의 가장 중요한 기능은 백성들의 도덕 가치를 높여 따르도록 독려하고, 정부 관원이 각자의 직무를 다하도록 하게 함과 동시에, 정부와 법에 대해 백성들의 충성을 유지하려는 데에 있었다. 아래 비문은 19세기에 전설의 황제 요(堯) 임금의 사원을 복원할 때 세워진 것으로, 이러한 내용이 잘 나타나 있다. "훌륭한 조정의 원리를 이해하는 자 중에서 신을 숭배하지 않는 자는 아무도 없을 것이며, 신을 숭배하는 자 중에서 훌륭한 조정의 원리를

---

[176] 『清朝續文獻通考』, 第158卷, pp.9127-9128.

성실히 따르지 않는 자 또한 아무도 없을 것이다."[177]

마찬가지로 수많은 지역에는 저명한 관리의 영혼을 기리는 문무관(文武官)이 있다. 강소성(江蘇省) 천사현(川沙縣) 앙덕사(仰德祠)에는 14-15세기 경 왜구를 격퇴시킨 그 마을의 관리를 모셨다. 그는 마을의 성을 둘러싼 성곽을 건축하였으며, 그 지역 농업발전을 위해 관개수로를 만들었다. 일년에 한 번 거행되는 신령한 지방 관리의 제사 축문 중에는 다음과 같은 내용이 있다. "사람들은 당신이 과거에 행하신 덕행으로 때에 맞춰 수확물을 얻을 수 있었습니다. 당신을 영원히 기억할 것입니다. 마음을 다해 제물을 바치오니 오셔서 향유하소서."[178]

이러한 종류의 제사 축문은 매우 전형적이어서, 원래 기조는 기념을 위한 것이었으나, 고인이 된 관리를 회고하는 것을 넘어서 도덕 가치와 정치 준칙을 영원히 보존하려는 상징성을 띤다.

### 유가(儒家)신앙

앞의 논의로부터 우리는 이미 종교가 국가 정치의 권위를 유지하고 도덕 정치적 질서를 유지하는 힘으로 작용하는 것을 볼 수 있었다. 위의 두 종류의 신앙 외에 유가신앙 역시 국가권력과 도덕정치 질서에 있어서 중요한 하나의 요소이다. 존 셜록은 『유가의 국가 신앙으로의 발전(*The Development of the State Cult of Confucianism*)』에서 이러한 신앙의 본질적 특징을 거론하였는데, 이에 대해 여기서 부연 설명하지는 않겠다. 비록 공자가 신의 존재로 숭배를 받은 적은 없고 단지 한 사람의 위대한 인물로서 숭상되었을 지라도, 우리가 그 속에 담긴 종교적 가치를 제거해 버린다면, 이는 큰 문제를

---

177 『望都縣誌』, 1934, 第2卷, pp.59-60.
178 『川沙縣誌』, 1936, 第12卷, pp.5-6.

낳을 수밖에 없다.

공자의 이름이 새겨진 위패는 사회적 가치의 본질을 대표하고, 사람들로 하여금 경외심을 갖고 만세의 사표(師表)로서 그를 존경하는 상징적 의미를 지니지만, 그의 영혼은 정식으로 신격화되지는 않았다. 제사 의례, 향초, 절 그리고 기도문은 신격화된 대상을 찬미하는 다른 종교의식과 거의 흡사하다. 공묘(孔廟) 안에는 위패를 모셔두어 밖에는 걸어둔 현판이 없지만, 사람들은 안에서 신령스러운 제사 의례를 거행하며, 이는 완전히 신령스러운 형태를 갖춘 다른 종교신앙의 건축물과 동일하다. 실제로 현(縣)과 성(省)에서 수도(首都)에 이르기까지 행정 중심에는 모두 공묘가 있고, 이 공묘들은 규모나 종교적 지위 면에서 다른 사묘들을 훨씬 능가한다. 이것들은 전혀 화려하지 않지만 사람들로 하여금 성스러운 스승의 특징인 장중함을 느끼게 한다.

공묘를 둘러싸고 많은 신앙과 전설이 생겨났다. 공묘를 중심으로, 일련의 신앙과 신화와 전설이 발전해 나온다. 가장 전형적인 것은 '문창(文昌)'과 '괴성(魁星)'에 대한 신앙으로서, 사람들에게 매우 강렬한 숭배의 대상이 되었다. 이 숭배신앙과 신화, 전설은 문학의 발전에 큰 도움을 주었고, 독서인들이 과거에 급제하는 것을 도와주었다. 창힐(倉頡)신앙은 남방지역에서 두루 퍼졌다. 이는 서예와 인쇄용 종이와 편집에 관한 전설을 담고 있으며, 훗날 문자의 숭배에 종교적인 성분이 녹아 들어가서, 사람들로 하여금 문예에 대한 학문과 식견—사회정치적 전통으로 유학의 핵심이 되는—을 보존하고 경외토록 하였다.

이러한 주변석 숭배와 신앙 요소들은 유가신앙의 외연적 요소를 형성하였고, 또한 유학 전통에 종교성을 부여하였다. 비록 공자가 신격화되지는 않았을지라도 유가신앙은 여전히 뒤르켐(Emile Durkheim)이 말했던 것처럼 종교적 요소를 띠는 기념비적인 신앙으로 간주될 수 있다. 제 10장에서는 이 주제에 대해 상세히 논할 것이다. 유학은 전통적인 도덕정치 질서의

왼쪽 사진은 운남성 여강 백사고진의 문창궁 정경. 오른쪽 사진은 강서성 무원현 이갱 마을의 문창각 1층에 모셔진 괴성(魁星)의 초상(肖像).

가장 중요한 부분을 형성하기 때문에, 그 종교적 영향력이 비단 학자들 사이에서 뿐만 아니라 일반 백성에게도 경외심을 갖게 하였다는 사실을 명심해야 한다.

### 도덕정치적 신앙 속의 사회심리적 요소

도대체 어떤 요인 때문에 선행을 칭찬하는 도덕정치적 가치가 중국사회에서 이토록 오랫동안 유지되었을까? 신앙 유형에 대한 다양한 분석을 통해 우리는 다음 몇 가지 특징을 발견할 수 있었다. 첫째, 이러한 신앙의 기초는 공공의 재난과 한 명의 영웅이라는 두 개의 상관 요소로 상징된다. 영웅은 공익을 위해 자신의 모든 열정을 쏟음으로써, 어떤 품격이 갖춰진 행위의 모범을 확립하게 된다. 심각한 위기적 상황은 영웅이 떨치고 일어나 기개를 뿜어내는 하나의 전제이자, 동시에 도덕정치적 가치가 평소보다 더 특별히 증폭되는 역할을 하는 사회적 환경을 제공한다. 만약 영웅이 공공의 이익을 위해 희생한다면, 그가 드러내는 상징적 가치는 헤아릴 수 없는 경지에 이르게 된다.

신앙의 또 다른 부분은 물질적 상징으로서, 이는 사묘 건축과 조소상(彫塑像) 또는 이름이나 직함이 새겨진 신주 위패를 포함한다. 다른 신앙과 마찬가지로 제사 의례는 빼놓을 수 없는 구성요소이다. 예를 들어 사당의 경우 반드시 반년에 한 번 제사를 드려야 하는데, 이는 봄과 가을, 즉 항상 춘분과 추분을 전후로 시행된다. 제사 의례는 반드시 사람들에게 깊은 인상을 남기게 되며, 사람들이 영웅의 고상한 품덕을 기리는 가장 좋은 방식이다.

그러나 사당과 조소상은 언젠가는 결국 퇴색하기 마련이며, 이를 기리는 제사 의례도 점차 건성으로 행해지다가 폐지되기 십상이다. 그러다가 마침내 신앙이 소리 없이 사라지고 폐허만 남게 되면서, 사람들에게 일찍이 평생을 헌신한 인격이 높고 절개 굳은 열사를 기념했노라고 쓸쓸히 읊조릴지도 모른다. 만약 이러한 숭배의 열성이 지속되려면 반드시 신화와 전설이 동반되어야 한다. 이를 작동시키기 위해 수반되는 것은 일종의 보편적 믿음인데, 이는 탁월하고 재능이 뛰어난 사람이 죽은 후에 무소불위의 능력을 얻고 각종 기적을 행하는 신령으로 변한다는 믿음을 의미한다. 특별히 그의 생전에 있었던 비범한 재능의 일화는 몇 번의 전승을 겪으면서 더욱 신기한 명성으로 입소문을 타게 되며, 결국 그는 지역사회의 활동을 감독하고 사람을 보우하는 영험한 신적 존재인 신화적인 영웅으로 변모한다.

신화를 통한 영험함과 신통력이 날로 커지면서 그는 평민들의 일상생활 속에 들어가게 되고, 또 그들의 섬김을 받고 그들의 세속적인 일에 관한 기도를 늘으면서 참배의 대상이 된다. 사람들이 산구하는 내용은 대부분 후사를 원하거나 질병을 고치거나 재물 운이 형통하기를 원하거나 위험을 물리치고 평안할 것과 공적과 명성에 관한 것들이다. 이 요구들 중에서 어떤 하나가 우연히 실현되면, 곧 신화로 덧입혀져 영웅의 명성이 널리 퍼지는 계기가 된다. 이러한 점에서 일반 백성들에 있어서 신앙의 가치는 이미 도덕정치적인 특색보다는 신통력의 효험 여부에 더욱 쏠리게 되는 것이 사실이다.

집단을 유지하는 데 있어서 신화적 인물을 기념하는 것과 관련된 이러한 기억들은 매우 중요하다. 도덕을 숭상하는 사회적 가치는 관과 유학의 걸출한 인재를 자극해서 숭배신앙을 건설하고, 아울러 관의 제사 의례를 영속시켜 끊어지지 않도록 유지한다. 이러한 가치는 심지어 위기에 처한 일반 백성들로 하여금 영웅의 중요한 의의를 인식하게 할 수 있다. 위대한 인물, 긴 세월의 공적과 고상한 품덕은 종종 위기를 해결할 때 결핍되어서는 안 되는 요소이지만, 평상시에는 백성들의 사소한 일상생활에서는 드러나지 않게 되었다. 한 차례의 위기가 역사 속으로 사라지면, 사람들은 위험과 재난을 막아준 영웅을 잊게 되고, 심지어 그러한 초월성을 갖춘 도덕 숭배도 무지한 일반 백성들의 의식에서 차츰 사라진다. 민간에서 오랜 세월동안 영웅을 숭배하도록 하려면, 영웅은 반드시 일반 백성의 실제 생활의 한 부분을 이루어야만 했다. 그들에게 작은 가치관을 제공하고 아울러 그들의 겸손한 행위를 실현하도록 돕는 것으로 말이다.

그러나 지역사회는 예기치 못한 위기에 직면하게 마련이다. 전쟁, 기근 그리고 여러 형태의 대재난 등의 각종 위기들은 개인과 집단에게 피할 수 없는 불가항력으로 다가온다. 이런 위기적 상황에서 도덕정치적 가치는 깊은 잠에서 깨어나고, 기적을 통해 다시 나타난다. 예를 들면 영웅의 신령이 현시되거나 이상 현상이 출현하면, 지역사회는 이를 통해 폭풍우 등의 위기를 극복할 수 있는 계기를 만든다. 만약 어떤 한 신앙이 영험한 기적이나 신화 전설의 요소가 동반되지 않는다면, 일찍이 큰 공적을 이룬 영웅은 쉽게 잊혀질 것이며, 위기상황이 닥쳐 백성들을 격려해야 할 원천이 필요할 때 신화적 영웅의 도움을 얻을 수 없을 것이다.

새로운 위기가 닥쳤을 때 신령이 기적을 보여서 사람들이 난관을 극복하게 돕는다면, 조정과 민간은 신령에게 봉호를 수여할 것이다. 또한 오래된 사묘를 수리하여 신령이 햇볕에 그을리거나 비에 젖지 않도록 할 것이다.

사람들의 신에 대한 숭배는 종종 사묘를 수리하거나 내부를 다시 장식하는 것으로써 표현되었다. 신상(神像)을 장식하거나 사묘를 개수하는 것은 지역사회의 큰 공사로써, 흔히 비문에 신격화된 영웅을 찬미하는 글과 신이 백성을 보우한 고사가 기록되며, 이러한 방식은 지역사회 주민들의 영웅 숭배를 강화하는 데 일조하였다.

마지막으로 신앙의 조직에 대해 알아보자. 조직에 대해 말하자면, 민간신앙은 지역사회와 민중생활 속에 두루 퍼졌으며, 민중과 분리된 사제나 회원제 신도는 존재하지 않았다. 의례 방면에서도 민간신앙은 정식 또는 비정규의 형태를 통해 거행되었다. 봄과 가을에 정식으로 제례를 거행하고, 지방관리나 지역사회 우두머리가 의식을 거행하였으며, 둘이 함께 거행하는 경우도 있었고, 현지 주민들이 대다수 이에 참여하였다. 개인의 제례는 개인이 사묘에 가서 제사를 올리는 형태였다. 제례가 없는 때에도 신앙은 도덕과 신화, 전설을 찬양하는 형태를 통해 인간생활 속에 젖어들고, 인간생활의 일부가 되며, 어른과 어린아이들의 입을 통해 민간신앙으로 전승되었다.

## 하나의 신앙 사례를 통해 본 가치와 주술 그리고 발전

인격신 숭배의 구성 요소 중에서 가장 중요한 것은 도덕정치적 가치와 주술적인 신앙이며, 이는 신앙의 발전에 상보적인 역할을 한다. 이와 관련된 신앙은 많은 문헌에 등장하고 있으며, 그중 일부 내용은 이미 앞서 언급하였다. 이를 가장 잘 보여준 사례는 1841년과 1842년에 발생한 아편전쟁 기간에 영국의 침입에 대항하여 절강 연해를 방어하다가 죽은 두 명의 군사에 관한 것이다. 1881년과 1882년에 프랑스가 이 지역을 다시 침략하자, 이 죽은 군사들은 신령으로 나타나서 마을을 보호하고 백성들의 사기를 북돋았다. 그 후 중국과 프랑스는 일련의 충돌이 증폭되어 1884년 청불전쟁이 일어나게 되었다. 다음 구절은 침략을 받은 영파(寧波)와 소흥(紹興)의 지방관 호복성(胡福成)이 절강(浙江) 총독에게 올린 주절(奏折)에서 발췌한 것이다. 이처럼 긴 인용문을 소개하는 것은 다른 문헌에서는 이와 같은 세세한 의미가 좀처럼 드러나지 않기 때문이다.

지난해부터 절강 동쪽 연안을 따라 프랑스인들이 조약을 저버리고 분쟁을 도발하고 있습니다. 마강(馬江), 태북(台北)에서 여러 번 전쟁을 하고 경고 소리가 자주 들려 백성들이 두려워합니다. 올해 정월에는 적함이 진해(鎭海)만에 들어와 공격하여 우리 포대, 병선과 대치한 지 수개월이 되었습니다. 그러나 이 지역 일대에는 모두 마음으로 순종하여 서로 편안하고 무사합니다. 민간에서 전해지는 말들을 여러 번 들으니, 주 장군(朱將軍)과 갈 장군(葛將軍)이 신령함을 드러내어, 마을을 지켜 모든 땅이 전부 안전하며, 교활한 적들이 결코 마음대로 하기 어렵다고 합니다. 군사와 백성들이 이구동성으로 널리 퍼뜨리니, 이 때문에 대포 소리가 꽈르릉 울려 퍼져도 시장은 놀라지 않고, 적의 기세에 둘러싸여 핍박을 받아도 우리의 기세는 더욱 강성해졌습니다. 매번 위급한 때를 당해서는, 광풍과 이상한 구름이 서쪽에서 일어나 바다 한 구석으로 갑자기 향하는 것을 보고는, 간혹 수많은 신병(神兵)들이 전쟁에서 적을 물리치는 것을 돕는다고 하고, 간혹 밤에 남북 해안의 대포가 신비한 빛을 비춰 '갈(葛)'자와 '주(朱)'자가 생긴 것을 보았다고 합니다. 적이 우리 군을 멀리서 바라볼 때 항상 연무에 막혀 있어, 측량할 때 헤아릴 수가 없어 대포를 정확하게 조준하지 못합니다. …… 진해(鎭海)현 부관인 두(杜) 정승이 연이어 편지로 답한 데 따르면 이렇게 말하였습니다. "장령(將領)과 함께 적을 막는 것을 지휘하여 포탄이 비처럼 내리는 곳을 왕래하였으나 조금도 다치지 않았고, 적은 날마다 수백 파운드의 폭탄으로 포격하였으나 대부분 폭발하지 않았으니, 진실로 신의 도움이 아닐 수 없습니다……." 제가 갈 장군을 조사해보니, 그는 정해진(定海鎭)의 장절공(壯節公)으로 휘(諱)는 운비(雲

飛)입니다. 도광(道光) 21년(1841)에 수춘진(壽春鎭)의 강절공(剛節公) 왕석붕(王錫朋)과 처주진(處州鎭)의 중절공(中節公) 등국홍(鄧國鴻)과 함께 정해(定海)를 지켰습니다. 6일 밤낮 동안 격전을 벌여 적의 칼이 공의 얼굴을 쪼개어 얼굴의 반을 잃었고, 폭탄이 가슴을 관통하여 그릇처럼 구멍이 생겼으나, 십여 명이 칼로 찌른 뒤에야 숨을 거두었습니다. …… 갈 공의 본적은 산음(山陰)으로 여기에 사당과 무덤이 있으니, 충령이 퍼져 이곳을 보호하는 이치는 원래 있습니다. 벼슬이 조사관에 그쳐서 정자(貞字) 등의 경영을 통솔하고 지킴을 이룬 것을 조사할 것을 상세히 글에서 호소하였으니, 분별하여 아뢰어서 장차 정해 삼충사(三忠祠)로 사전(祀典)에 넣어서 봄, 가을에 제사를 드리는 것이 순리와 인정에 맞습니다.

주(朱) 장군 …… 휘(諱)는 귀방(貴方)으로, 영국이 영파를 점거하자, 장군은 군단 900명을 이끌어 자계(慈溪)의 대보산(大寶山)을 막아 지켰습니다. 적들이 … 물과 육지로 모두 진격해오자, 장군은 친히 큰 깃발을 쥐고서 군사들을 지휘하여 전쟁을 하였습니다. 새벽부터 황혼이 질 때까지 싸워 죽거나 부상당한 이들이 많았습니다. 그러다 군단의 측면이 갑자기 무너지고 고립되어 붕괴되었습니다. 장군은 말을 달려 진을 부수고 수십 인의 목을 손수 베었지만 2개의 창이 몸에 맞았습니다. 말이 넘어졌지만 다시 뛰어 일어났습니다. 적의 창을 빼앗아 좌우로 찔렀지만, 최후에는 총탄 한 방을 맞아 상처입고 전사했습니다. 그 아들 소남(昭南)도 같이 전쟁에서 죽었습니다. 부하인 하사관과 병졸들도 힘껏 싸워 물러서지 않았으나, 죽은 이들이 200여 명이었고, 적들의 시체도 또한 수레에 가득 쌓였습니다. …… 적들이 침입한 이래로 이처럼 큰 손실은 없었다고 합니다. 이로 말미암아 대보산 위에는 항싱 운기(雲氣)가 있어 은은히 북과 나팔소리가 들리고, 밤에는 간혹 불빛이 위로 비치고 깃발이 움직이는 것이 보입니다. 성을 점령한 적들은 매우 두려워하여 또한 마침내 퇴각하였습니다. 이는 도광(道光) 22년의 일입니다. 뛰어난 뜻을 받들어 그가 죽은 뒤 은전을 베풀어주니, 자계(慈溪)의 사대부와 백성들이 추렴하고 헤아려 사당을 세워 보답하였습니다. 40여 년이 지나도 사당의 외관은 항상 새것 같아 영험함이 크게 드러납니다. 지난해 여름에서 가을로 넘어갈 때, 부근에 사는 백성들이 밤에 사당에서 북을 치는 소리를 들었는데, 마치 군사를 다스리는 것과 같은 일이 10여 일 밤 계속되었습니다. 사당 앞에는 떠돌아다니는 거지가 상주하였는데, 사람과 말의 행차 소리가 큰길에서 끊이지 않고 잇달았고 혹은 말발굽에 밟히기도 하여 마침내 질병에 이르렀습니다. 이때 프랑스의 압제가 더욱 심해지니, 모두들 장군이 지하에서 충성과 분노로 가슴이 맺히고 또한 마땅히 적을 미워하여 연해지방을 보호하였다고 합니다. 먼 곳과 가까운 곳으로 앞 다투어 전해져서 백성들의 마음이 크게 안정되었습니다. 이것은 …… 강적들이 조약을 받아들이자 기세와 요기(妖氣)가 슬그머니 사라져 나라 안이 조용하고 편안해졌습니다. 공적을 세운 장수와 관리들은 이미 특별한 은혜를 입었으나, 공적의 순서에는 차이가 있고 벼슬 또한 지나치게 욕심을 부려 분수에 맞지 않으니 어찌 감히 하늘의 공을 탐하겠습니까? 공적은 신령한 것으로 자취를 드러내나 연기에 막혀 드러나지 못하니, 헤아려 칙령을 내려 시호를 봉하고 또한 혹 정해(定海) 삼종사(三宗祠)에 모두 편액(扁額)을 바쳐 제사 전례에 넣어서 충성을 드러내어 신의 보호에 보답하여야 합니다.[179]

긴 문장임에도 불구하고 이 글을 인용한 까닭은 이것이 민간신앙 속에 담겨 있는 신비적인 요소와 도덕정치적 가치의 상호작용을 잘 설명하고 있기 때문이다. 우리는 이 문장에서 보편원칙이 적용되는 것을 볼 수 있는데, 즉 한 사람의 비범한 인격과 범상치 않은 행위는 민중들로 하여금 그의 영혼에 신령한 능력이 구비되어 있다고 믿게끔 만드는데, 특히 그가 드라마틱한 죽음을 맞이할 때에는 신앙적 요소가 더욱 증폭된다.

---

[179] 『淸朝續文獻通考』第158卷, pp.9129-9130.

이러한 영웅들에 대한 신앙으로 볼 때, 죽음이 그의 육체를 훼손할 수는 있어도 그의 영혼은 훼손되지 않고 민간에 계속 남아있다고 믿는다. 사람들은 그의 범상치 않은 성품을 잊을 수 없기 때문에 계속해서 그의 정신을 기념하는 것이다. 이런 기념 행위는 신화와 전설로 구체화되고 대대손손 이어지게 된다. 이런 불굴의 정신은 중국인들이 말하는 "호방한 기개(浩氣: 맹자는 호연지기(浩然之氣)로 표현함)"라는 개념의 일부분으로, 이는 맹자의 정의 중에서 굴복하지 않고 돌아서지 않는 정신을 말한다. 뛰어난 인물의 장례식에 조문을 하러갈 때, 항상 "호방한 기개여, 영원하라"라고 쓴 베나 실로 만든 족자를 볼 수 있다. 이렇게 영웅들 속에서 드러난 정신은 민중들의 마음속에서 신령의 용기와 결합되면서 민간신앙으로 발전하게 되었다.

우리는 이것을 다음과 같이 설명할 수 있다. 이 두 신격화된 장군의 행위와 용기는 국가를 위해 목숨을 바친 도덕정치적 가치와 연결된다. 그들이 국가를 위해 헌신한 행위는 도덕정치적 가치를 불러들였고, 사당을 짓고, 정식으로 제사를 지내고, 조정에서 봉호를 수여하고, 두 장군을 둘러싸고 여러 신화들이 만들어진 것 등을 통해, 이 신앙이 널리 퍼지게 된다. 그들의 범상치 않은 도덕 역량과 영웅적인 죽음은 '호방한 기개'라는 전형적 개념과 맞아떨어지면서, 그들의 영혼에 신비한 힘이 부여되었다. 이 신화는 계속 퍼져나가 심지어는 사후 40년 동안 그들의 응답은 기도하는 족족 반드시 들어준다고 소문이 날 정도로 매우 영험했다고 한다. 그리고 또다시 영토가 침략당하는 상황이 닥치자, 민간에 잠재되었던 이 두 장군의 신앙은 즉시 상상력을 다시 점화시켜 용기, 충성, 애국심과 같이 상징적 가치의 신화, 전설을 생산해 내었고, 이로써 백성들에게 높은 도덕심을 고취시키고, 수비군들에게 침략자를 물리칠 수 있는 믿음을 불어넣었다.

이 사례의 기본 논리는 과거 위대한 인물들의 도덕정치적 신앙에 이르기까지 추론할 수 있게 한다. 사람들은 극도의 위기상황에 처하면 자연스럽게 과거의 비슷한 위기 사례를 되새기면서 "만약 영웅이 우리와 함께한다면,

우리는 그의 지휘에 따라 또다시 난관을 극복할 수 있을 것이다"라고 믿을 것이다. 그리고 신화 전설의 사회심리적 기제는 당시 발생한 재난 상황에서 생겨나며, 사당과 영웅의 조소상 또는 우상과 같은 종교적 상징, 영웅 기념의 종교의례 그리고 그 신비로운 힘에 대한 믿음을 통해 사람들은 영웅의 존재를 믿게 된다.

위기의 순간에 지역 주민들의 사기를 높이고 그들의 평온을 유지하게끔 하는 것은 신앙의 실제 기능이며, 지방행정관이 조정에서 봉호를 수여하고 편액을 내려주는 형식을 통해 민중의 신령에 대한 신앙을 확장하려는 노력에 터전을 제공하는 것이다. 조정 관리들이 보기에 가장 중요한 것은 신화, 전설이 실재하는가의 문제가 아니라, 신화 형식으로 상징화된 용기, 애국심 등의 도덕정치적 가치이다. 이것들은 대중을 다독거릴 수 있고 또한 병사들의 투지를 고무시킬 수도 있는 것이다.

세대를 거쳐 면면히 이어져온 민간의 영웅숭배는 확실히 다음 세 단계의 주기적 도식을 거쳐서 발전해 왔다. 첫째, 신앙의 시작단계에서는 위기상황에서 시작되어, 애국심, 용기, 극도의 자기희생 등의 주도적 가치를 필요로 하며, 민중들이 위험한 사태를 극복하도록 명령한다. 둘째, 신비로운 힘과 신화 전설에 기초한 신앙으로 발전되어, 민간에 광범위하게 퍼진다. 셋째, 새로 등장한 위기는 정치집단적 가치를 다시 증폭시키며, 이는 신비 신앙과 신화, 고사와 긴밀하게 뒤섞이며 이러한 순환구조는 중복된다.

이런 유형은 살아남은 민간신앙에만 적용되지, 쇠락하여 결국에는 사라지고 마는 민간신앙에는 적용되지 않는다. 시골에 산재해 있는 방치된 사당과 사묘들은 내부에 몇 겹의 먼지가 쌓이고 거미줄이 쳐져있고, 부서진 벽과 폐허 상태가 이전의 모습을 드러낸다. 이런 사당들은 위기의 순간에 영광스러운 출발을 하였지만, 평화로운 긴 기간을 지나는 동안 두 번째 단계로 발전하는 데는 실패하였다. 이 기간 동안 도덕정치적인 가치는 점차 절실함과 중요성을 잃어가면서, 기나긴 평화의 시기에 그 존재의 가치를 지속적으로 보존하지 못하게 된다. 이로 인해 섬기는 자는 점점 줄어들고 공공 이익을 유지하는 사묘도 몇 대를 거치면서 쇠락의 운명을 맞고 신앙도 점차 퇴색된다. 이러다가 마침내 새로운 위기가 출현하면서 지역사회를 구원하는 새로운 영웅이 나타나게 되며, 이를 통해 완전히 새로운 영웅숭배가 도래한다.

일부 대중적인 민간신앙은 처음 시작될 때는 비록 도덕정치적인 성질을 가지고 있었지만, 장구한 세월을 거치는 동안 그들의 근원적인 가치는 거의 잊혀지고 숭배의 신비적 요소만이 남게 되었다. 이는 역사적 상황이 바뀌어 새로운 위기가 닥치자 고대의 영웅으로는 또 다른 가치를 요구하는 공동체의 기대에 부응할 수 없었기 때문이다. 한 예로 남쪽에 광범위하게 분포하는 장군묘(將軍廟)를 들 수 있는데, 이 사당은 약 2000년 전 한나라 영토 확장의 선봉장군(先鋒將軍)인 마원(馬援)을 모셨다. 이 장군에 대한 민간의 숭배는 5세기[180]에 한족 이민자들 사이에서 도덕정치적 민간신앙으로 시작되었다. 이는 새로 개척한 남방에서 한족이 아닌 이민족과 투쟁하기 위해 용기와 자신감으로 상징되는 무사의 정신이 필요했기 때문이었다. 그러나 세월이 흘러 후대에 광주(廣州)의 장군묘에 와서 이 장군을 섬기는 사람들은 단지 그가 매우 영험하여 기도하면 반드시 응답한다는 사실만 들었다고 말한다. 이러한 인식은 이미 이민 시기 한족들이 토착민과 싸움을 벌였을 당시에 존재했던 용맹성의 추구와는 너무나 큰 괴리가 있다.

그러나 관우(關羽)와 같은 몇몇의 대중적인 민간신앙은 그들의 도덕정치적 가치가 시간이 지나도 사라지지 않고 1000년 넘게 지속되어 왔다. 그들의 발전과정은 위에서 언급한 순환적 유형과 매우 유사하다. 관우에 대한 숭배는 충성, 의리, 용기로 상징되는 가치가 시간과 공간을 띠나 온 천하에 퍼진 것이니, 남녀노소를 막론하고 모두 익숙한 문학작품인 『삼국연의(三國演義)』의 광범위한 유통이 민중의 관공에 대한 숭배를 더욱 강화

---

180 『羅定縣誌』, 第4卷, 1881, pp.11-12.

시켰을 것이다.


## 죽은 자와 산 자의 민간신앙

　도덕정치적 신앙은 신화화된 역사적 인물에 바탕을 두고 수립된다. 왜냐하면 역사적 인물이 드러내는 품격과 행위는 상천(上天) 또는 자연신에 의지하여 나타난 도덕 품성보다 훨씬 더 사실적이기 때문이다.
　어째서 한 인물에 대한 신화는 항상 생전이 아닌 사후에 만들어지는가? 그 이유 중 첫째는 이미 죽은 사람의 이미지에서 도덕적 특성을 이상화하고 완전한 모델을 만드는 것이 살아있는 사람을 대상으로 하는 것보다 훨씬 쉽기 때문이고, 살아있는 사람은 그가 얼마나 뛰어나든 또는 그가 사회와 얼마나 격리되어 있든지 간에 그의 결함을 완전히 감추기가 쉽지 않기 때문이다. 둘째는 신앙과 신화적 지식은 죽은 사람의 영혼에서 더 쉽게 조직되며 그 증거를 내세울 필요가 없기 때문이다.
　그러나 이것이 중국에는 살아있는 사람에 대한 숭배가 완전히 없다는 것을 의미하지는 않으며, 막스 베버와 같은 학자들은 이에 대한 존재를 긍정하였다. 다른 역사시대, 심지어 현대에도 때때로 지역사회는 살아있는 뛰어난 인물을 위해 사당을 지어 그의 공로에 감사의 뜻을 표한다. 이런 사당을 과거 사람들은 '생사(生祠)'라고 불렀다. 하북성 청하현(淸河縣)의 현장(縣長)이 그러한 예에 속한다. 그는 상당한 양의 조세와 다른 지방관이 강탈하던 공물을 감면하여, 심한 압박을 받고 있던 백성들의 경제적 부담을 덜어주었다. 2년 뒤인 1886년, 그는 다른 지역으로 전임되었고, 청하의 백성들은 감사하는 마음으로 그를 기념하는 사당을 지었다. 1920년까지 광동성 흠천지역에서도 흉년에 백성들을 구휼하고 굶주리는 많은 백성들을 구하였던 행정 관리를 위해 사당이 지어졌다. 국민당 정부의 농업부에 근무했던 한 관리는 필자에게 이렇게 말했다. 1940년대 초반에 그가 사천성 북방의 가뭄이 든 땅에 관개 시설을 건설하고 난 뒤, 이를 고마워한 지역의 향리들이 그를 위해 사당을 세울 것을 제안하였다. 비록 이 사당은 지어지지 않았고 모든 제안들은 희망사항으로만 남았지만, 이는 매우 유의미한 일이다. 왜냐하면 비록 이 제안이 제대로 실현되지는 않았지만, 이는 살아있는 사람에 대한 숭배가 종교적 전통의 한 부분이었다는 사실을 잘 설명해준다.

이와 같은 살아있는 자에 대한 숭배신앙은 다른 민간신앙처럼 공민의식을 고취시키는 작용을 하였다. 백성들이 전임 지방관리를 위해 사당을 지었다는 사실은 의심할 바 없이 후임 지방관리에게 하나의 채찍으로 작용할 것이고, 이는 곧 전임 지방관리의 공로에 대한 긍정이며, 만약 후임 관리도 백성을 위해 헌신한다면 동일하게 백성들에게 추앙받을 수 있다는 것을 암시한다. 민간신앙의 대상이 되는 관리들은 살아있거나 죽었거나 모두 민중의 정부와 법에 대한 믿음을 고양시켰다. 왜냐하면 이 전통은 좋은 관리가 오면 그 관부는 좋아지기 때문에, 탐관오리가 출현해도 정부의 기본적인 안정 국면에 큰 영향을 줄 수 없기 때문이다.

## 정치제도를 지지하는 요소로서의 종교

앞의 논의와 사례는 종교적 요소가 행정의 권위를 세우고, 평화와 질서를 유지하며, 공민의 가치를 유지하고, 정부에 대한 신뢰를 고취하며, 공공의 위기에서 민중이 조정에 충성하고, 민주의 투지를 고무시키는 데 중요한 작용을 한다는 사실을 설명하였다. 제9장에서는 종교가 신의 이름을 내세워 현존하는 정권에 도전하고 여러 반란 중에 중요한 작용을 하는 등의 정치생활 중의 영향력을 다룰 것이다. 이미 언급되었듯이, 종교적 요소의 정치적 중요성은 지배 계층에게 기본적 이론을 제공한 유학 전통에 의해 꽤 의식적으로 인식되었다. 널리 인용되는 "신령한 도로써 교의를 세운다"는 경구는 이러한 인식을 잘 암시하고 있다. 불산성(佛山城)의 천후묘(天后廟)의 비문은 이 인식에 관한 상세한 내용을 보여준다.

중니(仲尼: 공자)는 귀신의 덕을 크게 칭송하였는데, 후세 편협한 유가들은 기괴한 것만을 말하려고 하여 이에 대해 깊이 논하지 않았다. …… 나의 생각으로는 …… 천지는 단 하나의 큰 사물일 뿐이다. 그 사이에서 서로 돕고 재단해서 이루게 하는 이가 귀신이다. 그러나 도읍에 정책과 법령이 미치고 사람의 도가 있어 기강이 서면, 귀신이 나타날 필요가 없었고, 평화가 깨진 후에야 출현했다. …… 옛사람들이 말하기를 "극히 잘 다스려진 시대에는 귀신이 신령스럽지 않았으니, 사실 신령스럽지 않은 것이 아니고, 상과 벌이 분명하고 양기가 뻗치고 음기가 숨어드니 …… 그 신령스러움을 쓸 데가 없는 것이다.[181]

이 글은 사람의 도가 정상적으로 운행되지 않고 법률과 제도가 치안과 정의를 구현하지 못할 때, 신의 도가 출현하여 정치적인 역할을 떠맡는다고 말한다. 사람의 도가 쇠퇴하고, 정부의 법과 제도가 평화와 정의를 유지하는데 실패했을 때, 신의 도가 정치적인 역할을 맡아 나타난다. 여기서 종교는 어려운 시기에 현행의 제도를 지지한다. 완벽한 정부가 주어진다면, 신은 필요 없을 것이다. 그러나 완벽한 정부하에서의 태평성세는 쉽게 구할 수가 없었기 때문에, 신령은 정치적 현실 중에 장기적으로 존재하는 일부분이 된 것이다.

인류의 질서는 보편적 정의를 실현하고 위기를 해결하는 면에서 믿음을 주지 못한다. 이러한 경향의 현실은 은연중에 사람들로 하여금 기본적인 정

---

[181] 『佛山忠義鄉誌』, 第8卷, 「祠祀」, p.11.

천진 고문화 거리 근처에 있는 칙건(勅建) 천후궁.

치 원칙에 대해 불만과 회의를 갖게 만들었고, 사회 질서의 안녕을 약화시키게 되었다. 정치 제도는 백성들에게 평화와 복종을 요구하지만, 굶주림으로 반란을 일으킨 폭도들은 이런 제도에서 어떤 정의도 보지 못하였다. 정치적인 권력을 잃고서 압제적인 폭군이 된 범죄자는 질서의 안정에 대해 어떤 존중도 보이지 않았다. 이런 상황이 너무 자주 발생하였기에 정부 조직에 대한 믿음이 전반적으로 사라지게 되었다.

여기서 종교적인 요소가 작용한다. 정치 규범의 실종이 정치적 재난을 불러왔다고 여기기보다는 이 요소가 어떤 이들의 행위직 오류에서 비롯된 신령의 분노와 결합된 것이다. 비록 도덕의 관점에선 성공과 실패를 완벽하게 해석할 수 없지만, 사람들은 운명의 귀결이라는 각도에서 어떠한 상이나 징벌이 모두 인과관계로 논증할 수 있다고 보았다.

도덕이 무너진 정부에 대한 믿음이 사라지고 공공도덕이 타락하는 현실

속에서, 민중들은 위기상황에서 신령에 의지하게 된다. 공공권력이 정의를 집행하거나 대재난에 대응력이 무력하고, 사람이 사용하는 방법 또한 대중의 보편적 실망을 완화시킬 수 없을 때, 도덕정치적 질서의 일부분을 구성하는 신령도 이에 상응하는 책임을 지게 된다. 왜냐하면 신령도 또한 도덕정치적 질서의 한 부분으로 형성되었기 때문이다. 그래서 정부와 지방관들은 기나긴 가뭄이 제사와 기도로도 멈추지 않으면, 성황(城隍)의 신상을 채찍질하고 때리거나 비를 오게 하기 위해 신상을 타는 듯이 내리쬐는 태양 아래에 노출시켰다. 이런 일들은 19세기 서양의 학자들을 놀라게 하였다. 모든 가능한 종교가 인간사회의 좌절에 대해 어떻게 해석하든지 간에, 제사활동이 어떻게 표출되든지 간에, 실제 결과는 도덕정치적 질서가 직접적인 과실의 책임을 지는 것을 면할 수 있다. 따라서 많은 상황 가운데 도덕정치적 질서가 결코 미덥지 못할지라도 지속적으로 그 기본적인 안정 기조를 유지할 수 있는 것이다. 중국 종교의 도덕정치적 기능이 갖는 의의는 민간신앙의 대중성과 불교와 도교와 같은 자발적인 종교가 지닌 다수 신령을 특징으로 하는 대중성으로부터 획득된다. 예를 들어 성황(城隍)에 대한 민간신앙은 처음에는 전통 신에 관한 것이었으나, 후에 대량으로 불교와 도교의 요소가 흡수되었다. 신령이 비를 내리고 밤도둑을 잡는 전설 속에서 사람들은 신비로운 신앙의 대중성을 인식할 수 있었다.

모든 국가제사의 주문은 신령이 공공성을 지지하는 것을 찬미하고 도덕과 정치질서를 강화하는 내용을 포함한다. 여기에는 개인적 구원이나 사적인 관심에 대한 요구는 없다. 이 대중성은 민간신앙이 도덕정치적 기능을 부담하는 데 도움이 되었다.

## 의례의 형식화 대 신앙의 실제적 기능

중국문화를 연구하는 저명한 학자들의 비평에 따르면, 관방의 공공신앙에 대한 제사는 단지 형식적인 예절에 지나지 않고 중국사회생활 중에는 어떠한 현실적 의미도 지니지 않는다. 예리한 사상가였던 막스 베버는 이렇게 말한다.

> 위대한 자연신은 점점 개성이 없어진다. 그들에 대한 숭배는 관방의 의례로 전락했고, 의례는 감정적인 요소는 텅비고, 결국은 사회풍습으로 대체된다. 이것은 대중들의 전형적인 종교적 요구를 완전히 무시하는 교화된 지식인 계층에 의해 진행된 작업이다.[182]

이런 관점은 서양학자에만 국한된 것은 아니다. 예를 들어 호적(胡適)은 미국 선교사에게 이렇게 답했다. "제사는 아무런 의미가 없는 단지 형식적인 의례일 뿐입니다."

그러나 만약 베버와 이런 관점을 주창한 다른 이들이 신격화된 두 장군의 경우를 예로 삼았다면, 왜 사당이 세워졌는지, 민간신앙에서 싹튼 지식들이 대중들의 마음에 실제적으로 영향을 주었는지 아닌지, 국가의 이름 아래 신격화된 장군들을 이용하고, 그들에게 지내는 공적 제사를 확장하는 것이 민간신앙의 발전과 기능적인 관계가 있는지 없는지를 설명해야 할 것이다. 앞선 사례에서 명백한 것은 국가제사에서 신앙은 절대 빼놓을 수 없는 일부분이라는 사실이다. 신화적 지식을 포함하는 민간신앙의 전부가 빈껍데기가 아니라면, 공적인 제사는 쉽게 사라질 수 없을 것이다.

먼저, 도덕정치적 민간신앙이 '형식적'이라는 관점을 유지한다면, 초기

---

[182] Max Weber, *Religion of China*, p.173.

중국의 고전에서부터 현대의 정부기록에 이르기까지 제사와 제사 의례의 문제가 왜 이렇게 중요시되었는지를 설명해야 한다. 그래서『예기』는 "무릇 사람을 다스리는 도는 예(禮)보다 급한 것이 없다. 예에는 오경(五經)이 있는데, 제사보다 중요한 것이 없다(凡治人之道, 莫急於禮. 禮有五經, 莫重於祭)"라고 하였다. 만약『예기』의 이 구절을 단지 시대에 뒤진 유학 경전의 죽은 글자로만 여긴다면, 기존의 관방 문서와 근대 지방지에 나타난 관과 민의 제사의 내용에 대한 상세한 교정 그리고 지금도 새로운 신앙이 끊임없이 생겨나는 현상들에 대해 설명할 수 있어야 한다.

만약 당시 관방 문서에서 제사를 강조한 것이 단지 글자 그대로 형식에 불과하다고 간주하더라도 각 지방에 있는 만 개 정도의 사묘, 관방과 민간 우두머리가 주축이 된 정기적인 제사 그리고 이런 제사활동 배후에 있는 사회종교적인 추진력을 어떻게 설명할 수 있을까. 수많은 사묘와 세심하고 정성스럽게 준비된 제사활동을 단지 형식이라고 해석할 수도 없고, 문화의 잔류라고 해석할 수도 없다. 사묘는 모든 지역사회 건축물 중에서 가장 크며, 구조적으로도 가장 정교한 건축에 속한다. 제사 의례도 이와 같아서 가장 세심하고 정성스럽게 준비된 전통적인 집단활동이다. 사묘와 제사는 공공이 지출한 가장 큰 항목에 속한다. 산업사회 이전에는 경제수입의 수준이 보편적으로 낮았기 때문에, 대규모 자금을 단지 껍데기에 불과한 의례나 문화적 자취에 쏟아 부을 수는 없는 노릇이다.

결국 "의례의 형식화" 혹은 "문화적 자취" 관점은 다음과 같은 가정을 암시한다. 중국의 도덕정치 생활은 이러한 신앙과 제사의 상황이 없는 데서 계속되었다. 만약 중국의 도덕정치적 질서가 발전해 나가는 데 종교적 요소가 제거된다면, 장차 어떤 형태의 상황이 나올 수 있겠는가? 여기에는 사람들의 상상력이 필요하다. 다만 중요한 사실은 이런 상황이 지금껏 발생하지 않았다는 것이다. 우리는 이러한 역사적 사실을 윤리적으로 해석할 수 있다. 신앙은 중요한 사회종교의 실재이고, 적극적인 도덕정치의 작용 속에서

성립할 수 있다. 이로써 우리는 이러한 유형의 민간신앙의 사회적 함축과 인용되었던 중국문헌 속에서 주어진 많은 관통하는 해석을 명료화할 수 있을 것이다.

# 제8장
# 국가의 종교 통제

　제천(祭天)의식과 도덕정치 신앙에 관한 토론은 지배세력과 왕조가 민중들의 승인을 획득하는 데 있어서 초자연적인 관념이 매우 중요한 역할을 한다는 사실을 증명해 준다. 통치 집단, 특히 유학자들은 종교의 이러한 가치를 충분히 인식하고 끊임없이 종교적 역량에 조직적인 통제를 가함으로써 종교가 다른 선택의 여지 없이 봉건왕조의 통치를 위해 봉사하도록 만들었다. 과거의 역사는 정치적 통제를 가하지 않을 경우, 강력한 종교 세력이 다른 집단에 의해 이용당할 수 있다는 사실을 통치계급에게 암시해왔다. 예컨대 특정 교파에 속하지 않은 '전업 종교인' 혹은 심지어 반란군들도 정부에 대항할 수 있는 권력의 중심을 수립할 수 있는 것이다.

　본 장에서는 전통 봉건왕조는 어떤 방식으로 초자연적인 힘을 지배하는 데 전력을 기울였는가, 왕조는 어떻게 종교문제에 관한 의식(儀式)과 해석권을 독점하게 되었는가, 왕조는 어떻게 종교조직과 승려들에 대해 행정적 통제를 행사했는가, 그리고 무엇보다 봉건왕조 정권이 어떻게 비정통 종교운동의 발전을 미연에 방지하고 진압하였는가 하는 문제들을 다룰 것이다.

　이러한 문제들을 탐구하기 위해 필자는 『대청율례(大淸律例)』의 내용 일부를 발췌했다. 우리는 중국의 수많은 전통 법률과 법규의 임의성을 염두에 두어야 하는데, 이것은 공식적인 법률과 규칙의 범위 내에서 질문을 하는 것이다. 청 왕조의 실제상황을 반영하고 있다. 본 장의 뒷부분에서는 각 조대의 법률이 종교 업무의 집행에 미친 영향력이 일정치 않다는 사실에 대해서도 언급할 것이다. 하지만 엄격하게 집행되지는 않았을지라도 이러한 법률 자체가 이미 정부의 일관된 태도를 반영하는 것이며 습속과 관례가 공식적인 법률보다 인간의 행위에 보다 강한 구속력을 갖는 사회에서 정부의 태도는 자연히 가장 중요한 요소로 작용한다는 것을 알 수 있다. 중국의 역사 기록을 보면 사회가 심각한 위기에 직면했을 때에는 법률이 철저히 집행되었고 정상적인 시기에는 법률과 규정이 암암리에 무시되곤 했음을 알 수 있다.

## 하위의 초자연적 힘에 대한 세속적 통제

초자연적 신앙을 권력 운영의 도구로 이용하기 위해 봉건왕조는 갖가지 책략을 사용하여 그것이 지니고 있는 초월성과 그 어느 것보다 우월하다는 합법성을 증명하려 했다. 우리는 앞장에서 이미 초자연적 신앙의 구조가 기본적으로 세속적인 정부의 형식을 모방하고 있으며 사람들은 두 가지 구조의 체계가 서로 의존적이어서 함께 도덕정치의 질서를 보호하는 것으로 믿고 있다는 사실을 언급한 바 있다. 이리하여 사람들은 살아 있는 관리가 한 단계 낮은 신령보다 더 강한 권력을 갖는다고 믿게 된다. 따라서 어떤 조건 하에서는 관리들이 일부 신령을 자신의 부하로 부릴 수 있고 상황에 따라서는 격려할 수도 있고 처벌하거나 관리할 수 있는 것이다.

봉건 정권과 초자연적 힘은 상호의존 관계에 있고 이와 관련하여 우리가 익히 알고 있는 이야기들도 적지 않다. 그 가운데 가장 확실한 것은 황제가 신령에게 직위를 하사하는 것이다. 중국 전역에는 황제가 직위를 하사하거

위쪽 사진은 하북성 보정시 안국 약왕묘의 비문으로 황제가 약왕신께 명영소혜현우왕(明靈昭惠顯佑王)이라는 작위를 하사했음을 알 수 있다. 아래쪽 사진은 약왕묘 후방에 있는 비림(碑林)으로 비문에는 국가로부터 칙액이나 봉호를 받은 사실 등이 새겨져 있다.

나 황제의 친필 휘호가 담긴 편액이 걸려 있는 묘우(廟宇)가 셀 수 없이 많다. 이처럼 보편적으로 존재하는 사실은 지고무상(至高無上)의 황제 권력이 속인과 속세의 일에 일정한 영향력을 행사하고 있고 적지 않은 신령들에게도 마찬가지로 적용된다는 점을 증명한다.

이러한 현상의 출현은 전적으로 의도된 것이다. 예컨대 가경(嘉慶) 황제는 양곡 운송에 큰 공을 세운 경항(京杭) 대운하를 하신(河神)으로 책봉하는 조서에서 이렇게 말했다. "성스러운 천자께서 뭇 신령들에게 은혜를 베풀고 있으며(백성들에게 공을 세운 신령들에게는 제사를 올린다)······"[183] 백성이나 관원들이 어떤 신령이 국가가 위기에 처했을 때 영험함을 발휘하여 도움을 주었다고 믿을 경우에 황제는 영험함을 발휘한 그 신령을 장려하고 전국 각지에 이 묘우를 세워 이 신령을 섬기게 하기도 한다.

강소성(江蘇省) 보산현(寶山縣)에 위치한 성황묘(城隍廟)가 그 일례가 될 수 있을 것이다. 이 성황묘의 신은 1558년 왜구에 맞서 싸우다 희생된 관리 한성(韓誠: 음역된 이름)의 영령으로 1728년에 보산이 정식으로 현으로 지정된 이후에 성황으로 책봉되었다. 태평천국의 난 기간 동안에 사람들은 성황의 도움으로 1853년에 청군이 태평군의 수중에서 성을 수복할 수 있었다고 믿었고, 이에 황제는 그를 '현성(顯聖)'으로 봉했다. 1860년과 1863년에도 두 차례에 걸쳐 반란군이 성을 공격했으나 결국 헛수고에 그치고 말았다. 이에 이 신령에 관한 신기한 전설이 만들어져 사방으로 퍼져나가게 되자 조정에서는 이미 내려진 봉호(封號)에 '호국우민(護國佑民)'이라는 수식어를 덧붙여 그 업적을 기리게 했다. 1883년과 1885년에는 성황이 파괴적인 폭풍우 속에서 바다의 제방을 막아낸 공로를 높이 평가하여 황제가 다시 '보공사(報功祠)'[184]라는 편액을 내려 이를 격려한 바 있다. 같은 지역에서 1854년과 1887년에 여러 차례에 걸쳐 메뚜기 떼를 퇴치한 공로로 충왕(蟲王) 유맹(劉猛) 장군이 연이어 여섯 차례에 걸쳐 직위를 제수 받은 바 있다.[185] 이외 유사한 사례는 셀 수 없이 많다.

같은 논리로 속세와 천국의 질서를 통치하는 통치자로서 군주는 각 분야

---

[183] 『淸朝續文獻通考』, 제158권, p.9128.
[184] 『寶山縣續誌』, 1921, 제3권, p.19.
[185] 『寶山縣續誌』, 1921, 제3권, p.19.

의 신령들의 등급을 주재하거나 과실 행위를 처벌할 수도 있다. 파커(E. H. Parker)는 20세기 초 중국인들의 생활에 대한 고찰을 토대로 이렇게 말한 바 있다. "만일 장시간의 기도를 올린 뒤에도 아무런 결과를 얻지 못했다면 그들(중국 관원)은 신령들도 폐물로 취급했을 것이다. 반면에 신령이 그들의 요구에 응답을 하면 계속해서 황제가 내린 상을 받을 수 있다. 한 지방관이 게으른 신령에게 경고의 유지(諭旨)를 내렸다는 글을 읽은 적이 있다."[186] 기우제를 올려도 비가 내리지 않을 경우 사람들은 종종 성황을 징벌하는 의식을 행한다. 이처럼 놀라운 의식들에 대해 여러 가지 의미의 해석을 할 수 있겠지만, 그 가운데 한 가지 기능은 이러한 의식을 통해 통치자가 자신에게 신령을 지휘할 수 있는 능력이 있음을 증명해 보임으로써 초자연을 믿는 일반 백성들에 대한 세속적 권위와 위엄을 증강시키는 것이다.

### 국가의 제천의식 독점과 하늘의 전조에 대한 해석

초자연적 힘에 대한 세속적 우월성은 정부 관원보다 상대적으로 등급이 낮은 신령들에게만 적용될 수 있다. 일부 초자연적 힘 가운데는 황제도 초월할 수 없는 부류가 있는데 다름 아닌 천(天)과 일부 천신들이다. 황제조차도 만물 위에 존재하는 상제(上帝)에게 제사를 올릴 때에는 고개를 숙이고 엎드려 절을 한다. 세속의 권력으로는 등급질서에 따라 상제를 조종할 수 없기 때문에 천의 뜻에 순응하고 이러한 의식을 통해 도움을 청하며 야심을 지닌 다른 집단이 같은 의식을 통해 상제에게 보살핌과 권력 찬탈을 지지해 줄 것을 청하지 못하도록 예방한다. 여기서 한마디 덧붙이자면 지존의 세속적 권력을 지닌 군주가 천이라는 지고무상의 존재를 인정하는 것이 유일신

---

186 E. H. Parker, *Studies in Chinese Religion*, New York, 1910, p.8.

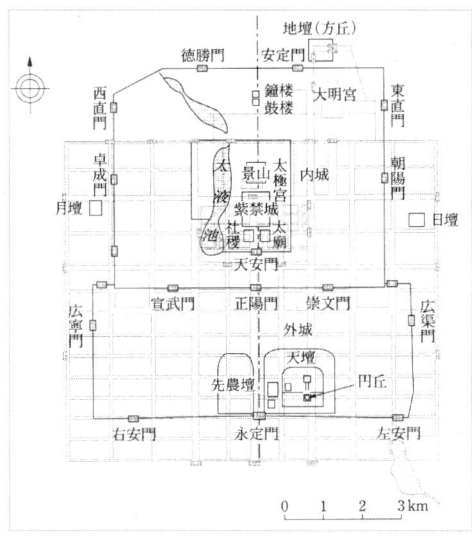

위쪽은 천단에서 제사를 거행하기 전에 황제가 재계(齋戒)하는 재궁(齋宮)의 사진. 아래쪽은 북경 국가제사 제단(祭壇)의 위치를 표시한 지도.

신앙을 가진 기독교도들이 중국 관원들의 신령 학대 행위에 대해 놀라움을 금치 못하는 것과 최소한 평형을 이룬다고 할 수 있다.

봉건황제의 전통적 책략은 제천의식에 대한 권력을 엄격하게 독점함으로써 다른 사람들이 자신의 특권을 침범하지 못하도록 하는 것이다. 청조(淸

朝)의 법률에서 다음과 같은 내용을 살펴볼 수 있다.

> 밤중에 향을 피우고 천등(天燈)과 칠성등을 밝히며 개인적으로 천(天)에 호소하거나 (큰곰자리의) 북두칠성에 경배하는 사람에게는 벌로 곤장 80대를 때린다. 부녀자가 죄를 범했을 경우에는 가장에게도 책임을 묻는다. 승려나 도사가 제단을 차려놓고 액막이 제를 올릴 경우에는 똑같이 죄를 물어 환속하게 한다.

이러한 규정에 대한 관방의 해석은 다음과 같다.

> 제사 규칙은 제사를 수행하는 사람의 지위에 달려 있다. 조상에게 제사를 지내는 것을 포함해 일반 백성들이 제사를 올릴 수 있는 대상은 토지신에게 드리는 오사(五祀)가 있을 뿐이다. 만일 함부로 천신에게 제를 올린다면 이는 자신의 본분을 넘어서고 예의에 어긋나는 일이므로 곤장 80대의 형벌에 처한다.[187]

중국의 종교를 연구하는 수많은 학자들은 보편적으로 법률이 개인적 제천의식을 금지하는 것이 과연 효과적인가 하는데 대해 의구심을 갖고 있다. 예컨대 수많은 개인들이 공개적으로 거행하는 제사활동은 모두 천이나 천신과 분명한 연관성이 있다. 전통적 가정, 특히 남방지역의 집안에는 대부분 천관(天官)을 모시는 작은 사당이 세워져 있다. 적잖은 지역에서 전통혼례를 올릴 때마다 하늘과 땅에 제사를 지내고 절을 올리는 의식을 거행한다. 십이성좌 가운데 하나인 성신(星神) 진무(眞武)와 벼슬을 관장하는 문창공(文昌公) 역시 백성들이 흔히 숭배하는 대상들이다. 이것 말고도 이러

---

[187] 『大淸律例統纂集成』, 上海, 1908, 제23권, p.10.

한 사례는 수없이 많은데, 이는 법률 규정의 효과가 크게 평가절하되고 있음을 말해준다.

하지만 이러한 관점을 갖고 있는 사람들은 대부분 법률의 요점 즉, 관련 법률이 금지하는 것이 개인일 뿐, 국가가 정치적인 목적으로 행하는 제천의식은 아니라는 점을 간과하고 있다. 중국의 전통 법률은 문자의 함의가 광범위하고 경계가 불문명하기 때문에 그 항목의 법령이 나타내는 정신도 명확하지 않다. 하지만 그 함의는 의심할 여지가 없으며 특히 그 다음에 이어지는 문구에 나오는 규정과 연계하여 연구할 필요가 있다. 이렇게 볼 때, 천이나 천신과 연관된 민간신앙은 단지 도덕정치의 질서를 지키는 대행자에 불과할 뿐, 민중을 결집시키거나 반란을 일으키도록 조장하는 존재는 못 된다. 혹자는 제천 금지령이 다소 효과가 있다고 간주할 수도 있을 것이다. 봉건왕조가 집권하는 대내 천과 천신에게 대규모 경배를 조직화한 적도 없었으며, 특정 정치집단이 초자연적인 천의 힘과 결합하려는 의도를 행하지도 않았다. 확실한 것은 일부 개인들의 제천활동이 일정한 정치적 특징을 지니기도 했고 비밀 종교운동은 정치적 목적을 위해 하늘에 제사를 올리기도 했지만 이러한 경우 언제나 조정의 박해가 뒤따랐다.

실제로 제천의식은 엄격하게 황제의 특권으로 제한되었다. 황제가 천에 제사를 올릴 때 일반 백성들은 절대로 참여할 수 없었을 뿐만 아니라 관직이 낮은 관원들도 관중의 신분으로조차 자유롭게 천단의 땅에 들어설 수 없었다. 1823년에는 성지를 통해 이러한 금령이 재차 천명되었고 1853년에도 다시 한 번 조서를 통해 "천단에서의 제사를 관장하는 모든 신관들은 공손한 대도로 제의에 임해야 하며 과거의 규정에 따라 관병을 추가로 파견함으로써 경건함과 신중함을 더해야 한다"[188]라고 밝힌 바 있다. 이처럼 제천의식에 대한 엄격한 통제를 통해 황제는 천과 인간 사이의 유일한 중개자가

---

[188] 『淸朝續文獻通考』, 제147권, p.9706/제148권, p.9079.

되었다. 비록 많은 민간종교의 제사도 이미 관방의 지위 등급에 해당하는 특권으로 변모하긴 했지만 이러한 의식은 민중이 참여하는 방식으로 대중들에게 공개되었다.

이보다 정치적으로 더 민감한 문제는 천의 징조에 대한 해석이었다. 바로 앞에서 언급한 것처럼 천인합일의 이론에 따라 자연계에서 발생하는 모든 이상 현상은 하늘이 악한 행동을 한 개인 또는 집단에 대해 노기를 드러내는 것으로 해석될 수 있었다. 때문에 부정한 행위나 불공평한 현상을 바로잡는 등의 정치 행동이 곧 신의 제재 수단이 될 수 있었다. 또한 해석의 권한은 조정의 특권으로 제한함으로써 이러한 현상에 대해 적대 관계에 있는 집단에서 임의로 해석하지 못하도록 방지했다. 이처럼 관방이 천에 대한 해석권을 독점하는 것은 종교 업무에 대한 정치적인 통제에 중요한 역할을 했다.

이러한 해석에 대한 월권행위는 어떤 것이든 간에 청조 법률 중에서도 가장 준엄한 처벌을 받았다. 예컨대 "무릇 참위(讖緯)나 요서(妖書), 요언(妖言) 등을 날조하여 민중에게 퍼뜨리는 자는 참감후(斬監候)에 처해졌고", "요서를 관아에 갖다 바치지 않고 사사로이 은닉하는 자는 곤장 100대에 징역 3년에 처해졌다." 관방이 해석하는 규정에 따르면 조정의 화복에 대한 어떤 예언도 요언으로 간주되었다.

과거의 괴상한 일을 다시 지어내거나 미래의 흥망을 예언하는 징조가 담긴 요언을 날조하고 혹은 귀신에 의탁하여 요망하고 불경스러우며 사악하고 순조롭지 못한 말을 퍼뜨리며 요서와 요언을 인쇄 제작하는 행위는 모두 나라의 화복과 세태의 흥망을 함부로 떠벌림으로써 인심을 선동하고 정당하지 못한 길을 도모하는 것이니 이런 것들을 맨 처음 만들어냈거나 전달받아 사용하는 자는 모두 참수한다.[189]

---

189 『大淸律例』, 제20권, p.7.

관방의 주석은 이어서 19세기에 법을 어겨 사형을 당하거나 유배에 처해진 위법자들을 열거함으로써 읽는 사람들에게 법률의 심각성을 일깨워주고 있다.

청조의 법률에는 또 한 가지 중요한 규정이 포함되어 있다. 다름 아닌 "음양술사들이 크고 작은 문무백관들의 집에서 터무니없는 말로 나라의 화복을 논하는 것을 허용하지 않는다. 이를 어기는 자는 곤장 100대에 처한다……"는 것이다. 이 법령에 첨부된 주석에서는 "터무니없는 말로 화복을 논한다는 것은 혹세무민하거나 국가의 일에 간섭하는 것을 말한다"라고 설명하고 있다.[190]

문무 관원들은 왕조의 안정을 유지하는 데 있어 대단히 중요한 역할을 하기 때문에 그들 사이에 반동을 선동하는 일이 없도록 금지하는 것은 자연스럽게 국가의 안전이 그들의 생사와 결부된다고 여기게 만드는 책략으로 사용되었다. 19세기에는 이교도들이 문무 관원들을 유혹하여 개종을 종용하는 현상이 빈번히 나타났다. 예컨대 1815년에는 왕수훈(王樹勛)이라는 승려가 조정의 관리가 되기 위해 과거에 급제한 진사들을 꾀어내 불교에 귀의하도록 하는데 성공하자 몇몇 지방 관원들과도 관계를 맺었다는 이유로 관에 불려가 유죄를 선고받고 칼을 쓴 채 군중 앞에 시위한 다음 장형을 받고 나서 결국 강제로 환속당하는 일이 발생했다. 종교 반란이 빈번하게 발생하던 시기에는 이와 유사한 사례가 무수히 많았다. 1840년에는 호북(湖北)성 형주(荊州)의 만주족 관원들과 평민들이 종교집회를 거행했다는 이유로 전원 처형을 당했고 1845년에는 호광(湖廣)지역을 지키던 만주족 사병들이 이단 교파의 전적을 감추고 한인 이교도들과 결탁했다는 이유로 피해를 당했다.[191] 청조 정부는 군인들이 불충한 마음을 갖게 될 것을 몹시 두려워하

---

190 上同, 제17권, p.20.
191 J. J. M De Groot, *Sectarianism and Religious Persecution in China*, Amsterdam, 1903, pp.157, 523, 540.

여 심지어 병사들이 주술사를 청해 병을 치료하고자 할 때에는 사전에 반드시 관방에 신청하도록 규정했다.

이러한 법률 규정으로 인해 개종을 권하거나 포교에 종사하는 사람들의 수가 현격하게 줄어들었다. 모든 사람들이 자신이 이교도로 간주되지나 않을까 두려워했기 때문이다.

## 묘우와 승려들에 대한 행정적 통제

### 사묘(寺廟) 건립의 통제

조정에서는 제천의 지배권을 장악하고 있을 뿐만 아니라 사묘의 건립과 신령의 직위 임명을 통제하고 승려들을 관리했다. 이러한 행정 통제는 법률이 인정하는 두 가지 종교인 불교와 도교에 두루 적용되었고 분파종교 및 그 직업종교인에게는 적용되지 않았다. 분파종교와 직업종교인은 사교(邪敎)에 속하는 이단으로써 진압의 대상이 됐기 때문이다. 도교와 불교는 본질적으로 정통에 속하지는 않지만 이들의 존재는 합법성을 획득했다. 하지만 도교와 불교는 전문적인 행정제도의 통제를 받아야 했고 관방 정책과의 일치점을 확보하게 함으로써 사회와 정치질서에 대한 위협을 조성하지 않도록 사전에 방지하는 조치의 대상이 되었다.

청조 말기까지 종교행정은 중앙 행정기구인 육부(六部) 중 하나인 예부(禮部)의 기능 가운데 하나가 되었다. 예부의 중요한 기능 가운데 하나가 바로 사묘, 교당(敎堂), 사원, 비구니암자, 수도원 등의 건립을 심사하여 비준하는 것이었다. 청률(淸律)에 따르면 "무릇 불교사원과 도관(道觀), 암자 등은 현존하는 것을 제외하고 개인이 새로 창건하거나 증축하는 것을 금하되 이를 어기는 자는 곤장 100대에 처한다. 승려나 도사가 환속할 경우 변방으로 보내 군대에 충원시키고 여승이나 여관(女冠)은 관아의 노비로 삼았다." 또한 "민간에 절이나 도관, 사당의 창건을 원하는 자가 있을 경우에는 먼저 해당 지역 독무(督撫)에게 사정을 성명하고 건축 허가를 받아야 했고", "우매한 백성들이 처음 사묘를 건립하려 할 때 지방관이 사전에 이를 감찰하고 금지하지 못하다가 오히려 고발을 당할 경우에는 1년 치 녹봉을 삭감했다."[192]

이러한 법률 조항의 상대적 효력은 매우 중요한 문제이다. 백성들의 종교 생활에 대한 관방의 실제적인 통제 정도를 반영하는 중요한 사례이기 때문이다. 17세기 청 왕조의 건립 초기에 황제의 명에 따라 12,482개의 사묘가 건립되었던 것에 비해 관청의 인가 없이 건립된 것은 67,140곳에 달했다.[193] 다시 말해서 전체 사묘 가운데 84퍼센트가 정부의 정식 비준을 거치지 않은 셈이다. 농촌에서 흔히 볼 수 있는 작은 묘당이나 사당도 관방의 통계수치 안에 포함되지만 종합적인 관찰에 근거해 볼 때 이들 가운데 절대다수가 사적 건축물일 가능성이 크다는 사실을 분명히 알 수 있다. 청조 이후로는 참고할 만한 통계수치가 존재하지 않는다. 그러나 법률에 사적으로 가묘를 건축하는 행위를 금지하지 못한 관원을 징벌하는 규정이 있는 것으로 보아 이 항목의 법률은 집행과정에서 거의 실효를 거두지 못한 것으로 판단된다. 실제로 일부 관원들은 민간에서 흥건한 사묘의 낙성의식에 참여하거나 그들을 대신하여 정식으로 건축을 선포해 주기도 했다. 이는 관리들 자신조차 이런 규정을 중요하게 여기지 않았음을 보여주는 증거라 할 수 있다. 지방정부의 업무자료를 포함하는 다량의 지방지에 대중들의 제사활동 장소가 여러 곳 나열되어 있지만 이들이 관방의 비준을 받아 건축된 사묘인지의 여부는 밝혀져 있지 않다. 이는 어쩌면 이런 규정이 기본적으로는 중요하게 간주되지 않았다는 증거가 될 수 있을 것이다.

---

192 『大淸律例』, 제8권, pp.12—18.
193 『大淸會典事例』, 上海, 1909, 제390권, p.4.

사묘를 건축하기 위해 사전에 관방의 허가를 받아야 하는 이유는 두 가지 측면에서 살펴볼 수 있다. 첫째는 이단 교파를 통제하기 위한 수단이다. 동시에 관방에서 심사하고 비준한다는 규정은 새로 건축되는 사묘의 수를 최소화함으로써 출가하는 사람의 수를 제한하기 위한 장치이기도 했다. 비록 이러한 법률이 거의 실효를 거두진 못했지만 봉건왕조가 종교를 통제하기 위해 마련한 일관된 정책 가운데 하나임에는 틀림이 없다.

### 도첩(度牒)제도와 승려 수의 제한

사묘의 건축에 관방의 비준을 받아야 했는지의 여부와 관계없이 출가인(出家人)들은 통제 규정의 지배를 받았다. 승려들은 우선 예부에서 수여하는 승려 직위 증명서인 도첩을 받아야 했는데, 이러한 정책은 10세기부터 시작되어 민국(民國) 시기까지 유지되었다. 청나라의 규정에 따르면 "승려나 도사 가운데 도첩을 받지 않고 임의로 머리를 깎고 출가자가 되는 이들은 곤장 80대에 처했고, 사원이나 도관의 주지 및 수도승 가운데 스스로 출가한 자들도 같은 죄명를 적용받은 다음 강제로 환속되었다."[194] 이에 관해 관방에서는 "승려나 도사가 되면 호적이 없어지고 차역을 면하게 되며(밀수나 탈세 방지를 위한) 검문도 면제되기 때문에 반드시 예부에 가서 도첩을 발급받은 후에 삭발을 하고 출가해야 하는 것이다"라는 해석을 내리고 있다. 민국 이전까지만 해도 모든 승려와 도사들은 일반적으로 몸에 도첩을 휴대하고 있다가 관방의 조사를 받을 때 제시해야 했다. 이로써 이러한 규정이 비교적 엄격하게 집행되었음을 알 수 있다.

물론 이러한 법률 규정에는 승려의 수를 줄여 조정에 미치게 될 반란과 경제적 손실의 위험을 줄이고자 하는 정부의 의도가 담겨 있다. 이러한 의

---

[194] 『大淸律例』, 제8권, p.13.

국가에서는 사묘의 건립과 승려 수를 제한하여 행정적 통제를 가했다. 승려 수를 제한한 것은 반란의 위험을 줄이고 경제적 손실을 줄이고자 하는 의도가 깔려 있다.

도는 청조 법률의 다른 조항에서도 여실히 드러난다.

> 승려나 도사들은 나이가 40이 넘어야 생도 한 명을 받아들일 수 있고 법정 나이가 되지 않았는데도 생도를 받아들이거나 생도 수가 한 명이라도 초과할 경우에는 법령을 위반한 죄로 태형 40대에 처한다. 그 경우 약탈이나 강도죄로 다뤄지며 관련된 성직자는 강제로 환속시킨다.[195]

또 다른 법률 조항에서는 승려나 도사가 사망할 경우 도첩을 반드시 성부에 반납하도록 규정하고 있다.[196] 이러한 규정은 도첩이 정부의 정식 절차

---

195 『大淸律例』, 제8권, p.15.
196 『欽定大淸會典』, 上海, 1900, 제55권, p.20; 이하 『大淸會典』으로 간칭함.

를 거치지 않고 다른 승려의 수중에 들어가는 것을 미연에 방지하기 위한 의도임이 분명하다.

  승적을 제한하고 사망한 승려의 도첩이 비정상적인 경로를 통해 다른 승려에게 전달되는 것을 방지하는 승적제도는 자발적인 전달을 통해 매우 효과적으로 유지되었다. 이것이 가능할 수 있었던 것은 승려가 세상을 떠나기 전에 이미 자신의 의발(衣鉢)을 계승할 제자를 선발해 두었기 때문이다. 이러한 법률 가운데 연령을 제한하는 규정을 둔 것 또한 같은 목적에서였다. 당시 사람들의 평균 수명은 상대적으로 짧아서 40세가 넘은 승려에게는 여생이 길지 않았기 때문에 많은 제자를 모을 수가 없었다. 또 다른 이유로 볼 수 있는 것은, 사람이 40세를 넘기면 심리 상태나 관점이 비교적 보수적인 경향을 띠게 되기 때문에 위험을 무릅쓰고 모반을 꾀할 가능성이 적어진다는 것이다.

  이 법률이 효과적으로 집행되었는가 하는 것은 매우 중요한 문제이다. 하지만 유감스럽게도 우리는 이와 관련된 통계자료를 구하지 못했기 때문에 일반적인 관찰에 근거하여 두 가지 주요 요소를 이 법률과 연관하여 살펴볼 수 있을 뿐이다. 첫째는 출가인이 전체 인구에서 차지하는 비율이 매우 낮다는 것이고, 둘째는 청조 시기에는 대규모로 제자들을 모집한 고승(高僧)들이 존재하지 않았다는 것이다. 전문학교 또는 연구소를 설립하여 불교도들에 대해 단체 훈련을 진행하는 일은 민국 시기에 이르러서야 발전하기 시작했으나 이러한 학교들은 많은 수의 승려를 길러내는 데 성공하지 못했다. 승려들을 수적으로 제한하게 된 정치적 동기에 관해서는 본 장의 뒷부분에서 보다 자세하게 설명하도록 한다.

## 출가인들의 행동에 대한 통제

  이러한 법률적 통제가 있는 데다 일단 출가인이 된 이후에도 승려들의 활동과 품행은 전문 부서의 관리하에 있었다. 가령 음양술사(풍수와 점성술, 점괘를 포함함)는 그 지역에 있는 전문 관원의 통제를 받아야 했다. 각 성(省)과 부(府), 주(州), 현(縣)에는 음양학관(陰陽學官: 음양술에 정통한 학자가 맡았다)이 설치되었는데, 그 직책은 "나쁜 병이 생겨 도사나 주술사를 청해 치료하고자 하는 사람은 도사나 주술사를 데리고 각 도통에 알리고 문서로 치료 허가를 받아야 하는데 이를 위반할 경우 도사나 주술사를 형부에 송치하여 법대로 다스리게 하고 의료행위를 요청한 사람도 형부로 송치하여 죄를 묻게 하는 것"이었다.[197] "요언으로 군중을 현혹하는 것을 방지하는" 규정은 음양술사들이 자연의 징조에 대해 정치적인 해석을 가하지 못하게 함으로써 봉건왕조의 권위에 위협이 되는 것을 피하기 위한 수단이었다.

승려와 도사들은 별도의 관부체계에 귀속되어 통제를 받았으며 그 관원들은 예부의 종교 업무 요원들 가운데서 임명했다. 불교에 대한 관리체계는 이러했다. 즉, 도성에 승록사(僧錄司)를 설치하고 관부에 승강사(僧綱司)를 설치했으며 주에는 승정사(僧正司)를 두고 현에는 승회사(僧會司)를 두었다. 도교에 대한 관리체계도 이와 유사했다.[198] 회교 같은 종교의 전업 종교인들에게는 이들을 전문적으로 담당하는 행정 관원이 없었고 처리가 필요한 안건이 있을 때에만 예부에서 처리했다.

일단 승려나 도사가 교규(敎規)나 법령을 어기게 되면 해당 부서의 행정 관원이 맡아서 사건을 처리했다. 이들 관원은 전업 종교인 가운데 선발되는데 이러한 행정체계는 조정에 복종하는 동시에 어느 정도 자치적 성격도 지니고 있어 만일 죄가 있다고 판단되면 죄를 범한 승려는 승려의 신분을 박탈당하고 환속해야 했다.[199] 이처럼 승려나 도사들에 대한 통제는 정부의 세속적 기능 가운데 하나로서 완전한 독립을 누리면서 아무런 통제노 받지 않는 종교단체는 하나도 없었다. 유일한 예외가 기독교도들로 19세기 후반

---

197 『欽定大淸會典』, 上海, 1900, 제55권, p.20. 이하 『大淸會典』이라 간칭함.
198 『欽定大淸會典』, 上海, 1900, 제55권, p.20. 이하 『大淸會典』이라 간칭함.
199 『欽定大淸會典』, 上海, 1900, 제55권, p.20. 이하 『大淸會典』이라 간칭함.

장천사(張天使)의 화상(畵像)과 도교의례를 진행하고 있는 도사들.

에 서양 열강의 군사력을 배경으로 치외법권을 획득했다. 하지만 이처럼 특수한 지위도 민국 시기에 이르러 폐지되고 말았다.

지금까지 서술한 정부 설립하의 행정체계 이외에 도교 천사도(天師道)의 장천사(張天師)도 전문적인 직책을 맡고 있었는데 그 중심은 강서(江西) 지역 경내의 용호산(龍虎山)에 위치하고 있었다. 장천사는 청 정부의 지정을 받아 이단과 사설(邪說)이 정부와 정통사상에 대한 민중의 믿음에 영향을 미치는 것을 방지하는 데 협조했다. 17세기, 청의 세조는 칙령을 내려 도교의 천사(天師)의 직책을 "……교리와 경전을 장악하고 그 족속들을 다스리며 이단의 방술을 방지하여 우매한 백성들을 미혹시키거나 어지럽게 하지 않는 것"으로 규정했으며[200] 이러한 정부의 전통적 정책은 수십 년 동안 유지되었다. 이러한 직책을 이행하는데 편의를 구하기 위해 예부에 정일진인(正一眞人) 도사 26명이 조수로 배정되었는데, 이들은 각기 여러 등급으로 나뉘었다.[201] 이로써 도교의 천사는 사실 세속적 권력에 의한 직위이며 전

---

200 傅勤家, 「中國道敎史」, 上海, 1937, p.88.

통정권이 종교단체에 대해 절대적인 권력을 행사하고 있었음을 다시 한 번 확인시키는 것이다.

## 이단에 대한 배척과 박해

종교에 대한 행정 통제의 완전한 체계는 한 가지 일반적인 목적에 기초하고 있었다. 즉, 통치권 및 국가의 이익을 수호하고 이단이 가져올 수 있는 반란적 영향을 예방하는 것이었다. 많은 서양학자들, 특히 그루(J. J. M. De Groot)는 중국의 봉건정권이 시종 이단에 반대해 왔으며 이들을 지속적으로 박해해 왔다는 사실을 강조하고 있다. 하지만 이러한 학자들은 하나같이 전통과 국가권력 구조 및 도덕정치 질서 사이의 관계를 충분히 인식하지 못했다. 진압과 박해는 전제 통치제도의 일부분으로써 거시적으로 볼 때 역사적으로 빈번하게 출현했던 각종 반란과 근대에 발생했던 일련의 혁명운동과 무관하지 않다. 그럼에도 불구하고 전통의 배후에 존재하는 기본적인 정치적 동기를 연구하는 것이 종교가 중국의 전통정치에 어떠한 역할을 했으며 어떠한 의미를 지니는지 보다 깊이 이해하기 위한 중요한 과제가 될 것이다. 이러한 측면은 중국의 현재 정치상황과도 무관하지 않다.

### 이단을 박해하는 정치적 동기

이 문제를 분석하는 데 있어서 이론적으로 비교적 간단한 방법은 이단에 대한 관방의 정의에서부터 출발하는 것이다. 중국 전통사회에서는 정통 유교사상에 위배되는 모든 종교신앙 및 종교활동이 이단으로 취급되었다. 때

---

201 『大淸會典』, 제36권, p.3.

문에 유가경전에 부합하지 않는 종교 또는 관부의 제전(祀典)에 들지 못한 귀신은 모두 이단이라는 이름으로 불렸다. 주대(周代, 전국시대)의 맹자에서 근대의 담사동(譚嗣同: 1898년 백일유신 중에 희생된 여섯 명의 군자 가운데 하나)에 이르기까지 수십 세기의 세월이 흐르는 동안 유명한 유학자들은 한시도 쉬지 않고 격렬한 언사로 이단과 사설을 성토해 왔다. 진정한 유학자는 절대로 '이단'과 관련된 신앙 또는 활동을 가까이 하지 말아야 했다. 청조의 율법과 황제의 조서에서도 '이단'이라는 단어에 대해 전면적인 정의를 내리고 있다. 1813년, 가경 황제는 팔괘교를 진압하면서 이렇게 선포했다.

> 삼강(군신, 부자, 부부)과 오상(인, 의, 예, 지, 신) 외에는 교의라 할 만한 것이 없고 천도(天道)와 왕법 외에는 복을 구할 수 있는 것이 없다.[202]

그렇다면 이단 사상이 왜 유가의 강력한 비판의 대상이자 정부와 법률이 용납하지 않는 금기가 되었던 것일까? 주대 후기, 맹자와 순자 같은 유학자들은 철학적인 측면에서 각 학파의 사상을 비판할 수 있었다. 그러나 그 뒤로는 유학자들이 봉건왕조에 의해 최고의 정통사상으로 자리 잡게 됨에 따라 이단에 대한 배척도 이론적인 불화 또는 거부에서 실천으로 방향을 전환하게 되었다. 정통 유교사상의 수호는 사실 태평성세를 바라는 조정의 정치적 의도에서 나온 것이다. 우리는 유학이 상대적으로 이단에 대해 모종의 신기한 우월성을 지니고 있다는 가설을 세울 수 있다. 예컨대 민간신앙은 경서(經書)를 통해 그릇됨(邪)을 피할 수 있다고 굳게 믿는데, 어쩌면 이것이 바로 유학이 전통사회의 다양한 사상들 가운데 지존의 지위를 부단히 강화할 수 있었던 이유 가운데 하나일 것이다. 하지만 그루[203] 등의 학자들이 노정

---

202 J. J. M. De Groot, *Religious Persecution*에 실린 중국어 원문을 인용함, p.417.
203 J. J. M. De Groot, *The Religion of China*, New York, 1910, chap.2.

하고 있는 관점에서 서로 모순되는 것은 유교사상의 신기한 위력이 정작 관방이 이단을 배척하고 박해하는 과정에 발휘한 역할은 대단히 미약하다는 점이다.

시종 이단을 배척하는 정책을 펼친 가장 중요한 동기는 철학이나 신학적인 반대 때문이 아니라 실제적인 정치적 고려에 의한 것임을 보여주는 경험적인 사실들은 많이 있다. 중국 고전문학 속에서 유가와 기타 종교 또는 신앙 사이에 결코 순수한 교의상의 논쟁은 존재하지 않는다고 말할 수 있다. 유학자들은 시종 초자연적 문제에 대한 논의를 거부해 왔다. 나중에 유가의 경전들은 불교와 도교를 이단으로 결론지으면서도 공식 또는 비공식적으로 도교와 불교의 교의 가운데 핵심 부분을 흡수했으며 관방은 이에 대해 아무런 이의를 제기하지 않았다. 이론상의 차이는 결코 정치적 적의를 구성하는 기초가 될 수 없는 것이다. 1812년 가경 황제의 다음과 같은 내용의 조서를 내렸다.

> 불가와 도가의 학문 같은 다른 학설들은 비록 유가와는 다르지만, 도(道)를 따르면 길하고, 그것에 반대하면 흉하다는 관점을 갖고있는 역사서 『서경(書經)』「우서편」과 같은 것에 속한다고 할 수 있다. 즉, 다른 학설 역시 권선징악인 내용을 갖고 있다. 그러므로 도교의 신이나 부처 그리고 그 사원들은 제사를 올리며 기도하는 장소로 할당되어 있고, 법으로도 숭배와 기도하는 의식을 금지시킬 수 없다.[204]

또한 이름난 종교단체에 대한 정치적 박해의 가장 빈번한 목적은 한 조직체계에 불교의 이론이나 도가의 의식, 유가의 윤리가 섞이는 결과가 되었다. 이들 단체 가운데 용화교(龍華敎)의 경우는 유가 윤리가 지배적인 위치

---

204 J. J. M. De Groot, *Religious Persecution*, p.417.

를 점하고 있다. 그러나 이들 종교 교파가 갖추고 있는 유가적 요소는 이 교파가 정치적 박해에서 살아남는 수단이 되지 못했고 용화교에 대한 진압은 19세기의 가장 피비린내 나는 탄압의 한 장이 되었다.[205]

이단을 배척하고 박해하는 기본 바탕에는 사회철학적이고 종교적인 고려보다는 실제의 정치적 이익 때문이었다는 것이 조정의 여러 문헌에서 명백히 표현되고 있다. 그 일례로 1724년에 쓰인 칙령이 청 정부의 이교도 통제 정책과 법규를 관통하는 안내 지침으로 작용하고 있다. 청 정부는 이 조서를 각 성의 서원에 널리 전파하도록 지시했다.[206] 그 중요성을 고려하여 칙령의 일부를 발췌 인용하도록 한다.

왕도는 원래 바른 학문에 근본을 두고 있으나 성스럽지 못한 서적과 불경스런 경전, 세상을 놀라게 하고 풍속을 해치는 요언들이 끊임없이 일어나 백성들의 정신을 좀먹고 있으니 이는 모두 이단이므로 철저히 막아야 한다.

자고로 삼교가 함께 유전되는 것은 유가를 중심으로 도가와 불가를 아우른다는 의미이다. 주자는 말하길 "불가의 가르침은 천지사방을 가리지 않고 단지 하나의 마음을 다스리면 된다고 했고 도가의 가르침에서는 하나의 신기(神氣)만이 존재한다"라고 했다. 주자의 이처럼 공평한 언사를 통해 도가와 불가의 기본적인 교의를 알 수 있다.

거처 없이 떠돌아다니며 암암리에 명리를 추구하고 법도를 파괴하면서 길흉과 화복의 일을 거짓으로 떠벌리고 괴이하고 황당한 언론을 퍼뜨리는 자들은 처음에는 재물을 취하여 자신을 배부르게 하기 위함이나, 점차 남녀가 한데 뒤섞이면 모이는 곳마다 향을 피우고 집단을 형성하여 농공의 일을 폐하고 서로 만날 때마다 괴이한 주장을 주고받으며 심지어 간사하고 사악한

---

[205] 上同. pp.216-217, p.242.
[206] 上同, p.531.

마음을 품고서 결당하여 밤이면 모였다가 아침이 되면 흩어지곤 한다. 이들은 명분을 욕보이고 의를 범하며 혹세무민(惑世誣民)하는데 일단 발각되면 줄줄이 연루되어 영어의 신세가 되니 그 피해가 처자에까지 미치게 된다. 이리하여 교주가 죄악의 우두머리가 되고 복의 인연이 화의 근원으로 변하고 마니 백련교(白蓮敎)나 문향교(聞香敎) 등이 모두 이런 전철을 밟은 무리들이다·······.

무릇 그릇된 도리로 군중을 미혹시키는 자들은 법이 용납하지 못하고 사술(邪術)을 퍼뜨리는 자들은 항상 형벌을 면치 못한다. 조정에서 법을 세우는 뜻은 백성들이 잘못된 길로 나아가는 것을 금하고 선한 길로 인도하며 사악함을 내쳐 올바름을 숭상하고 위기를 제거하여 안정을 도모하고자 하는 것이다. 병사와 백성들은 부모의 몸을 통해 태평성대에 태어나 먹고 입는 것이 족하고 하늘을 우러러 부끄러움이 없으며 항상성을 추구하나 사악한 무리들은 왕도의 규범을 어기니 국헌이 어찌 이들을 어여삐 여길 수 있겠는가?

······마음의 본체에는 바르고 무사(無邪)함이 있으니 이를 잘 유지하는 사람은 절대로 사도에 미혹되는 일이 없을 것이니 품행이 방정하고 사악함에 압도당하지 않을 것이다. 가정이 화목하고 순조로우면 어려운 일을 당해도 이를 길한 일로 바꿀 수 있을 것이고 부모를 잘 섬기고 임금에게 효도하며 사람들에게 충성을 다하는 자는 천체와 하나가 될 수 있을 것이며 잘못된 명분을 구하지 않고 잘못된 행위를 하지 않으며 자신의 본업에 충실한 자는 모여서 신을 맞아 기쁘게 할 수 있을 것이다. 입는 것과 농사짓는 것과 문무를 연마하는 것을 도리에 어긋나지 않게 하면서 항상 정직한 탕평의 가르침에 따르기만 한다면 이단은 쫓아내지 않아도 저절로 사라질 것이다.[207]

이 중요한 칙령에는 네 가지 요점이 내포되어 있다. 첫째, 불교와 도교의

---

[207] 上同. pp.244-248. 중국 원문을 기초로 그루의 영문을 번역했음.

기본 철학에 대해 묵인하는 태도를 취하면서 철학적 또는 정치적으로 이의를 제기하지 않는 것이다. 둘째, 이단종교가 민중의 사상을 어지럽히고 세상을 혼란에 빠뜨리는 방향으로 발전하여 정치적 저항이 발생하거나 이단세력의 영향으로 정통유학에 대한 민중들의 신앙이 약화되고 사직의 안위가 위협받을 수 있음을 지적하는 것이다. 유가의 사상이 정권의 모든 도덕과 정치질서의 기초를 이루고 있기 때문이다. 셋째, 이단신앙을 받아들여 그 명분과 '사악한 술법'을 추구하고 이를 이용하여 민중을 모으고 반란을 꾀하는 자들은 국가 정권에 직접적인 위협이 될 수 있으므로 남김없이 진압해야 한다는 것이다. 넷째, 칙령은 모두가 알고 있는 유가의 신조(信條), 즉 인생의 평안함과 즐거움은 충심으로 봉건사회의 정통 도덕과 경제 및 정치질서를 수호하는 데 있으며 이교도는 민중을 구할 수 없을 뿐 아니라 오히려 불행을 야기하고 징벌을 받게 할 것이라는 사실을 거듭하여 서술하는 것이다.

첫 번째 요점에 대해서는 번거로운 해석이 필요치 않겠지만 나머지 세 가지 요점은 청조 시기에 정부가 정통유학이 지고무상의 지위를 유지할 수 있도록 보호하고 유가사회의 도덕 질서를 수호하며 다른 종교 교파들이 반란을 도모하여 정권에 대해 현실적 또는 잠재적 위협을 조성하지 못하도록 노력했다는 사실을 잘 반영해 준다. 이러한 점들이 바로 앞으로 우리가 토론해야 할 주요 내용이다.

전통 정권이 정통유학을 유일한 통치의 기초로 삼음에 따라 유가는 봉건왕조의 권력구조와 도덕정치 질서의 기본원칙을 다지는 역할을 했다.

약 1000년 동안 종교세력, 특히 불교와 끊임없는 항쟁을 벌이는 과정에서 유학이 시종 지존의 자리를 지킬 수 있었던 것은 봉건왕조의 확립된 제도 덕분이었다. 중국역사에 있어서 446년과 574년, 845년과 955년 각각 네 차례에 걸쳐 불교가 대대적인 박해를 받은 바 있다. 이때도 통치자들은 강력하게 종교를 규탄하고 유학을 지존적 지위로 추대하면서 나라 전체가 이를 확인하게 했다. 한유(韓愈)가 쓴 「원도(原道)」와 당 헌종이 불조 석가모니를 청해 맞아들이는 것을 극력 저지하기 위해 손가락뼈 한 마디를 이용해 만들었다는 이야기로 유명한 「간영불골표(諫迎佛骨表)」는 유가의 지존적 지위를 재삼 강조했는데, 이러한 내용의 글은 중국의 지식계에서 광범위한 호응을 얻었다.

송조(960-1279) 연간에는 또 다시 유학을 기초로 하는 봉건왕조가 세워진 뒤로 유가에 위협이 될 수 있는 모든 민간 종교운동에 대한 고도의 경계가 유지되었다. 이를 위해 1106년 휘종(徽宗) 황제는 조서를 내려 민간에 세워진 사묘에 불상을 가운데 두고, 노자와 공자를 각각 좌우에 두어 불교와 유교, 도교 세 성인의 신상이 나란히 서서 절을 받게 하는 방식을 바꾸게 했다.[208] 그 결과 공자의 조각상은 서원으로 이동하게 되었고 나머지 불교와 도교의 신상은 각자의 사묘나 도관에 안치하게 되었다. 휘종 황제는 유학이 불교나 도교와 한 곳에 섞여 숭배되는 것을 반대했다. 이런 방식이 정통 유학사상의 순결성을 더럽힌다고 생각했던 것이다. 가장 중요한 것은 조정에서 세 성인의 신상의 배열방식, 즉 부처가 중앙에 위치하고 공자와 노자를 그 아래에 둔다는 것에 반대했다.

6세기 이후, 이와 흡사한 장면이 청조의 걸출한 황제 건륭 통치 연간에 다시 한 번 재연되었다. 1744년의 성지(省誌)에는 당시 하남(河南)성에서 대단한 위세를 떨치던 삼일교(三一敎) 민중운동이 발생했음을 보여주고 있다. 성 각지에 도합 590개 소의 삼일교 교당이 세워졌다. 각 삼일교 교당 안에는 '불교와 도교, 유교의 세 신상'이 세워져 있었는데 '그 위치는 부처가 중앙에 있고 노자와 성인의 상이 좌우에 세워져 있으며 크기도 부처에 비해 작았다.' 건륭 황제는 1106년에 휘종 황제가 내린 조서와 거의 같은 내용의 조서를 내려 각 신상들을 모두 따로 각자의 신당에 옮겨 모시게 했다. 그러나

---

208 「二十五史」, 上海, 1934, 복사본 제6책(宋史), 제18권, p.50.

이와 동시에 관원들은 삼일교당을 서원이나 의숙으로 사용할 수 있었다.[209] 공자상을 가장 낮은 위치에 배치하고 크기도 불상보다 작게 만드는 태도가 황제를 노엽게 했다. 황제가 자신의 황위와 황국의 사회정치 질서를 다지는 것이 전부 유교사상에 의지해 이루어지고 있었기 때문이다.

우리가 획득한 자료에 따르면 정부가 유가를 폄하하여 다른 교파와 조화를 이루게 만드는 것에 반대하는 조치를 취했다는 것

상군(湘軍)을 조직해 태평천국의 난을 진압하는 데 앞장섰던 증국번(曾國藩).

을 증명해줄 만한 보다 많은 사례는 나타나지 않았지만 유사한 혼합신앙이 대중 종교단체들 사이에 상당히 보편적으로 존재하고 있었고, 그 가운데 불교의 여러 신들과 신앙이 민중들 사이에서 유교사상보다 압도적으로 많이 유행하고 있었음을 알 수 있다. 단지 세 성인의 신상(神像) 같은 유형적인 상징이 부족했을 뿐이다. 의심의 여지없이 청 정부가 유가의 지배적 지위를 공고히 유지하기 위해 실시한 일관된 정책은 대중 종교단체를 포용해선 안 된다는 고려에서 나온 것이다. 특히 중요한 것은, 일단 종교적 정치반란이 발생하면 이단의 교의로 유가의 정통적 지위를 대체하는 것이 핵심적인 문제였다. 누구나 알고 있는 태평천국의 난에서 유학을 포기하자는 이들의 주장이 조정에서 이들을 토벌하는 격문에서 강조한 가장 중요한 이유였고, 당시의 사대부 계층 즉, 유학자들이 태평군과의 연합을 거절한 주요 이유이기도 하며 결국 태평천국의 난이 실패하게 된 중요한 요인이기도 하다. 이것은 반란군이 전국에 호소한 몇 가지를 무력화시키는 조서를 내게했고, 반대한 증국번(曾國蕃, 위태로운 만청 정부를 구하는 데 가장 큰 공을 세운 인물)은

---

209 De Groot, Religious Persecution, pp.108—109.

태평군과의 투쟁으로 유교문화를 수호하겠다고 선언했다. 민국 시기에 일부 종교단체에 대한 지속적인 압력도 부분적으로 이러한 사실에 근거한다. 즉, 많은 관원들이 정치적 입장에서 의식적 또는 무의식적으로 유가의 전통을 계승했기 때문에 자연히 이단을 용납할 수 없었던 것이다.

### 기존 사회경제 질서의 유지

왜 정통유학의 우월성은 그렇게 타신앙을 용서치 않을 만큼 엄격했던 것일까? 이러한 역사전통의 배후에 가장 기본이 되는 문제는 유학과 다른 이단 교파 간의 이론적 또는 철학적 차이가 아니라 기존의 사회경제 질서를 유지하려는 실질적인 고려에서 비롯된다는 사실을 재차 강조하지 않을 수 없다. 이러한 생각에서 출발하면 곧 두 가지 문제가 돌출되게 된다. 하나는 군신과 부자의 두 가지 기본적인 관계를 보호하는 것이다. 주지하는 바와 같이 효도를 핵심으로 하는 중국의 가정구조는 사람들을 봉건전제 정권에 순종하고 충성하도록 교화하는 가장 기본적인 단위이다. 때문에 군신과 부자의 관계를 유지하는 것은 봉건왕조에 있어서는 대단히 중요한 일이다. 둘째, 정부는 승려 계층의 팽창을 저지해야 했다. 승려 계층은 생산에 종사하지 않기 때문에 국민생산과 국가의 세수에 손실을 가져다 줄 뿐이다. 이 점에 있어서 우리는 중국의 전통종교가 사회에 깊숙이 침투했음에도 불구하고 독립적 지위를 갖춘 전업 종교인이 많지 않았다는 사실에 주목해야 한다. 이 두 가지 사실을 통해 정부가 취한 반불교적 태도를 완벽하게 설명할 수 있다. 불교는 군신과 부자의 관계를 포함한 일체의 세속적 끈을 끊어 버리고 속세의 경제생활에 적극적으로 참여하지 않을 것을 주장하기 때문이다.

이단에 반대하는 유구한 전통의 근원을 깊이 파고들어 가보면 앞에서 언급한 사회경제적 동기가 분명하게 드러난다. 예컨대 446년에 제1차 대규모 불교탄압이 있었을 때, 위(魏)의 세조는 조서를 내려 "불교로 나라를 다스리고자 하면 정치와 교화가 이루어지지 않고 예의가 크게 파괴되며 귀신의 도리가 극성하게 되고 왕의 법도를 보고서도 이를 천시하게 된다"라고 지적하면서 과거의 전철을 밟지 말 것을 경고한 바 있다.[210]

그렇다면 불교가 어떻게 정치와 종교가 옳게 행해지지 못하게 하고 예의(禮儀)를 파괴했다는 것일까? 당시에도 이런 문제에 대해 상당한 논쟁이 있었던 것으로 추정된다. 하지만 당(唐) 왕조 건립 이후로 유가의 전통은 400년 가까운 쇠락을 과정을 겪고 나서야 다시 통치사상의 지위를 획득했고 이 문제에 대한 입장을 거듭 설명할 수 있게 되었다. 유가의 관점은 그 이후로 수세기 동안 경전으로 신봉되었다. 때문에 624년에 태사승(太史丞) 부혁(傅奕)은 불교도들이 "삭발을 하고서 가족과 친지들을 모아 이리저리 떠돌아다니며 간편한 복장으로 걸식하면서 조세를 피하고 있다. 오늘날 승려와 비구니들을 서로 짝을 맺어주면 십만 여 호의 가구를 이룰 것이고, 이들이 생육하여 십 년을 성장하고 적절한 교육을 받기만 한다면 나라에 크게 이로울 것이고 병사로 충원할 수도 있을 것입니다"[211]라고 지적하는 상소를 올려 불교를 폐할 것을 주장했던 것이다.

유명한 유학자인 한유도 불교와 도교에 대해 상술한 내용과 기본적으로 같은 입장을 유지했다. 819년에 쓴 「간영불골표」에서 그는 석가모니에 대해 "군신의 의를 모르고 부자의 정을 모르는 인물"이라고 비난했다. 그는 널리 유전되고 있는 글 「원도(遠道)」에서도 불교와 도교가 승려 계층의 흥성을 야기하고 그들의 간단한 의식주 생활은 사회의 빈곤을 야기하며 조세를 회피하는 수단이 될 뿐만 아니라 사람들로 하여금 군신의 예를 저버리게 하고 부자의 의를 갈라놓으며 상생의 도리를 금지한다고 비난했다. 아울러 그는 불교와 도교가 발전한 결과 사회관계의 근본적인 구조가 와해되고 기본적인

---

210 『二十五史』, 제3책(魏史), 제114권, p.297.
211 上同, 제4책(舊唐史), 제79권, p.282.

유가교육 체제가 붕괴되었다고 지적했다. 이처럼 설득력 있는 글을 통해 한유는 향후 유학자들이 이단에 반대하고 투쟁할 수 있는 기초를 마련했다.

만당(晚唐) 시기의 학자인 이덕유(李德裕)도 불교를 규탄하는 상소문에서 종교가 조직적이고 독립적인 세력으로 발전하는 것에 반대하는 기본적인 이유를 상세히 설명한 바 있다.

지흥(智興)이 강소성 사주(泗州)지역에서 비구와 비구니의 품계를 내릴 단을 세웠다. 양자강과 회하 사이의 그 지역에서 한 가족에 세 명의 남자가 있으면, 한 명은 삭발을 하려고 한다. 노역을 피하고 세금을 면하려는 의도 때문이다. 나는 나룻배에서 쌍산(雙山)을 조사하고, 승적을 받으려고 매일 몰려드는 수백 명을 다시 세웠다. 나는 사주에서 승적의 단을 조사해서, 어떤 다른 종교적 절차없이, 동전 두 냥을 주고 승적을 받는 초심자를 발견했다. 이런 승적을 받는 것이 계속된다면 종교 축제일에, 양자강과 회하 사이의 지역에서는 600명의 성인 남자를 잃을 것이다. 이것은 사소한 문제가 아니다.[212]

서기 845년에 있었던 또 다른 불교탄압에서 무종(武宗)은 불교를 폐지하라는 조서를 내렸으나 조서에 밝힌 불교 폐지의 이유는 상술한 관점을 반복하는 데 지나지 않았다. 그는 백성들이 통치자와 부모에게 보내던 존경심을 종교적인 사제간으로 옮겨가는 것이나 배우자를 포기하고 종교적인 계율을 준수하는 것, 거대한 비생산적 집단인 승려들로 인해 경제적인 낭비가 이루어지는 것 등에 압력을 가했다.[213] 이와 마찬가지로 신유학 전통을 수립한 학자 가운데 하나인 범중엄(范仲淹, 989-1052)은 조정에 불교와 도교의 단속을 강화해 봉건사회의 종족(宗族) 기초를 공고히 하고 국가를 부유하게

---

212 錢穆『國史大綱』, 上海, 1930, 제1권, p.270에서 인용함.
213 『二十五史』, 제4책(唐史), 제18권, pp.3—6.

해야 한다고 주장했지만 특별히 새로운 뜻은 없었다.²¹⁴

여기에 보충해야 할 것은 승려 세력의 확장에 반대한 데에는 경제적 이유도 포함됐다는 점이다. 많은 지역의 지주들이 자신들이 소유한 전지를 사묘 또는 도관(道觀)의 재산이라고 허위로 보고함으로써 탈세를 꾀했던 것이다. 결국 국가의 조세가 줄어들 뿐만 아니라 지주와 상당한 영향력을 갖춘 승려 집단이 동맹을 결성하여 강대한 지방 정치동맹을 형성하여 때로는 공공연하게 중앙정권에 저항함으로써 정치적 혼란을 야기하기도 했다. 불교조직이 어느 정도 사회정치적 영향력을 갖추게 된 뒤로 북위(北魏)나 요(遼) 시대에는 이러한 상황이 끝도 없이 발생했다.²¹⁵

근대에서 민국 초기에 이르기까지 중국의 대부분 지역에서 대규모 사묘나 도관 또는 암자 등에서 일부 부동산을 은닉하는 방식으로 탈세를 한다는 것은 누구나 다 아는 사실이었다. 그러나 사묘 조직이 지속적으로 약화됨에 따라 불교와 도교의 정치적 영향력도 이미 힘을 잃은 상황이었다.

이러한 상황이 바로 청조의 통치자들이 법령을 제정하고 지의를 내려 불교와 도교 및 기타 이단사상을 통제하게 된 중요한 동기이다. 경제적으로 대규모 성직자를 반대하는 것은 정부가 사원의 건립을 비준하는 관방의 율령에 반영되어 있다.

승려나 도사들이 세금, 징병, 노역을 면제받게 됨에 따라 승려나 도사의 수는 늘어나고 호구가 감소했다. 이들은 농사를 짓거나 다른 생산활동에 종사하지 않으면서 백성들에 의지하여 양식과 의복을 해결했고 사묘를 건축하면서 백성들의 재산을 축냈으니 어찌 마음대로 머리를 깎고 승려나 도사가 되게 방치하여 호구를 축소시킬 수 있겠는가? 따라서 이는 반드시 금지해야 한다.²¹⁶

---

214 范仲淹,『范文正公文集』, 上海, 1910, 제8권, pp.8—9.
215 Karl A. Wittfogel·Feng Chia-sheng, "History of Chinese Society, Liao", *Transactions of the American Philosophical Society*, 1946, vol.36, pp.291—310.

불교도나 도사들이 종족제도에 파괴적인 영향을 미쳤다는 사실은 분명하다. 승려는 속칭 '출가인' 즉, '가정을 떠난 사람들'이라 부르기도 한다. 머리를 깎고 승려가 되는 의식에는 새로운 제자에게 법명과 법호 즉, 불명이나 교명을 부여하는 의식도 들어 있다. 법호에 성씨가 없다는 것은 불교의 제자들은 더 이상 속세의 가정 신분 및 그에 포함된 사회관계를 사용하지 않는다는 것을 의미한다. 또 다른 의식인 삭발은 속세의 모든 번뇌를 떨쳐버리는 것을 상징한다. 따라서 수계한 불문의 제자들과 출가한 도사들은 종족 조직에 대해 훼손이자 그 안정성에 대한 파괴인 것이다.

종족의 조직을 지키며 종교의 전복적 영향을 면하려는 역사의 전통은 청조의 법률에 완전하게 표현되어 있다.

> 한 가정에 남자가 세 명이 되지 않는데 출가하려고 집을 떠나면 한 달동안 형틀에 갇히는 벌을 받는다. 그런 상황을 알고 있는 성직자가 당국에 보고하지 않으면 그 직책에서 면직되며 강제 환속된다.[217]

도사와 승려(僧尼) 가운데 승려는 친족관계의 포기에도 불구하고 "돌아가신 부모와 조상에게 제사를 지내야 하는데, 이는 보통 사람들과 같다."[218] 역시 중요한 또 다른 조항은 부모가 없거나 돌아갈 집이 없는 경우를 제외하고는 절대로 사원 내에 미성년자들을 머물게 해서는 안 된다는 것이다. 사실상 근대 시기에는 대부분의 승려와 도사, 도고(道姑)들은 고아나 과부였고 아니면 집안이 가난하여 경제적 곤경을 피하기 위해 오는 경우가 많았다. 먹고 살 만한 사람이 성직자가 되는 경우는 좀처럼 없었다.

유가가 불교를 반대하는 이유 중의 하나는 승려들이 종족관계를 포기하기

---

216 『大淸律例』, 제8권, p.16.
217 『大淸律例』, 제8권, p.15.
218 『大淸律例』, 제8권, p.19.

때문이다. 이는 종족관계를 위협할 뿐만 아니라 한 걸음 더 나아가 간접적으로 사회정치 질서를 위협하는 것이다. 가톨릭에서 중국의 기독교도들에게 조상에 대한 제사를 금지하는 것도 항상 제기되는 문제로써 중국의 황제와 교황 사이의 권력 충돌은 역사적 상황의 한 측면에 지나지 않았다.

다른 수많은 문화체계에서의 종교집단들과 마찬가지로 중국의 여러 교파들은 종종 남녀유별에 관한 전통적 제한에 대해 다소 개방적이었고 심지어 문란한 양상을 보이기도 했다. 일부 도교의 교파는 그 성원들 사이에 방탕한 성교를 허락하기도 했다. 사실 여부와 관계없이 다원적 신앙을 갖고 있는 여러 교파들이 여성을 성원으로 받아들여 의식활동에서 남녀의 난잡한 성교를 허락한 결과 풍속을 해치는 경우가 비일비재했다는 이야기도 전해지고 있다. 이단과 사교에 반대하는 청조의 교지는 대부분 남녀의 장벽을 크게 뛰어넘는 이단조직의 병폐에 대해 언급하고 있다. 그 가운데는 부녀자들이 사묘에 들어가 향을 피우는 것을 엄금함으로써 이들과 승려 및 도사 등 향을 피우는 남성들과의 접촉을 애초에 방지하는 내용의 교지도 있었다.[219] 하지만 이러한 조문은 한 번도 실행되지 못했고 통용되지도 않았다. 부녀자들이야말로 분향하기 위해 사묘를 찾는 가장 대표적인 집단이었고 사묘는 종종 남녀가 몰래 만나는 밀회의 장소가 되었기 때문이다. 하지만 그럼에도 불구하고 이것이 정치적으로 이단에 반대하는 기본적인 원인이 된 것은 의심의 여지가 없다. 종교집단에 대한 박해가 벌어질 때마다 풍속을 해친다는 것이 주요 죄상의 하나가 되곤 했는데, 이러한 박해사건은 청조 연간에만 해도 부지기수였다. 예를 들어 1839년에는 성원들이 난잡한 성교를 즐기고 매관매작을 한다는 이유로 곤단회(滾單會)가 탄압을 받은 바 있다.[220] 이 단체의 명칭은 독신자들이 움직인다는 뜻인데 그 '법륜(Holly Rollers)'이 초기 미국의 부

---

219 『大淸會典』, 제36권, p.3.
220 『聖宣』, 제78권, pp.10-13. De Groot, *Religious Persecution*, p.528을 인용함.

홍회와 유사한 점을 지니고 있음을 암시한다. 이 조직에 가입한 성원들은 반드시 남녀가 짝을 이루어 움직여야 했고 정부의 조사발표에 따르면 일반적으로 어둠속에서 집회를 가짐으로써 성원들 간의 음욕과 음란한 행위에 편의를 도모했다고 한다. 이와 마찬가지로 1887년의 용화회(龍華會)에 대한 탄압의 주요 원인 가운데 하나도 젊은 부녀자들을 끌어들여 몰래 성적 환락을 누림으로써 사회의 도덕을 파괴한다는 것이었다.[221] 남녀가 한 자리에 있지 못하게 하여 여성을 격리시키는 것이 전통중국 가정이 가족의 단결과 권위적인 구조를 유지시키는 주요 수단이었다. 여러 중국문헌에서 남녀 구별에 대한 해이는 가족제도의 응집력에 대한 심각한 위협으로 간주되었을 만큼 전통 사회정치적 질서에 있어서 대단히 중요한 것이었다.

### 경쟁적인 권력 중심에 대한 억압

다른 사회질서를 건립함으로써 세속적인 고통에서 벗어나려는 유혹과 신성한 이념에 대한 종교적 열정과 충성을 불러일으킬 뿐만 아니라 이에 상응하는 지도자와 조직을 가진 이교의 움직임은 정권에 대항하는 강력한 힘으로 발전될 수 있다. 이는 중국의 역사에 펼쳐졌던 분명한 역사극의 장면들로써 실제로 중국의 정치사상가들 역시 이 점에 주목한 바 있다. 고대의 저작인 『주례(周禮)』에 나타나는 규정은 "왕제(王制)는 사악한 도리를 엄격히 다스려 혼란한 정치를 바로잡아야 한다"는 것이었다.[222] 한대(漢代) 이후, 각 역사의 단계에서 종교운동이 야기한 정치적 혼란은 결국 종교단체들에 대한 조직적인 법률 통제를 통해 수습되었다. 그렇지 않았더라면 수많은 사람들이 연이어 정치투쟁에 참여했을 것이다.

---

221 De Groot, *Religious Persecution*, p.171.
222 陳垣, 『南宋初河北新道敎考』, 北京, 1941의 이 부분에 대한 해석 참조. p.43.

청대의 법률에는 조직적인 종교운동의 처벌에 관한 대비책이 적지 않은데, 그 가운데는 사교에 반대하는 조항도 들어 있다.

    종교 교관이나 성직자들은 부적이나 주수(呪水)를 이용하여 신을 불러낸다는 구실로 스스로 단공(端公)이나 태보(太保), 사파(師婆, 名色)라 칭하고 망령되이 미륵불(彌勒佛)이나 백련교(白蓮敎), 명존교(明尊敎), 백운종(白雲宗) 등의 방회를 자칭하며 하나같이 사악한 도리와 이단의 술법을 행한다. 혹자는 도상을 은닉하기도 하고 군중이 한데 모여 향을 피우기도 하며 밤중에 모였다가 아침에 흩어지곤 하면서 백성들을 미혹하는데 이 가운데 우두머리는 감후(監候)에 처하고 추종자들은 각 곤장 100대를 내린 다음 3000리 밖으로 유배시킨다. 만일 군인이나 백성들이 신상을 만들어 악기를 울리면서 영신활동을 벌일 경우에는 그 우두머리 되는 자에게 곤장 100대를 내린다. … 민간에서 봄가을로 거행하는 의식(기도를 드리는 행위)은 이 범주에 포함되지 않는다.[223]

청대의 법률에는 반란의 처벌과 관련하여 사교를 창립하고 전도하여 대중을 현혹하며 백성들을 미혹시켜 혼란을 일으키는 자는 엄격하고 준엄한 형법으로 다스린다는 조례 규정을 두고 있다.[224] 끝가지 관철되지 못하고 중도에 폐지된 한 포고에서도 종교단체에 대한 정부 당국의 일관된 정책이 여지없이 드러나고 있다. 이 포고문에는 "승려와 도사가 거리에서 경문과 주문을 낭송하고 보시를 구하며 대중 앞에서 초도(超度)를 행하거나 돈을 모금하는 행위를 엄격히 금한다. 이를 어기는 자는 중벌로 다스린다"라고 규정하고 있다.[225]

---

223 『大淸律例』, 제16권, p.8.
224 『大淸律例』, 제23권, p.10.
225 『大淸會典』, 제55권, p.18.

건륭 황제가 위구르를 정복할 때의 청군(淸軍) 본영도.

이러한 법률 조문과 포고 및 기타 여러 가지 관련 조례들은 모두 하나의 중심 주제를 포함하고 있다. 다름이 아니라 통치자가 종교의 광신적인 열정이 조직적인 힘으로 발전하고 통일된 지도자를 선출하여 군중의 지지와 추종을 얻게 되며, 추종자들의 노력에 힘입어 지속적으로 세력이 확장되는 것을 두려워했다는 사실이다. 만일 지도자로 선출된 인물이 정치적 야심을 품고 있다면 그 세력의 성장은 당연히 통치집단에 대항하는 권력 중심이 형성될 수 있는 가능성을 의미한다. 바로 이러한 우려 때문에 교파조직들이 '밤중에 모였다가 아침에 흩어지는 것'에 대한 금지령이 반포되었던 것이다. 종교의식에서 북을 울리고 동발을 두드리는 것은 종종 백성들을 선동하고 군중을 불러 모으는 것을 의미하기 때문에 법률적 처벌을 유발했다. 승려와 도사가 대로변에서 포교활동을 벌이는 것도 같은 결말을 초래했다. 이러한 행위들은 모두 다른 조직의 종교집회에 하나의 모범이 될 수 있기 때문이다.

이단과 사교를 단속하는 조례들은 조직적인 영도라는 원인을 반복하여

청나라에 협조한 세력을 기념하기 위해 세운 모스크와 기념비.

강조하고 있고 진압정책 역시 '신도를 모으고 교육하는 행위(拜師授徒)'에 초점을 맞추고 있다. 이러한 규정의 중요한 의의는 전통 중국사회에서 스승과 제자의 관계가 가장 공고하고 가장 지속적인 유대 가운데 하나라는 사실에 기초하고 있다. 이러한 사회관계를 종교활동으로 끌어들이는 것은 그 추종자들이 안정적인 집단으로 성장할 수 있다는 것을 의미하기 때문이다.

청대의 일부 반란 진압 관련 조례들을 연구해 보면 민간의 조직적 역량의 발전을 방지해야 한다는 문제에 대해 조정이 어떻게 대처해 왔는지를 보다 전면적으로 이해할 수 있을 것이다. 그 가운데 가장 두드러진 예로 '피를 섞어 결맹하고 표를 태워 사제나 형제의 의를 맺는 자'들은 사형에 처하고 '민중을 20인 이상 모아 우두머리가 되는 자'는 그 자리에서 처단하되 조정의 허락을 받을 필요가 없도록 한 대목을 들 수 있다. 또한 "피를 섞어 결맹하지 않고 표를 태워 사제 또는 형제의 의를 맺는 일이 없었더라도 40인 이상 무리를 모으는 자는 감후에 처하고" 40인이 되지 않을 때에는 그 우두머

리를 곤장 100대에 처한 후 3000리 밖으로 유배를 보냈다.[226]

삽혈정맹(插血訂盟)이나 분표결의(焚表結義) 등의 의식을 통해 수립된 종교적 관계는 모든 초자연적인 힘을 기반이자 지지점으로 삼아 조직의 힘을 더욱 강화한다. 설사 법률이 상세한 항목으로 제한을 가한다 하더라도 전통 중국사회에서 방회(幇會) 조직이 줄곧 유행해 왔다는 사실은 방회 조직에 대한 법률의 효용이 상당히 유한적임을 증명해준다. 그럼에도 불구하고 이 법률은 전제정치의 전통이 민간의 미신 조직에 대해 일관되게 경계심을 지니고 있었으며 특히, 이들 조직이 구성원들 사이에 강력한 종교적 유대를 형성하는 것을 방지하고자 했음을 구체적으로 보여주기에 충분하다.

이단과 사교에 반대하는 이러한 법률 조항들이 배후에 숨기고 있는 기본적인 정치적 동기는 조직적인 종교운동 탄압이라는 구체적인 실천을 통해 짐작할 수 있다. 다음 장과 절에서는 청조에서 민국 시기에 이르기까지 종교단체 조직에 대한 여러 차례의 주요 박해가 모두 정치모반 또는 조정의 교파 조직에 대한 두려움과 관련이 있음을 언급할 것이다. 청조 연간에 정치적 폭동은 대부분 하나 혹은 여러 개의 정부 감시 대상 명단에 포함되어 있는 교파조직, 예컨대 백련종(白蓮宗)이나 백양교(白陽敎), 홍양교(紅陽敎), 팔괘교(八卦敎), 천리교(天理敎), 용화회(龍華會), 선천도(先天道), 천지회(天地會), 태평천국운동 중의 삼합회(三合會) 및 서양에도 익히 알려진 의화단 등과 관련되어 있다. 삼합회와 천지회, 홍문(洪門) 등은 종교를 기초로 한 이익집단으로써 1911년 청 왕조를 전복시킨 민국혁명에 어느 정도 참여한 바 있다. 민국 시기에도 종교집단의 봉기는 여전히 간헐적으로 발생했다.

19세기에 조정이 종교 반란을 처리하는 방식에서도 종교박해의 정치적 동기가 확연하게 드러난다. 1813년에 팔괘교에 대한 피비린내 나는 진압 과정에서 조정은 여러 차례의 경고를 통해 자신의 본분을 지킨 신도와 모반

---

[226] 『大淸律例』, 제23권, p.6.

에 참여한 신도를 가려내게 했다.[227] 신강(新疆) 지역에서 일어난 회교 정통파와 혁신파 사이의 분쟁을 판결하면서 청 조정은 오로지 교파의 구성원이 정부에 대항하는 정치폭동에 참여하였는지의 여부만으로 이단을 판단하려 했을 뿐, 그 안에 담긴 교리와 분쟁은 전혀 안중에 두지 않았다. 복건(福建)성의 용화교를 평정할 때에도 청 정부의 관원들은 용화교 교인들에게 그들 스스로 용화교의 유일한 목적이 오로지 신에게 제사를 지내고 그 교리를 이행하는 것뿐이라고 한다면 어째서 교인들이 흰옷을 입고 신분을 나타내는 징표를 지니고 다니느냐고 물었다. 교인의 표시는 곧 집회조직의 힘을 의미했고, 이는 항상 통치자들에게 모반에 대한 두려움을 느끼게 했다.

통치자들의 반란에 대한 두려움은 몰래 반란을 획책하거나 이미 반기를 든 종교집단을 처벌하는 것뿐만 아니라 다른 종교집단들도 의심의 대상이 되게 했고 이로 인해 많은 정통 종교단체들 또한 참혹한 박해를 받는 결과를 초래했다. 비정통적인 동기로 제멋대로 대중을 불러 모으는 일이 결사의 자유가 무엇인지 알지 못하는 전통 정부에게는 예외 없이 모두 정치적인 위협을 의미했던 것이다.

이른바 이단의 사묘에 대한 파괴는 비정치적 성격의 종교집단까지 무차별적으로 공격하는 결과를 초래했고 청조 시기 내내 이러한 박해 사건은 빈번하게 발생했다. 예컨대 1824년에는 무지한 백성들이 집회를 결성하고 사악한 신을 섬긴다는 이유로 강소성 소주 부근의 오도묘(五道廟)를 철거했고 1838년에는 "불법적인 무리들이 묘회 기간 동안에 군중들 속으로 침투해 들어가" 우매한 백성들을 기만하고 난동을 일으킬까 우려된다는 이유로 산동성 성내에 위치한 차도산(叉道山)과 백운산(白雲山)의 사당들이 모두 강제로 철거되었다. 오로지 정부 관원들의 조사에 의지해 사당 안에서 행해진 집회만 현지의 유구한 역사전통이라며 보존될 수 있었다. 지도자도 없고 전통

---

227 『欽定平定教匪記略』, 1817, 제26권, p.6.

성이 없는 종교 교파들만 잔혹한 박해를 피해 보존될 수 있었던 것이다. 1년 뒤인 1839년에는 도광 황제가 "각 성에 음란한 사당이 숲처럼 일어나 백성들을 모아 포교활동을 하고 백성들을 기만한다"는 내용의 성지를 내렸다. 이에 따라 모반과 관련되어 있다고 추정되는 신령을 모시는 사묘들은 철거되는 운명을 면치 못했는데, 무생노모(無生老母: 생사와 윤회를 초월한 여신) 역시 그 가운데 하나였다. 만명(晩明) 시기 이후, 대다수의 주요 정치적 종교집단들이 모두 무생노모를 숭배했는데, 1839년에 하남성 성내에 39개 소의 무생노모 묘당이 철거되었고 관련된 전업 종교인들은 모반에 참여했다는 아무런 구체적 증거가 없음에도 불구하고 모두 정부의 처분을 받아야 했다.[228] 1860년대에 태평천국운동이 발생하고 얼마 지나지 않은 시기에 정부는 봉기 중에 소실된 모든 음란한 사당의 재건을 금지하는 금지령을 내렸다.

간략히 말해서 19세기의 일련의 사건에서 보듯 중국정부는 이단의 문제에 있어서 모든 기록들이 보여주는 것처럼 일관되게 종교집단을 박해하는 태도를 취했다. 그 이유는 발발 가능성이 있는 잠재적 정치 반란을 경계하기 위해서였다. 민국 시기에 이르러서야 종교활동에 대한 정부의 통제가 다소 완화되었고 모반에 대한 두려움에서 비롯된 순수 종교단체에 대한 단속도 상당 부분 폐지되었다.

장기간 이교 단체들을 조직적으로 근절함으로써 이들이 위협적인 정치권력의 중심으로 발전하는 것을 방지하는 데 주력하다 보니 전통 중국정부는 묘당이나 도관에 법을 어긴 자들을 보호하고 정부의 처벌을 피하게 할 수 있는 비호권을 줄 수 없었다. 결국 정부의 세속적 권력이 모든 종교단체에 깊이 스며들게 되었고 조정은 일련의 유지와 법률을 반포하여 죄인이 공개적으로 또는 비밀리에 사원에 숨어들어 은신하는 것을 금지했다.[229] 예컨대

---

228 『성선(聖宣)』, 제78권, De Groot, *Religious Persecution*, pp.19-23에서 인용함.
229 江蘇省 羅店鎭의 사묘 재건에 영향을 준 명령이 그 일례이다. 『羅店鎭志』, 1899, 제1권, p.23.

955년에 발생한 대규모 훼불(毀佛)운동에서 주(周) 세종은 조서를 내려 부모를 버린 자나 도망친 노비, 간사한 정탐꾼, 사악한 역적의 무리, 산으로 도망쳐 온 자들의 출가를 금지하고 조정의 허락을 받지 않은 사원은 철거토록 명했다.[230] 다른 시대의 황제의 칙령도 마찬가지로 군의 명령을 위반한 자들이 머리를 깎고 승려가 되어 형벌을 피하는 것을 금지했다. 때문에 유학자들은 성직자를 가리켜 악인을 숨기고 더러운 것을 받아들이는(藏拇納垢) 직업이라고 했던 것이다. 일부 시기, 가령 10세기의 후주 시기에는 출가를 원하는 사람은 반드시 먼저 관방의 시험을 통해 경서에 대한 확실한 이해와 마음속에 존재하는 사리사욕이 제거되었음을 인정받아야 했다.[231]

청대의 법률은 이러한 전통을 그대로 답습하여 법을 어긴 승려나 도사 혹은 사묘나 관원은 자격을 박탈했다. 사관의 주지 및 행정체계에 속한 승관(僧官)들의 양호한 품행은 정부가 전적으로 책임져야 했다. 교단의 규칙과 계율에 위반되는 일이 있을 때에는 승관에게 판결을 맡겨야 했으나 승려나 도사가 세속적인 법규와 접촉해야 하거나 혹은 속세와 관련된 사건일 경우에는 아문의 처리에 맡기게 했다. 죄인은 어떠한 경우에도 도첩을 발급받지 못했고 사관의 지주는 아문에 도첩이 없는 사람이 있다는 사실을 보고해야 할 의무가 있었다.[232] 민국 시기에는 전업 종교인들에게 반드시 신도의 행위를 정부에 보고해야 할 책임이 있었다.

순수하게 종교적인 사무를 진행할 때조차도 종교집단은 여전히 정부의 관리에서 벗어나서 독립적으로 행동할 수 없었다. 특히 정부가 종교집단 구성원들에게 세금을 징수했다는 사실이 이 점을 잘 설명해 준다. 청조 시기 동안 주로 종교집단을 비난하고 고발할 때마다 "그릇된 도리를 전하면서 민중을 현혹한다(傳徒惑民)"는 내용이 언급되지 않은 적이 없었다. 이것이

---

230 『二十五史』 제5책, 제140권, p.153.
231 上同.
232 『大淸會典』, De Groot, *Religious Persecution*, pp.104, 113에서 인용함.

가장 흔한 죄명이었던 것이다. 일부 교파는 존재 자체가 선남선녀들을 속이고 미혹시켰다는 죄명의 사실적 근거가 되기도 했다. 영국의 식민지였던 홍콩에서조차도 이러한 죄명은 정부가 종교단체의 활동을 제약하는 수단이 되었다.233 정부는 법률과 정의의 유지를 위한 것 외에도 종교단체가 모금의 방법을 통해 세력을 확장하고 특히 많은 신도들과 추종자들을 거느리는 것을 두려워했다. 1837년에 산동에서 있었던 사건이 그 일례인데, 관청의 고발에 따르면 마강(馬康)이 이끄는 교파가 구성원들에게 향값 명목으로 돈을 거둬 조직을 확대할 수 있도록 우두머리에게 경제적 지원을 해준 바 있다는 것이다.234

## 종교의 정치적 지배

정부가 법적으로 승인된 사원과 성직자에게 행정체계를 부여하고 조직적인 이교활동에 대해 엄격한 통제를 실시함으로써 모든 상황은 세속적 정권이 이미 종교를 완전히 지배하게 되었음을 잘 설명해 주고 있다. 전통종교에 있어서 천지(天地)에 대한 숭배와 기능신 체계가 각 주요 사회제도에 광범위하게 침투하면서 이러한 사회제도가 존재하는 기초가 되었고 정권을 장악하기 위해서는 종교를 잘 통제해야 한다는 것이 하나의 사실로 굳어지게 되었다(제12장. 산재형 종교와 제도종교 참조). 하지만 중국역사에 있어서 교파에 대한 정치적 통제는 전혀 변함이 없었다. 제도종교는 정부의 지지를 얻어야만 조직을 형성하고 대규모로 발전해 나갈 수 있었으며, 일단 정치적 지지를 잃으면 박해를 받게 되고 조직의 힘도 약화되었다. 예컨대 불교는

---

233 이 문제에 대한 토론은 1956년까지 계속되었다.『華僑日報』, 홍콩, 1956년 2월 29일 제4판 참조.
234 De Groot, *Religious Persecution*, p.524.

제도종교로서 역대 통치계급의 이익에 따라 태도가 변화했고 역사적으로 기복이 심한 운명과 발전의 궤적을 이루면서 이러한 관점을 생동감 있게(제5장 참조) 설명해 주고 있다.

정부가 조직화된 종교를 지배하는 전통은 뿌리가 매우 깊다. 민국 시기에 이르러서도 종교에 대한 대부분의 법률적 통제가 이미 많이 느슨해지긴 했지만 종교운동의 발전은 여전히 넓은 의미에서 볼 때 유명한 정치 지도자의 비호에 의지하고 있었다. 1920년대에 호남(湖南) 지역에서 불교운동이 왕성하게 발전할 수 있었던 것도 당시 성장이자 신앙심이 깊은 불교도인 당생지(唐生智)의 보호정책 덕분이었다. 그의 지지하에 호남 불화회(佛化會)는 성 경내에 불교 강습소와 참배단체를 설립할 수 있었다. 그러나 당생지가 관직에서 물러난 이후에는 모든 활동이 연기처럼 빠르게 사라져 버리고 말았다.[235]

국가와 종교 사이에 장기적인 대립이 존재하지 않는다고 단언하는 것이 허상에 불과하다는 사실은 역사적 사실이 잘 증명해 준다. 하지만 5세기에서 10세기에 이르기까지 불교와 관방이 격렬하게 대립하던 기간 동안, 역사적 사실은 조정이 일방적으로 불교사원과 단체를 파괴한 것이지 결코 양측이 대등한 힘으로 대항했던 것이 아님을 잘 나타내 준다. 어떠한 시기에도 세속 정권은 종교에 대한 지배적 지위를 상실한 적이 없다.

국가는 어떻게 종교에 대해 이처럼 강력한 힘을 갖게 되는 것일까? 이는 대단히 복잡한 문제로써 여기에서 전부 설명하는 것이 불가능하다. 그 원인 가운데 하나는 대부분의 종교가 초기에는 분산된 형식으로 발전하게 되는데, 이 형식 자체로 분리된 기능과 구조를 가진 독립적인 종교가 되는 대신 주요 사회제도와 결합하는 것이다. 자발적인 종교가 출현했을 때, 그것이 마주하게 되는 것은 견고한 정치기구이고, 이것은 오랫동안 종교문제에 대

---

[235] 『湖南年鑑』, 1933, p.837.

한 지배권을 장악해 왔다.

그러나 더욱 흥미로운 사실은 다신교와 여러 신앙이 공존하는 지역에서 세력이 나누어진 종교는 종교적인 조직력이 약화되어 있는데 반하여 대륙을 통일한 제국은 필적할 수 없는 강한 힘을 지니고 있다는 것이다. 유럽대륙의 상황은 이와 정반대였다. 종교개혁이 교파주의의 흥기를 야기하기 이전에 종교가 유럽대륙을 통제했고, 세속적 정부는 몇 개의 봉건 제후국으로 분할되었다가 나중에 각자 국가를 수립했다. 기독교의 역량은 유럽대륙 전체에 영향을 미칠 정도로 강했으며 세속적 정부는 모두 분열되고 와해되는 상태에 처할 정도로 약했다. 유럽에서 국제교회는 한 국가의 주권을 대표하는 대외적인 상징이 되기도 하며 세속적 정부는 종종 교회에 굴복당하곤 한다. 그러나 중국은 일관되게 통일제국의 전통을 유지해 왔으며 종교가 마주한 것은 완전하고 단일한 강한 적수였다. 다른 한편으로 서로 용납될 수 없는 개개의 종교가 파별로 통치자의 총애를 얻기 위해 다툼을 벌였고 늘 서로를 공격해야 했다. 예를 들어, 도교는 일찍이 불교를 비난함으로써 정부에 의한 불교탄압이 활발히 이루어지는 결과를 초래한 적이 있으며 그 반대의 경우 또한 있었다. 그리고 조정은 더욱 빈번하게 서로 다른 교파 간의 충돌을 이용하여 종교 움직임을 통제하거나 일부 교파조직의 목적을 단속하기도 했다. 이러한 책략은 청조 시기 일관되게 시행되었다. 조정은 하나뿐이었지만 교파와 결사조직의 수는 셀 수 없을 정도로 많았다. 때문에 앞서 언급한 바와 같이 청 정부는 도교의 교장(敎長)을 다른 이단 교파를 관리하는 데 이용하게 되었다.

## 정치적 우월성 아래서의 종교 발전

세속적 정부는 독보적인 우월성과 엄격한 법률적 구속력을 갖추어 1,500

여 년 동안 끊임없이 피비린내 나는 종교 박해를 지속해 왔고, 조직적 종교로서 영구적이며 전국적인 조직으로 발전한 종교는 하나도 없었다. 아래에서 보다 상세히 종교조직이 가장 강한 불교조차 서로 연관되지 못하고 각지의 사묘로 흩어지게 되었는지에 대해 설명할 것이다. 소위 말하는 도교의 교장도 이름에 불과할 뿐 그는 다음의 각 교파나 도관, 묘당들에 어떤 조직적인 권위도 지니고 있지 않았다.

『대청회례사전』에 기재된 바에 따르면 1667년에 모두 14만 명의 승려, 도사, 여사제가 있었다. 당나라 때부터 승려와 도사의 수를 줄곧 12만 6천 명 이내로 제한해 왔고, 1천여 년 동안 양대 종교의 발전이 매우 미약했음을 알 수 있다. 근 300년 이후인 민국 시기에 전국의 성직자 수는 총 50만에서 100만 사이였다.[236] 하지만 17세기 이래로 중국의 인구가 3-4배 정도 증가한 것을 고려하면 출가인의 증가 속도는 그렇게 두드러지는 편은 아니다. 거의 정체에 가까운 숫자는 정부가 종교에 대해 통제를 가했고, 특히 새로 건립되는 사묘와 승려의 수에 제한을 두었음을 반영한다. 의심할 것 없이 정부의 통제와 적대 정책으로 인해 승려와 도사의 수가 확대되는 데 제한을 받았고, 사묘의 숫자도 일정 규모 이내로 제한을 받았을 것이다. 이밖에, 이단과 사교에 대해 지속적이고 끊임없는 억압과 빈번한 박해를 가해 사람들에게 출가하거나 종교단체에 가입할 경우 관방의 의심을 받을 수 있을 뿐 아니라 치명적인 해를 입을 수도 있다고 믿게 만들었다. 이 때문에 지위가 높고 생활이 부유한 사람들은 감히 모험을 감수하는 경우가 매우 드물었다. 성직자들의 수를 제한하는 동시에 출가한 이들의 지위를 끌어내리는 데 영향을 미쳤다.

근현대에 행해진 가장 심각한 정치적 타격은 사교(邪敎) 단체에 대한 것이다. 이들 단체는 사묘나 도관 혹은 승려, 도사, 여사제와 다르며 관방에 등

---

236 陳榮捷, 『近代中國的宗敎趨向』, NewYork, 1953, p.68.

재되어 있지 않고, 정부의 허가를 받지도 않았기 때문에 통상적인 행정체계 밖에 유리되어 있다. 잠재적인 법률 통제 및 실질적인 탄압으로 인해 대중 종교단체 및 그들의 활동이 지하로 들어가게 되었다. 오늘날까지도 이들 단체는 여전히 모종의 비밀성을 지니고 있으며, 법률의 권위를 천적으로 생각한다. 앞에서 여러 차례 언급한 바와 같이 정부는 이단의 교리문제에 거의 상관하지 않았고, 법률을 위반하지만 않으면 개인의 신앙 선택에 상당히 관대했다. 그러나 일단 경거망동하거나 조직적인 종교운동에 가담하면 법률적 처벌을 가했다. 정부의 이러한 고압정책은 도리어 봉건제국 말기에 무수한 밀교단체와 종교운동이 발생하도록 만들었다.

  오랜 기간에 걸친 정부의 종교에 대한 지배와 감시는 확실히 눈에 띄는 효과를 거두었다. 그러나 정부가 제한을 가한다 해도 중국에서 종교를 완전히 없앨 수는 없었다. 비록 법률이 매섭고 준엄하기는 하지만 실질적인 효과는 의문으로 남아있다. 국토의 광대함, 교통·통신체계의 원시성, 정부 관료체계하의 관리 수의 부족 등 이 모든 것은 효과적으로 법을 강행하는 것이 거의 불가능하게 했다. 전통중국은 기본적으로 무수한 민간단체로 구성된 거대한 집합체이며, 각 민간단체가 큰 의미에서 따르는 것은 현지의 풍속과 도덕이며 전국적인 법률제도는 중요한 시기에야 비로소 존재를 드러낼 뿐이다. 종교활동이 현지의 전통에 위배되지만 않는다면 현지사회에서 받아들여지고 심지어 지역 관리에게 용인될 수 있다. 통상 종교활동이 정부조직에 위협을 가하거나 혹은 그것이 일정 규모까지 확대되었을 때에야 현지 정부가 비로소 이단의 율법에 대해 처벌을 행한다. 그러나 그러한 시기가 되면, 종교활동은 이미 일정 세력까지 확장되고 군중을 지지세력으로 갖게 되기 때문에 설령 관방이 피비린내 나는 진압활동을 벌인다 해도 근본적으로 제거하기는 매우 어렵다. 이와 관련된 역사적 사실로 19세기에 조정에서 칙령을 내리는 일이 빈번하게 발생했다. 조정은 빈번히 지방 관원의 직무유기를 비난했지만 교파조직을 초기 단계에서 완전히 진압하는 것은 불가능했고 오히려 종교운동이 광범위하게 확산되도록 종용하여 여러 성에 파급된 뒤에야 경각심을 느끼고 무장력을 동원하여 진압하곤 했다. 때문에 국가의 전제정치와 엄준한 형법이 존재하긴 했지만 교파조직 및 교파활동은 여전히 발전을 계속할 수 있었다. 그 결과 수많은 비정통 활동이 암암리에 진행되다 보니 전통중국이 보여준 전반적인 모습은 종교활동이 없는 곳이 없는 매우 불안하고 혼란스런 상황이었다. 관아에서 철저하게 사묘의 수를 제한하고 승려들이 많이 모이는 대형 사찰의 수를 크게 경감시키긴 했지만 전국적으로는 여전히 적지 않은 사묘가 분포되어 있었고 그 가운데 상당부분이 이단의 신령을 숭배하는 곳이었다. 앞에서 지적한 것처럼 17세기 중국에는 약 84퍼센트에 달하는 사찰과 묘우가 정부의 비준을 받지 않고 사적으로 건립된 것이었고 이 수치에는 개인적으로 건립한 소형 사당이나 제단은 포함되어 있지 않았다.

유가를 정통으로 삼는 정치적 통치는 단일 종교의 제국을 실현하지 못했다. 반대로 주지하는 바와 같이 중국사회에는 3대 종교의 나라로 알려져 있고 여기에는 무수히 많은 교파가 존재하여 실제로 항상 수많은 신도들의 추종을 이끌어냈다. 새로운 신령과 새로운 경전이 끊임없이 나타남에 따라 새로운 종교단체와 종교활동이 이어졌다. 한 종교단체가 진압되면 또 다른 이름으로의 재기가 이루어지거나 새로운 교파운동이 그 공간을 메우기 일쑤였던 것이다.

수많은 교파들이 장기간 비교적 안정적인 상태를 유지할 수 있었던 주요 원인은 반이단법의 시행이 효과를 거두지 못한 데 있다. 예컨대 찰합이(察哈爾)성 만전(萬全)현의 황천도(黃天道)의 경우 16세기부터 활동을 시작하여 1870년대에는 이 지역에 대단히 웅대하고 6동의 주전(主殿)과 무수한 소형 묘당을 갖춘 묘우를 건립했고 이를 기반으로 황천도가 크게 부흥하게 되었다. 이 묘우들은 시종 완전하게 보호되어 왔고, 그 교파 역시 1940년대까지 활동을 멈추지 않았다.[237] 끊임없는 박해를 받긴 했지만 장기적으로 수많은 교파활동이 놀라운 생명력을 과시하며 생존해 왔다. 백련교는 매우 조직적인 종교단체로서 600여 년 동안 존속했고 미륵교는 역대 정권의 끊임없는 박해를 받았음에도 불구하고 빈번한 개명과 책략의 조정을 통해 무려 1200년 동안이나 명맥을 유지했다.[238] 태평천국의 정치 및 군사조직은 이미 한 세기 전에 와해되긴 했지만 이와 결맹했던 조직인 삼합회(三合會)나 홍문(洪門) 등은 오늘날까지 존속하고 있다.

조정과 정통사조의 강조만으로는 다양한 명목을 이용한 민중의 빈번한 이교활동을 저지할 수 없었고 각 대형 이교시스템의 생존 주기를 축소하지도 못했다. 하지만 반사교(反邪敎) 법률의 효과가 미미했던 것은 이런 현상을 초래한 원인 가운데 하나에 지나지 않는다. 이밖에도 중국사회에는 다신론과 교파 융합의 전통이 존재했고 이에 따라 교리의 분기가 비교적 용이하여 다른 신앙의 공존이 가능했다. 그 결과 특정 종교가 지배적 지위를 차지하는 것이 불가능했다. 앞에서 이미 지적한 것처럼 이단 사교에 대한 조정의 적대적 태도는 실제적인 정치적 고려에 기초한 것이지 신학적 이유에 바탕을 둔 것이 아니었다. 또한 정통유학은 신학적 의미에서 볼 때 종교라고 하기 어려웠고 정통을 기초로 한 전통 신앙은 마침내 다양한 종교 교의가 모여 이루어진 다신의 큰 강이 되고 말았다. 심지어 전통 신앙은 실제 운용과정에서 각 사회제도 속으로 광범위하게 흡수되었기 때문에 독립적이고 다른 종교와 함께 거론할 수 있는 제도종교로 발전하지 못했다. 역사적으로 하나의 제도종교가 조정의 지지를 받아 일정한 영향력을 갖추게 되면 다른 제도종교가 박해를 받게 되는 것이 통례였다. 때문에 원대에 불교가 성행했을 때 도교의 운명이 안전할 수 없었고, 다른 시기에도 이와 유사한 현상이 발생했다. 봉건왕조에서 하나의 제도종교가 장기적으로 총애를 받고 그 교

---

237 李世瑜, 『當代華北的秘密宗敎』, 四川 成都, 1948, 연구시리즈 B, 제4기, pp. 10-31.
238 편자 주석 참조. 『食貨』 격월간, 1935년 9월, 제1권, 제9기, pp.53.

리가 정부에 의해 국교의 성질을 부여받게 되면 다른 종교에도 일정한 발전의 기회를 제공하게 된다. 정통유학이 다른 종교의 발전을 지배하고 제한하긴 했지만 전통중국을 종교의 역량이 빈약한 토양이라고 말하기는 어렵다.

불교도 중국에 전래된 초기에는 정치적 적대를 피할 수 없었지만 점차 다른 외래 종교들 가운데 두각을 나타내면서 무시할 수 없는 종교 역량으로 발전할 수 있었는데, 그 원인이 무엇인가 하는 것이 중국의 종교를 연구하는 학자들이 줄곧 제기해 온 문제 가운데 하나이다. 이에 대해 수많은 학자들이 불교가 대중의 요구를 만족시킬 수 있었고 세속 유학의 정신적 공백을 메울 수 있었기 때문이라는 견해를 제시하고 있다. 또한 불교에서 말하는 영혼 존재의 관념이 유가의 조상 숭배 의례와 부합했고 중생을 구제한다는 희망도 있었으며 이른바 대승불교의 포용성이 다신숭배의 중국 본토사회를 융합하는 데 도움을 주었기 때문이라는 견해도 있다. 앞에서 여러 차례 지적한 것처럼 인과응보 사상은 중국사회의 도덕적 기준을 보완하고 그 도덕 전통을 제고시키는 역할을 했다. 하지만 정치적 각도에서 볼 때, 불교의 교리에는 비교적 융통성이 있고 출가의 기본 취지가 세속생활을 이탈한 다음 시기가 무르익으면 중생을 사원의 질서 안으로 받아들여 현실세계를 개조하는 데 있었다. 티베트의 정교합일 제도가 바로 그 일례라 할 수 있다. 그러나 일단 정치의 적대적 반응에 봉착하게 되면 불교는 탈속과 출세를 근거로 자기 보존의 당위성을 입증했다. 불교는 본질적으로 세속 정치생활의 일부에 속하지 않기 때문에 자체적인 생활방식을 추구해야 하기 때문이다. 이것이 바로 탁발(拓跋) 북위(北魏) 시기에 불교가 탄압에 부딪혔을 때 승려들이 제시했던 기본적인 변론이었다.[239] 그 후로 현대에 이르기까지 이러한 변론에 대한 정부의 부분적인 인정이 불교가 계속 존속하고 발전해 갈 수

---

239 Kenneth Ch'en, "On Some Factors Responsible for the Anti-Buddhist Persecution under the Pei Ch'ao", *Journal of Asiatic Studies*, June, 1954, vol.17, nos.1 and 2, pp.261-274.

있었던 이유 가운데 하나가 되었다. 그러한 교의는 불교가 우호적이거나 적대적인 정치 환경속에서 적응해 갈 수 있는 수단을 제공한 것이다.

# 제9장
# 종교와 정치적 반란

과학을 지향하는 현 시대에서, 종교는 종종 사회정치적인 기존 상태를 고수하려는 보수적인, 심지어 반동적인 세력으로 여겨진다. 중국에서의 종교는 확실히 봉건사회 제도를 공고히 떠받치는 강력한 힘으로 작용한다는 사실을 보여준다. 그러나 다른 측면에서 보자면 이단종교에 대한 부인과 탄압의 과정 자체가 정통과 다른 이단적 형식의 종교가 통치권력에게는 일종의 명백한 위협이었음을 시사하는 것이다. 막스 베버는 일찍이 종교의 혁명적 역할에 대해 지적했고, 종교사회학 영역의 다른 학자들도 종교가 정치적 틀을 떠받치기도 하지만, 한편으로는 이를 와해시킬 수 있다는 점에 주목해왔다.[240] 본 장의 의도는 정치적 저항과 종교의 상호작용을 살피면서, 현대중국에서 정치적 반란의 움직임이 진행되는 과정에서 종교가 어떤 역할을 담당했는지 살펴보는 데에 있다.

---

240 Max Weber, "Religious rejections fo the World and Their Directions," in *From Max Weber*, tr. By H. H. Gerth and C. Wright Mills, Galaxy Book edition, New York, 1958, pp.323-362; Joachim Wach, *Sociology of Religion*, Chicago, 1944, p.391.

## 정치적 반란 속의 종교결사

역사를 통해 우리는 지배왕조에 대항하는 정치투쟁에서 종교가 저항적 역할을 담당했다는 증거를 볼 수 있다. 한(漢)나라 도교의 황건적 봉기, 남북조 시기 불교단체의 수차례의 봉기, 도교 교파인 전진교(全眞敎)가 주도한 금원(金元) 통치자에 대한 반란 등이 그 두드러진 사례이다. 또 백련교(白蓮敎) 봉기는 몽고인이 통치하던 원나라를 무너뜨리고 뒤이어 창업된 왕조의 국호를 '명(明)'이라 칭하게 하는 데 일조하였는데, 구세주격인 '명석한 제왕(大·小明王)'들이야말로 평화로운 질서를 회복하기 위해 미륵불에 의해 세상에 보내진 것이라고 믿었기 때문이다. 이런 종교 투쟁의 사례들은 오랜 역사 가운데 비교적 두드러진 몇 개에 해당할 뿐이며, 종교적인 정치투쟁은 2000년 넘는 중국역사의 긴 두루마리에 두루 펼쳐져 있다.[241]

청(淸)나라 시기, 18세기 중엽 이후 거의 매 10년마다 가지각색의 종교 폭동이 기록되어 있다. 청조의 군사행동은 크게 두 가지 형태로 나타난다. 하나는 청나라 초기 변방에서의 비한족과의 전쟁이었고, 다른 하나는 왕조의 말기에 종교 봉기를 진압하는 전투였다. 기반을 다지느라 분투하던 시기에 있었던 '두 번 변절한 자', 오삼계(吳三桂)의 난처럼 예외적인 몇 차례의 모반을 제외하면, 청나라에서 종교적 요소 혹은 종교조직과 아무 관련이 없었던 정치 봉기는 거의 없었다. 역사에 대한 이런 방식의 개괄적인 조망은 매우 중요한데 그것은, 이러한 조망을 통해 종교의 힘과 사회운동 사이의 밀접한 관계가 드러나기 때문이다. 즉, 왕조 내부의 민중들을 중심으로 발원한 사회운동이야말로 왕조 통치에 대한 치명적인 타격이었으며, 이는 봉건왕조의 붕괴를 한층 촉진시켰다.

청나라 시기의 종교 반란과 폭동은 매우 복잡하게 뒤얽힌 사건들이라 간

---

241 陳垣, 『南宋初河北新道敎』, 北京科學出版社, 1958, pp. 29, 43.

략한 핵심 정리가 무리이긴 하지만, 그중 대표적인 몇 개의 사례들 중심으로 살펴보고자 한다. 건륭 황제 집권기는 청나라의 통치력과 위용이 최고봉에 이른 시점이었으나, 한편으로는 계속되는 종교적 폭동으로 곤욕을 치른 시기이기도 하다. 예를 들면 1774년 백련교 봉기(문향교(聞香敎)나 백양교(白陽敎)로 일컬어지기도 함), 1786년에서 1788년까지의 팔괘교(八卦敎)와 구궁교(九宮敎) 봉기, 1786년에서 1789년까지의 천지회 봉기, 1794년 백련교의 재출현 등, 그 폭동은 9개 성에 두루 퍼져 일어났고 이들을 진압하는 데도 8년이나 걸리다 보니 이를 계기로 청 왕조는 기운이 크게 꺾이면서 이후 왕조 쇠락의 길로 접어들게 된다.[242]

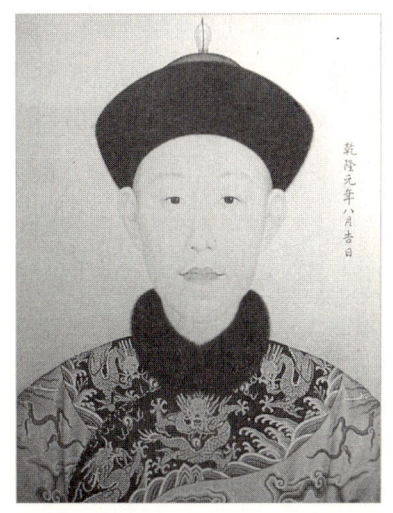

위는 건륭 황제. 건륭제 시기는 청의 전성기라 할 수 있지만 종교 반란이 고조되는 시점이기도 하다. 아래 사진은 의화단의 난에 참가했던 의화단원의 모습이다.

19세기 세 차례의 큰 사건들은 모두 청나라의 통치에 막대한 타격을 주었다. 19세기에 접어들면서 1813년, 팔괘교 혹은 천리교라고 하는 대봉기가 그 발단이 되는데, 이 봉기는 18세기 말 백련교 봉기를 수습하고 잠시 얻은 평정기에 바로 뒤이어

---

[242] 矢野仁一, "關於白蓮敎之亂", 『人民月刊』1935年 第 2-3月, 第6卷.

폭발한 것이다. 또 19세기 중엽은 대대적인 태평천국 봉기가 왕조의 근간을 흔들었다. 특히 이 봉기는 중국 민간에서는 처음으로 유럽 종교로부터 고무되어 일어난 종교 반란이었다. 19세기의 마지막은 의화단(義和團)의 활동 전개로 매듭지어진다. 의화단 사건은 처음에는 중국 내 정권 반대 운동의 성격을 띠었지만 1900년 의화단 봉기는 자희 태후의 지도하에 외세에 대항하는 운동으로 변모한다. 이 세 번의 굵직한 사건 외에도 그 사이사이 다양한 종교집단들이 주도한 지엽적인 폭동들이 청 왕조의 곳곳에서 끊이지 않고 이어졌다.

이러한 종교 반란이 크고 작음을 떠나 모두 정치적 성격을 지니고 있다는 것은 부인할 수 없다. 이 점은, 예를 들어 1813년 팔괘교 봉기의 성격을 정확하게 진단하고 있는 듯한 당시 청 왕조의 포고령 즉, "(정상적인 시기에) (팔괘교 혹은 천리교) 단체는 매일 태양에 경배하고, 경전을 외우고 신도들을 무기나 불, 익사에 견딜 수 있게 만든다고 공언한다. 또 기근이나 무질서의 시기에는 '거사'를 작당하는 것 같다"는 내용을 보아도 알 수 있다.[243] 이 사건만 해도 중국 대다수의 종교단체의 특징이 나타나 있다. 즉, 평화와 안정의 시대에 종교 결사 단체는 구도와 자선활동을 통하여 대중을 끌어들여 응집시켰다. 그러나 민중의 재난이 이어지고 질서가 무너진 시기에는 이들의 종교적 믿음이 곧 '거사'를 시험하게 했다. '거사(大事)'가 가리키는 바는 또 다른 새로운 왕조의 건립을 말하는 것이다. 팔괘교 봉기자들은 북경의 자금성을 침략하여 다름 아닌 황제의 보좌를 찬탈하려고 기도했다. 보다 이전 시기인 17세기 초, 백련교의 지도자인 서홍유(徐鴻儒)는, 비록 처형되어 생을 마감하긴 했어도, 그 세력이 가장 최고조일 때 스스로를 천운을 업고 재탄생한 황제로 행세했다.

다른 종교 봉기 역시 그 시도가 온건하긴 했어도 의심의 여지없이 정치적

---

243 『淸廷平定敎匪實錄』, 1817, 第26卷, p.24.

행동과 연관되어 있었음은 분명하다. 1834년 하남성(河南省) 천죽교(天竹敎) 박해의 주요한 원인은 교파 지도자의 집에서 무기와 화약, 반역을 꾀한 문건이 발견되면서 시작되었다. 1835년 선천교(先天敎)의 박해 역시 이들의 반역 음모가 발각되면서 빚어진 것이었다. 산서성(山西省)에 있던 이 교파의 일부가 현성(縣城)이 있던 조성(趙城)을 신속하게 점령한 후, 지방관의 관저를 방화하고 현 내 감옥의 수감자를 풀어주었으며 근방에 위치한 우편국을 공격하여 역마를 강제 탈취했다. 또 1837년에는 산동성(山東省) 동부지역에서 종교 지도자 마강(馬康)이라는 인물과 다수의 추종 세력들이 사형에 처해졌는데, 이들은 위현(魏縣)의 현성(縣城)을 공격하여 수감 죄인들을 풀어주고 현령을 죽이기까지 했다.

이를 시작으로, 봉기의 흐름은 태평천국운동으로 이어져 폭발하게 되며 지방 종교의 봉기 역시 더욱 잦아졌다. 이러한 지방 반란은 일종의 전형적인 방식으로 반복되어 나타났다. 즉, 지방관을 죽이고 관부를 불태우며 죄수를 석방하는 전형적인 과정은 악정이 낳은 부당함을 격파하고 정의를 이끌어 내려는 상징적인 표현이었던 것이다. 심지어 어떤 때에는 일부 한족 지방경찰과 만주족 사병들이 모반에 동참하기도 했다. 1840년대 종교 교파 활동은 호남(湖南), 귀주(貴州), 광서(廣西), 광동(廣東) 등 남방 여러 성의 산간지역에서 창궐했다. 이 일대는 오랫동안 지방의 무장한 무리들이 활동하면서 공개적으로 관부에 대항해 왔다. 그러다 결국 태평천국운동의 근거지가 되어 중국을 휩쓸었다. 1850년에 이르면 이들 종교 교파 지도자들은 이미 각양각색의 명성을 얻게 되는데, 하남(河南)의 '적천대왕(赤天大王)', 사천(四川)의 '적지대왕(赤地大王)', 광동의 '적민대왕(赤民大王)' 등의 예를 볼 수 있다.[244] 따라서 태평천국운동은, 반세기 동안 청나라가 통치하는

---

[244] 참고 J. J. M De Groot, *Sectarianism and Religious Persecution in China*, Amsterdam, 1903, pp.487-550.

거의 전역에서 끊이지 않고 터졌던 종교 교파들의 정치운동이 청나라 쇠락과 맞물리며 그 절정에서 폭발한 것이다.

태평천국 봉기 발생 이후 대략 20-30년간, 종교 봉기의 발생 빈도는 주춤해졌다. 그러다 19세기 말에 이르면서 정치성을 띤 종교적 반란운동이 다시 고개를 들기 시작했고 의화단운동이 북부지역을 중심으로 응집되었다. 남방에서는 일찍이 태평천국운동이 도화선이 되어 삼합교(三合敎)와 천리회(天理會)로 계승되고 있었는데, 이들이 다시 정치투쟁의 열정으로 불붙으면서 장차 이들의 지하조직을 기반으로 혁명운동이 진행되다 결국 청나라의 최후를 이끌어내게 된다. 중화민국(민국) 시기, 곧 혼란했던 중국의 20세기에 들어서면, 1920년대 홍창회(紅槍會)와 대도회(大刀會)는 중국 북방에서 봉기하면서 반란자들은 무기를 바탕으로 지방 정권에 반항하는 데 그 끈질김이란 놀라울 정도였다. 산동성의 마사위(馬士偉)는 '일심천도용화성교회(一心天道龍華聖敎會)'를 창건하여 스스로 황제라 칭하며 제멋대로 신하를 봉하고 널리 신도들을 모집했다. 1930년에 지방 군벌인 한복구(韓復榘)가 드디어 이 조직을 격파해서 마사위를 당시 일본이 점령하고 있던 요녕성(遼寧省)의 대련(大連)시로 몰아냈다.[245] 제2차 대전 시 오랜 일본 점령기에는 백련교 분파의 하나인 일관도(一貫道)가 다시 등장해 전국적인 운동으로 성장하면서 다양한 정치적 함의를 일구고 규합했다.[246] 공산당 정권은 출발에서부터 종교 교파들에 맞서 이를 처단하는 박해를 계속 이어왔는데 물론 일관도를 축출하는 것이 주목표였다. 이후 1956년까지도 여전히 공산당 정권은 "새 하늘을 연다", 즉 새로운 통치권을 일궈낸다는 명분을 중심에 두고 있던 일단의 교파들에 대해 적극적인 군사력을 발동해 왔다.

청대에는 종교운동과 정치적 반란이 밀접하게 연관되었다는 믿음이 굳건

---

245 李世瑜, 『當代華北的秘密宗教』.
246 *Survey of China Mainland Press*, American Consulate General, Hong Kong, 1955, no. 96, p.3.

했고, 따라서 이단적 종교조직은 정치적으로 위험하다는 생각 역시 일반적이었다. 이런 전통적인 사고 방식은 공산당 정권이 모든 분파주의 단체들을 숙청하는 과정에 어느 정도 정당성을 제공하기도 했다. 즉, 앞서 이미 지적했던 것처럼, 수많은 교파 단체들은 실질적인 정치집단은 아니었다. 그리고 정권은 그들이 어떤 정치적 반역을 실제 도모해서 진압했다기보다는 있을지도 모를 반역에 대한 두려움 때문에 처단해 왔다. 환

산서성 소재 응현목탑. 거란족 정권인 요대에 세워진 것으로 외형상 5층으로 보이지만 내부는 9층으로 이루어져 있다. 중국 최고의 목조 건축물로 손꼽힌다.

난의 시기에 정치적 야심에 찬 어떤 지도자가 나타났을 경우, 이 지도자가 이끄는 단체는 모반의 중심 도구로 이용되기가 너무 쉽기 때문이다. 동기가 무엇이든, 정권은 지속적으로 종교 교파를 진압해 왔고 이는 결과적으로 교파조직의 정치성에 대한 대중의 일반적인 태도를 강화해 나간 셈이다.

제도화된 종교와 정권 간의 대립은 전제적 정치의 전통에서 서로 다른 두 세력이 충돌하며 빚어진 것이다. 앞의 제8장에서 지적했듯이, 통치정권은 정치사회적 성향에서 입장이 다른 이질적인 교파의 움직임을 이미 확립된 기반에 대한 위협이라고 간주하였다. 실제적인 대규모 무장저항만 벌이지 않았을 뿐, 10세기 이전의 불교조직은 이러한 위협을 분명히 보여주었다. 승려의 확장과 세속 대중을 향한 신앙 전파를 통해 불교는 최종적으로 현존하는 사회질서를 바꾸고자 했다. 유가적인 사회경제 질서를 잠식해 들어간

불교는, 3세기에서 10세기 사이에 그리고 북방의 요(遼)나라 통치 시기에 체계적이고 융성한 발전을 이루어 확실한 규모에 도달했다. 유가 정치가들은 역사에서 얻은 교훈을 연구하고 늘 이를 자신들의 중요한 지적 토양으로 받아들여 왔던 터라, 이질적 성향의 종교집단이 성장해 가는 유사한 과정은 관망하는 편이었지만, 동일한 상황의 반복, 즉 한 종교가 사회의 기강을 위협하는 정도에 이르는 상황에 대해서는 조심스레 경계하는 입장이었다.

전통적인 전제정권의 통제와 끊임없는 박해 속에서, 불교와 도교만큼 어느 정도 정당한 위상을 부여받을 수 없었던 이단적인 교파운동은 어쩔 수 없이 자기 보호의 수단을 강구해야 했다. 많은 경우, 자신들의 종교조직이 발전하기 위해서는 지속적인 탄압, 위협에 맞서서 무장저항의 태세를 갖추고 있어야만 했다. 비밀결사의 형태로 언제든 공권력 탄압에 저항할 수 있다는 사실은 바로 속민 구원을 목표로 둔 종교 분파의 입장에서 매우 특별하고 중요한 부분이었다. 즉, 종교적 교의는 대부분 속세의 법칙을 넘어서는 신성의 초월적인 권위를 주장하였는데, 이런 교의야말로 전제정권의 잠정적 권위에 대한 분명한 도전인 셈이고 당연히 봉건왕조는 이외의 기타 교의의 존재를 용인할 수 없었을 것이다.

세속 권력을 넘어서는 정신적인 우월성에 대한 주장은 다음의 일례 즉, 1930년대와 1940년대 중국정부가 법적 요구사항인 등록제를 실시하던 때, 이를 거부한 일관도의 경우에도 분명히 드러난다. 일관도의 내부 지시문 내용 일부를 보면 다음과 같다.

······우리들은 신성한 어머니의 아들이요, 관리들도 마찬가지로 어머니의 아들이다. 세상 어떤 어미가 제 자식을 향해 이름을 올려 정식 인정을 받으라고 하겠는가? 저민의(褚民誼)도 이미 개종했고, 걸출하다는 다른 이들도 조

---

247 李世瑜, 『當代華北的秘密宗教』.

만간 개종할 운명에 처해 있다……247

　청대라면 이런 문건은 의심할 여지없이 반란 도모의 경우로 여겨져 곧바로 박해를 불러오고 또 그에 대한 무장저항이 이어졌을 것이다. 초월적인 몇몇 신성한 힘이 속세 질서를 관할한다는 이러한 주장은 대부분 청나라 시기 주도적인 종교 분파를 통해 형성되었다. 이는 구원과 예언에 관한 다음의 논의에서 다루어질 것이다.
　그렇다고 모든 종교적 반란이 정치적 탄압의 결과만은 아니며 종교적 삶이란 선택된 길을 방어할 필요성 때문만도 아니다. 정치적 이유나 야심이 다수의 종교 분파 운동에서 중심 요소인 것은 분명하다. 이는 청나라를 전복해서 새로운 '명' 왕조를 내세웠던 백련교파의 반복되는 반란 과정에서도 드러난다. 다른 교파운동들 역시도 출발은 순수한 종교운동으로 시작되었지만 환난의 힘든 시기가 정치적 투쟁을 부채질하면서 공공연한 반란으로 변모하게 된다. 태평천국 봉기가 이러한 유형이라 할 수 있다. 또 일부 교파는 처음부터 정치성을 전면에 드러내기도 하는데, 이런 경우 이들의 지도자는 자신을 황제 혹은 군주로 칭하면서 추종자들에게 관직을 부여하고, 권위를 상징하는 인장을 사용하기도 하고, 종교적인 경전 목록에 병법과 관련한 전문서적을 포함시켜 놓기도 한다.
　반란의 기본적인 동기가 무엇이든, 중요한 사실은 적어도 청나라 때는 주도적인 정치 봉기의 대부분이 종교집단과 관계가 있었다는 것이다.

## 종교 반란의 사회적 배경

　어떤 사회적 배경에서 종교 반란이 일어나기 쉬운가? 우선 가장 분명한 조건은 바로 전제적 정권의 박해이다. 정권의 탄압으로 인해 수많은 단순

종교 교파들이 무장한 봉기 세력으로 탈바꿈하게 된다. 아울러 전제통치하에서 수많은 순수한 정치운동은 자주 종교 형식으로 위장되기도 하고, 또한 종교 반란의 형식으로 종결되기도 한다. 19세기 초의 천리교 봉기는 전자를 대표되며, 후자의 전형적인 경우는 1840년대 '적천(赤天)'·'적지(赤地)'·'적민(赤民)' 대왕이 봉기한 사건이다. 중화민국 시기에 민간 종교 교파운동은 수많은 지역에서 흥성하기는 했지만, 반(反)이단 법안을 폐지하고 정권의 종교 통제가 완화된 점 등을 감안하면, 청나라 말기 비슷한 기간 동안 있었던 종교적 반란운동에 비해 그 수가 현저하게 줄어들었다.

전제적 통치라는 정치적 배경 외에도, 현존하는 제도가 일반 백성들의 요구를 충족시켜 주지 못하면서 사회적 위기상황은 출현하게 된다. 종교적 반동은 기본적으로 어떤 집단을 통해 집단적인 요구가 응집되어 그 힘으로 기존 사회와 정치질서에 모종의 변화를 평화적으로 혹은 강제적으로 촉진하려는 것이다. 이런 측면에서 종교 반란과 여타 사회 개혁 혹은 혁명은 서로 상당히 비슷하다고 볼 수 있다. 확립된 질서에 안주한 기존 사회 및 정치가 위기에 처해서 그 문제들을 타결할 수 없을 때, 또한 대중이 이에 어떻게 대처해야 할지 곤혹스러워할 때, 교파운동이 앞장서 대중에게 난세에 대처하는 해답을 주게 되었다. 따라서 자연히 기존 정권과는 긴장 국면에 처할 수밖에 없는 상황이 된 것이다.

또 다른 경우, 정권이 해결할 수 없는 공공의 위기상황에서 공개적인 반란을 거치면서 잠재해 있던 종교조직의 정치적 성격이 야심찬 정치적 기획으로 발전하는 적절한 기회를 얻기도 한다. 천리교 봉기에 대해 청(淸) 정부가 언급한 내용을 봐도 상황을 정확하게 진단하고 있음을 알게 된다. 즉, 해당 교파가 평상시에는 종교적인 활동에 주력하지만 기아와 흉년 그리고 혼란의 시기에는 정치적으로 큰 이슈를 비밀리에 도모한다는 것이다.

경제적 곤궁과 각종 재해야말로 종교운동 및 반란을 불러오는 아주 빈번한 조건이다. 기근과 흉작은 농업을 기초로 한 사회에서 반복적으로 일어나는 전형적인 위기상황으로, 다양한 형식의 민중운동을 야기시킨 원인이었다. 따라서 중국역사에서 굵직하고 영향력이 컸던 정치적 종교 반란들은 대규모 농업 재난과 어떻게든 연관되어 있다고 말할 수 있다.[248] 수많은 예를 열거할 수 있지만, 우선 북방 3성으로 서로 이웃한 지역인 하남, 산동, 하북의 경우 근대 교파운동의 본거지인데, 본래 지리환경의 원인으로 말미암아 옛날부터 홍수와 침수가 끊이지 않았고 이 때문에 기아와 흉작이 빈번한 지역이다. 18세기 말에서 19세기 초 사이에 일련의 백련교 및 천리교 봉기의 영향을 받았던 지역으로 기아와 흉작을 도처에서 확인할 수 있었다. 또 북방 하북지역에서 1835년 봉기한 선천도(先天道) 교파 반란의 경우도, 한 관리의 문서를 통해 그 해의 상황을 짐작할 수 있다. "비 한 방울 내리지 않는 날이 이어지면서, 수많은 사람들이 도처에서 동요하고, 고통과 절망에 차 있으니, 언제라도 사악한 종교 지도자의 선동에 휩쓸릴 태세였다."[249] 태평천국 봉기도 남부 산악지역을 중심으로 발발하는데, 그 지역 역시 지리적으로 경작할 땅이 한정되어 있는 데다 삶을 유지해가기 열악한 조건이어서, 가뭄에 의한 흉년이 빈번히 몰아닥치는 때면 봉기의 기운이 싹트는 것이다.[250]

호남성 산간지역에서 1851년 한 무리의 사람들이 반란 대오에 동참하여 중국 절반을 휩쓴 태평천국 봉기를 불러 일으켰다. 이 당시 분파 조직들의 명칭을 보면 매우 생동감있게 표현되어 있다. 즉, 편초교(編草敎), 할초교(割草敎), 습시교(拾柴敎) 등등으로, 그들이 종사하는 일은 모두 가장 천한 직업이었고, 그들을 중심으로 새로운 종교 교파가 생겨났던 사실에서도 생활환경이 열악한 지역의 최하층민이 겪어야 하는 경제적 궁핍의 정도를 가늠할 수 있다. 또 이와 유사한 상황은 20세기 이후 최근 몇 십 년의 경우에도 해당하는데, 한 예로 1920년대 하남성과 산동성에서 일었던 적창회(赤

---

248 鄧雲特, 『中國救荒史』, 上海: 商務印書館, 1936, pp.58-133.
249 J. M. De Groot, *Sectarianism and Religious in China*, Amsterdam, 1903, p. 518.
250 余牧仁, 「太平天國宗敎化的軍事與政治」, 『文社月刊』, 1927年 12月, 제3卷.

槍會) 역시 기근과 흉작이 얽혀서 탄생된 것이다.

경제적 위기뿐 아니라, 정치적 혼란, 과도한 억압 통치와 부패한 관리들의 부당한 세금 및 재물 징수 같은 만행들이 일상적인 삶을 극도로 어렵게 만드는 요인이었다. 또 전쟁과 도적단에 의해 날로 피폐해 가면서도 부패를 일삼는 통치권은 더 이상 평화와 질서를 유지할 수 없는 상황에서, 종교단체들은 무장을 통해 그나마 정상적인 살길을 모색하는데 도움을 줄 수 있었다. 통치권의 이 같은 정치적 위기상황은 종종 심각한 경제적 곤궁에 뒤이어 오게 된다. 따라서 도적단과 종교적 분파들이 발원하는 계기로 작용하고, 이는 또 역으로 부패한 정권이 민중에게서 세금과 부역을 강요하는 상황으로 모는 구실을 제공하는 셈이다. 그러다 보니 전반적인 상황은 점점 더 나쁘게 변모해 간다.

이것이 바로 19세기 백련교 봉기가 일어난 배경이다. 교파 봉기를 진압한 유명한 홍량길(洪亮吉)의 회고록 『정사교소(征邪敎疏)』에도, "도적이 물러가면 관병들이 들이닥친다. 이미 도적들이 집을 불태우고 사람을 죽이고 재물을 빼앗아 가고 난 자리에서 관병들의 핍박이 이어졌다"[251]고 적고 있다. 심지어 도광(道光) 황제의 포고에도 분명히 '관핍민반(官逼民反, 정부가 핍박을 가하면, 백성들이 반항한다)'이라는 사실을 인정하고 있다. 교파 반란의 가담자로 체포하겠다는 협박으로 탐관과 지방 경관들은 민중에게서 돈을 갈취하였다. "실제 종교 분파에 적극적으로 참여했는지 여부가 아니라, 기꺼이 돈을 내주느냐 아니냐에 따라서 체포가 진행되었다." 도광 말년에 이르러, 백련교의 발원지 호북과 사천 지역에서는 실제로 "수천 명의 무고한 사람들이 (이런 식으로) 연루되어 끌려왔다."[252]

비슷한 상황은 반세기 후의 태평천국 봉기에서 그대로 재현되었다.

---

251 余牧仁, 「太平天國宗敎化的軍事與政治」, 『文社月刊』, 1927年 12月, 제3卷.
252 上同

(청)가경(嘉慶) 도광 말년에 만청의 정치는 날이 갈수록 부패하고, 피폐한 땅을 탐관오리들이 헤집고 다니고, 민생은 도탄에 빠져, 고통을 하소연할 데가 없었다. …… 도광 연간에 이르러, 흉년과 가뭄은 설상가상으로 나타났고, 사람들의 옷과 음식은 피폐했건만, 관리들은 여전히 방종하고 기만하고 착취하며 함부로 권력을 휘두르고 도적 떼들이 판을 치고……. 무고한 일반 백성들은 위로는 관리들에게, 도처에는 도적 떼들에게 시달림당하며 도저히 생계를 부지하지 못할 상황이 되고 급기야 유랑인 신세로 전락해 떠돌게 된다……. 상황이 이러하니 마땅히 홍양(洪楊) 등의 "보량공비회(保良攻匪會)"가 일어서 시대의 요구에 부응할 수밖에 없었으니, 백성은 자연히 그에 따르게 되었다.[253]

## 정통, '이단 조직' 그리고 구세운동

압도적인 위기속에서 엄청난 고통을 겪으면 사람들은 현세와 내세에서 구원을 향한 열망이 솟아 나오게 되는데, 이 때 두 가지 방향의 길을 마주하게 된다. 우선 이미 실패한 정통의 사회 질서를 계속 유지하려고 안간힘을 쓸 수도 있고, 아니면 다른 출구를 모색할 수도 있다. 어떤 길이 피폐해진 민중들을 구원할 수 있을까? 통치 정권은 사회적 위기의 결과로서 이단의 움직임이 이는 것을 매우 두려워하여, 당연히 민중들이 사악하고 왜곡된 예언이나 망언 등을 통해 해탈하려는 것에 대해 엄격하게 경계하며 오직 현 정권의 법질서를 따를 수밖에 없으며 정통신앙을 보전 유지하라고 강하게 권고했다.

1724년 황제의 칙령으로 청나라의 수많은 법령의 기조가 정해졌다. 1813

---

[253] 上同

년 팔괘교를 진압하면서 가경(嘉慶) 황제는 다음과 같이 명하였다. 즉, 유학에 기초한 사회, 윤리 원칙 이외에 "다음에 간단명료하게 포고하고 널리 효시하노니, 모든 백성들이 삼강오륜 외에는 종교라 할 수 있는 것이 없고, 하늘의 이치와 왕의 법도 외에는 복을 구할 것이 없다는 것을 알게 하라"[254]고 하였다.

1835년 황제는 순례를 조직하는 행위를 금하는 조서를 통해 해당 관리들에게, 이단종교의 신령 구복과 보살핌을 비는 것은 모두 우둔한 짓이고, 사람은 단지 자기의 분수를 지켜 생업에 충실할 때에야 비로소 보살핌을 얻을 수 있다고 백성들을 교화시키라 명했다.

무수한 민중들이 기아와 생활고에 시달리며 경제적으로 극단의 궁핍으로 고통받는 상황에서 이러한 권고는 내용 없는 허울에 불과한 것이고, 현실적이지도 않았다. 재난 중 생활고에 허덕이는 민중들이 눈 뜨면 대하는 세상은 그야말로 '태평성세'의 향락과는 정반대의 상황이었다. 삼강오륜과 같은 기본적인 생활의 지침들 즉, 부모에게 효도하고, 임금께 충성하고, 맡은 일에 최선을 다한다는 내용들은 정상적인 시기에나 어울릴 법하고, 손을 써볼 수 없는 위기상황에서는 아무런 효용이 없는 것들이다. 주어진 본분을 다하고 생업에 근면하고 자족하며 얻어지는 지복의 가르침을 백성들이라고 모르는 바 아니지만, 총체적인 위기가 가져온 혼란과 파괴의 와중에 이를 실제 실천하기란 불가능해 보일 따름이다.

정통유학의 기초 위에 세워진 사회정치 질서는 단지 태평스런 시대에나 부합할 따름이었다. 경제와 정치의 극단적 위기 속에서, 민중들은 오히려 이단(異端) 교파의 호소에 훨씬 쉽게 빠져들어 즉각적인 반응을 불러 일으켰다. 정통사상이 사람들에게 희망을 주지 못했을 때는 그만한 이유가 있는 것이고, 다른 방향에서 해탈의 길을 찾아야 할 것이다. 이 때문에 이단 교파

---

254 De Groot, p.515.

는 바로 사람을 잡아끄는 특별한 매력을 지니게 된다. 중국에서는 비정통 종교를 두 음절의 낱말로 일컫고 있다. 즉, '이단'으로 불리면서, 주류에서 벗어나는 것을 뜻한다. 이 때문에 흔히 사회의 위기가 확산되었을 때, 사람들은 자연스럽게 '이단'의 도움을 찾는다. 이단적인 것과 정권은 서로 적대 관계에 있기 마련이므로, 통치 정권과 잦은 충돌을 빚기도 하고 때에 따라 무장 반란의 형태로 나타나기도 했다.

이단종교운동의 발생은 일반적으로 유학 전통의 '현세적 특징'과 연결된다. 이로 인해 모종의 정신적 영역은 공동으로 비워두게 되었는데, 이는 유가의 특징이라 할 부분이다. 이러한 해석이 타당하게 들리는 면도 있지만 교파운동이 봉기하는 상황에서는 다소 제한적으로 적용해야 할 것이다. 정치적으로 반동적인 성향이 강한 봉기의 경우 특히 그러하다. 또 중국역사에서 종교가 괄목할 만한 성장을 이룬 시기는 바로 전반적인 사회 위기의 상황과 바로 맞물린다는 사실도 중요하게 지적해야 할 부분이다. 앞에서 언급한 근대의 교파운동뿐 아니라, 3세기에서 6세기까지 이어지는 시기도 그 전형적인 예로 들 수 있다. 당시는 중국에서 새로운 종교의 체계적인 발전이 왕성하게 진행된 시기이면서 또한 무려 400년에 걸쳐 경제와 정치의 동요와 소란이 끊이지 않던 시기이기도 하다. 고대와 근대의 경우 모두, 당시 사회가 직면한 빈번한 위기에서, 유학의 정통사상은 모두 민중의 정신적 요구에 부응할 수 없었으며, 또한 국민들의 생존에 필요한 기본적인 물질적 필요조차 만족시키지 못했다.

## 보편적인 그리고 개인적인 종교적 구원

중국에서는 왜 '현세적인' 유학이 아니라, 종교가 '세속적인' 위기에 대한 새로운 구원에 기여하는지를 탐구하는 것은 흥미로운 일이다. 아마도 대답의 상당 부분은 정통유학의 극단적인 보수성에 있을 것이다. 지나간 선례의 교훈에 기대어 정통유학은 위기상황이 요구하는 필요에 눈감으며, 새로운 방향 모색에 대한 과감하고 절실한 요구를 외면해 왔다. 유학사상의 핵심은 바로 현세적이면서도 이 현실주의의 한계에 갇혀 현실을 제대로 보기보다는 오히려 상상력의 제한된 영역 안에서만 운신하고 있음이 드러났다. 종교적 상상력이 지니는 최고 경지는 바로 생명의 영속성이라 해도 여전히 구체적인 현실이 자연스레 확장된 것에 불과하다.

다른 한편, 종교는 출발에서부터 구체적인 현세생활과는 다른 세계와 삶의 모습들을 구상해 내는 독특한 기능을 수행해 왔다. 따라서 종교가 지니는 윤리적인 고양의 효과는 세상을 변화시켜 창시자가 상상력으로 구상한 이상적인 사회상을 부합시키는 순간에 일어난다. 종교는 이 때문에 언제나 현실과의 차이를 추구하지 현실과 같은 점을 찾지 않는다. 그러나 이런 점은 전통을 보존하며 현실에 입각해 있는 정통유학과는 상당히 어긋나는 면이다. 발견에 의해서건 천재적인 개인의 상상력을 통해서건, 기존에 확립된 도덕적이고 정치적인 제도에 철저히 뿌리내리거나 융합되지 못할 경우에도, 종교는 늘 혁명의 씨앗을 지녀왔고, 전통적인 중국의 종교도 마찬가지였다. 바로 이 점이 위기를 극복하고 구원을 향한 새로운 길을 찾을 때 유교의 정통성보다 일반 종교에 더 기대는 이유를 부분적으로 설명해 준다.

위기를 벗어나는 방식은 일부는 포괄적이면서 상당히 정교하기까지 했고, 일부 종교는 단순하고 유치한 수준에 머무르는 경우도 있다. 불교는 삶을 포괄하는 체계를 발전시키면서 전자의 예에 해당한다. 분량이 방대한 『대장경(大藏經)』이 내세우는 체계는 다종다양한 개념을 포괄하는 거대한 우주이다. 세계에 대한 우주론적 해석이라든가, 속세를 해석하는 윤리적인 방식, 모든 인간적인 한계와 사회적 병폐에 대한 총체적인 해결 방안, 더불어 수행 과정의 모든 부분들을 다루는 실제적인 세부사항 등, 전체적으로 고해에 빠진 삐뚤어진 인간 조건을 성스러운 영역으로 변모시켜 '서방 극락

세계'를 현세에서 일궈낼 수 있게 끔 짜여져 있다. 이처럼 전면적이고 이데올로기적인 체계는 국가의 임무를 떠맡는 수준으로, 실제 수많은 불국(佛國)에서 신령스러운 종교의 권한으로 국가를 운영해 나갔다. 불교에서 말하는 수행의 계율은 이상적인 세계 모델을 축소해 놓은 듯 조직되어 있는 데다, 현세를 구원한다는 불교의 보편적인 교의는 황제에서 거지에 이르는 모든 사람들에게 폭넓은 흡인력을 지니고 있었다. 따라서 현세를 변화시

불교에서 미륵보살은 난세에 인류를 구원해주는 구세주적인 존재로 설정되어 있다. 사진은 돈황 275굴에서 출토된 미륵보살상이다.

킨다는 불교의 원대한 기획은 그저 공허한 망상만이 아니며 이를 넘어서는 무언가가 존재했다. 인류가 중대한 위기에 직면했을 때 불교의 이러한 체계는 구원을 제시하는 방식으로 드러나면서 민중들에게 즉각적인 반응을 얻었는데, 이는 당연한 귀결인 셈이다. 따라서 만약 이 시기 불교세력이 응집할 경우 당시 청나라 통치권에 큰 위협이 되었을 것이다. 도교 또한 (불교와 마찬가지로 체계를 갖춘) 부류에 속한다고 볼 수 있지만, 중국 종교를 연구하는 학자들은 도교가 불교를 모방한 조잡한 부분이나 불완전한 성격의 교의 내용 등을 지적하고 있는 형편이다.

불교와 도교에 비해 기타 교파에서 주장하는 현세 구원의 내용은 상대적으로 훨씬 단순하고 일관성도 떨어진다. 중국의 여타 교파는 통상적으로 불교의 신학이념, 도교와 기타 전통종교의 법술의식 등이 혼합된 형태이며, 또 유학에서 가져온 윤리체계도 혼재한다. 그중 주도적인 종교집단의 경우를 보면, 예로부터 미륵교, 백련교(박해를 피하기 위해서 왕조가 바뀔 때마다

부단히 명칭을 바꿨다.), 또 최근의 여러 종교 중 황천교(黃天敎)와 일관도와 같은 조직은 모두 미륵불과 '신성한 어머니' 등 불교의 제신을 숭배한다. 아울러 분명한 불교의 어조로 보편적인 구세주의 존재를 예언하고 숭배한다. 모든 사람에게 이 종교조직들이 개방된 것은 결코 아니지만, 중생 구원과 해탈이라는 불교의 목표는 꾸준히 유지되었다. 도교와 전통종교에서는 최고 신격 외의 나머지 다양한 신성의 형태를 차용해 왔고, 더불어 법술의식들도 함께 가져왔다. 예를 들어 영매(靈媒)와 길흉을 점치는 점술을 사용하기도 하고, 주문을 외면서 영수(靈水)를 마시게 하여 환자의 나쁜 기운 등을 치료하기도 했다.

종교 분파들의 윤리체계는 주로 일반 대중들이 익숙한 유학의 가치로 구성되어 있다. 민중들이 교파의 윤리적 내용에 익숙한 것은 비교적 거리낌 없이 교파를 받아들일 수 있었던 핵심 요소이다. 이러한 종류의 각종 신앙이 혼합된 교파에서 태평천국운동은 하나의 중대한 예외이다. 그 교파의 신학적 영감은 불교보다는 주로 기독교에서 기원한다. 한편 부적을 사용한다든가 하는 수많은 법술 행위들은 도교에서 가져왔거나 혹은 스스로 전해 내려온 모종의 전통에서 온 것이다. 그러면서도 그 윤리체계-사실 여러 면에서 과감하게 전통과 어긋나는 것이긴 해도-는 유학이라는 큰 틀의 영향에서 완전히 벗어나지는 못하였다.

내용이야 어떠하건, 현세 구원의 주장이야말로 마땅히 민간 종교운동이 위기에 직면해서 내세울 수 있는 가장 핵심적인 주장이었고 특정한 상황 하에서는 이는 정치적 반동으로 전개되어 갔다. 각 교파의 기본적인 주장은 바로 그들이 비탄에 빠진 인간 중생을 구원하는 능력을 가지고 있다는 것이다. 그러나 전반적인 위기에 빠진 사회에서 대체 어떻게 민중들로 하여금 세상을 구한다고 사신들의 주장을 믿게 만들었을까? 그들은 어떻게 대중들의 신앙과 신심을 얻었을까? 그들은 어떻게 따르는 무리를 이단 교파운동이라는 위험천만한 길로 끌어 모을 수 있었을까?

남경득승도(南京得勝圖). 청나라 군대가 태평천국군을 진압하고 남경을 탈환하는 장면이 묘사되어 있다.

이 점에서 많은 요인들을 고려해야 할 것이다. 우선, 종교조직이 직접적으로 사회와 경제 주체가 제공했어야 할 혜택들을 제공했다는 사실을 알 수 있다. 이는 마치 한 공동체 내에서 형제간에 서로 돕는 특성을 가지고 있었는데 이것은 유리된 삶의 위급한 고비에서 중요한 자원이 되었던 것이다. 또 다른 요소는 이미 언급한 내용이기도 한데, 그것은 하나의 '탈집경향(脫執傾向)'의 심리적 효과를 제공했다는 점이다. 구태의 방식으로는 더 이상 실효를 나타내지 못하는 때에 사람들에게 새로운 교파들이 희망에 대한 비전을 제시할 수 있었다. 또 다른 요소는 이단 교파의 핵심적인 부분인데, 교파 추종세력들이 모두 매우 신령스럽고 영험한 현상을 갈망했다는 것이다. 특히 살아갈 앞날은 막막하고 거의 절망의 바다에 떨어져 있을 때 각종 초자연적인 신비한 요소들은 당장의 모든 어려움을 떨쳐버리고 사람의 마음을 고무시키는 작용을 했다. 비범한 상황에서 벌어지는 기괴한 이야기가 돌고 돌았다. 특히 이와 관련해서 교파의 지도자들이 매우 중요한 역할을 담당했다. 그들은 흔히 신성한 능력을 지니고 천상과 인간을 소통케 하는 분으로 여겨졌기 때문이다(마치 황제가 마음대로 사람과 하늘을 소통하는 그러한 것과 같다). 많은 교파 지도자들이 기적을 행하고 자신들의 초자연적인 힘을 보여줄 수 있는 법력을 시연해 보이기도 했다. 부적과 주문을 통하여 병을 치료하는 행위 등은 청대 대다수의 교파 창립자들이 일반적으로 사용하는 수법이었다. 이런 행위들은 교파운동에서는 아주 보편적인 현상이었지만 실제 청나라의 법문에는 엄격히 금지되어 있었다(제8장 참조). 태평천국 봉기의 주요 지도자 중의 하나인 양수청(楊秀淸) 역시 능통한 주술로 병을 치료하고, 뛰어난 영험력과 정확한 예지력으로 미래를 내다본다고 여겨졌다. 운명을 예언하는 점괘야말로 모두 종교 교파의 창립자들이 자주 사용하는 행적이다. 일관도의 창시자 왕각일(王覺一)도 초창기 사람들의 운명을 점쳐서 추종세력을 모을 수 있었다.[255] 영험한 우물에서 가져온 영수(靈水)의 치유력으로 말하자면 이는 황천파가 대중적인 움직임을 얻어 발전하는 데 필수적인 매개였다.[256] 윌리엄 제임스(William James)의 지적처럼 절박한 위기의 상황에서 환영적인 체험은 독특한 정치적인 역할을 수행하는 것이다.

　기적을 행하는 포교에서 두 가지 중요한 의미를 찾아보게 된다. 우선, 민중신앙과 신심을 얻을 수 있었다는 것이다. 또 하나는 개인들이 자신의 구원을 위해 스스로 갈구하게 된 것이다. 병이 치유되고 감복하여 교파에 귀의하는 사람이 있는가 하면, 기적을 행하는 것과 무관한 경우, 신험한 포교자가 창설한 조직에 가담하는 것만으로 일종의 개인의 해탈과 구원을 추구하는 사람도 있었다. 따라서 실제 초능력을 지닌 몇몇 개인이 있다 하더라도 소수에 불과했고, 오히려 교파 지도자가 행하는 기적으로 인해 가능한

---

255 李世瑜, 『當代華北的秘密宗教』.
256 上同.

많은 무리들이 뭉쳐서 교파운동의 길에 나서게 되는 것이다. 개인의 구원이 고통과 죄에서 세상을 구하는 큰 일의 매개가 되는 셈이다. 이러한 이중의 기능은 다름 아니라 교파운동을 형성하는 과정에서 종교적 구원을 실천하는 것이다. 많은 학자들이 중국 종교생활의 무속적인 측면에만 주목하여 중국에서 구원이라는 개념, 특히 총체적인 구원 개념은 전혀 발전하지 못했다는 잘못된 결론에 이르게 된다. 그러나 실제로 불교와 도교뿐 아니라 대부분의 근대 교파는 귀의를 통하거나 보편적 구원을 통한 총체적 구원을 통해 개인적인 구원의 이념을 발전시켜 왔다.

## 예언의 기능적 역할

현세 구원이라는 주장이 종교운동에서 기본적인 동인으로 작용하고 있지만, 예언 능력이야말로 일반 대중의 관심과 이목을 집중시켜 세상을 구하는 일에 동참할 수 있게 하고 추종자를 규합할 수 있게 한다. 따라서 현세 구원의 주장이 종교운동의 핵심이라면 예언은 바로 현세 구원이라는 주장에서 하나의 중요한 부분이다. 과거와 현재 그리고 내세의 중대한 사건들에 구원의 명분을 덧붙여 예언함으로써 전체 운동에 현실감과 생동감을 불어넣는다. 예언은 위기상황에서 더욱 기세를 떨치는데, 현존하는 문헌에 따르면, 중국역사상 커다란 사회 혼란의 시기에 반드시 각양각색의 기이한 예언 행각들이 동반되었다고 한다. 불안정한 정서라든가, 엄청난 재앙이 닥칠 것 같다든가, 혹은 한 치 앞도 확신할 수 없는 등, 모두 절박한 사회 위기상황에서 전형적으로 드러나는 심리 상태이다. 곤궁에 처한 수많은 인간들이 자신의 운명에 대한 설명이나 고통에서의 해탈을 갈구할 때, 예언은 인간이 아니라 신적 존재의 입을 통해 예지를 담은 소중한 대답을 줄 수 있었다. 중국인들은 예로부터 어려움에 처했을 때 점성술사나 무당, 역술가를 찾아 곤란한 문제들에 대한 해석을 구하고 앞으로의 처신과 행동에 대한 지침과도 같은 예견을 얻었다. 따라서 사회가 위기에 처했을 때도 예언의 행적은 집단적인 차원에서 이와 유사한 기능을 수행하였다.

공자의 출현만 해도 피압박 고대 민중의 메시아적인 예언과 연관되었다.[257] 음양학파는 특수한 자연현상을 통해 정치변화 조짐을 예언적으로 해석해 왔고, 각 시대마다 수많은 사람들이 이 같은 예언적 해석을 내놓아서 죽음을 당하는 화를 부르기도 했다.[258] 최근의 역사 기록에 보면 위기의 상황에서 발전하는 예언 행적에 관해 상세하게 설명되어 있다. '명'왕조의 출현에 대해서도 "명석한 제왕(明王)이 세상에 곧 나타날 것"이라는 예언이 이미 있었다. 14세기 초 명나라가 여전히 안정적인 기틀을 잡지 못하고 삐걱거릴 때, 백련교는 세상이 다시 한 번 혼란에 빠질 것이며 미륵불이 세상에 내려와 인류를 구원하고 거대한 무리를 규합하여 천하에 대란을 일으킬 것이라 예언했고, 실제 "무지한 백성"들 중 다수가 여기에 이끌렸다.[259]

왕조의 쇠락 과정도 이와 유사하다. 그 세부 내용이 조금씩 여러 형태로 바뀌기는 해도 근본적인 주제는 늘 같은데, 교파 내 예전의 한 인물이 현세에 다시 나타난다는 것이다. 이 인물이 기반을 다지고 또 예언의 행적이 수반되는 것이다. 다음 단락에서도 살펴보겠지만, 대다수의 근대 교파들은 장차 세상을 구하는 신학이 나타날 것이라고 예언했다.

19세기 초 백련교 봉기 중에 관부는 교파 지도자 중 한 사람의 집에서 『삼교응겁총관통서(三敎應劫總觀通書)』라는 경전을 찾아냈다. 이 신비한 저작에서 주장하는 바는, 총 세 개의 겁이 있고 매 겁은 하나의 불(佛)에 의해 일소되고, 겁을 따라 대재난도 이후 겁으로 옮겨 간다. 첫 번 겁은 과거의 불, 즉 세상에 빛을 가져온 것이었고, 두 번째는 현재의 불-석가불로, 현재 세계

---

257 胡適, 『說儒(on Confucians)』, *Academica Sinica Bulletin*, 1934, vol Ⅳ, no3, pp.233-284.
258 王治心, 『中國宗敎史綱』, 上海, 1930, pp.79-83.
259 『明史』, 上海, 1934, 第9卷, pp.302-303.

를 관장하며, 세 번째는 미래의 불-미륵불, 즉, 장차 미래를 통치할 불이라는 것이다. 미래의 불은 세상에 내려와 석불촌에서 탄생한다고 했는데, 그곳은 수많은 백련교 지도자들의 본 터(집)였다. 새해가 되면 교파에서 경전을 나누어 주는데 경우에 따라 교파의 지도자에게 돈을 기부하라고 호소했다. 이렇게 하면 미래불이 하강할 때 보살핌과 포상을 얻을 수 있다고 했다.[260] 이런 교리를 토대로 교파는 청나라는 분명 이미 예견된 운명의 종말을 맞을 것이고, 장차 명나라가 들어설 것이라고 주장했다. 기독교에서 영감을 얻은 태평천국운동 또한 보편화된 예언의 어조를 사용했고, 태평천국의 「포고천하격(布告天下檄)」에서는 신령한 세력들의 순환이 마무리되면서 신성한 구원자가 도래할 것이라고 천명하며, "하나님의 은혜를 나에게 명하여, 진짜 성스러운 하나님 아버지 형제가 범부들이 사는 세상에 하강하시어, 하(夏)나라를 사용해서 오랑캐로 변하게 하고, 사악함을 베어 증거를 남겼고, 거짓과 더러움을 없앨 것을 맹세하여, 강토를 개척할지어다"라 하였다.[261]

예언에서 드러나는 동일한 주제들이 불교 이론을 핵심 교의로 삼고 있는 근대 교파집단에 전해졌다. 예를 들어, 백련교의 한 분파로 갈라져 나온 일관도 역시 비슷한 종류의 예언을 퍼뜨렸다. 그것은 영원한 생명과 천지를 창조하고 세상만물을 고취했고, 겁 혹은 매 차원은 129,600년의 우주가 세상을 운행하는 것과 같다. 매 겁은 하늘의 힘이 변동함에 따라 몇 차례의 재난을 불러온다. 현재 역수 제2겁은 이미 완성되었고 말겁(末劫)은 아직 하강 중이다. 하늘이 열린 이래 모두 세 개의 겁이 있었다. 제1겁은 청양겁(靑陽劫)이고 복희(伏羲, 중국 전통신화에서 세상을 창시한 사람)의 시대에서 시작되었고, 제2겁은 홍양겁(紅陽劫)으로 주(周)나라 소왕(昭王)시대에 시작되었다. 제3겁은 백양겁(白陽劫)으로 장차 정오와 이른 오후 사이에 시작될

---

260 矢野仁一, 「關於白蓮教之亂」, 『人民月刊』, 1935年 第2-3月, 第6卷.
261 余牧仁, 「太平天國宗敎化的軍事與政治」, 『文社月刊』, 1927년 12월, 제3권

것이다. 청양겁 시기는 광망불(光芒佛)이 세계를 관장했다. 홍양겁 기간에 석가불이 세계를 손바닥 안에 장악했고, 백양겁 기간에는 미륵불이 장차 세계를 통치할 것이다. 매 겁의 시기, 도와 재앙이 동시에 세상에 하강한다. 도는 선량한 사람과 신도를 구제하러 오고 재앙은 사악함을 처단하러 온다. 천하에 도가 이루어지고 재난은 소멸될 것이다. 재난은 인간의 악행에 의한 것이고, 도는 바로 이 때문에 강림하는 것이다.[262]

이러한 신념은 '삼기말겁(三期末劫)'의 관념으로 대표되는데 최근의 교파 신학에서 흔히 나타난다. 여기에 근거해 19세기 말 근대 황천교가 자리잡을 당시, 만전(万全)현에 큰 가뭄이 들었을 때 승려 지명(志明)은 제3겁 역시 최후의 말겁이 도래하며 천상으로부터 대재앙이 곧 내릴 것이라 주장하여 대중들을 크게 자극하였다. 또 신성한 어머니는 이를 예견하여 일찍이 300년 전에 미륵불을 보내어 황천교(黃天敎)를 세웠고, 백성들을 최악의 재앙에서 구하러 왔다고 했다.[263] 또한 중생을 구하기 위해 환생했다가 (황천교)교파를 기초한 후 세상을 떠났다는 미륵불 무덤의 묘비명을 발견하였다고 했다. 예언적 선언, 더불어 이런 신비스런 체험을 토대로 지명(志明) 스님은 광범위한 대중적 관심을 얻었고 보명사(普明寺)라는 대규모 도량을 축조할 정도로 상당한 돈을 모을 수 있었다. 황천교의 이 신념은 계속 이어져 1940년대까지도 교파의 구성원들은 여전히 이 예언이 교파 교의의 중요한 부분이라 여겼다.

신성한 3겁에 대한 이론 및 말겁이 곧 도래할 것이고 피할 수 없는 대재앙이 올 것이라고 주장했을 뿐 아니라, 이외에도 근래 들어 널리 퍼진 두 가지의 투시적 예언도 있었으니, 그중 하나는 이미 당(唐)나라 시기에 기원을 두고 있다는 「추배도(推背圖)」이며, 다른 하나는 「소병가(燒餅歌)」로, 명나

---

262 上同, pp.32-33.
263 上同, pp.14-15.

라 초기부터 전해진 것이라 한다. 두 예언은 모두 화평과 전란에 대해, 또 왕조의 흥망성쇠와 과거, 현재, 미래 속에서 권력의 부침에 대해 예견하고 있는데, 대부분 상당히 모호한 언어로 표현되어 있다. 믿을 만한 현재의 자료가 보여주듯이 이러한 예언의 창시자는 근대까지 명맥을 이어오고 있는 어떤 교파와도 무관하며, 그저 당시 교파 집단에서 그 예언의 관점을 자의적으로 취하여 자신들의 예언을 맘껏 부풀린 것이다. 같은 식으로 일관도 역시 그들의 본부에서 종종 위의 예언을 기록하고 전시했다.

 주어진 지면의 한계로 이런저런 예언들의 흥미로운 세부사항을 논할 수는 없고, 다만 대다수 예언에서 드러나는 일반적인 특징들을 정리해 보고자 한다. 첫째, 각 교파의 예언들은 기본적으로 세계가 엄청난 힘으로 단계적인 탈바꿈을 거친다는 이론을 제시했다. 백련교의 신성한 세 겁에 대한 예언이 한 예가 될 수 있다. 즉, 백련교가 초자연적인 무한한 힘에 의해 절대 불변하는 규율에 따라 만들어졌다는 것인데 이런 주장은 일반 신도들로부터 나오는 논쟁과 의심을 애초에 불식시킬 수 있게 한다. 사회가 동요하고 불안한 시대에 이성의 통제와 예측을 철저히 벗어나는 사건들 앞에서 사람은 무기력해지면서 엄청난 혼란의 심연에 갇힌 듯이 느끼게 된다. 이 같은 심리적 상태에 처한 일반 대중에게 절대규율의 작용에 따라 움직이는 겁변의 사상은 분명 새로운 깨우침과 희망을 제공했을 것이다. 즉, 세계는 미리 정해진 섭리에 따라 곧 질서를 갖춘 실체로서 드러날 것이고, 이전에는 이해 불가능한 비극적인 사건들이 설명 가능해졌으며 심지어 특정한 윤리적 조건(종교에 귀의하는 방식 등)을 갖추면 이전의 비극을 피할 수 있게 된 것이다. 이와 같이, '광대무변한 우주적 법칙'을 내세운 교파의 예언은 신변의 곤경에 대한 대중의 심리 상태에 강렬한 흡인력을 발산하였다.

 둘째, 각 교파마다 자신들의 주장이 틀림없는 것임을 증명하기 위해 신화 및 역사적 사건에 대한 나름의 해석을 제시했다. 만약 사람들이 신성한 섭리가 예정해서 주도하는 세계의 변화에 대해 여전히 의심을 품는다면, (이 예언을 보여준다고 생각하는) 과거 중대한 사건을 차례로 들어가며 예언에 관한 대중의 신념을 재차 견고하게 하였다.

셋째, 각 교파는 겁 변화같이 하나의 단계에서 다음 단계로 넘어가는 세계의 탈바꿈을 겪게 되는데, 이 과정에는 반드시 엄청난 대재앙이 동반된다고 한다. 이후 태평성세에 도달하기 전에, 이미 벌어진 눈앞의 재난보다 더 심각한 재앙이 나타날 수 있다는 것이다. 절박한 사회적 위기와 더불어 광범위한 고통과 공황이 벌어진 상황에서 세계가 초토화될 것이다, 혹은 광풍에 의해 파국을 맞을 것이라는 등의 더욱 심각한 재난에 대한 예견은 근심을 가중시킬 수 있었다. 이는 청대 한 황제의 조서에 "사실무근한 이단적인 말로 군중들을 겁박한다"라는 표현에도 그대로 드러나 있다.

넷째, "종교에 귀의하면 구원받고, 이 진리를 거부한 자는 파멸이 있을지니" 식의 구원과 파멸에 대한 언약이 필수적으로 따라다녔다. 이런 언술로 교파운동의 창도자는 예언에 제시된 메시지에 영향을 받아 구원받기를 갈망하는 많은 신도들을 끌어들일 수 있었다. 이 면은 「추배도」와 「소병가」에서는 분명하지는 않은데, 당연히 이 두 예언집은 어떤 교파의 체계와도 무관하기 때문이다.

다섯째, 예언이 전달되는 언어 표현방식은 대체로 매우 모호하고 보편적이었다. 따라서 광범위한 인간사에 두루 적용해서 해석할 수 있게 된다. 특히 각 교파운동이 원하는 당장의 이해관계에 직접 연관시켜 해석할 수 있는 것이다. 예를 들어 「추배도」에 "금계가 울고 해가 꺼질 것이요"라는 구절이 나온다. 이를 두고 1945년 일본이 투항할 당시의 사건이 예언구에서 이미 밝혀진 내용이라는 해석이 널리 떠돌았다. 즉, 1945년이 닭의 해인데다, 태양이 꺼지고 산이 어두워진다는 표현은 일본 국기의 태양을 가리킨다는 것이다. 그러나 같은 해석이 또 다른 사건에 적용되기도 했다. 일관도의 예언에 보면, 제3겁(三期末劫)은 장차 정오를 지난 이른 오후에 도달할 것이라 예언되었지만, 구체적으로 몇 년, 몇 월, 며칠인지 언급되지 않았다. 일반적으로 예언서가 모호한 표현을 취하는 데는 실제 사건의 정체를 흐려 놓아 박해를 피하고자 하는 이유가 있다는 것이다. 물론 제법 그럴 듯한 이유이기도 하지만, 애매모호한 언술로 비슷비슷한 예언들의 변죽만 울리는 이유가 될 법도 하다.

마지막으로, 수많은 예언들이 겁 변화에 대해 말하지만 그 시간 단위가 너무도 광대하고 무한하여 진정 초자연적인 거인이 아니고서야 이 시간대를 가로지를 수 있을 것 같지 않다. 이 같은 광대한 (시간)배경의 기원은 불교경전 『법화경(法華經)』에서 유래한다. 광대한 크기의 시간과 사건들을 상상력과 병치시킨 예언을 통해 초자연적인 신적 존재의 권위가 인상 깊게 각인되는 것이다. 즉, 이런 무한한 존재에 비하면 인간사란 헛되고 덧없으며 스스로 통치자라 칭하지만 어차피 모든 인간은 필멸하는 나약한 존재들임이 분명해지기 때문이다. 길어 봐야 300년이 고작인 일개 왕조를, 그것도 여러 황제들이 나눠 가지는 형편과 129,600년이라는 천상의 겁과 현세뿐 아니라 전 우주를 주관하는 유일무이한 거대한 통치자와 그것과는 비할 바 못되는 셈이다. 이렇듯 인간의 역사적 격랑과 그 안에서 부침하는 인간을 왜소하게 처리하고 여기에 초자연적인 현상들에 굴복하기 마련인 인간적 습성까지 가세되다보니 이런 예언들은 정서적인 불안감과 경외심으로 가득 찬 민중 사이에서 득세할 수 있고 세속적이고 이성적인 논박에 쉽사리 흔들리지 않을 신념을 만드는 데 공헌하였다.

종교에 귀의하게 하는 이런 식의 기술적인 장치들은 특히 광범위한 혼란의 시기에 효과적이었다. 이런 시기에는 갖가지 주장들이 빚어내는 혼란이 극에 달하고, 합리적인 해결책이라 여겨졌던 것도 또 다른 논박에 의해 불신되어 무력해지고, 위인의 지성과 범인의 노력 또한 악화되는 상황 앞에서 속수무책일 뿐이다. 그러나 예언에서 제시하는 광대하고 무한한 힘은 작금의 쟁변과 주장들을 무의미하게 만든다. 또 득실을 가리는 공리적인 방법론에 매달리기 보다는 인간이 헤아릴 순 없지만 신들이 발산하는 측정할 수 없는 거대한 사건의 흐름 안에서 일소되는 것처럼 보인다.

　이러한 특징들을 감안할 때, 교파조직의 입장에서 예언은 여러 면에서 핵심적인 부분이었다. 즉, 예언은 심리적 차원에서 신도들의 심령을 다잡아 이를 통제하여 고귀한 투쟁이라는 비극에 미리 대처할 수 있게 만들어야 하며, 혼란에 찬 대중에게 나아갈 방향과 지침을 제시할 수 있어야 했다. 또한 '천의 진정한 위임(天命)'을 받은 새로운 통치자이자, 모두의 기대에 부응해서 도래할 위대한 구원자에게 관심을 집중시켜 고난에 빠진 대중의 힘을 다시 응집시키는 역할도 떠안아야 했다. 시기만 적절히 따라준다면 예언서의 한 구절이야말로 대규모 정치 행동을 촉발하는 신호탄으로 이용될 수 있을 터였다. 따라서 전통에 입각한 유가 통치자들이 "이단 망언이 백성들을 현혹할 것"이라 두려워하여 주기적으로 비정통적인 교파를 처단한 것도 일면 당연했다. 도처에 위기가 만연한 시대, 통치자에 맞선 정치투쟁 와중에 종교집단들의 지휘 아래에서 예언은 무엇보다 강력한 무기가 되었다.

　중화민국 시기에 들어서는 조직화된 종교활동에 대한 정권의 통제가 다소 완화되다 보니 종교단체들이 이끄는 정치투쟁은 이전 두 세기에 비해 현저하게 감소하였다. 그러나 내전이 끊이지 않고 이어지면서 오래된 종교적 예언이 되살아나 시대의 (심리적)요구에 응답하였다. 예를 들면 1920년대 광동성 남부 도시에서 「소병가」의 예언이 되살아난 것을 확인할 수 있다. 몇몇 소규모 교파 무리들이 그저 그런 내전에 뒤이어 진짜 대재앙이 엄습할 것이라 경고하며 신심을 가지고 재물을 기부하는 신자들에게는 구원이 보장된다고 공언했다. 이들은 예언서의 한 구절을 들어 주장하길, 구우산(九牛山) 자락 어느 동굴에 피난처를 마련하여 대재앙이 들이닥쳤을 때 처음으로 그 동굴에 당도하는 자는 구원을 얻게 되고 나중에 도착한 이들은 모두 멸하게 된다고 했다. 현재까지도 신심이 깊은 이들은 그 예언이 이미 실현되었다고 믿는데, 내전에 뒤이은 8년 동안의 일본의 침략이 바로 대재앙이고 실제 그 산에서 많은 이들이 피신해 목숨을 유지할 수 있었다고 주장하는 것이다. 이런 식의 이야기들은 특히 제2차 대전 이후 몇 년 동안 남부지역을 무대로 떠돌았다. 정치적으로 야심을 품은 조직의 휘하에서 이 같은 예언은 집단적 움직임을 이끌어 내어 권력투쟁으로 향하게 하는 훌륭한 도구인 것이다. 또한 이는 중국적 종교생활의 특징이 '예언의 부재'[264]라 했던 막스 베버의 주장과도 상반되는 면이다. 이는 유교사상만을 논한다면 적용 가능하겠지만 이미 제 모양새를 갖추고 있는 인격신 종교에 대해서는 부정확한 단언이다.

## 정치투쟁, 신의 이름으로

종교는 위와는 또 다른 방식으로 통치 권력에 대항하는 정치투쟁에서 대중적인 힘을 모으는 역할을 하였는데, 바로 신념과 확신 그리고 운동을 향한 응집된 결의를 주조해 내는 힘이었다.

이미 기반을 갖춘 전제 정부에 맞서 투쟁하기란 어렵기도 할 뿐더러 위험천만한 과제였다. 전통적인 군주 정권은 어떤 반대 입장도 허용하지 않은 채 무소불능의 권력을 장악하고 있는 데다 침투력 강한 전통적인 신앙체계에 힘입어 이미 민중의 삶 속 깊이 자리를 잡고 있기 때문이다. 따라서 통치자는 형벌과 살육의 절대권력을 사용할 뿐 아니라 유학적 도덕규범을 내면화하고 전통 신앙의 신령들이 지니는 초자연적인 힘을 경외하게 함으로써 백성들이 권위에 복종하는 습성을 갖게 하였다. 전통적 가치체계가 만들어 낸 고문과 생명의 위협 아래에서 또 초자연적 맹위 앞에서 오는 두려움 때문에 평범한 백성이 부당함을 철폐하고 삶의 고통을 벗기 위해 기꺼이 반란의 길에 들어서기란 쉽지가 않았다. 비록 경제적 곤궁과 정치적 위기가

---

264 Max Weber, *The Religion of China*, p.230.

가져온 사회 파편화의 여파로 평민들에 대한 정부의 통제력이 느슨해졌다 해도, 반란을 엄금해 온 제도화된 사회 장치에 익숙해져 있는 일반 민중들은 위험을 감수하고 나서기보다는 대체로 억눌려 기가 꺾인 상태였다.

바로 이 지점에서 종교가 비판적인 기능을 수행하는 것인데, 종교가 정치에 반대하는 이유는 신의 허락과 격려에서 나온다는 것이기 때문이다. 지배 권력에 맞서는 투쟁은 지엄하신 신의 이름으로 시작되었으니, 바로 신이 준 직위를 권력층이 함부로 남용함으로써 자초한 상황인 셈이다. 교파 지도자들의 선전에 따르자면, 인간은 기득 정권에 대한 두려움을 극복하기 위해서라도 초자연적인 위력이 주는 확신이 필요했다. 상식을 넘어서는 작용들은, 그저 유한한 세상의 이치나 득실을 따지는 논쟁을 넘어, 그에 걸맞는 보다 비범한 설명이 뒤따라야 한다. 예언의 내용들에서 드러나듯이 종교는 평상을 뛰어넘는 초자연성을 내세우며 대중의 정서적인 필요를 충족시켜 주는 버팀목 역할을 하였다. 신의 허락을 등에 업고 사람들은 자신들의 특별한 행동이 정당화되었다고 느꼈고 더욱이 분명 이기는 싸움을 하고 있다고 확신했던 것이다.

지금까지 보았듯이, 정권 대항 투쟁에 관여한 모든 종교적 활동들은, 일련의 백련교 봉기의 경우에도 그렇듯이, 정치적 명분에 현세 구원이라는 신의 사명을 주도면밀하게 일치시켰다. 태평천국 봉기 세력들은 봉기의 대의에 신의 의지를 일치시킨 것에 더해, 청 왕조의 통치자를 사악한 영이 육신으로 화한 것이라 일컫고 따라서 이들을 즉각 몰살하여 지상낙원이 도래할 길을 정화해야 한다고 주장했다.[265] 종교가 한족이 아닌 만주족 출신 지배자를 향한 비분을 터뜨리도록 윤리적이고 정서적인 힘을 끌어 모았던 것이다. 근대의 일관도 역시, 앞서 지적한 바, 사회적이고 정치적인 차원뿐 아니라 종교적인 이유에 있어서까지 저항 투쟁에 필요한 모든 잠재력을 충분히

---

[265] 郭一生,「論新興市民等級在太平天國革命中的作用」,『歷史研究』, 1956년 3월.

갖추고 있었기에 정권의 통제에 굴복하지 않을 수 있었다.

정치 반동과 같은 위험한 과업을 위해, 사람들에게는 고문과 죽음까지도 불사할 수 있게 하는 광적인 맹신이 필요하기도 하였다. 광신주의의 심리적 토양이야 다양하겠지만 모든 문화에서 종교적인 신념은 친숙한 것이다. 중국 교파 활동가 가운데 광신주의에 대한 증거는 거의 모든 대규모 반란 조직의 기록에 나타난다. 예를 들어, 백련교의 신도들은 19세기에 있었던 거의 모든 봉기에서 필사의 자세로 끝까지 투쟁했고[266], 태평천국 봉기의 지도자들은 마지막 거점지 남경이 황제 군대에 넘어가는 최후 상황에 이르자 집단 분신을 택하면서 끝내 투항하기를 거부했다.

현재 남아있는 자료만으로 당시 추종세력들이 보여준 극렬한 광신 행동을 불러일으킨 종교적인 테크닉에 대해 그리 많은 정보를 얻을 수는 없다. 극단적인 감정적 헌신과 희생이 종종 억압당하던 교파 지도자를 순교의 길로 향하게 했는데, 이런 면은 이성적이고 공리적인 동기는 거의 다다를 수 없는 차원이다. 청대에 정치적 무장저항과 박해에 종교적 신념으로 맞섰던 이야기들은 무수히 많았다. 처절한 박해를 통해서도 교파의 저항운동을 결코 잠재우지 못했다는 사실이야말로 종교에 의해 고취된 헌신이 가히 어느 정도 수준이었는지를 보여주는 것이다. 절대적인 헌신뿐 아니라 교파운동은 구성원들로부터 대담한 기백을 이끌어 내기 위해 기술적으로 사소한 몇 가지 방법을 이용했다. 의화단과 백련교의 여러 분파에서는 법술과 주문을 가르쳐, 이로써 육신이 무기나 불, 또는 물의 힘에 쉽게 상처입지 않게 했다고 한다. 심지어 1920년대에도 홍창회는 법술을 사용할 수 있다고 주장했다. 전투 중 총에 맞아 사람이 죽었을 경우에도 죽은 사람이 생전에 지은 죄값이 커서 법술의 시효가 소멸되어 죽은 것이라 해석하여 법술의 효력은 보호되었다. 태평천국의 교도들은 죽음으로 얻는 '귀의'를 기꺼운 것으로 받

---

266 De Groot, J. J. M, *The Religion of Chinese*, New York: Macmillan, 1910, pp.447-448, p.451.

고난에 직면한 사람들에게 손을 뻗어 구원해주는
'자비의 신' 관음을 묘사한 천수관음상.

아들이게 교육받았다. 죽음을 통해 순교자의 혼은 곧 승천할 수 있기 때문이다. 청나라 관부 문서에도 거듭 확인되는 바, 즉 이런 믿음이 바로 태평천국 봉기군이 전투에서 끝까지 광신적인 투쟁을 벌였던 이유 중 하나였다.

열광적인 고취의 상태에 더하여, 위험한 투쟁에 나서는 사람에겐 강인함과 굳은 결의가 필요할 텐데, 이 역시도 종교만이 제공해줄 수 있는 것들이다. '자비'의 여신인 관음 숭배의 경우가 한 예이다. 드 구르(De Groot)가 지적한 것처럼, 관음은 '고난과 핍박 중에도 구하여 찾는 불쌍한 이들에게 응답하며 고난에서 반드시 구해주시는' 분이기에 많은 교파에서 보살핌을 주는 주요 신 중 한 분으로 숭배하였다.

무수한 얘기들이 관음의 현신을 묘사하고 있는데 …… 특히 옥중에서 고통당하다 죽음을 목전에 둔 이들에게, 혹은 참혹한 위험에 처한 이들을 찾는데, 이는 늘 해탈 직전의 전조이자 영험한 현상이다. 언제나 박해의 칼날이 그들의 목을 누르고 있고 순교로 죽음을 맞을지도 모른다는 불안감에 시달리는 교파 신도들이 관음의 품에 자신을 의탁하고 싶어하는 것은 너무도 당연하다. 분명,『고왕관세음진경(高王觀世音眞經)』을 반복해서 외우기만 한다면, 박해를 받은 이들도 능히 구원을 얻을 수 있다고 여겼다. 오늘날까지도 여전히 감옥에 갇힌 교파 구성원들 사이에서 아무런 의심 없이 열렬하게 암송되고 있으며, 감옥 밖 동지들 역시 진심으로 암송하며 그들 바깥의 형제들도 수감자를 위해 암송을 같이하며 더불어 자신들도 그와 같은 강인함과 결의를 가지고 역경을 헤쳐갈 수 있기를 바란다.[267]

중요한 내용을 다시 한 번 여기서 언급하고자 한다. 즉, 다수의 개인들을 규합하여 집단적 행동이 가능하도록 조직체를 이루는 데 종교가 기여하는 바에 관해서이다. 이 역할을 수행하면서 종교는 부분적으로 지금껏 인류의 많은 유대들 중에서도 가장 강력한 어떤 부분을 제공해 주었다. 또한 초자연적인 위력 역시 인간이 함부로 맞설 수도 또 가볍게 끊어버릴 수도 없는 사회적 연관이라는 모종의 성스러운 기초를 마련하게 한다. 신께 맹세하고 함께 맹세한 사람들의 이름과 서약의 내용이 적힌 종이를 태우는 의식은 중국의 많은 밀교 교파에서 흔히 볼 수 있는 교의식의 과정인데, 이는 신성한 맹세란 단지 인간들 간의 계약이 아니라 제 신령들의 확인을 얻는 일종의 성스러운 연대라는 사실을 구성원들에게 각인시키기 위한 것이다. 팔괘교(천리교의 다른 이름)는 교파를 8개의 조직체로 나누어 각각 팔괘 중 하나의 괘로 이름을 붙이게 했다. 구궁교는 9개의 분파로 이루어져 각각 그 하나의 궁을 대표한다. 태평천국의 지방 정치조직은 지방의 행정체계에 의거해 나누고, 교파의 교의를 가르치는 일을 새 신도를 인도하는 매우 중요한 수단 중 하나로 여겼다.[268]

종교가 조직을 통합하는 요인으로 복무하는 이유 중 하나는 사회적, 정치적 명분을 담은 상징으로써 사람들에게 정신적 좌표를 마련해 주기 때문이다. 이를 바탕으로 잡다한 공리적인 이해관계들 사이의 갈등을 한 단계 뛰어넘는 높은 수준에서 구성원의 관심을 끌어모은다. 이 점은 정교(政教) 운동의 폭을 확장하는 데 특히 중요하다. 사회 및 경제적인 배경이 각각인 다

---

[267] De Groot, J. J. M, *The Religion of the Chinese*, New York: Macmillan, 1910, p.228.
[268] 余牧仁, 「太平天國宗教化的軍事與政治」, 『文社月刊』, 1927年 12月, 第3卷.

양한 구성원들을 규합하는 과정에서 이들의 공리저 이해관계 역시 다르기 때문에 첨예한 충돌이 생길 수도 있으며 이성적인 타협점을 찾기도 어려운 상황이 되면서 전체 운동의 결집이 위험에 놓일 수 있기 때문이다.

정신적인 혹은 초자연적인 좌표를 활용할 경우 지속적인 생명력을 조직에 불어넣는 이점이 있다. 늘 바뀌게 마련인 공리적인 이해관계에서 벗어나 종교는 구성원의 관심을 변함없는 영적 상징으로 집중시킬 수 있는데, 그 영적인 상징이 지니는 진리는 개인적인 환경이나 조건과 맞물리지 않는 부분이다. 미륵교파는 1200년을 이어왔고, 백련교도 600년을 유지했다. 또한 근대에 들어 2세기에 걸친 피비린내 나는 박해의 역사 속에서도 많은 교파들이 계속 명칭을 달리하여 부단히 재출현했다. 예를 들어, 백련교의 한 분파인 천리회의 경우 '삼양교', '용화회'와 '팔괘교' 등의 이름으로 이어지면서 놀랄 만한 생명력을 증명해 보였다. 시간을 초월하여 실용에 바탕을 둔 이해관계와 현실적인 명분은 논거를 바꿨지만, 광범위한 인간의 관심사를 상징해 온 신과 신학은 여전히 부동의 지위를 유지하였다.

# 제10장
# 유학의 이론과 실제 속의 종교적 측면

유학은 중국문화에서 언제나 결정적인 요소였다. 중국사회는 본질적으로 유학의 기반 위에서 구조화되어 있으며 모든 실천에 대한 가치 판단 기준 또한 유학에서 부여받는다. 국가로부터 가정에 이르기까지. 유학자들은 유학 교육을 받은 문인 학사로서 지역사회의 권력 계층에 속하는데, 이들이 정부 관료조직의 근간을 이루며 전통사회를 이끌어가는 정예 그룹을 형성하였다. 유교의 이론과 그 실천적 가치는 근 2000년에 달하는 시간 동안 안정적으로 발전해오는 가운데 이미 중국사회의 말단에까지 스며들었다. 물론 이 기간 중에 외부적인 요인에 의해 일시적으로 유학의 영향력이 단절되었던 시기도 간혹 있었다. 그러나 이로 인해 유학의 발전 경로에 어떤 변화가 발생한 적은 없었다. 때문에 유교사상과 유학자들의 제도화 양상에 주의를 기울여야만 중국의 전통사회를 정확하게 이해할 수 있게 된다.

유학의 종교성은, 혹자는 과연 유학이 종교인가라는 질문을 던지겠지만, 제1차 세계대전이 발발하기 이전 중국의 신문화운동이 전개되던 시기에 대두되었던 문제이다. 유학의 종교성에 대해 논쟁이 끊이지 않았는데 그중에는 납득할 만한 견해도 존재한다. 유학은 사회 교화의 원리로써 오랜 시간 동안 일관된 모습으로 유지되어 이미 대중의 의식 속에 확고히 자리를 잡았다. 뿐만 아니라 이성적 교화의 실체인 동시에 감성적 면모로서의 의의를 살펴본다면 유학은 일종의 신앙이라고 볼 수 있다. 그러나 유학은 완전한 신학을 기반으로 형성된 종교는 아니다. 왜냐하면 유학에서는 우상을 섬기거나 교화의 상징으로 삼는 어떤 초자연적 교의를 두지 않기 때문이다(제1장 참고). 그렇다고 해서 유학의 이론 체계나 제도로서의 기능에 신학이 갖는 감화력이 결여된 것은 아니다. 유학은 무속신앙이 성행하던 시대에 시작되어 종교의 영향력이 사회 곳곳에 미치던 환경 속에서 제도로 발전했다. 그래서 유학은 부득이하게 다양한 종교적 요소들을 흡수할 수밖에 없었고 또 이로 인해 중국의 전통사회에서 뛰어난 능력을 발휘할 수 있었다.

『국가 종교로서의 유학의 기원과 발전』이라는 저서에서 존 셜록(John Shyrock)은 성숙한 제도로서 유학사상에 담겨 있는 종교성을 언급하였다. 그루(De Groot)를 비롯한 일부 학자들은 유학 문화 전통의 초자연적 요소에 더욱 주의를 기울였다. 중국의 외래 종교 가운데 불교만큼 유학에 깊은 영향을 미친 종교는 없다. 송나라 때부터 발전한 신유학이 '심(心)', '물(物)' 등의 불교사상을 흡수하여 스스로의 이론 경계를 확대시킨 것은 이미 주지의 사실이다.[269] 일련의 가치체계로서 유학은 불교사상의 핵심이라 할 수 있는 구세정신을 받아들였다. 구세정신은 인류를 구원하고 현세의 고통을 견뎌내도록 대중을 이끌었다.[270] 그러나 불교의 영향은 본질적으로 형이상학적이고 지극히 철학적이다. 본 장에서는 이론체계의 한 면모로써, 또한 실천된 전통으로써 유학에 내재된 초자연적이고 종교적인 요소에 대해 규명해 보고자 한다.

---

[269] E. R. Hughes와 K. Hughes의 뛰어난 종합과 설명을 담고 있는 *Religion in China*, London, 1950. 제5장을 참고하기 바란다.
[270] 위대한 유학자 康有爲의 생명관은 불교의 측은지심 색채가 농후한데 이에 대해 梁啓超의 「康南海先生傳」이라는 글에 약간의 설명이 수록되어 있다. 『飮氷室文集』, 上海, 1924, 제3권 p.70 참고.

# 전통 유학이론의 신학적 측면

## 유학의 불가지론(不可知論)의 본질

유학의 이성과 불가지론에 관한 연구는 양적으로 매우 풍부하다. 사람들은 흔히 명나라와 청나라의 유학자들 대부분이 신령이나 무속신앙이 유학사상과 어우러지지 못한다고 여겼을 것이라 추정한다. 게다가 20세기에는 서양의 사상과 문화가 도입되면서 미신과 무속이 국민의 낙후성을 대변하는 일면으로 비쳐지기도 했다. 그래서 장태염(章太炎), 양계초(梁啓超), 진독수(陳獨秀), 호적(胡適) 등 중국의 신세대 학자들이 중국문화의 존엄성 수호를 위해 일어섰다. 이들은 유학의 교리 가운데 이성주의관을 강조하면서 정통유학이 지배적인 위치에 있었기에 중국이 '이성적 사회'로 발전할 수 있었다고 역설했다. 중국사회에는 강력한 승려 집단도 없었고 종교와 국가 간의 고질적인 갈등도 없었다.[271]

유학 이론이 현세적이고 이성주의적 특성이 우세하다는 것을 어느 누구도 부정하지 않는다. 그러나 경험적인 지식의 실체가 되어 이 세계를 '신비주의 요소를 완전히 제거한', 그래서 100퍼센트 예측 가능한 가벼운 메커니즘으로 개조하기에는 유학의 이성관이 그 정도로 철저하지는 못했다. 그 반대로, 중요한 몇몇 측면에서 본다면, 유학은 여전히 이 세계를 천명과 관련을 맺는 실체, 즉 '매우 의미 있고 윤리에 의해 편재된 하나의 우주'로 보고 있다.[272]

『논어(論語)』 속의 많은 언술이 유학의 불가지론적 본질을 입증하고, 초자

---

[271] W. T. Chan(陳榮捷), *Religious Trend in Modern China*, (New York, 1953), p.241 및 C. K. Yang(楊慶堃), "Functional Relationship between Confucian Thought and Religion", J. K. Fairbank 편 *Chinese Thought and Institutions*, Chicago, 1957, pp.269-290참고.

[272] Max Weber, *From Max Weber*, tr. H. H. Gerth C. Wright Mills, London, 1947, p.350.

연성과의 유사성을 끊는데 인용되어 왔다. 그중에서 자주 인용되는 부분은 "공자께서는 괴상한 것, 완력으로 하는 것, 어지러운 것 그리고 귀신에 관해서는 말씀하지 않으셨다(子不語怪力亂神)"[273], "사람을 섬기지 못하는데 어찌 귀신을 섬기겠는가?(未能事人, 焉能事鬼)"[274], "사람이 지켜야 할 의(義)에 힘쓰고 귀신을 공경하면서도 멀리하면 지혜롭다 할 수 있느니라(務民之義, 敬鬼神而遠之, 可謂知矣.)"[275]

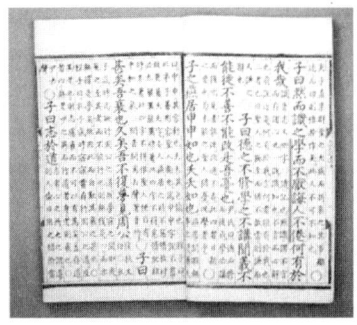

공자와 『논어』.

크릴(Herlee Creel)에 따르면, 『논어(論語)』와 같은 경전에 대해 상술하거나 주석해 놓은 자료를 살펴보면 송나라 이전까지는 공자를 불가지론자로 평가한 예가 전혀 없다. 송나라 및 그 후에도 공자와 불가지론에 관한 주석 중에서 겨우 4편만이 회의적인 입장을 취하고 있다.[276] 크릴(Creel)은 공자의 불가지론자 이미지는 송나라 이후

---

273 『論語』, 「述而」, 제20장 중 '怪力亂神'에 대한 오늘날의 번역은 기존의 일반적인 중국어 주석과 다르다. James Legge는 기존의 주석을 바탕으로 하여 "주인님께서 말씀하지 않으신 주제들은 범상치 않은 것, 완력에 의한 공적, 무질서, 신령"이라고 번역해 놓았다. 이것은 공자가 무질서나 귀신에 대해 자주 언급했다는 사실과 모순이다. 따라서 이 판본에 근거하기로 한다. 『論語』, 『中庸』, 『孟子』 등 본 서의 기타 인용 부분에서도 동일하게 레게의 번역본에 따르기로 한다.

274 『論語』, 「先進」, 제11장.

275 『論語』, 「雍也」, 제20장.

276 H. G. Creel, "Was Confucian Agnostic?", 『通報』, 1932, 제29권, pp.55-59.

의 유가학파 내부에서 일기 시작한 이성화의 산물이라고 분석하고 있다. 유학의 '이성화'는 특히 근대중국의 학자들에게 명백히 나타나는데, 이들은 서양의 이성주의와 부르주아혁명 시기 세속화의 영향을 깊이 받았다.

많은 주석서들이 어떤 해석을 내리든 간에 우리가 주의를 기울여야 할 부분이 있다. 바로 공자의 이러한 언술은 모두 인간이 '知命'과 '事人'을 우선 순위에 놓아야 함을 제안했을 뿐 결코 초자연적인 힘의 존재를 부인하지는 않았다는 사실이다. 오히려 공자는 매우 조심스럽게 초자연적 요소들을 지키고자 한 것 같다. 공자의 이러한 노력은 '귀신에 대한 경외(敬鬼神)'에 대한 훈계, 제사의 강조, 또한 천명(天命)에 대한 그의 태도 등에서 볼 수 있다. 공자가 살았던 시대에는 사람들이 초자연주의관에 심취해 있던 시기였다.[277] 그러니 몇몇 상류층의 지식인들 사이에 산발적으로 등장했던 이성주의 사상이 대중에게 보급될 리는 만무했다. 공자 스스로도 초자연의 영향력에서 완전히 벗어나기 힘들었고, 또 어떤 문제들은 특정 시대상과 맞물리면 이성적으로 해석을 내리는 것이 근본적으로 불가능하기도 했다. 그래서 공자는 인류의 과제에 대한 초자연의 중대한 작용을 소홀히 여기지 않았다. 유학 이론의 배경 속에 초자연적인 요소를 남겨둠으로써 공자의 사상은 현세화 과정에서 종교나 신학사상으로 발전할 수 있는 자양분을 얻은 셈이다.

공자와 맹자 이후 수세기 동안 이따금씩 걸출한 사상가들이 등장하여 철저하게 무신론을 주장하곤 하였다. 유가의 이성주의를 옹호하는 호적(胡適)은 이 무신론자들 가운데 범진(范縝, 5세기)과 사마광(司馬光, 11세기)을 소개하여 불가지론의 존재를 입증한 바 있다.[278] 범진은 다음과 같이 말했다. "몸은 정신을 이루는 물질적 기반요, 정신은 다만 몸의 작용일 뿐이다. 몸에 대한 정신은 칼날의 날카로움과 같다. 칼날이 사라진 이후에 날카로움이

---

[277] 『左傳』에 수록된 수많은 기이한 이야기들을 참고하기 바람.
[278] 「What I Believe: Autobiography」, *Forum*, (January-February, 1931), Vol. 85, pp.55-59.

존재할 수 없듯이 몸이 없어진 다음에 어찌 정신이 존재할 수 있겠는가?" 또한 사마광은 천당과 지옥에 대한 신앙을 비판하면서 이렇게 말했다. "몸이 사라지고 나면 정신도 흩어진다. 비록 지옥에서 정으로 쪼이고 불로 태워지며 얻어맞고 갈리는 혹독한 고문을 받는다한들 이것들에 의해 영향을 받을까?" 유사한 불가지론의 관점은 종종 12세기의 위대한 유학자인 주희(朱熹)와 같은 일부의 사상가들로부터 기인한 것이다. 이렇게 산발적으로 출현한 불가지론이 유학에 어느 정도 영향을 미친 것은 분명한 사실이다. 그러나 불가지론으로 인해 유교사상과 전통사회 속에서 종교성이 완전히 배제된 적은 단 한 차례도 없었다.

### 천명의 믿음

공자와 맹자에 의해 유가사상이 창시된 이래 수세기 동안 수많은 걸출한 유학자들이 유학을 계승하고 발전시키면서 오늘날까지 맥을 이어왔다. 이에 대한 상세한 고찰을 통해 우리가 발견한 것은 유가사상이 하늘에 대한 신봉, 천명 결정론, 예언 및 음양오행설에 기반을 둔 종교 사상의 하위체계를 포함한다는 사실이다. 이 하위체계는 인간세계를 포함해 우주는 인간 세상과 유사한 지배세력이라는 천(天)의 신앙과 함께 시작됐다. 그러므로 일련의 사건에서 운명(예정론)에 대한 신앙은 초지배세력인 천(天)에 의해 미리 확정됐다. 예언과 음양오행설은 하늘에 대한 기원을 이해하고 천명의 수완을 엿보는데 사용되어 사람들이 복을 구하고 화를 피하도록 도와 준다. 천명에 대한 탐구와 관련된 것은 천인교감설, 풍수지리설 및 각종 무속신앙과 애니미즘이다.

공자의 '천'에 대한 해석은 그간 많은 논쟁을 불러일으켰다. 1930-40년대 이에 관한 논쟁이 끊이지 않았으나 그럼에도 불구하고 한 가지 공통된 인식은 있었다. 바로 공자 이전 시대에는 '천'이 지고무상의 인격화된 힘으로써 자연계와 인간의 만사를 관장하고 상벌을 집행하는 절대권력으로 비쳐졌다는 해석이다.[279] 이것은 마치 약속이라도 한 것처럼 청나라의 저명한 유학자 전대흔(錢大昕)의 결론과 일치한다. 전대흔의 언급에 따르면, "고인이 말한 하늘의 도리란 길흉화복을 뜻한다."[280] 그렇다면 공자가 옛사람들의 천인합일설의 영향을 받은 것인가? '천'자는 『논어(論語)』에 총 18번 출현하는데 예외 없이 모두 의지, 행위 혹은 감정의 주체로 사용되었다. 비록 공자가 "하늘은 말하지 않는다"고 했지만 그것은 하늘이 말할 수 있으나 말하지 않음을 뜻하는 것일 것이다. 왜냐하면 하늘의 그 뜻은 사계절의 순환과 만물의 생장 속에서 충분히 드러날 것이기 때문이다.

명대 장로(張路)가 그린 노자상.

공자와 동일한 시기에 생존했던 노자(老子)는 '천'이 결코 인격이나 도덕적 의미가 결여된, 깊이를 잴 수 없을 정도로 심오한 메커니즘은 아니라고 생각했다. 공자 이후 약 200년 동안 순자를 비롯한 유학자들조차도 '천'을 더욱 제대로 이해하고 나아가 천명을 인간에 이롭게 적용하려면 먼저 그 신비주의의 베일부터 벗겨야 한다고 주장하였다. 그러나 이러한 이성적인 우주관은 더 이상의 발전을 거두지는 못했다. 이 세계를 완전한 하나의 인과관계의 메커니즘으로 바꾸어 놓는 정제된 사상체계로 자리 잡는 데 실패한

---

279 顧頡剛이 편집한 『古史辨』, 北京, 1935년에 수록된 글들의 재판본 제5권 pp.343-753 참고. 또는 Herlee Creel, 「釋天」, 『淸華學報』, 1934, 제9권 pp.873-895 참고.
280 錢大昕, 『十駕齋新錄』, 1840, 제3권, 1p.8.

것이다. 한나라의 왕충(王充)이 지은 『논형(論衡)』은 당시 사회에 만연했던 각종 미신들을 이성적으로 해부했다. 그러나 도침과 위시가 난무하고 신비주의가 성행하던 시대에서는 이 역시 한 줄기 외로운 외침에 불과했다. 당시에 그토록 미신이 성행할 수 있었던 것은 유학이 통제 기능을 제대로 발휘하지 못했던 탓이 매우 크다. 서주 시대에 이르러서는 이성주의관이 유학의 천인합일론에 아무런 영향도 끼치지 못했다.

'천'의 초자연주의관과 함께 생성된 것이 숙명론 혹은 운명론이다. 이 관념은 유학에서 인간의 삶과 삶의 위기에 대해 해석할 때 매우 중요하게 작용한다. 운명에 대한 개념은 고대에는 중국문화의 일부에 불과했지만 공자 시대에 와서는 이미 사회 전반에 각종 운명론이 존재해 있었다.[281] 현재 사람들의 입에 자주 오르내리는 "죽고 사는 것은 명에 달렸고 부귀는 하늘에 달렸다"[282]라는 말도 바로 『논어(論語)』에서 나온 것이다. 공자가 운명에 관해 언급한 것은 총 13곳인데 그중 다음과 같은 말들이 유명하다. "도가 행해지는 것도 천명이요, 도가 폐해지는 것도 천명이다."[283]

인격화를 통해 하늘에 운명의 지배력을 부여하는 것에 대해 맹자가 더욱 분명한 태도를 취했다. 맹자의 말을 예로 들어보자. "…나아가고 멈추는 것은 인간의 능력으로 되는 것이 아니다. 내가 노후(魯侯)를 만나지 못한 것도 다 하늘의 뜻이다.",[284] "무릇 천은 천하의 평정을 원치 않는다. 만약 천하를 평정하고자 한다면 지금 나 말고 누가 해낼 수 있겠는가? 내가 어찌 불만을 느낄 수 있겠는가?"[285]

앞에서 인용한대로 공자와 맹자의 관련 담론은 모두 동일한 하나의 개념

---

281 馬叙倫, "說命", 『學林』(1941년 6월), 제9집, pp.15-34 또는 傅斯年, 『性命古訓辨證』. 후자의 초록은 陳의 『近代中國的宗敎趨向』 pp.27-29 참고.
282 『論語』 「顔淵」, 제5장.
283 『論語』 「泰伯」(원래는 卷14임-역자주), 제38장.
284 『孟子』, 香港, 1948년, James Legge 역, 제1권, 제16장.
285 『孟子』, 제2권, 제13장.

에 기반을 두고 있다. 이들은 비록 인간의 많은 문제에 대해 현세적이고 이성적인 입장을 취하긴 했지만 그렇다 해도 천이 인간의 운명을 주재한다는 이러한 초자연적, 천인합일의 견해를 버린 적은 한 번도 없었다. 두 사람 모두 천의 능력에 대해 강한 믿음을 지니고 있었고, 세상을 구하고 민중을 돕겠다는 큰 포부를 품었다. 그러나 이들의 이상은 끝내 이루어지지 못했다. 그럼 이들은 모두 이미 성인의 반열에 올랐고 또 그토록 온 힘을 다했음에도 불구하고 왜 결국에 가서는 실패했는가? 유가사상에서 이성적이고 세속적인 부분은 어떠한 답도 내놓을 수 없었다. 그렇다면 결국 인간을 초월하는 절대적인 지배적 요인으로 귀결시킬 수밖에 없을 것이고 그것이 곧 '천'에 의해 좌우되는 운명이다. "사람이 궁지에 몰리면 결국 하늘에 호소한다"는 속담처럼 말이다. 아무리 성인이라 해도 이들 또한 인생의 마지막까지도 성공의 끝자락조차 잡지 못했다. 공자는 아주 오래 동안 뜻을 펼치지 못하다가 말년에 가서 오묘한 『역경』 연구로 방향을 선회하였는데 결단코 이것은 우연에서 비롯된 것은 아닐 것이다.

유가사상의 중요한 전제는 인간이 사회질서를 조정하여 인간 스스로가 속해 있는 우주의 질서에 적응해야만 화합에 이르고 행복을 얻을 수 있다는 것이다. 우주의 질서에 대한 옛 사람들의 인식은 전혀 완전하지 못했다. 그래서 천의 초자연적 함의를 비롯한 고대의 일부 신비주의적 관념들은 이성적으로 답을 구할 수 없는 사건을 해석하는 방법으로써 여전히 인간의 관념속에 일정 정도 남아있을 수밖에 없었다. 공자와 맹자 두 성현조차도 자신들의 좌절을 천의 탓으로 돌렸다.

### '지천명(知天命)', 『역경』, 음양오행

초자연적인 천명에 대한 신앙과 함께 세상만사 천명의 신비를 파헤쳐 복을 기원하고 화를 피하려는 합리적인 시도들이 행해졌다. 공자의 사상은 분명히 이러한 '지명(知命)'의 시도를 담고 있으며 이것은 "천명을 알지 못하면 군자가 될 수 없다", "소인은 천명을 모르기 때문에 두려움이 없다"[286] 등 공자가 남긴 수많은 말 속에 드러나 있다. 공자 또한 스스로 "나이 쉰이면 천명을 안다(五十知天命)"라고 말한 바 있다.[287] 천명을 알 수 있다는 이러한 관점은 『중용』에도 명확히 드러나 있다.

> 지성(至誠)의 도는 먼저 알 수 있다. 국가가 장차 흥하려면 반드시 길한 징조가 있고, 국가가 장차 망하려면 반드시 흉한 징조가 있으니, 시초(蓍草)와 거북이에 드러나며, 신체에 나타나게 된다. 화와 복이 장차 다가올 때 선(善)은 반드시 그것을 알 수 있고, 불선(不善) 또한 반드시 그것을 알 수 있다. 따라서 지성은 곧 신과 같다.[288]

이 말의 실제 저자가 누구인지에 대해서는 아직까지도 의견이 분분하다. 그러나 분명한 것은 송나라 이후 줄곧 『중용』이 유학의 주요 경전이 되어 왔다는 사실이다.

하지만 어떻게 해야 운명을 알게 되는 것일까? 만약 운명이 오묘한 것이라면 어째서 공자와 맹자 누구도 이 오묘함의 정체에 대해 밝혀놓지 않은 것일까? 다만 공자의 경우는 『역경』을 끊임없이 탐구하여 '위편삼절(韋編三絶, 공자가 책을 묶은 가죽 끈이 세 번이나 끊어질 정도로 『역경』을 열심히 읽었다고 함-역자 주)'에 이르렀다고 전하는데 그렇다면 공자는 그토록 쉼 없이 이 현학적인 저서를 연구하면서 도대체 무엇을 얻고자 했는가. 해답은 바로 이 책의 본질을 밝히는 것에 있다. 『역경』을 과학 분야의 최초의 저서로 바라보는 자연주의적 해석도 있다. 이러한 견해에서는 (인간사회를 포함한) 우주의 에

---

286 『論語』「堯曰」, 제3장.
287 『論語』「爲政」, 제4장.
288 James Legge 역, 『中庸』, 香港, 1948, 제24장.

너지를 지배하는 형이상학적 법칙들을 밝혀놓은 특성을 들어 『역경』의 이름을 변화의 책이라고 해석한다. 한나라 이후 지금까지 유학자들 모두 이런 각도에서 『역경』을 연구하고 해석하였다. 그래서 공자 역시 이러한 관점을 지녔을 가능성이 매우 높다.

그러나 또 다른 초자연적 관점에서는 『역경』을 점술서로 해석한다. 우영량(于永亮)이 다음과 같은 매우 흥미로운 해석을 내놓았다. 초기의 점술 방식의 하나

하북성 보정시 관악행궁(關岳行宮)에 있는 점집. 간판에 주역에 의거해 점을 친다는 의미로 주역예측(周易豫測)이라고 써 놓았다.

였던 갑골점[289]은 비합리적인 요소가 너무 많았다. 왜냐하면 갈라진 무늬가 규칙적이지 않고 너무 제각각이어서 그것을 해독할 수 있는 체계적인 기준이 없었기 때문이다. 이런 때에 『역경』이 출현함으로써 간단하고 체계적인 해독 방법이 마련되었고 바로 이 때문에 『역경』이 점술에 '쉬운 책'이라고 불린 것이다.[290] 주나라 때 거북이 등껍질 대신 시초(蓍草)를 점술 도구로 사용한 이후 『역경』의 표준 방법이 가장 효과가 있었다. 『역경』은 공자시대 이후 수세기 동안 발전해 온 점술에 원리와 기술상의 기원을 제공했다고 말해도 과언이 아닐 것이다.[291] 『역경』이 점술서로써 공자와 중국 민족의 관념

---

289 귀복, 즉 거북의 등껍질에 나타난 점괘로 길흉을 예측하는 것. 일반적으로 거북의 등껍질이나 짐승의 뼈를 잘 다듬어 구멍을 내고 구멍에 싸리나무 가지를 태워 갈라진 무늬를 보고 길흉을 점친다.-역자 주
290 『中央研究院歷史語言研究所集刊』, 1928, 제1권, 제1기.
291 容肇祖, 「占卜底源流」, 『中央研究院歷史語言研究所集刊』(1928), 제1권, 제1기, pp.8-16. 許地山, 「道家思想與道教」, 『燕京學報』(1927년 12월), 제2기, pp.249-283.

에 미친 영향력은 그것이 원시과학 혹은 형이상학 저서로서의 영향력보다 훨씬 컸다. 한나라 이후『역경』은 유가의 6대 경전 중 하나였으며『역경』덕분에 유가의 우주관은 신비주의적 기반을 마련할 수 있었다. 『역경』이외의 경서에도 팔괘에 관한 언급이 많은 것을 보면 유학이 이 오래된 중국의 점성술을 자신의 이론체계로 흡수하려고 했던 노력을 알 수 있다.

그러나 점술은 '운명을 알아보는' 완벽한 방법이 되지는 못했다. 『역경』자체가 내용이 너무 어려워 공자조차도 "내가 앞으로 몇 년 더 나이를 먹어 쉰 살까지 주역을 습득하게 된다면"[292]이라고 말할 정도였다. 무려 2000년 동안이나 중국의 학자들이 이 책을 끊임없이 비평하고 분석했지만 끝내 그 안에 담긴 의미체계를 파악하지 못하고, 결국 기원전 3-2세기에 돌연 출현한 음양오행설(金, 木, 水, 火, 土)이 천의(天意)와 천명을 해석하는 방법으로 자리를 잡았다. 음양오행설은『역경』과 마찬가지로 원시과학의 성격을 띠기는 하지만 실제로 유학에 미친 영향은 오히려 미미하다. 음양오행설의 영향력이 비교적 두드러진 부분은 천인합일의 결과이다. 앞에서도 언급한 바 있듯이, 하늘이 인간의 도덕적 행위에 대해 옳고 그름을 평가할 때 다양한 징조를 내린다. 천인합일설은 바로 이러한 이치를 체계적으로 해석할 수 있도록 일련의 원리를 제공해 주었다. 뿐만 아니라, 인간이라는 존재 자체가 음양오행의 각 요소와 매우 체계적으로 상호 대응되니 이로써 체계를 세워 천도의 운행, 왕조의 바뀜, 생사의 윤회, 질병과 건강, 가난과 부유함, 점술, 수상, 관상, 별자리점, 목필점, 풍수 등을 해석하는데 유용하게 사용되는 것 또한 천인합일설의 중요한 역할이다. 그래서 징조와 이러한 관련 틀에 의거해 이 우주 안에서 벌어지는 모든 자연현상뿐만 아니라 개인의 삶에서 사적인 사건도 해석할 수 있게 된다. 음양오행설이 발전하면서 천명은 점차 인간이 납득할 수 있는 구체적인 표현으로 자리 잡아갔다.

---

292 『論語』「述而」, 제16장.

유학자들은 과연 이 이론을 믿었을까? 일반적으로 천명은 유가학설의 주맥락에서 벗어나 발전된, 독립적인 학파로 여겨지는 것이 사실이다. 그러나 이 이론이 생성되기 이전에 벌써 공자가 징조에 대해 언급한 바가 있다. 공자는 "봉황도 오지 않고 하도(河圖)도 나오지 않으니"라고 탄식하며 "나는 그만인가 보다"라고 말한 적도 있다. 공자의 이 말들은 초기 유학 저서에 분명히 남아있는데 이것은 공자보다 500년 늦은 왕충(王充)이 미신의 본질에 대해 반박한 것으로도 알 수 있다. 오늘날 이에 대한 논쟁이 얼마나 뜨거운지 모르겠지만 맹자는 분명히 순자를 비롯한 동시대 사람들로부터 음양오행설의 창시자 중 한 명으로 인정받았다. 한나라의 유학자들이 음양오행설을 신봉했음은 분명한 사실이다. 『전한서(前漢書)』의 「예문지(藝文志)」에 수록된 서책의 25-30퍼센트가 전체적으로 혹은 부분적으로 음양오행을 언급하고 있다.[293] 무엇보다 중요한 사실은 유학을 왕조의 정통적 지위에 확고하게 올려놓은 최초의 인물인 유생 동중서(董仲舒)가 천인감응론의 권위자로도 유명하다는 것이다. 그의 대작인 『춘추번로(春秋繁露)』 속에는 천의 초자연적 본질 및 음양오행 등에 관한 글이 23편이나 수록되어 전체 분량의 절반을 차지하고 있다.

한나라 이후 음양오행설이 유가 경전을 해석하는 데 광범위하게 응용되다 보니 당시의 유학자들 가운데 음양오행의 영향을 벗어난 이가 한 명도 없었다.[294] 오덕(五德)의 역사지리적 전통[295] 그리고 오륜(五倫), 오례(五禮), 오덕(五德), 오형(五刑) 등과 같이 사회관계와 사회 가치를 담은 유가의 수많은 말들이 '오행'이라는 표현에서 비롯된 종교에 버금가는 수(數)를 지닌 사실을 보면 음양오행설이 유교사상에 얼마나 지대한 영향을 끼쳤는가를 알 수 있다.[296]

---

293 梁啓超, "陰陽五行說之內歷", 『古史辨』, 顧頡剛 편, 제5권, pp.353-359.
294 梁啓超, "陰陽五行說之內歷", 『古史辨』, 顧頡剛 편, 제5권, pp.353-359.
295 顧頡剛, "五德終始說下之政治和歷史", 『古史辨』, 제5권, pp.404-617, 463, 585.

## 제사와 조상 숭배

제사와 조상 숭배는 공자와 맹자 및 이후의 유학자들에 의해 유가의 전통 속에 깊이 뿌리를 내린 초기 중국문화의 양대 요소이다. 제사는 초자연의 보호와 축복을 기원하며 혼령에게 행하던 의식으로써 『상서(尙書)』, 『시경(詩經)』 등 공자 이전 시기 문헌에 이와 같이 그 의미가 명시되어 있다. 공자 및 그 후 200년간 유학자들이 이성화 사조를 통해 제사의 도덕성과 사회기능을 끊임없이 강조한 덕에 제사는 규범적인 사회 행위로 정착되었고 나아가 유가에서 말하는 예(禮)의 중요한 부분이 되었다. 『예기(禮記)』, 『국어(國語)』 등과 같은 초기의 저작들은 제사의 세속적인 기능이 바로 효와 충과 같은 이론적 가치를 배양하는 데 있다고 보았다. 덕을 숭상하고 공을 높이 기리는 유가의 입장에서 볼 때 제사는 곧 문명생활을 영위하는데 필요한 기본 요소인 것이다.

그런데 우리가 제사의 세속적 기능을 충분히 인정한다 하더라도 여전히 해결되지 않는 의문점이 있다. 도덕 가치와 규범적인 사회 행위를 배양하는 데 어째서 다른 세속적인 수단이 아닌 제사라는 종교의식이 사용되었는가? 초기의 경전은 이에 대해 이미 상당히 명확한 해석을 내놓았다. 『예기(禮記)』에 이르길 "(군자가) 공경을 보이면 백성이 믿는다"라고 하였는데, 공경과 믿음의 대상은 무엇인가? 혼령이 바로 제사의 대상인 것은 틀림없다. 공자가 『역경』을 주해한 것도 본질적으로는 이러한 관점에 기반을 두고 있다. 이러한 정신은 "성인이 신령의 도로써 교리를 세우니 천하가 이를 따른다"라는 공자의 말에도 드러나 있지만, 그보다 더 분명하게 반영되어 있는 곳은 『순자(荀子)』(제2장)이다.

---

296 許文山, 「儒家和五行底關系」, 『古史辨』, 제5권, pp.669-703.

성인이 그것(제사를 가리킴)에 밝으니 선비와 군자 모두 그것을 편안히 행하며, 관원이 그것을 지키니 백성들이 풍속을 만든다. 군자에게 있어서 그것은 인간의 도리요, 백성에게 있어서 그것은 귀신의 일이라…….[297]

순자의 해석 이후 2000년 동안 제사는 일반 백성들에게 있어서 줄곧 '귀신의 일(鬼事)'에 속했다. 비록 이성주의적 경향을 지닌 일부 유학자들이 제사를 '인간의 일(人事)'로 여길 수도 있었겠지만 말이다. 제사가 갖는 이원적 속성—일부 지식인들에겐 회의적이나 일반 백성들에게는 영혼을 숭배하는 행위였던—은 유가학설과 초자연주의관이 사회의 가치를 공고히 다지고 대중을 규제할 수 있는 장치였다.

앞에서 조상 숭배의 대상(제2장)에 관해 언급한 바 있듯이, 조상 숭배의 사회적 의미는 매우 분명하다. 충, 효, 친족 유대 등 종족의 가치 배양을 겨냥한 이 조상 숭배는 매우 중요한 세속적 기능을 담고 있으며 이에 대해서는 일부 이성주의적 성향을 띤 유학자라면 아마 전적으로 동의할 것이다. 그러나 대다수의 유학자들과 일반 대중들은 부모를 비롯한 조상에게 정성을 다해 제사 지내는 것을 너무 중시했기 때문에 설사 비용이 감당하기 어려울 정도로 많이 든다 해도 조상에게 제사 지내는 의식만큼은 절대로 없어지지 않을 것이다. 고통스럽고 불확실한 요소로 가득 차 있는 이 세계에서 사람들은 초자연의 도움을 구하려는 희망과 함께 초자연의 징벌에 대한 두려움을 갖게 된다. 이에 따라 사람들은 안정된 친족 체계에 강하게 의지하게 되고 바로 이 때문에 친족 체계가 유가 사회의 핵심이 되는 것이다.

---

[297] 『荀子』, 제13권, pp.24-26. 馮友蘭 『中國哲學史』, Derk Bodde 역, 제1권, p.351 참고.

## 유가사상의 종교적 요소와 기능

천명신앙과 점술의 수용은 음양오행설과 밀접한 관계를 맺는다. 제사와 조상 숭배를 사회규제의 기본 수단으로 삼는 것 그리고 영혼 문제에 관해 가급적 무신론적이거나 이성적인 태도를 취하지 않는 것, 이 모두가 유가사상의 주요한 측면이다. 영혼은 어디든 존재한다고 믿는 사회에서 유학이 주도적인 기능을 발휘하려면 앞에서 말한 종교적 요인이 매우 중요하다. 근대 과학이 발달하기 이전에는 세속적 기반에 자립할 수 있는 제도화된 학설이 하나도 없었다. 우리가 이미 보았듯이, 유가의 많은 가치들이 전통으로 자리 잡을 수 있었던 것은 비단 그 이성주의에 관한 호소뿐 아니라 초자연의 징벌 능력에도 기반을 두었기 때문이다.

초자연의 '천명'에 대한 유가신앙은 유가사상이 세상의 도덕 기준으로 발전하는데 아주 중요한 의미를 갖는다. 그것은 사람들이 실리 추구의 욕구를 버리고 도덕을 추구하는 것이 곧 천명이라고 여겨 자신들의 도덕적 수준을 끌어올린다.[298] 이러한 도덕적 높이에서 사람들은 비로소 세상의 불행을 보지 않을 수 있게 되고 또한 그 학설의 깊은 뜻을 믿게 되었다. 설령 좌절에 부딪히더라도 공자와 맹자처럼 천명의 소치로 여기며 변함없이 이 학설을 지켜 나갈 수 있었다. 왜냐하면 유가사상은 영원한 진리와도 같은 천도(天道)와 통일되어 있어서 아무리 많은 좌절을 겪더라도 그것은 모두 일시적일 뿐 희망을 버리지 않고 노력하면 언젠가 반드시 승리할 것이라고 여겨졌기 때문이다. 천명신앙은 도덕적 역량을 일깨워 준 측면에서 분명히 긍정적인 효과를 낳았다. 그러나 한편, 대대손손 모든 사람들이 유가학설의 정확성에 조금도 의심을 두지 않는 부정적인 측면도 존재한다. 설령 그 힘이 잠시 소실되거나 혹은 좌절을 겪는 신도들이 있다 해도 말이다. 그 모든 학설에 신

---

[298] E. R, Hughes & K. Hughes, *Religion in China*, London, 1950, 참고.

성하고 운명적인 특색을 빌려왔던 덕택에 유학은 여러 세기 동안 공고한 국가 정통성의 지위를 누렸으며 전통사회 내부에서도 사회도덕적 가치를 펼칠 수 있었다.

유학의 순수 이성주의적 견해를 가진 현대 중국학자들은 유학서의 의미를 왜곡하지 않고서는 유학의 종교성을 설명해 내지 못한다. 주나라 말기에서 한나라 사이에는 초자연주의가 성행한 반면 현대적 개념의 과학은 발달하지 못했기 때문에 우주의 질서와 인간이 직면한 중대한 문제들—이 문제들은 그 어떤 주요 학설이라도 소홀히 대할 수 없었다—을 풀 때 주로 고대의 신비주의에 의지할 수밖에 없었다. 이러한 사회 배경에서는 철저한 이성주의 학설이 발생할 가능성이 매우 희박하다. 사실, 우리가 『설유(說儒)』에서 밝힌 호적(胡適)의 견해에 동의한다면, 공자와 그의 제자들은 곧 전문적으로 상례(喪禮)를 주관하는 선비(士) 집단인 셈이다. 이러한 직업은 고대의 무속인에서 발전해 왔다. 따라서 만약 공자와 그 제자들이 유가의 의식 행위의 일부분이었던 초자연주의적 관념을 완전히 떨쳐 버릴 수 있었다면 이것이 오히려 큰 모순일 것이다.

유교사상의 종교성을 인정한다고 해서 유가의 주도적인 개념인 이성을 부정할 필요는 없다. 설령 형식논리로 이성주의와 초자연적인 가설 간의 모순을 찾아낸다 하더라도 유학의 제도적 기능이 이 모순으로 인해 쉽게 흔들리지는 않을 것이다. 유가사상에 반영된 종교성은 오히려 유학이 다른 종교와 더불어 신성성의 기초를 마련할 수 있도록 도와주었다. 만약 유학이 종교적 측면을 제거하고 단순한 이성주의에만 의지했다면 과거 2000년 동안 중국의 정치와 사회의 지배이념으로서 제도화된 정통 학설이라는 이 지위는 아마 누리지 못했을 것이다.

## 현대 유교사상에 반영된 운명과 '지천명(知天命)'

지금까지는 주로 공자시대부터 한나라까지의 유교사상을 논의하였다. 진나라와 한나라 이후 오늘에 이르는 2000년간 유학은 발전의 발전을 거듭하였는데, 특히 송대 신유학에서 구체화된 이학(理學)이 대표적인 예이다. 문제는 유교사상의 이성주의적 특성이 관심사로 떠오른 후 전통 경전 속에 반영된 종교성이 현대 유학에서도 여전히 주축을 이루었는가의 여부이다. 그 질문은 주요한 종교관념이 현대 유학사상가에게 끼친 역할을 조사함으로써 연구될 수 있다.

### 천과 명(天命)

만물을 주재하는 '천(天)'과 '명(命)'에 대한 신앙은 현대 유학에서도 한대나 전한(前漢) 시대의 경전에서 서술한 내용과 인식을 같이 하고 있으며 이것은 이미 공인된 사실이다. 현대 유학에서 사회 풍속이나 개인 사건을 해석할 때 '천'의 자연주의적 개념과 인간사의 이성주의적 관점을 체계적으로 적용하는 경우는 매우 드물다. 왕조의 흥망성쇠에 대해 결국에 가서는 역시 천명의 소치로 해석하는 이러한 천인합일의 우주관만 하더라도 고대와 현대의 유학 저서에 다수 출현하는 것은 너무도 명백한 사실이다. 왕충(王充)처럼 이성주의 사상에 입각하여 우주와 인간사회의 질서를 철저하게 유물주의 메커니즘 체계로 바라보는 사람이 거의 없었기 때문에 왕충의 사상이 현대 학자에 미친 영향은 지극히 미미하다. 귀신의 존재를 믿지 않는 유학자라 하더라도 중대한 역사적 사건이나 개인의 사건을 만나면 역시 '천'과 '명'을 빌려 궁극적인 해석을 내린다.

유교사상을 담고 있는 수많은 통속문학 가운데 오경재(吳敬梓)의 『유림외사(儒林外史)』는 18세기 유생들의 생활을 다룬 저작 중 현실성이 가장 높다는 평가를 받고 있다. 이 책의 첫 회에 왕면(王冕)이라는 인물이 등장하는데 이 사람은 전형적인 유생으로 형상화되어 있다. 왕면은 잔혹한 관리의 핍박을 피해 남쪽의 고향을 떠나 잠시 황하 강변의 북쪽 작은 마을에 피신해 있으면서 점을 치고 그림을 팔아 생계를 잇고 있었다. 어느 날, 그는 마을에 밀려 들어온 수많은 피난민들로부터 황하 강변 제방이 무너져 토지와 가옥이 모두 매몰되었다는 소식을 들었다. 그는 "강물이 북으로 흐르니 천하는 이제 일대 혼란에 빠지겠구나. 내가 아직도 여기서 무엇을 하고 있는가!"[299]라고 탄식하고는 곧바로 짐을 챙겨 고향으로 돌아갔다. 소설에서는 4년 후 조정이 무너지고 천하가 전란에 휩싸이는 사건도 다루었다. 왕면은 '지천명(知天命)'의 신통력과 일시적인 점술가 역할, 그리고 황하에 발생한 물난리의 징조를 알아챈 비상한 직관력을 지닌 인물로 형상화되었다.

개인 생활에 대한 해석의 경우, 유교사상에 입각하여 편찬된 지방지에 운명의 주재 능력이 기록된 예는 이루 헤아릴 수 없을 정도로 많다. 예를 들어 강소성(江蘇省) 보산현(寶山縣) 나점진(羅店鎭)의 기록에 다음과 같은 사건이 있다.

성황행궁(城隍行宮)의 대전(大殿) 앞 도로 양쪽에 오래된 건물이 10여 채 늘어서 있었는데, 매년 성황신의 탄생 축하공연에 사람들이 앞 다퉈 건물 위로 올라가서 그것을 보았다. 가경(嘉慶) 20년 10월 14일 밤, 동편의 건물이 갑자기 무너져 30여 명이 압사하였다. 그중에 장(張)씨 성을 가진 한 사람은 본래 장강에서 무역을 하였는데 먼저 돌아가기로 기약하였다. 이날 밤 어떤 사람이 그를 불러 함께 갔는데 누구인지 모르며, 막연하게 건물 아래로 따라 갔다. 잠시 쉬는 사이에 압사한 것이다. 이 일은 과연 정해진 운명인가?[300]

---

299 吳敬梓, 『儒林外史』, 上海, 1934, 제1권, pp.1-6.
300 『羅店鎭志』, 1889, 제8권, p.28.

위쪽은 명절에 산악(散樂)을 공연하는 장면을 그린 그림. 아래쪽은 산서성 평요 성황묘의 희대(戲臺). 보통 성황 탄생일 같은 기념일에는 대전(大殿) 앞에 설치된 희대에서 연극을 상연한다.

광동(廣東)의 불산(佛山) 남쪽 한 작은 마을의 기록에도 이와 유사한 내용이 있다. 500여 명의 사람들이 염료업협회의 회관에서 염료신 탄생일을 축하하는 공연을 관람하고 있었는데 회관에 불이 나서 사람들이 목숨을 잃었다. 이들의 묘지명에는 그날의 화재와 사망이 돌발적으로 일어난 사건이라고 적혀 있다. 하지만 왜 하필 다른 사람들이 아닌 이들이 그런 사고를 당했는가. 이 물음에 대한 답은 역시 운명밖에 없다.[301]

이 방면의 많은 국가 기록을 유학자들이 남겼는데, 이들은 대체로 하늘의 초자연적 힘에 의해 운명이 좌우된다고 믿었던 사람들이다. 그런데 이들은 유가의 지극히 평범한 한 무리에 불과하다. 따라서 이들보다 훨씬 뛰어난 또 다른 유학자들은 이들과 다른 생사관을 지니고 있지 않을까? 이런 의문이 드는 것은 당연하다. 하지만 설사 그렇다 하더라도, 이 평범한 학자들 역시 지역의 엘리트 계층으로서 정부의 정책 입안 과정에 참여하고 지방의 관리를 보좌하고 있었기 때문에 이들의 초자연주의관은 각 지역 대중의 종교관에 깊은 영향을 끼치게 되었다. 이에 관한 유명한 일화가 있다. 위대한 유학자이자 중국의 근대 사상가인 강유위(康有爲)가 광주(廣州)의 화덕리(華德里)에서 겪은 일이다. 어느 날 그가 공사장의 구조물 밑을 지나가고 있었는데 갑자기 위에서 벽돌이 떨어졌다. 벽돌이 간발의 차이로 그의 얼굴을 스치듯 비껴간 덕에 그는 천만다행으로 위기를 모면했다. 이런 일을 겪고도 그는 마음의 동요 없이 "죽고 사는 것은 모두 하늘에 달렸지"라고 되뇌었다고 한다.

### 점술(占術)에 대한 믿음

현대 유학자들 가운데 숙명론을 신봉하는 가장 명확한 현상은 바로 민간에서 유행했던 각양각색의 점이다. 일반적으로 널리 행해지던 점술은 목필

---

301 『佛山忠義鄕誌』 제8권, pp. 22–23.

하북 보정시 관악행궁 앞 골동시장에 나온 점성술 도구. 별자리와 연계해 길, 흉, 화, 복을 새겨놓았다.

점이다. 목필점은 점쟁이기 모래판 위에 매달려 있는 막대기를 손가락으로 움직여 막대기의 한쪽 끝이 모래로 덮인 점판에 닿을 때 생기는 무늬로 길흉을 예견하는 점술이다. 사람들은 일단 점쟁이가 신령스럽고 황홀한 지경에 들어가면 곧 영혼이 점쟁이의 몸속에 들어오고, 이때부터 점쟁이는 영혼이 시키는 대로 막대기를 움직여 모래 위에 다양한 정보를 그려 낸다고 믿는다. 한 번은, 부름을 받은 혼령이 시인이었는데 이 혼령이 모래판 위에 쓴 것이 시의 한 구절이었다고 한다. 유학자 임광운(林廣運)이 엮은 시집 『북산시선(北山詩選)』에도 점쟁이가 점판에 남긴 시들이 매우 많이 수록되어 있다. 간혹 사람들이 혼령을 불러 수수께끼를 풀거나 대련(對聯)을 쓰며 또한 문학에 대해 토론하기도 한다. 하지만 혼령을 모셔 행하는 것은 역시 시험 합격이나 관리 등용 및 사업 번창에 대한 성패 여부를 예측하는 것이 주를 이룬다. 19세기에서 20세기 초반에는 유학자들의 모임에 점쟁이를 불러 점을 치는 행위가 매우 일반적인 현상이었다. 점술의 이러한 폭발적인 유행은 말단의 유생들에게까지 큰 영향을 끼쳤을 뿐 아니라 증국번(曾國藩)과 같은 걸출한 인물에게도 영향을 미쳤다. 그는 유교의 기치를 내세워 청나라 조정의 태평천국운동 진압을 돕기도 했다.[302] 점술은 비단 민국(民國) 시기 민간에서 뿐 아니라 전통적인 학자들 사이에도 매우 보편적으로 행해졌던 활동이었다.

---

302 許地山, 『扶亂迷信底硏究』, 重慶, 1940, pp.35-50.

문자점은 임의로 뽑은 한자를 분석하여 미래의 길흉을 예측하는 점술의 일종으로 유학자들 사이에 널리 행해졌다. 심지어는 유가의 기본 점술 형식—예를 들어 거북의 등껍질 속에 들어 있던 동전 세 개를 흔들어 처음과 끝이 조합된 것을 읽어내는—마저도 『역경(易經)』에 정통한 수많은 유학자들이 상용하는 방식이 되었다. 필자의 어린 시절 스승은 시험에 합격하여 관리로 등용되었기 때문에 어느 정도 성공한 유학자로 꼽힌다. 선생님은 동전점의 독실한 신자였는데 『역경(易經)』에 깊이 매료되었을 뿐 아니라 이 책이 훌륭한 점술서라고 여겼다. 매일 새벽 그 분의 서재에서 동전점 치는 소리가 "땡그랑, 땡그랑" 울려 퍼졌다. 선생님이 작고하신 후 사모님이 말씀하시기를 선생님은 생전에 당신의 운명을 정확히 예측하여 그 내용을 회고록에 기록하였으며 또한 회고록에 자신이 매일 치셨던 점괘도 기록해 놓았다고 한다. 예전엔 시험에 떨어지거나 후학을 가르칠 기회를 얻지 못한 유생들이 저잣거리에서 점쟁이 노릇을 하는 예가 매우 흔했다.

수많은 유학자들이 점성술(占星術), 관상, 수상 등 다양한 점술에 매료되었는데 이 중에는 19세기 말 형부상서였던 조전여(趙展如)[303]나 태평천국운동을 진압했던 증국번(曾國藩)과 같은 유명 인사도 포함되어 있다. 이 두 사람이 항상 부하들의 관상을 보고 그들의 성품을 판단하거나 전도를 예측했다는 일화는 누구나 아는 사실이다.[304] 이들과 마찬가지로, 국민당 정부 내 유학을 공부했던 많은 고관들 역시 관상을 보고 부하를 임용하거나 해고하였다. 1949년 이후 유교사상을 지닌 국민당 관원들이 대거 홍콩으로 이주하면서 일부 뛰어난 관상가들도 이 영국식민지 땅으로 흘러들어 정치적으로 난민이 된 홍콩 사람들을 주요 대상으로 생업을 전개했다. 정치적 운명이 뒤바뀌는 당시로선 구정부의 관원들이야말로 이 초자연적 해탈이라는

---

303 徐珂, 『清稗類鈔』, 上海, 1928, 제73권, p.116.
304 許地山, 『扶亂迷信底硏究』, 重慶, 1940, pp.35-50.

지침과 위안이 필요했던 사람들이다. 결국, 당시의 유학자들은 숙명론을 신봉함으로써 이 관념을 인간의 도덕성을 구현하기 위한 도구뿐 아니라 세상만사를 결정하는 초자연주의관으로 삼았던 것이다.

점술의 사회심리적 기능 : 점술은 허지산(許地山)의 말대로, 동정적인 무속의 일종으로 초자연의 힘을 빌어 인간이나 자연에서 일어나는 일련의 사건에 관련된 비밀을 밝히려는 행위이다. 사람들이 위기에 봉착해 모든 합리적인 수단을 동원해도 해결할 수 없을 때 점술은 자신감을 주고 길을 안내하며 위안을 주는 중요한 수단이다. 혼령의 계시를 받았다는 이 성스러운 소리는 중요한 순간마다 사람들의 감정의 충돌을 해결하고 자신감을 불어넣는 데 매우 효과적으로 작용하였다. 간혹 아래의 일화처럼 이 신령스러운 지침이 상식을 기반으로 이루어지지만 당시의 어떤 상황으로 인해 사람들이 이것을 간과하게 되는 경우도 있다.

강소(江蘇) 청포(靑浦)의 신경진(新涇鎭)에 유맹(劉猛) 장군(蟲王)의 사당이 있었다. 매년 그 신의 탄생일에 수천 명의 향민들이 그 행사를 보려고 사당 주위로 몰려들었다. 어느 해, 사당의 근처에 다리가 하나 있었는데 무너지기 일보 직전 상태임에도 불구하고 제대로 수리하지 않았다. 기념행사 때 사람들이 너무 많아 다리가 무너져 혹시 익사하는 사람이 생길까 두려워하여…… 마을의 치안관이 기념행사를 금지하려 하였다. 그러나 마을 사람들은 화가 나서 듣지 않았으며, 사태가 더욱 악화되었다. 치안관은 사태를 막을 수 없어…… 마침 몸소 군중들을 설득하러 나서려는 찰나에 모든 일이 진정되었다는 보고를 받았다. 그 연고를 물으니, 어떤 점괘에 밝은 육모(陸某)가 점괘를 붙들고, 유맹 장군의 말을 빌려 그것을 금지하라고 하였더니 진정되었다는 것이다.[305]

---

305 許地山, 『扶亂迷信底硏究』, 重慶, 1940, pp.35-50.

이 일화에서 보면 법이나 당국의 힘으로도 막지 못한 민중의 소요를 신의 소리가 잠재울 수 있었음을 알 수 있다.

어려움에 봉착했을 때 점술이 자신감, 위안, 지침 등을 주는 기능은 개인의 측면에서 더욱 분명하고 쉽게 드러난다. 종교적 전통은 곤경에 처해 해결책을 구하지 못하고 있는 사람들에게 초자연의 힘을 빌어 근심을 덜도록 이끌어 준다. 가장 널리 사용되는 점술은 제비점이다. 대개 사찰에는 제비가 들어 있는 점통이 구비되어 있다. 점통 안에 들어 있는 제비의 수는 20-103개로 일정치 않다. 각 제비마다 숫자가 새겨져 있으며 이 숫자의 의미를 해독해 주는 경문이 따로 있다. 제비점을 치는 사람은 신상 앞에 무릎을 꿇고 앉아 점통에서 제비 한 개가 튀어나올 때까지 점통을 계속 흔들다가 제비가 뽑히면 그 제비를 스님에게 드린다. 제비를 건네받은 스님은 책에서 뽑힌 제비의 번호에 대응되는 종이를 찾아 그 종이에 쓰인 경문을 읽고 알맞은 해석을 내린다.

여기서 한 가지 주의를 기울여야 할 것은, 경문의 내용이 대부분 유가의 가치관을 바탕으로 한다는 사실이다. 예를 들어 전쟁신인 관우를 모신 관제묘(關帝廟)에 있는 어떤 제비에는 "의복과 음식은 생명이 있는 곳 어디에나 있으니 권하건대 노심초사할 필요 없다. 오직 효체충신(孝悌忠信)의 덕목을 갖출 수만 있다면 복이 깃들 것이며 더 이상 화를 입지 않을 것이다"라고 적혀 있는데 이에 대해서는 다음과 같이 해석할 수 있다.

명예와 부를 구한다면 그것은 자연히 때가 온다. 송사는 화해하는 것이 길하고……. 재물운이 보통이면 혼인은 마땅하지 않다. 삼가 분수를 지키면 근심과 의심을 면할 것이다. 부귀는 미리 정해진 것이니 어찌 근심하겠는가. …… 부모님을 섬기고 사람들을 대함에 도리와 이치에 맞게 하라. 하늘이 반드시 도와서 평안이 있고 액이 없을 것이다. 인연에 따라 안분지족하고 도리에 맞게 행동하라. 그리하면 마음의 부끄러움이 없어지고 자연히 평안할 것

이다.[306]

곤경에 처하거나 경제적으로 심각한 타격을 입는 경우, 혹은 원한을 산 사람으로부터 괴롭힘을 당하는 사람에게는 상식과 유가의 윤리를 기반으로 한 이러한 건의가 위안을 얻고 근심을 없애는 데 도움을 줄 것이다. 단, 유학의 도덕 원칙은 신령의 음성을 통해 나오기 때문에 인간의 음성으로는 도저히 성취될 수 없는 확실성을 심어 주는 것이다. 점술을 통하여 유가사상은 고통 받는 마음에 심리적 안정이라는 도움을 준다. 영매(靈媒)는 대개 전통문학과 유교사상에 정통한 사람이기 때문에 그가 무아지경의 경지에 빠져 목필을 움직일 때도 유가의 가르침에 근거하여 받은 점괘를 써 내려간다. 일관도(一貫道)는 목필을 신의 계시를 받는 주요 수단으로 삼았으며 또한 대부분 소년을 영매로 세운다. 이 교파의 구성원들 모두 이 점술을 독실하게 믿고 있다. 왜냐하면 이 점술을 행할 때 사용되는 문구들이 해당 연령대의 소년들 수준을 훨씬 뛰어넘기 때문이다.[307] 그러나 이 영매들의 높은 수준이 단순히 영적인 힘만으로 만들어지는 것은 아니다. 사실, 이 어린 영매들은 이미 불경과 유학 교육을 엄격히 받은 상태이기 때문에 이들이 신과 만나는 신비로운 순간에 그 지식이 신과의 교감을 통해 암묵적으로 작용하여 점판에 구현되는 것이다. 이러한 방식으로 유학 교육은 초자연적인 승인을 받아 더욱 큰 힘을 얻게 된다.

**풍수** : 풍수는 음양오행설에서 출발한 형이상학적 자연 해석체계이다. 풍수는 중국의 전통적 우주관에 영향을 끼쳤을 뿐 아니라 심지어 중국 의학 이론에까지도 깊이 관여하고 있다. 음양이라는 인자와 오행의 원소 속에 담

---

306 容肇祖, 「占卜底源流」, 『中央研究院歷史語言研究所集刊』, 1928, 제1권, 제1기, p.75.
307 李世瑜, 『當代華北的秘密宗教』, 成都, 1948, pp.63-66.

겨 있는 천인합일 관념을 바탕으로 하여 자연 그리고 인간사에 관련된 초자연에 대한 완벽한 해석체계가 이 풍수이론을 통해 형성된 것이다. 점성술이나 천인교감이론 등이 모두 풍수이론의 산물이다. 그러나 무엇보다도 풍수이론에 대한 대중적 믿음이야말로 가장 광범위한 결과라고 말할 수 있다.

풍수이론의 주요 관심사는 지리적 위치와 인간사 사이에 존재하는 초자연적 관련성이다. 위치의 좋고 나쁨은 음양오행에 근거하여 해석한 것으로써 사람들은 음양오행이 은연중에 개인의 운명을 좌우한다고 믿는다. 가옥, 특히 묘지의 위치나 방향을 정할 때 유생들도 대부분 풍수지리가에게 가르침을 청하곤 했다. 물론 풍수를 미신으로 여기는 유생들도 있었지만 이들은 극소수에 불과했다.

유가 관원의 관리하에 거의 대부분의 공공건물이 위치나 방향, 심지어 문이나 창을 내는 것까지도 풍수지리가의 도움을 받았다. 왜냐하면 풍수와 관련된 모든 요인들이 지역 전체의 운명을 좌우한다고 여겼기 때문이다. 청나라는 풍수지리가들이 공공건물의 건축에 관여할 수 있도록 법적으로 보장해 놓았다. 광동(廣東)의 나정현(羅定縣)에는 다음과 같은 정부 기록이 남아있다.

이 현의 문창(과거의 신)묘는 관아의 고사장을 정면으로 마주하고 있지만 풍수지리가는 벌써부터 이 묘의 방향에 대해 이견을 제기했다. 이유인즉, 이 묘가 고사장을 너무 짓누르고 있기 때문에 이 고사장에서 시험을 보는 서생들에게 불리하다는 것이다. 1830년대 대신 대석륜(戴錫倫)이 이 현에 머문 적이 있었다. 그는 뛰어난 유학적 자질을 갖춰 관계에 입문한 인물로서 풍수에도 정통했다. 그 역시 이 묘의 위치, 특히 묘의 방향이 동쪽(양)에 앉아 서쪽(음)을 바라보는 것이 좋지 않다고 보았다. 또한 사당이 고사장 맞은편에 위치해 있는데 이러한 좋지 않은 위치가 이 지역 고시생의 문학적 재능을 억누를 것이라고 보았다. 그래서 대석륜은 이 지역의 관원들과 상의하여 사당을

근처 남평진(南平鎭)으로 옮겼다.[308]

풍수지리설이 가장 중요하게 사용되는 경우는 묘지 터를 정할 때이다. 묘지 터는 망자의 후손들에게 영향을 끼칠 수 있다고 전해져 온다. 일반 사람들은 조상의 영혼이 후손의 흥망성쇠에 영향을 끼친다고 믿었기 때문에 풍수지리설을 신봉했다. 그렇다면 유학자들도 풍수지리설을 신봉했을까? 믿지 않은 사람들도 일부 있었지만 의외로 많은 사람들이 신봉했다. 풍수지리설을 믿었던 유학자들의 생각은 족보에 잘 드러나 있다. 예를 들어 어떤 족보에는 다음과 같은 기록이 있다. "풍수지리설이 전적으로 믿을 만한 것은 아니지만 만약 방향이 파괴된다면 가족 중 누군가가 액운을 피하지 못할 것이다……풍수의 파괴를 막기 위해 사당이나 마을 근처에 함부로 구덩이나 도랑을 파면 안 된

운남성 곤명시 공죽사(筇竹寺)내의 회랑. 풍수를 고려해 좌청룡, 우백호를 그려놓았다.

다……."[309] 또 다른 족보에서는 묘혈의 방향이 후손의 운명에 영향을 줄 수

---

308 『羅定縣誌』, 1935, 제2권, pp.1-2 참고.
309 『運陽張氏宗譜』, 1887, 제1권, p.2 참고.

있기 때문에 가족들이 묘터를 잘 선정해서 훗날에 대비하도록 일러두고 있다.[310] 일부 유학자들은 이러한 믿음에 반대한다. 하지만 그것은 미신에 대한 이성적 반발이라기보다는 최고의 묘지를 정하려다가 그만 돌아가신 부모님을 제 때에 올바로 모시지 못하여 자식으로서 효를 다하지 못한 데 대한 변명이라고 보는 것이 차라리 나을 것이다.[311]

다른 점술과 마찬가지로 풍수는 사람들이 불확실한 어떤 국면에 처해 있을 때 자신감을 불어넣어 준다. 풍수지리설에 근거하여 가옥이나 묘혈의 좋은 위치를 정하여 길운이 깃드는 방향으로 향하게 함으로써 사람들은 마음 속의 의혹이나 공포를 최소한으로 줄일 수 있고 또한 미래를 예측하고 자신이나 자손에게 유리하게 바꿀 수 있다고 믿게 된다. 왜냐하면 풍수의식을 통해 그 보이지 않는 요소들을 자신이 제어할 수 있게 되기 때문이다.

### 과거제도와 문학전통 속의 초자연적 요소

유학이 중국의 사회와 정치구조에 이바지한 혁혁한 공헌 중 하나는 과거제도의 발전을 촉진시켰다는 점이다. 과거제도를 통해 뛰어난 문인들이 정계와 사회의 명사 대열에 올랐다. 군자치국(君子治國)의 기치하에 중국은 과거제도를 통해 고대 중국사회의 혈통 특권 및 권력 세습형 통치체제로부터 멀리 벗어날 수 있었다. 사회제도로써 과거제도는 유학의 가장 이성적인 측면 중 하나이다. 그러나 실제적인 운용에서, 과거제도는 종교로부터 상당한 힘을 빌려왔으며 과거제도에 통합된 종교적 요소를 연구하면 제도화된 정통으로 자리잡은 유가사상의 초자연적인 측면을 더 예시할 수 있을

---

310 『江陽高氏宗譜』, 1881, 제1권, p.2 참고.
311 『皖桐邑吳氏家乘』, 1868, 제1권 참고.

것이다.

### 과거시험 속의 천명관

이론적으로 과거시험의 성패는 어떤 한 개인이 이 제도를 통해 부여되는 신분이나 자격을 획득할 수 있는지의 여부를 측정하는 일종의 이성화된 수단이다. 그러나 바로 이런 점 때문에 초자연 개념이 보이지 않게 이 제도 속으로 파고 들어갔다. 만약 천명이 유학자를 포함해 중국 사람 가운데 가장 기본적인 종교사상이라면 이러한 사실은 개인의 시험 당일 운에 관한 초자연관 속에 선명하게 드러날 것이다. 비록 시험의 궁극적인 목적이 개인의 지적 능력과 지식 수준을 평가하는데 있다 하더라도 대부분의 유학자들은 여전히 그 성패가 하늘에 달려 있다고 믿을 것이다.

유생들의 천명관을 다룬 대중소설은 너무나 많은데 그중에 여기서는 오경재(吳敬梓)의 『유림외사(儒林外史)』를 인용해 보기로 한다. 이 책의 제2장에 왕(王)씨 성을 가진 한 거인(擧人)이 등장한다. 그가 회시를 통과하자 사람들이 그에게 회시(會試)에서 쓴 글에 대해 물었다. 그는 담담하게 "맨 끝의 두 단락이 글 전체를 통틀어 가장 뛰어난 부분인데 그 부분은 내가 생각한 것도 아니요, 또한 다른 누구의 글도 아닙니다"라고 대답했다. 그는 다음과 같이 말했다.

그날은 시험의 첫 관문이 있는 초아흐렛날이었다. 날이 저물어 가는데 첫 글은 아직 완성되지 않았다……내용을 떠올리고 있는 동안 어느새 잠이 들어 책상 위에 엎드려 깜빡 졸았다. 꿈속에서 파란 얼굴을 한 다섯 사람이 방에 뛰어 들어왔는데 그중 가운데 있던 사람이 큰 붓을 들어 내 이마에 점을 하나 찍더니 그 다섯 사람 모두 방에서 뛰어나갔다. 잠시 후 사모관대를 쓰고 붉은 도포에 황금 허리띠를 찬 사람이 장막을 걷어 제치고 들어와 나를 치면서 "왕공, 일어나시오!"하고 말했다. 나는 깜짝 놀라 잠에서 깨었는데 온 몸이 땀에 흠뻑 젖어 있었다. 정신을 차리고 붓을 들어 나도 모르게 나머지 문장을 써 냈다.

같은 장에서 왕(王) 거인은 자신이 겨우 일곱 살밖에 안 된 어린 유생과 함께 전시(殿試)에 합격하는 꿈을 꾼 일화도 말했는데 훗날 이 꿈이 현실로 이루어졌다.

왕 거인의 이야기는 유생들에게 널리 알려진 수많은 이야기 중에서도 가장 전형적인 예로서 시험의 성패가 운명에 달려 있다는 천명사상을 잘 반영하고 있다. 그러나 사람의 운명은 덕행을 통해 바뀔 수도 있어서 사악한 마음을 지닌 사람은 지혜가 아무리 뛰어나다 하더라도 시험에 떨어질 수 있다. 이와 관련하여 당시 민간에는 억울함을 당했던 사람의 혼백이 고사장에 찾아와 생전의 한을 푼다는 생각이 유행하기도 했다. 반면, 덕을 쌓은 사람은 마침내 과거에 급제하는 큰 보상을 받을 것이라고 믿었다. 『고장이문록(考場異聞錄)』은 청나라 말기 유생들 사이에 널리 유행했던 책인데 그 안에 다음과 같은 이야기가 수록되어 있다.

임유세(林維世)라는 가난한 촌부가 있었는데……어려서 부모를 여의고 고아로 자랐다. 그러나 그는 혼인하여 가정을 이루기 위해 항상 검소하게 절약하며 생활했다. 그가 혼인에 쓸 돈을 웬만큼 모았을 즈음 형님이 돌아가시는 바람에 어쩔 수 없이 그 돈을 형님의 장례비용으로 써 버렸다. 그래서 그의 혼인이 한참 뒤로 미루어졌지만 그래도 결국 그는 아내를 얻어 가정을 이루고 자녀를 낳을 수 있었다. 큰아들이 장성하자 그간 모아두었던 은 14냥을 아들의 예물 마련에 사용하려고 했다. 이날, 그는 한 연못을 지나다가 때마침 가난을 견디지 못해 그 연못에 빠져 죽으려는 사람을 보았다. 그는 그 사람을 구하고 아들의 예물 마련을 위해 지니고 있던 은 14냥도 쥐어 주었다.

어떤 한 여인이 아들이 도박에서 헤어나지 못하는 것을 비관하여 사찰에서 목을 매려고 하였다. 때미침 그가 그 장면을 목격하여 여인을 구해 냈다. 뿐만 아니라 그는 그녀의 아들까지 덕으로 교화시켜 도박에서 손을 떼고 병사가 되어 법을 수호하는 사람으로 만들었다.……그의 말년 어느 날, 꿈속에서 신이 그에게 과거에 급제할 것이라고 말하였는데 아니나 다를까. 그 꿈이 현실로 이루어졌다. 그의 아들이 고사장에 들어갔을 때에도 이상한 꿈을 꾸었는데 시험 결과, 성 전체의 합격생 중 상위 여섯 번째에 올랐다.[312]

이러한 부류의 이야기들은 거의 대부분이 불교의 인과응보 사상을 담고 있다.

천명이나 시험을 통해 인과응보 사상으로 구현되는 초자연 신앙은 여러 기능을 지닌다. 원대한 뜻을 품은 학자들은 자신의 운명 속에 성공이 보장되어 있다고 확신하면서 학문에 정진하고 덕행을 쌓았다. 그러나 시험에서 매번 낙방한 사람들의 입장에서 보면, 이러한 신앙은 학자들의 결단력이 흔들리지 않게 하여 종국에 가서는 천명이 그들에게 성공을 가져다 줄 것이라고 믿게 만들든가, 아니면 운명적으로 그들은 성공과 인연이 닿지 않기 때문에 그저 현재의 삶에 만족을 느끼게 만든다. 분명한 것은 이 신앙이, 믿는 사람에게는 힘을 주고 실패한 사람에게는 정신적 충격을 줄일 수 있는 마음의 위안이 되어 준다는 사실이다. 일례로 18세기의 재능이 있는 정판교(鄭板橋)는 세속적 성공은 곧 하늘이 미리 정해준 코스라는 이론으로 자신의 가난과 고통을 이해하면서 만족감을 찾았다. 그는 자신의 현재 처지가 다지식은 닦지 않고 오로지 명예, 신분, 지위에만 연연한 유생들을 멸시한 데서 비롯된 것이라 여겼다(1773년 그가 『정판교전기(鄭板橋傳奇)』에서 남동생에게 쓴 편지 참고).

---

312 呂獻臣, 『科場昇聞錄』, 1870년대 출판, 제8권, p.16 참고.

전통사회에서 일개 서생이 자신의 신분에 맞고 또한 포부를 펼칠 수 있는 지위를 가질 기회는 매우 적었다. 상인은 경제적으로 윤택하나 사회적으로 무시당하는 계층이었고, 교육자들은 수입이 턱없이 적을 뿐 아니라 사회적으로나 경제적으로도 부각되기가 거의 힘든 계층이었다. 그렇다면 남아있는 유일한 길은 과거시험뿐이다. 과거급제가 가져다 줄 부귀영화와 권세를 생각하면서 10년을 하루같이 문틈 사이로 찬바람이 들어오는 열악한 환경에서 학문에 정진한다. 이들은 환상 속에서 자신의 일생을 걸고 모험을 감행하게 되며, 또한 고사장을 걸어 들어가는 순간에도 일가친척과 온 마을 사람들의 기대에 찬 눈길을 한 몸에 받는다. 이처럼 전방위적으로 밀려오는 부담 때문에 이들의 시험 합격 여부가 미치는 영향은 개인의 차원을 뛰어넘는다. 그러나 최후의 제어권을 신령의 손에 쥐어줌으로써 개인은 낙방이라는 중대한 사건에서 책임을 면할 수 있게 된다. 동료들의 비웃음이 무뎌지고 나아가 실현 불가능한 목표를 갈망하는 태도를 버리게 되니 이상과 현실 사이의 고통의 괴리를 좁힐 수 있게 된다. 천명신앙을 통해 이들은 겸허한 마음으로 인간을 초월한 절대권력에 복종하며, 이로써 편안한 마음으로 실패를 받아들이게 된다.

　천명신앙은 시험제도의 유지에도 어느 정도 기여를 했다. 시험제도를 운영하는 데 있어서 검시관의 불공정하고 편파적인 태도, 부패와 졸속 등의 폐단이 끊임없이 제기되곤 하는데 이러한 폐단은 조정의 힘이 약해질 때면 특히 더 심각했다. 수많은 우수한 인재들이 낙방하는데 반해 실력이 형편없는 사람들은 오히려 재물이나 권력을 이용하여 합격자 명단에 이름을 올리곤 했다. 무수한 성공과 실패의 사례 중에는 과거제도 자체의 권위를 실추시키는 경우까지 있을 수 있다. 또한 이 제도가 온 나라 안의 인재들이 흰머리 성성하도록 평생 동안 손에서 책을 놓지 못하고 뛰어들 만큼 가치가 있는지도 의문이다. 그러나 모든 결정은 결국 신의 손에 달려 있다는 천명신앙 덕분에 과거제도가 안고 있는 폐단이나 의구심은 그대로 묻히고, 게다가 인간의 도덕적 결함에 대한 회의로 인해 대중이 이 제도를 부정적으로 바라보는 시각조차도 없었다.

## 문인의 지위 인정

과거제도가 정통유학을 지탱해 주는 가장 중요한 수단으로 제 역할을 하려면 과거급제자들의 학문 전통과 지위를 높여 주어야 한다. 급제자 명단에 이름이 오름으로써 존귀한 관직을 얻고 나아가 사회적 지위와 정치권력을 보장받도록 하는 것이 모두 그러한 목적 달성의 일환이었다. 그야말로 공부를 열심히 하면 출세할 수 있다는 시스템이다. 그러나 이것 못지않게 중요한 요소가 바로 종교성을 인정받았다는 사실이다.

초자연관, 즉 합격자들에게는 천명의 혜택을 받았다 하여 신성시하는 태도 때문에 이들이 지방의 영수가 되었을 때 대중의 인정을 받았을 뿐 아니라 신의 인정도 받게 되었다. 전통사회에서는 일반 백성들도 과거에 급제한 사람을 문곡성(文曲星)의 환생으로 믿었다. 비록 유학자들은 이것을 절대적으로 믿지는 않았지만 그래도 일반 백성들은 거의 대부분 이러한 믿음을 지니고 있었기 때문에 문인들이 사회적으로나 정치적으로 높은 지위를 누릴 수 있었다.

한 가지 예를 들어 보자.『유림외사(儒林外史)』제3장에 보면 범진(范進)이라는 인물이 등장한다. 그는 54세의 늦은 나이에 뜻밖에 향시(鄕試)에 합격하여 너무 기쁜 나머지 그만 정신이 나가 버렸다. 어떤 이가 범진에게 방법을 알려 주기를, 평소 두려워했던 사람에게 뺨을 한 대 얻어맞으면 정신이 되돌아온다는 것이었다. 그래서 적임자를 찾다가 백정인 그의 장인에게 이 일을 맡겼다. 그러나 그 백정은 난색을 표하며 이렇게 말했다. "그가 비록 내 사위이기는 하나 지금은 하늘의 별자리처럼 지체 높으신 나으리가 되었는데 하늘의 별자리를 어찌 감히 때릴 수 있겠소. 내가 보살들에게 들은 바로는 하늘의 별자리를 때렸다가는 염라대왕에게 붙잡혀 가 철곤장을 백 대 맞고 18지옥 나락에 떨어져 영원히 풀려나지 못할 것이라 하오. 나는 도저히 못하겠소." 그 백정은 부탁을 저버리지 못하고 결국 범진(范進)의 뺨을 한 대 쳤지만 도저히 두 번은 치지 못했다. 그러나 그 한 번의 뺨을 맞은 것으로 범진은 정신을 되찾을 수 있었다. 범진이 뺨맞는 장면을 흥미진진하게 바라보는 사람들에 둘러싸여 있던 백정은 순간 범진의 뺨을 때린 손에서 통증을 느꼈는데 잠시 그 손을 잠시 움직일 수가 없었다. 그는 속으로 괴로워하며 이렇게 말했다. "역시 하늘의 문곡성을 때려서는 안 되는 것인데, 내가 문곡성을 때렸다고 신령이 복수하는구나!"[313]

과거에 급제한 서생을 문곡성의 화신으로 믿는 풍조가 대중에게 널리 유행하면서 초자연적인 힘이나 비범한 능력을 지닌 걸출한 서생을 소재로 한 문예작품들이 무수히 출현했다. 이것은 곧 중국의 천자가 용의 화신이라는 생각과 일맥상통한다. 전하는 바에 따르면 이러한 걸출한 인물들의 초자연적 품격은 이들이 죽은 후에도 아주 오랫동안 이들과 관련 있는 물품에 그대로 남아있다고 한다. 예를 들어, 각 진마다 거리에 진사패방을 세워 과거 시험에서 우수한 성적을 거둔 그 지역의 뛰어난 인물들을 기리고 있다. 남부의 광동지역 내 어느 한 시에서는 도시 발전을 위해 거리에 세워진 한 석패방을 해체했다. 하지만 그 지역 사람들은 이 패방에 신통력이 있다고 믿었기 때문에 이 패방을 다른 곳으로 옮기는 것에 결사적으로 반대했다. 예술적 가치를 고려하여 그 패방은 결국 시 외곽의 영남(嶺南)대학교로 옮겨져 교내의 산 정상에 세워졌다. 그런데 그 패방을 세운 이후 1948년까지 이 학교 안에는 계속해서 괴소문이 돌았다. 소문에 의하면 그 패방이 맞은편 건물에 저주를 내려 그 건물 주민들은 딸만 낳는다는 것이다. 교육을 제대로 받지 못한 사람들은 여전히 그 패방을 경외하고 있다.

---

[313] 吳敬梓, 『儒林外史』, 제1권, pp.35-36.

걸출한 학자와 그와 연관이 되어 기려지고 있는 기념물에 초자연적 품격을 부여함으로써 과거제도를 통해 만들어진 지위체계에 대한 존중이 영원히 지속되는 효과를 얻는다. 실제로 다른 문화에서도 신통하고 초자연적인 어떤 존재에 대한 신앙을 통해 비범한 영향력이나 특권을 부여하는 것에 정당성을 부여하곤 한다. 과거제도라는 토양 위에서 성장한 초자연주의관은 어쩔 수 없이 문인과 제도 자체를 보호해 주어야 할 신의 존재를 만들 수밖에 없었던 것이다. 이와 같은 종교적 분위기 속에서 응시생들 또한 자연스럽게 문운신들을 익히게 된다. 문창(文昌)은 모든 문운신의 으뜸으로써 큰곰자리의 세 번째 별이다. 괴성(魁星)은 원래 안드로메다자리였다가 훗날 큰곰자리를 이루는 한 별이 되었다. 이 두 문운신은 시험을 주관하거나 등급을 결정하기 때문에 대개 같은 사묘에 함께 모셔진다.

강서성 무원현 이갱 마을에 위치한 문창각(文昌閣)은 2층 구조로 되어 있는데, 위층에는 '과거의 신'인 문창제군을 모셨고, 아래층에는 문운(文運)을 관장하는 별인 괴성(魁星)의 화상을 마련해놓았다.

이 두 문운신보다 등급이 약간 낮은 수호신으로 주의(朱衣)가 있다. 주의와 괴성 모두 문창제군(文昌帝君)의 시종으로 천성이 어리석은 서생이 과거에 급제하도록 도와준다. 팔선(八仙) 중 하나인 여동빈(呂洞賓) 역시 같은 직책을 담당한다.

이와 같은 제신들이 과거급제를 도와주기 때문에 유생들로부터 널리 추앙을 받는다. 필자가 여섯 살이 되어 학문에 입문할 즈음 가족들이 문창묘에 데려갔다. 개인을 보호하는 것 외에도 이 문운신들은 문학의 전통을 보호하여 각 지역의 문학 교육을 촉진시키기도 한다. 그래서 어느 정도 전통을 지니고 있는 지역사회에는 거의 대부분 문창묘가 세워져 있고 또한 묘 안에는 다른 문운신들도 모셔져 있다. 문창묘는 일반적으로 학사(學社)에서 시 낭송 대회를 비롯한 각종 문학 행사를 개최하는 장소로 사용되었는데 특히 문창의 탄생일에 맞추어 이러한 행사들을 개최하곤 했다. 사천성(四川省) 수녕현(遂寧縣)의 문창묘 안에 있는 한 비석에 다음과 같은 비문이 새겨져 있다.

문창은 여섯 개 성좌에서 우두머리이다. 문학과 유가의 가르침을 진흥시키고 인재를 육성하기 위해 관리들이 관내에 사묘를 지어서 대운을 일으키고 문치를 빛나게 하였다. …… 사묘에서는 경전을 부지런히 강의하였고 또한 매월 시문을 시험하는 것 외에, 신의 탄생일에는 학자들과 상류층 인사들이 모여 크게 경축하고 제목을 정하여 시험을 보았다. …… 한 장소에 뛰어난 자들을 모으고 그리고 저명한 스승의 가르침이 있으니 학자들의 사기가 진작되었다. 근래에 춘시와 추시의 응시자가 줄을 잇고 있으며 …… 사묘의 상서로움이 위로는 별자리의 천인(天人)의 이치에 응하였으니 거짓이 없도다.[314]

중국 전 지역의 수많은 지방지 기록과 마찬가지로, 이것은 문창제군과 문창묘의 용도를 기술한 전형적인 비문이다. 문창묘를 문학센터로 활용함으로써 문학 전통을 신성시하려는 것이다. 또한 중국인들은 글씨 쓴 종이를 매

---

314 『遂寧縣誌』, 1929, 제1권, pp.39-40.

우 중요하게 생각하는데 이것은 손으로 쓴 글씨나 인쇄한 문자에는 액을 쫓는 기능이 있다고 믿었기 때문이다. 또한 글씨가 쓰인 종이를 함부로 하는 것은 신을 모독하는 행위라고 여겼다. 중국인들이 유학과 문을 숭상하는 것은 세속적인 보답에 대한 기대뿐 아니라 문학을 숭배하는 풍조에서 비롯된 것이다.

## 운명 결정에 있어서 인간의 역할

지금까지 우리는 유가의 이론체계 및 유교사상과 과거제도에 얽매였던 유생의 생활방식, 문학 전통 속에서 종교성이 어떠한 작용을 하는지 살펴보았다. 유생이라는 사회 계층은 천명관을 받아들임으로써 다양한 점술로 천명을 엿보고 문창신의 이름으로 수많은 문학활동을 주관하는 등 자신들이 획득할 수 있는 사회적 지위를 제도화된 정통유학의 초자연적 신성성과 연결시킨 면이 있다. 또한 이들이 사회를 통치하는 핵심 세력으로 자리 잡음으로써 유가는 여지없이 종교성을 내세워 도덕정치의 질서를 유지해 갔다. 1900년대 초반까지만 해도 유학자들은 완전히 이성주의자나 불가지론자라는 진실과 거리가 멀었다. 유가의 이성적 지혜를 증명하기 위해 인용되었던 수많은 반(反)미신적 이론들은 실제로 신비적 존재에 대한 깊은 사고나 진정한 회의적 태도에서 나온 것이 아니다. 이들은 거의 대부분 유생과 이들의 지위를 위협하는 조직적인 종교운동 간의 투쟁 속에서 만들어진 것이다.

그러나 유학자들은 결코 신비주의에 지배되지도 않았고 삶에 대한 태도 역시 초자연의 매개체에 의해 좌지우지된다는 천명관에 전적으로 복종하지도 않았다. 유가는 천명관을 이용하여 위기에 처했을 때 도움을 받을 수 있는 해결책을 마련하는 한편, 동시에 인간에게도 운명을 바꿀 수 있는 중요한 역할을 남겨 놓았다. 이렇게 인간에게도 운명 결정의 역할을 남겨둠으로써 유학은 삶을 보다 현실적이고 진취적으로 바라보도록 만들었고 이러한 삶의 태도는 곧 중국의 유생과 일반 백성들이 다른 문화 속 구성원들과 차별되는 독특한 성향으로 자리 잡았다. 일례로 티베트의 신권정치나 인도의 카스트제도에서처럼 유달리 소극적인 성향을 띠는 문화에서는 삶의 모든 과정을 초자연적 매개체에 맡긴다.

인간도 운명 결정권을 나눠가졌다는 가장 기본적인 입장은 '입명(立命)'이라는 유교사상에 반영되어 있다.[315] '입명'은 많은 격언 속에 생생하게 전해진다. 예를 들어 '진인사대천명(盡人事待天命)'이라는 격언이 전하는 바는 곧 높은 이상을 품고 자신의 능력에 맞게 최선을 다하는 것은 마땅히 인간의 몫이지만 일의 승패는 하늘의 뜻이니 이것을 받아들여야 한다는 것이다. 최선을 다 한다고 해서 모든 일이 다 이루어지는 것은 아니다. 결국 인간은 우주만물의 미미한 한 존재일 뿐이기 때문이다. 천명관은 바로 이 대목에서 매우 중요한 기능을 발휘한다. 또한 천명관은 제 할 일을 하지 않거나 국가의 책임을 다하지 않는 사람들을 비판하는 데도 효과적으로 작용한다. 예를 들어 수많은 승려들이 게으르다고 비판받는 이유가 바로 이들이 세속적 책임을 회피하고 불가에 뛰어들었기 때문이다. 이러한 판단은 유가와 일반 대중의 눈에는 승려들이 사회의 낙오자로 비쳐질 수 있음을 어느 정도 시사한다. 이것이 바로 '진인사대천명'이라는 격언이 널리 인구에 회자되는 까닭이기도 하다.

인간이 일정 정도 운명을 결정할 능력을 지닌다는 관념이 유학에서 비롯되었다는 것은 유가가 우주만물 가운데 인간을 비교적 높은 위치에 올려놓았다는 증거이다. 인간은 하늘과 땅(天地人)과 더불어 우주를 이루는 세 가지 주요 요소이다. 유가에서는 하늘과 땅을 만든 보이지 않는 물질인 공기가 사람도 만들었다고 생각한다. 이러한 공통적인 물질이 천도(天道)와 인

---

[315] W. T. Chan, *Religious Trends in Modern China*, pp.258 ff.

도(人道)를 일맥상통하게 만들고 선천적인 지고지순의 선(善)이 된다. 이로써 인간은 도덕과 지혜를 통해 보다 완전해져 문명사회의 기반을 다지는 데 있어서 하늘과 땅의 거대한 변화와 성장 과정을 주도하는 힘으로 이해된다.[316] 성인은 완벽하다. 인간은 비록 성인처럼 완벽하지 않지만 맹자의 말처럼 그 누구라도 교화와 극기를 통해 성인이 될 수 있다. 따라서 자아의 완성은 극소수의 걸출한 인물뿐 아니라 모든 사람들에게 주어진 책임이다.

인간이 우주 질서에서 높은 지위를 차지하고 있다는 신념은 유가의 천명 사상에 매우 긍정적인 가치를 부여하였으며 또한 인간으로 하여금 천(天)과 더불어 자신의 도덕 수양을 초인간적인 감각과 동일한 것으로 여기도록 고취시켰다. 천명의 이러한 긍정적인 의미는 문천상(文天祥)의 불멸의 작품인 『정기가(正氣歌)』라는 시의 탄생 배경에서 알 수 있다. 문천상이 몽고의 쿠빌라이 칸에게 잡혀 죽음의 문턱을 넘기 직전 불후의 명작 『정기가』를 썼다. 그는 이 시에서 사람은 해, 달, 강, 산과 동일한 물질로 이루어졌음을 강조함으로써 유학의 신조와 맥을 같이 하고 있다. 또한 그의 도덕 수행은 하늘과 땅의 뜻이며 생사를 초월한다고 역설하였다. 이처럼 인간과 인간의 도덕적 책임에서 비롯되는 초인간적 확신은 도의적 책임을 두 어깨에 짊어진 무수한 유생들이 실패로 예정되어진 일조차도 의연하게 임하게하는 이유가 됐다.

인간의 지위 상승은 다음과 같은 사상을 유발시켰다. 도덕적으로 완전한 사람은 설령 하늘에 복종한다 하더라도 사악한 영혼을 막아낼 수 있다. 왜냐하면 인간은 양(陽)의 기운에 속해 있어 음(陰)의 기운을 제압할 수 있기 때문이다. 인간의 자아에 대한 긍정적인 태도 덕분에 지식인들은 과감하게 신통력을 빌려 대중을 이끌고, 또한 초자연을 인정하는 풍조를 바탕으로 사회의 도덕과 질서를 유지해 갔다. 이 과정에서 신권을 가져다 씀으로써 하

---

[316] E. R. Hughes & K. Hughes, *Religion in China*, pp.56-57.

늘의 노여움을 살 걱정 따위는 할 필요가 없었다. 이와 같은 관념은 사람들이 문자와 경전에 신통력이 있다고 믿게 만들었을 수도 있다. 사람들은 문학작품이 인도와 천도를 잘 알고 있는 성인의 손에서 만들어진다고 믿었다.

인간의 지위가 상승하면 당연히 성심을 다해 교화함으로써 자신의 운명에 대한 결정권을 획득할 수 있다. 마찬가지로, 아름다운 말과 선한 행동으로 자신의 운명을 바꿀 수 있다는 믿음이 널리 유행하고 나아가 이러한 믿음이 '입명' 관념과 더불어 큰 효과를 거둔 현상 또한 충분히 이해할 수 있다.

## 종교에서의 계급 차이

많은 문필가들처럼, 하나의 사회 계급으로서 유학자들은 종교적 태도에 있어서, 삶과 관점이 미신에 얽매여 있는 교육받지 못한, 일반 백성과는 다르다고 주장할 수 있다. 교육을 받은 유학자들은 그렇지 않은 일반 백성들에 비해 미신을 믿는 정도가 훨씬 약한 것은 분명한 사실인데 그렇다면 이러한 차이가 발생하는 원인이 무엇인지 논의해보기로 한다.

종교생활에 있어서 계급 차이는 유학자와 중국사회 내 다른 집단 간의 교육적 철학적 특성을 뛰어넘는 것은 기본적인 사실이다. 종교 차별은 직업 집단에서 아주 명백하다. 상인들은 이미 예측 가능한 위험에 익숙해져 있기 때문에 생활 속에서 미신을 신봉하는 정도가 상대적으로 낮은 편으로 주로 재물신이나 각 업종과 관련된 신들을 믿는 정도이다. 반면 농민들은 예측 혹은 극복하기 어려운 자연현상과 맞서야 하기 때문에 다른 계층에 비해 훨씬 큰 불확실성에 처해 있다. 이들의 삶은 인간의 힘으로 제어할 수 없는 대자연에 의지하지 않을 수 없다. 따라서 이들은 쉽게 초자연 관념을 수용하여 자연현상과 관련된 기능신을 숭배한다. 항해나 채광같이 더 큰 위험 요소를 지닌 업종은 기회 요소가 지배적인 작용을 하기 때문에 이 분야에 종사하는 사람들이 널리 미신을 숭배하는 현상은 이미 잘 알려진 사실이다. 유학자들의 경우는 사회나 경제적 지위가 상대적으로 안정되어 있고 교육의 기회도 열려 있기 때문에 이들의 세계관은 매우 풍요롭다. 따라서 이들이 미신을 신봉할 확률이 매우 적을 것이라는 기대를 갖게 한다. 그러나 유학자들 역시 하늘, 운명, 점술, 무속 등과 같은 중국의 민간신앙을 그대로 유지하고 있다. 특히 시험의 성패에 관해서는 더욱 더 미신에 의지하게 된다.

바로 앞장에서 언급한 바 있듯이, 각 업종마다 수호신을 두고 있는데 이 신들이 자신을 믿는 구성원들을 하나의 공동체로 묶어 준다. 현대의 종교집단들은 매우 선명한 계급 차이를 보인다. 예를 들어 동선사(同善社)는 대다수의 구성원들이 정치나 군사의 핵심 인물들이다. 이에 반해 이문(理門)과 반일도(販一道)는 빈민 조직이다.[317] 또한 일관도(一貫道)는 주로 상인들이 조직한 단체이지만 정치가나 다른 업종 종사자들도 일부 섞여 있다. 다만 이 단체는 이발사, 배우, 기녀 등 특정 업종 종사자들을 엄격히 배제한다. 이들 종교집단은 사회적 지위를 구분하는 척도가 될 뿐 아니라 심지어 경제 유착의 주요 통로가 되기도 한다. 벼슬길에 오른 많은 유생들도 자신들의 지위에 걸맞는 종교집단에 가입하곤 했다. 전통사회에서는 이들이 문창묘의 문학행사나 공자묘의 제사를 주관하는 특권을 지니고 있었는데, 혹 벼슬 없는 유생이 제사에 참여하고자 할 경우 먼저 벼슬을 사야만 참가할 수 있는 허가증을 얻을 수 있었다. 그래서 청나라 말기에는 벼슬의 매매가 허용되기도 했다.

비록 무속신앙과 신비주의적 신앙 사이에 차이가 존재하기는 하지만 유가는 전통 중국사회의 종교생활의 주류에서 벗어나는 독립적인 조직을 갖지는 않았다. 이들은 천이나 명 같은 초자연 관념을 바탕으로 대중과 함께 종교신앙 체계를 공유하였다. 더욱 중요한 점은, 유가와 일반 대중 사이에

---

317 余牧仁,「譚嗣同底宗敎觀」,『文社月刊』, 1928년 2월, 제3권, 제5기, p.24.

안정적으로 종교사상의 교류가 이루어져 왔다는 사실이다. 유학자들이 종교성을 담은 소설이나 논문집을 편찬함으로써 그들의 종교사상이 이 작품들을 통해 대중에게 읽혔다. 그러나 종교적 내용을 담은 이야기가 모두 직접적으로 유가에서 비롯된 것은 아니다. 민간에서 수집되어 문인들의 손을 거쳐 정돈되고 가공된 이야기들도 많았다. 중국의 유명한 신화소설 『서유기(西遊記)』도 수백

유림굴(榆林窟) 제3굴에서 발견된 서하(西夏)시대의 당승취경도(唐僧取經圖). 현장 법사와 손오공의 이야기가 『서유기』 출현 이전부터 전승되었음을 보여준다.

년간 민간에서 유행하던 이야기를 훗날 유학자인 오승은(吳承恩)이 문자로 엮어 책으로 등장시킨 것이다. 『요제지이(聊齊志異)』 역시 산동(山東)의 민간전설에서 소재를 취해 편찬한 유명한 신화소설이다. 이러한 방식으로 초자연주의 사상이 일반 백성들로부터 유학자들에게 흘러 들어가니 유생들은 마치 일반 백성들이 유생의 이야기를 곁에서 듣는 것처럼 흥미진진하게 이 이야기들을 읽어 내려간다.

유생들이 이러한 신화에 회의적이었는지 아닌지 그 여부를 판단하기란 매우 어렵다. 일례로, 18세기의 저명한 유학자 기효람(紀曉嵐)은 그의 저서 『열미초당필기(閱微草堂筆記)』에서 많은 귀신 이야기들을 지어냈는데 그의 이야기를 정독했던 사람들의 말에 따르면 이야기 중 어느 정도까지가 '우매한 민중'을 겁주려는 것이고 또 어느 정도까지가 필자 자신이 믿는 초자연주의 사상인지 명확히 구별하기가 힘들다고 한다. 그는 많은 글을 썼는데

비록 귀신의 존재를 입증할 수는 없지만 그렇다고 해서 귀신이 존재하지 않는 것을 입증할 수도 없음을 주장했다. 어떤 글에는 그가 "조왕신이 단 하나뿐이라고 인정하자. 하지만 집집마다 부엌에 조왕신을 모신 제단을 설치해 놓고 있는데 그렇다면 조왕신이 어떻게 그 많은 집을 돌볼 수 있단 말인가?"라는 문제에 열중한 흔적도 보인다. 따라서 유학자들 또한 종교적으로 완전히 다른 집단으로 간주될 수 없다. 이들도 대다수의 중국인처럼 동일한 종교 양식을 지니고 있다고 인정해야 할 것이다. 다만 이들이 사회적 혹은 경제적으로 일반 백성과 지위가 다르기 때문에 이들의 종교적 행위나 활동이 일반 백성들과 다소 차이를 보이는 것뿐이다.

# 제11장
# 종교와 전통 도덕질서

드 그루(De Groot)는 중국의 종교박해에 관한 그의 유명한 연구에서 종교에 대한 중국정부의 이중정책을 언급한 적이 있다. 중국정부는 끊임없이 종교를 박해해왔으나, 또 한편으로는 한 번도 어떤 종교를 완전히 뿌리 뽑지는 않았다는 것이다. 이것은 정말로 종교집단과 유교 통치자들 간의 오래된 분쟁을 특징화하는 것이다. 세속적 통치 집단과 국가를 위하여 종교가 큰 영향력을 가진 하나의 독립된 세력으로 성장하는 것을 절대로 묵과할 수 없었다. 그러나 종교가 완전히 소멸되지 않은 이유 중의 하나는 사회의 도덕 질서를 유지하는 데 있어서 종교가 적지 않은 역할을 했기 때문이다. 이것은 유학자들도 분명히 인정하고 있는 점이다. 종교집단들은 그 존재의 합리성을 증명하기 위해 통상 자신들은 '도덕의 증진'을 궁극적 목표로 삼는다고 주장해 왔다.³¹⁷ 우리는 '도덕정치적 신앙(제7장 참조)'에서 전통 도덕질서가 작용하는데 있어서 종교적 요소가 중요하다는 것에 대해 언급했다.

그러나 종교와 도덕 질서의 관계에 있어서 종교가 담당한 것은 자연계를

---

317 제8장 참조.

사후 세계를 주관하는 신 가운데 한 명인 동악대제(東嶽大帝).

초월하는 '재판관'의 역할이었다. 종교 자체는 윤리 가치의 원천도 아니고, 도덕 준칙을 위반하는 행위를 처벌하는 권위적인 힘도 아니었다. 따라서 종교가 전통적 도덕 질서의 일부분으로써 그 기능을 어느 정도 수행하기는 했지만, 주도적이고 독립적인 도덕적 메커니즘의 위상을 확립하지는 못했다. 이 점은 종교가 전통적 윤리 가치체계에서 제한적인 위치를 차지했다는 점과 종교가 도덕 기준을 강화하고 도덕적 이상을 한층 높이려고 했던 방식에서, 그리고 보편적으로 성직자들에게 확실한 도덕적 입장이 결여되었다는 점을 통해서도 충분히 알 수 있다.

## 윤리적 가치에 대한 유가의 주도적 위상

중국문화의 초기 단계에서부터 종교의 주요 역할은 도덕적 이상의 원천이 아니었다. 오히려 인간에게 복을 가져오는 신령을 포함해, 악마를 퇴치하고, 병을 고치며, 가뭄에 비를 내리고, 전쟁의 승리를 기원하고, 위기시에 화평을 기원하는 주술적인 힘이었다. '천(天)'은 줄곧 인류의 도덕 행위에 대한 재판관이었으나, 한 번도 그 어떤 도덕적 관념의 구체적 화신이 된 적은 없었다. 주(周)나라 말기 이성주의(理性主義)적 사조의 대두는 종교적, 신적 영역과 도덕적 영역 간의 엄격한 구분을 강조했으며, 심지어 '천'이 갖는 도덕적 함의마저도 의심을 받게 되었다. 유가(儒家)인 순자(荀子)의 명언 중에는 "도(道)는 하늘의 도가 아니며, 땅의 도도 아니다. 이는 사람의 도다"라는 구절이 있다. 도가사상의 창시자인 노자(老子)는 우주에서 자연계를 초월하고 우주가 하늘과 사람과 동일한 실체라는 특징을 찾아내 우주를 '현빈(玄牝)' 혹은 '너무 깊고 심오하며 가늠할 수 없는 운행의 메커니즘'이라고 칭하였다. '천'의 도덕적 함의는 한(漢)대 이후에 와서야 음양학파(陰陽學派)의 천인감응설(天人感應說)로 다시 한 번 강조되었으나, 이때에 유가의 윤리가치 체계가 이미 중국사회의 정통 도덕체계로 확립되었다. 이러한 점은 역대 중국 왕조를 거치는 동안 계속 지속되었으며 20세기까지 이어져 왔다.

전통 도덕 질서에서 유가의 윤리가치가 주도적인 위상을 차지했다는 것은 논란의 여지가 없다. 지난 2000여 년간, 유가는 사회적 행동의 기준과 동기를 부여했을 뿐 아니라 시비곡직(是非曲直)을 판단하는 근거를 제시해 왔다. 유가와 쉽게 조화되는 새로운 도덕적 가치는 전통사회의 부호체계 안으로 쉽게 편입되었지만, 그것과 대치되는 것들은 사회에 받아들여지기가 어려웠다. 유가의 도덕체계가 성공을 거둔 원인 중의 하나는 그것이 세속사회의 현실적 요구에 적합했기 때문이었다. 특히 유가는 중국 농경사회의 핵심구조인 '가족 관계'의 필요 사항을 충족시켜 주었다. 이에 반해 사원이나 일련의 종교단체 등 대다수 종교조직의 윤리가치는 종족관계보다 더 광범위한 '형제'간의 정과 의리를 강조하였다. 앞에서도 말했던 바와 같이 이러한 기능은 특정 조건하에, 예를 들어 사회 분열시기 같은 역사적 단계에서 사회적 필요를 충족시킬 수 있었다. 분열시기에는 정치가 불안하고 경제가 침체되며, 종족관계만으로는 심신의 안전을 보장받기 어렵기 때문에 개개인은 부득이하게 친족 외부에서 그 구원을 찾았다. 그러나 중국역사에서 이런 상황은 단지 일시적인 현상에 그쳤다. 상대적으로 더 길었던 평화와 안정 시기에는 극히 일부의 개인들만이 종족의 도움을 받지 못하는 상황에서 비혈연 관계로 눈을 돌려 협조를 요청했다. 이런 사람들은 주로 고아나 과부 또는 빈곤한 사람들이었다. 평화시대에 종족이라는 조직은 대다수의 사람들에게 기본적인 보호의 울타리를 제공해 줄 수 있었다. 상대적으로 더 광범위한 종교 속에서의 '형제 간의 사랑'이라는 측면에서 볼 때 유가는 비록 이를 체계적으로 발전시키지 못했지만, 이것이 종족을 위주로 하는 중국사회에서 유가가 윤리가치의 원천으로써 주도적 위상을 확립하는 데 방해가 된 것은 아니다. 유가의 윤리체계가 주도적인 위치를 차지한 상황에서 종교는 유가 가치를 위한 지지수단으로 밀려났으며, 유가 가치의 이행은 사회의 안정과 정신적 평안을 얻기 위한 필요조건이었다.

## 제도화된 종교에서 윤리가치의 실제적 한계

중국에서 종교적 윤리가치가 어떻게 사람들을 고취시켰던지 간에 다음 두 가지 사실은 아주 분명하게 드러난다. 먼저 중국역사상 어떤 주류 종교도 유교처럼 모든 것을 두루 포함하는 윤리체계를 발전시키지 못했으며, 사회구조에 강한 적응력을 가진 종교가 없었다. 두 번째로 주류 종교는 유교 윤리 중 가장 전략적이고 우수한 가치의 정수를 참고했을 뿐 아니라 계속해서 그것과 타협했다는 것이다.

불교는 의심할 바 없이 방대하고 완전한 윤리적 가치체계를 가졌으며, 심지어 여러 면에서 유교보다 훨씬 정교하다. 승려사회에서 불교는 훌륭히 제 역할을 다하였다. 그러나 불교는 유럽사회에서의 가톨릭처럼 세속 사회관계에서 윤리가치의 근원이 되었던 적은 한 번도 없었다. 불교는 줄곧 인간이 세속생활에 대한 미련을 끊기 어렵다는 것을 인정했고, 이 때문에 어쩔 수 없이 현생을 전반적으로 부정하기 때문에 도덕적 교화를 통해 실제 사회

질서를 개선하는 것은 불가능한 사명이라고 여겼다. 불교는 인간에게 인류의 모든 노력과 분투는 일순간의 허망함에 불과하다고 끊임없이 훈계하였다. 또 사람들이 개인의 욕망을 충족시키기 위해 욕구에 따라 행동하는 것을 제지하고자 했으며, 사람들이 남을 해하여 자신의 이익을 취하는 그릇된 행동을 막으려 했다. 이에 비춰보면 '둔입공문(遁入空門, 불문에 들어가다)'과 '담박명리(淡泊名利, 공명에 무심하다)'라는 말에는 모두 도덕적 함의가 담겨져 있다. 그러나 불교는 피동적이며, 유교처럼 자신의 윤리체계로 기존의 세상을 재편하도록 사람들을 적극적으로 이끌지 않는다. 물론 불교의 '비천민인(悲天憫人, 잘못된 세상을 비탄해 하고 인간을 불쌍하게 여기다)'의 정신과 대승불교의 '이출세지심입세(以出世之心入世, 사심없는 깨끗한 마음으로 세상을 제도한다)'라는 이상은 확실히 사람들의 마음을 고무시킨다. 그러나 도덕을 한층 심화시키기 위한 목적에서 출발하여 인간을 사랑하고 세상을 구제하려는 정신과 인내는 대승불교와 함께 '현실세계에 뛰어드는 것'과 '세속을 떠나는 것'을 구분하려는 노력을 헛되게 한다. 이러한 정신은 모두 유가의 핵심사상인 '인(仁)'이나 '선(善)'과 어느 정도 일치하는 것이다. 불교의 가르침은 필연적으로 유교사상의 도덕적 가치와 친밀하게 융합되었다. 특히 불교의 긍정적인 관점이 중국사회의 일상생활에서 유효하게 된 것은 주로 송대 이후 유학과 융합되면서이다.

불교가 설파하는 윤리가치와 실제 세속생활 사이의 괴리가 크기 때문에 불교 신자들은 설사 이런 세속적 가치가 불교 교리와 다른 점이 있더라도 부득이 은밀하게 정통유교의 세속적 가치를 받아들여 세상을 살아간다. 따라서 불교가 세속적인 것을 멀리하고 가정과 국가라는 굴레를 벗어던지라고 강조하지만, 중국 각지에는 '광효사(光孝寺)', '보충사(報忠寺)', '호국사(護國寺)'와 같은 이름을 가진 사원이 많다. 이런 불교사원 명칭의 의도는 매우 명확하게 알 수 있는데, 이는 바로 유교의 가치와 타협하여 세속을 벗어난 불교가 세속 세계에서의 위상을 격상시키려는 것이다.

운남성 곤명시에 위치한 태화궁. 건물의 벽면에 덕을 쌓기를 권면하는 '적덕(積德)'이라는 글이 보인다.

    도교는 세속사회의 윤리체계로서 불교에 비해 취약한 편이다. 도교의 주요 도덕 교리는 오계(五戒)와 십선(十善)으로 구성되어 있다. 오계(五戒)의 계율은 다음과 같다. 1. 살생을 해서는 안 된다. 2. 술을 마시면 안 된다. 3. 위선을 해서는 안 된다. 4. 도둑질을 해서는 안 된다. 5. 음탕한 짓을 해서는 안 된다. 십선(十善)의 계율은 다음과 같다. 1. 부모님께 효도하고 순종한다. 2. 임금과 스승에게 충성한다. 3. 만물에 대해 자비심을 갖는다. 4. 인내하며 관용의 자세를 갖는다. 5. 싸우지 않으며 악을 제거한다. 6. 자신을 희생하여 어려운 사람을 돕는다. 7. 살아 있는 동물을 방생하고 살아 있는 모든 것을 소중히 여기며, 나무와 풀을 소중히 여긴다. 8. 길을 닦고 우물을 파고, 나무를 심고 다리를 놓는다. 9. 타인의 이익을 추구하며, 악을 없애고 사람들을 교화한다. 10. 『삼보경률(三寶經律)』을 읽고 항상 향과 꽃, 공양물을 올린다.[319]

---

[319] 傅勤家, 『中國道敎史』, 上海: 1937, pp.145-148.

도교에서는 특이하게 나무를 심고 다리를 놓으며 길을 닦고 고치는 것을 미덕으로 삼았다. 오계와 십선은 그 외 여기에서 파생된 다른 정교한 계율까지 그 일관성이나 포괄성에 있어서, 아니면 중국 세속사회에 적합해야 한다는 실제적인 필요에 있어서 유교의 윤리체계와 비교할 수는 없다. 이것은 도교가 주로 유교와 불교의 가치로부터 채택한 것임을 드러낸다.

만약 중국 최대의 제도화된 종교인 불교와 도교가 세속생활에서 실천 가능한 효과적인 윤리체계를 발전시키지 못했다면, 이 문제에 있어서 다른 종교단체는 더 말할 필요도 없다. 앞에서 이러한 교파 종교의 윤리적 규율은 대부분 유교사상에서 채택한 것임을 시사했다. 유교의 모든 주요 사상은 다른 교파의 학설로 흘러들었고, 이 교파들의 신령으로부터 지지를 받았다. "불교(도교)도가 되려면 모두 충효에서부터 시작해야만 했으며", 이것은 유교 원리체계에서 가장 기본적인 가치다.[320] 근대 최대 교파조직의 하나인 '일관도(一貫道)'는 자신들이 유교의 전통을 계승했을 뿐만 아니라 그 사상을 완전히 받아들였으며, 유교 가치가 그들의 도덕 교화 내용의 절대 다수를 차지한다고 주장했다.

제도화된 종교 내부의 윤리체계는 어쩌면 승려사회나 승려 자신, 혹은 신앙심이 돈독한 불교 신도에게 있어서는 충분히 그 힘을 발휘할 수 있을지는 몰라도 유교의 윤리가치처럼 세속생활에서 보통 사람들의 행동에 체계적으로 영향을 미칠 수는 없다. 보통 사람들에게 있어 종교의 가장 큰 가치는 바로 화(禍)를 피하고 복(福)을 부르는 신비한 힘에 있다. 그런데 이런 주술(呪術)은 특정 상황에서 의도된 실질적 결과를 얻어내는 수단일 뿐이며, 이는 사람들의 실제 생활에서 우주의 실제성과 관련된 어떠한 도덕적 교리도 제시해 줄 수 없다.[321] 그러나 이런 주술도 세속적 도덕 가치의 실천을 반대하

---

320 徐珂, 『淸稗類抄』, 上海, 1928, 제75권 pp.30-40.
321 Robert H. Lowie, *Primitive Religion*, New York, 1924, p.30.

지 않는다. 이로 인해 일반인들은 자기 자신이나 가정의 행복을 위해서 부처나 조상에게 제사를 지낼 수 있으며, 도교의 신들에게 건강을 기원하는 동시에 유교의 윤리 도덕을 배우고 따를 수 있는 것이다. 주술은 도덕의 기초 위에서 존재하는 것이지, 도덕의 원천은 아닌 것이다. 또 주술은 윤리적 기준을 뒷받침해 주기도 한다. 신비한 주술을 믿는 사람들은 대개 신령을 두려워한다. 따라서 그들은 보편적인 종교의식을 통해 전달되거나 신령이 인정하는 도덕 규칙을 존중하고 따르게 된다.

## 구전되는 신화 속의 유교 윤리가치

중국에서는 공개적이면서 조직적으로 행해지는 포교활동이 매우 드물다. 따라서 신화와 전설은 구전(口傳)이나 활자를 통해 점차적으로 중국 민중에게 종교를 전파하고 보급하는 중요한 수단이 되고 있다. 일반인들이 알고 있는 대부분의 종교 상식은 신화적 색채가 두드러지는 민간고사나 문학작품을 통한 것들이다. 실제로 불교나 도교, 또는 기타 다른 종교의 경전을 읽어본 사람은 극소수에 불과하다. 이렇게 종교 색채를 띠는 신화나 고사(故事)들은 일반적으로 여러 가지 사상을 동시에 내포하고 있으며, 그 내용은 주로 초자연적인 힘과 인간의 도덕 행위 간의 관계를 다루고 있다.

여기에서 사람들의 도덕 행위 기준 역시 유교에서 나온 것이지 다른 종교의 윤리 가치체계에서 얻은 것이 아니다. 이러한 점은 중국 여러 지역의 지방지와 신화문학에서 찾아볼 수 있다. 『나전진지(羅滇鎭志)』(나전진은 강소성(江蘇省) 보산현(寶山縣)에 위치해 있다) 중에는 다음과 같은 이야기가 있다. 수많은 동류(同類)의 신화처럼 사람들간의 관계를 통해 초자연적인 힘이 어떻게 유교 윤리체계의 충(忠), 신(信)과 교차되는지를 잘 보여준다.

건륭(乾隆) 연간(17세기 후반), 한 마을에 조씨 집안과 서씨 집안이 살고 있었는데 그들은 매우 사이가 좋았다. 서씨는 매우 영리한 상인이어서 날이 갈수록 부자가 되었다. 그는 조씨를 쌀장사의 동업자로 영입했으나 몇 년 후 세상을 떠나고 말았다. 조씨는 서씨의 아들이 나이가 어린 것을 이용하여 서씨 명의로 된 은자(銀子) 육백 냥을 가로챘다. 서씨의 부인이 조씨에게 은자를 돌려줄 것을 요구했으나, 조씨는 은자를 되돌려 주기는커녕 미망인의 행실이 바르지 못하다며 오히려 모욕을 했다. 그러자 서씨 가문의 사람들도 점차 그녀를 학대하기 시작했다. 조씨가 서씨의 유산을 거의 탕진했을 때 서씨 부인은 자살을 기도했다. 그때 조씨는 갑자기 폐암에 걸려 끝없이 피를 토했다. 사람들은 서씨의 영혼이 조씨가 서씨의 재산을 가로채고 부인을 모욕한 것에 대해 벌을 내리는 것이라고 했다. 서씨의 영혼은 조씨의 악행이 양심을 저버린 행위이며, 결코 용서받을 수 없다고 호소했다. 조씨는 결국 암이 가슴 전체에 퍼져 죽었다.[322]

『보산현지(寶山縣志)』는 형제간의 우애를 강조하는 유교적 가치의 초자연적인 힘을 생동감 있게 보여주고 있다.

1524년 10월 10일, 엄청난 폭풍우가 몰아닥쳤다. 한 마을에 세 형제가 이웃에 살았는데 그들은 평소 사이가 좋지 않아 늘 싸움이 끊이지 않았다. 폭풍우가 몰아닥친 날 세 형제의 집은 물론 세 형제까지 폭풍우 속으로 사라져 버렸다. 그렇지만 이웃의 다른 집들은 모두 무사했다.[323]

신화에 담긴 도덕적 교훈은 대부분 유교의 핵심 가치인 '효(孝)'에 집중되

---

[322] 『나전진지(羅滇鎭志)』, 1899, 제8권 p.27.
[323] 『보산현지(寶山縣志)』, 1879, 제14권.

어 있다. 이런 점은 신화집인 『요재지이(聊齋志異)』의 내용을 통해서도 잘 알 수 있다. 허버트 자일스(Herbert Giles)는 이 책을 영어로 *Strange Stories from a Chinese Studio*라는 제목으로 번역하여 출판했다. 『열미초당필기(閱微草堂筆記)』는 18세기 중국의 유명한 문인 기효람(紀曉嵐)의 작품으로 아직까지 영문판이 나와 있지 않다. 이 책에는 도덕 교화를 목적으로 하는 다수의 신화가 수록되어 있는데, 중국신화에 가장 많이 등장하는 요괴 중의 하나인 여우귀신의 이야기를 소개해 보겠다.

창주(滄州)에 사는 유세옥(劉世玉)은 효심이 깊고 청렴결백한 사람이었다. 그는 서재를 하나 갖고 있었는데 여우귀신이 그곳을 차지하고 말았다. 여우귀신은 낮에는 사람들과 이야기를 하기도 하고 한편으로는 돌을 던져 사람들을 공격하기도 했지만, 그 형체는 눈으로 볼 수가 없었다. 평원(平原)현의 지방관인 동사임(董思任)은 훌륭한 관리였다. 그는 이 이야기를 듣고 유세옥의 마을로 달려갔다. 그는 요괴와 인간이 서로 다르다는 걸 적극 설명했다. 그는 직접 유씨의 집으로 가서 여우귀신을 몰아내려 했다. 여우귀신은 처마 끝에서 낭랑한 목소리로 말했다. "귀공은 백성을 사랑하고 재물을 탐하지 않으므로 나는 감히 귀공을 공격할 수가 없소. 그러나 귀공은 명예를 탐하고 늘 다른 사람의 이목에 신경 쓰고 두려워하므로 나는 당신을 피하지 않겠소. 귀공은 쓸데없는 짓 하지 말고 어서 돌아가시오." 그러자 동사임은 몹시 부끄러워하며 돌아가서 오랫동안 사람들 앞에 나타나지 못했다. 유씨네 집에는 성격이 거친 여종 한 명이 있었다. 오직 그녀만이 여우귀신을 두려워하지 않았고, 여우귀신도 그녀를 공격하지 않았다. 여우귀신이 여종에게 말했다. "너는 비록 종이지만 진정한 효녀다. 귀신도 너를 보면 두려워하여 피하는데 나라고 다르겠느냐?" 유씨가 이 여종을 서재에 살게 하자 여우귀신은 바로 떠났다.[324]

---

324 紀曉嵐, 『閱微草堂筆記』, 1890, 제1권 p.1.

이 밖에도 자살한 젊은 청년의 이야기가 있다. 이 청년은 죽고 나서 부인의 꿈에 나타나 자신은 죄를 지어 영원히 지옥의 최하층에 떨어지는 벌을 받았다고 말했다. 그러나 그는 생전에 효자였기 때문에 벌이 다소 경감되어 뱀으로 태어났다고 했다. 그는 이어 '지옥에서 가장 큰 벌을 받는 죄인들이 불효를 저지른 사람들이므로 당신이 재혼하게 되면 반드시 시부모에게 효도해야 한다'고 부인에게 당부했다.[325]

## 독자적인 윤리가치가 결여된 분산형 종교

이미 세속 사회제도의 일부분이 된 분산형 종교는 그 종교만의 독자적인 윤리 가치가 결여되어 있다. 그 이유는 분산형 종교의 주된 기능은 세속제도의 기본 개념 내에서 윤리가치를 초자연적으로 뒷받침하는 것이기 때문이다. 분산형 종교 자체는 세속제도의 작용을 위한 윤리가치의 근원은 아니다. 이러한 점은 가정, 사회, 경제단체 나아가 나라 전체에서 종교의 역할을 살펴보면 쉽게 알 수 있다.

분산형 종교에서 조상 숭배를 예로 들어보자. 조상을 숭배하는 것 자체는 종교의 윤리체계를 형성시킬 수 있는 독자적인 요소가 될 수 없다. 그러나 그것은 초자연적인 가설을 세우고, 종족 관계가 필요로 하는 유교적 가치를 강화시킬 수 있다. 따라서 조상의 영혼이 존재한다는 관념은 조상을 숭배하는 행위에 윤리적 합리성을 제공해 준다. 왜냐하면 이것은 '효'를 행하는 일종의 표현방식이기 때문이다. 유교사상이 강조하는 '효'는 가족 간의 유대 강화라는 실질적 필요성을 유지시켜 주는 산물이지 조상의 영혼이 존재한다는 초자연적인 가정에서 비롯된 것이 아니다. 한 집단의 조상과 스승의

---

325 上同, p.2.

하북성 보정시 소재 관제묘의 관우신상.

영혼에 대한 숭배는 사람들이 사회생활에서 '신뢰'라는 세속적 윤리가치를 더욱 중시하고, 반드시 사회규범을 준수하도록 만들었다. 그러나 조상과 스승의 영혼 존재의 여부는 이러한 윤리가치의 존재와 영향력에 아무런 영향도 미치지 않았다. 더 정확히 말해 이러한 윤리가치는 집단의 수요에 의해 형성된 것이다. 수많은 비밀 종교단체가 관우(關羽)를 숭배하는 것은 이 위대한 무장의 일생이 중요한 세속적 가치인 충의(忠義)와 공정(公正)을 상징하고 있기 때문이다. 이것은 비밀 종교단체들에게 있어 더없이 중요한 것이다. '하늘의 뜻'라는 이 초자연적 개념은 대중들에게 정치적 권위로 받아들여졌을 뿐만 아니라 충성과 복종이라는 가치를 더욱 공고하게 만들었다. 중국 정치제도의 역사적 발전 속에서 보면 '하늘의 뜻'이라는 것은 마치 한 장의 백지와도 같다. 유교의 통치자가 그 종이 위에 도덕정치의 내용을 장황하게 적어 내려가는 것이다. 통치자의 의무와 특권은 유교가치에 의해 정의되며, 하늘과 관련된 신들도 모두 이를 인정하고 지지해야 하는 것이다. 따라서 분산형 종교 자체에는 세속제도가 이끌어낸 일련의 윤리가치 외에 자신만의 독자적인 윤리 가치체계가 없다.

## 종교의 윤리가치 강화

이 책의 다른 장과 본 장의 전반부에서는 모두 종교의 주된 도덕적 위상과 종교의 기능이 그 본연의 윤리가치에 있는 것이 아니라 세속의 도덕 기준을 강화하는 데 있어 보조적인 역할을 하는 것에 대해 이야기했다. 종교가 그런 역할을 할 때, 이러한 힘이 사람들에게 희망을 주는 것이든 위협하는 것이든 간에 종교는 주로 초자연적인 힘에 의지한다. 그러나 특이할 만한 것은 성직자의 경우와 같은 종교집단은 세속사회 안에서 도덕 질서를 유지하는 데 있어서는 어떠한 권위도 발휘하지 못한다는 것이다.

### 긍정적인 격려와 부정적인 억제

위에서 언급한 것처럼 도덕적 행위를 장려하는 방식 중의 하나가 바로 '운명'과 관련된 전통적인 관념이다. '운명'에 대한 인식은 유교가 천명설(天命說)을 통해 인간의 도덕 행위를 판단하도록 유도하였다. 하늘의 뜻이라는 명목하에, 사람들은 성공하든 실패하든 한평생 자신의 도덕적 책임을 이행하려 한다. 왜냐하면 이미 예정돼 있는 운명이 궁극적으로 성공이라면 성공을 거두게 될 것이고, 자기 자신에게 일어날 수 있는 실패는 최후의 성공을 위해 반드시 겪고 넘어가야 할 희생일 뿐인 것이다.

사람들이 도덕적으로 바르게 살도록 장려하는 또 다른 수단은 바로 도덕을 상징하는 인물을 신격화하여 도덕적 이상과 그 모범을 만들어 내는 것이다. 보산현(寶山縣) 양행진(楊行鎭)에는 명(明)대의 왕호요(王浩遙)와 왕원요(王元遙) 두 형제를 기리는 사당이 있다. 이 두 사람은 모두 일본 왜구의 침략에 대항하다 전사하였다. 19세기 후반에 들어 이 사당은 새로이 재건되었고, 사람들은 비석을 세워 그들의 충효, 정직, 의거 등의 미덕을 칭송하였다. 이 두 명의 역사적 인물은 거대한 태산(泰山)에 비유되어 후세의 귀감이

사후세계를 표현한 그림. 내하교(奈何橋)를 건너 염라대왕께 심판을 받고난 뒤 무시무시한 형벌을 받는 장면이 생생하게 묘사되어 있다.

되고 있다. 보산현에서 사당을 짓고 이 두 형제를 기리는 것은 단지 그들을 칭송하기 위해서만이 아니라, 후손들이 그들의 충과 의를 본받고 따르도록 하기 위해서이다.[326]

운명의 지배와 영웅의 활약은 어쩌면 몇 안 되는 일부 지식인들에게만 영향을 미칠지도 모른다. 대다수의 일반인들에게는 자신을 희생하는 희생정신이 요구되지 않을 수도 있다. 따라서 직접적으로 도덕적 행위를 장려하던 방식이 점차 물질적인 보상으로 바뀌었다. 윤리 도덕을 지키며 사는 사람들은 이번 생에서 복을 누릴 수 있을 뿐 아니라 사후에도 천국에 갈 수 있다는 것이다. 즉, 착한 일을 하면 공덕을 쌓게 된다는 것이다. 도교에서는 심지어 득도하여 신선이 되는 것은 선행의 많고 적음에 따라 결정된다고 한다. 도교의 경전인 『포박자(抱朴子)』 「대속(對俗)」편을 보자.

사람이 땅의 신선이 되려면 300가지의 선행을 해야 한다. 사람이 하늘의 신선이 되려면 1200가지의 선행을 해야 한다. 만약 1199가지의 선행을 하

---

326 『寶山縣誌』, 1879, 제2권, p.12.

고, 한 가지 악행만 저질러도 그 선행이 모두 무효가 된다.

억제의 효과 또한 장려의 효과에 비해 조금도 손색이 없다. 불교 사찰이나 도교 사원이라면 어디서든 매우 험상궂은 얼굴을 하고 무기를 들고 있는 신상들을 볼 수 있다. 사찰에 자주 가는 어린이라면 누구든 사천왕(四天王)의 조각상을 잊지는 못할 것이다. 이 조각상들은 모두 10척이나 되는 큰 키에 손에는 날카로운 창칼을 들고 뾰족한 이빨을 드러내고 있으며, 성난 얼굴로 두 눈을 부릅뜨고 있다. 그 거대하고 무시무시한 모습은 사람들에게 초자연적 힘이 어디에나 존재하며 죄 지은 자를 벌할 준비가 되어 있다는 사실을 각성시킨다. 그 외에도 10단계의 지옥이 그려진 벽화가 있다. 이 벽화는 죄인이 어떻게 기름 가마와 칼로 된 산 위로 떨어지게 되며, 그 밖에 우리가 차마 상상도 할 수 없는 고통을 받게 되는지를 생생하게 묘사하고 있다. "악인은 악의 인과응보를 받는다"는 설은 불교에서 유래되어 민간에 널리 퍼지게 되었다. 설령 문장(文章)의 성쇠(盛衰)를 주관하던 신인 괴성(魁星)이나 과거와 학문을 관장하던 성수(星宿)인 문곡성(文曲星)이라 할지라도 모두 잔인하고 무시무시한 형상으로 조각되어 있다. 이는 아마도 부정한 수단을 이용해 학문적으로 출세하려는 사람들에게 경고를 하기 위해서일 것이다. 이 조각상들은 몸통과 눈, 사지의 비율이 극단적으로 왜곡되어 있다. 그런데 바로 이렇게 흡사 악마와도 같은 신의 형상은 인간 자신들의 사악한 본성에 대한 인식을 상징적으로 반영하고 있으며 위협이라는 방식으로 사회관계의 중요성을 강조하고 있는 것이다. 도교 경전에서는 선행을 장려하고 있을 뿐만 아니라 악행에 대해서도 경고하고 있다.

땅과 하늘에는 죄와 벌을 관장하는 신이 있어 인간이 저지른 죄의 경중에 따라 그 벌을 결정한다. 죄가 가벼우면 가난하거나 병에 걸리거나 우환을 겪게 되고, 죄가 무거우면 죽는다. 죄는 여러 가지이기 때문에 같은 벌을 받을

수 없다. 죄가 무거우면 빠르게는 300일 먼저 죽고, 죄가 가벼우면 늦게는 3일 먼저 죽는다.[327]

이런 것들은 모두 도덕의 중요성을 강조하기 위한 것이다. 흥미로운 것은 악행 하나하나가 낱낱이 기록되지만, 벌을 받아 마땅한 악행은 직접적으로 폭로되지 않는다. 이것은 사회의 풍속과 관습이 인간의 행위를 교정하는 데 충분히 그 역할을 발휘할 수 있도록 여지를 남겨 두기 위한 것이다. 따라서 도교가 세속제도의 윤리가치를 집행하는 재판관의 역할을 담당할 수 있는 것이다.

현대중국의 지식인들도 중국 종교에서 도덕 기능의 부정적인 측면을 언급한 바 있다. 1898년 백일유신(百日維新) 중에 살해된 담사동(譚嗣同)은 다음과 같이 말했다.

> 천당과 지옥이 있다는 것을 아는 사람은 이를 마음속 깊이 새겨 감히 남을 속이거나 방탕한 생활을 할 수 없고 항상 착하게 살려 애쓴다. 지식인들이 보기에는 천당과 지옥이라는 것이 억지로 끌어다 붙인 미신 같은 황당한 이야기처럼 보일지도 모른다. 그러나 우매한 민중들은 이런 미신 같은 신의 힘을 끌어다 행동을 통제하지 않으면, 살인, 방화, 강도 같은 악행을 저지르기가 쉽다. 악행을 저지르고도 벌을 받지 않으면 안 되느냐고 묻는다면 이렇게 대답하겠다. "금생에 벌을 받지 않으면, 다음 생에서 당나귀나 소, 말로 태어나서 그 벌을 받아야 한다."[328]

중국 국민당 정부에서 사법부장관을 역임한 바 있는 왕숭혜(王崇惠)는

---

327 『抱朴子(內篇)』, 제6권.
328 譚嗣同 『仁學』 참고, 『文社月刊』, 1928년 2월, 제3권 제5책 '譚嗣同的宗教觀'에서 재인용함.

"사람의 마음은 통제가 필요하다. 통제되지 않으면 분별력 없이 방탕해지기 쉽다. 사람의 마음을 통제하는 가장 좋은 수단은 바로 종교"라고 말했다.[329]

## 종교적 권위가 결여된 강제력

도덕 가치를 강화하는 데 있어 종교의 역할은 심리적인 장려나 억제에 국한된다. 중국사회에서 승려와 종교집단은 구조적으로 그 세력과 힘이 약하기 때문에 종교의 권위가 일반 민중들의 도덕 계율을 강화시키는 기능을 발휘할 수 없다. 종교는 세속적 도덕 가치의 주원천이 아니다. 따라서 사회적 행위에서 일부 도덕규범이 상호 충돌할 때, 종교단체는 권위를 가진 조직으로써 그 옳고 그름을 결정할 수 없다. 이와 반대로 도덕의 옳고 그름을 판단하는 것은 정부와 유학자들의 특권이다. 유학자의 권력은 애초부터 윤리 정치의 경향을 띠고 있었다.

또 다른 한편으로 승려집단은 특정한 도덕의 영역에서 자신들의 권위를 세우려 할 때마다 수많은 한계에 부딪히게 된다. 우선 현대의 대다수 출가자들은 학문이 깊지 않으며, 심지어 그들 중에는 문맹자도 있다. 도덕문제의 시비를 가리기에는 그들의 능력이 우수한 교육을 받고 세상의 이치에 밝은 유교집단에 비해 현저히 떨어진다. 유학자들은 다년간 수많은 경서를 읽고, 역사를 거울로 삼는 전통을 잘 이어오고 있다. 따라서 유교 통치자가 종교를 전통사회에서 도덕정치적 질서를 강화하는 일종의 도구로만 여기는 것은 조금도 이상한 것이 아니다.

마지막으로 승려집단은 최소한 현대에서는 도덕적으로 명망이 높지 않다. 도교나 불교의 도덕적 행위에 있어서 일반 출가자들의 행동이 일반 민중들과 별로 차이가 없을 경우, 그들의 위신은 바로 땅에 떨어진다. 어떤 출

---

[329] 『湖南年鑑』, 1933, p.824 참고.

가자들은 심지어 가난을 이기지 못하고 도둑질을 하기도 한다. 또한 대다수 출가자들의 행실이 그다지 바르지 못하다. 일부 도사들은 심지어 남녀의 난잡한 성교를 장수의 한 비방으로 여기기도 했다. 오랫동안 일부 사원은 부녀자들을 꾀어내어 탈선을 유발하는 장소로 여겨져 부녀자들의 사원 출입을 법으로 금하기도 했다.[330] 일반 민중들이 중요하게 여기는 것은 승려와 도사가 도덕적 원칙을 대표하는지 또는 그들이 윤리가치를 계승하고 있는지의 여부가 아니라 그들이 남이 하지 못하는 법술(法術)을 부릴 능력이 있는지의 여부이다.

## 종교에서 윤리의 분리

종교가 윤리가치의 원천이 될 만한 힘이 없고 승려와 도사들 또한 도덕적 권위가 부족하다 할지라도 우리는 전통적 도덕 질서에서 종교의 위상을 저평가할 수는 없다. 수많은 한계 상황에서 종교는 도덕 가치를 유지하는 데 꽤 큰 역할을 했다. 이런 역할은 사회제도나 세속의 다른 수단이 할 수 없는 것이다. 망도현(望都縣)의 요모릉(堯母陵)[331] 묘비에는 종교의 힘이 없었다면 세속사회에서 도덕 질서가 안정적으로 자리 잡지 못했을 것이라고 분명하게 적혀 있다.

신은 만물의 위대한 어머니이다. ……그러므로 신에게 보편적인 제사를 드리는 것……이것은 우리가 현관과 안마당을 만들 때 신을 모시고, 설교단과 제단이 갖춰진 사원을 건립하며 거기에 인간과 신의 형상을 갖추고, 화염

---

330 E.H.Parker, *Studies in Chinese Religion*, New York, 1910, p.9.
331 『望都縣誌』, 제2권, p.63.

이 타오르고(화염지옥), 맷돌을 갈고(연자지옥), 창칼을 언덕에 박고(창칼지옥), 나무에 칼 가지가 뻗어 있는(지옥의 장면) 그림으로 벽을 위엄 있게 장식하는 이유이다.……이것은 성현이 설계한 것으로서 신령한 도로써 교의를 세운다는 핵심 사상이다. 지금, 국가는 완전한 보상체계를 갖추고 있다. 그러나 백성들이 다 열광하는 것은 아니다. 다만 우리가 백성들에게 신은 복과 재물을 가져오는 능력이 있다고 말한다면, 백성들 모두 관심을 가질 것이다. 국가는 모든 징벌과 위협의 권한을 가지고 있다. 그러나 백성들이 모두 굴복하는 것은 아니다. 백성들에게 신은 죄를 응징할 수 있는 능력이 있다고 말한다면 그들은 모두 두려움을 갖게 된다.……이것이 선을 권하고 악을 응징하는 방법이며 백성들을 좋은 습관으로 변화시키는 길이다…….

그러나 이것은 또 종교가 윤리 도덕의 매개체가 아니라 단지 일종의 처벌의 힘에 불과하다는 것임을 암시한다. 종교와 윤리 이 두 가지는 전통적인 중국의 사회제도와 구조에서 각각 완전히 다른 두 측면에 속해 있다. 설사 사회에서 종교와 윤리의 역할이 자주 교차되어 작용한다 해도, 유가사상의 윤리가치와 세속제도의 신성성(神聖性), 경외성(敬畏性)은 모두 종교에서 나오는 것이다.

위에서 얘기한 것처럼 내세에 받을 업보에 대한 기대감과 특히 '운명'이라는 관념을 광범위하게 통용시킴으로써 종교는 도덕규범을 신성화하고 그 위엄성을 강화시켜 줄 뿐 아니라 동시에 실제 생활에서 윤리가치의 허구성을 약화시키는 데 기여한다. 여기서 다시 한 번 강조해야 할 것은 종교의 뒷받침을 받았어도 도덕 질서는 본질적인 면에서는 여전히 세속적인 것이며, 구조의 주체로서 종교와는 독립된 별개의 것이라는 것이다. 도덕과 종교는 매우 긴밀하고 복잡하게 관련되어 있으며, 이런 중요한 특징은 중국 종교가 서양의 종교와 매우 큰 차이를 갖게 한다. 즉, 중국 종교는 윤리체계와 초자연적 힘에 대한 숭배를 한데 융합한 것이다.

18세기 『사고전서(四庫全書)』를 편찬했던 유명한 문인 기효람(紀曉嵐)이 수집한 종교의 도덕 기능과 관련된 또 다른 신화 이야기도 매우 흥미롭다. 아래 발췌 부분에서 우리는 반드시 짚고 넘어가야 할 점이 있다. 중국 전통 사회에서는 인간과 사람이 한데 섞여 자유롭게 살았다. 그러나 신령이 실제로 존재하는지의 여부는 사람들에게 있어 매우 친숙하지만 대답하기 어려운 문제였다. 어쩌면 이 문제에 대해 수많은 유학자들은 일부러 대답을 회피했는지도 모른다. 왜냐하면 그들은 이 문제를 남겨두는 것이 일반 민중들에게 상당히 큰 도덕적 효과를 가져다 줄 것이라는 것을 알았기 때문이다. 다음 얘기가 바로 이에 관한 이야기이다.

복건성(福建省) 남쪽 지방에는 비가 많이 와서 행인들이 비를 피할 수 있도록 다리 위에 지붕을 만들어 놓았다. 그 이야기에 따르면, 어떤 사람이 어두운 밤길을 가다가 비를 만나자 재빨리 다리 위에 설치된 지붕 밑으로 달려갔다. 그때 문서를 든 한 관리가 여러 군졸들과 함께 몇 명의 죄수를 압송하던 중 그 지붕 아래에서 비를 피하고 있었다. 쩔그렁거리는 수갑과 족쇄 소리를 듣고 그 사람이 죄수의 죄를 기록하고 살피는 관리임을 알고 나서 그는 감히 두려워 가까이 다가가지 못한 채 한쪽 구석에 웅크리고 앉았다. 한 죄수가 울자, 그 관리가 소리쳤다. "이제야 두려움을 알다니, 애당초 그렇게 하지 말았어야지." 그러자 죄수가 울면서 말했다. "저는 스승님께 속았습니다. 스승님께서는 매일같이 이학(理學)에 대해 말씀하시면서 귀신이니 인과응보니 하는 말은 모두 불가(佛家)에서 하는 헛된 소리라고 배척하셨습니다. 저는 그 말을 굳게 믿고 제 스스로 권모술수에 뛰어나다고 생각한 나머지 뭐든지 하고 싶은 대로 했고, 일생동안 그 사실을 은폐할 수 있었습니다. 제가 죽은 후 제 영혼이 천상의 세계로 증발되었고 다른 사람들의 칭찬이나 질책이 들리지 않았습니다. 그러니 제가 뭐가 두려워 제 뜻대로 하지 않겠습니까? 그런데 뜻밖에도 지옥이 있다는 말은 거짓이 아니었으며 염라대왕께서도 정말

계시니, 이제야 제가 스승님에게 속았다는 사실을 깨닫게 되었습니다. 그래서 후회스럽고 또한 슬퍼서 우는 것입니다."

또 다른 죄수가 말했다. "당신이 지옥에 떨어진 것은 유교를 믿어서 그렇다지만, 저는 불교를 믿어서 이렇게 잘못되었습니다. 불교의 설법에서는 죄를 짓더라도 공덕만 쌓으면 그 죄가 없어진다고 했습니다. 또 설령 지옥에 떨어진다 해도 참회만 하면 열반의 언덕에 이를 수 있다고 했습니다. 저는 살아생전에 늘 부처님께 향을 사르고 남들에게 재물을 보시하며, 죽은 후에는 스님을 불러 불경을 외우면 된다고 생각했습니다. 이 모든 것이 내 힘으로 할 수 있는 것의 전부였습니다. 저는 불법의 보호를 받고 있다고 생각한 이상 못 할 것이 없었는데, 이것은 지옥에서 다스릴 수 있는 바가 아니었습니다. 알고 보니 죄와 복이라는 것이 행한 일의 선악으로 논하는 것이지, 보시의 많고 적음으로 논하는 것이 아니었습니다. 제가 비록 돈은 헛되이 많이 썼지만, 그 죄는 여전히 피할 길이 없었습니다. 제가 일찍이 불교를 믿지 않았더라면 어찌 감히 이런 지경에까지 이르렀겠습니까?" 이 사람이 말을 다 하고 나서 대성통곡을 하자 다른 죄수들도 모두 통곡을 했다. 이에 이 사람은 그들이 사람이 아니라는 걸 알게 되었다.

저자는 이어서 다음과 같이 이 이야기가 풍자하는 바를 지적하고 있다.

무릇 유교의 육경(六經)에서 결코 신령의 존재에 이의를 제기한 적이 없다. 불경에서는 재물을 탐하지 말라고 가르친다. 그런데 유학자들은 명예를 탐하고, 불자들은 거저 이득을 보려 한다. 이러한 폐단이 지금까지도 계속되어 극명하게 나타나고 있다. 불교는 본래 이교이므로 불자들이 이익을 탐하는 것은 이해할 수 있다. 그런데 유학을 공부하는 이들이 어찌 그럴 수 있는가?

이것으로 보아 이 위대한 유학자 역시 신령, 천당과 지옥 등이 모두 도덕을 지키고 통제하는데 필수 불가결한 요소라고 믿고 있음을 알 수 있다. 그는 이를 의심하는 유학자들을 질책했으며, 동시에 승려들을 명예와 이익을 쫓는 오합지졸이라고 비하했다.

# 제12장
# 중국사회 속의 제도종교와 산재형 종교

 앞의 몇 장에 걸쳐 예시한 자료와 토론을 통해 이미 설명한 바와 같이 중국인들의 사회생활의 주요 분야에서 종교적 요소는 보편적으로 매우 중요한 위치를 점하고 있다. 그러나 중국사회에서 종교는 다른 수많은 문화적 전통(유럽이나 아랍 문화)에서 일종의 독립적인 요소로 존재하는 것과는 달리 명확하게 표출되지 않고 잘 관찰되지도 않는다. 하나의 독립 체계로서 이 분명하지 않은 종교의 역할은 중국사회에서 분산형 종교(diffused religion)가 주도적 위치를 점하고 있는 반면, 제도종교(insistutional religion)는 상대적으로 취약하다는 것으로 설명될 수 있을 것이다.
 바흐(Wach)는 여러 학자들로부터 공인을 받고 있는 저서 『종교사회학』에서 종교단체를 두 가지 형태로 구분하고 있는데 그 가운데 하나가 '서로 상통하는 자연적 집단'과 '특수한 종교조직'이다.[332] 전체적으로 말해서 이러한 구분 방법은 중국사회와 아시아 사회에서의 종교생활에 대해 이해하는 데 매우 유용한 방법이라 할 수 있다.

---

332 Joachim Wach, *Sociology of Religion*, Chicago, 1944, chaps. Ⅳ and Ⅴ.

이 연구의 목적을 위하여 신학적 관점에서 볼 때 제도종교는 일종의 종교생활 시스템으로 (1)우주와 인간의 사건에 대한 독립적인 신학이론 및 우주관의 해석과 (2)신과 영혼 및 그들의 형상을 포함한 상징과 의식으로 구성된 독립적 숭배 형태 (3)신학관에 대한 해석을 간단명료하게 해주는 동시에 의식 숭배를 추구하는 독립된 인사조직을 갖고 있는 것으로 간주된다. 독립적인 개념과 의식 그리고 구조를 가진 종교는 일종의 독립적인 사회제도적 속성을 갖추게 되면서 제도적인 종교로 자리 잡는다. 한편 분산형 종교는 신학적 이론과 숭배 대상 및 신앙인을 보유하여 대중생활 속에 깊게 스며들어 하나 혹은 여러 가지 형태의 세속적 제도를 형성하여 속세의 제도적 관념과 의식 및 그 전체 구조의 일부가 된다. 이러한 종교의 분산적 형태는 뒤르켐(Emile Durkheim)의 저서에 잘 묘사되어 있다.[333] 제도종교는 독립된 체계로 운영되지만 분산형 종교는 세속적 사회제도의 일부로 그 기능을 발휘한다. 원론적인 차원에서 볼 때 모든 형태의 종교는 심리적 요인에 의해 조성되며 속세의 생활구조로부터 독립되어 있다. 그러나 지속적인 발전과정에서 종교는 이러한 두 가지 형식 가운데 한 가지를 선택하게 된다. 제도종교는 독립적으로 존재하며 쉽게 관찰되지만 사회조직 내에서의 역할은 그리 중요하지 않다. 한편 독립적 요소는 분명치 않지만 분산형 종교는 세속 제도나 전체 사회질서를 단단히 떠받치는 역량으로 대단히 중요하다. 본 장의 목적은 이러한 관점에서 종교가 중국의 사회생활과 조직 내에서 어떻게 기능적인 역할을 하는지를 이해하는 데 있다.

중국에서 제도종교는 주요한 보편적 종교인 불교나 도교 그리고 기타 종교와 교파 단체로 나타난다. 전업 술사(術士)나 무속인에 대한 숭배도 여기에 포함되는데 이러한 숭배는 세속적 사회제도의 일부분으로 작용하지 않

---

[333] Emile Durkheim, *Elimentary Forms of the Religious Life*, tr, by joseph W. Swain, london, 1915. Professional Ethics and Morals, London 1957, Chaps. Ⅰ-Ⅲ,Ⅵ, and ?-ⅩⅦ.

기 때문이다. 대부분의 경우 제도종교와 분산형 종교는 연관되어 있어 서로 표리를 형성한다. 분산형 종교는 제도종교에 의지하여 그 신화 및 신학적 이념을 발전시키고 신령이나 혹은 숭배의 다른 상징들을 제공하며 의식 및 제사방식을 만들어내고 신도와 전업 종교인들을 대상으로 전문적인 훈련을 진행한다. 따라서 불교와 도교의 이론, 신령, 의식 및 종교인들은 조상 숭배와 공동체의 신들의 숭배, 도덕정치적 숭배의식 등과 같은 여러 가지 분산형 종교에 차용된다. 한편 제도종교는 속세의 제도가 제공하는 상술한 서비스에 의존하여 그 자체적 존재와 발전을 유지한다. 따라서 중국사회의 종교생활에 있어서 이 두 가지 형식의 종교구조는 기능적인 역할에 있어서 서로 연관되어 영향을 주고받는다.

## 중국사회의 분산형 종교

이런 관점에서 전통 중국사회의 종교적 특징을 살펴보면 분산형 종교는 사회생활의 모든 차원에서 폭넓게 퍼져 있으며 사회제도의 안정에 기여하고 있음을 알 수 있다. 그러나 제도종교는 자체적인 중요성을 지니고 있긴 하지만 전 중국사회 조직 안에서 강력한 구조적 요소를 만들기에는 조직적인 힘이 부족하다.

### 널리 퍼져있는 분산형 종교

앞의 몇 장에서 제공된 자료와 토론을 통해 우리는 종교적 요소가 사회의 모든 중요한 제도와 중국의 모든 지역사회 조직의 생활 속에 스며들어 있음을 발견할 수 있었다. 종교의 이러한 분산적 형태 속에서 사람들 사이에는 매우 친밀한 접촉이 이루어지는 것이다. 중국사회를 연구하는 많은 학자들

중국사회에 있어서 조상 숭배의 전통은 모든 종교적 특징을 포함하고 있다. 위 아래 그림에는 조상의 신위를 모신 사당과 신년에 온 가족이 모여 제사를 준비하는 모습이 표현되어 있다.

은 중국 사회제도의 종교적인 면을 소홀히 하면서 분산형 종교를 미신으로 간주하여 전혀 이해하려 하지 않거나 종교라는 단어를 사용하길 꺼려하여 다른 명칭을 사용해 왔다. 우리의 분석에서는 지역사회 생활의 제도적 종교 측면을 종교의 분산적 구조 형식으로 표현하고자 한다.

따라서 중국사회에서 조직화된 삶의 기본 단위인 가족 안에서의 조상 숭배는 제도적 구조 속에 퍼져 있는 종교의 모든 특징들을 포함하고 있다. 망자의 영혼에 대한 믿음으로 인해 조상들의 영혼은 도덕적, 물질적으로 후대에 커다란 영향을 미치게 되고 자손들은 끊임없이 경건한 자세로 조상들을 향해 숭배의 향불을 올린다. 이러한 전통적인 종교와 신앙적인 요소들은 혈연관계 가치의 주체 및 가정의 전통관념 속에 깊이 뿌리를 내리고 있다. 장례와 제사의식을 비롯하여 조상들의 사망과 관련된 가정의 모든 사회, 경제 활동은 가정제도 속에서 빠질 수 없는 매우 중요한 부분으로 자리 잡고 있다. 가정이나 씨족의 어른들은 조상 숭배에 관련된 일을 관리하며 제사에서 종교인과 유사한 역할을 수행한다. 종교적 모임은 씨족 단위로 구성되며 씨족 구성원들은 각자의 가정에서 나이와 성별, 지위에 따라 질서 있게 의식에 참여한다. 때문에 조상을 모시는 것은 가정의 종교적 생활에서 가장 중요한 일로써 신앙과 의식 활동, 상징물 및 그 조직 등이 가정 속에 깊숙이 결합되어 있다. 가정에서의 종교도 매우 조직화되어 있기 때문에 가정 그 자체와 마찬가지로 강력하다. 이후에 언급하게 되겠지만 종사(宗祠)는 중국에서 가장 잘 보존되어 온 종교집회의 장소이다. 때로는 전업 승려나 도사들이 일부 의식에 초빙되기도 하지만 그들이 제사의 주요 조직자는 결코 아니다.

앞에서 언급한 사회와 경제단체의 종교적인 측면을 살펴보면(제3장) 우리는 기본적으로 이와 유사한 상황을 발견할 수 있다. 즉 종교가 신학적으로 의식화된 상태로, 조직적으로 세속단체에 깊이 스며들어 있다는 것이다. 상업조합(行會)에서 직업신(行業神)에 대한 종교적 해석도 조직의 존재와 발전을 위한 관념의 일부임을 알 수 있다. 신상과 제사의식은 조합의 회의 및 조직의 운영과 불가분의 관계에 있다. 조합의 회장은 전업 종교인이 아니기 때문에 제사활동을 관리하거나 책임지지는 않는다. 조합의 구성원 전체와 함께 종교집회의 의식에 참여하는 것뿐이다.

앞장에서도 언급한 바와 같이 지역사회의 종교적 경향(제4장)도 이와 유사하다. 지역사회 수호신에 대한 신앙은 전통 지역사회가 갖고 있는 전체적인 기본관념의 일부분으로 지역사회의 공동 생활방식의 특징이기도 하다. 수호신을 기리기 위한 대형 종교의식 활동과 가두행진 그리고 모든 우상 및 관련

위 다리는 강서성 무원현의 '사계연촌'이라는 마을 진입구에 있는 통제교이다. 통제교 안에는 우(禹) 임금 위패(아래 사진)가 모셔져 있어서 날마다 오고가는 사람들이 소원을 빌 수 있다.

문물은 전통 지역사회의 일상생활에서 일종의 집체의식으로 자리 잡고 있는 결코 빼놓을 수 없는 부분이다. 지역사회의 지도자는 이런 활동에서 종교인의 역할을 수행하고 그 지역민들은 거의 전부 이에 참여한다.

우리는 국가의 종교적 측면에 대한 탐색(제7, 8, 9장)을 통해 종교가 중앙과 지역사회 정치질서에 깊게 관여하는 유사한 형식을 확인한 바 있다. 천(天)과 지(地)에 대한 신앙과 음양학, 천과 인간의 상호작용에 대한 해석은 오랫동안 전통 정치에 있어 확고부동한 자리를 차지해 왔다. 도덕정치적 의례 뒤에 숨어있는 이론은 전통적인 도덕정치적 가치의 모형(matrix)을 유사하게 엮은 것이다. 제사의식은 정부 관리와 지역 유지의 행정적인 일상 업무 가운데 하나였다. 황제와 관리들이 정치적 제사의식의 주재자가 되는 동시에 이론적으로도 신하와 백성 전체가 이런 종교행사의 신도가 되었던 것이다. 불교와 교파

사회에 대한 통제와 박해는 어떤 의미에서 세속적 제도 안에서 분산형 종교를 끊임없이 강화시키고 독립적 종교조직의 발전을 억제하려는 정부의 부단한 노력의 일환이었다고 할 수 있다.

### 분산형 종교와 사회제도의 안정성

분산형 종교는 세속화된 사회제도와 지역사회의 생활에 막대한 영향을 미쳤다. 우선 종교가 사회적 기능을 발휘하지는 못했지만 일종의 독립적이고 지배적인 제도의 형태를 나타냈다. 이는 앞에서 이미 토론한 내용이기도 하다. 둘째, 사회제도에 일종의 신성한 특성을 부여했다. 주요한 조직적인 사회생활 차원에서 신령과 같은 상징적 존재들은 종교의식 활동과 함께 제도화의 실천을 위해 일종의 보편적인 경외와 존경심을 만들어냈다. 방에 들어가거나 어떤 단체의 기념활동에 참여하거나 이웃 혹은 광장을 지날 때, 기념적인 의미를 갖고 있는 패방(牌坊)을 보거나 성문을 지날 때, 커다란 다리에 오르거나 다양한 형태의 대형 건축물을 보게 될 때 사람들은 제단과 신상, 사자의 그림 등에 붙어 있는 주문이나 신성한 신화와 관련된 이야기 속에서 자신의 과거에 대해 말하게 된다. 이리하여 제도화된 전통적 가치와 그 구조가 다분히 초자연적인 특징을 갖는 풍부한 민간사회의 전설 속으로 스며들게 되고 사회환경 전체에 신성한 분위기가 가득 차 일종의 종교적 감각이 촉발하게 된다. 이로 인해 신령과 사람은 전통세계 안에서 이미 구축된 길을 만드는데 참여하게 되는 것이다.

이미 구축된 생활방식에 대한 경외심은 사회제도의 안정에도 지대한 영향을 미쳤다. 분산형 종교가 이미 구축된 제도의 가치와 전통을 지탱하고 있는 것이다. 과거에 대한 존중은 분산형 종교와 다신숭배의 특징으로써 기능이 서로 다른 다양한 신들은 각각 조합의 시조 및 다양한 직업의 수호자로 간주되었다. 이것은 제도종교와 선명한 대비를 이루는 것으로, 제도종교는 반전통적인 성향을 띠면서 새로운 형태의 생활방식을 조장한다. 불교에서의 삭발과 도교에서의 결발(結髮), 출가한 사람들이 입는 긴 적삼과 사원에서의 채식생활은 결국 가정과 사회생활과의 절연을 의미하는데, 이러한 행태는 수많은 종교에서 수행자가 속세를 멀리하고 과거 사회생활의 영향을 단절하는데 커다란 도움이 된다. 이렇게 볼 때 중국사회가 갖는 보수성과 안정성은 분산형 종교가 중국의 주요 제도 속에 광범위하게 내재되어 발전되어 왔다는 사실과 무관하지 않다고 할 수 있다. 전통에 대한 숭상과 3대에 걸친 조상 숭배에 많은 문제가 있다 하더라도 이에 대한 개혁은 신의 뜻과 성현의 지혜에 기초한 새로운 창조로 추진되어야 한다. 고대 성현들이 제정한 풍속을 임의로 고쳤다가는 신의 노여움을 사거나 조상의 뜻을 거역하는 것이 되기 때문이다.

과거의 수많은 유학자들도 사회제도의 초자연적 측면에 대해 문제 제기를 한 바 있지만 대부분 체계적인 비판을 진행하지 못했다. 그 이유는 기능성 제사가 사회를 안정시키는 보호작용을 한다는 사실을 인정했기 때문이다. 이는 제사의식에 대한 공자의 태도에서도 짐작할 수 있는 부분이다.

분산형 종교는 세속적 제도가 갖는 효과적인 기능에 의존해야만 생존의 공간을 확보하거나 더 확대될 수 있다. 어떤 세속적 제도가 사람들의 기본적인 욕구를 충족시킬 수 있을 때 그 내부에 포함되어 있는 기능성 의식은 자연스럽게 신도들의 귀의를 이끌어 낼 수 있다. 하지만 세속적 제도는 어려운 상황이 오래 지속될 경우 문제 해결을 하지 못하고 인간의 기본적이고 일상적인 욕구를 만족시켜 주지 못하기 때문에 사람들은 자연스럽게 그 체제와 기능적 의식에 대한 신앙과 믿음을 버리게 된다. 때문에 태평성대에는 천지(天地)에 제를 올리는 의식이 사람들에게 관에 대한 희망과 믿음을 갖게 만들었지만 동주(東周)나 위진남북조시대 같은 분열의 시기에는 무려 4세기에 걸쳐 장기적인 혼란이 지속되면서 민생을 파탄시켜 비관주의가 성행하고 생활에 대한 절망감이 만연하여 통치체제와 천지에 대한 숭배가 신앙적 기능을 상실하게 되었다. 결국 동주 시기에는 사람들이 천이 눈이 멀어 좋은 사람과 나쁜 사람을 구별하지 못하고 모든 사람에게 재앙을 내리고 있다고 불평하게 되었고, 동시에 이성적 사고가 발달하면서 종교의 확실성에 도전하게 되어 통치제도의 구성에 대해서도 새로운 학설이 형성되었다. 위진남북조의 분열 시기에 이르러 사람들은 고대의 정치적 종교의식이 평화와 행복을 가져올 수 있다는 믿음을 상실하게 되었고 이때부터 새로운 구원 형태로서 도교나 불교가 크게 발전할 수 있는 기회가 마련되었다. 세속적 제도가 새로운 사회적 위기에 대해 속수무책일 때 그 제도 속에 산재해 있던 종교 역시 민중들의 지지를 받을 수 없는 것이다.

현대사회에서도 유사한 상황이 발생할 수 있다. 20세기 이후 전통적인 사회제도는 현대사회가 요구하는 변화에 부적당하다는 것은 점차 분명해지고 있다. 정치와 경제, 사회적 위기가 점차 심화되고 혼란이 가중되면서 사람들은 구제도에 대한 믿음을 잃어가고 있었다. 그 전형적인 예가 바로 여러 사회제도의 신성함이 점점 약해지고 있다는 것이다. 청조에 위기가 더해 가면서 마침내 민국 정부가 봉건왕조 정치를 종식시켰을 때 천단(天壇)과 지단(地壇) 등 무수한 도덕정치적 제사의식을 거행하던 화려한 제단과 묘우들이 침몰의 위기를 맞게 되었고 제의에 사용되던 무수한 기물들이 쓰레기로 버려져 그 위에 잡초가 무성했던 사실이 이를 반증해 준다. 서양의 영향으로 도시의 가정들은 응집력을 잃어가고 빠른 속도로 조상들에 대한 숭배가 자취를 감추고 있었다. 현대 가정의 거실에는 더 이상 조상들의 위패가 모셔져 있지 않게 되었고, 사람들에게 가장 신성한 의무로 여겨졌던 조상 숭배의 전통은 더 이상 특별한 의미를 갖지 못하게 되었다.

따라서 분산형 종교는 세속적 제도와 운명을 같이하며 일반적인 종교처럼 지속성을 갖춰 독립적 종교제도를 형성하지 못했다. 세속적 제도의 효과와 실력에 변화가 나타나거나 쇠락하기 시작하면 시대 변화에 부응하는 새롭고 유용한 숭배 형태가 이전의 숭배 형태를 대체하게 된다. 하지만 지금은 사람들이 과학을 중시하고 있고 세속화의 정도가 매우 강한 추세이기 때문에 사회제도의 종교적 측면은 역사 속으로 사라질 운명에 처해 있다. 과거에는 분산형 종교가 중국사회에서 지배적인 요소였지만 이제는 그 존재의 기반을 잃고 사라져갈 운명에 처해 있는 것이다.

## 현대 중국사회에서 제도종교와 그 열세적 지위

분산형 종교가 갖는 과거의 주도적 지위와는 반대로 제도종교는 11세기 송대 이후로 전체 중국사회에서 상대적으로 열세적인 상황에 놓이기 시작했다. 19세기와 20세기 이르러서는 이러한 상대적 열세가 더욱 확실하게 드러났는데, 보다 많은 참고자료를 통해 중국 종교의 전체적 상황을 이해할 수 있을 것이다.

### 제도종교의 다양성과 주요 기능

앞에서 이미 서술한 바와 같이 전통중국의 제도종교는 크게 세 가지 형태로 존재했다. 그 가운데 하나가 고대 전통종교의 부분으로 풍수지리가, 점쟁이, 무당, 그리고 전통종교 전통에서 오랫동안 알려진 기타 술사들 같은 전업 종교인에 의해 수행된 것이다. 이들은 중국 전통종교에 대단히 익숙해 있었고, 전통적 신학사상과 고대 종교의 신비로운 법술을 겸비하고 있었으며 대부분 종교의 실천을 하나의 직업으로 삼고 있었기 때문에 자신들의 세속적 사회의 구성원으로서의 지위와는 동떨어진 역할을 수행했다. 제도종교의 두 번째 형태는 세상을 구제하는 고차원적 종교로서 법적 효력과 공권력을 갖추고 있다. 중국에서는 불교와 도교가 이런 유형에 속하는 가장 대표적인 종교라 할 수 있다. 제도종교의 세 번째 유형은 일종의 혼합형 종교단체로서 장기적인 정치 탄압 속에서 지하활동 등 은폐된 형태로 존재했다. 일반적인 종교와 각 민간 종교단체들은 모두 자체적인 신학 관념과 의식 그리고 세속적인 사회제도의 기능과 구조가 다른 독립적인 조직체계를 발전시켜 왔다.

제도종교의 이 세 가지 형태는 전통사회에서 중요한 종교적 기능을 발휘했다. 우선 개인의 정신적인 요구를 만족시켜 주는 제도종교는 단체의 이익실현에 그 기능이 집중되어 개체 성원의 개별적 요구에 주의를 기울이지 않는 분산형 종교와 근본적으로 다르다. 가정의 어느 한 구성원이 개인의 행복을 조상에게 기원할 가능성도 간혹 있지만 조상 숭배와 관련된 이론과 구조, 단체의식 등은 가정 조직의 전체 이익을 증진하는 데 맞추어져 있을 뿐, 특정한 개인의 이익을 만족시키기 위한 것이 아니다. 사회와 경제단체, 지역사회와 국가의 차원에서 보자면 분산형 종교도 이와 다르지 않다. 이는 제도종교가 개인의 정신적 요구를 만족시켜 줄 수 있는 기초가 된다. 따라서 개인이 슬픔을 당했을 때 사람들은 점쟁이나 무속인을 찾아가 도움을 청하거나 어떤 사묘에 가서 기도를 올릴 수 있다. 장기적이고 견디기 어려운 액운이 계속될 때 사람들은 세속적 제도와 전혀 다른 일종의 전통종교(대개 불교나 도교)에 귀의하여 정신적 구원과 육체적 해탈을 구하기도 했지만 세속적 제도 하에서 개인으로서의 자유는 누릴 수 없었다. 사회제도가 지나치게 규범화되어 일부 개인적 문제가 객관적인 환경으로 인해 무시되는 상황이 조성되면 일부 사람들은 제도종교에 투신하여 도움을 찾기도 한다.

제도종교에 있어서도 역시 중요한 특성 가운데 하나는 신학이론과 제사의식, 조직 등이 진지하고 경건한 전업 종교인들의 노력에 의해 체계적인 발전을 이룩하게 되었다는 것이다. 이들 전업 종교인들은 세속제도의 생활형태에 구속을 받지 않는다. 분산형 종교는 통상적으로 정신생활의 발전에 일정한 제약을 받게 된다. 즉 분산형 종교는 세속적 제도의 공리적 이익과 너무 깊이 통합되어 있다. 제도종교의 독려와 도움 없이는 분산형 종교는 고대종교의 유치함과 무속의 수준을 영원히 넘어서지 못할 것이다. 제도종교가 갖고 있는 심오한 신학적 관념과 정식적인 제사의식 그리고 비교적 우

산서성 오대산 현통사의 화엄오조(華嚴五祖) 조사상(祖師像)과 선당(禪堂)의 모습.

수한 조직화의 수준은 세속적 세계가 갖는 한계를 타파할 수 있게 하는 동시에 각종 세속적 제도 안에서 분산형 종교의 신학 관념과 기능적인 의식에 대해서도 중요한 역할을 할 수 있다. 앞에서 제시한 바와 같이 수많은 근대 유학자들은 기능적 숭배활동에 불교와 도교의 영향이 확연하게 나타나고 있다는 사실을 잘 알고 있다. 만일 제도종교의 영향이 없었다면 분산형 종교는 중국에서 현재의 수준으로 발전할 수 없었을지도 모른다.

이러한 기능은 종교의 중요성을 부각시킴으로써 종교가 독립적인 제도 형태로 나타나게 했지만 전통 사회조직 체계에서는 제도종교의 구조적 지위와 그 기능적 가치가 서로 대칭을 이루지 못했다. 분산형 종교와 정통 유교사상의 주도하에서 제도종교는 구조적으로 상대적인 열세에 처하게 되었고 이러한 상황이 제도종교의 세속적 사회 시스템에 대한 직접적인 영향을 철저하게 차단했다. 중국 봉건사회에서 견고한 내부 조직체계를 갖추고 있는 종교단체는 일종의 예외가 될 수 있었지만 그 기능과 영향력은 전통사회에서의 지속적인 정치적 박해로 인해 크게 약화되었다. 다음의 글에서는 전통 중국사회에서의 제도종교의 열악한 지위에 대해 집중적으로 살펴보고자 한다.

### 전통종교의 전업 종교인과 그 사회적 지위

제도종교로서의 전통종교는 주로 수행자 집단에서 구조적인 현상을 발견할 수 있다. 이들은 대부분 전통종교의 전업 종교인으로 그 사회적인 지위는 중국사회에서의 전통종교의 구조적 지위를 반영하고 있다.

전통 종교인들은 여러 종류로 구분되는데 중국역사에서 가장 중요한 유형은 주술사(巫師)나 방사로서 신령과 인간 사이의 매개 역할을 했다. 다른 초기 문명에서와 마찬가지로 주술사들은 상고시대 중국사회의 역사에서 특별한 사회적 지위를 차지했다. 갑골문의 기록은 고대 전업 종교인들이 사회에서 상당한 교양과 문화를 갖춘 사람으로, 국가의 주요 사건의 기록자였다는 사실을 증명해 주고 있다. 『국어(國語)』나 『좌전(左傳)』 같은 고대 문헌에는 그들이 국가의 정식 관리로서의 지위를 누리고 있었다고 기록되어 있다. 예컨대 상(商) 왕조에서 지위가 비교적 높은 주술사들은 대권을 조정할 수 있었고 이 시기에 최소 두 명 이상의 주술사들이 재상의 자리에 있었다는 사실을 역사 문헌에서 명확히 확인할 수 있다. 기원전 6-3세기의 동주

시대에도 주술사들이 국가의 관원 신분을 유지하면서 항상 중요한 공무에 관여했다. 예컨대 군주의 실정으로 광범위한 불만이 야기될 경우 주술사들에게 통치자를 비판하는 사람들을 색출하게 했다. 이런 고대 전업 종교인들은 국가의 중요한 활동을 위해 길일을 택하고 대규모 제사의식을 주재했으며 기우제를 올리거나 일정 지역에 존재하는 것으로 간주되는 악귀들을 몰아내는 등 매우 중요한 종교적 직책을 수행하기도 했다.334

동주시대에는 이성주의의 점진적인 성장으로 인해 독립제도로서의 주술사와 전통종교는 쇠락하게 되었다. 초기 전통종교는 주술적 성질이 매우 강했지만 이성주의가 발전하면서 그 신비로운 역량에 대해 끊임없는 의문이 제기되고 사회 정치가 혼란해지면서 주술사들은 더 이상 주술의 권위를 드러낼 수 없어 결국 쇠락의 길을 피할 수 없었다. 이 시기의 기록을 살펴보면 세 가지 흥미 있는 사건을 발견할 수 있다. 노(魯)나라에서 기우제가 실패하자 왕이 여자 주술사를 뜨거운 햇볕에 세워 태워 죽이는 일이 발생했다. 하지만 형벌을 집행했던 관원은 이에 대해 "이 무녀는 무고한 부녀자일 뿐인데 그녀를 뜨거운 햇볕에 태워 죽인들 무슨 소용이 있단 말인가?"라고 말했다. 진(秦)나라에서는 왕이 예언을 잘못한 주술사를 죽인 일이 있었고 같은 상황이 이웃 제후국에서도 발생하여 신통력을 부리는 데 실패했다는 이유로 주술사를 강물에 빠뜨려 죽였다. 이 시기에 중국어의 새로운 어휘가 추가되었다. 다름 아닌 '무(誣)'라는 단어로 주술사를 나타내는 '무(巫)'자와 말을 뜻하는 '언(言)'자가 결합되어 '곡해'를 의미하게 된 것이다.

동주시대부터 전통종교의 신학 관념과 의식이 큰 폭으로 분산형 종교의 형태로 세속적 사회제도 속으로 융합되기 시작하면서 조상 숭배와 도덕정치 숭배의 영역으로 확실하게 자리 잡게 되었다. 전통종교의 의식 차원은 유학

---

334 傅勤家, 『中國道敎史』, 上海, 商務印書館, 제5장. 翟兌之, 「釋巫」, 『燕京學報』, 1930년 6월, 제7기, pp.1327-1347.

의 제사의식의 일부가 되었지만 종교의식 활동에서 주요한 역할을 맡고 있던 대부분의 주술사들은 밀려나고 세속적 사회제도의 지도자들로 대체되었다. 지도자들은 제사에서 관련 업무를 주재하는 유일한 대행자가 되었다. 주술사들은 종교의식

화북성 장석암에서 만난 점술가.

의 기술적인 차원에서도 그 지위를 유지할 수 없게 되었고 3세기부터는 새로운 제도종교인 불교와 도교가 나타나면서 사람들은 점점 더 스님이나 도사를 모셔다가 제사를 주재하게 하거나 주술적인 도움을 요청했다.

　현대 사회에서도 전통종교의 전업 종교인들은 주술사와 지관, 예언가와 각종 술사의 형식으로 존재하고 있다. 이들은 사회제도 속에서 공식적인 지위를 차지하면서 더 이상 민중의 생활에 직접적인 영향을 미칠 수는 없게 되었다. 그들의 역할은 각종 종교적 서비스를 제공하는 것으로 제한되어 있고 종종 개인이나 단체에 고용되기도 한다. 거의 모든 도시의 시장에서 점술사들이 휴대가 간편한 탁자 뒤에 앉아 곤경에 빠진 사람들의 어려움을 해결할 수 있는 묘책을 제시해주거나 이사와 혼인과 같은 대사를 앞둔 사람에게 길일을 택해 주며 사람들의 운명을 예언하는 모습을 발견할 수 있다. 또한 도시 인근 지역이나 농촌에서는 사람들에게 복을 빌어주고 질병을 치료해 주며 재앙을 몰아내거나 해소시키는 등의 일을 하는 무당들을 찾아볼 수 있다. 이들 가운데 일부는 망자의 말을 전하는 영매 역할을 하기도 한다. 풍수를 봐주는 사람들이 묘지나 공공건물, 개인 건물의 명당자리를 알려주기도 한다. 중국 북방의 농촌지역에서는 무속인 의사가 질병을 치료하는 것이 보편

적인 현상이기도 하다. 1940년대에 중국공산당은 무속 반대운동을 전개하면서 무속인 치료사들을 모두 사기꾼으로 규정했다. 이 운동에 관한 문헌자료에는 무속인 치료사들이 병이 나면 자신들의 법술에 의지하지 않고 오히려 의사를 찾아가 치료를 받는다는 내용이 기술되어 있다.[335]

전통적으로 종교인들은 일반 백성들의 일상생활과 긴밀히 연결되어 있어 여러 분야에서 많은 역할을 수행하면서 지대한 영향을 미쳤다. 그들의 종교행사는 전통종교의 일부를 대표했으며 이러한 전통종교는 세속적 제도의 기능과 구조에서 분리되어 종교제도의 형태로 유지되었다. 하지만 이러한 종교인들 대부분은 개인적인 활동을 위주로 하는 것이지 조직적인 단체의 구성원 형태로 존재하지는 않았다. 풍수사들의 경우 다른 유형의 전업 종교인들과는 달리 항상 자신들만의 단체를 보유하고 있었지만 대부분이 사적으로 고용되어 손님들에게 서비스를 제공했기 때문에 보통 사람들은 그들이 특수한 조직을 갖추고 있다는 사실을 잘 모르고 있었다.

상술한 전업 종교인들의 수를 확인할 수 있는 통계자료는 없지만 대략적인 관찰에 의하면 이들은 불교나 도교의 성직자들보다 훨씬 적은 수이다. 현대사회에서 이들의 종교 행위는 돈을 버는 것이 목적이기 때문에 자신의 신통력을 널리 알려 교육하는 경우가 매우 드물다. 때문에 이들의 대열에 참여하고자 하는 사람들의 수가 매우 적을 수밖에 없는 것이다. 이들의 신통력이 종종 세습되기도 하는데 설사 그 신통력을 다른 사람에게 전수한다 해도 전수자의 수는 한둘에 지나지 않는다. 따라서 이러한 일에 종사하는 사람들의 숫자는 많을 수 없었고, 그 사회적인 영향에도 한계가 있었다. 풍수사들을 제외한 대부분의 무속인들은 신분상 홀대를 받았기 때문에 대개 가난한 계층의 출신들만 가입하는 경향이 있었다.

이들은 효과적인 조직체계가 없고 수적으로도 소수인데다 거짓말과 사기

---

335 延安運, 「展開反巫神的鬪爭」, 陝甘寧邊區辦公廳, 1944.

로 치부하는 업종으로 간주되면서 사회적으로 냉대를 받았기 때문에 전통적인 종교인들은 현대 중국사회제도의 구조 속에서 낮은 신분으로 남을 수밖에 없었다. 서양 과학의 영향으로 이들의 신분은 더욱 위태롭게 되었다. 서양 과학에서는 이들의 신통력이 전혀 효과적이지 않다는 것을 강조했기 때문이다. 이처럼 이들의 직업은 구조적으로 취약할 뿐만 아니라 신도들의 조직도 없이 개인적으로 각자의 목적을 위해 돈을 주고 점술인이나 풍수가를 고용하는 수준에 그쳤고 이들의 관계도 단순한 사업적 관계에 지나지 않았다. 고객의 문제가 적절하게 조치되어 해결되고 나면 이들은 아무 관계도 없는 사이가 된다. 간혹 어떤 고객이 만족스런 효험을 얻어 다시 찾아오면 점술사나 풍수사, 혹은 술사들은 이를 통해 적지 않은 고객들을 확보하게 된다. 하지만 이런 고객들은 기독교에서 예배를 드리는 정식 조직과도 달랐고 불교나 도교의 신도들과도 확연히 구별되었다.

   법술의 신통력에 대해 의심이 생길 경우 이들 전통적 전업 종교인들은 어떤 방법으로 사람들의 믿음을 유지할 수 있었던 것일까? 하는 것에 궁금증이 생길 수도 있다. 이에 대해 확실히 답할 수는 없지만 일반적으로 과학지식이 보급되지 않았던 시대의 사람들은 물리적 현상과 사회적 현상의 인과관계를 정확히 구분할 방법이 없었다는 점을 방증으로 제시할 수 있을 것이다. 앞에서 지적한 바와 같이 사람들은 자신의 믿음이 예상된 결과를 얻을 수 있을 것이라는 확신도 없었고 곤경을 극복하거나 반드시 성공하게 될 거라는 확신도 가질 수 없었지만 주술이 희망이나 자신감 같은 심리적 격려와 위안을 가져다 줄 수 있었기 때문에 지속될 수 있었던 것이다. 생활이 어려워질수록 사람들은 법술과 종교적 도움에 더욱 빠져들기 마련이었고 특히 빈곤 계층일수록 그 정도가 더 심했다. 결국 전통 중국사회에서는 생활의 어려움과 고난으로 인한 좌절을 극복할 수 있는 가능성이 매우 절망적이었기 때문에 보통 사람들은 무속에 대해 심리적으로 회의를 갖고 있었음에도 불구하고 전통적인 종교인들에 대한 후원을 끊지 않았던 것이라 할 수 있다.

## 승려와 도사의 체계적인 지위의 취약성

요녕성 심양(瀋陽)시에서 만난 태청궁의 도사(道士)들.

전통종교가 대부분 세속적 제도에 융합되었고 주술적 의식의 일부만이 독립적인 제도적 지위를 유지했다고 한다면, 불교와 이보다 규모가 다소 작은 도교는 각각 제도종교의 지위를 유지하고 있다고 할 수 있다. 불교와 도교는 신학적 사상과 종교의식 활동, 조직 등을 통해 세속적 제도로부터 독립된 별개의 발전 방향을 추구해 왔다. 특히 종교적 이념과 조직에서는 그 독립적 지위가 더욱 확실해졌다. 현대 중국사회에서 제도종교가 갖는 구조적 지위를 알기 위해서는 불교와 도교에서 수행하고 있는 출가자들의 상황을 살펴보는 것이 가장 바람직할 것이다.

계속되는 소요와 이민족의 침입으로 인해 세속적 정권과 이에 부속된 분산적 종교의 세력이 약화될 때면 사람들은 모두 제도종교에서 도움을 얻으려 하곤 했다. 중국역사에서는 이러한 상황이 수없이 발생했다. 제도종교는 이러한 기회를 이용하여 구조적 위상을 크게 높이고 공고히 했으며 아울러 이미 조직화된 사회생활의 여러 분야에 직접적인 영향을 미쳤다. 특히 불교는 도교에 비해 세속적 제도의 기능과 구조적으로 결합하는 경우가 적었다. 예컨대 11세기 중엽 중국 북방의 요(遼) 시대에는 이민족의 통치로 인해 사회제도가 크게 약화되면서 불교가 정치와 경제를 포함한 사회생활 전반의 개척 세력에 영향을 미치기 시작했다. 방대한 출가인 단체는 여러 대형 불교사원과 암자에 각각 집중되어 상당량의 전답과 전당포 등 사원재산을 보유했는데 그 가운데 전당포는 지방사회에서 가장 영향력 있는 신용기관이 되었다. 또한 불교도들이 관리하는 학교와 자선조직은 가난한 사람들 다수의 요구를 만족시켜 주었다.[336] 그러나 지난 2000여 년에 걸친 중국역사에서 불교는 영향력 면에서 항상 열세적인 상황에 있었던 사실에 비추어 이 시기 불교의 융성은 매우 예외적인 것이었다. 송대 이래 특히 19세기와 20세기에는 불교와 도교의 기능과 구조적 역할은 확연히 줄어들기 시작했다.

**출가인 수가 많지 않았다** : 현대 중국사회에서 제도종교의 지위가 취약한 것은 출가인의 수가 많지 않다는 사실로 충분히 설명될 수 있다. 현대 중국사회에서의 종교인은 불교의 승려나 도교의 전업 도사를 의미하며 전통시대에 비해 법률적인 지위를 인정받고 있다. 전업 도사가 된 사람들은 크게 두 부류로 나눌 수 있는데 첫 번째 부류는 정부에서 도첩을 교부받는 불교의 승려들과 마찬가지로 정식으로 임명을 받는 사람들이다. 이런 도사들은 주로 도관(道觀)에 거주하며 생활에 필요한 물건을 구입할 때를 제외하고는 일반적으로 개인이나 사회단체에 종교적 서비스를 제공할 때에만 세속사회와의 접촉이 이루어졌다. 두 번째 부류는 도사들 수하에서 3년 혹은 그 이상을 수련한 후에 도사의 신분을 얻게 된 경우로 이때부터 현지 도교 조직의 구성원이 된다. 이들은 정부에서 발급한 임명장 없이 집에서 생활하면서 대부분 혹은 일부 시간을 법술 수련에 할애한다. 이들 가운데 일부는 농민이나 장인, 상인 같은 세속적 직업을 갖고 있었고 종교행사가 이루어지는 장소에서만 도포(도교의 도사들이 입는 옷)를 입었다.[337]

---

336 Karl A. Wittfogel and Feng Chia Sheng, *History of Chinese Society, Liao*, translations of the American Philosophical Society, 1946, vol.36, pp 91ff.
337 『湖南年鑑』, 1933, p.354.

불교나 도교의 수행자들은 조직적인 형태로 존재했기 때문에 이들의 규모는 관련 통계자료를 통해 확인할 수 있다. 개별적인 통계에 의하면[338] 20세기 이전 중국에서는 50만에서 100만 명에 달하는 불교와 도교의 수행자들이 활동했다. 관의 통계에 따르면 1953년 현재 전국 인구인 5억 8천 2백만 가운데 0.06퍼센트 내지 0.17퍼센트가 전업 종교인이었다. 이러한 상황은 일부 지방의 통계에도 잘 나타나 있다. 예컨대 1933년도 호남(湖南)성에는 3000만 인구 가운데 0.0033퍼센트에 해당하는 약 1만 명이 불교와 도교의 수행자였다.[339] 현급 단위를 보면 하북성(河北省)의 정현(定縣)에는 1927년 40만 8천 명의 인구 가운데 39명이 불교 수행자였는데, 이는 인구 1만 명당 1명이 채 안 되는 수준이었다. 북부 성(省)지역의 경우에는 부유한 남부지역에 비해 수행자들의 비중이 매우 낮았다. 이러한 현상의 주요 원인의 하나는 지역경제가 빈약하여 대규모 수행자 조직을 지원해 줄 능력이 부족했기 때문이다.

우리는 이와 비교할 만한 19세기 중국의 전국적인 통계수치를 가지고 있지 않다. 정부의 종교 통제에 관해 토론한 제8장에서 언급한 것처럼 국가가 도첩제도를 통해 종교인의 수를 제한했고, 그 규정에 따르면 한 명의 스승 밑에 단 한 명의 제자를 받을 수 있다고 규정하고 있으며 개종 금지 및 기타 유사한 규제가 있었다는 사실에 주목해야 할 것이다. 이런 상황에서 19세기의 종교인 단체들에게 눈부신 발전은 전혀 불가능했다. 이러한 종교에 대한 통제는 국민정부 시기로 접어들면서 많이 완화되긴 했지만 다른 한편으로 서양문화의 영향으로 인한 새로운 풍조가 종교를 심각하게 훼손했다. 주지하는 바와 같이 대규모 불교사원과 도교사원의 재산이 몰수되어 세속적인 용도에 사용되었다.[340] 결국 민국 시기에는 출가한 종교인 단체들이 획기적으로 발전했다는 어떠한 정황도 나타나지 않았다.

---

338 W. T. Chan, *Religious Trends in Modern China*, New York, 1953, p.80.
339 『湖南年鑑』, 1933, p.387.
340 大醒, 「十五年來教難之回顧」, 『海潮音月刊』, 1931년 1월, 제16권, 제11기, pp.99~102.

상술한 숫자로 볼 때 종교인들이 더욱 확대된 규모로 발전하는 것은 매우 어려웠던 것이 분명하다. 간혹 일부 종교인들이 중요한 지위를 가질 수 있었던 것은 이들이 전에 대규모 조직적인 신도를 거느린 적이 있거나 정책적으로 사회적 영향을 행사할 수 있었기 때문이다. 하지만 당시 중국의 불교나 도교 수행자들은 이 두 가지 중 한 가지도 갖추고 있지 않았다.

**사묘와 도관의 구조적 위상** : 몇 가지 예외를 제외하면 사묘나 승원, 도관 등은 공공의 숭배장소였기 때문에 집단 종교행사의 중심이 될 수밖에 없었다. 우리는 종교생활의 중심으로서 사묘와 도관이 종교조직 체계의 주요 기구였고 그 안에서 수행자들은 관리자 역할을 담당했으며 신도들은 이 조직의 성원이 되었다는 기대를 가질 수 있을 것이다. 그러나 오늘날의 실제 상황에서 볼 때 사묘와 도관은 전혀 성격이 다르다. 뒤에서 우리는 조직이 없는 신도들에 관해 토론하게 될 것이다. 이를 통해 출가인들과 사묘, 도관의 관계를 명확히 알 수 있을 것이다.

대부분의 사묘나 도관에는 전업 종교인이 없었다—우리가 가장 먼저 주목해야 할 사실은 대부분의 종교조직에 전문 수행자가 없었다는 것이다. 관유사(冠有寺, 불교의 승려 사원), 암(庵, 불교의 비구니 암자), 관(觀, 도교 사원)과 여도원(女道院) 또는 여도관(女道觀, 성직에 임명된 여도사가 설치한 도가 사원) 등 다양한 명칭의 종교기구들이 현지의 공공 숭배장소로 사용되었으나 그 안에 전업 종교인이 있는 경우도 있고 없는 경우도 있었다.

교육을 받은 수많은 중국인들은 대부분의 사묘와 도관에 출가한 수행자가 없다는 사실에 별로 관심을 기울이지 않았는데 이런 경향은 중국 북부지역에서 두드러지게 나타났다. 20세기 초 하북(河北)성 망도(望都)현 북부의 상황을 살펴보자.

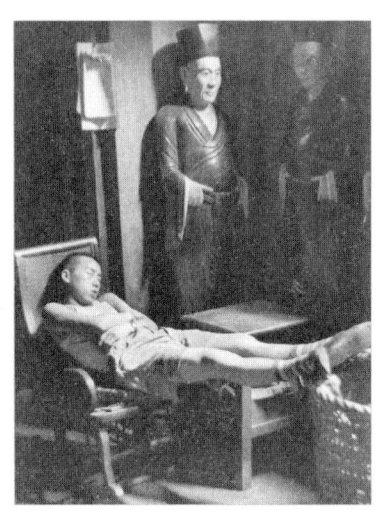

마을의 수호신인 토지공(土地公)을 모신 작은 사묘(위 사진). 1949년 까르띠에 브레송이 상해 인근 사묘에서 문지기를 촬영한 것이다(아래 사진).

이곳에는 마을마다 10여 개소의 사묘가 있었고 민간신앙이 보편적으로 존재하는 양상이었다. 또한 이러한 지역에서는 자세한 조사해보면 대부분의 사묘가 신상이 한 장 걸려 있는 작은 제단 규모에 불과하다는 것을 알 수 있다. 현지 지방지의 사묘에 대한 조사에 의하면 출가한 수행자들이 사묘를 관리 하지 않고 대개 지역 유지가 사람을 고용하여 사묘의 재산을 관리하고 있다.[341]

---

341 『望都鄕土圖誌』, 1905, p.4.

〈표5〉 보산현 각 사원 및 도관의 평균 출가인 수

| 종교장소 분류 | 수량 | 전체 출가인 수 | 평균 출가인 수 |
|---|---|---|---|
| 사묘 | 44 | 75 | 1.7 |
| 불교 사원 | 55 | 140 | 2.5 |
| 불교 암자 | 32 | 78 | 2.4 |
| 도관 | 27 | 106 | 4.0 |
| 도암 | 1 | 11 | 11.0 |

출처:『보산현속지(寶山縣續志)』, 1921.

〈표6〉 1933년 호남성 각 사원의 출가인 수

| 출가인 수 | 불교 사원 | 불교 암자 | 도관 | 사묘 | 총계 |
|---|---|---|---|---|---|
| 1 | 69 | 3 | 9 | 4 | 85 |
| 2 | 34 | 3 | 4 | 5 | 46 |
| 3 | 21 | | 1 | 3 | 25 |
| 4 | 20 | 1 | 2 | 3 | 26 |
| 5 | 15 | 3 | | 3 | 21 |
| 6 | 11 | 1 | | | 12 |
| 7 | 8 | | | | 8 |
| 8 | 7 | | 2 | 1 | 10 |
| 9 | 3 | 1 | | 2 | 6 |
| 10 | 2 | | | | 2 |
| 11-20 | 14 | 1 | | 1 | 16 |
| 21-30 | 5 | 2 | 4 | | 11 |
| 31-40 | 2 | | | 1 | 3 |
| 41-50 | 4 | | | | 4 |
| 51-60 | 2 | | | | 2 |
| 81-90 | 1 | | | | 1 |
| 101-110 | 1 | | | | 1 |
| 111-120 | 1 | | | | 1 |
| 총계 | 220 | 15 | 22 | 23 | 280 |

출처:『호남연감』 1933.

같은 성의 정현에는 1928년에 104개 소의 사묘(일부 작은 제단은 제외함)가 있었는데 총 39명의 불교 및 도교 출가인이 활동하고 있었으며 대부분의 사묘에 이들이 상주하지 않고 있었다. 사묘의 주신의 탄신 축하 같은 특수한 종교행사에는 승려나 도사를 초빙하여 의식을 거행했다. 마을에 있는 사원은 평소에는 텅 비어 있고 가끔씩 참배하러 온 신도들이 향을 피우거나 기도를 올렸으며 사묘의 재산도 마을 사람들이 관리했다.[342] 1948년, 찰합이(察哈爾)성 만전(萬全)현의 570개 소 사묘 가운데 겨우 서너 군데만 출가인들이 관리했는데 이는 1퍼센트에도 못 미치는 수준이다.[343] 심지어 상해 인근의 천사(川沙) 지역의 남도(南都)현성에는 94개의 사묘 가운데 출가인이 상주하는 곳은 17개 소에 불과했다.[344]

대부분 사묘에 출가한 수행자가 없는 것은 중요한 사실이다. 왜냐하면 이것은 사묘를 중심으로 한 종교행사에서 출가한 수행자들이 중요한 역할을 담당하지 않고 일반 백성들이 그 역할을 대신하고 있음을 의미하는 동시에 조직된 제도종교에서 수행자의 구조적인 지위가 취약함을 증명하고 있기 때문이다.

사묘와 도관에는 출가한 수행자가 적다 - 두 번째 중요한 사실은 일부 사묘에 수행자의 수가 매우 적다는 것이다. 망도현에는 한 사묘에 수행자가 한두 명 있을 뿐이었고 천사현에 있는 17개 소의 사묘에는 총 42명의 불교 및 도교의 출가한 수행자가 활동하고 있었다. 사묘 한 곳에 2.5명의 승려가 있는 셈이다.

〈표5〉를 보면 1921년 상해 인근의 보산(寶山)현 소재 모든 사묘와 비구니 암자에 수행자가 5명 미만이었음을 알 수 있다. 사원 한 개소를 제외하고 나머지 사묘나 비구니 암자에는 출가한 수행자 수가 5명 미만이었다. 〈표6〉은

---

342 Sidney D.Gamble, *Ting Hsien*, New York, 1954, pp.400-401.
343 Willaim A Grootaers, Li Shih-yu, Chang Chih-wen, *Temples and History of Wanchuan*, Monumenta Serica, Peking 1948, vol XⅢ, pp.209-316.
344 『川沙縣誌』, 1936.

1933년도 호남성의 수행자 수와 사묘에서 수행하고 있는 출가인들의 분포 상황을 나타내고 있다. 이 자료에 따르면 3분의 1의 사원과 도관에 단 한 명의 수행자가 상주하고 있고 절반이 넘는 사원과 도관에 3명 이하의 수행자가 상주하고 있다. 수행자가 5명 이하인 사묘는 전체 사묘 가운데 79퍼센트에 달했다. 규모가 큰 사묘는 그 수가 더 적어 성 전체 3300만 인구 가운데 단 두 군데 불교 사원에 100명이 약간 넘는 승려가 상주하고 있을 뿐이었다.

이러한 수치를 통해 종교인이 근무하고 있는 대부분의 사묘와 도관에 두세 명의 수행자가 있을 뿐이고 다수의 수행자가 근무하고 있는 사묘는 아주 적었음을 알 수 있다. 사묘와 도관은 수행자들의 주 근무처로서 일반 백성들의 종교생활과 폭넓은 관계를 갖는 곳이기도 하다. 대부분의 사묘는 규모가 작아서 각 사묘에 3명 미만의 수행자만 상주하다 보니 신도 단체의 조직적인 지지를 얻지 못해 복잡한 사회조직 구성에서 강력한 구조적 지위를 확보하거나 사회생활의 주요 질서에 영향을 미치기 어려운 상황이다.

출가인들의 중앙 조직이 결여되어 있다 - 규모는 작지만 서로 연관되어 있는 기본 단위는 완벽한 연락망을 구성하여 사회제도 가운데 영향력 있는 구조적 지위를 확보할 수 있지만 이는 현대중국의 조직 상황에서 제도종교가 갖는 지위와는 거리가 멀다. 사묘나 도관 같은 초보적 단위는 규모가 작을 뿐 아니라 중요한 크기와 효과적인 위계적 구조를 가진 중앙 조직이 결여되어 있다. 실제 운영에 있어서 각 사묘나 도관들은 상당 부분 자치단위처럼 운영되고 있다.

심지어 청대에는 불교가 명목상의 전국적 본부조차 갖추지 못했다. 유명한 사원들은 대부분 경치가 아름다운 항주(杭州)나 사천(四川)의 아미산(蛾眉山), 산서(山西)의 태행산(太行山) 등지에 위치해 있었고 그 가운데 일부 사원은 불교의 특정 교파의 전통을 계승했다고 주장하기도 했다. 하지만 이러한 대형 불교 도량들은 신도들의 성지 역할을 하는 동시에 신학적으로 같

불교성지인 산서성 오대산의 정경. 산서성 태항산맥에는 많은 고찰들이 운집해 있다.

은 교파의 다른 사묘나 도관, 승려에게 일정한 영향력을 행사했다. 하지만 이러한 영향력은 아무런 권위도 지니고 있지 않았다. 물론 신학 영역에서의 권위는 일부 지식을 갖춘 승려들에게만 영향을 미칠 수 있었을 뿐, 대부분의 승려들은 불경과 계율의 기계적인 암기에 의존하여 종교지식을 이해했다. 찰합이성 만전현의 경우 일부 사묘의 출가인들은 사원의 명칭으로도 신의 유형을 구별하지 못했고 자신들이 신봉하는 대상이 불교인지 도교인지조차 구분하지 못했다. 요컨대 중요한 종교 신학 이념이 이러한 출가인들에게 미치는 영향은 극히 미약했던 것이다.[345]

이러한 명산과 유명 사찰의 존재는 독립적 사묘나 도관의 자율적 상태를 바꾸지는 못했다. 한 사묘의 주지는 승려들의 의견을 수렴해 선출되었고 같은 지역의 다른 주지들이나 지방 관리들도 이 선출과정에 참여했다. 사묘에 승려가 적거나 없을 경우 후자의 영향력은 더욱 컸다.[346] 새로운 사묘가 세속적 단체에 의해 건립될 경우 그 사묘의 주지는 영향력 있는 지역의 유지가 선출하거나 비교적 자격을 갖춘 원로 승려가 추천했다. 민국 시기에 이르기까지 사묘나 도관의 주지 선출방식에는 변함이 없었다. 주지는 도제의 유무

---

345 Willaim A Grootaers, Li Shih-yu, Chang Chih-wen, *Temples and History of Wanchuan*, Monumenta Serica, Peking 1948, vol XⅢ, p.307.
346 徐珂, 『淸稗類鈔』, 上海, 1933, 제75권, p.55.

에 관계없이 일단 임명되면 사묘나 도관의 종교 및 경제 업무를 책임지고 관리했으며 어떠한 외부의 종교 권위로부터도 강제적인 간섭을 받지 않았다.

때로는 불교 승려들이 현지에 협회를 만들기도 했다. 예컨대 호남성 신녕(新寧)현의 화남회(華南會)는 1933년에 100명의 회원을 보유하고 있었다.[347] 이러한 협회는 조합의 성격을 지니며 종교적 서비스의 규율을 제정하기도 했는데 대부분 망자의 추도의식에 집중되었다. 이들이 회원의 자격과 종교행사의 전개에 대해 엄격한 규정을 시행하긴 했지만 기본적으로 개인의 자발적인 참여를 바탕으로 한 독립적 조직으로 사묘나 도관활동의 간섭을 받지 않았다.

민국 시기로 접어들면서 불교가 전체적으로 발전 양상을 보이게 되었고 지방 차원은 물론 전국적인 규모의 수많은 불교조직들이 흥성하기 시작했고 정식으로 삭발하고 출가하는 승려나 거사들의 수가 크게 증가했다. 1920년대 호남성에는 전국적인 불교협회 외에도 약 25개의 지방 불교협회가 생겨났다. 한 개의 협회가 보통 100명 이하의 구성원을 보유하고 있었지만 특별히 1000명이 넘는 회원을 보유한 협회도 있었다.[348] 1920년대와 30년대 사이에는 다른 성에도 유사한 조직이 존재하지만 이들도 개인 회원의 자유로운 결사였기 때문에 관리 및 경제의 측면에서 모두 사묘와 도관의 권위를 압도하는 상급의 권위가 존재하지 않았다. 1920년대의 흥성기부터 일본의 전면적인 중국 침략이 시작된 1937년까지 이러한 불교조직은 20년도 채 안 되는 짧은 시간에 완벽한 기능을 갖추고 있었다. 그러나 일종의 조직적 단체로서 불교는 오랜 구조적 취약성에 현대 중국사회의 세속화 경향이 더해져 결국 영향력 있는 국가 종교로 발전하지 못했다.

이와 동일한 상황이 도교에도 적용되었다. 도교에서는 명목상 전국적인

---

347 『湖南年鑑』, 1933, p.848.
348 『湖南年鑑』, 1933, p.848.

지도자인 장천사(張天師), 이른바 도교의 교주가 있었다. 관방에서는 도교에 대해 요괴를 쫓고 반역 이교도들을 진압하는 데 협력하라는 책임을 부여했다(제8장). 한편 북경 근교에 위치한 유명한 백운관(白雲觀)은 북방 여러 성의 도교 사원 가운데 가장 권위 있는 곳으로 칭송되어 왔다.[349] 그리고 이 두 도교의 중심 사이에 어떤 것이 전국적으로 최고 지도적 지위를 갖고 있느냐 하는 데 대한 논쟁이 끊이지 않았다. 하지만 두 개의 중심은 실질적으로 신학과 무속 차원의 전통을 통제할 수 있을 뿐, 계급적인 권위를 갖추고 있는 것은 아니었다. 관리와 재무의 측면에서 볼 때 중국의 독립적인 사묘와 도관은 모두 자치적이라 할 수 있다.

불교와 마찬가지로 때로는 도교의 도사들 사이에도 조합과 유사한 성격을 지닌 지역 조직이 존재했다. 그 가운데 광동(廣東) 인근에 위치한 한 단체는 1949년까지 현지 교사(敎士)와 종교 서비스를 관장하는 분파가 존재하고 있었다. 이러한 단체들은 관방의 관심을 피할 목적으로 명칭을 사용하지 않았다. 이는 이와 유사한 조직에 대해 정치적 박해를 가했던 전통이 있었기 때문이다. 그러나 이들의 본부는 광동 남부 교외의 사각촌(沙角村)에 소재했고 많은 사묘의 도사와 도교의 법사들이 그 구성원이었다. 이러한 단체는 호남성 등 남부의 다른 성에서도 자주 발견되었다. 이들의 중요한 업무는 종교 서비스 기능에 집중되었다. 이러한 지역적 도교 단체는 사회생활의 다양한 분야에 영향을 미칠 수 있는 강한 종교적인 체계도 없었으며 각 사묘와 도관의 독립적 지위를 변화시킬 수도 없었다.

불교나 도교 모두 수행자가 없는 사묘와 도관에서는 종교 업무와 기증된 재물의 관리는 세속 지역사회 지도자들의 소관이었다. 실제 상황으로 미루어 볼 때 농촌에 있는 대부분의 사묘와 도관은 이런 유형에 속했다. 이처럼

---

[349] Willaim A Grootaers, Li Shih-yu, Chang Chih-wen, *Temples and History of Wanchuan*, Monumenta Serica, Peking 1948, op, cit, p.314ff.

〈표7〉 1905년 하북 망도현 소재 39명의 종교인 및 사묘의 경작지 보유 상황

| 소유량(畝) | 도관 | 사묘 | 총계 |
|---|---|---|---|
| 1-5 | 3 | | 3 |
| 6-10 | 4 | 4 | 8 |
| 11-20 | 6 | 3 | 9 |
| 21-30 | 2 | 1 | 3 |
| 31-40 | 4 | 4 | 8 |
| 41-50 | 1 | 1 | 2 |
| 51-100 | 3 | 2 | 5 |
| 200 | 1 | | 1 |
| 총계 | 24 | 15 | 39 |

출처 : 『망도현향토도설』, 1905.

수행자가 중심이 되는 제도종교는 중국사회 전체의 종교생활에 미치는 영향에는 한계가 있었다.

사묘와 출가인의 재정 상태-광범위한 역할을 담당하고 강력한 구조적 지위를 확보하기 위해 종교조직들도 다른 사회조직과 마찬가지로 일정한 경제적 기초가 필요했다. 불교가 대중생활 속에 중요한 요소로 자리 잡았던 시기에 안정적인 재정 상태는 필수조건이었다. 하지만 현대 중국사회에서는 제도종교가 풍족한 경제적 지원을 받지 못하고 종교인들은 경제적 자원을 통제할 능력을 결여하고 있는 것이 뚜렷한 특징이다. 승려나 도사가 증여 물품을 관리하는 곳도 있지만 그 수가 너무 적어 모든 상황에 적용할 수는 없다.

사묘나 도관의 재정적 기초는 보편적으로 기부와 보시에 의존하는데, 시골에서는 통상적으로 토지 기부의 형식을 취하고 있고 도시에서는 사묘의 건물을 기부하는 형식으로 나타나고 있다. 토지와 가옥의 임대료는 사묘의 유지와 출가인(있을 경우)들의 생활비를 위한 재원이 되었다. 때로는 현금에서 이자가 발생하기도 하는데 부동산이 비교적 안정적이고 관리가 수월하기 때문에 이런 돈은 대부분 부동산 구입에 사용되었다.

〈표8〉 1936년 강소 천사현 소재 종교인이 소속된 사원 및 사당의 농지 보유 상황

| 보유량(畝) | 사묘 | 사당 | 총계 |
|---|---|---|---|
| 1-5 | 2 | 4 | 6 |
| 6-10 | 1 | 2 | 3 |
| 11-20 | 2 | 2 | 4 |
| 21-30 |  | 1 | 1 |
| 101-150 |  | 2 | 2 |
| 450 |  | 1 | 1 |
| 총계 | 5 | 12 | 17 |

출처 : 『천사현지』, 1936, 제12권, pp1-26.

여기서 사묘와 도관의 부동산 실태에 관한 통계를 살펴보자. 예컨대 〈표7〉은 망도현 북부 현성 지역에서 39개의 주요 사묘가 소유하고 있는 재산 상황이다. 현의 지방지는 이 지역의 토지가 상당히 척박하다고 설명하고 있다. 보통 20무(대략 3.5헥타르) 이하의 토지를 소유한 가정은 빈곤층이며 20무에서 50무 사이의 토지를 소유한 사람은 중산계층, 50무에서 100무 사이의 땅을 소유한 사람은 부유층에 속한다. 100무 이상을 소유한 사람은 부호로 간주된다.[350] 이러한 기준으로 볼 때 20개 사묘나 도관을 적용해 볼 수 있는데 혹자는 이 가운데 51퍼센트가 20무 이하의 토지를 소유하고 있고 33퍼센트의 13개 사묘나 도관이 21무에서 50무의 땅을 소유하고 있으며 13퍼센트에 해당하는 5개의 사묘나 도관이 51무에서 100무의 땅을 소유하고 있으며 4퍼센트에 해당하는 단 한 개의 사묘가 260무의 토지를 소유하고 있다고 밝혔다. 이는 절반 이상의 사묘나 도관이 소유한 토지가 빈곤 계층의 가정이 소유하고 있는 토지의 수준에 불과하고 3분의 1에 달하는 사묘와 도관이 중등 가정 수준의 토지를 소유하고 있으며 단지 13퍼센트의 사묘와 도관만이 그런대로 살 만한 가정의 수준에 속하고 있음을 의미한다. 불교

---

350 『望都縣鄕土圖說』, 1905, p.4.

하북성 보정시에 위치한 불교사원 대자각(大慈閣)에서 신도들이 향을 피워 기원하는 모습. 종교사원의 대부분은 재원이 없어 종교생활에 매진할 수 없었다.

사원 가운데 아주 특별한 예가 260무의 토지를 소유하고 있는 호국사(護國寺)인데, 이는 국가의 지원에 의한 것으로 이 사원에서 모시고 있는 신이 전문적으로 반란을 진압하는 데 도움을 주기 때문이다.

천사의 지방지(1936년판)에 조사된 5개 사묘와 12개 종사의 재산 상황은 〈표8〉에 자세히 나와 있다. 남부지역은 토지가 비옥하고 생산량도 풍부하다. 5개 사묘 가운데 2개 사묘는 5무 이하의 농지를 소유하고 있는 빈곤층 수준이며 3개는 6무에서 20무 사이의 토지를 소유한 중등 수준이다.

이 두 가지 자료는 사묘와 도관 가운데 절반 정도가 빈곤한 상태이고 그 나머지는 중등 정도에 속하며 부유한 사묘는 극소수임을 보여주고 있다. 이러한 통계수치로 볼 때 모든 사묘와 도관의 재산은 평균적으로 빈곤하거나 중등 가정 수준이기 때문에 한 명에서 세 명 정도의 승려가 생활할 수 있는 경제적 능력에 지나지 않았다. 때문에 종교 서비스의 내용을 세분화하거나 조직적인 종교단체 생활을 유지할 수 있는 경제적 능력이 결여되어 있다.

또한 상술한 두 가지 자료에서 볼 때 일부 사묘만이 사묘의 재산기록을 갖추고 있음을 알 수 있다. 망도현 지방지에 나타나 있는 116개 사묘와 도관 가운데 33.6퍼센트인 39개만이 사묘의 재산기록을 갖추고 있다. 천사현에 소재한 종사를 제외한 132개 사묘와 도관 가운데는 3.8퍼센트인 5개만이 재산기록을 갖추고 있다. 그 밖에 다른 사묘들의 상황도 이와 다르지 않다. 지방지에 사묘의 재산기록이 없는 것은 그 사묘가 소유한 재산이 적기 때문일 가능성이 크다. 왜냐하면 사묘의 재산이 넉넉하다면 지방정부의 주시 대상이 되어 기록을 소홀히 할 수 없기 때문이다. 대략적인 관찰에 의하면 농촌지역의 대규모 사묘와 도관에 재산이 없고 이는 대부분의 사묘가 재산기록을 갖추지 못하고 있는 이유가 되고 있다. 사실상 이는 승려가 없는 사묘들이 많은 이유를 설명하기에 충분하다. 승려들을 양성할 만한 충분한 재원이 없고 생계를 유지할 수 있는 다른 경제적 재원도 확보할 수 없기 때문이다.

 이러한 상황에서 신도들의 분향이 왕성한 사묘와 도관의 출가인들만이 제도화된 사묘에서 생계유지가 가능한 수입을 확보하여 순수한 종교생활에 매진할 수 있었다. 대부분 출가인들의 생활은 다음 세 가지 수입원에 의지하여 살아가야 한다. 신도들이 향과 기름 구입비 명목으로 기부하는 작은 규모의 재물이나, 개인 및 단체에 종교 서비스를 제공하고 받은 보수 혹은 속세에서 유지하고 있는 직업이나 장사를 통한 수입이 바로 그것이다. 호남성의 경우 대부분의 도교 출가인들이 속세에서 직업을 갖고 있고 종교적 서비스는 보조적인 부수입에 불과하다.[351] 사묘의 토지는 빈곤하거나 중등 수준의 가정이 소유하고 있는 토지와 비슷한 수준이어서 여기서 발생하는 임대료로는 사묘 안에서 생활하는 승려들의 생계를 유지하는 데도 부족하기 때문에 토지 임대료는 부수적 수입에 불과했다. 승려들은 대부분의 시간을 투자하여 다른 농민들과 마찬가지로 농사를 지어 토지 수입의 대부분을 벌

---

351 『湖南年鑑』, 1933, p.437.

위 사진은 강서성 무원현 왕구마을에 위치한 유씨종사(俞氏宗祠). 아래 사진은 상원절(上元節)에 종사에서 제사를 올리는 모습.

어들여야 하기 때문에 종교활동에 적지 않은 시간적 제약을 받을 수밖에 없었다. 하북성 정현의 예를 들어보자.

이 현의 24명의 승려들은 평상시에는 사묘가 소유한 전답을 일구고 이따금 상가(喪家)에 불려가 망자의 혼을 초도한다. 이 현에서 활동하는 15명의 도사들 역시 평상시에는 농사를 짓고 때때로 상가에 불려가 종교의식을 주관했다.[352]

따라서 전체 사회조직의 구도 속에서 구조적 지위의 발전 차원에서 보면 출가인과 그들이 대표하는 제도종교는 심각한 경제적 제약에 노출되어 있다고 할 수 있다. 한 가지 주목할 만한 사실은 조상 숭배처럼 아주 잘 발달된 분산형 종교의 많은 형태는 이들에 비해 넉넉한 경제적 지원을 받고 있다는 것이다. 대부분의 종사들은 풍부한 기부 재산을 보유하고 제사의식을 진행하면서 존립하고 있는 것이다. 〈표8〉에서 보는 바와 같이 천사현의 21개 종사는 대부분 빈곤하거나 중등 수준의 재산 상태를 나타내고 있지만 그 가운데 3개 종사의 경우 현지의 어떤 제도종교의 사묘와 비교해도 훨씬 많은 재산을 보유하고 있다. 종사(사당)에서는 전업 종교인들을 부양할 필요가 없고 종사의 유지나 제사의식에 드는 비용은 기부된 재산의 수입에 의해 운용된다. 이러한 비용이 부족할 경우 해당 씨족 가운데 누군가가 수시로 헌금을 하거나 모금을 통해 그 부족함을 메우곤 한다. 또한 입신양명한 후손들이 금의환향하면서 종사를 개축하거나 증축하고 사당의 유지 보수를 위해 넉넉한 자금을 기부하기도 하는데 이는 성공한 자손들의 전통 가족제도 속에서의 보편적인 행태였다.

천사현 목공인의 조합인 노반묘(魯班廟)처럼 사회 및 경제단체가 소유한 사묘나 현무묘(玄武廟), 부자묘(夫子廟)처럼 도덕정치적 기능을 갖는 수많은 사묘들은 언제든지 특수 수요가 발생할 때마다 사회단체나 국가로부터 기부를 받았다. 또한 분산형 종교의식은 가정이나 사묘가 없는 사회단체 집

---

352 李景漢, 『定縣社會槪況調査』, 北京, 1932, p.437.

<표9> 강소성 천사현의 묘우 건립 및 중건, 보수 비용 기부 상황

| 기부금 출처 | 묘우의 건립 및 증개축 | | | 묘우의 보수 | | | 총계 |
|---|---|---|---|---|---|---|---|
| | 사묘 | 불교 사원 | 도교관 | 사묘 | 불교 사원 | 도교관 | |
| 지방관청 | 2 | | | | | | 2 |
| 지방관청과 지방유지·상인 | 1 | | | 2 | | | 3 |
| 개인 | 1 | 2 | | 15 | 17 | | 21 |
| 지역 공금 | 1 | 1 | | 13 | 8 | 5 | 40 |
| 수행자들의 보시 수입 | | 1 | | 3 | 3 | | 7 |
| 종교단체 | | | | 1 | | | 1 |
| 조합 | 1 | | | | | | 1 |
| 총계 | | 4 | 6 | 36 | 11 | 5 | 75 |

출처: 『천사현지』 1936년판.

<표10> 강소성 보산현의 묘우 개축 및 보수 비용 기부 상황

| 기부금 출처 | 묘우의 건립 및 증개축 | | | 묘무의 보수 | | 총계 |
|---|---|---|---|---|---|---|
| | 사묘 | 불교 사원 | 도교관 | 사묘 | 불교 사원 | |
| 개인 | 2 | | | | 1 | 3 |
| 지역 공금 | 5 | | | 1 | 4 | 10 |
| 공공 모금 | | | | | 1 | 1 |
| 수행자들의 보시 수입 | | 1 | | 1 | 1 | 3 |
| 조합 | 1 | | | | | 1 |
| 총계 | 8 | 1 | | 1 | 7 | 18 |

출처: 『보산현지』 1921년판.

<표11> 광동성 나정(羅定)현의 묘우 건립 및 증개축, 보수 비용 기부 상황

| 기부금 출처 | 묘우의 건립 및 증개축 | | | 묘우의 보수 | | 총계 |
|---|---|---|---|---|---|---|
| | 사묘 | 불교 사원 | 도교관 | 사묘 | 불교 사원 | |
| 지방관청 | 9 | | | 5 | | 14 |
| 지방관청과 지방 상인 | | | | 1 | | 1 |
| 지역 공금 | 13 | | | 2 | | 15 |
| 수행자들의 보시 수입 | 2 | | | | | 2 |
| 총계 | 24 | | | 8 | | 32 |

출처: 『나정현지』 1935년판.

〈표12〉 1932년 천사현 도교 춘양관 중건 기부 금액

| 기부 규모 | 기부 가정 수 | 총 기부액 | 누계 총액 |
|---|---|---|---|
| 300-800달러 | 1 | 2660달러 | 2660달러 |
| 200-299 | 2 | 410 | 3070 |
| 100-199 | 13 | 1382 | 4452 |
| 50-99 | 13 | 815 | 5267 |
| 11-49 | 25 | 503 | 5770 |
| 1-10 | 41 | 520 | 6090 |
| 총계 | 95 | 6090 | 6090 |

\* 1932년도 환율로 1달러가 대략 3원에 해당함.
출처: 『천사현지』 1936, 제13권, 제6쪽.

회에서 거행되기 때문에 큰 지출을 줄일 수 있다. 어쨌든 조직적인 세속 제도의 일부가 된 분산형 종교는 제도종교에 비해 자금 조달도 더 용이하고 인원 선발도 훨씬 적절하게 진행될 수 있는 것이다.

사묘와 도관의 신축과 개축에 소요되는 현금과 기부의 출처를 살펴봄으로써 전체 사회제도 속에서 제도종교가 차지하는 지위를 보다 명확히 이해할 수 있을 것이다. 〈표9〉, 〈10〉, 〈11〉 남방 3개 현의 사례가 보여주는 공통적인 특징에서 알 수 있듯이 기부금은 주로 속세의 재원에 의존한다. 대부분 사묘와 도관은 속세의 지방 유지들에 의해 조직되어 일반적인 지역 자금 조달 항목에서 기부가 발생하는 것이다. 어떤 개인의 전문적인 기부를 통해 종교기관의 설립이나 수리 복원이 이루어지기도 하는데, 이러한 유형의 기부는 주로 부유한 사람들이 하는 것이 보통이다. 이들이 거액을 기부하는 이유는 원래 성격이 호방하거나 종교에 대한 경건한 믿음이 크기 때문이다. 혹은 신령이 재앙을 없애주고 복을 가져온다는 사실을 굳게 믿고 있거나 아들을 점지해 달라는 등의 기원을 위해 기부를 하기도 한다. 전형적인 사례로 꿈에서 신령의 계시를 받아 배가 침몰하거나 집에 화재가 발생하는 액운에 대해 예방조치를 취하는 방법으로 많은 돈을 기부한다. 다른 문화에서와 마찬가지로 부유한 사람들이 종교기관에 제공하는 경제적 지원은 매우

중요하다. 심지어 지역의 단체 모금활동에서도 소수의 부유한 개인이나 가정이 많은 재물을 기부한다. 1932년 천사현의 중양관(重陽觀)을 중건할 때 〈표12〉에서 보는 바와 같이 기부자 중 20퍼센트는 1인당 100원(약 33달러) 이상을 기부했다. 이는 전체 모금액의 73퍼센트에 해당하는 금액이었다.

지방 관원 및 지역유지나 상인들의 기부는 그리 흔치 않았고 모종의 도덕 정치적으로 중요성이 있는 불교나 도교 사원에 기부하는 것으로 한정되어 있었다. 하지만 광동성 나정현의 경우 관원 및 상인들의 기부가 매우 중요한 비중을 차지했다. 광동성 남부 산간지역은 묘족(苗族)과 요족(瑤族)의 영지에 위치해 있다. 그곳의 지방 관원들은 한족의 사회제도를 보급해야 하는 특수한 책임을 맡고 있었기 때문에 사묘 건축은 한족 문화를 확산시키는 일종의 방법으로 사용되었다.

중국에서 사묘의 건축이나 보수에 드는 자금이 출가인 혹은 종교조직의 공공 모금에 의해 조성되는 경우는 아주 드물었다. 이런 자금은 통상적으로 속세의 개인이나 단체가 찬조하는 형식으로 모금되었고 승려나 도사들이 사묘의 개축이나 보수를 위해 일반 가정에서 모금하기도 했다. 일부 승려들의 예언이나 법술이 사람들에게 큰 호소력을 가짐으로써 모금의 동기가 되기도 했지만 이런 사례는 매우 드물었다.[353] 앞에서 언급한 3개 현의 전체 사묘 가운데 단 한 군데 사묘의 보수에만 종교조직이 제공한 자금이 사용되었다. 이곳은 천사현의 도관인 동악묘(東岳廟)로서 1907년에 도교 조직인 신도회(神道會)가 보수작업을 맡았고 그 후에 종교 집회와 의식의 중심지가 되었다.[354] 조정이 줄곧 조직적으로 종교단체들을 억압해 왔다는 사실을 기억한다면 종교조직이 사묘의 건축이나 보수 비용을 마련한다는 것이 여간 어려운 일이 아니었으며 최대한 군중의 이목을 피해 이루어졌다는 사실을 이해할 수 있을 것이

---

[353] Willem A Grootaers, Li Shih-yu, Chang Chih-wen, *Temples and History of Wanchuan*, Monumenta Serica, Peking 1948, *op, cit*, p.314ff.
[354] 『川沙縣誌』, 1936, 제12권, p.8.

다. 찰합이성 만전현 황천교(黃天敎)의 주요 사묘는 한 승려와 그 교파의 회원들에 의해 보수와 유지가 이루어졌지만[355] 이는 매우 예외적인 사례였다.

남방의 보산현은 대규모 사묘의 개축이나 보수에 필요한 자금을 사

사묘의 건축이나 개보수는 주로 민간에서 부담했다. 사진은 운남 공죽사에 있는 기부자를 기리는 비석.

묘가 위치한 촌락의 농민들에게서 세금으로 거두었다. 이러한 모금 방법은 주로 중국 북부지역에서 찾아볼 수 있는데, 주로 재산이 아주 적거나 전혀 없는 사묘 위주로 이루어졌다. 이런 상황에서 사묘의 재산은 지역사회의 재산으로 간주되었다. 예컨대 하북성 망도현의 한가장(韓家莊)에는 6개의 사묘가 모두 재산이 없어 보수가 필요할 때면 마을의 각 가정에서 소유한 토지의 규모에 따라 세금을 거두어 자금을 만들었다.[356] 하북성의 정현도 이와 마찬가지 상황이었다.

중국 북부지역의 이러한 사묘들은 도덕정치적 숭배활동의 일부로 간주되었는데 이러한 숭배는 세속적 사회제도와 밀접히 연관되어 있는 분산형 종교의 범주에 속한다고 할 수 있다. 불교 같은 독립적 종교를 믿는 사람들에게는 사묘나 출가인에 대해 경제적 지원이 강제로 요구되지 않았다. 중세 영국의 11조 시스템은 기독교 교회에 넉넉한 경제적 기초를 제공했지만 중국에서는 이런 제도가 발전하지 못했다. 중국 북부에서는 강제적으로 세금

---

355 李世瑜,「萬全的黃天道」,『文藻月刊』, 南京, 1948, 제1권, 제4기.
356 『望都縣誌』, 1905, 제2권, pp.48, 55.

을 징수하긴 했지만 이렇게 모금된 재원은 사묘의 보수나 개축에 사용되거나 묘회 등의 공적인 종교행사에 지출되었고 출가인이나 그들의 종교적 지위 향상에는 전혀 사용될 수 없었다.

대부분의 사묘나 도관의 재산은 세속적 사회로부터 얻어진 것이기 때문에 출가인들이 사묘의 재산에 대해 관리권이 없었다는 것은 충분히 상상할 수 있는 일이고 실제 상황도 그러했다. 때문에 정현의 사묘에 관한 연구에서 갬블(Sidney D. Gamble)은 이렇게 설명했다.

> 사묘는 겉으로 보기에는 독립적인 기관 같지만 대부분이 현지에 거주하는 농민들이 세운 것이었다. 이에 필요한 자금은 주민들의 헌금이나 마을의 공동 기금 또는 부자들의 개인적인 기부에 의해 촌락의 발전을 위한 기여 차원에서 조성되었다. 사묘가 완공되면 백성들을 보호하고 사람들의 요구를 만족시켜 줄 수 있는 신이나 모든 사람들이 존경하는 인물을 그 안에 모셨다. 승려들이 나타나는 경우는 특수한 임무 수행이 필요할 때로 제한되었는데 이들 출가인들은 정식 불교 및 도교의 훈련을 마친 자들이었다.[357]

찰합이성 만전(萬全)현의 사묘에 관한 조사에서도 똑같은 상황이 확인되었다.[358] 결론적으로 말해서 마을의 지도자가 비공식적 위원회를 조직하여 사묘의 재산과 수입을 통제했던 것이다. 이런 현상이 나타나게 된 원인은 대부분의 사묘와 도관에 전업 종교인이 없었기 때문이다. 사묘에서 승려나 도사가 사묘의 토지를 경작하여 생계를 유지하는 것은 허락됐지만 재산에 대한 최종적 통제권은 마을의 지도자가 갖고 있었다. 사묘의 재산에 대한 속세의 통제는 사묘의 재산과 수입이 비종교적 목적에 사용되고 있다는 사

---

357 Sidney D. Gamble, *Ting Hsien*, New York, 1954, p.401.
358 Willem A Grootaers, Li Shih-yu, Chang Chih-wen, *Temples and History of Wanchuan*, Monumenta Serica, Peking 1948, *op. cit.* p.316.

〈표13〉 1905년 하북성 망도현 사묘 토지 수입의 용도

| 용도 유형 | 건수(사원, 도관) | 백분율 |
|---|---|---|
| 학교 운영 | 18 | 48.0 |
| 노역비 | 4 | 10.0 |
| 출가인·사묘 관리인·<br>사묘 보수의 지원·학교 운영 | 5 | 12.0 |
| 출가인·사묘 관리인·<br>사묘 수리 및 보수의 지원 | 7 | 18.0 |
| 기타 | 5 | 12.0 |
| 총계 | 39 | 100.0 |

출처: 『망도현 향토도설』, 1905.

실에 잘 나타나 있다. 여기서 1905년 망도현 소재 39개 사묘 재산의 수입지출 내역을 살펴보자. 1904년, 근대 교육이라는 새로운 문화를 수용하기 위해 자금이 필요하게 되자 청 정부는 기존의 모든 사묘 재산을 학교 설립에 사용할 수 있도록 하는 포고령을 내렸다. 결과적으로 망도현 소재 39개 사묘 가운데 절반에 가까운 사묘의 재산이 학교 운영에 사용되었다. 지역의 의무노동과 노역비를 공공사업에 강제로 사용하게 하는 전통적 관념에 따라 마을의 성인 남성 인구 숫자에 따라 각 마을에 일정한 금액이 배정되었다. 관방의 명령에 따라 각 촌락들은 한 마을에서 의무노동의 가치에 해당하는 현금을 지불하는 방법으로 노동력을 제공해야 할 부담에서 벗어나게 되었다. 사묘의 토지를 포함한 지역 수입은 이러한 목적으로 사용되었다. 〈표13〉에 나타난 바와 같이 망도현 소재 39개 사묘 가운데 18퍼센트에 해당하는 7개 사묘만이 수입의 전부를 출가인들의 생활비와 사묘 유지비로 사용했고 12퍼센트에 해당하는 5개 사묘는 수입의 일부를 출가인의 생활비와 사묘 유지비로 사용하고 나머지는 학교 운영에 사용했다.

　사묘의 재산과 수입을 현지의 각종 업무에 사용하는 사례는 중국의 모든 지방에서 쉽게 발견할 수 있는 현상으로서 그중에서 북부지역이 남부에 비해 더 가난했기 때문에 특히 심했다. 1920년대 초 손문(孫文)은 자신의 혁

명정부에 자금이 필요하자 광동의 대형 사묘들의 재산을 징발하여 사용했고 1930년대 국민정부도 사묘의 재산을 징발하여 학교나 공공 자선사업에 사용하는 것을 허락한다는 취지의 포고를 발표한 바 있다.[359] 1930년대에는 중국 각지의 수많은 사묘들이 학교와 현지 정부 사무소, 공공단체, 임시 군영 등으로 변모됐다. 수많은 대형 사묘의 전업 종교인들이 사묘의 재산관리에 대한 지배권을 갖고 있었지만 결정적인 권위는 결여되어 있었다. 청 정부와 국민정부는 모든 사묘의 재산을 공공재산으로 등기할 것을 요구했고 정부 관리들도 그렇게 하는 것이 마땅하다고 여겼다. 그러나 법률적 보장을 받지 못한 사묘들은 정부의 징발을 거부했기 때문에 속세로부터 사묘나 도관에 기부되는 재산은 한계가 있었고 20세기에 접어들면서는 이러한 재산의 대부분이 세속적 기구의 관리감독을 받게 되면서 그 사용처가 매우 다양해졌고 종교적으로 사용되는 경우는 아주 적은 일부에 불과했다. 거액의 기부금을 바탕으로 출가인들의 생계를 유지할 수 있는 사묘나 도관이 재산 사용에 대해 충분한 권한을 갖고 종교적 기능의 발전을 도모하거나 지역사회에 봉사할 수 있는 경우도 있었으나 이는 극히 이례적인 일이었다. 비밀종교 단체를 제외하고 제도종교조직의 경우 현지에서 자금 지원을 받아 새로운 조직을 만들거나 낡은 사묘를 수리, 보수하는 일도 거의 불가능했다.

### 조직화된 신도단체의 결여

앞에서 이미 지적한 것처럼 수많은 요인 가운데 제도종교의 구조적 지위가 취약한 이유는 조직화된 신도단체가 없었다는 것이다. 여기에는 종교결사나 신도, 광신도로 불리는 사람들은 제외된다. 종교결사의 구성원은 관료 등급제하에서의 조직체계가 유기적으로 결합되어 사회적 상황에 따라 관원

---

[359] 「內政部寺廟等級條例」, 「海潮音月刊」, 1931년 11월, 제16권, 제11기, p.4.

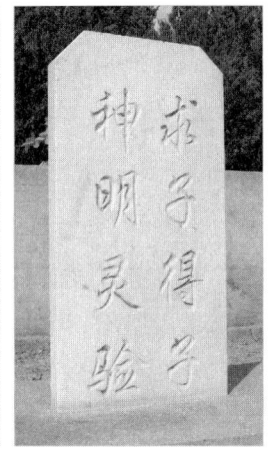

아들을 얻으려는 사람들은 관음보살에게 기도를 올렸다. 사진은 대련 대흑산 조양사의 관음보살상과 그 영험력이 있음을 알리는 비문.

이 임명한다. 신도와 일부 종교 사이에는 명확한 관계가 나타나는데 주로 불교와 도교가 이에 해당하며 사묘와 도관의 출가인들은 항상 지속적으로 신도들과 연락관계를 유지했다. 중국의 종교인 규모는 대략적인 통계수치조차 찾아볼 수 없지만 1930년대에는 중국에 약 400만 명 정도의 불교 및 도교 신자들이 있었던 것으로 추정된다.[360] 하지만 불교나 도교의 정식 신도는 전체 중국 인구의 극소수에 지나지 않았다.

속세의 대다수 민중들은 승려나 도사, 사묘나 도관과 정상적이고 조직적인 관계를 갖지 못했다. 민중들의 종교생활을 분석해 보면 가장 두드러진 특징이 어느 사묘나 도관에서도 신도와 사묘의 고정적인 관계를 절대적으로 요구하거나 강조하지 않았다는 사실이다. 대중들에게 개방되지 않은 소수의 도관을 제외하고는 누구나 사묘나 도관에 가서 아무런 제지도 받지 않고 향을 올리고 절을 하며 신의 도움을 기원할 수 있었다. 특별히 그 사묘에

---

[360] W. T. Chan, *Religious Trends in Modern China*, New York, Columbia University Press, 1953, p.68.

소속된 신도임을 증명할 필요도 없었다. 사묘 안에 있는 승려와 도사들은 서로 친밀한 관계일 수도 있고 전혀 모르는 사람들일 수도 있었다. 종교의식을 거행하고 나면 참배자들은 승려에게 분향 비용을 건네는 것으로 모든 것이 해결됐다. 이런 방법은 신도와 승려 누구에게도 손해가 되지 않았고 더 이상의 진전된 관계를 필요로 하지도 않았다. 때문에 참배자들은 사묘와 출가한 수행자들과의 관계에 있어서 이처럼 자유롭고 유동적인 형태를 선호했다. 그러나 이러한 관계로 인해 대부분의 사묘와 도관은 출가한 수행자들이 부족하게 되었고 신도와 사묘를 결합시키는 매개체의 부재 상태를 유발하여 조직화된 시스템의 형성이 불가능하게 되었다.

중국 종교 전통에 있어 다신숭배 경향은 일반 민중들을 각기 상이한 신앙을 가지고 각각 다른 사묘에 참배하게 하였다. 아들을 얻고자 하는 사람들은 불교 사원에 가서 관음보살이나 낭랑(娘娘)에게 기도를 올렸고 건강을 원하는 사람들은 도교의 의신(醫神)인 화타(華陀)의 사묘를 찾아가 재를 올렸다. 어떤 사묘를 찾아가 분향할 것인가 하는 문제는 어떤 종교의 신자인가 보다는 사묘에 모셔진 신의 법력이 어느 분야에 영험한가의 여부에 따라 결정됐다. 따라서 중국의 종교생활에 존재하는 다신숭배의 전통과 무속적 요인의 지배적 지위로 인해 승려 중심의 사묘의 발전이나 조직적인 신도단체의 형성은 쉽지 않았다고 할 수 있다.

출가인과 사묘를 제외하고 보통 신도들을 기능적인 종교단체로 규합할 수 있는 방법이 없었다. 사람들은 일반적으로 독자적이거나 가정 단위로 사묘에 가서 향을 올렸지만 단체를 조직하여 분향하는 일은 없었다. 모든 사람들이 자신이 가장 편리한 시간에 사묘를 찾을 수 있었고 사묘가 친구를 사귀거나 다른 사회적 연결을 위한 장소로 활용되기도 했지만 이것이 하나의 종교조직이 만들어지는 계기로 발전하지는 못했고 정례적인 집회로 대중들의 신분적 동질감이나 참배자들 사이의 응집력을 키워내는 장치가 되지도 못했다. 사묘의 집회나 어떤 신의 탄생 축전 같은 수많은 종교행사로 인해 많은 사람들이 같은 시간에 사묘를 찾는다 해도 이런 상황에서 사람들은 어떤 민간신앙의 조직적인 지역생활이나 세속적 제도의 일부분이고 분향하는 사람들은 세속화된 제도 시스템의 일부가 될 뿐이지 어떤 독립적 종교단체에 소속된 것은 아니다.

청대에는 다신론과 무속의 기능적 속성이 고정적인 관계가 없는 보통 신도들과 승려의 결합이 촉진될 요소가 있을 경우 그런 조직화된 종교의 추종자들은 늘 탄압의 대상이 되었고 심지어 민국 시기에도 그러했던 사실에 주목할 필요가 있다. 이렇게 신도의 조직을 조정할 수 있는 사묘의 승려들은 조정에서 잠재적인 반역분자로 취급되었기 때문에 종교단체들은 이런 시선을 매우 두려워했다. 역사적으로 종교에 대한 주기적인 박해가 이루어졌다는 사실이 이를 잘 증명하고 있다. 전통 법률에서는 신도들의 개종도 금지하고 있었다. 그러나 민국 시기에 종교를 탄압하는 법률이 폐지되자 불교와 도교 등 종교단체들이 전국 각지에 우후죽순처럼 생겨나 조직화된 신도단체가 형성되었다. 이러한 추세는 제1차 세계대전이 끝나는 시기까지의 30년간으로 기간이 너무 짧았고 중국 내전으로 인해 중단되고 말았다. 그 후 새로운 종교운동의 와중에 지식인들로 구성된 소규모 종교 지도계층이 생겨났지만 신도들의 조직성이 결여된 전통적 종교 형태에는 어떤 본질적인 변화도 발생하지 않았다. 조직성이 결여된 신도단체들이 중국사회에 미친 영향을 이해하기 위해서는 유럽이나 미국의 초기 식민지 교회의 전통적 관계와 비교해 볼 수 있다. 당시 모든 사람들은 하나의 교파에 소속되어 있었는데, 이는 개인의 종교적 정체성의 표시이자 종교단체에서 사회경제 관계의 신분을 나타내는 방법이기도 했다.[361] 유럽과 미국사회의 기독교 교회에서 조직이 잘 갖추어진 신도단체는 교회의 기능과 구조적 지위를 강화시킨

---

361 Max Weber, *From Max Weber*, London, 1947, tr. By H. H. Gerth and C. Wright Mills, pp.303-305.

주요 요인이었다. 신도단체가 아직 조직화되지 않은 개인 상태였다면 기독교 교회가 세속의 사회제도에 가졌던 그 영향력을 발전시키는 것은 불가능했을 것이다.

### 제도종교의 기능적 지위에 대한 규제

현대중국에서 제도종교는 구조적으로 취약한 한계점을 가지고 있을 뿐 아니라, 작고 비중앙집권화된 종교인과, 제한된 재원, 신도단체의 결여 등에서 볼 수 있는 것처럼, 전통 중국사회의 구조적 틀 안에서 조직화된 지위에 있어 많은 제한적 요인이 있었다. 이러한 제한 가운데에는 출가인과 사원 규칙에 대한 제한과 정규 교육체계 안에서 출가인들이 교육을 받을 수 있는 기회의 부족, 윤리적인 체계 안에 제도종교의 영향력이 미약한 것 등이 있었다. 이와 대조적으로 유럽사회에서 기독교의 발전 과정에는 중요한 사회적 요인이 내포되어 있었다. 기독교 전업 종교인 및 그 등급화 조직들이 강한 기능적 지위를 갖추고 있고 교회는 정규교육의 발전과정에 중요한 역할을 담당함으로써 기독교가 유럽의 윤리체계 형성에 적지 않은 영향을 미쳤던 것이다.

출가인과 사묘의 사회적 기능에 대한 제한 : 3세기에서 10세기 사이에는 불교나 도교 같은 제도종교가 융성하여 출가인들과 사묘가 사회적 및 경제적 기능을 광범위하게 발휘했기 때문에[362] 당시의 전체적인 사회 발전에 커다란 영향을 미칠 수 있었다. 그러나 당대부터 오늘날에 이르기까지 출가인들과 이들의 수행 공간의 규칙이 갖는 중요한 사회적 기능은 점차 축소되어

---

[362] Jacques Gernet, *Les Aspects conomiques du Bouddisme dans la soci t du Xsi cle*, Saigon, 1956, pp.245-269

속세에 환멸을 느끼는 사람들의 도피처나 가난한 소수 사람들에게 어느 정도의 보장을 제공하는 수준에 머무르게 되었다.[363]

속세의 여러 가지 번뇌에서 벗어나기 위해 행하는 출가는 중국사회에 있어서 전통적인 사회 안전망이라 할 수 있으며 어떤 의미에서는 중국의 사회질서에서 종교단체가 일종의 구조적 완충작용을 했다고 할 수 있다. 이러한 도피적 성격은 심지어 부자나 고매한 인사들에게도 상당히 매력적인 것이었다. 왜냐하면 당시 지식인들의 가장 큰 관심사는 물질적인 생활이 아니라 사회적 포부와 이상의 실현이었기 때문이다. 유가적 사회조직에서는 처음부터 세속적 세계에서 만족할 만한 자기 역할을 찾을 수 없는 개인들을 어떻게 처리할 것인가 하는 문제에 대한 고려는 전혀 없었다. 유가의 이념에서 개인의 운명에 관련된 마음을 의지할 만한 근거를 찾을 수 있는 사람들은 소수에 지나지 않았다. 다시 말해서 성공을 향한 모든 문이 굳게 닫혀져 있는 상황에서 낙심하지 않고 자손의 미래를 위해 음덕을 쌓고 계속 분투해야 한다고 믿었던 사람들이 많지 않았다는 것이다. 여기서 속세와 동떨어진 수행 공간의 규칙은 과거의 번뇌를 잊고 새로운 생활을 시작하려는 사람들에게 현실적인 대안을 제공했고, 특히 이런 경향은 불교에 많이 나타났다.

따라서 권력을 상실한 정치인이나 실의에 빠진 학자, 파산한 상인, 사랑에 실패한 사람, 생활에 절망한 사람, 심지어 끊임없이 재물 약탈과 사회에 대한 복수에서도 만족감을 얻지 못한 범법자들조차 갑자기 이러한 '다툼'의 부질없음을 깨닫고 '불문에 입문하는' 것이 전통적인 귀의의 방법이었다. 고대 문학작품 『홍루몽』에서도 남녀 주인공들이 감당할 수 없는 어려움이나 해결하기 힘든 충돌이 생길 경우 불교에서 정신적 해탈을 얻으려 하는 것이 일반적인 문제 해결방법으로 등장하고 있다. 사람들은 속세와의 모든 인연을 끊고 세상과 격리된 종교세계로 들어가 그 안에서 영원한 종교적 진

---

363 錢穆, 『中國史大綱』, 上海, 1930, 제1권, pp.269-270.

리의 관점에서 길지 않은 속세의 생활이 별 의미가 없는 것임을 깨달음으로써 속세를 벗어난 다른 은둔자들로부터 정신적 의지와 위안을 추구했다. 이처럼 신성한 영역에서는 별개의 행위 방식과 규칙 그리고 경건한 믿음을 가진 사람들을 영원한 구원과 생명의 길로 인도할 수 있는 통로가 제공되는데, 여기서 제시되는 삶의 이상적인 경지가 모든 위기와 병을 해소할 수 있는 장치가 되었다.

생활에서 불행을 당한 사람들을 위해 일종의 조용한 도피 장소를 제공하기 위해 종교는 세속적 사회의 질서 안정을 위해 일정한 역할을 했다. 그러나 이러한 은둔은 극히 일부에만 해당되는 것이었다. 그 원인은 뒤에서 얘기하기로 하겠다. 현실생활이 뜻대로 되지 않고 고통으로 가득 차 있다고 해도 속세를 멀리 떠나 출가인의 길을 선택하는 사람들이 많지 않고 승려의 수가 제한적이라는 사실이 이 점을 잘 증명해 준다. 불교는 도교에 비해 일반 백성들의 현실생활에 미치는 영향이 매우 컸다. 불교에서 강조하는 내세에 대한 관념으로 인해 속세의 흥망성쇠가 큰 의미를 갖지 않게 되었고 사람들은 인생에 있어서 늘 경박하지 않은 평정심을 유지할 수 있었다. 노년에 이르면 사람들은 현세에 대한 불교의 '공(空)'적 관념의 영향을 받아 '죽으면 모든 것이 헛된 것'이라는 생각을 갖게 되었다. 특히 불교의 이타주의와 대자대비(大慈大悲)사상은 유가의 '인(仁)'과 '덕(德)'의 의미를 크게 강화시켰다. 결국 제도종교는 그 종교사상을 통해 대중에게 전파된 것이지 승려의 기능적 지위를 통해 영향력을 갖게 된 것이 아니었다.

승려와 사원은 사회경제적으로 도움을 필요로 하는 사람들이 많았음을 의미한다. 사묘가 이들에게 제공하는 경제적 도움은 정신적 영향보다 훨씬 컸다. 대부분의 출가인들이 빈곤한 가정 출신이거나 고아 또는 홀아비로 가정의 지원이 거의 없는 사람들이었다는 사실이 이를 잘 말해 준다. 자료에 따르면 비구니들의 60~70퍼센트가 헤어날 길이 없이 막막한 처지에 이르게 되어서야 비로소 암자에 들어온 것으로 나타났다.[364] 승려들에 대한 구체적인 통계자료는 없지만 학자들은 중국의 종교생활에 대한 고찰을 통해 비구니의 경우와 매우 흡사한 상황을 발견했다. 가족과 친지의 보살핌을 받지 못하는 사람들은 전업 종교인이 되거나 사원에서의 생활을 통해 이를 대신할 수 있는 종교적 형제자매의 정을 얻게 되는 것이다. 기능이 분산된 사회조직의 기초는 가족제도이고 그 최상의 단계는 국가이다. 그런데 가정과 국가 사이에서 친지 관계가 없는 사람들의 어려움을 해결해 줄 수 있는 다양한 매개 단체의 부재로 인해 전통국가 정치체제와 관련이 없는 개인의 이익은 전혀 보호되거나 관심을 받지 못했다. 전통중국의 어휘에서는 '사회(社會)'라는 말과 같은 것은 찾아볼 수 없고 가정 말고는 '국가(國家)'의 개념이 국가를 대표하는 동시에 큰 사회를 의미했다. 유교사상에서는 개인의 도덕적 책임이 수신제가치국평천하에 있으나 가정과 국가 사이에 존재하는 중간의 사회 단위에 대한 체계적인 고려가 없었다.

  사원은 가정의 확대된 외연으로써 중요한 사회적 역할을 담당했고 이것이 바로 모든 사원이 가난한 사람들을 끌어들일 수 있는 요인이 되었다. 가난한 계층의 가정은 너무 빈한하여 생계가 어렵거나 가장의 갑작스런 죽음으로 생계가 막막해진 경우였다. 중국과 같은 공업화 이전 단계의 보편적인 빈곤사회 상태에 근거하여 분석해 볼 때, 일단 정치가 불안정해지고 경제적인 위기상황이 발생하면 승려가 되려는 사람의 수가 실제 알려진 숫자보다 훨씬 많았음을 알 수 있다.

  승려의 수가 이렇게 적었던 것은 여러 가지 이유에서 기인한다. 우선 정치적인 제약으로 인해 권력층이 승려의 수와 사원의 발전을 의도적으로 억제함으로써 기득 권력층에 대해 도전이 되는 경쟁 세력의 발흥을 방치하지 않았다. 둘째, 사원의 자금 부족은 출가인의 수가 증가하지 못하게 하는 주요 원인이 되었다. 또한 통상적으로 비구니 암자에서는 불문에 입문하려는

---

364 W. T. Chan, *Religious Trends in Modern China*, New York; Columbia University Press, 1953, p.81.

사람에게 상당액의 현금 봉헌을 요구했고 암자에 들어오려는 과부의 경우 죽은 남편이 물려준 유산을 전부 기부해야 했다.

불문에 귀의하여 친척을 비롯한 속세와의 인연을 끊는다는 것은 살 길이 막막한 사람들을 제외하고 대부분 사람들의 경우 결코 쉽지 않은 일이었다. 부모와 인연을 끊는다는 것은 사회적으로 지위가 높은 가정에서는 더더욱 어려운 일이었다. 다른 사회적 관계요소가 온갖 어려움과 좌절의 원인이 될 수도 있지만 동시에 권력과 지위를 얻을 수 있는 가장 효과적인 통로였기 때문이다. 불교도들은 오랫동안 사람들이 명예와 재물에 구속되어 스스로 노예가 되려 한다고 조롱해왔다. 속세와의 인연을 끊을 수 있는 극소수의 사람들은 큰 심리적 장애를 극복해야만 했다. 이는 부분적으로 출가자의 상당 부분이 부모나 친척에 의해 보내져 속세로부터 멀리 떨어진 환경에서 자라면서 잠재의식적으로 속세의 가치를 종교적 가치로 대체시키게 된다는 사실을 설명해 준다.

전통사회에서 출가인들은 일반적으로 사회적 지위가 낮았기 때문에 종교인의 증가에 장애가 되었다. 승려가 된다는 것은 가난한 사람들이 자신의 사회적 지위를 높일 수 있는 기회가 되지 못했고 오히려 중상층 출신 사람들에게는 신분이 낮아지는 것을 의미했던 것이다. 전통 중국사회에서 뛰어난 학식을 갖춘 고승이나 도사는 일반 학자와 마찬가지로 사회의 엘리트로 간주되었지만 이는 매우 예외적인 경우로 그 수도 아주 적었다. 20세기 초 중국의 사회생활을 살펴보면 스님이나 도사 등 출가인들이 평상적인 종교활동 외에 특정 가정을 자주 방문할 경우 그 가정이 주위로부터 눈총을 받았던 사실에서 이들의 신분을 알 수 있다.[365] 19세기 한 집안 사람들에게 했던 훈계는 이러한 내용을 포함하고 있다.

---

365 E. H. Parker, *Studies on Chinese Religion*, New York, 1910, p.4.

"명망 있는 집안에는 총명한 하인이 없고, 정원에는 꽃이 없으며 승려나 도사의 내왕이 없다"라는 말이 있다. 하지만 근래 사람들은 승려나 도사들과 빈번하게 접촉하면서 이들에게 아들낳게 해달라고 하거나 무병장수를 기원하는 일이 흔하다. 이들과의 왕래가 집안의 명성을 더럽힌다는 인식이 사라졌기 때문이다. 옛날에는 "비구니를 집안에 들여서는 안 되었다. 여승은 간부(姦婦)나 도둑의 매개물이다"라고 한 주자(朱子)의 말이 보편적으로 받아들여졌던 것이다.[366]

이처럼 출가인들은 사회적 지위가 낮았기 때문에 보통 사람들조차 어쩔 수 없는 결정이 아니면 쉽게 출가하지 않았고 같은 이유로 지식인들은 쉽사리 불교에 입문하지 않았다. 따라서 제도종교는 학식 있는 지도지를 얻기 힘들었고 사회에서 영향력 있는 지위를 얻는 것도 쉽지 않았다.

승려 계층의 지위가 낮은 데에는 몇 가지 원인이 있는데 그 가운데 가장 결정적인 요인은 국가나 사회의 지도 이념인 유교적 관점에서 이들을 이단으로 적대시했다는 점이다. 종교계 사람들 대부분이 이들의 억압 대상이었기 때문에 관과의 마찰을 유발할 것을 두려워하여 감히 승려가 되기를 원치 않았다. 또한 가정생활과 속세와의 관계를 포기해야 함에 따라 속세의 사회적 가치와 상충되었다. 중국의 전통사회는 조상을 빛낼 수 있는 자만이 사회적 존경을 받았기 때문이다. 전통적인 성직자, 특히 무당 같은 평판이 나쁜 종교인에 대한 멸시는 상대적으로 불교나 도교의 성직자에게도 영향을 미쳤다. 마지막으로 대부분의 출가인들이 사회적 빈곤층이나 무지한 계층 출신이었다는 것이 그 이유였다.

승려와 사원에 대한 정치·경제·사회적 차원의 규제 때문에 종교적 구원이 필요했던 많은 사람들은 속세에서 열렬한 신도가 되거나 늘 박해의 대상

---

366 『毗陵缸巷譚氏族譜』, 1883, p.2.

이 됨에도 불구하고 종교 교파에 가입했다. 관의 주시를 피하기 위해 각 종교 교파들은 공개적인 수계의식을 거행하지 않았다. 더욱이 이들에게 적대적 감정을 가지고 있는 관으로부터 수계 증명을 받을 수도 없는 일이었기 때문이다. 한 명의 스승이 한 명의 도제만 거느릴 수 있다는 등의 구성원에 대한 자격 제한도 존재하지 않았다. 따라서 종교 교파에 가입한 사람들은 사묘나 암자로 출가한 사람들과는 달리 기부에도 제한을 받지 않았다. 교파에 가입된 모든 사람들은 각자의 생계를 스스로 해결했다. 교주의 생활은 이런 가입자들의 봉헌에 의지하고 있었기 때문에 가입한 사람이 많을수록 교주의 생활은 더 나아졌고 그 조직 또한 더욱 확대될 수 있었다. 때문에 봉건제 하의 관에서는 종교조직이 가입자들로부터 어떻게 재물을 긁어모으는지에 대해 항상 관심을 늦추지 않았다. 교파단체가 안정적인 경제적 기반이 확보되면 그 조직은 관의 통제가 미치지 못할 정도로 발전하기도 했다. 교파단체의 구성원들은 가족의 수중에 있을 수 있었고 속세와의 관계를 유지하고 속세에서의 포부와 이익을 지속적으로 도모할 수 있었다. 교파단체의 구성원이라는 신분은 사회적인 지위에 전혀 영향을 받지 않았다. 이들 교파단체의 구성원들은 일반적으로 동일한 계층의 사람들로 충원되었다는 것이 그 일부 원인이었다. 전통사회에서 명망 있는 사람들은 대부분 자신들의 지위에 대한 영향보다는 항상 관에 의한 박해에 노출되어 있었기 때문에 정치적인 위험에 더 많은 신경을 썼다. 앞에서 지적한 바와 같이 수많은 교파단체들이 영향력 있는 조직으로 발전할 수 있는 가장 좋은 방법은 관의 주의를 피하는 것이었다. 조직적이며 공개적으로 합법화된 불교나 도교에 비해 교파단체들은 제도종교의 일부로써 전통사회에서 보다 강력한 힘을 대표하는 요소였다.

**지역사회 자선사업에 대한 참여 부족** : 일반 종교는 속세의 어려움을 구제하는 데 주력한다. 따라서 다양한 문화 속에서 각종 자선활동은 종교조직의 기능적 지위를 확립하고 세속사회에 영향을 미치는 방법 가운데 하나였다. 이는 비기독교 지역에 대한 기독교교회의 복음 전파 노력에서도 명확히 알 수 있다. 중국역사에서는 무한한 발전 가능성이 보장된 불교단체들이 지역의 공익에 힘쓰면서 사회적 영향력을 발휘했다.

3, 4세기 중국불교의 확연한 특징 가운데 하나는 지역사회에서 펼친 보편적인 자선활동이었는데, 이로 인해 많은 사람들이 어려움을 당하면 사묘의 도움에 의지하게 되었다.[367] 도교도 한창 융성했던 시기에는 중생 구제를 목적으로 다리를 놓고 길을 수리하는 등 공공시설 건설에 참여했다.

그러나 현대의 불교나 도교조직은 대부분의 종교단체들과 마찬가지로 보편적으로 자선사업에 참여하고 있지 않다. 지금은 현지의 상류층과 상인들과 협력하여 고아나 과부, 노인, 장애인들을 돌보고 구제하는 기구를 만드는 것이 지방 관리들의 업무 중 하나가 되었다. 자선과 공익사업은 수요에 비해 공급이 늘 부족한 형편으로 관이나 지방 상류층에게는 늘 힘 써야 할 일이었지만 이 분야에 대한 종교조직의 참여는 상대적으로 저조했다. 과거에는 전염병이 유행할 때 의료진을 제공하고 큰 재난이 발생하면 죽 배급소를 설치하여 식사를 제공하며 관이나 무덤을 무상으로 마련해 주는 등의 일이 모두 지역사회의 유지들에 의해 조직되고 진행되었다. 이러한 활동에 관련된 자료들은 각 지방의 지방지에 넘쳐날 정도로 많다. 예컨대 천사현의 구제기구인 '자원당(慈源堂)'의 경우 1898년, 새롭게 보수되면서 자선 및 기부가 크게 늘어 고아나 과부, 노인들에게 무료로 묘지나 의료 혜택을 제공하고 가난한 사람들에게 쌀과 옷가지 등을 나누어주는 구제활동을 크게 강화하였다. '자원당'에 전답이나 가옥을 기증한 63명 가운데 관료가 3명이었고 일반 개인 및 가정이 60건이나 됐지만 승려나 종교조직의 참여는 전혀

---

367 傅勤家, 『中國道敎史』, 上海 商務印書館, pp.83-87. 陳垣, 『南宋初河北新道敎考』, 北京, 1941, p.35.

없었다. 107명의 사묘 보수 기증자 가운데는 41명의 개인과 가정, 36명의 상점주, 3명의 관리가 있었지만 역시 종교조직은 참여하지 않았다. 이처럼 자선 및 구제활동은 사회의 지도층에 의해 발의되었지만[368] 종교조직이 이에 참여하는 경우는 없었고 이러한 상황은 민국 시기까지 계속되었다. 1920년 상해 인근의 보산 월포진에서 대규모 기아가 발생하고 1924년에 내전이 발발했을 때도 모든 구제활동은 예외 없이 현지의 상인조직이나 상류층에 의해 진행되었다.[369]

1929년 호남성 장사(長沙)에 한 자선기구가 건립되면서 노인의 집, 과부의 집, 고아원, 고아학교, 지역 곡물창고 등 과거의 다양한 독립적인 자선조직들이 하나로 합병되었다. 이러한 사업에 필요한 신규 자금의 일부는 이전의 기구나 소금 생산지의 부가세로 충당되었다.[370] 지역사회의 자선 및 공익활동에 소요되는 기금과 조직은 종교조직의 참여 없이 완전히 세속적 기구에 의해 전담되었다. 중국의 다른 지역에서도 이러한 상황은 크게 다르지 않았다.

지역 자선사업에 참여하지 않는 경향은 불교나 도교의 조직력 부족과 경제 능력의 결핍이 그 원인이라 할 수 있다. 신도들의 기부는 승려의 생계유지에도 부족하여 승려들 자신이 구제의 대상이었기 때문에 다른 사람을 도울 만한 능력이 전혀 없었다. 실제적으로 승려들의 탁발은 불교의 중요한 전통 가운데 하나이다. 대부분의 승려나 도사들은 스스로 자신의 생계를 해결해야 한다는 사실을 강조함으로써 자선활동을 자신들의 종교적 책임으로 받아들이지 않았다. 하지만 대승불교의 인류를 구원한다는 정신과 덕을 쌓아야 한다는 신조가 중국인의 자선활동에 동기를 부여하고 선행을 장려했다는 것도 명백한 사실이다. 그러나 이것은 불교조직의 구조적 영향력보다

---

368 『川沙縣誌』, 1936, 제11권, pp.12-19.
369 『月浦里誌』, 1933, 제10권, pp.1-3.
370 『湖南年鑑』, 1933, pp.875-876.

는 불교의 이론과 숭배의식의 영향력을 나타낸다. 조직화된 종교 세력으로써 불교의 지역사회의 자선사업 참여 부족은 세속사회에서의 기능적 지위를 확연히 떨어뜨렸다.

세속 교육에 대한 참여 부족 : 중국 종교를 연구하는 학자들은 중국의 교육체계 안에 종교계 인사들의 참여가 전혀 없었다는 것이 유럽 역사의 형성과정에 비해 확연히 대비되는 사실이라고 평가한다. 유럽의 현대 교육제도는 교회의 교육기능에서 유래했고 중세의 수도원은 학문의 중심이었고 신부는 교사였던 것이다. 교육과 정치권력은 별개의 것으로 국왕과 귀족들은 문화적 소양이 없었다. 이러한 전통적인 교회의 교육기능은 르네상스 이후 크게 쇠퇴하게 되었지만[371] 미국 개척시대의 교회학교는 공립학교 체계의 선구적인 역할을 담당했다. 심지어 오늘날까지도 교육에 대한 기독교계 종교인들의 영향력은 매우 크다. 이 종교의 교육기능은 중국에서는 발달되지 않았다. 주(周)나라 초기에는 출가인들이 교육에서 배제되었고 유학자들이 넓은 의미에서 교육기능을 주로 담당했다. 도교 신비주의의 선조 가운데 한 사람인 굴원(屈原)의 시구에 "도(형이상학적 원리)는 언어로 전달될 수 없는 것이다"라는 정의가 있고 공자는 제자들에게 인생의 세 가지 즐거움 가운데 하나는 "현명한 인재들을 모아 가르치는 것"이라고 밝혔다.

유생들이 성현의 말씀을 따르고 벼슬길에 나가는 것을 제외하면, 지식인들의 가장 중요한 사명은 지식을 전수하는 것이라고 생각했기 때문에 교육은 유가에 의해 독점되었다. 교육이 유교사상을 전수하고 보급하는 수단이 아니었다면 왕조의 전통적 유교사상은 계속 이어져 내려올 수 없었을 것이다. 게다가 교육은 정치권력을 위한 하나의 전제조건이었다. 하지만 중국의 교육은 발전과정에서 종교나 출가인들의 활동이 완전히 배제되었다.

---

[371] Y. C. Yang, *China's Religious Heritage*, p.36.

공자가 생존할 당시 교육의 세속화 정도는 매우 확연했다. 교육의 육예 즉, 예(禮), 악(樂), 사(射), 어(御), 서(書), 수(數)에는 종교적 내용이 전혀 포함되어 있지 않았다. 한대부터 과거제도가 벼슬길로 가는 문이었지만 종교는 이런 포부를 가진 사람들을 평가하는 과목에 포함되지 않았다. 배움이 있는 승려나 종교 신학에 대해 해박한 지식을 갖고 있는 사람도 시험장에 들어갈 자격이 없었기 때문에 입신양명하여 정치적 영향력을 행사할 수 있는 기회는 더욱 없었다. 간혹 유명한 학자가 현실생활에 염증을 느껴 출가하는 경우가 고작이었다.

현재 대부분의 승려와 도사들은 교양을 갖추지 못하고 교육도 받지 못해 스승으로서의 자격을 갖추지 못하고 있다. 아주 드물게 학문이 깊은 승려가 문학 분야에서 학생들을 아주 출중하게 성공적으로 양성하는 경우가 있을 수 있지만 출가인들이 학교를 열어 가난한 사람들을 교육하는 일은 찾아보기 어려웠다. 단지 요(遼)대에 중국의 북방지역에 불교도가 가난한 사람들에게 교육을 시킨 경우가 전부였다.

이처럼 종교는 교육 시스템 안에서 일정한 지위를 확보하지 못했고 중국의 제도화된 양대 종교인 불교나 도교도 젊은 사람들에게 종교사상을 전파할 수 있는 통로를 상실했으며 과거시험을 통해 정치와 사회에 영향을 미칠 수 있는 지위도 얻을 수 없었다. 물론 그렇다고 해서 불교나 도교의 학문적인 수준이나 심오한 율법을 부인하는 것은 아니다. 하지만 불교나 도교의 방대한 문헌의 내용들은 순수한 종교적 주제에 집중되어 있을 뿐, 속세의 문학과는 거리가 있었기 때문에 일반적인 교육의 중요한 참고 대상이 될 수는 없었다. 중국문화 속으로 완전히 융합된 적이 없는 이슬람교를 제외하면 기독교가 교육문화 영역에 가장 적극적인 태도를 보이는 제도종교였다고 할 수 있다. 하지만 현대사에서 확인할 수 있는 바와 같이 기독교는 중국의 정치집단과 상당한 충돌을 일으키며 발생했다. 특히 1920년대와 30년대에는 기독교에 자극 받은 민족주의적 정서가 속세의 교육체제 전통을 고집하게 만들었다.

도덕성에 대한 조직된 권위의 결여 : 이 연구에서는 전통 중국사회의 도덕질서에서 종교의 기능적 중요성에 대해 끊임없이 강조하고 있다. 중국 종교제도의 구조적 취약성과 관련된 것이긴 하지만 종교가 사회적 기능을 발휘하기 위해서는 강력한 구조적 지위가 갖춰져야 한다는 사실을 우리는 다시 한 번 강조하지 않을 수 없다. 사회의 도덕 질서에서 종교의 기능은 주로 세속적 원인에서 생기는 윤리가치를 재가하는데 있다. 종교 그 자체는 전통 윤리체계의 주요 요인이 아니며 제도종교는 사회 도덕을 강화할 수 있는 조직화된 권위가 결여되어 있다. 이러한 상황은 17세기 이전 천주교의 형성과 선명한 대비를 이룬다. 유럽에서는 한동안 "사회적 도덕은 교회당 인에 있고 모든 교파는 도덕을 가르치고 도덕을 행하려 한다. 필요할 경우 어떤 원칙에 의해 도덕을 이끌 수도 있다"[372]라는 말이 유행할 정도였기 때문이다.

## 요약 : 종교생활의 탈중심화 경향

상술한 자료와 토론을 통해 우리는 중국에서 종교가 별개의 사회조직으로서 일종의 고도로 탈중심화된 경향을 나타내고 있음을 확인했다. 조직화된 주체로서 현대의 제도종교는 출가인 수가 대단히 제한적이어서 두세 명의 출가인이 각각 미세한 단위로 나누어져 있고 대부분은 서로 연결되어 있지 않다. 사람 수가 적은 데다 생계유지를 위한 자원이 거의 없는 상황이다 보니 조직화된 신도 대중의 지지를 상실할 수밖에 없다. 사회적 기능의 발

---

[372] R. H. Tawney, *Religion and Rise of Capitalism*, Mentor Book edition, New York, 1953, pp.16-17, Joachim Wach, op, cit, p.53 참조

휘에도 제한이 있어 자선 사업과 교육, 도덕적 교훈 전파 등의 활동에 참여하지 못하고 신망 있는 주요 승려가 종교생활을 주도하지도 못하며 세속적 사회기구를 직접적으로 관장하지도 못한다. 불교나 도교의 사묘는 간혹 사묘의 명칭이 같고 동일한 주신을 모시기도 하지만 독립된 종교조직 단위로서 각자의 신명과 신학적 취지를 유지하고 있다.[373] 그 결과 어떠한 중앙집권화된 종교조직도 출가인이나 일반인들의 종교생활을 지배하지 못한다. 이런 측면에서, 제도종교는 위계적 통제에서 자유로웠다.

강력한 성직자가 없다해서 종교의 영향력이 미약한 것은 아니다. 중국 민중, 특히 여성들은 곤고한 세월을 종교의 도움으로 이겨냈다.

강력한 성직자다운 종교 시스템이 없다고 해서 사회생활에서의 종교의 영향이 미약하다고 할 수는 없다. 종교의 도움이 없었다면 중국의 민중, 특히 부녀자들은 어려운 생활 속에서 힘든 세월을 견뎌내지 못했을 것이다. 이들은 이른 새벽에 신에게 분향하고 사묘에서 공적 혹은 사적 기도를 다양하게 올렸다. 대소사의 해결을 위해 점술가를 찾아가 크고 작은 문제에 조

---

[373] Willem A Grootaers, Li Shih-yu, Chang Chih-wen, *Temples and History of Wanchuan*, Monumenta Serica, Peking 1948, op, cit.

언을 구했으며 종교적 의미를 갖는 명절을 쇠거나 춘절 기간에 묘회에 참가하기도 했고 책력에서 길일을 택해 대사를 처리하기도 했다. 또한 초자연적인 힘에 이것이 삶과 세상 전체에 미치는 영향을 종합하여 그 반응을 도출하기도 했다. 이 모든 행동이 전통적 사회질서 안에서 종교와 일상생활을 긴밀하게 연결시켜 주었지만 여기에 전업 종교인의 조직적인 인도는 전혀 필요하지 않았다. 사람들이 어떤 사묘를 찾아가 향을 올리고 어떤 특정한 신을 참배하며 어떤 승려를 모시고 어떤 특정한 모임을 갖든지 간에 종교의 실질적 기능은 다르지 않았다. 학문에 종사하는 사람들의 경우 사원이나 신령은 결국 실질적으로 사람들을 곤혹스럽게 만드는 문제로 귀결되지만 중국의 일반 민중들에게는 이 모든 것들이 종교생활에 전혀 문제가 되지 않았다. 따라서 제도종교에 구조적 지위가 결여되어 있다는 사실이 종교가 사회생활 속에서 전혀 기능을 하지 않는다는 것을 의미하지는 않는다.

 이러한 탈중심적 시스템 안에서 종교는 분산된 형태로 세속의 사회제도에 기여하며 그 조직을 강화시킨다. 종교는 보편적으로 세속의 사회제도 안에 스며들어 전통 사회제도 구조 속에서 지지를 받지만 신학과 신명, 신앙에 대한 독특한 의식은 민중의 생활 전체에 체계적인 영향을 미치고 있다. 따라서 현실생활의 활동 가운데 종교는 기본적으로 세속 제도를 둘러싼 상태로 진행되어 왔다고 할 수 있다. 사회 제도의 한 부분으로 기능함으로써 종교는 강력하고 독립적인 구조 자체가 없음에도 영향력이 도처에 스며들게 되었다.

# 제13장
# 1949년 이전 중국사회 속의 종교 역할의 변화

　이상으로 중국 종교생활에 대한 다양한 측면의 연구를 통해 근대의 발전 상황을 대략적으로 서술하였다. 본 장에서는 19세기 후반부터 공산당이 집권한 현대중국까지 종교 발전의 대체적인 상황을 개괄적으로 소개해 보기로 한다.

　현대 시기에서 가장 주목할 만한 사건은 의심할 여지없이 세속화 경향이다. 세속화는 중국 사회생활의 많은 전략적 측면에서 종교적 영향력을 약화시켰다. 더욱이 사회·정치적 지도력을 가진 근대중국 지식인들의 종교에 대한 견해에 영향을 끼쳤다. 한편으로 우리는 일반 대중생활에 대한 종교의 지속적인 영향을 확인하였다. 공산당 집권 전에, 중국 종교에서 가장 기본적인 요소인 '천(天)'과 명(命) 신앙이 지속된 것은 여러 지역의 점쟁이나 관상쟁이가 대량으로 존재하고 살아가는 지침서인 '황력(黃曆)'이란 책력이 베스트셀러가 되었다는 점이 이것을 설명해 주고 있다. 오랫동안 '천'과 '명'으로 작동된 다신 숭배의 만신전에서는 여전히 대중의 마음을 강력하게 잡고 있었다. 따라서 일반 대중의 종교생활에 대한 실제 상황과 세속화 경향에 대해 고찰할 필요가 있다. 왜냐하면 대중적인 종교와 세속화의 영향은 현대 중국, 특히 아주 중요한 사회적 변화가 일어났던 중화민국 시기의 대체적인 상황을 구성하고 있기 때문이다.

## 현대 시기의 사묘(寺廟)의 건축과 수리

사묘는 공공 숭배의 중심이다. 사묘의 건축과 수리는 한 지역사회에서 살아가는데 각 기능 신들이 여전히 생명력을 지니고 있다는 표시이다. 현대중국에서는 새로운 사묘를 건축하는 속도가 느려졌다. 그러나 옛날 사묘들을 더 많이 중수하며 보호하였다. 〈표14〉에서 〈표19〉까지의 통계자료는 한 개 성의 연감과 다섯 개 현의 지방지에서 뽑은 것이다. 여기에서 우리는 비교적 대규모의 사묘 건축과 중수 자료만을 볼 수 있다. 실제적으로 이 사묘들은 지방 모든 사묘의 적은 한 부분을 차지하고 있을 뿐이다. 그런데 해당 자료들은 서로 다른 시기의 종교생활 중에 발생하는 중요한 변화들을 충분히 반영하고 있다.

이 도표들은 세 곳의 다른 지역 유형을 나타내고 있다. 〈표14〉는 한 개 성(省)의 한 종교 단위의 자료를 제공해 주고 있다. 〈표15〉, 〈표16〉, 〈표17〉은 상해(上海) 주변 3지방의 지역사회의 자료들을 제공해 주고 있다. 현대적 대도시가 된 상해에서는 부(富)가 급속히 증가했으며 현대 물질문명의 영향도 갈수록 증가했다. 〈표18〉과 〈표19〉의 자료는 두 개 내륙현에서 뽑았다. 한 곳은 북방이고, 한 곳은 남방이다. 이 두 곳의 현은 상대적으로 가난하고 경제사회의 중심지대에서 멀리 떨어진 지역이다. 유감스럽게도 거기에는 도시-근대 영향이 발산되는 중심지-사이의 상황을 비교할 수 있는 정보가 없다.

역사적 시기를 나누면, 특히 최근 시기는 사묘 수에 영향을 미치는 중요한 사건에 기반을 두고 있다. 현존하는 사묘 중에 명대 전에 세워진 것은 아주 적다. 일부는 해안 지역의 습한 기후와 특별히 기후가 따뜻한 남방에 있었기 때문에, 다수의 나무와 벽돌 구조의 사원 건축이 쉽게 부식되었다. 명

〈표14〉 역대 호남성의 건축 사원 수량

| 건축 시기 | 사원 수 |
|---|---|
| 명(明)대 이전 | 24 |
| 명(明)대(1368-1644) | 52 |
| 청(淸)대 : 1644-1849 | 68 |
| 1850-1911 | 22 |
| 중화민국(民國)(1912-1928) | 15 |
| 총계 | 181 |

출처:『湖南年鑒』, 1933, pp.837-854.

〈표15〉 역대 강소성 천사현의 건축, 보수된 사원의 유형과 수량

| | 가족 | 지역사회 | 국가 | 도덕 질서 | 경제기능 | 건강 | 일반복리 | 비구니절 | 총계 |
|---|---|---|---|---|---|---|---|---|---|
| **건축 시기** | | | | | | | | | |
| 명(明) : 1368-1644 | | | | 2 | | | | 1 | 3 |
| 청(淸) : 1644-1849 | 5 | | | | | | 1 | | 6 |
| 1850-1911 | 15 | | 3 | 1 | 7 | | 5 | 3 | 34 |
| 중화민국(民國) : 1912-1925 | 6 | | | | 1 | | | | 7 |
| 1926-1936 | 3 | | | | | | | | 3 |
| 총계 | 29 | | 3 | 3 | 8 | | 6 | 4 | 53 |
| **보수 시기** | | | | | | | | | |
| 명(明) : 1368-1644 | | | | | | | | | |
| 청(淸) : 1644-1849 | | | | | | | | | |
| 1850-1911 | | 2 | 2 | 9 | 6 | 1 | 21 | 3 | 44 |
| 중화민국(民國) : 1912-1925 | 3 | 2 | 2 | 4 | 1 | 1 | 7 | 5 | 25 |
| 1926-1936 | 1 | | | | | | 4 | | 5 |
| 총계 | 4 | 4 | 4 | 13 | 7 | 2 | 32 | 8 | 74 |

출처:『川沙縣誌』, 1936, 제12, 13권.

〈표16〉 역대 강소성 보산현의 건축, 보수된 사원의 유형과 수량

|  | 사회질서 | | | | 경제기능 | 건강 | 일반복리 | 비구니절 | 총계 |
|---|---|---|---|---|---|---|---|---|---|
|  | 가족 | 지역사회 | 국가 | 도덕 질서 | | | | | |
| **건축 시기** | | | | | | | | | |
| 명(明) : 1368-1644 | | | | 1 | | | | 1 | 2 |
| 청(淸) : 1644-1849 | | | | | | | | 1 | 1 |
| 1850-1911 | 2 | | 1 | | 2 | | 1 | 8 | 14 |
| 중화민국(民國) : 1912-1925 | | | | | 2 | | 1 | | 3 |
| 1926-1936 | | | | | | | | | |
| 총계 | 2 | | 1 | 1 | 4 | | 2 | 10 | 20 |
| **보수 시기** | | | | | | | | | |
| 명(明) : 1368-1644 | | | | | | | | | |
| 청(淸) : 1644-1849 | | | | | | | | 1 | 1 |
| 1850-1911 | 2 | 5 | 3 | 9 | 3 | 2 | 7 | 4 | 35 |
| 중화민국(民國) : 1912-1925 | | 1 | 1 | 3 | 2 | | 6 | 5 | 18 |
| 1926-1936 | | | | | | | | | |
| 총계 | 2 | 6 | 4 | 12 | 5 | 2 | 13 | 10 | 54 |

출처 : 『寶山縣續誌』, 1921, 제3권, pp.17-20. 제5권, pp.8-23.

대에는 사묘가 대규모로 건축되었던 시기인데, 주로 몽고인이 중원의 주인이 되었던 기간에 대규모로 파괴되었던 문화를 회복하기 위해서였다. 명나라에서 청나라로 왕권이 교체되는 시기에는 대량의 사원 파괴 현상이 나타나지 않았다. 청대에는 각 지역의 사원이 세워지는 속도가 과거와 별 차이가 없었다. 1850년 태평천국운동은 우상 숭배를 반대했기 때문에 도처의 많은 사묘들이 파괴되어 폐허가 되었다. 태평천국운동이 평정된 후 청대 말기에 이르러, 새로운 사묘들을 건축하고 옛 사원들을 계속해서 수리하였다. 민국 초기(1912-125)에 건축된 사묘의 수도 이전 시대의 같은 기간 내에 건축된 사원들과 비교할 수 있을 만했다. 1925년 후 두 차례의 혁명이 가져온 거대한 충격과 뒤이은 반종교운동으로 사원 건축과 수리의 속도는 분명히

〈표17〉 역대 강소성 보산현 월포진의 건축, 보수된 사원의 유형과 수량

| | 가족 | 지역사회 | 국가 | 도덕 질서 | 경제기능 | 건강 | 일반복리 | 비구니절 | 총계 |
|---|---|---|---|---|---|---|---|---|---|
| **건축 시기** | | | | | | | | | |
| 명 이전 | | | | | | | | | |
| 명(明) : 1368-1644 | | | 1 | | | | 2 | | 3 |
| 청(淸) : 1644-1849 | | | | | | | | | |
| 1850-1911 | | | 1 | 1 | | | 1 | | 3 |
| 중화민국(民國) : 1912-1925 | | | 1 | 1 | | | 1 | | 3 |
| 1926-1936 | | | | | | | | | |
| 총계 | | | 3 | 2 | | | 2 | 2 | 9 |
| **보수 시기** | | | | | | | | | |
| 명 이전 | | | | | | | | | |
| 명(明) : 1368-1644 | | | | | | | | | |
| 청(淸) : 1644-1849 | | | 1 | | | | | | 1 |
| 1850-1911 | | 1 | 2 | | | | 1 | 2 | 6 |
| 중화민국(民國) : 1912-1925 | | | | | | | 5 | | 5 |
| 1926-1936 | | | 1 | 3 | | | | | 4 |
| 총계 | | 1 | 4 | 3 | | | 6 | 2 | 16 |

출처: 『月浦縣誌』, 1933, 제4권, pp.5-7.

느려졌지만 이것 때문에 완전히 정지되지는 않았다. 이것은 호남성(湖南省)과 비교적 부유한 현인 강소성(江蘇省)의 천사현(川沙縣), 강소성 보산현(寶山縣), 보산현 월포진(月浦鎭)의 대략적인 수치이다(〈표14〉-〈표17〉).

〈표18〉 중의 광동성(廣東省) 나정현(羅定縣)의 상황은 1850년 후 주요 사묘의 건축과 보수가 약간 있었고 중화민국 시기에는 전혀 없었던 것에서 차이가 있다. 하북성 북쪽의 망도현은 좀 더 날카로운 대비를 보인다(〈표19〉). 자료에 나타난 바, 명대 이전에 이 지역에서는 비교적 큰 사원을 건축하였다는 어떤 기록도 없으며 청대에서 민국까지의 3세기동안 전혀 건축이 이

<표18> 역대 광동성 나정현의 건축, 보수된 사원의 유형과 수량

| 건축 시기 | 가족 | 지역사회 | 국가 | 도덕 질서 | 경제기능 | 건강 | 일반복리 | 비구니절 | 총계 |
|---|---|---|---|---|---|---|---|---|---|
| 명(明) : 1368-1644 | | | 4 | 5 | 2 | | 4 | 3 | 18 |
| 청(淸) : 1644-1849 | | | 6 | 4 | 1 | | 1 | 2 | 14 |
| 1850-1911 | 1 | | | 1 | | | 3 | 1 | 6 |
| 중화민국(民國) : 1912-1925 | | | | | | | | | |
| 1926-1936 | | | | | | | | | |
| 총계 | 1 | 10 | 9 | 4 | | | 8 | 6 | 38 |
| 보수 시기 | | | | | | | | | |
| 명(明) : 1368-1644 | | | | 1 | | | | | 1 |
| 청(淸) : 1644-1849 | | 3 | 2 | | | 1 | 4 | 1 | 11 |
| 1850-1911 | | 1 | | | | | 2 | | 3 |
| 중화민국(民國) : 1912-1925 | | | | | | | | | |
| 1926-1936 | | | | | | | | | |
| 총계 | | 4 | 3 | | | 1 | 6 | 1 | 15 |

사회질서는 국가, 도덕 질서를 포함한다.

출처:『羅定縣誌』, 1935, 제2권, pp.1-16.

루어지지 않았다. 주요한 사원의 대보수는 1850년 이전의 청대에 진행된 것이며 민국 시기에는 전혀 없었다. 그러나 이것은 최근 비교적 작은 사묘(寺廟)와 제단을 건축하거나 수리한 적이 없다는 것을 나타내지는 않는다. 왜냐하면 지방지들이 제공한 자료에는 큰 사원들의 상황만 개괄하고 있기 때문이다. 비교적 큰 사묘를 건축하거나 수리하지 않았는데 이것이 대중들의 신앙 숭배가 소멸된 신호라고는 할 수 없다. 왜냐하면 비록 이들 사원들은 날로 부서지고 낡아졌다 하더라도 대중들은 여기에서 제사활동을 할 수 있었기 때문이다.

이 지방들의 공통적인 특징은 근대에도 여전히 존재하는 사원과 도관은 과거 600여 년 사이 계속해서 건축되어 온 것이지만 어느 시대의 단독적인

<표19> 역대 하북성 망도현의 건립, 보수된 사원의 유형과 수량

| 건축 시기 | 사회질서 | | | | 경제기능 | 건강 | 일반복리 | 비구니절 | 총계 |
| --- | --- | --- | --- | --- | --- | --- | --- | --- | --- |
| | 가족 | 지역사회 | 국가 | 도덕 질서 | | | | | |
| 명 이전 | | | 1 | | | | | | 1 |
| 명(明): 1368-1644 | | | 1 | | | | | 2 | 3 |
| 청(淸): 1644-1849 | | | | | | | | | |
| 1850-1911 | | | | | | | | | |
| 중화민국(民國): 1912-1925 | | | | | | | | | |
| 1926-1936 | | | | | | | | | |
| 총계 | | | 2 | | | | | 2 | 4 |
| 보수 시기 | | | | | | | | | |
| 명 이전 | | | | | | | | | |
| 명(明): 1368-1644 | | | | | | | | | |
| 청(淸): 1644-1849 | | | 5 | 3 | 1 | | 1 | 3 | 13 |
| 1850-1911 | | | 1 | | | | | | 1 |
| 중화민국(民國): 1912-1925 | | | | | | | | | |
| 1926-1936 | | | | | | | | | |
| 총계 | | | 6 | 3 | 1 | | 1 | 3 | 14 |

출처: 『望都縣誌』, 1934, 제3권, pp.32-41.

공헌만은 아니라는 점이다. 이는 호남성에서 주요 사원의 건축 속도에서조차 명확하다(<표14> 참고). 현대 시기 한편으로는 천사현(川沙縣)과 보산현(寶山縣)(<표15-17> 참고) 사이의 사원들이 건축되고 나정현(羅定縣)과 망도현(望都縣)(<표18-19> 참고) 사이의 사원의 건축, 수리 비율이 차이나는 것은 역사와 경제적 환경에서 기인한다. 한 가지 분명한 것은, 즉 두 개의 내륙현에서 사원의 건축, 수리가 적은 것은 20세기에 일어난 현대 세속화 영향과 관련이 없다는 것이다.

태평천국운동이 천사(川沙)와 보산(寶山) 두 현으로 진격하면서 두 현의 사묘가 크게 파괴되었다. 지방지의 기록도 아주 불완전하게 나타난다. 천사

태평천국의 왕관과 옥새. 옥새에 하늘에 계신 아버지(天父) 하나님(上帝)과 하늘에 계신 형님(天兄) 예수그리스도(基督) 등이 새겨져 있음을 볼 수 있다.

현(川沙縣)은 65개의 비교적 큰 사원과 16개의 도관(道觀)이 있다. 또한 대략 4분의 1은 비교적 큰 사원과 도관였지만 완전히 평지로 폐허가 되었다.[374] 보산현 나점진(羅店鎭)의 45개 사원 중에 16개가 폐허로 변했다.[375] 그 결과 1850-1911년에 두 현의 사묘 창건과 수리가 현저히 증가했다. 호남성의 어떤 현들은 태평천국운동의 영향을 똑같이 받았을지라도 일단의 시기 내에 사묘를 다시 수리하는 현상이 나타났다. 그러나 개별 지방 사묘가 세워진 상황은 모든 성 범위의 통계와 맞먹는다(〈표14〉 참고). 나정(羅定)과 망도(望都) 두 현은 태평천국운동의 전쟁터가 아니었기에 직접적으로 파괴되지는 않으며 1850년 이래 이 두 지역에서 주요한 사원이 건축되지 않은 것은 부분적으로는 이러한 사실 때문이다.

그러나 여기에서도 경제적인 요소를 고려해야 한다. 나정과 망도는 내륙의 농업현(農業縣)인데, 토지가 척박하여 전체적으로 가난하고 경제적으로 경제 생산성도 낮다. 따라서 비교적 큰 사원의 건축과 수리가 엄격히 제한되었다. 1934년 『망도현지(望都縣誌)』의 편찬자는 사원이 붕괴된 현황을 조

---

[374] 『川沙廳誌』, 1879, 제5권, pp.1-17.
[375] 『羅店鎭誌』, 1899, 제1권, pp.23-28.

사하면서 이것은 수리 비용이 부족했기 때문이라고 하였다.[376]

반대로 보산(寶山)과 천사(川沙) 두 현은 상해의 거대한 도심에 위치해서 지난 세기 상해가 이룩한 엄청난 경제 발전을 나누어 가졌다. 상업 또는 기타 직종의 성공 인사들은 사원의 건축과 수리 항목으로 많은 돈을 기부하였다. 심지어 일반 대중도 자신이 절약한 돈을 내며 집단적인 사묘 건축 공정에 참여하였다. 천사현(川沙縣)의 노반묘(魯班廟, 목수와 건축노동자의 수호신 묘)는 1899년에 세워졌다. 보산현의 첫 번째 노반묘는 1906년에 세워졌고, 다른 노반묘는 1916년에 세워졌다. 모두 건축직업협회(建築行業協會)에서 출자한 것이다. 이 협회의 성원은 상해시에서 급속도로 발전한 건설 때문에 부유해졌다.[377] 1930년대 상해에서 악명 높았던 사기꾼 황금영(黃金榮)은 거액의 자금을 내어 보타산(普陀山)의 대사원을 중수하였다. 1948년 광동의 도박꾼 주인 하여발(何如發)은 이 시의 남쪽으로 20마일 떨어진 마을에 불법으로 거둬들인 수입의 일부분을 작은 불사를 세우는 데 투자하였다. 이런 예는 일일이 헤아릴 수가 없다. 그중 현대 도시의 경제 발전 때문에 부유해진 사람은 원묘(院廟)와 비구니절(尼姑庵)을 창건하고 수리하는 주요한 기부자가 되었다. 이것은 세속화의 중심지 역할을 하는 현대 도시가 일반 대중의 종교에 대한 태도에 제한적인 영향만 가질 수 있음을 보여준다. 현대 도시의 부가 종교적 숭배 장소에 사용됐다는 것은 이 표에서 끌어낼 수 있는 주목할 만한 결론의 하나이다.

〈표15〉에서 〈표19〉까지의 자료는 어느 유형의 사원만을 지속적이고 집중적으로 건축하고 수리하지 않았음을 나타내준다. 반대로 각종 서로 다른 유형의 사묘마다 다른 수리 공정이 있었다. 이러한 관점에서, 통계의 표본이 적은 것을 고려해 볼 때 실제적으로 이 표 속의 자료들이 가장 주목할 만한

---

376 『望都縣誌』, 1934, 제3권, pp.32.
377 『川沙縣誌』, 1936, 제12권, p.4.: 『寶山縣續誌』, 1921, 제5권, p.20.

것은 새로운 사묘을 끊임없이 건축하고 옛 사묘를 수리한 것과 마찬가지로, 사묘의 모든 기능이 현대사회에서도 여전히 활력을 지니고 있다는 것이다. 물론 예외적인 상황도 나타날 것이다. 비록 가족과 관련되는 다산과 결혼의 례를 위한 사묘를 창건하고 수리하는 것이 아주 적었고 또, 남방 지역사회에서는 최근들어 종사(宗祠)를 적극적으로 건축하고 수리하였지만, 그 규모는 경제적 조건의 제한을 받았다. 위의 표에서 인용한 지방지 자료 중에는 『천사현지(川沙縣誌)』에 종사가 있다는 상세한 자료가 있어 이상의 관찰 결과를 실증하였다. 현대 사회의 세속화는 지식인의 조상 숭배에 대한 태도에 영향을 끼쳤으나, 일반 대중 속에서 조상 숭배는 여전히 남아 있었다. 남방의 마을에서 만일 절대 다수의 종사가 최소한 반세기 동안 남아 있었다면, 이따금씩 보이는 새로운 사원은 운이 좋은 아들이 우연치 않게 큰 돈을 번은 지역에서 볼 수 있는 것이다. 그래서 통상적으로 종사는 대다수 기타 사묘보다도 훨씬 더 좋은 보호를 받았다.

사묘의 건축과 보호는 조직이 있는 사회단체가 장기적으로 부담했거나 일시적으로 조직된 지역의 활동 또는 어느 개인의 노력을 통해 이루어졌다. 종사는 즉 친족집단에서 건축하고 수리하였는데 직업수호신(行業神)을 신봉하는 종사는 동업조합이 건축하고 보호하였고 국가의 도덕정치적 숭배 목적의 사묘는 정부 쪽에서 건축하고 보호하였다. 이 사묘들은 사회 조직 속에서 분산형 종교의 일부분이다. 종사의 부단한 건축과 수리는 가족 집단에 대한 종교의 지속적인 영향을 보여 주었을 뿐만 아니라, 가족이 종교적 요소를 내재하는 전통 생활양식을 개괄하는 가운데 여전히 생명력을 갖고 있음을 시사해 준다. 20세기 동업조합이 직업수호신의 사묘를 만들어 보호하는 것도 똑같은 방식이었다. 1920년대 버지스(Burgess)가 북경의 길드조직에 대한 연구[378]에서 밝히고 있듯이, 일부 조합만 현대 세속화 경향

---

[378] J. S. Burgess, *The Guilds of Peking*, New York, 1928, p.61.

서양의 길드와 유사한 것으로 동향상인조합인 회관(會館)과 동업자조합(公所) 등이 있다. 사진은 소주(蘇州)의 운하 연변에 위치한 산동회관의 모습이다. 회관이나 공소에서는 공동으로 그들이 모시는 직업신에 제사를 올린다.

에 순응해 직업수호신에 대한 숭배를 중지한 반면 대다수 조합들은 직업수호신 숭배를 통해 전통적인 양식을 계속적으로 유지하였다. 그러나 1920년대 말에서 1930년대까지 갈수록 많아지는 조합은 현대적 상회(商會)와 노동자연합회라는 신형 조직의 출현에 따라 전통적 종교의식 성분이 점차 희미해졌다. 민국 시기동안 국가 도덕정치적 숭배가 중단되고 국가가 더 이상 사묘를 건축하고 보호하는 비용을 부담하지 않게 되었다. 이것은 전통 정치제도의 쇠락과 마찬가지로 깊은 의미를 지니고 있다.

사원은 공식적으로 조직된 사회단체의 일부분이 아니라 다만 일반 대중들의 숭배 장소로 존재했고 사묘의 건축과 수리는 지역 사회에서 기부한 것이며, 개인이 때로 기부하기도 하였다. 그러한 사묘에서의 의례는 신(神)의 주술적 효험을 믿는 대중들의 믿음에 의지하여 계속적으로 살아남았다. 우리는 신명의 영험이 환경의 우연성에 달려있다는 것을 추정해야 한다. 만약 어떤 때 기도해도 영험을 얻지 못한다면, 사람들은 신령이 이미 사묘를 떠나서 사묘에는 더 이상 기도자를 끌어들이지 못할 것이라 여길 것이다. 그리하여 사묘의 향로는 불이 꺼지고, 제상 위에는 두터운 먼지만 가득 쌓일 것이다. 이런 사묘는 폐기될 수밖에 없다. 그러나 만약 우연히 어느 사람의 바람이 영험을 얻고, 뒤이어 다른 사람들이 건강, 재부 또는 아들을 낳아 재산을 승계하는 등의 기원에서도 영험을 얻었다면 이 사묘는 향불을 또 태울 수 있을 것이다. 신화적 이야기의 전파를 통해 사묘가 참배객의 방문을 유도할 수도 있다. 이러한 상황 아래 옛 사묘가 다시 중수되거나 또는 새로운 사묘를 세워 원래 있는 신명을 받들 것이다. 신화의 위력은 보산현(寶山縣) 나점진(羅店鎭) 장수궁(長壽宮)에 대한 완전한 보수와 측전(側殿)을 중수하는 과정에서 증명되었다.[379] 이 사묘 안에는 양성신(楊姓神)의 조각상이 있다. 그는 14세기에 비범한 공훈을 세워 신으로 봉해졌다. 그러나 이 신은 사람들에게 오랫동안 잊혀졌다가 어느 날 먼 곳에서 온 한 여행자가 성이 양씨인 선생을 찾았다. 마을 사람들은 그에게 그런 성을 가진 사람이 없었다고 말했다. 이 외지인은 말하길, 스스로 병을 치료할 수 있다고 칭하는 사람이 자신의 집에 와서, 죽어가는 가족의 병을 잘 치료하였다. 그는 어떠한 보상도 마다하고 그에게 남겨진 성씨와 가족 주소가 바로 이 마을이었다고 주장했다. 마을 사람들은 양성신(楊姓神)이 영험을 보였을 가능성이 있다고 여겼다. 외지인은 양신(楊神)을 받드는 장수궁(長壽宮) 안에서 분향하고 머리를 조아리고 절을 하였다. 이런 신기한 이야기가 전파되면서 그 마을에서는 양신의 탄신일을 기념하기 위해 대규모의 묘회(廟會)를 거행하였다. 지금도 이 사묘에는 항상 많은 사람들이 와서 경배를 올리는데, 마침내 그곳 사람들은 이 묘를 다시 한 번 중수하기로 결정하였다.

    이런 이야기가 19세기에 발생했음에도 불구하고 민국 시기에 이르러 전국 각지에도 유사한 일이 종종 발생하였다. 그리하여 적지 않은 사묘에도

---

379 『羅店鎭誌』, 1899년, 제8권, p.28.

하북성 보정시 약왕묘의 회화나무. 나무 가지마다 소원을 적은 빨간 헝겊이 매달려 있다.

조리정연하게 수리가 진행되었다. 신비한 요소는 비조직화된 민간신앙 속에서 매우 중요하다. 사묘 수명의 길고 짧음은 대부분 사묘 안의 신이 영험력이 있는지 없는지에 의해 결정되었다. 만일 많은 숭배자 가운데 어떤 사람이 기도를 해서 은혜를 받았다면 신의 영향력은 유지되고 사묘는 계속 존재할 것이다. 다른 한편으로 만약 이런 영험력이 너무 드물고 기적의 이야기가 더 이상 없다면 숭배자의 수가 자연적으로 내려갈 것이고, 그래서 점차 행운에 대한 가능성이 줄어들며 마침내 사묘가 쇠락하게 될 것이다.

게다가 새로운 신앙이 끊임없이 나타났고 대중 숭배의 새로운 중심지가 계속해서 건축되었다. 19세기에도 여전히 공덕을 행했던 많은 사람이 신으로 봉해졌다. 해당 지역 사람들도 그들을 위해 사묘를 세웠는데 예를 들면 절강성(浙江省)의 두 장군이 신격화된 경우와 같다(제7장 참고). 민국시기에는, 종교 전통이었던 대중의 지도자가 신격화되는 현상은 점차 사라졌다. 하지만 여러 가지 신비한 이야기는 계속해서 각 지역으로 전파되며 새로운 신명이 탄생했다. 1920년대 하북성(河北省) 정현(定縣)에는 다음과 같은 전설이 유전되고 있었다. 어떤 사람이 꿈에 나타나 한 병자에게 마을 옆 오래된 나무의 나뭇껍질로 음료를 만들어 주었는데, 병이 나았다. 이런 이야기가 퍼지자 다른 병자들도 그렇게 하여 병이 나았다. 머지않아 이 나무는 변화한 제단이 되었고, 나무 위에는 감격으로 충만한 숭배자들이 나무신(樹神)의 영험력을 찬양하는 많은 비단깃발을 걸었다.[380] 사실 나무신을 받드는 사묘는 전국 각지에 널리 분포되어 있으며, 절대 다수가 각 지역의 신기한 일을 전하고 있다. 또한 지방의 소묘(小廟)가 발생하였는데, 관방의 지방지에서는 이런 기록을 찾아보기 매우 어려웠다. 민국 시기에는 신기한 이야기가 중국에 보편적으로 존재했고 새로운 지방 신앙이 끊임없이 형성되었다. 지방의 숭배는 기본적으로 소묘 속에서 진행되었다. 이 소묘들은 유명한 국가제사의 사묘들과 비교해 볼 때 일반 대중의 생활과 훨씬 더 가까웠으며 대중의 생활에 더 중요한 의미를 지니고 있었다. 공묘(孔廟) 같은 묘우(廟宇)는 그 영향력에 있어서 소수의 통치계급에만 국한되었다.

## 근대 종교운동의 흥기

20세기 초기, 새로운 사원을 세우고 옛 사원을 수리하는 것 외에도 많은 크고 작은 종교운동이 나타났다. 역사적 경험에 근거해 볼 때, 전체적인 사회적 환경이 종교운동의 발전에 도움이 되었다는 것을 알 수 있다. 20세기 중화민족이 전쟁에서 패하는 일련의 치욕을 당했으며 서구의 막대한 영향에 짓눌렸고 서구세계는 중국문화보다 경쟁적인 우월감을 보였다. 그리하여 민족적 치욕을 수반하며 강렬한 민족적 위기의식이 나타났다. 지식인들

---

380 Syndey Gamble, *Ting Hsien*, New York, 1954, p.412.

은 자신의 지위를 정당화해야만 했기 때문에 국가의 불안정과 불충분함을 예민하게 의식하고 있었다. 그러나 나라 안에서는 여러 해 동안 내전의 갈등과 경제적 쇠퇴의 확산, 사회의 분열을 겪고 있었다. 개인적 어려움이 증가했으며 대중은 불행했다. 사회적 재난과 개인의 위기 속에서 사회집단이 함께 공유하고 있던 공공적 요소는 깨졌거나 너무 취약해 개인이 집단을 향해 나갈 수가 없었다. 취약한 전통적 단체의 유대 속에서 벗어난 개인은 더욱 독립된 경향을 띠며 옛부터 있던 단체생활에 참여하는 것을 원치 않았다. 지배적 지위를 점거하고 있던 정통유학과 전통적인 사회제도의 양식은 새로운 상황에는 적합하지 않았다.

  이러한 환경은 민중운동의 발전을 유도하는데, 이 운동은 초인적 힘, 기적, 그리고 저항할 수 없는 상황과 싸우는, 인간의 세속적 능력과 노력의 한계를 능가하는 초자연적 관념 및 현상으로부터 생겨나는 것이다. 종교적 영향이 오랫동안 스며있는 한 사회에서 사람들이 일시에 긴급 상황에 대응하는 방법을 찾아내기 어려울 때, 사람들이 마음 졸이는 것을 줄이고 고통을 감소시키며 다시 공통적인 세계관을 확립하며 새로운 생활 방향을 힘겹게 추구할 때, 이런 운동은 사람들의 관심과 흥미를 아주 쉽게 불러 일으켰다. 밖으로는 외세의 위협이, 안으로는 혼돈의 확산이 불교와 도교운동의 팽창을 가져왔다. 통상적으로 주요 왕조가 교체되는 시기에 다양한 종교운동이 빈번하게 나타났다. 19세기 전반기에는 규모가 크지 않은 일련의 종교운동, 예를 들면 1850년의 태평천국운동 및 1900년의 의화단운동은 만청시대의 사회정치적 위기에 대한 종교적 반응이었다. 민국 시기는 정치가 혼란하고 정부가 무능하고 민주 사조가 점점 옛 권리 관념 속에 주입되며, 조직화된 종교에 대한 통제가 약화되었다. 종교운동은 사회 각 계층에서 발전하는데 더 많은 기회를 부여했다. 그러므로 지식인 가운데 종교화 운동을 정통유학으로 집중화하려는 움직임이 있었다. 또한 불교를 부흥시키고자 하는 시도도 있었으며, 수많은 지방과 전국 단위의 교파운동—봉건왕조가 두려워해서,

최고의 억압 목표였던-이 있었다. 앞장에서 19세기의 종교운동을 이미 분석했는데,『근대중국의 종교적 경향(近代中國的宗教趨向)』이란 책에서 진영첩(W.T.Chan)은 민국 시기의 종교운동을 훌륭하게 서술했다. 여기에서의 토론은 이미 역사가 된 것에 대해서만 사회학적 해석을 가하는 것에 한정하기로 한다.

### 유학의 종교화 운동

민국 초기, 첫 번째 전국적인 종교운동은 유가 지식인들이 유학을 체계적이고 조직적인 종교로 변화시키려는 시도였다. 이 운동의 중요한 특징은 정통유학을 강화하고, 서구세계의 강권에 직면하여 중국문명의 위치를 정당화하기 위한 집단적 노력을 나타낸 것이다. 당시에 서구 열강은 기독교를 선봉으로 중국을 침략했다. 유학운동은 분명히 정치적 위기의 산물이었고 날로 격렬해지는 이데올로기 투쟁 속에서 한번도 도전 받아본 적이 없는 전통적 지위를 다시 확인하는 수단이 되었다. 유학자와 지식엘리트는 다른 어느 사회집단보다 더 위태로운 상태였다. 왜냐하면 그들은 전통적인 정치 지도력에 대한 책임을 져야 했기 때문이며, 더욱이 그 지위가 확실히 위협받았기 때문이다. 바로 강유위(康有爲) 같은 유학 정치개혁가가 그 운동을 주도했으며, 예언가나 주술사들이 한 것이 아니다. 이런 사실은 유교를 세우려는 노력과 국가의 정치적 위기 사이의 뜻밖의 관계를 나타내 준다.

하지만 이런 운동은 근 10년 동안이나 지적인 분위기를 휘저은 화려한 논쟁 그 이상을 거의 넘어서지 못했다. 이 기간 동안 중국의 여러 지도자들은 혁명의 시대에 새로운 사회질서를 건립하는 길을 열심히 찾았다. 하지만 이 유학의 종교화 운동은 거의 성공하지 못했다. 임시적인 공교회(孔敎會), 지방의 공교협회(孔敎協會) 들과 공묘(孔廟)의 공자 위패 앞에서 우연히 제사의례 활동을 거행하는 것 외에, 대중의 참여를 거의 동원할 수 없었으며 새로운 신학(神學) 신앙체계를 만들 수 없었다. 지도자들 중에는 신비한 교주가 없었기 때문에 고로 '유교' 운동에도 새로운 신학 관념이 발생할 수 없었으며, 신선한 초자

근대화 시기에 유학을 체계적인 제도종교로 바꾸려 했던 강유위(康有爲), 왼쪽은 젊은 시절의 모습.

연적인 영감도 없었다. 의례상으로 볼 때 공자를 신격화하는 동기가 부족했으며 낡은 제사 의례에도 참신한 바가 없었다. 세월이 흐르면서 유가는 그 생명력을 이미 잃어갔다. 구조적으로 볼 때 조직 능력과 자금 능력이 있는 지도 단체가 부족했기 때문에 시간과 열정을 바쳐가며 유학의 종교화 운동을 추진해가는 사람이 없었다. 이런 운동은 기껏해야 제도화된 정통학설로서 유교 안에서 종교 요소를 강화하려는, 실패가 예견된 시도로 간주될 것임에 틀림없다. 왜냐하면 그것은 본질적으로 쪼그라든 중화문명의 전통적인 도덕정치적 질서를 구하기 위해 국가적 믿음을 부활시키고자 하는 노력이기 때문이다. 전체적으로 볼 때 새로운 제도종교가 시작됐다는 어떠한 흔적도 없었다.

 유학을 종교화하려는 의도는 신선한 것이 아니라는 사실을 상기하는 것은 흥미롭다. 진수이(陳受頤)의 매우 영향력 있는 연구에 의하면 약 3세기 전에도 유사한 시도가 있었다고 밝히고 있다. 당시에는 정치가 부패하고 온갖 폐단이 많이 발생하였다. 명 왕조의 통치는 비바람에 흔들렸으며 천주교는 사람들의 삶을 새롭고 외래지향적으로 몰아가며 세력을 확대 발전시켰다. 그때 왕기원(王岐元)은 유교를 종교로 끌어올리는 시도를 했다. 그

는 공자를 하느님이 파견한 선지자로 보았다. 그러나 유학은 '천지와 만물'의 모든 문제를 포괄하는 종합체계였다. 이 체계는 인간의 능력으로 창건될 수 있는 것과는 거리가 멀었다. 이런 운동은 갈수록 많은 지식인들이 천주교를 믿는 거세지는 조류에 직면하였다.[381] 신학 방면으로 말하자면 명대 유학의 종교화는 근대 강유위(康有爲)의 노력보다도 훨씬 더 깊이가 있다. 하지만 천주교와 마찬가지로 이런 운동은 역사의 긴 과정 속에서 잊혀진 일막에 불과할 뿐이며, 중국사회의 제도적 틀 속에서 어떤 흔적도 남지 않았다.

근대유학을 종교로 만들고자 하는 근대의 운동이 실패한 원인은 아주 명백하다. 이 운동을 발동한 유학자들은 원래 조직적인 종교체계를 도덕정치 질서 속에서 독립된 세력으로 여기는 것에 반대하였다. 이제, 그들의 관점은 막 배운 피상적인 서구 문명지식으로 확대될 때 서양의 교회와 국가 사이의 투쟁의 교훈은 이러한 운동-표면적으로 '국가종교'의 설립을 겨냥한-을 반대하는 하나의 경고가 되었다. 중화민국 시기 신문 잡지상의 많은 글들은 이런 논쟁을 분명하게 반영하였다. 예를 들면 정일화(丁一華)의 "중국에서 종교 투쟁의 재난이 나타날 것인가?"[382] 같은 것이다. 당시에는 이런 운동이 학술계 논쟁의 초점이 되었다.

제도화된 교리로서 유학의 종교적 측면을 강화하려는 이러한 운동은, 분산형 종교라는 입장 때문에 불리했다. 왜냐하면 분산형 종교는 세속 자체의 기능적 발전과 생존을 위해 세속 제도가 활성화되는 것에 의존하기 때문이다. 세속 제도가 심각하게 약화되어 새로운 상황의 요구를 만족시킬 방법이 없을 때 종교적 요소는 작동할 구조적 기초를 잃어버리는 것이다. 제도화된 정통성으로서의 유학은 새로운 도덕정치 질서의 기초가 되기에는 부적당한

---

381 陳受頤, 「三百年前的立孔教論」, 『中央研究院歷史語言研究所集刊』, 1936, 제9권, 제6집, pp.133-162.
382 『民國經世文編』, 上海經世文社, 1924, 제39권, p.62.

것으로 판명되었다. 왜냐하면 현대사회는 민주적 사회정치 질서의 흐름이 지배하기 때문이다. 사람들을 질식시키는 형식주의와 권위주의, 봉건 정치 체제와의 친밀한 결합 등은 중국역사의 새로운 페이지를 위임받으며 등장하는 젊은 지식인 세대의 호감을 사는데 실패했다.[383] 점차 쇠락해가는 사회질서에 바탕을 둔 새로운 종교운동은 실패가 예정되어 있었다.

유학을 종교로 바꾸려는 운동은 기독교의 도전을 받았다. 일종의 종교 세력으로서 기독교는 점진적이고 자유로운 현대 사회 환경에 더욱 더 적합한 것으로 보였다. 예를 들면 신의 창조물인 개인은 존엄하다는 교의는 민주적 흐름에 적합했고, 캘빈교의 발전은 기독교를 자본주의적 산업질서에 적응하게 하였다. 기독교가 중국에 전파되면서 지식인들이 이 종교(비록 이 귀의자들이 극소수의 지식인에 불과할지라도)에 귀의했다. 그들이 유학을 기초로 하는 전국적인 종교를 세우는 것을 반대한 것은 의심할 여지없이 유학의 종교화 운동이 실패한 원인의 하나가 되었다. 이 운동에 대한 가장 격렬한 공격은 과학기술이 세속에 미치는 영향력에 의해 조용히 시작되었다. 과학기술은 유학의 종교화 운동을 심하게 타격하였고, 모든 신비사상을 기초로 하는 대중운동에 큰 도전이었다. 근대중국 지식인들은 거의 서구과학을 수용했고, 그것 때문에 종교운동은 그들에게서 어떠한 발전의 공간도 얻지 못했다.

### 불교운동

유학자들의 노력은 진정한 의미에서 폭넓은 대중의 생활에 영향을 미치지 못하고 일부 학자집단만 포함된 사이비 종교운동일 뿐이었다. 그러나 민국 시기 불교의 '부흥'운동은 진정한 의미의 종교운동이었고 수많은 관련

---

383 朱友漁, 「今日我國宗敎之新趨勢」, 『文社月刊』 1927년 5월, 제2권, 제7호, pp.35-52.

기록을 살펴볼 수 있다. 중국에서 불교는 그 자체의 신학적 기초를 지니고 있다. 근대 불교 사상가들, 예를 들면 웅십력(熊十力)은 당시의 지식 발전에 답하여 불교를 새롭게 해석할 수 있었다(웅십력(熊十力)의 『십력어요(十力語要)』 참고). 심지어 대중적 인기가 있었던 태허 법사(太虛法師)는 현대의 요구라는 측면에서 이론을 해석하고자 했다. 종교적 숭배의 시각에서 볼 때 민국 시기에는 새로운 상징물이나 새로운 신명(神明)을 창조하지 못했으며 새로운 의식도 만들지 못했다. 이것은 아마도 불교운동이 약했기 때문일 것이다. 의례적인 상징과 수련은 사람들의 정신을 환기시키고 대중의 관심에 초점을 맞추며 집단행동을 조직화하는 심리적 고안장치이다. 신명(神明)과 의례적 절차가 이미 지났을 때나 그 중요성을 잃어버렸을 때, 새로운 신명(神明)의 힘과 의례의 역할이 나타났다. 시대의 새로운 요구에 직면하여 새로운 상징물과 의례의 창조에 실패한 것은 현대 불교운동이 더 많은 대중적 지지를 받지 못한 것이 원인일 것이다. 그러나 불교의 조직에 있어서 이런 운동은 어느 정도 새로운 진전을 이룩했다. 왜냐하면 이것에 앞서 불교는 봉건왕조의 엄격한 통제를 받았기 때문이다.

  1930년대 중화민국 정부의 종교 통제가 느슨해짐에 따라 태허(太虛) 같은 저명한 불교 대사들이 이끄는 대중 종교 집회가 전국 각지에서 빈번히 발생하여 많은 사람들을 끌어들였다. 더욱 중요한 것은 각 성에서 일어난 전국 단위의 조직과 지부를 가진 불교사회의 조직화였다. 과거 각 성에서는 이런 조직들이 이교 단체로 간주되어 봉건왕조에 의해 진압되었다. 여기서는 전국적인 통계자료가 없으나 『호남연감(湖南年鑑)』과 같은 자료는 불교 조직에 관한 한정된 자료를 제공하고 있다. 청대에는 호남에 불교 사회단체에 관한 기록이 없고, 민국이 성립된 첫 해(1912)에 이 성에는 불교회가 두 개 성립되었다. 1920년대 후반까지는, 불교의 사회단체 수가 서서히 증가하였다. 그후 호남 총독이자 불교도인 당생지(唐生智)의 지지 아래 수가 급속히 증가되었다. 1932년에 이르러 호남성 각지에는 불교단체가 25개나 되었으며, 성도(省都)인 장사(長沙)에는 본부(本部)까지 번창했다.[384] 〈표20〉에는 이런 불교회 회원들의 숫자가 많고 적음을 나타낸다. 다수의 불교조직은 규모가 크지 않았지만 500-2000명의 구성원을 가지고 있는 곳도 5개나 되었다. 12장에서 언급했듯이, 봉건시대에 불교조직을 분산화시키려 했던 것과는 선명한 대비를 보여준다.

1920년대 말에서 1930년대 초까지 불교단체와 더불어 전국 각지에는 불교학회와 불교대학이 건립되었다. 이것들은 불교 교리를 연구하는 연구의 중심이었을 뿐 아니라 더욱 중요한 것은 부활된 전통종교를 살리기 위한 새로운 지도자를 훈련시키는 것이었다. 이런 조직에 속해 있는 학생 수는 상대적으로 적었지만 불교 발전을 추동하는 데 어느 정도 공헌하였다. 왜냐하면 전통적 법에는 개종을 엄격히 금했고 한 법사가 여러 제자들을 가르치는 것을 금했기 때문이다.

불교단체는 약간의 승려와 거사로 구성된 자발적인 조직이다. 불교는 중국에서 위계 체제를 형성하지 못했으며, 사묘(寺廟)를 보호 유지하여 신도들과 밀접하게 관계된 전통을 발전시키지도 못했다. 이런 불교단체들은 물질적으

〈표20〉 1933년 호남성 불교회 회원수

| 회원수 | 불교회 수량 |
| --- | --- |
| 10-50 | 6 |
| 51-100 | 7 |
| 101-200 | 5 |
| 201-500 | 2 |
| 501-1000 | 3 |
| 1001-2000 | 2 |
| 총계 | 25 |

출처 : 「湖南年鑑」, 1933, pp.837-856.

---

384 「湖南年鑑」, 1933, pp.837-856.

로나 정신적으로 어떠한 안정적인 사회집단의 지지를 얻지 못했다. 따라서 오랫동안 존재할 수 있는가는 아주 중요한 문제였다. 이런 점은 호남성(湖南省)에서 볼 수 있다. 당생지(唐生智)가 총독의 직위에서 물러나자마자 불교단체의 수도 급격히 줄어들었고 불교사회 지도력과 재정적인 지원도 박탈당했다.

불교운동의 또다른 중요한 결점은 현대 교육을 받고 능력이 있는 지식인 지도자가 부족하다는 점이다. 물론 많은 고승과 거사(居士)의 전통적 학식과 수양은 존경할 만하며, 그들 중의 일부는 확실히 뛰어난 재능을 가지고 있다. 예를 들면 비천한 재봉사 출신인 웅십력(熊十力)은 불교이론에 관한 깊이 있는 글을 썼고 불교사전을 편찬하였다. 현대사회는 과학이 주도하며 현대 불교지도자가 과학적 훈련이 부족하면 불교이론을 해석하고 중요한 현재의 문제를 처리하는 데 심각하게 악영향을 미쳤다. 태허 법사(太虛法師)는 불교와 과학 지식의 협력 발전에 관해 많은 문제를 말했으나 그의 연설과 저작은 기본적인 과학개념과 연관해서는 단지 좁게 언급했을 뿐이다. 불교운동의 큰 강점은 다량의 통속적인 문학작품이었으며 정보성이 강한 간행물도 포함되는데, 예를 들면 『해조음월간(海潮音月刊)』이 그런 것이다. 유학의 종교화 운동은 선전의 하나의 수단으로써 불교와 비교할 수는 없다. 그러나 현대의 불교문학은 불교운동 자체의 부족한 점에 있어서의 약점을 보여주었는데, 즉 과학과 신기술 환경에 대한 충분하고 정확한 이해가 부족하였다는 점이다. 그러나 과학과 신기술은 갈수록 중국 사회발전의 흐름을 주도하였다. 이러한 취약성은 그 어떤 것보다도, 불교운동이 시대의 도전과 만나는 것을 차단했으며 현재 생활 속에서 전통종교의 중요성을 정당화하는 것을 막았고 중국사회의 지도적인 지위에 있는 지식인들이 종교운동에 투입되는 것을 막았다.

마지막으로 불교운동은 새로운 지도자를 배양하고 새로운 사회 환경에 적응하고 실력을 발전시킬 충분한 시간이 없었다. 1920년대에는 유학의 종교화 운동에 관한 논쟁이 점차 사라진 후 불교의 '부흥'운동이 다시 쟁점이 되었다. 1937년 일본의 중국 침략전쟁이 전면적으로 시작되기에 앞서 이런 운동이 새로운 역량을 공고히 하는데는 10년도 채 되지 못했다. 전쟁이 가져온 혼란과 파괴로 이런 운동도 종결되었다.

### 민간교파 운동

유학의 종교화 운동은 주로 학자들에 의해 진행되었으나, 현대 불교의 '부흥'운동은 주로 승려와 거사, 절에 불공을 드리러 자주 가는 중산계급 신도에 국한되었다. 이런 운동은 노동자나 농민 같은 일반 대중의 일상생활과 접촉할 수 없었다. 대중의 구제가 절실히 필요한 시대에 범인의 능력으로는 끝없는 고통의 바다에서 벗어날 방법이 없을 때, 만약 조직이 있는 종교운동이 사람들을 위한 초자연 신앙을 제공하지 못한다면 일반 대중은 살아갈 용기와 믿음을 아주 쉽게 잃어버린다. 민간교파 사회는 일반 대중에게는 아주 친숙해서 자주 대중이 희망이 없을 때의 마지막 지푸라기가 된다. 현대 시기에 민간교파 운동은 전국 각지에서 성행했고 비교적 큰 사회정치적 세력으로 발전하였다.

현대 민간교파 운동의 구체적 상황은 거의 알려져 있지 않지만 일반 대중에게는 아주 중요하다는 것을 알 수 있다. 충분한 자료로 교파의 참여자의 숫자를 파악할 수 없지만 교파운동의 추종자가 불교운동과 유학의 종교화 운동보다도 훨씬 더 많았다는 것은 조금도 의심할 여지가 없다. 교파의 신학적 호소는 일반 대중에게 효과적이다. 왜냐하면 그것은 대중들이 친숙한 종교적 전제에 바탕이 되어 있기 때문이다. 즉 신령의 초자연적 힘과 죽을 수밖에 없는 인간에게 은혜를 가져다 줄 수 있는 주술적인 처방 같은 것이다. 교파의 집단적 주장은 직접적으로 대중을 정신적, 물질적 고난 속에서 구해낼 사명을 지니고 있다. 그 논리는 간단하고 호소는 직접적이며 복잡한 장애도 없었다. 다신숭배의 전통을 여전히 유지하고 있는 대중들에게 새로운 신명(神明)과 새로운 주술, 새로운 구원에의 약속으로 대규모의 교파주의 운동을 꾸밀 수 있었다. 그리하여 전체 근대역사 속에서 전국 각지에서 나타난 크고 작은 교파주의 운동이 꾸준히 계속된 것은 어떠한 역사적 사건도 아니었다. 또한 공산주의 통치자들이 현재의 시점에서도 끊임없이 이런 교파주의와 씨름해야만 하는 것을 목격하는 것도 역사적 사건이 아니었다(제9장 참고).

편안히 살 수 없고 위기가 도처에 숨어 있는 시대에 사람들이 여러 가지 신령의 초인적 힘을 계속 믿고 무속 의례를 희구하는 한 교파운동은 끊임없이 나타날 것이다. 국가에 대항해 오래 투쟁하면서 형성된 강력한 조직화 패턴과 기술은 교파운동에 수많은 민중의 참여를 호소하는 손쉬운 무기를 제공한다. 그러므로 교파운동은 현대중국의 다른 어떤 형태의 종교운동보다도 훨씬 더 많은 사람들의 개인생활에 영향을 미쳤다.

### 세속화 영향의 역류

전국적인 불안과 초조함은 사회의 모든 계층에서 인구의 상당수가 가세하는 다양한 종교운동을 탄생시킨 반면, 태평천국운동의 시기나 다른 역사적 상황에서 있었던 것처럼 종교운동은 그 시대의 사회정치적 흐름에서 통제되는 것은 중요하지 않았다. 20세기에는 현대 세계의 다른 지역에서처럼, 새로운 반대의 영향이 중국에서 나타나기 시작했다. 신앙적이고 경건한 시대에서 회의주의와 무신론의 시대로 전환되었다. 현대사회에서 주도적 위치를 점하는 사회정치 운동이 더 이상 신의 이름을 빌리거나 무속의 힘을 빌려 진행될 수도 없었다. 대신 세속적인 조직 방식을 통하여 자체적 힘을 형성하여 대중에게 영향을 미쳤다. 의화단사건은 중요한 정치적 전복을 야기하려는 마지막 교파운동이었다. 1920년대의 홍창회(紅槍會)³⁸⁵조차도, 비록 북방의 소수 지방 군벌을 전복시키는 것을 도왔지만, 빠르게 후퇴하는 시기에 후방에서 유사한 운동을 대신했을 뿐이다. 그 시기의 흐름을 통제한 것은 혁명이었다. 민국 시기를 알리는 혁명은 문예부흥운동, 제2국민혁명(국민당), 공산주의 운동이었다. 새로운 사회질서를 창건하는 공동의 노력 속에서 종교운동은 부차적인 위치에 처해질 수밖에 없었다.

### 과학의 영향과 반종교운동

서방세계에서처럼 과학의 영향은 현재 중국의 종교적 힘을 약화시키는 주요 요소가 되었다. 과학은 회의주의와 경험적 지식에 근거하고 있는데 종교는 신앙과 비경험적 전망에 근거하고 있다. 제1차 세계대전이 끝났을 때, 중국 지식인들은 서구의 진보와 부강의 원인에 대한 반세기에 걸친 토론을 거쳐 다음과 같은 결론에 도달했다. 즉 과학과 민주는 서구 문명의 두 개의 핵심 요소였다는 것이다. 시대의 획을 긋는 의미를 지닌 중국 신문화운동의 전반적인 추세는 과학과 민주를 기초로 하게 되었고, 이 운동이 중국사회발전의 방향을 제시했다.³⁸⁶

지식인의 마음속에 종교의 과학에 대한 충격이 현대 중국사의 연구자들에게 친숙하게 되었다. 유학을 국가종교로 만들고자 하는 운동이 실패했으나 현대 문명국가는 국가종교가 있어야 한다는 주장(서구세계에 관한 오해는 주로 기독교 선교사에게서 얻은 것이다)은 하나의 질문을 일으켰고, 이런 문제는 제1차 세계대전 후 몇 년 내에 아주 빠르게 사람들의 뜨거운 관심사가

---

385 王皎我, 「紅槍會的宗教觀及其信仰的程式」, 『文社月刊』, 1928, 第3卷, 第8期, pp.42-46.
386 영어 문헌 속에는 과학과 반종교운동의 영향에 관한 많은 서술과 분석이 있다. 호적(胡適)과 신문화 운동에 관해서는 다음을 참고하였다. 「Religion in Chinese life」, *Chinese Renaissance*, Chicago 1934, Chapter V Chiang Wenhan, *The Chinese Student Movement*, New York, 1948, Chapter II C. S. Shang, 「The Antireligious movement」, *Chinese Recorder*, August 23, 1923, vol IV, no.8.

되었다. 즉 중국에서는 국가종교가 필요하다고 해서 현대화된 국가가 될 수 있는가? 서양과 중국의 사상가들은 교육받은 젊은 세대에 영향을 미쳤다.

중국청년연합회(the Young China Association)의 초청으로 버틀란드 러셀(Bertrand Russell)은 북경과 남경에서 몇 차례 공개적인 강연을 하였다. 그는 중국 청중에게 "백인이 중국에 온 세 가지 동기가 있는데, 즉 전쟁과 돈벌이, 그리고 중국인으로 하여금 우리의 종교에 귀의하게 하는 것이다"[387]라고 말하였다. 그는 종교가 사회와 개인의 발전을 방해하고 과학적 진리의 발전에 장애가 된다고 하였다. 그의 관점은 민족주의와 과학에 자극을 주어 일반적으로는 종교에 대항하고 특히 기독교에 대항하는 동기를 부여하고자 하는 것이었다. 그라네(M. Granet), 바부스(M. Barbusse), 보글러(M. Bougle) 같은 프랑스 교수들은 프랑스에 유학하는 중국 학생들의 존경을 깊이 받았으며 그들은 종교가 원시적 무지의 산물이며, 이성과 객관성[388]에 근거한 과학과 서로 양립할 수 없다는 일치된 견해를 이야기했다. 서구 과학자 헉슬리(Huxley), 다윈(Darwin), 스펜서(Spencer), 제임스(James), 피어슨(Pearson), 듀이(Dewey) 등의 저작이 광범위하게 인용되었다. 그들은 과학을 찬미하고 종교를 폄하하며 종교와 현대생활이 서로 어울리지 않는다고 하였다.

절대 다수의 현대중국 지식인들은 이런 관점을 열렬히 기쁜 마음으로 지지하였다. 저명한 교육가 채원배(蔡元培)의 어조는 전형적인 것이다. 호적(胡適), 정문강(丁文江)과 기타 동시대의 지식인들은 자연과 사회 세계에 내재하는 인격화된 신의 명령없이 우연한 메카니즘에 의한 것이라고 설명했을 뿐만 아니라 국가와 사회의 통합된 세력으로 종교신앙을 대체하여, 과학적 지식의 인도하에 위대한 자아를 배양하자고 역설했다. 칸트와 베르그송이 심화시키고 장가삼(張嘉森)이 들여온, 지식으로 나가는 유일한 길로 인

---

[387] Bertrand Russell, *The Problem of China*, New York, 1922, p.198.
[388] 앞의 책, pp.148-154.

신문화운동을 이끌던 채원배(둥근 사진)와 호적의 모습. 오른쪽 사진은 당시 북경대 총장이던 채원배의 주도로 다양한 성향의 최고 엘리트들이 북경대로 모여들었음을 보여준다.

식되었던 정신이론과 불가지론, 과학적 방법론의 축소는 내던져졌다.

1920년 후 근 10년의 시간 동안 '과학 만능'이란 주제는 중국 젊은 지식인에게 광범위하게 전파되어 대량의 서적과 잡지의 글에서 과학적 명제를 둘러싸고 토론을 벌였다. 일정한 시기 동안 이성의 시대는 신성(神聖)의 장막 아래에 있는 암흑세계를 타파하는 것 같았다. 유교의 지지자들은 아무런 소리가 없었다. 다만 큰 흐름의 주변에서 불교와 민간교파 운동에서 요동치는 작은 소용돌이만 나타났다. 과학사상은 이미 젊은 지식인들 마음을 사로잡았으며, 내우외환 속의 국가가 출로를 찾아나가는 아주 빠른 길이 되었다. 이런 지식인 중에는 일부 사람들이 정부에서 자리를 찾는 것을 제외하고 그 나머지 대다수는 작가와 교사가 되었다. 이러한 유리한 지점에서 현대 교육체계를 통해 점점 더 많은 중국인들에게 과학을 추구하는 생활이 확산되었다.

신문화 사조가 일으킨 주목할 만한 결과는 신화적 주제가 현대 중국문학 속에서 완전히 사라졌다는 것이다. '신문학'은 주로 낭만적 사랑과 신구 사회의 충돌 장면에 초점이 맞춰져 있었는데 주로 현대 지식인들이 읽었다.

위는 북경대 학생들이 5.4운동을 이끌고 있는 모습. 아래는 북경대의 교훈인 '애국·진보'와 '민주·과학'이 학교호텔의 전광판에 들어온 모습. 민주와 과학은 신문화운동의 구호이기도 했다.

풍부한 신화 고사는 여전히 보통 민중의 환영을 받았으며 심지어 젊은 지식인도 좋아하였다. 과거에 신화문학은 중국인 종교 지식의 주요 내원이었다. 그래서 현대적 학교 안에서 신식 교육을 받은 젊은 지식인에 대해 말하자면 '신문학' 중에서 초자연 관념을 제거한 것은 중요한 세속화의 영향이었다.

신흥기의 과학에 대한 새로운 열정이 부단히 고양된 민족주의 조류가 함께 결합되어 1922년 반종교운동의 기초가 되었다. 이런 운동이 먼저 공격한 목표는 기독교였다. 세계학생기독교도 연맹회의(World Student Chrisian Federation)가 북경 청화대학에서 거행될 때 전국의 비기독교 학자와 학생들은 종교와 교육기구의 결합을 강력히 반대하였다. 그들은 '반종교자 대연맹'을 조직하여 이 회의와 모든 종교를 반대할 것을 민중들에게 호소하였다. 이런 운동은 일년만에 가라앉았지만 그것은 종교가 전국적으로 주목받는 문제가 되었으며 더 나가는 반종교운동의 밑바탕이 되었다.

곧이어 대단한 열정으로 과학을 끌어안은 신문화 운동이 1920년대 중기 제2차 혁명의 물결 속으로 흘러 들어가서 '미신 타파', '제국주의 타도', '군벌 타도' 같은 역사적 사건의 전투적 외침소리가 되었다. 북벌군이 북으로 정벌할 때 이르는 곳마다 사묘가 모두 파괴되었다. 남부 도시와 그 부근의 사묘들 역시 마찬가지였다. 그리하여 1927년 청년 좌익 민족주의자들이 이끄는 가운데 사람들은 상해 부근 보산현(寶山縣)의 성황묘를 파괴하였다. 사묘는 주로 전당 속에서 모시는 성황(城隍)이 파괴되었고, 성황의 머리가 부서졌다. 해당 지역 사람들은 거리의 하수구 속에서 성황의 머리를 찾았으며, 나중에 다시 성황묘를 중수할 때 신상(神像) 위에 안치하였다.

국민정부가 남경에 세워졌을 때 먼저 조치를 취한 것은 종교와 교육의 분리를 규정하는 것이었다. 이런 정책은 실제적으로 기독교가 학교로 전파되는 것에 맞서기 위한 것이었지만 이런 정책은 1922년 반종교운동의 주요한 정신으로 계승되었으며 세속화의 주도적인 방향을 강화시켰다. 세속화의 방향은 기독교가 교육 계통의 선교를 통한 노력에 영향을 미쳤으며, 중국 민중의 '천(天)'과 '명(命)' 등 종교적 신앙 전통에 대한 계승에 영향을 미쳤다. 전통적인 신앙은 혁명분자들의 반대와 경시를 받았으며, 사회현상을 바꾸고 가난한 대중을 구제하고 신세계의 이상을 개창하는 데 장애로 간주되었다. 현대 젊은 세대의 지식인들에게는 천과 명에 대한 신앙은 이미 아주 희미해졌다.

천명과 주술, 초자연신앙에 대한 반대 조류는 국민정부의 공식 문서에서 많이 볼 수 있다. 동시에 국민정부의 많은 공무원들은 신문화 운동과 반종교운동의 대열에 나섰던 지식인들이었다. 1929년 "점복(占卜), 점성(占星), 관상(觀相), 수상(手相), 무속과 흙점의 폐지에 대한 절차"를 내용으로 한 법령을 반포했다. 그후 1930년의 법규는 '미신적 상행위'를 하는 사람들은 기한 내에 직업을 바꿔야 한다고 했다. 그러나 국민정부 시기 다수의 입법처럼 이러한 조치가 효과적으로 실행된 적은 없다. 남부의 대도시에서 경찰이 우연히 명령을 받고 '미신 잡상인'을 조사했으나 이런 일에 익숙한 사람들은 잠시 거리 모퉁이와 시장 속에서 사라졌던 것에 불과하다. 몇 개월 후 그들은 또 나타났으며 원래의 자리를 차지하며 생업을 계속하였다. 또한 경찰의 제지도 받지 않았다. 왜냐하면 많은 경찰관들은 잡상인들의 뇌물을 받고 있었기 때문이다. 그럼에도 그러한 파문은 시대가 달라졌다는 것을 보여주며, 새로운 신앙은 이미 정치 권력을 잡은 사람들의 마음속에 들어왔다.

### 세속적 용도로 변한 사묘

과학의 영향과 반종교운동은 도시의 산물이었고 특히 중국 남부와 중부의 중심 도시에서 심했다. 공산당 집권 이전에는 내지의 농업지역, 특히 중국의 북부와 서부 대부분의 지역은 신문화 운동의 영향을 받은 적이 없다. 그러나 또다른 폭풍은 전국의 도시와 농촌에서 종교의 기반을 강타했다.

즉, 사원이 세속적 용도로 변했고, 갈수록 많은 사묘는 기타 용도로 바뀌었으며, 그 재산은 정부와 해당 지역 사회 지도자에게 몰수되었다.

사원이 세속적 용도로 변한 것은 중화민국에서 시작된 것은 아니나, 중화민국 정부가 이런 진행 과정을 가속화시켰다. 각 지역에서 용도가 변한 사원의 수량은 분명 차이가 있지만 완전히 변하지 않은 곳은 아주 적었다. 비록 공산당 집권 전의 근대 시기에 사원들이 새로 건설되고 일부 구 사원들이 완전히 수리되었지만 공산당에게 권력이 넘어가고 훨씬 더 악화되었을 것이다. 이 방면의 통계자료는 없지만 용도를 바꾼 사원의 수량은 새로 짓거나 비교적 가까운 시기에 사원을 수리한 수량보다 훨씬 더 많다고 말할 수 있다.

대부분의 사원은 공유재산이기 때문에 전통시대에는 특별한 경우에 사원을 변경하고 그 재산을 비종교적 용도에 사용하는 것을 보는 것은 색다른 일이 아니었다. 그러나 국가적인 현상으로 대규모의 용도 변경은 현대 시기가 유일한 경우이다. 극단적인 종교박애가 이따금씩 있었던 역사적 위기를 제외하고는 의화단(義和團)운동 실패 후 비틀거리는 청나라는 나라를 구하기 위해 정치개혁을 시작했고, 그 새로운 조치 가운데 사원을 용도 변경해 그 재산으로 근대 학교를 건립하도록 하는 훈령이 있었다. 앞에서 말한 것처럼 이 훈령은 신정(新政)의 주요 정책 가운데 하나가 되었고, 하북성(河北省) 망도현(望都縣)의 많은 사묘에 영향을 미쳤다. 중화민국의 초기에 국회에서 모든 사원의 재산을 몰수하여 교육과 공공복리에 쓰도록 하는 안건이 나왔으나 이런 건의는 반대에 부딪혀 통과되지 못했다.

그러나 그때부터 정치가들은 사원 재산이 유용한 자금원이라고 생각해 자신들의 주머니에 슬쩍하려고 했고, 눈을 떼지 못했다. 공기업을 만들거나 국민정부의 태동기(1922-24)에 광동지역에서는 많은 사원의 재산이 몰수되어 정부 재정의 자금 압박의 문제가 감소되었다. 1920년대에는 중국의 많은 지역에서 지방 군벌과 지방 관원도 유사한 조치를 취했다.[389] 1931년에 이르

20세기 초 계몽운동과 정부정책의 영향으로 많은 사원이 몰수되어 근대 학교로 용도가 변경되었다. 사진은 한 사묘에서 근대식 초등교육을 실시하고 있는 모습이다.

기까지 지역유지와 지역 사회단체는 사원 재산을 공공교육과 지방 자선사업에 썼다. 이때에야 비로소 국민정부는 정식 법규를 제정하여 이런 행동을 막지 않을 수 없었고, 사원 재산의 처리를 결정하는 이사회 안에서 승려와 도사에게 명목상의 대표권을 주었다.[390]

이 방면의 전국적 통계자료가 없을지라도 유용한 지방자료에 근거해 보면 전국 각지의 다른 지역에서도 아주 다양하게 나타난다. 예를 들면 중화민국 초에서 1931년까지 강소성(江蘇省) 보산현(寶山縣)의 65개 주요 사원 중에서 10개만이 비종교 용도로 변했고, 5개는 교실로 사용하고, 4개는 경찰서로, 1개는 고아원과 양로원으로 사용했다.[391] 그러나 중국 북부에는 사원이 기타 용도로 바뀐 범위는 훨씬 광범위하여 망도현의 상황은 이미 간단하게

---

389 大醒,「十五年來敎難之回顧」,『海潮音月刊』1995, 第16卷, 第1期, pp.99-104.
390 『中華民國法規大全』, 上海 1936, 第1卷, p.802.
391 『寶山縣續誌』, 1931, 第5卷, pp.6-22.

소개하였다.

하북성(河北省) 정현(定縣)의 사묘에는 더욱 상세한 지방자료가 있다. 1882년 이 현의 62개 마을에는 435개 사묘가 있었는데, 1928년에는 327개(현 전체 사묘의 75퍼센트)가 사용이 정지되었다. 〈표21〉은 1882년부터 1928년까지 사용이 정지된 사묘 수량을 보여주고 있다. 46년 동안 매년 소수의 사묘 폐기는 민간 종교가 정상적으로 흥망성쇠한 결과였다. 그러나 1900년과 1914년, 1915년 이 세 해 동안은 다수의 사묘가 학당으로 바뀌었고, 지방장관 손발서가 근대식 교육을 적극적으로 추동하던 1914년에는 특히 일년 동안 200개 사묘가 학당으로 바뀌었다. 132개의 사용이 정지된 사묘에 대한 표본조사에서, 57개는 학교 교사(校舍)로 썼고, 47개는 사유재산으로 팔렸고, 8개는 마을의 야경꾼 대기소로 바뀌었으며, 8개는 마을에서 공동 사용했고, 3개는 마을 공지로 변했으며, 2개는 공문 저장소로 썼고, 2개는 마을 세무서, 2개는 촌립농업실험장, 1개는 공공임업장, 1개는 중화평민교육촉진회가 사무실로 임대하고, 1개는 도교 도관의 주거지로 사용되

〈표21〉 하북성 정현의 비종교 용도로 바뀐 사묘 수량

| 연대 | 용도가 바뀐 사묘 수 | 연대 | 용도가 바뀐 사묘 수 |
| --- | --- | --- | --- |
| 1882 | 1 | 1910 | 10 |
| 1889 | 1 | 1911 | 6 |
| 1899 | 1 | 1912 | 4 |
| 1900 | 27 | 1913 | 2 |
| 1902 | 1 | 1914 | 200 |
| 1904 | 6 | 1915 | 45 |
| 1905 | 5 | 1916 | 1 |
| 1906 | 1 | 1917 | 5 |
| 1907 | 1 | 1926 | 1 |
| 1908 | 5 | 1928 | 1 |
| 1909 | 3 | 총계 | 327 |

출처: 李景漢,『定縣社會槪況調査』, 北京, 1928, p.423.

었다.³⁹²

정현은 내륙 농업지역에 위치해 1920년대 반종교운동의 폭풍이 몰아치는 지역은 아니었고 〈표21〉의 사용이 정지된 사묘의 수는 이런 운동의 직접적인 충격을 반영하지는 않았다. 그러나 새로운 사회정치 질서가 나타나는 때 정현도 사원이 학교 또는 관공서나 기타 공공 용도로 바뀌는 전국적인 조류를 피할 수는 없었다.

대규모로 사원이 기타 비종교 용도로 바뀌고 그 재산이 몰수된 것이 종교에 끼친 영향은 명확하다. 공공 신앙 중심지가 감소된 것 외에 용도를 바꾸지 않은 사원들은 경제적 기초가 파괴되었고 재산은 몰수되었다. 사원의 평균 재산은 이미 형편없었다. 즉, 사원 재산의 어떤 부분의 몰수로 인해 나머지 부분으로 승려들을 지원하고 최소한의 종교적 기능을 계속해서 유지해 나가는 것은 지극히 어려운 것이었다. 중화민국이 성립되고 20년 동안 호남지역 50퍼센트의 사원은 교실로 변했고, 기타의 많은 사원도 개인주택으로 변했으며, 출가를 하려는 사람들의 수도 현저히 줄어들었다.³⁹³

위의 통계에는 민국 시기 내전 기간 동안 실제적으로 모든 지역의 사원에 군대가 주둔한 상황은 포함되지 않았다. 사병들이 어느 지역으로 왔을 때 해당 지역 주민의 주택을 점용한 것 외에 가장 쉽게 찾은 숙영지가 바로 사원이었다. 사병들이 떠난 후 또 다른 무리가 왔다. 군벌들이 혼전할 때 군대의 이동은 아주 빈번했다. 사병이 사원을 점용하자 대중의 숭배 행위는 금지되었고, 게다가 사원의 재산이 무자비하게 파괴되는 것을 피할 수 없었다. 종종 가구와 구조물이 땔감으로 이용되었기 때문에 다시 수리하기는 불가능했다. 일본이 중국을 침략한 8년 동안 도처의 대다수 사원들이 폐허가 되었다.

---

392 李景漢, 『定縣社會槪況調査』, pp.423-436.
393 『湖南年鑒』, 1933년, p.835.

## 도덕정치적 질서의 세속화

　현대에 들어 중국문화의 많은 측면이 서구의 영향에 따른 충격으로 해체되는 것 같았다. 이런 요동 속에서 중국 전통사회의 특성, 즉 권력구조에서 지식 계층의 사회정치적 권위는 살아남았다. 일단 과학의 도전과 다른 세속화 영향이 작용해서 젊은 지식인들의 종교관념을 약화시켰다면, 그들이 밀접한 관계를 유지하고 있던 정치 제도 속에 존재하는 종교적 요소에는 어떤 변화가 발생하였을까? 그리고 한때 중국이 도덕행위를 통제하는 데 유용한 요소로 연구했던 도덕정치적 숭배에는 어떠 변화가 발생하였는가?

　하나의 기본적인 변화는 '천명'이라는 이름으로 신이 부여한 권력이라고 정당화하는 것에서부터 인권이라는 이름으로 권력에 세속적 정당화를 부여받는 것으로의 변환이었다. 중화민국 정부는 서구 인권의 민주 개념을 성공적으로 제도화하지 못했지만 정치 권력은 확실히 세속화되었다. 전체 중화민국 시기 동안 위엄있는 천단(天壇)은 조용하고 썰렁했고, 찾아오는 사람이 적어 한적했다. 그 존재는 사람들에게 과거에 대한 기억만 불러일으킬 뿐이었다. 이곳은 위세를 떨치던 군주가 의례를 거행하고 천하를 통치하는 최고의 권력을 얻었다는 것을 공표하던 바로 그 자리였다. 젊은 지식인들은 공개적으로 발표한 천(天)과 명(命) 같은 초자연 관념에서 완전히 벗어날 수 없었을지라도 그들은 끊임없이 '천명(天命)'이 최종적인 정치권력을 정당화하는 것을 거부했다.

　정권의 기초가 되는 천(天)과 명(命) 관념은 일반 대중의 머리 속에서 절대로 사라지지 않았다. 전체 중화민국 시기 '천명을 받고 즉위한 천자(眞命天子)'의 강림은 시종 정치적 목적을 갖고 있는 미신 풍문과 민간교파 운동의 목표였다. 정치적 책임을 맡고 있는 것은 지식인이지 일반 대중이 아니다. '천(天)'의 정치 관념은 어떤 역할을 발휘할 수 없었지만 민중의 마음속에 여전히 존재하였다. 많은 정치적 민간교파 운동은 계속적으로 권력의 초자연적 힘을 신도에게 호소하는 도구로 간주하였다. 하지만 필요한 지식인의 지도적 참여가 부족했기 때문에 성공을 거두기가 어려웠다. 권력을 가진 자가 정치 체제를 공고히 하고자 할 때 초자연적 요소를 사용하지 않으면 의례적인 상징물과 의례는 민중들의 마음속에서 정치체제를 유지하는 데 더 이상 작동하지 못했다. 의례적인 상징물과 의례가 작동하지 않고는 종교적 관념이 오래 유지될 수 없으므로 '천명(天命)'의 관념이 다음 세대의 대중의 마음속에 희망과 열정을 불사를 수 있는지는 매우 회의적이다.

중국 정치제도의 종교적인 측면에서 '천명(天命)' 관념 다음에는 도덕정치적 의례의 복잡한 몸통이 도래했다. 앞절에서 우리는 이미 이러한 의례가 국가의례와 민중신앙 두 가지 유형으로 나누어지는 것을 지적하였다. 민국 시기에 국가의례는 대부분 국가제사와 유지에 의존했는데 급속히 쇠락했고 정지되었다. 반면 민간신앙은 여전히 그 영향력이 계속되었다.

중국문화 속에는 공덕이 있는 사람에 대한 의례적 숭배의 뿌리가 깊다. 그래서 이런 숭배는 천천히 사라질 수밖에 없었다. 무신론 교육을 받은 젊은 세대라도 그것의 영향에서 완전히 벗어날 수는 없었다. 더구나 민국정부는 보수적 관원과 현대 교육을 받은 학자가 섞여 책임을 맡고 있었다. 고대의 도덕정치적 숭배 전통은 많은 사람들에게 하나의 정부 기구로 여겨지는 것은 피할 수 없었다. 가장 중요한 국가의례의 하나는 공자 제례였다. 1914년, 기민한데다 변절했던 총통 원세개(袁世凱)는 대단히 인상적인 공자 제례를 지낼 기회가 왔음을 보고 각 성의 장관에게 명령을 내려 똑같이 공자 제례를 거행하게 하였다. 그가 그렇게 한 것은 명백히 자신의 정부가 도덕정치적인 존경을 받고자 하고 정통유학을 되살리고자 하는 수단으로 삼고자 한 것이다. 원세개가 정치 무대에서 사라진 후 큰 국가 행사로서 공자 제례는 점차 중지되었고, 1920년대 후반 지역 유지 유학자들의 비공식적인 지도 아래 전통 서당과 지역 축제에서 살아났다. 1928년 국민정부는 관에서 공자 제례를 회복해서는 안 된다고 하였다. 단지 전국 각 학교에 명령을 내려 공자의 탄신일에 기념활동을 전개하였다. 그 후 전통중국의 가장 중요한 종교의례의 하나인 공자 제사는 지나가버린 역사가 되었다.

유사한 보수파의 행동에는 전국적이거나 지역적인 영웅의 숭배신앙을 존속시키도록 하는 것이 있었다. 1914년 유가를 숭상하는 원세개는 관우(關羽)와 악비(岳飛)를 동일한 사묘에 신봉하도록 했으며 관원에게 지시하여 이 두 전쟁신(戰神)을 제사지냄으로써 민국 군대의 사기를 자극하는 일종의 수단으로 삼았다. 1916년 원세개의 퇴위와 죽음 이후 국가제사는 계속될 수 없었고 그리하여 두 역사적 영웅에 대한 숭배는 단지 민간에서 민중의 지지에 기대어 유지되어 나갔다.

그 뒤 몇 해 동안 전국 각 성에서는 이따금씩 관을 기반으로 한 도덕정치적 숭배를 회복하고자 시도했다. 예를 들면 1926년 강소성 정부는 각 현의 관원에게 정부 경비로 앙덕사(仰德祠), 보덕당(報德堂), 충의사(忠義祠), 절효사(節孝祠) 등의 사묘에 제사를 지내라고 명령했다. 이런 선언은 친숙한 반향을 불러일으켰다.

하북성 보정시 소재 관악행궁(關岳行宮). 1914년 원세개가 명령해 관우와 악비를 동일한 사묘에서 제사 지내게 되었다.

중국은 예교를 밝히는 것을 제일로 삼고 있는데, 특히 예로 제사 지내는 것을 중시하였다. 덕을 숭상하고 공덕을 품은 전례를 거행하며, 인(仁)을 흠모하고 선(善)을 향한 마음이 절로 생겨났다. …… 각 제사는 지역 내에서 백성들에게 공덕이 있었던 자에게 지낸다. …… 중화민국으로 바뀐 이래 …… 그러나 여러 현(縣)의 선현(先賢)들에게 지내는 제사가 형체도 없이 사라지게 되었다. 그리하여 지금은 도덕이 폐해지고 질서가 무너졌고, 염치가 끊어지고 사리사욕을 다투고 있다.…… 지방의 제사 전례에 실려 있는 사람들은 어떤 이는 나라의 주춧돌이 되었던 우두머리 신하요, 어떤 이는 성을 지켰던 유명한 장군이요, 어떤 이는 도를 알리는 큰 위대한 유학자요, 어떤 이는 나라를 구했던 걸출한 선비였다. 또 어떤 이는 왕상(王祥)의 효를 겸했던 자요, 어떤 이는 공강(共姜)의 절개에 힘썼던 자이다. 그들의 행적은 책(竹帛)에 밝혀져 있다. 그 밝기가 해와 달과도 같다. 여러 대에 걸쳐 사람들이 우러러보면서, 그 지방에서 받드는 바가 되었다. …… 봄과 가을 지방관이 사당을 방문하여 제사를 지냈다. 위로는 신명(神明)에 이르고 아래로는 교화가 널리 퍼지게 하였다. 제사에 필요한 비용은 이전의 정해진 예에 따라 지방예산에 편입시켰다.[394]

이후 머지않아 1928년 막 세워진 중화민국 정부는 선현과 공덕이 있는 자를 신봉하는 사묘를 유지시킬 것을 명령했고, 이름이 알려진 신직(神職) 인원이 관리하는 불교, 도교, 이슬람교의 사묘뿐 아니라 기독교 교당도 그 종교적 기능을 행사하는 것을 허락하였다. 그러나 전설적인 신령과 정령(精靈)을 신봉하는 사묘의 존재는 엄격히 금지하였다. 이 법령의 목적은 공덕이 있는 역사적 인물에 대한 숭배를 보호하고 사회질서의 도덕 기초를 강화하며 동시에 대중 속에 있는 미신을 없애려는 것이었다.

---

394 『川沙縣誌』1936, 第12卷, p.6.

1920년대 말부터 1930년대 초까지 많은 다른 성에서 시도한 유사한 노력은 오랜 전통의 종말을 말해주는 것이다. 오랜 전통은 한 문화에서 이미 그 임무를 완수했고 더 이상 새로운 요구에 적응할 수도 없고, 새로운 도덕적, 물질적 영향에서 오는 도전과 조응할 수도 없었다. 한때 화려했던 제례는 젊은 세대들에게 급속하게 변화하는 사회·경제·정치 상황과 관련성이 있다는 인상을 심어주는 데 실패했다. 단지 몇 년 동안만 중앙과 지방정부의 관련 국가제사의 법령은 가끔 부흥되다가 끝나버렸고 그런 다음 무시되었으며, 기타 많은 법령 법규와 함께 파란만장한 시기에 일시적인 대책으로 나타났다. 한 가지 주목할 만한 사실은 중화민국 시기에는 손문(孫文) 같은 위인조차도 더 이상 신격화되지 못했다는 것이다.

정치 제도의 일부분이었던 국가제사가 사라진 것은 필연적인 조류였다. 1879년 강소성(江蘇省) 천사현(川沙縣)의 지방지 자료에 나타나 있듯이 68개 주요 사묘 가운데 31개(45.5퍼센트)는 관방 유형이었다. 그러나 1936년의 지방지 자료에는 67개 주요 사묘 가운데 단 9개(8.8퍼센트)만이 관방 유형에 속한다고 밝히고 있다.[395] 지방 관원이 계속 와서 이 사묘에 제사 지낼 수 있을지는 매우 회의적이다. 비록 다른 지방과 비교할 자료를 얻지 못했을지라도 보편적으로 관찰해 보면 이러한 추세가 일반적이라는 것을 실증할 수 있다. 1930년대 중반에 바람, 비, 산, 강 그리고 자연계의 다른 요소를 모시는 관방 제단은 각지에서 완전히 사라졌고, 점차로 농경지나 개인 또는 공공 건축을 위한 장소로 변했다. 사묘는 개인들에게 맡겨졌고, 관이 유지하는 것은 모든 곳에서 비바람에 침식되거나 혹은 지방 사람이나 군대가 지나가면서 무자비하게 파괴하였다. 중화민국 정부의 건립에 참여했던 유학으로 훈련된 학자 세대가 점점 사라지면서 '신지를 받드는(尊奉神늡)'이란 관념을 잘 이해하는 중국 관원은 없었고 신의 뜻으로 법규를 제정하거나 집행

---

395 『川沙廳誌』 1879, 第5卷, pp.1-17. 『川沙縣誌』 1936, 第12卷, pp.1-26.

규정을 거절하는 것에 반항할 중국 관원은 없는 것 같았다.

그러나 보편 도덕을 유지하는 데 있어서 종교의 징벌 기능이 도덕정치적 의례에 대한 국가제사의 포기를 전부 부숴버릴 수는 없었다. 왜냐하면 일반 대중과 자발적인 지역사회 지도자 중에는 비관방적 민간신앙이 여전히 광범위하게 존재하고 있었기 때문이다. 도덕정치 질서와 명확한 관계가 있는 신령은 예를 들면 성황(城隍)과 동악묘(東岳廟)에서처럼 여전히 영향력을 지니고 있었다. 향진(鄕鎭)과 촌락에서 고호곡(鼓號曲)을 불며 지방 수호신의 탄신일을 경축하는 활동은 여전히 매우 장관이었다. 국민정부가 1928년 반포한 이런 사묘들을 금지하는 법령이 지금까지 집행된 적은 없는 것 같다. 공자는 일찍이 "예를 잃게 되면 민간에서 찾는다(禮失求諸野)"라고 말하였는데 그 나름대로 타당한 이유가 있는 것 같다.

그러한 민간신앙의 숭배가 유지되는 주요 원인은 바로 신령의 주술적인 힘을 믿기 때문이다. 그러나 위에서 제기한 것과 같이 주술적인 힘은 도덕 표준을 강화하는 파생작용을 갖고 있으며 도덕 표준은 신령이 인가하는 것이라고 믿었다. 이러한 신앙의 주술적이고 도덕적인 측면은 분리할 수 없게 함께 맞물려 있다. 전통 도덕체계가 일반 대중에게, 특히 농촌 지역에서 효력이 있다면 종교는 여전히 도덕질서의 붕괴를 막는 역할을 갖고 있다. 특히, 정부와 법률이 아주 불안정할 때, 그리고 외래 영향이 주요한 도시 중심지에 사는 근대 교육을 받은 지배계층 가운데 전통 도덕체계의 기반이 흔들릴 때 그러하다.

다른 한편으로 근대교육을 받은 세대의 마음속에 받아들인 많은 신 윤리 관념은 단지 전통 도덕 규칙만을 알았던 토착신에게는 낯선 것이다. 그리고 거기에는 구 도덕정치적 신앙이 새로운 도덕 질서의 발전을 추동할 가능성이 없다. 새로운 형세 아래 종교가 역할을 발휘할 가능성 있는 한 가지 방식은 새로운 도덕관념에 익숙한 젊은 지식인을 통해 새로운 종교 의례를 창조하는 것이다. 그러나 젊은 사람은 과학 만능 관념의 영향을 깊이 받고 종교를 거의 믿지 않는다. 영성에 대해 흥미를 느끼는 소수의 사람들은 기독교에 매료당했는데 기독교 신앙은 근대중국을 강타한 새로운 도덕관념과 밀접하게 연관되어 있다. 근대교육을 받은 세대는 전통적인 신(神)을 포기했다. 왜냐하면 그들은 무속과 기적을 믿지 않았을 뿐만 아니라, 게다가 갈수록 신이 상징하는 도덕체계를 논박했기 때문이다. 따라서 후원자인 신을 부활시켜 유학의 도덕체계를 회복하고자 하는 강소성의 법령은 매우 효과가 없는 것이었다. 그러면서도 우리는 현재의 불가지론의 영향을 낮게 평가할 수는 없는 것이다.

극렬한 사회변화를 목격한 도시 중심에서, 도덕정치 질서에서 뿐만 아니라, 모든 기타 주요 사회 제도 속에서 종교가 역할을 잃어버렸다. 지식 계급은 조상 숭배의 의례에 참여하기를 원하지 않았다. 조상 숭배를 무시한 것은 젊은 학생과 학자 속에서 매우 보편적이었다. 그들에게 전통적 가족 관념은 핵가족 관념으로 대체되었고, 안정적으로 이어지는 혈연관계는 강조되지 않았으며 종족을 보존하는 영구성도 강조되지 않았다. 조상 숭배가 전통적인 혈연의 단결을 유지하는 중요한 요소인데 반해 소규모의 핵가족에서는 거의 기능을 수행할 수 없었다. 핵가족은 도시 중심지에서 갈수록 보편화되었다. 전통 가족이 여전히 사회생활의 기본 단위로 남아 있는 농촌지역에서는 조상 숭배가 여전히 중요성을 갖고 있다.

사회적, 경제적 조직이 점증하는 비율에 따라, 단체에 대한 통합적 영향력을 가진, 직업수호신과 의례는 순수한 세속적 조직체로 변형되었다. 상업조합이 변해 상업, 비즈니스연합회가 되었고, 수공업조합이 노동조합으로 변화된 것이 1920년대 이래 두드러진 예이다. 이 단체들의 사무실에서는 더 이상 수호신 상을 신봉하지 않았으며 종교 의례도 더 이상 모임의 중요한 내용이 아니었다. 1930년대 중기에 이르러 직업수호신 탄신일의 경축행사에서 원래 수공업조합이 거행한 인상적인 종교 행렬도 점차 큰 도심지와 도시에서 사라졌다.

중소도시와 도시가 현대화됨으로써 거리가 더 넓어지고 포장이 된 것은 지역 사회의 노변에 있던 묘우(廟宇)가 파괴되었음을 의미한다. 비록 도시 교외에서 사묘(寺廟)의 일을 주요 지역사회 사무로 간주하며 대처했을지라도 개인 집에서는 계속 종교 축제일을 준수했다. 도시와 국가적인 축제는 더 이상 종교적 행사가 아니었고, 단지 현대혁명과 긴밀히 연계된 역사적 사건을 기념하는 대중 활동이었다. 현대 공식 달력에 있는 중국 축제일은 무신론을 지지하는 젊은 지식인과 사회정치투쟁과 밀접히 관계된 당대의 정치를 요약해 놓은 것 같았다. 이 모든 것은 중소도시, 특히 남방 도시에서, 한때 자연현상과 그들의 공동체생활을 특징지었던 신성한 분위기를 벗겨버린 감이 있다.

# 제14장
# 새로운 신앙, 공산주의

　서문에서 언급했듯이 이 책이 기본적으로 주목하고 있는 대상은 중국사회의 유신론적 종교에 대한 것이다. 그러나 최근 몇 십 년 동안 사회정치적 변혁을 겪으면서 종교의 역할은 감소되었고, 무신론적 믿음이 중국인의 삶을 지배하게 되었기 때문에 공산주의의 무신론적인 신앙과 무신론의 우월성 하에서 유신론적 종교에 대한 관계를 간략하게 다룰 필요성이 있다.

## 유신론적 종교의 쇠퇴와 국가적 신앙의 모색

　앞장에서 밝혔듯이 중국에서 개인과 국가 모두의 고통이 심각해져 가던 시대에 종교운동은 생명력을 잃어가고 있었다. 유교를 종교화하고자 했던 운동은 시대에 뒤떨어진 유교적 이념을 개혁하지 못했으며 전통사회를 지탱했던 유교적 원칙이 근본부터 침식되어가는 것을 막는 데도 실패했다. 불교운동과 영향력이 있던 도교의 많은 분파 움직임도 사회적 또는 정치적인 지도력을 거의 발휘하지 못했고, 물질적 이성주의의 도전을 막아내기도 힘들었다. 중국사회의 엘리트들이 유신론적 종교를 떠난 것처럼 수많은 사원도 그들의 신을 버리기 시작했다. 그들은 물질적이고 이성적인 시대에 어울리게 겉모습을 바꾸고 세속적인 도구로 변질되어 갔다. 서구의 영향을 받아 근본적으로 파괴된 이전의 공동체나 근대적 사회변동의 핵심으로 부상한 단체들 모두에게 유신론적 숭배는 그다지 반향을 불러일으킬 만한 것이 못 되었다. 전통적 사회정치적 질서가 무너지고 종교적 상징과 사회 통념도 함께 붕괴하자 한(漢)의 멸망 후에 벌어진 역사적 상황이 재현되는 것 같았다.

그러나 신의 침묵은 사회 변화가 진행되는 과정의 하나였을 뿐이었다. 중국인의 전통적 질서는 급격하게 해체되었고, 결국 공화제가 성립되었다. 정치적으로 공화체제가 성공했다는 것은 바로 전통적 지배엘리트가 도덕적인 면과 관리 능력에 있어서도 실패했음을 보여주는 것이다. 이어서 벌어진 끝없는 내전은 국가적 역량과 민족정신은 위축시켰고, 일본이 중국의 가장 부유한 지역을 점령했던 8년간의 중일전쟁 이후에 결국 민족주의 정부는 분열되고 민족경제는 와해됐다. 사회 전반에 걸쳐 대중운동이 확산되었으며 사회정치적 다양화가 중국 전역에 걸쳐서 활발하게 진행되었다. 이러한 운동은 중국인들에게 구국을 위한 열정의 원동력이기도 했지만, 다른 한편으로는 중심 과제에서 국민적 역량을 다른 곳으로 돌리는 분열을 낳기도 했다.

사회 전반에 걸쳐서 불안정하고 혹은 모순되기까지 하는 대중운동이 서로 다른 주장을 했기 때문에 지식인들은 당혹스럽고 절망적이었다. 그들은 시류에 편승할 수도 없었고, 그렇다고 이미 신뢰를 상실하고 무너져버린 전통적 삶으로 되돌아갈 수도 없었다. 그들의 삶과 그들을 둘러싸고 있는 세계는 더 이상 그들에게 일관된 의미체계를 제공하지 않았다. 이러한 상황은 1920년대와 1930년대에 널리 읽힌 노신(魯迅)의 「방황(彷徨)」과 파금(巴金)의 「환영」 등과 같은 문학작품에서 확인할 수 있다. 1930년대 말의 항일전

쟁은 중국인들로 하여
금 방황에서 벗어나
국가적 목표를 제시하
게 했다. 몇 년이 지나
지 않아 그들은 국가
의 승리를 위해서 헌
신할 수 있는 그리고
단결할 수 있는 구심
점을 찾아냈다. 그러
나 전쟁이 지루하게
이어지면서 주력부대

하북성 정주시의 문묘를 수리하는 모습. 개혁개방 이후 시장경제가 도입되고 사회주의 응집력이 약화되면서 다양한 전통종교가 부활하고 있다.

는 패배했고, 정치경제적 위기가 고조되자 내부의 갈등과 투쟁은 심각해졌다. 결국 정부가 도덕적, 행정적 기능을 상실함에 따라 사람들은 또다시 방황하고, 절망할 수밖에 없었다. 세상 물정 모르는 보통 사람들은 파괴된 전통적 관습체계에 의지할 수도 없었고, 불안정한 새로운 사회정치적 구조에 적응할 수도 없었다. 잔혹한 전쟁은 그들의 삶을 산산이 부숴버렸다. 극소수의 사람들은 전쟁을 통해 재산을 모았지만 일반인들은 더욱 더 불행의 나락으로 떨어졌다. 항일전쟁에서 승리했을 때 그저 국가적 열망을 달성했다는 것에 만족해야 하는 속빈 강정과 같은 것이었다. 뒤를 이어 곧바로 국민당과 공산 세력 사이의 대규모 전쟁이 이어졌기 때문이다.

혼란에 빠져 있던 중국의 국가나 개인 모두 무의식적으로 사분오열된 이익과 요구를 초월하는 궁극적 관심이 출현하기를 갈망하고 있었다. 그들은 그 궁극적 관심이 단합된 국민적 헌신을 명령하고, 동시에 그 관심을 중심으로 행위 준칙을 제공하여 중국인의 감성과 이성이 재통합할 수 있게 되어 하나로 모아진 목표를 향해 나아가기를 열망했다. 국가 공동체를 위한 궁극적 관심과 개인이 지켜야 하는 중심적 행위는 바로 폴 틸리히(Paul Tillich)가

청나라의 마지막 황제 부의와 신해혁명을 통해 새로운 공화정부 중화민국을 수립한 손문(오른쪽).

말하는 일종의 신앙과 같은 것이다.[396]

그 새로운 신앙은 유신론적인 전통적 종교 아래서 개인과 국민을 이끌어갈 역량으로 발전할 수 없었다. 그 신들은 자연 재해, 전쟁, 폭정, 빈곤, 질병, 가족해체 등과 같은 혹독한 고통에 직면해서 사람들이 효과적으로 행동할 수 있게 하지 못했다. 또한 지식인들도 국민적 굴욕감, 가치의 혼란, 실업, 사회불안, 정서불안 등에 대처할 만한 것을 신앙에서 찾을 수 없었다. 어떠한 유신론적 상징이 다시 등장한다 해도 새로운 신앙으로 발전하기 어려운 이중의 문제에 봉착해 있었다. 첫째는 지식인들의 마음속에 자리 잡은 물질적 이성주의가 기적과 마술을 수반하는 유신론적 상징과는 어울리지 않는다는 것이다. 유교적 전통의 이성적 측면은 이러한 경향을 더욱 강화시켰다. 사람들이 물질적 발전을 원할 때에는 유신론적 상징이나 초자연적 기적이 아닌 이성적 노력이 가장 훌륭한 해답이기 때문이다. 둘째는 유신론적 상징체계로 이루어진 수많은 전통적 가치들이 새로운 사회질서가 출현하자 사람들의 변화된 가치관에 의해 평가절하되었다는 것이다. 친족관계와 보수

---

396 Paul Tillich, *Dynamics of Faith*, New York, 1957, pp.1–30. 궁극적 관심(supreme concern)과 중심적 행위(centered act)는 폴 틸리히(Paul Tillich)의 개념이다. 폴 틸리히에 의하면 인간은 신에 대한 궁극적 관심(ultimate concern)이 있으며, 신앙은 그 궁극적 관심과 그 관심을 중심으로 한 행위(centered act)이다.

주의적 가치를 상징하는 조상 숭배는 가족의 형태가 변하고 근대정신이 발전함에 따라 더 이상 유지될 수 없었다. 효(孝), 제(悌), 충(忠), 신(信) 등과 같은 보편적 가치도 근대적 상황에 적용하기 위해서는 유신론적 도덕정치적 숭배에 의해 상징화된 전통적 의미를 재해석해야 했다. 도통(道統, Confucian Fundamentalism)의 도덕적 외형은 완전히 붕괴됐고, 그것을 지탱하고 있던 수많은 유신론적 상징체계도 함께 파괴되었다. 폴 틸리히가 언급한 다음의 내용은 이러한 상황을 가장 잘 일반화한 것이다.

> 궁극(the ultimate)에 대한 인간관계는 변화한다. 궁극적 관심의 내용들은 사라지거나 다른 것들로 대체된다. 신성한 존재는 더 이상 응답을 창조해내지 못하고, 공통의 상징이 되지도 않으며, 행동하게 하는 힘을 잃는다. 특정한 시대 또는 특정한 장소의 상징들은 과거 신앙의 진실을 나타내 준다. 그것들은 진실을 잃어버렸고, 그것들이 되살아날 수 있는 지는 아직 알 수가 없다. 아마도 그 질문은 이미 죽어버린 그들에게 할 수 있는 것은 아닌 것 같다.[397]

신들과 함께 오래된 신앙의 상징들도 쇠퇴하여 중국사회에서 물질적 이성주의와 '행동하게 하는 힘(power to move for action)'을 조화시킬 수 있는 새로운 신앙을 모색하기가 매우 어려웠다. 지난 세기에 일어난 모든 사회운동과 정치운동은 바로 이러한 모색의 과정이었다고 해도 과언이 아니다. 당시 많은 대중운동 지도자들은 새로운 신앙의 필요성을 깨닫지 못했고, 혹은 깨달았다 하더라도 극히 단편적으로만 인식하고 있었다. 그러나 손문(孫文)은 삼민주의(三民主義)를 주창할 때 중국에 이데올로기가 절실하다는 것을 심각하게 느끼고 있었다. 그에 따르면 이데올로기는 신앙을 고무시키고, 신앙은 힘을 강하게 할 것이며, 응집된 힘은 국가가 위기에 빠졌을 때 반드시

---

[397] 위의 책, p.96.

필요한 것이었다. 많은 중국인들이 그가 주장한 삼민주의에서 새로운 신앙을 발견했고, 공화혁명과 제2차 혁명의 영감과 계시를 받았다. 그러나 도덕과 행정적인 실패와 일본의 침공에 따른 분열 때문에 삼민주의를 기초로 하고 있던 정부는 파멸했다. 이제 또 다른 무신론적 신앙이 오랜 모색 끝에 손문의 이데올로기를 대체하며 등장했다. 그것은 바로 공산주의였다.

## 무신론적 신앙으로서의 공산주의

긴 세월이 흐르는 동안 공산주의는 무신론적이지만 확연하게 종교적 색채를 띤 신앙으로서 자리매김을 해왔다.[398] 현재와 과거의 많은 공산주의자들의 회고를 보면 중국과 서구 모두 공산주의 이데올로기가 자리 잡는 과정에서 질적으로 종교와도 같은 경험을 했다. 그것은 혼란이 극심했던 세계가 갑자기 이해할 수 없을 정도로 질서를 갖추게 되는 계몽운동의 황홀한 경험이었다. 지난 날 일어났던 모든 것과 앞으로 일어날 것들을 설명했고, 죄악과 폭압으로부터 선과 정의의 윤곽을 도출해 냈으며, 인류의 마지막 운명을 보여주며 인간의 완벽한 헌신을 요구했다. 틸리히의 개념처럼 공산주의는 인간들이 가지고 있는 수많은 요구들을 초월하는 '궁극적 관심'의 특질이 있다. 즉, 적대적 이데올로기, 정의에 대한 다양한 개념 규정, 진실에 대한 철학적 갈등과 성공, 안전, 개인 및 집단의 행복 등에 관한 서로 다른 목표 등을 초월하도록 하는 것이다.

이 이데올로기가 가지는 궁극적 관심은 중국 사람들에게 두 가지 열망으로 나타났다. 하나는 물질적 발전이고 다른 하나는 민족주의였다. 이 두 가

---

[398] Paul Tillich, *The Shaking of the Foundations*, New York, 1948, p.98. ff.; *Dynamics of Faith*, pp.67, 69, 122; J. Milton Yinger, *Religion, Society and the Individual*, New York, 1957, pp.120–121.

지 열망은 지난 한 세기 동안 중국인들의 정서를 자극했고 시시때때로 혁명적 행동을 취하게 했다. 1860년대의 동치(同治) 개혁에서부터 1950년대 공산주의 혁명의 성공까지 근대 세계에서 중국이 뒤떨어지게 된 근본적 원인은 국가의 정치적 허약성과 중국인들의 물질적 낙후성이라고 일관되게 규정되어 왔기 때문에 중국인의 정서에는 물질적 발전과 민족주의가 깊게 내면화되었다. 특히 민국 시기에 성장한 사람들은 국가적 좌절과 열등감을 처절하게 느끼고, 국가의 존엄과 사람의 행복을 위해서 가장 필요한 것은 물질적 발전과 민족주의라고 생각했다. 두 가지 열망이 불러일으킨 정서적 추진력은 당시의 시대정신이었던 과학과 민족국가를 강조하면서 강화되었다. 그러므로 이들 가치는 유신론적 신앙이 근대정신에 편입되기 위해 했었던 자기 합리화나 방어 같은 것은 필요치 않았다. 민주주의에서 표방하는 인권 역시 지난 세기 동안 국가의 열망 속에 있었다. 그러나 서구적 의미의 민주주의는 지식인을 포함하여 사람들 절대다수의 근본을 훼손하지는 않았다. 특히 지식인들은 전통적 사회구조에 안주하려는 권위주의적이고 무기력한 특성이 있기는 했지만 대중운동의 확고한 역량을 약화시킬지도 모른다는 우려 때문에 민주주의의 개념을 자신들에게만 유리하게 해석하거나 배척하지 않았다.

지난 한 세기 동안 일어난 모든 주요 개혁과 혁명 그리고 대중운동은 강한 국가와 물질적 발전을 추구하는 것이었다. 공산주의 운동도 마찬가지였으나 다른 운동과 다른 점은 이데올로기적 열정, 타협의 여지가 없는 단일한 마음, 실질적 행동 등이 수반되었다는 것이다. 국가적 역량과 물질적 발전을 이루기 위한 궁극적 탐구는 "모든 다른 관심들, 경제적 풍요, 건강과 생명, 미학·인식론적 진실, 정의와 인간성"을 희생할 것을 요구했다.[399] 사회의 변동 과정에서 전체주의적이고 무조건적인 요구를 통해서 공산주의 이데올

---

[399] Paul Tillich, *Dynamics of Faith*, p.1.

헌 책 더미 속에서 추억되는 모택동.

로기는 신앙화되어 효과적으로 사람들을 통합할 수 있는 역량이 되었다. 그러나 그러한 요구는 끊임없는 박해와 수많은 청산투쟁의 고통을 동반했다. 국민당 정부의 유산을 청산할 때도 그랬고, 상인들의 부패를 청산한다는 오반(五反)운동 때와 백화제방(百花齊放)때, 우파 지식인들을 박해할 때도 그랬다. "모든 것은 하나로 귀결된다(一途同歸)"는 전통적인 이데올로기적 관용은 위장된 복고주의로 취급되었다.

강한 국가와 국가 경제의 발전을 위해서 개인들은 개별적 관심을 포기하고 공산주의 이데올로기에 무조건 복종해야 했다. 심지어 가족 중 누구라도 반동적 행위를 하면 그를 저버리기까지 했다.[400] 무엇보다도 백화제방 탄압의 전야에 나온 "사회주의 독초를 뿌리 뽑자"는 구호와 함께 전개된 반우파 투쟁인 정풍운동은 개인의 궁극적 존재도 부정하고 자아마저 말살했다. 그런 우파 지식인 가운데 이미 앞장에서 언급한 바 있는 『중국철학사』의 저자로 유명한 풍우란(馮友蘭)이 있다. 공산주의자들은 그를 황제의 가정교사가 되기를 갈망했다고 고발하여 풍우란은 공산주의 중국에서 전형적인 자아비판을 해야만 했다.

사회주의로 나아가기 위해서 개인은 반드시 마르크스주의를 이데올로기의 지침으로 받아들여야 한다. 마르크스주의를 자세히 설명하고, 전파하는

---

400 C. K. Yang, *The Chinese Family in the Communist Revolution*, Cambridge, Mass., 1959, chap. IX.

것은 철학을 추구하는 사람의 유일한 임무이다. 나는 마르크스주의를 연구하고 또한 그것을 발전시키고 있다고 생각했다. 그러나 내가 했던 행동은 분명히 마르크스주의를 파괴하는 것이었다. 일본의 침략에 저항하던 시기에 나는 또 다른 관념론적 체계를 만들어 냈다. 나는 그것을 '신이학(新理學)'이라 부르고, 중국의 봉건주의적 철학의 정통적 계승자가 되기를 기대했다. 그러나 그것은 마르크스주의에 도전하는 것이었다. …… 해방 후에 나는 그 체계에 대해서 표면적인 비판만 했을 뿐 근본적으로 내 마음을 바꾸지 않았고, 그것을 위장하기 위해 마르크스주의를 공부한 척했다. 사실상 나는 무기를 숨기고 타격을 가할 순간만을 기다리고 있었던 것이다.

개인주의자들은 부와 명예를 갈망하기 때문에 사회주의와는 맞지 않는다. 그런데 나는 부와 명예를 갈망하는 대표적인 개인주의자였다. …… 나는 수많은 반동적 사상가들의 사상을 몰래 감추고 그들의 영향을 받았다. 이것은 당과 인민에 범죄를 저지른 것이다. 나는 해방 후에도 지난날의 부끄러움을 모르고, 오히려 그것을 옳지 못하게 이용하여 당과 흥정했다. 나는 국가의 대표적인 인물이기 때문에 당에서 정중하게 대해줄 것이라고 생각했다. …… 해방 직후에 잠시 약간의 참회를 했으나 얼마 안 가 다시 나의 본모습으로 돌아왔다. 심지어 당에서는 나를 정중히 대해주는 데도 수정주의자가 되어 마르크스주의를 공격하려 했다. 나의 개인주의 성향은 섬뜩할 정도로 심각하여 명예를 얻기 위해 이름 없이 무명으로 지내는 것보다는 악명이라도 높이고자 했다.

모든 인민의 사상 개조운동을 벌이고 있는 당에 감사한다. 당의 교화와 동지들의 도움으로 조국은 사회주의로 진입했으나 나의 사상은 사회주의와 반대로 가고 있음을 깨달았다. …… 해방 후 9년이 지났다. …… 9년이나 지났는데도 나는 나의 무기를 버리지 않고, 인민에게 굴복하지 않았다. …… 당은 나의 자각을 고취시켰다. 나는 결심한다. …… 나의 무기를 버리고 항복하고 항복할 것이다. 그리고 다시 한 번 당과 마르크스주의의 깃발 아래 마르크

스-레닌주의 철학자 군대의 병사가 될 것을 결심한다.[401]

　진심으로 새로운 자신을 발견하기 위해 과거의 자신을 버리려면 중국인들이 주로 그랬듯이 불교에 귀의하는 것과 같은 종교적 전향이 필요하다. 좌절과 고통에 빠진 사람이 지난날 자기 자신의 죄악과 잘못을 불현듯 깨닫게 됐을 때, 더 나아가 이전의 자신이 죄인임을 인정하고 구원받기 위해 새로운 자신을 발견하고, 그것을 진심으로 믿을 때 종교에 귀의하게 되는 것이다. 공산주의 중국에서 나온 참회록은 인간의 존엄과 자존심을 위한 배려는 거의 없는 자아비판일 뿐이었다. 철저한 개종자가 되기 위해서 과거의 자아를 말살하고 새로운 광명 속에서 행동을 통해 스스로의 존엄과 자아를 다시 세워야 했다. 근대중국에서 그 어떤 이상주의도 그 이상이 추구하는 세상에 들어서기 위한 대가로써 이처럼 완벽하게 과거를 부정할 것을 요구하지는 않았다. 진심에서 우러나오는 고백이 아니라 할지라도 이데올로기에 부합하는 자아비판과 행동을 보여서 새로운 신앙의 절대적인 우월성을 자각하고 있음을 알려야 했다. 그 새로운 신앙이 내리는 명령에 대해서 모든 것을 버릴 수 있다는 것, 자신의 모든 것, 심지어는 내면의 자아까지도 내놓을 수 있다는 것을 보여야만 재앙과도 같은 위협에서 벗어날 수 있었다.

　무조건적인 명령이 받아들여질 수 있었던 이유는 신자들이 공산주의를 절대적으로 확신했기 때문이다. 공산주의는 피할 수 없는 인간 운명이며 민족 부흥의 유일한 길이라는 절대적 확신은 '인민'이라는 강력한 이름으로 공식화됐다. '인민'은 그 어떤 개인의 사상, 정의, 흥미, 존재를 초월하는 것이다. 개인의 유일한 기능은 풍우란이 앞에서 말한 것처럼 마르크스주의를 해설하고, 유포하고, 규정하는 것뿐이었다. 이러한 역할을 수행하기 위해

---

401 *Extracts from China Mainland Magazines*, American Consulate General, Hong Kong, September 8, 1958, no. 141, pp.1-8.

개인은 자신의 모든 에너지와 생각을 철저하게 쏟아 부어야 했다. 복종만이 미덕일 뿐 이탈은 곧 죄악이었다. 1958년에 일어난 사상 논쟁인 '백화제방' 운동에 진지하게 참여했던 사람들은 신앙이란 그것이 종교적이든 세속적이든 간에 구체적인 내용의 건전성에 대해 어떤 의심과 질문도 허용되지 않는다는 사실을 너무 늦게 알아차렸다.

공산주의 이데올로기를 마치 종교 교리와 같이 절대적으로 확신하는 이유는 경험적인 증거 때문이 아니다. 단지 사후세계처럼[402] 후손들[403]이나 머나먼 피안의 추상적인 미래에 대한 약속을 믿기 때문이다. 공산주의 통치하에서 느끼는 심각한 고통과 시련은 이데올로기적 오류의 실증적 증거가 아니라 오히려 손에 잡히지 않는 이상주의적 미래를 위해 참아야 하는 대가로 받아들여진다. 메시아의 약속과 같은 관념적인 것은 실체에 의해서 증명될 수 없지만 오히려 더 쉽게 이데올로기적 확신을 가지도록 한다. 게다가 현실에서 깊은 좌절을 경험한 사람들에게는 더욱 강력하게 이상주의적인 호소를 할 수 있다. 공산주의에 대한 광신적 믿음은 바로 메시아의 약속에 대한 절대적 확신과도 같은 것이어서 이러한 확신이 중국에서 혁명을 성공으로 이끌었다. 광신적 상태에서는 신앙에 대한 현실적인 증거와 논리적 토론을 의심하고 거부하게 하는 강력한 심리적 메커니즘이 작동하기 때문이다.

### 공산주의 신앙 하에서 유신론적 종교

공산주의 이데올로기가 국가 최고의 신앙으로 정착하자마자 중국사회는 급격하게 재편되어 갔다. 그러나 전통적인 제도와 사회구조 그리고 가치는

---

[402] 周鯨文, 『風暴十年』, 香港, 1959, p.543.
[403] Erich Fromm, *Psychoanalysis and Religion*, New Haven, 1958, pp.36.

중국에 처음으로 공산주의를 알리고 중국공산당을 창당한 이대조와 진독수(오른쪽).

계속 남아 있어서 종교적 상징물과 그것에 대한 믿음은 인민의 삶속에 여전히 작동하고 있었다. 그래서 여기저기에 분산형 종교와 제도종교가 미약하나마 존재하고 있었기 때문에 공산주의의 통치하에서 이러한 종교와 공존하기 위해 중국사회는 무신론적이고 정치적인 공산주의 신앙의 지배력을 구체화해야 했다.

### 유신론적 종교에 대한 공산주의 정책

유신론적 종교와 공산주의의 관계는 신앙과 신앙의 만남이라 할 수 있다.[404] 신앙이 구체화하면 그 둘 사이는 상호 배제적일 수밖에 없다. 상호 배제적인 구조에서는 서로에 대한 관용도 생길 수 있고, 갈등도 생길 수 있다. 그러나 신앙화된 공산주의는 종교를 자의적으로 해석하기 때문에 다른 종교와 갈등관계에 놓일 수밖에 없었다. 역사적 운명에 대한 절대적 믿음과 공산

---

[404] Paul Tillich, *Dynamics of Faith*, p.122ff.

당 조직의 집중화 경향(민주 집중제, 민주 독재) 때문에 유신론적 종교가 가지고 있는 그 어떤 진정한 관용도 수용되지 않았다. 유신론적 종교는 마르크스-레닌주의의 시각에서 보면 무지의 소산으로 받아들여졌고, 착취계급이 인민들에게 퍼뜨린 아편과 같은 존재로 인식되었다. 근대과학에 의해 인민들이 문화적으로 해방되고, 혁명을 통해서 정치적 자유화를 달성하면 그러한 무지의 산물과 계급 착취는 필연적으로 역사의 유물이 될 것이라고 생각했기 때문에 중국의 모든 공산주의자들은 유신론적 종교를 궁극적으로 제거해야 한다고 일관되게 제기했다. 중국 공산당의 설립자였던 진독수(陳獨秀)[405] 이래로 비록 지금은 극소수의 공산주의자들에게 국한되기는 하지만 그러한 논조는 이어지고 있다.

공산주의자들은 유신론적 종교를 궁극적으로는 소멸시켜야 한다고 믿었지만 실제로는 당장 강제적으로 폐지해야 한다고 생각하지는 않았기 때문에 중국의 유신론적 종교는 제한적으로 존재를 인정받았으며 한편으로는 공산주의가 전통사회를 개혁하는 데 있어서 어느 정도 기여하기도 했다. 공산주의자들은 유신론의 존재가 결국에는 소멸하고 젊은 세대가 새로운 사회질서에서 성장하게 될 것이라고 기대하면서도 어떤 종교든 공산주의에 대해 반기를 들거나 걸림돌이 되면 무자비하게 탄압했다.

중국에서 공산주의 정권이 들어서고 초반 10여 년 동안은 유신론적 종교가 정치적으로 복종했기 때문에 제한적 존재를 계속해서 인정받는 데에 심각한 문제점은 거의 없었다. 중국의 종교는 전통적으로 제도적 기반이 미약했으므로 공산주의의 압제에 맞서서 효과적이고 조직적인 저항을 할 수 있는 가능성이 거의 없었기 때문이다. 이런 면에서 교회가 광범위하고 강력하게 조직되어 있는 서구의 다른 공산주의 국가들과는 상황이 실질적으로 달랐다. 공산주의자들이 유일하게 위협을 느꼈던 조직화된 종교는 기독교였

---

[405] Chiao-yu p'ing-lun, *Educational Review*, October, 1924, pp.471-472.

신강 위구르 자치구 투르판에 위치한 이슬람 사원과 서장 티베트 자치구의 포탈라궁(아래).

다. 그중에서도 특히 가톨릭교회는 오랫동안 서구에서 권력과 연관되어 있었기 때문에 특히 위협을 느꼈다. 그러나 중국에 몇몇 기독교 단체들이 있긴 했지만 공산주의자들에게 곤란을 줄 정도로 세력이 크지 않았다. 문제는 신강(新疆)의 이슬람교와 내몽고 및 티베트의 불교(Lamaism)처럼 국경지대에 자리 잡았지만 문화적으로 중국과는 거리가 먼 지역이었다. 예배가 개인적인 차원에서 행해지거나 또는 산재해 있는 작은 단체에서 행해지는 분산형 종교의 영향력을 제거하기는 쉽지 않다. 아마 그러한 종교가 퍼져있는 사회제도 자체를 일소하기 전에는 제거할 수 없을 것이다. 전통적으로 제도화된 단체들은 오랫동안 공산당의 통제 하에 있었고, 분산형 종교는 비조직적이라는 특성 때문에 공산당의 권력에 어떠한 위협도 되지 않을 것이다.

　공산주의 신앙과 하위관계에 있는 유신론적 신앙은 두 가지 관점에서 파악할 수 있다. 하나는 종교적 믿음에 주목하는 것이고, 다른 하나는 종교의 조직화이다.

## 유신론적 믿음에 대한 공산당의 대처

공산당의 지도자들은 공산당의 권력을 저해하지 않는 범위에서 유신론적 믿음을 비폭력적으로 제거하겠다는 광범위한 정책을 천명했다. 모택동은 「1920년대 호남지역 농민운동 조사보고서」에서 미신은 힘에 의해 억압될 수 없으며, 새로운 사회질서가 도래해야만 고통으로부터 자유로워진 사람들에게서 사라질 것이라는 의견을 피력했다. 이러한 관점에 따라 중국 중앙정부의 내정부장은 1952년에 다음과 같은 정책을 발표했다. "오랜 기간의 봉건적 통치 때문에 인민들은 미신적 사상을 갖게 됐다. 그것은 정부의 법령에 의해 사라지게 할 수 있는 것은 아니다. …… 대중들 자신이 개혁의 의지를 가져야만 한다."[406] 동일한 관점에서 중국의 헌법 제88조에 "중화인민공화국의 공민(公民)은 종교와 신앙의 자유를 갖는다"는 규정을 이끌어냈다. 이 자유는 종교적 믿음이 정치적 방향과 정부의 법령을 방해하지 않는다는 조건하에서만 인정되는 것이지만, 인민들은 그 제한을 종종 자의적으로 해석하여 그들의 종교 의례를 지속했다. 심지어 공산당이 권력을 장악한 후에도 향을 태우거나 또는 사원이나 교회에서 기도를 하는 등 유신론적 의미의 의례는 여전히 매우 중요한 행위였다.

이러한 의례가 정치적으로 부차적인 문제여서 정책적 관용이 베풀어지기는 했지만 공산당이 장기간에 걸쳐 추진하고 있는 유신론적 종교에 대한 비폭력적인 소멸 계획이 이완됐다는 것은 아니다. 장기계획의 관건은 바로 교육이었다. 공산당은 1959년에 1억 명에 육박하는 학생들을 공산주의 교육체계에 편입시켜 무신론적 교육을 실시했다. 특히 주요 교육대상은 3000만 명에 달하는 초등학생들이었다.[407] 이뿐 아니라 학교 밖에서는 다양한 모임

---

406 『人民日報』, 北京, 1952년 10월 21일, p.3.
407 *Survey of China Mainland Press*, American Consulate General, Hong Kong, February 11, 1960, no. 2194, p.8.

과 토론회를 조직하여 은퇴한 노인들에게 기본적인 과학지식을 소개했다. 특히 주목할 만한 사실은 설화문학과 전통극을 통한 종교사상의 전파를 금지했다는 것이다. 신화적인 작품과 일련의 영상물을 서점과 가판대에서 몰수하여 파괴했으며 1951년부터 전통극의 극본을 초자연적인 관점을 제거하고 다시 쓰는 작업이 시작됐다. 널리 알려진 연극인 〈은하수의 사랑 이야기〉는 원래 은하수의 두 별을 목동과 베 짜는 여인으로 신격화하여 운명적으로 행복한 결혼을 하게 된다는 내용이었으나 현재는 결혼 절차에 대해 다음과 같이 토론하는 장면이 담긴 내용으로 개작되었다. 예비 신랑이 "우리 상서로운 날을 잡아야 하잖아"라고 말하자 그의 배다른 여동생이 "오빠는 아직도 미신을 믿는 거야? 오늘보다 더 좋은 날이 어디 있어?"[408]라고 말하는 내용이 포함되었다. 초자연적 사상을 담고 있는 연극에 대해 공산당은 두 가지 검열 기준이 있었다. 신화적인 내용이 현재에도 받아들여질 수 있을 만한 도덕적 가치를 상징하고 있는 것들은 상연될 수 있었고, 공산주의 이데올로기에 비추어 인정하기 어려운 초자연적인 기적의 내용을 담고 있는 것들은 탄압을 받거나 개작되었다.[409]

공산당은 또 다른 방법으로 초자연적 믿음의 영향력을 감소시키기도 했다. 경제적인 압력을 가하는 것으로써 향, 초, 지전(죽은 이를 위해 태우는 돈) 등에 대해 일종의 특별소비세를 부과하여 종교의식을 축소시켰다. 또 한편으로는 반미신운동도 정기적으로 개최하여 공산주의 정치와 경제발전을 저해한다는 이유로 미신 뿌리뽑기 운동을 집단적으로 벌였다. 중국 남쪽 광동(廣東)지방에는 오랫동안 농부들 사이에서 강둑의 제방공사는 남자들만 참여하는 것으로 믿어져 왔다. 여자들이 참여하면 제방이 무너진다는 토속적인 믿음은 분명 전통사회의 경제구조에서 발생한 남성 위주의 종교적 구속

---

408 『人民週刊』, 北京, 1951, no. 48, p.21.
409 馬沙波, 「嚴肅對待整理神話劇的工作」, 『人民週刊』, 1951년 11월, no. 48, p.26.

이었다. 그러나 현실적으로 농업에 참여할 수 있는 여성의 노동력을 감소시켰기 때문에 공산당의 노동력 동원정책을 방해하는 것이었다. 그래서 공산당은 1952년에 대규모의 여성노동자들을 동원하여 제방을 쌓고, 수리를 한 다음 선전대회를 열어 그릇된 미신을 성토했다.

공산당 지도자들은 기본적으로 비폭력적이고 점진적인 방식을 통해 미신을 타파하려 했지만 지방에서 우발적으로 발생하는 미신적 운동의 단초에 대해서는 직접적인 행동에 나서기도 했다. 호북(湖北)성의 악성(鄂城)현에서 우발적인 사건이 일어난 적이 있다. 그곳에는 마선고(馬仙姑, 마여신)를 모시는 사묘와 무덤이 있는데 농부들이 그곳에 와서 향을 피우고 병을 앓는 식구를 위해 성스러운 물을 길어갔다. 1957년 봄에 전염병이 그 지역을 휩쓸고 지나가면서 이상한 소문이 돌았다. "또 다른 세계가 군대를 조직하기 위해 사람들을 뽑고 있으며 그 명단에 들지 못하면 살아남을 수 없다"는 것이었다. 평상시에는 방치되어 있던 마선고의 무덤에 사람들이 모여들어 향을 피우고 초를 켜기 시작했다. 농번기 때에도 하루에 300-400명에 달하는 사람들이 찾아왔고, 많이 올 때는 600명이 넘을 때도 있었다. 지방정부의 지도자는 수많은 사람들이 매일 무덤에 모여들자 수확량이 걱정되어 묘비를 파헤치고 군중들에게 해산할 것을 명령했다. 그러나 군중들은 분노하여 그를 공격하며 위협했다. 지도자는 사건의 배후에 불순분자들이 있을 것으로 생각하고, 설득과 위협을 통해 군중을 해산하려고 했으나 사람들은 그를 비웃을 뿐이었다. 그러자 공산당 지도부가 직접 개입하여 그 사건의 원인을 찾고 다음과 같은 조치를 했다.

금년 봄에 촌충의 유충과 뇌수막염 그리고 인플루엔자가 이 지역을 휩쓸었으나 공공 보건부서가 이 상황에 대처하는 데 미숙했다. 가족들이 아픈데도 그들을 치료할 방법을 찾지 못하자 아직 미신을 믿고 있던 농부들은 여신에게 신성한 물을 구할 수밖에 없었다. 이 분야에 지식이 있는 대책반은 즉각적으로 의료팀을 조직하여 한편으로는 사람들에게 전염병이 퍼지게 된 원인을 찾기 위해 역학조사를 하고, 다른 한편으로 환자들을 치료했다. 치료비를 지불할 수 없는 사람들에 대해서는 농업생산합작사가 반을 먼저 지불하거나 무료로 치료해 주기로 했다. 의료팀이 도착한 첫날에도 100여 명이 넘는 사람들이 여전히 향을 피우고 있었지만 둘째 날에는 60여 명, 셋째 날에는 30여 명으로 줄었고, 넷째 날에는 마선고의 무덤가에서 향을 피우는 사람은 더 이상 없었다.[410]

그러나 종교의식이나 미신에 대해 이 사건과 같이 비폭력적으로 대처하는 경우는 극히 일부에 지나지 않았다. 중국의 헌법에 규정되어 있는 '종교와 신앙의 자유'는 '반종교 자유'에 의해 방해받았기 때문이다. 반종교의 자유는 단지 종교를 믿지 않는 자유뿐만이 아니라 반종교 시위와 종종 종교재산에 타격을 주고 신자들의 행복에 영향을 줄 수도 있는 행위까지 포함된 것이다. 반종교적 군중들의 폭동은 1920년대 북벌전쟁에서부터 현재에 이르기까지 시대에 따라 여러 가지 모습으로 나타났다. 폭도화된 군중심리는 공산주의자들의 혁명 역량에 면면히 흐르고 있는 것이었다. 폭도들은 이전의 반종교운동 때에도 보존되었던 남부지방의 오래된 사원도 공격을 가하였다. 1951년 필자가 광동(廣東)성에 있는 고찰을 방문했을 때 빈 건물들만 남아 있었는데, 농회(農會)가 현 세대를 봉건적 뿌리로부터 보호하기 위해 신성한 종교적 상징물을 철저히 제거하고 불태워 버렸기 때문이었다.

공산당의 지방 관리들은 반종교 자유라는 명목으로 종교재산도 부당하게 착취했다. 가장 대표적인 예로는 중국 도교의 성지인 무당산(武當山)에서 도교의 상징물을 훼손한 것을 들 수 있다. 이 아름다운 산에는 8개의 궁전이 있고, 32개의 사원과 12개의 사당이 있으며 중국에서 가장 큰 동상이 있던 황금궁전과 무엇에도 비할 수 없는 예술적 가치를 지닌 1000여 개에 달하는

---

410 *Survey of China Mainland Press*, May 23, 1957, no. 1536, p.21.

도교 조각상들이 있었다. 1955년과 1956년에 걸쳐 현(縣)정부는 100여 개의 동상들을 흩어져 있거나, 손상됐다는 이유로 또는 중복된 것이라는 이유로 예산 확충을 위해 조각을 내어 팔아 버렸다. 5만 근(약 30톤)이 넘는 동이 수거됐다. 1956년에는 48일 동안 동상을 파괴했는데 그중에는 하나에 3천 근(약 2톤)이 넘는 것도 있었다. 대부분의 것들은 양호한 상태로 보존된 것들이었는데 도교의 지도자들은 정치적으로 제약받고 있던 상황이었기 때문에 파괴의 현장을 속절없이 지켜봐야만 했다. 나중에 무도한 파괴의 소식을 접한 성(省)정부 당국은 대중적 저항을 달래기 위해 잘못이 있는 몇몇 현정부의 책임자들을 경미하게 처벌했을 뿐이다.[411] 무당산의 경우에는 국가적인 종교 중심지로서 너무나 잘 알려진 곳이었기 때문에 대중의 관심을 받았지만 시골의 작은 마을과 도시에 흩어져 있는 수많은 이름 없는 사원의 재산과 신성한 대상들은 세상 사람들의 관심조차 받지 못하고 파괴되거나 뜯겨져 팔렸으며 이에 대한 기록조차 남아 있지 않다.

반종교 폭동을 일으키고 사원의 재산과 상징물을 파괴하는 행위는 공산주의 이념을 규정하는 반초자연적 사상에 따라 일정 부분 고무되었을지라도 그럼에도 도처에서 중앙 당국의 지도를 받지 않은 지역적 사건들이 빈번히 발생했다. 이러한 행위들은 신자들에게 직접적인 위해를 가하지 않는 범위에서 종교적 재산을 파괴하는 정도에 그쳤다. 그러나 종교적 믿음이 반사회적 행위를 체계화하고, 활성화되기 시작하면 그러한 믿음이 지탱하고 있는 사회체계를 와해시키기 위해 강력하고도 조직적인 파괴가 진행되었다. 그 과정에서 직업적 종교인들은 박해에 직면할 수밖에 없었다.

중국사회는 종교조직의 연대가 약하기 때문에 그렇게 박해를 가하는 일이 자주 일어나는 편은 아니다. 그러나 전통적으로 한족의 거주지가 아니었던 국경지역은 양상이 달랐다. 신강(新疆), 청해(靑海), 감숙(甘肅) 등과 같

---

411 위의 책, April 26, 1957, no. 1517, p.10.

은 성에서는 종교적 믿음이 완전한 체계를 이루고 지역사회에 강력한 영향력을 행사하고 있었기 때문에 혁명의 대상이었다. 이슬람과 티베트불교의 지도자들은 투쟁의 대상으로 대중들의 공격을 받았다. 많은 승려들이 단상으로 끌려나와 성난 군중들이 으르렁거리는 소리로 지난날의 오만과 거짓 마법으로 무지한 대중들을 기만했다고 규탄하는 함성을 들어야만 했다. 예를 들어 1958년 청해성 민화(民和)현에서 군중집회가 열렸을 때 군중들이 라마승을 단상으로 끌고 나와 종교의식 때 입는 옷을 갖춰 입히고 머리를 흔들어 신을 불러보라고 했다. 라마승이 잠시 강하게 머리를 흔들자 군중들이 "신이 오고 있는가?"라고 묻자 라마승은 이 말을 듣고는 기가 죽어서 "거기에 신은 없다"고 대답했다.[412] 이 사건은 새로운 코뮌의 건설 과정에서 저항이 예상되는 지배계급과 유목경제의 대규모 목축 소유주 그리고 그들의 지지 세력인 승려들을 견제하기 위해 발생했다. 지배집단을 제거하고, 그들의 재산과 권력을 빼앗아 마법적인 버팀목을 반드시 해체해야 했기 때문이다. 초자연적 믿음에 대한 폭력적 투쟁은 이렇듯 정치적 목적에 따라 이끌어졌고, 무신론적 가치는 부차적인 것이었다.

### 공산당 통치하의 종교조직과 성직자

공산주의 신앙이 정치적인 예속의 상태에서 유신론적 종교에 대해 과도기적인 관용을 베풀었듯이, 종교조직에 대한 공산당의 대우도 역시 관대한 편이었다. 그러나 정치적으로 중립적인 종교적 믿음은 이론적으로는 신자들의 마음속에 간섭받지 않고 유지할 수 있을지 모르지만 종교조직은 구조적으로 공산주의 사회체계에 편입되어 공산당의 엄격한 통제를 받아야 했다. 공산당에게 있어서 종교조직은 다른 사회단체와 마찬가지로 전체 사회

---

412 위의 책, October 23, 1958, no. 549, p.18.

와 정치적 권위체계에 통합되어 있는 일원이기 때문에 국가와 분리되어 있는 종교조직은 존재할 수 없는 것이다. "비록 가톨릭교회가 하나님의 영광과 영혼을 구제하기 위해 만들어졌지만 사회의 골격을 이루고 있는 만큼 사회를 벗어날 수는 없다."[413] 이 관점은 가톨릭이 가톨릭교회에 대해 언급한 것이지만 기타의 다른 모든 종교신앙에도 적용된다.

전통적인 불교적 관점은 그와 극단적으로 배치된다. 불교의 승려들과 사원의 질서는 정부의 통제를 받아서는 안 된다. 왜냐하면 그들은 속세를 떠나 더 이상 사회의 일원이 아니기 때문이다. 그러나 불교적 관점이 폭넓게 받아들여진 적은 없다. 또한 유럽의 전통적 국가에서처럼 종교집단이 조직적으로 자치를 행한 경험도 없기 때문에 현재의 공산주의 통치하에서 이러한 불교적 관점은 묵살되었다. 종교조직을 통제하고 종교 사무를 처리하기 위해 중앙정부에는 국무원 종교사무국이 있고, 성정부와 시정부에는 민족 종교사무청이 있다.[414] 제국과도 같은 거대한 중국에서 이 두 정부 부서는 불교와 도교를 통제하기 위해 상호 간에 긴밀한 연락을 취하면서(제8장 참조) 종교적 행위와 종교조직을 공산주의적 사회체계의 한 부분으로 기능하도록 통제하고 있다.

소극적 통제라는 의미에서 모든 종교단체의 행위는 정치체계의 세밀한 관리감독을 받는다. 종교 행위를 적극적으로 통제하고, 능동적으로 조직화하기 위해서 대중적 종교조직을 체계화할 필요가 있었기 때문에 종교 사무를 담당하는 정부 부서를 중앙 집중화하여 사원이나 교회와 연계된 기존의 종교단체와 종교를 믿는 수많은 대중에 관한 업무를 처리하게 했다.

---

413 Ch'en Ch'i-pin, "Report on Condition and Task of Catholic Anti-Imperialist, Patriotic Campaign in Heilungkiang," *Current Background*, American Consulate General, Hong Kong, January 15, 1960, no. 610, p.12.
414 *Survey of China Mainland Press*, October 1, 1956, no. 1381, p.10; *Current Background*, January 15, 1960, no. 610, P.4, 그리고 February 13, 1959, no. 551, p.8.

대중적 종교조직 가운데 중요한 단체로는 중국불교협회와 중국도교협회가 있다. 이 두 단체는 1953년에 북경에 있는 국무원종교사무국의 지도하에 창설됐다.[415] 도교 지도자들은 화산(華山), 숭산(崧山), 태산(泰山) 등지에 흩어져 있어서 지역적으로 고립된 도교단체를 통합하는 회의체를 구성하고자 했다. 불교는 과거부터 국가적인 협의체가 있기는 했지만 그보다 이 단체를 통해서 중앙과 각 단체들이 과거보다 더 긴밀한 연계를 맺게 되었다. 이들 조직과 유산한 종교조직으로는 중국천주교애국회와 중국기독교삼자애국운동위원회(三自, 自治, 自養, 自傳) 등이 있다.

공산당이 그러한 단체를 조직하기 위해 재정적 지원과 인적 지원을 하고, 전통적으로 분열되어 있던 도교를 국가적으로 조직화하게 된 동기는 분명 유신론적 종교를 발전시키기 위한 것은 아니다. 그 목적은 종교적 대중들을 효과적으로 통제하기 위해 조직화된 장치를 만들어 당과 정부의 지도에 따라 공산주의 법률과 정책을 인민들이 받아들이고, 사회주의 구조에 편입하여 다양한 애국운동에 참여시키기 위해서였다.[416] 이러한 목적은 모두 공산당의 국가 종교조직과 지부의 법령과 선언에 잘 나타나 있다.

종교조직에 대한 소극적 통제는 공산당의 권위와 정책을 따르게 하여 정치적 일탈과 저항을 방지하는 기능을 한다. 그러므로 공산당의 권력이 사회와 정치체계를 구습으로부터 벗어나게 하고, 통합해 가는 과정에서 전략적으로 매우 중요한 것이다. 은밀한 조직적 특성 때문에 언제나 위협이 되어 온 불교와 도교에 대해서는 이러한 전략이 특히 중요하다. 기독교 조직에 대해서도 같은 기준을 적용하지만 기독교는 역사적으로 서구와 연계되어 있다는 점과 공산주의는 반제국주의 투쟁을 전개한다는 사실을 주목해야 한

---

[415] *Current Background*, February 13, 1959, no. 550, p.8; *Survey of China Mainland Press*, April 16, 1957, no. 1517, pp.7-8.
[416] *Current Background* (February 13, 1959), no. 550, p.8; (January 15, 1960), no. 610, p.4; Survey of China Mainland Press (March 29, 1957), no. 1500, p.11.

왼쪽 사진은 강서성 무원현 효기 마을의 한 건물 벽면에 남아 있는 문화대혁명의 흔적. 오른쪽 사진은 문화대혁명 시기 비림비공(批林批孔)운동을 선동하는 포스터.

다. 중국은 중국천주교애국회와 지부들을 바티칸으로부터 철저히 단절시켰다. 바티칸은 비타협적인 반공산주의적 입장에 서 있으므로 공산주의의 영원한 위협이기 때문이다(청나라의 황실이 중국 기독교인에 대한 로마 교황청의 요구를 거부하고, 중국 교회를 박해한 일을 상기할 필요가 있다). 서구의 정치적 영향을 차단하고, 중국의 기독교인들을 순화시키기 위해 중국은 중국 교회의 독립, 자결(自決), 자치의 정책을 의욕적으로 추진하고 있지만 이들 종교단체와 소통할 수 있는 조직화된 통로가 없다면 달성하기 어려울 것이다.

사회가 분화되어 갈수록 집단적 통제와 정보의 소통이 같은 직장이나 사회단체의 회원들 사이로 집중되는 경향이 있는데 이는 아마도 그들이 서로 자주 접촉하고 관심을 공유하기 때문일 것이다. 공산당 정책의 조직적 효율성은 바로 이러한 사실에 기반을 두고 있다. 종교단체의 구성원들도 스스로의 문제에 대한 정치적 태도와 행위에 대해 외부 사람들보다 더 잘 알고 있을 것이기 때문에 구성원들의 지식과 단체의 특정한 이익에 기초한 집단적 통제가 사전정보 없이 임의로 강제 집행하는 것보다는 효과적이다.

종교 인구와 그들의 조직을 사회의 통합된 한 부분으로 취급하기 위해서 공산당은 그들에게 정치적 일탈과 저항을 금지하고, 다른 세속적 대중들과 마찬가지로 사회적, 정치적 운동에 참여할 것을 요구했다. 이를 위해 전국의 다양한 종교 대표자들이 참여하는 회의나 스터디 모임을 열었다. 예를 들어 1959년에 중국 중부와 남부의 5개 성과 1개의 자치구에서 활동하는 182명의 불교 대표자들이 무창(武昌)과 하북(河北)에 소집되어 2개월간에 걸쳐 공산주의 사업에 적극적으로 참여하도록 집중적인 교육을 받았다. 대회를 마치고 다음과 같은 결의안을 발표했다. "정치적 입장에서 우리 스스로를 개조하고, …… 생산 부문의 노동에 참여하고, 국가를 사랑하고, 법률을 준수하고, …… 당과 정부를 지지하고, 사회주의 실현을 위한 투쟁에 불굴의 의지로 헌신한다."[417]

이와 비슷하게 1959년에 강소(江蘇) 천주교애국회의 대표자회의가 남경(南京)에서 열린 예도 있었다. 70여 명의 성직자와 평신도가 전 성(省)에서 소집되어 공산당의 국내 및 국제 정책을 학습하고, 대약진운동과 인민공사에 대한 당의 노선을 교육받았다. 그들은 산업과 농업 전시회를 시찰했고, 공산주의 정책과 조직 아래에서 이룩한 발전을 과시하기 위한 다양한 산업 현장도 방문했다. 마지막으로 그들은 "자아개조를 강화하고, 공산당의 영도를 받아들이며 사회주의 총노선을 따르자는 결의안"[418]을 발표했다. 이 선언은 공산당의 지도에 따라 작성되었고, 진심을 담고 있지는 않아 보이지만 이러한 회의와 학습대회는 종교적 대중을 사회주의 건설에 능동적으로 참여하게 하는 선전적 효과와 교육적 가치가 있는 것은 두말할 나위가 없다.

중국사회가 사회주의로 전환되어 가는 과정에서 적극적인 사회 참여를 독려하는 가운데 대다수의 성직자들이 결국에는 종교적 서비스만을 하도록 허용되지 않았다. 경제발전이라는 공산주의 국가의 궁극적 관심사를 위해

---

417 *Extracts from China Mainland Magazines*, September 8, 1968, no. 141, p.27.
418 *Current Background*, January 15, 1960, no. 610, p.23.

서 국가경제의 모든 부문에서 목표달성의 분투정신을 고취하고 있는데 종교의식이 여기에 영향을 주게 할 수는 없는 것이었다. 그들이 행하는 종교적 서비스란 공산주의 관점에서 보면 비생산적인 활동에 지나지 않으며 타인의 노동에 의지하여 삶을 영위하며 오로지 기도만 하는 성직자는 당 중앙이 추구하는 공산주의 이념에 반하는 존재였다. 토지의 집단화가 진행되면서 성직자들의 생활을 지탱해주는 사원의 토지는 인민공사의 재산으로 귀속됐으며 한때 그들이 생산적 노동을 하지 않고도 종교적 삶을 유지할 수 있게 했던 경제적 기반은 결국 사라져 버렸다.

많은 성(省)의 성직자들이 일반 농민들과 마찬가지로 농업생산에 강제적으로 투입됐다.[419] 호남(湖南)성에 있는 유명한 종교적 중심지인 남악(南岳)산의 불교와 도교 승려들은 인민공사에 편입되어 다른 공사에서처럼 생산증대운동에 참여해야 했다.[420] 승려들은 쉬는 시간에는 그들의 종교를 실천할 수 있었지만 지방의 반종교적 압력과 새로운 환경 하에서 더 이상 성직자로서 어떤 특권과 편익도 인정받을 수 없었기 때문에 많은 수가 환속했다.

중국 북부의 농촌에서는 공산주의 이전부터 불교와 도교 승려들은 사원과 다른 승려 또는 지주들로부터 작은 땅을 빌려서 농사를 지으며 개인이나 마을에서 발생하는 일에 대해 종교적인 의식을 베풀고 약간의 대가를 받아왔다. 이러한 경우에 공산당은 그들의 삶을 바꾸는 어떤 과격한 변화도 시도하지 않았다. 그러나 이전부터 대도시, 특히 중국의 남부에서 지대와 종교적 서비스만으로 살아가던 승려들은 심각한 영향을 받았다. 소수의 주요 사원과 수도원에서만 사원을 방문하는 신자들의 시주와 종교의식의 대가를 받을 수 있게 했고, 부분적으로 농업생산에 참여하면서 독립적인 종교생활을 할 수 있도록 허용되었다.

---

419 *Extracts from China Mainland Magazines*, September 8, 1968, no. 141, pp.28-29.
420 *Current Background*, February 13, 1959, no. 550, pp.7-8.

공산주의 이전부터 사원과 그에 딸린 토지를 세속적인 용도로 전환하는 사례가 많았다. 공산주의 통치하에서 혁명에 참여하려는 공공조직과 단체의 활동이 엄청나게 증가했기 때문에 학교, 문화센터, 농회 지도부의 사무실, 마을의 협동상점 등으로 사용하기 위해 사찰, 기독교의 교회 등과 같은 건물들을 필요로 했다. 심지어는 대중운동 참가자들을 수감할 임시감옥으로 사용하기도 했다. 보수주의가 강했던 20세기 초에 하북성 정현(定縣)의 법관이었던 손발서(孫發緖)가 현의 사원 중 75퍼센트를 학교로 전환시킬 수 있었다면(제12장 참조), 공산주의자들은 절대적 권력을 이용하여 그 기록을 갱신하고도 남았을 것이다. 그들의 효율적인 조직관리, 선전기술 그리고 무신론적인 열광 등을 감안한다면 충분히 짐작할 수 있는 일이다.

이와는 모순되게 겉으로는 중국의 여러 지역에 있는 유명 사찰을 개축하고 수리하는 공산당의 사업이 왕성하게 추진되었다. 북경과 광주(廣州) 그리고 그밖에 여러 지역의 대사원에서는 20세기 중반까지 사원을 다른 용도로 개조한 일이 없었다. 광동(廣東)성 광주에 있는 육용사(六榕寺)를 예로 들면, 이 절은 기원이 당(唐)나라 때까지 올라가는 중국 불교의 대표적인 문화재로서 1955년에 완전히 새 모습으로 개축되었다.[421] 광동 근처에 있는 불산(佛山)의 현무사(玄武寺)(제12장 참조)는 1956년에 중요 부분을 수리하고 장식을 새로 했는데 현무신이 사용하는 무기와 옥새를 포함해서 대웅전을 완전히 개축하는 비용으로 막대한 돈을 썼다.[422]

예술품과 대사원의 건축물을 보존하게 된 동기는 그것들이 중국문화 부흥의 자긍심을 위한 상징이며, 민족주의적 정서의 자극제이기 때문이다. 또다른 배경은 종교인들과 여전히 전통적 신앙을 믿는 나이 든 사람들의 지지를 이끌어내기 위함이기도 했다. 그러나 주의해야 할 것은 그러한 복원사업

---

421 『大公報』, 香港, 1956年 3月 1日, 5面.
422 위 신문, 1956年 3月 9日, 3面.

은 지역적으로 잘 알려진 큰 사원에 국한된 것이었을 뿐이며 지명도가 떨어지는 수많은 사원들은 사정이 더 악화되거나 비종교적 용도로 전환되었다. 승려들은 남김없이 생산 노동에 투입되었고, 대부분의 사원들도 세속적인 용도로 전환됐기 때문에 가뜩이나 전통적으로 제도화의 기반이 취약한 종교는 더욱 약해졌다. 대사원을 복원한다고 해서 이러한 결과가 달라지거나 감춰지는 것은 아니다.

## 종교사회에 대한 억압

명나라 때부터 제국의 가장 위험한 적은 바로 교파 사회였다. 공화국이 됐을 때도 군벌과 지방세력들이 분열되어 있었기 때문에 국민당 정부는 종교적 교파주의 조짐을 보이는 몇몇 단체들에 대해 한 번 이상 강력하게 진압을 하기도 했다. 정치적 저항세력인 종교단체에 대한 적대적 전통은 공산주의 사회에서도 그대로 이어졌다.

공산주의 정권이 성립되고 일 년이 지난 1950년에 공산당은 반혁명 조직의 중추적 역할을 한 종교단체들을 심판하기 시작했다. 그 대상이 된 단체들은 18세기부터 종교운동의 역사에서 익히 들어왔던 백양교(白陽敎), 용화회(龍花會), 구궁도(九宮道), 성현도(聖賢道), 홍창회(紅槍會), 대도회(大刀會), 일관도(一貫道) 등이었다. 이러한 단체들은 국가의 절대권력을 가진 정부에 저항하는 전통적인 역할을 수행하기 위해 재등장했다. 그러나 이들이 처벌된 이유는 이전과는 완전히 새로운 것이었다. 즉, 단지 장개석(蔣介石)과 미국이 중국을 통치했을 때 존재했었다는 이유로 공산당은 이들 단체를 탄압하기 위해 모든 수단을 다 동원했다.[423]

---

[423] 張林, 「嚴厲取締反動會道們」, 『新華月報』, 1950年 12月, vol. 3, no. 2, p.314.

1951-52년 사이에 중국 대륙에서 미신적 사회를 조장하고 대중을 기만하는 소문을 퍼뜨렸다는 죄목으로 많은 지주들이 처형됐다.[424] 1952년 가을에는 중국의 경찰에 해당하는 공안부 부장 나서경(羅瑞卿)은 새로운 체제의 위대한 성취로서 수많은 종교단체의 지도자들을 일소했다고 발표했다.[425] 그러나 그 성취는 완벽한 승리와는 거리가 멀었다. 4만 명이 넘는 인원을 제거했다고 발표했음에도 불구하고, 불과 3년 후에 전통종교 단체들이 중국 각지에서 실질적으로 반혁명적 역할을 수행하고 있었음이 밝혀졌다. 섬서(陝西), 감숙(甘肅), 호남(湖南), 호북(湖北), 하북(河北), 산동(山東), 귀주(貴州), 광동(廣東), 광서(廣西), 절강(浙江), 산서(山西) 등지에서 그들의 활동에 대한 보고서가 올라왔다. 이들 지역은 20년 이상 이미 공산주의가 점령한 곳으로서 다른 지역보다도 공산주의 권력의 지배기간이 긴 데도 불구하고 종교적 교파주의가 더 만연해 있었다.[426] 장기간의 지하 저항운동에 적응하면서 교파주의자들은 종종 자신들의 표식을 바꾸어 이목을 피하는 등 다양한 모습으로 위장하기 시작했다. 예를 들어 일관도(제9장 참조)는 섬서(陝西) 일부 지역에서 중도(中道)로 이름을 바꾸었으며 많은 신도들은 순례를 할 때 상인으로 위장을 했다. 섬서의 내륙지역에서부터 하북(河北)의 해안까지 지하 건축물들과 그들을 이어주는 광대한 연결터널들이 있었다. 어떤 지하실은 30여 명이 숙식을 할 수 있을 정도로 컸고, 전체 마을의 전략적인 곳을 관통하는 터널도 있었다. 1955년 중국의 공안당국은 섬서성 한 곳에서만 102곳의 지하 은신처를 발견하고 434명의 교파주의자들을 체포했다고 밝혔다.[427] 하북성의 동광(東光)현에서는 오랫동안 수배 중이던 저항 지도자들이 4년간이나 지하터널에 피신해 있었음이 밝혀지기

---

424 Hsiao Ch'ien, *How the Tillers Win Back Their Soil*, Peking, 1951, pp.74-80.
425 『人民日報』, 北京, 1952年 9月 29日, 2面.
426 『華僑日報』, 香港, 1955年 7月 20日, 4面.
427 『人民日報』, 北京, 1955年 7月 29日, 3面.

도 했다.[428]

  이러한 정황으로 미루어보아 종교적 교파주의자들은 정부가 인정한 지방조직의 하부조직에도 파고들었음을 짐작할 수 있다. 그들은 인민공사가 설립되기 전에 공통의 목적을 가진 조직과 연계하여 농업생산합작사를 통제하려 하기도 했다. 이러한 조직의 많은 수가 교파주의자 체계의 하부조직이었음이 밝혀졌으며 이러한 조직체계의 보호 아래 교파주의자들은 공산당의 정책에 대해 소문을 퍼뜨리고 저항하게 만들었다. 예를 들어 사람들에게 종교적 의례라는 이유로 곡물을 비축해 둘 것을 권하여 정부의 곡물 징수 할당량 달성을 방해했다. 그들은 과거에 보여줬던 기적에 새로운 주술적 권위를 부여하기를 원했으며 이를 통해 마법의 물이 다시 영혼을 정화하는 힘을 갖도록 하여 신도들, 특히 농민들을 이끌고자 했다.

  이러한 주술적 풍습은 수세기 동안 교파주의자들과 전투를 벌여온 제국의 관리들에게는 잘 알려져 있었다. 공산주의자들이 지하운동에 있어서는 기술적으로 성공한 편이기 때문에 지하에 숨은 교파주의자들에 대해 어떤 비책이 있을지 모른다는 생각은 오판이다. 공산주의자들은 알려진 사회조직에는 원하는 대로 내부에 침투할 수 있었지만 고도로 분산되고 고립되어 있으며 게다가 한 곳을 억누르면 다른 곳이 자발적으로 일어나는 특성까지 있는 수많은 소규모 종교단체들까지 꿰뚫을 수는 없는 것이다. 그 이유는 무력한 개인들을 강압적으로 통치하는 권력에 저항하기 위해 오래 전부터 신에 대한 믿음과 고통으로부터 벗어나게 해주는 주술에 의지하며 이어져 내려온 민간신앙의 전통에 뿌리박고 있기 때문이다.

---

428 위 신문, 1955年 7月 2日, 3面.

## 전망

최근 수십 년간 자의반타의반으로 이루어진 유신론적 종교이 쇠퇴는 신성한 인물이나 신령스런 지위를 중심으로 이루어진 전통적 사회질서를 해체했다는 사회학적 중요성이 있다. 이 때문에 낡은 사회질서가 쉽게 새로운 것으로 대체될 수 있었다. 이러한 관점에서 본다면 유신론적 종교의 쇠퇴는 전통 중국사회가 다른 형식으로 변해가는 넓은 의미의 전환 과정이라 할 수 있다.

유신론적 종교가 쇠퇴함에 따라 세속적 믿음을 기반으로 하고 있는 대중운동이 개인주의로 변해가는 사회의 통합기능을 대신했다. 특히 공산주의 이념이 그 정점을 이루어 그들 자신의 무신론적 본성에도 불구하고 새로운 신앙으로서 모든 신성한 지위를 독차지했다. 이 새로운 신앙은 대중의 염원을 이루어줄 것을 약속하며 대중들에게 역동적인 역량을 요구했다. 중국을 정치적으로 강하고, 경제적으로 발전한 나라로 만들겠다는 그들의 약속은 물질적 이성주의를 지지하는 젊은 세대에게 광범위하게 지지를 받았다. 지지자들은 민족의 염원을 달성할 수 있는 유일한 길은 공산주의 이념이라고 절대적인 확신을 갖고 용기를 얻었다.

새로운 신앙에 대해 무조건 복종해야 한다는 방침에 따라 유신론적 종교조직은 제한적이고 불확실한 수준에서 겨우 명맥을 유지하고 있었다. 그러나 유신론적 믿음은 새로운 신앙의 강력하고도 체계적인 통제에도 불구하고 민간에 커다란 영향력을 유지하고 있다. 현재는 새로운 무신론적 신앙과 오래된 전통적 신앙이 혼재해 있다. 세속적 신앙이나 유신론적 전통 모두 사회에 존재하는 문제와 인간의 투쟁을 표현하는 것이므로 이러한 혼재된 현상을 통해 중국사회가 전환되고 있다는 것을 충분히 알 수 있다. 이러한 전환의 상황에서 발전된 모습은 어떤 모습일까?

우리가 앞장에서 봤듯이 중국의 전통적인 종교생활은 거의가 세속적 사회제도 속에 분산되었다. 오래된 제도는 새로운 사회의 충격으로 와해되었

강서성 무원현 이갱 마을과 효기 마을의 가내 신감(神龕)에 모셔진 모택동과 주은래. 무신론자인 그들도 이미 숭배의 대상이 되었다.

고, 유신론적 상징들은 이지러지거나 사라졌다. 지속적으로 공산주의 체제로 통합되어 가면서 전통적 제도는 더욱 쇠퇴되었고, 사회제도 속에 퍼져 있던 오래된 종교적 요소는 약해지거나 제거되었다. 심지어 공산주의 체제가 들어서기 전에도 근대적 도시의 핵가족은 더 이상 혈연관계의 핵심인 조상 숭배를 받아들이지 않았다. 노동조합과 상공회의소 등이 전통적인 동업조합을 대체하면서 그들의 수호신을 남겨놓지 않았을 뿐더러 새로운 신을 만들어내지도 않았다. 중앙정부와 지방정부 모두 그들이 추구하는 가치를 더 이상 신의 형태로 표현하지 않았다. 나아가 교육받지 못한 대중들이 천(天)과 천의 부속 신들에 의해 미리 정해졌다는 천명론을 여전히 믿고 있음에도 불구하고 유신론적 상징체계를 빌려서 자신들의 존재감을 드러내지도 않았다. 공산주의 체제가 들어서고 10년간 이러한 경향은 더욱 강화되어 오래된 신화와 유신론적 숭배가 주류 제도에 작용하는 상징체계로서 부활할 수도 있다는 기대를 막아 버렸다. 그러한 것들이 부활하려면 "종교는 성

14장 _ 새로운 신앙, 공산주의

장과 발전 그리고 종말의 과정을 거치므로 결국 종말의 단계에 이를 것이다"[429]라는 공산당의 체계적인 교육방침과 싸워야 한다.

어떤 유신론적 종교도 사멸의 길을 걸을 수 있고, 또 새로운 유신론적 상징체계가 등장하여 사멸한 신들의 빈자리를 채울 수도 있다. 그러나 그 성공 여부는 새로운 사회제도의 안정된 토대를 얼마나 충분히 그리고 또 지속적으로 신뢰하느냐에 달려 있으며 공산주의도 여기서 예외가 될 수는 없다. 그러나 이 문제에 대한 해답이 일치된 견해를 보이는 것은 아니다. 신성한 신화와 숭배를 거부하며 인문주의적 신앙을 주창한 서구인들은 긍정적 견해를 가지고 있었던 것으로 보인다. 그래서 공산주의라는 세속적 신앙은 오랜 시간에 걸쳐 사회와 개인 모두에게 적용되는 궁극적 관심을 구체화할 수 있었고, 유신론적 믿음과 의식은 단체와 개인이 공산주의 체계의 무신론적 요구에 적응해가는 과정에서 제거될 수 있었을 것이다. 그러나 또 다른 관찰자들은 현재의 인문주의운동이 혁명의 광풍이 몰아치던 시대의 삶을 위해 탄생한 새로운 신앙이라는 것은 인정하지만 그것을 발전시키려는 노력이 영속될 것이라는 것에 대해서는 의심하고 있다. 인문주의적 신앙과 그의 도덕적 추종자들에 대해 폴 틸리히(Paul Tillich)는 다음과 같이 말한다.

도덕적 힘은 종교적으로 활발한 공동체의 구성원들에게는 더 중요했고, 지금도 그러하다. 그러나 이것은 변하고 있다. 그들에게는 여전히 신앙이 있으며, 인간 존엄과 존엄의 개인적 실현에 대한 궁극적 관심이 있다. 비록 신앙이 새로워지지 않고 다음 세대에서는 다 소진되어 버릴지라도 그들에게는 종교적 실체가 있다. 신화와 숭배의 상징들이 지속적으로 충격을 줄 수만 있

---

[429] Chang Chih-yi, "Atheists and Theists Can Cooperate Politically and Travel the Road of Socialism," in *Che-hs eh yen-chiu*(Philosophical Research), February 15, 1958, issue I, pp.12-13, in *Current Background*, June 15, 1958, no. 510.

하북성 대자각 뒷벽에 보이는 낙서. 사교(邪敎)를 방조하는 정부의 종교정책과 중국 전통의 조상 숭배를 받들지 않고 인도의 불교를 숭배하는 세태를 비판하고 있다.

다면 신앙공동체는 지속될 수 있다.…… 의례와 신화는 신앙을 살아있게 하는 것이다.[430]

공산주의 1세대의 인도주의적 가치는 전통적인 신앙으로부터 유래된 것이지만 다음 세대에 전해주기는 어려울 것이다. 왜냐하면 신화와 의례의 매개체가 없기 때문이다. 새로운 세대는 완벽하게 비신화적 교의에 의해 양육됐으며 그들의 관심사는 주로 경제 안정과 정치권력이다. 그들의 이러한 경향은 공산화가 성공적으로 이루어졌기 때문에 생긴 것이며 그로 인해 신화와 의례의 경외감을 기초로 이루어진 도덕적 통합의 가치는 결핍되어 있다.

공산주의 신앙의 지속성과 그 지배하에 있는 유신론적 종교의 운명을 어떤 한 가지 관점에서만 해석하려 하면 평가는 어려워진다. 왜냐하면 이것은 서로 다른 두 가지 관점에 서 있기 때문이다. 전례 없이 완벽하게 비신화적인 신앙에 의해 통치되고 있는 중국의 상황과 비교할 만한 역사적 경험도

---

[430] Paul Tillich, *Dynamics of Faith*, p.120.

심양의 골동품 시장에서 여러 신상(神像)들과 함께 출현한 모택동 상(왼쪽). 모택동 상 전문매장의 모습.

없다. 유교는 그것의 합리적 특성에도 불구하고 세속적 신앙으로만 받아들여졌다. 어떤 초자연적인 전제를 세우고 있지 않음에도 전체적인 이론체계는 천(天)과 명(命)의 초자연적 관념으로부터 신뢰를 이끌어냈으며 전래되어 온 많은 신화와 의례들도 유교의 가치를 강화시키는 역할을 했기 때문이다. 불교와 도교도 모두 처음에는 비유신론적 철학에서 시작되었다. 그러나 대중의 삶을 성찰하면서 역시 유신론적 종교로 발전했기 때문에 역사적으로 위대한 어떤 신앙도 지금의 문제와 관련된 예를 제공해 주지 못한다.

근대중국의 세속적이고 이성적인 경향과 공산주의 이념의 유물론적 전제조건을 감안하면 공산주의는 불교나 도교처럼 신화적인 요소로 발전할 수 없을 것 같다. 그러나 한편으로 공산주의가 언젠가 사회와 개인의 위기를 처리할 수 없게 되어 극단적인 혼란을 겪는 날이 오면 구원을 위해서 실증적 경험과 이성적 사고의 경계를 넘어서도록 인민에게 강요할 가능성도 얼마든지 있다. 공산주의 이념이 하나의 사회정치적 학설로 지속될지라도, 이 것은 유신론적 종교의 영원한 관용으로 발전해야만 할 것이다. 그래야만 유신론이 새로운 사회질서를 안정화하는 데 도덕적 통합기능을 수행할 수 있게 된다. 그런 다음 정치적 정통성에 대한 불신이 팽배해져서 그동안 유지되던 정치 기제의 작동이 종말을 고하는 바로 그때 신들이 등장할 것이다. 유교가 지나치게 현세적인 특성 때문에 유신론적 신앙의 발전을 이끌었던 것을 상기한다면 오래 전부터 공존하며 이따금 격렬하게 충돌했던 유신론적 종교와 유교의 관계에서 그랬던 것처럼.

중국어판 후기

 선배 사회학자 양경곤(楊慶堃) 교수의 중국의 종교, 사회와 문화를 연구하는 이 경전적인 저작을 직접 주관하여 번역할 수 있었던 것은 나의 학문 세계에서 큰 영광이다. 동시에 이런 작업은 누구에게도 미룰 수 없는 나의 사명이라고 생각한다. 사실 모두가 알고 있듯이 이 책의 영문판은 근 반 세기 전에 출간된 것이지만 중문판은 지금까지 나오지 않았다. 바로 이 점 때문에 내가 이 책과 '인연'을 맺게 되었다. 오버마이어(중국명 歐大年) 교수와 함께 중국 민간종교를 연구하던 때가 생각난다. 오버마이어는 일찍이 이 저작을 중국 종교 연구의 '바이블'이라고 했는데, 그는 특별히 자신이 가지고 있는, 이미 너무 많이 봐서 페이지가 닳아 너덜너덜해진 책을 내게 보여주었다. 나의 지도교수인 김요기(金耀基) 교수는 양경곤(楊慶堃) 교수와 개인적 관계도 아주 두터웠기에 내가 김 교수에게 배움을 구하자 중국 종교 분야에 대해 열심히 연구하라고 격려해 주었다. 또한 나의 학식이 일천함에도 「중국 종교를 연구하는 사회학 범례―양경곤(楊慶堃) 시각 속의 중국 사회 종교」라는 내 글의 서문을 써 주었다.
 이 저작은 번역하는 데 아주 긴 시간이 소요되었고 생각보다 어려움이 많았다. 왜냐하면 이 책은 학술계에서 이미 경전적인 책으로 알려져 있는데다 양 교수가 서구이론을 잘 알고 있었을 뿐만 아니라 중국 역사자료에 대한 운용도 자유자재였다. 그래서 이 묵직한 저작을 번역하는 것은 아주 힘겨웠다. 번역 중에 나도 중국문화를 연구하는 사회학자가 된 것 같았다. 일정한 외국어 실력을 갖추는 것 외에 역사, 문화적 기초가 있어야 중국문제에 대한 이런 해석을 제대로 할 수 있을 것이다. 내가 남개대학(南開大學) 역사과에서 받았던 역사학 문헌을 다루는 훈련이 크게 도움이 되었다. 양 교수가 책에서 인용한 풍부한 지방지 자료는 내게 낯설지 않았을 뿐만 아니라 아주 친근하게 느껴졌다. 그렇다고 할지라도 양 교수가 책 속에서 인용한 원문을 찾는 데 많은 시간이 걸렸고 몹시 힘이 들었다. 왜냐하면 어떤 책은 찾을 수 없어 사람들을 실망시켰을 뿐만 아니라 번역의 진도에도 영향을 미쳤다. 2006년 초 겨울학기에 나는 다행히 시카고 대학에서 강연할 기회가 있었는데, 시카고 대학 도서관 중국어관에는 자료가 풍부하여 국내에서 찾을 방법이 없던 원저의 인용문을 대조 검토하였다. 여기에서 한 가지 특별히 설명해야 할 것은 역사발전 변천이 격렬하기 때문에 중국사회는 과거 반세기 동안 놀랄 만한 변화가 있었다. 그러나 원저 속의 제14장에서 언급한 관련 문제는 그 해석의 의미를 잃었기에 이 장을 번역하지 않았다.

본서의 번역 과정에서 나는 복단대학(復旦大學) 사회학과 연구생들의 도움을 받았다. 학생을 번역작업에 참여시킨 것은 한편으로는 그들의 영어 능력을 단련시키는 것이었으며, 다른 한 측면에서는 이들에게 대가의 연구방식을 세밀하게 이해시키기 위해서였다. 번역은 제2장 서령(徐玲), 제3장 황심뢰(黃沁雷), 제4장 반염(潘艶), 제5장 장사온(張思蘊), 서령, 제6장 강소하(康紹蕾), 제7장 반염, 제8장 허엽방(許燁芳), 제9장 심개(沈愷), 제10장 허엽방, 제11장 주가총(朱家總), 제12장 구양원원(歐陽圓圓), 제13장 강소하, 부록 정태려(丁太麗) 등이 분담하였다. 김(金), 범(范)의 서(序) 원문은 영어라 정태려가 번역하였다. 형정정(邢婷婷) 동학은 부분적인 교정작업을 하는 데 도움을 주었다. 물론 학생들의 번역은 작업의 첫 걸음으로 나 또한 많은 힘을 들여 인용문의 원문헌을 다시 번역 및 대조, 검토하였고 이 과정에서 3년이란 시간이 초과되었다.

    마지막으로 두 노선생님인 김요기 교수와 오버마이어 교수의 지지에 큰 감사를 드린다. 나의 동료 적철붕(翟鐵鵬) 교수가 이 책의 번역 원고를 세기출판집단에 추천해 준 것에 감사하며, 편집을 담당한 요영연(姚映然)의 노력에 감사한다. 심혈을 기울인 그녀의 노력 덕택에 이 역저가 나올 수 있었다.

2006년 3월 19일<br>
상해 일선로(逸仙路) 문화화원 거처에서<br>
범려주(范麗珠, 上海 復旦大學 교수)

참고문헌

## 1. 서구권 저서

Alexseev, Vasilli M., *The Chinese Gods of Wealth* (Hertford, England: S. Austin, 1928).

Almond, Gabriel A., *The Appeals of Communism* (Princeton, N.J.:Princeton University Press, 1954).

Bergson, Henri, *The Two Sources of Morality and Religion*, tr. by R. Ashley Audra and Cloudesley Brereton (New York:Holt, 1949).

Burckhardt, Jacob, *Reflections on History* (London: George Allen & Unwin 1943).

Burgess, John S., *The Guilds of Peking* (New York: Columbia University Press, 1928).

Cassirer, Ernst, *The Myth of the State* (New Haven: Yale University Press, 1946).

Chan, W.T., *Religious Trends in Modern China* (New York: Columbia University Press, 1953).

Chavannes, Edouard, *Le T'ai Chan* (Paris: Ernest Leroux, 1910).

Chiang Wen-han, *The Chinese Student Movement* (New York : Columbia University Press, 1948).

Ch'ien Tuan-sheng, *The Government and Politics in China* (Cambridge, Mass.: Harvard University Press, 1950).

Clennel, W.J., *The Historical Development of Religion in China* (London: T. Fisher Unwin, 1926).

Creel, H. G., The Birth of China (London: P. Owen, 1958).

_____, *Sinicism* (Chicago: Open Court, 1929).

Davidson, LeRoy, *The Lotus Sutra in Chinese Art* (New Haven: Yale University Press, 1954).

DeGroot, J. J. M., *The Religion of the Chinese* (New York: Macmillan, 1910).

_____, *Sectarianism and Religious Persecution in China* (Amsterdam: Johannes Muller, 1903).

Doré, Father Henri, *Researches into Chinese Superstitions*, tr. by M. Kennelly (Shanghai: T'usewei Press, 1914-1938), XI vols.

Dunlap, Knight, *Religion: Its Functions in Human Life* (New York: McGraw-hill, 1946).

Durkheim, Emile, *The division of Labor in Society*, tr. by George Simpson (Glencoe, Ⅲ.: Free Press, 1949).

_____, *The Elementary Forms of the Religious Life*, tr. by Joseph W., Swain (London: George Allen & Unwin, 1915).

_____, *Professional Eithics and Civic Morals*, tr. by Cornelia Brookfield (London: Routledge & Kegan Paul, 1957).

Eberhard, Wolfram, *Chinese Festivals* (New York: Henry Schuman, 1952).

Fairbank, John K., ed., *Chinese Thought and Institutions* (Chicago: University of Chicago Press, 1957).

Fei, Hsiao-t'ung, *Peasant Life in China* (New York: E. P. Dutton, 1939).

Feng, Yu-lan, *History of Chinese Philosophy*, tr. by Derk Bodde (Princeton, N.J.: Princeton University Press, 1952).

Frazer, James George, *The Golden Bough* (London: Macmillan, 1927).

Freud, Sigmund, *Civilization and Its Discontents*, tr. by Joan Rivi?re (New York: Doubleday Anchor Books, 1958).

Fromm, Erich, *Psychoanalysis and Religion* (New Haven: Yale University Press, 1958).

Gamble, Sidney D., *Peking, A Social Survey* (New York: George H. Doran, 1921).

_____, *Ting Hsien, A North China Rural Community* (New York: Institute of Pacific Relations, 1954).

Gernet, Jacques, *Les Aspects conomiques du Bouddisme dans la soci t du ($V^e$) au ($X^e$) si cle* (Saigon: École francaise d'Extrême-Orient, 1956).

Granet, Marcel, *Chinese Civilization*, tr. by Cathleen Innes and Mabel Brailsford (London:

Kegan Paul, 1950).

_____, *La Pensée Chinoise* (Paris: Albin Michel, 1950).

_____, *La Religion des Chinois* (Paris: Presses Universitaires de France, 1922).

Grootaers, Willem A., with Li Shih-yü and Chang Chih-wen, *Temples and History of Wanchuan* (Chahar) (Peking: Catholic University, Monumenta Serica, 1948), Vol. XIII.

Hodous, Lewis, *Buddhism and Buddhists in China* (New York: Macmillan, 1924).

_____, *Folkways in China* (London: Arthur Probsthain, 1929).

Hsiao, Ch'ien, *How the Tillers Win Back Their Soil* (Peking: Foreign Languages Press, 1951).

Hsü, Francis L. K., *Religion, Science and Human Crises* (London: Routledge & Kegan Paul, 1952).

_____, *Under the Ancestors' Shadow* (New York: Columbia University Press, 1948).

Hu, Shih, *The Chinese Renaissance* (Chicago: University of Chicago Press, 1934).

Hughes, E. R., and K., *Religion in China* (London: Hutchinson's University Library, 1950).

James, William, *The Varieties of Religious Experience* (New York: Longmans, Green, 1902).

Kulp, Daniel H., II, *Country Life in South China* (New York: Columbia University Press, 1925).

Legge, James, tr., *The Chinese Classics* (Oxford: Clarendon Press, 1895), Vols. I-VIII.

Lowie, Robert H., *Primitive Religion* (New York: Boni & Liveright, 1924).

MacNair, H. F., ed., *China* (Berkeley and Los Angeles: University of California Press, 1951).

Maine, Henry Sumner, *Ancient Law* (London: J. Murray, 1874).

Malinowski, Bronislaw, *The Foundations of Faith and Morals* (London: Oxford University Press, 1936).

_____, *Magic, Science and Religion* (New York: Doubleday Anchor Books, 1954).

_____, *A Scientific Theory of Culture and Other Essays* (Chapel Hill, N.C.: University of North Carolina Press, 1944).

Mannheim, Karl, *Diagnosis of Our Time* (London: Routledge & Kegan Paul, 1950).

Nottingham, Elizabeth K., *Religion and Society* (New York: Random House, 1954),

Otto, Rudolf, *The Idea of the Holy*, tr. by John W. Harvey (London: Oxford University Press, 1923).

Parker, E. H., *Studies in Chinese Religion* (New York: New Century Review, 1910).

Parsons, Talcott, *The Social System* (Glencoe, Ⅲ.: Free Press, 1951).

Radcliffe-Brown, Alfred R., *Religion and Society* (London, 1945).

Radin, Paul, *Primitive Religion* (New York: Viking Press, 1937).

Redfield, Robert, *The Primitive World and Its Transformation* (Ithaca: Cornell University Press, 1953).

Reichelt, K. L., *Truth and Tradition in Chinese Buddhism*, tr. by Kathrina van Wagenen Bugge (Shanghai: Commercial Press, 1927).

Ross, John, *The Original Religion of China* (Edinburgh: Oliphants, 1909).

Rissell, Bertrand, *The Problem of China* (London: George Allen & Unwin, 1922).

Shryock, J. K., *The Origin and Development of the State Cult of Confucius* (New York: Century, 1932).

_____, *The Temples of Anking and Their Cults* (Paris: privately printed, 1931).

Sickman, Lawrence, and Alexander Soper, *The Art and Architecture of China* (Baltimore: Penguin Books, 1956).

Soothill, W. E., *The Lotus of the Wonderful Law* (Oxford: Clarendon Press, 1930).

_____, *The Three Religions of China* (London: Oxford University Press, 1923).

Stanton, W., *The Triad Society* (Hong Kong: Kelly and Walsh, 1900).

Sun, Yat-sen, *San Min Shu I* (The Three People's Principles), tr. by Frank W. Price (Shanghai: Institute of Pacific Relations, 1927).

Suzuki, D. T., *Mahayana Buddhism* (London: David Marlowe, 1948).

Tawney, Richard H., *Religion and the Rise of Capitalism* (New York: Harcourt, Brace, 1926).

Tillich, Paul, *Dynamics of Faith* (New York: Harper, 1957).

_____, *The Interpretation of History*, tr. by N. A. Rasetzki and Elso L. Talmey (New York: Charles Scribner's Sons, 1936).

_____, *The Shaking of Foundations* (New York: Charles Scribner's Sons, 1948).

Wach, Joachim, *Sociology of Religion* (Chicago: University of Chicago Press, 1944).

_____, *Types of Religious Experience* (Chicago: University of Chicago Press, 1951).

Wang, Ch'ung, *Lun Heng*, tr. by Alfred Forke (London, 1907).

Ward, J. S. M., and W. G. Sterling, *The Hung Society* (London: Bakerville Press, 1925).

Weber, Max, *From Max Weber: Essays in Sociology*, ed. and tr. by H. H. Gerth and C. Wright Mills (New York: Oxford University Press, 1958).

_____, *The Protestant Ethic and the Spirit of Capitalism*, tr. by Talcott Parsons (London: George Allen & Unwin, 1930).

_____, *The Religion of China*, tr. and ed. by Hans H. Gerth (Glencoe, Ⅲ.: Free Press, 1951).

Williams, C. A. S., *Outlines of Chinese Symbolism and Art Motifs* (Shanghai: Kelly and Walsh, 1932).

Williamson, Robert W., *Religion and Social Organization in Central Polynesia* (Cambridge, England: Cambridge University Press, 1937).

Wittfogel, Karl A., and Feng Chia-sheng, *History of Chinese Society*, Liao, transaction of the American Philosophical Society (New York: Macmillan, 1949), Vol. XXXVI.

Wright, Arthur F., *Buddhism in Chinese History* (Stanford, Calif.:Stanford University Press, 1959).

Yang, C. K., *The Chinese Family in the Communist Revolution* (Cambridge, Mass.: Technology Press and Harvard University Press, 1959).

_____, *A Chinese Village in Early Communist Transition* (Cambridge, Mass.: Technology Press and Harvard University Press, 1959).

_____, *A North China Rural Market Economy* (New York: Institute of Pacific Relations, 1944).

Yang, Y. C., *China's Religious Heritage* (New York: Abingdon-Cokesbury Press, 1943).

Yinger, J. Milton, *Religion, Society and the Individual* (New York: Macmillan, 1957).

Zen, Sophia H. Chen, ed., *Symposium on Chinese Culture* (Shanghai: Institute of Pacific Relations, 1931).

## 2. 중국어 저서

*Chan-k'ai fan wu-shen ti tou-tseng* (Yenan: Shen-kan-ning Pien-ch'ü Pan-kung T'ing, 1944). 展開反巫神的鬪爭, 延安, 陝甘寧邊區辦公廳

Ch'en, Huan, *Nan-Sung ch'u ho-pei shin tao-chiao k'ao* (Peking: K'ohsüeh Ch'u-pan She, 1958). 陳垣, 南宋初河北新道敎考, 北京, 科學出版社

Cheng, Pan-ch'iao, *Cheng Pan-ch'iao ch' an-chih* (Hong Kong, 1950). 鄭板橋, 鄭板橋全集

Chi, Hsiao-lan, *Yeh-wei ts'ao-t'ang pi-chih* (Peking: Sheng-wen Wang-i Shu-wu, 1890). 紀曉嵐, 閱微草堂筆記, 北京, 盛文望益書屋刊本

*Chiang-yin Kao-shih tsung-p'u* (1881). 江陽高氏宗譜

Chiang, Yung, *Li Chi hs n-i che yen* (Shanghai: Chung-hua Shu-chü, 1933, reprint). 蔣榮, 禮記訓義擇言, 上海, 中華書局

Ch'ien, Mu, *Kuo shih ta-kang* (Shanghai: Commerical Press, 1930). 錢穆, 國史大綱, 上海, 商務

Ch'ien, *Ta-hsin, shih-chia chai yang-hsin lu* (Shanghai: Commerical Press, 1935, reprint). 錢大昕, 十駕齋養新錄, 上海, 商務重印

*Ch'ing-ch'ao hs wen-hsien t'ung-k'ao* (Shanghai: Commercial Press, 1935). 清朝續文獻通考, 上海, 商務

*Ch'ing-ho hsien chih* (1934). 清河縣誌

*Ch'ing-ho hsien chih* (1936). 清河縣誌

Chou, Ching-wen, *Feng pao shih nien*(Hong Kong, 1959). 周鯨文, 風暴十年

Chu, Lin, *Hung-men chih* (Shanghai, 1930). 朱琳・洪門志

Ch'ü, Tui-chi, *Chung-kuo she-hui shi-liao ch'ung-ch'ao* (Changsha: Commercial Press, 1937). 瞿兌之, 中國社會史料總y, 長沙, 商務

*Ch'uan-sha hsien chih*(1936). 川沙縣誌

*Ch'uan-sha t'ing chih*(1879). 川沙廳誌

*Ch'uan-sha t'ing chih*(1880). 川沙廳誌

*Chung-hua Min-kuo fa-kuei ta-ch'uan* (Shanghai: Commercial Press, 1936). 中華民國法規大全, 上海, 商務

*Erh-shih-wu shih* (Shanghai: Wen-ming Shu-chü, 1934). 二十五史, 上海, 文明書局

Fan, Chung-yen, *Fan Wen-cheng kung wen-chih* (Shanghai: Commercial Press, 1929). 范仲奄, 范文正公文集, 上海, 商務重印

*Fo-shan Chung-i hsiang chih* (1923). 佛山忠義鄉誌

Fu, Ch'in-chia, *Chung-kuo tao-chiao shih* (Shanghai: Commercial Press, 1937). 傅勤家, 中國道敎史, 上海, 商務

Hirayama, Amane, *Chung-kuo mi-mi she-hui shih* (Shanghai: Commercial Press, 1912). 平山周, 中國秘密社會史, 上海, 商務

Hsü, K'o, *Ch'ing pai lei ch'ao* (Shanghai: Commercial Press, 1928). 徐珂, 清稗類y, 上海, 商務

Hsü, Sung, ed., *Sung hui yao chih kao* (Peking: Peiping T'u-shu Kuan, 1936). 徐松輯, 宋會要輯稿, 北京, 北平圖書館

Hsü, Ti-shan, *Fu-chi mi-hsin ti yen-chiu* (Chungking: Commercial Press, 1940). 許地山, 扶机迷信之研究, 重慶, 商務

Hu, P'o-an, *Chung-hua ch'uan-kuo feng-su chih* (Shanghai: Tai-ta T'ushu Kung-ying She, 1936). 胡朴安, 中華全國風俗誌, 上海, 大達圖書應社

Hu, Shih, *Chung-kuo chang-hui hsiao-shuo k'ao-cheng* (Dairen, Manchuria, 1943). 胡适, 中國章回小說考證

_____, *Hu Shih wen ts'un* (Shanghai: Ya-tung T'u-shu Kuan, 1933). 胡适文存, 上海, 亞

東圖書館

*Hun-yin fa chiang-hua* (Peking: T'ung-hsü78 Tu-wu Ch'u-pan She, 1951). 婚姻法講話, 北京, 通俗讀物出版社

*Hunan nien-chien* (Changsha: Secretariat of the Hunan Provincial Government, 1933). 湖南年鑑, 長沙, 湖南省政府秘書處

Jung, Shao-tsu, *Mi-hsin y ch'uan-shuo* (Canton: Institute of History and Philology, Sun Yat-sen University, 1929). 容肇祖, 迷信與傳統, 廣州, 中山大學, 歷史語言研究所,

Ku, Chieh-kang, *Ku shih pien* (Shanghai: K'ai-ming Shu-chü, 1935). 顧頡剛, 古事辨, 上海, 開明書局

*Ku-wen p'ing chu* (Canton: Sheng-wen T'ang, 1921, lithograph edition). 古文評注, 廣州, 盛文堂石印本

*Kuo-ch'ao wen lu* (Shanghai: Wen-yuan Shan-fang, 1903). 國朝文錄, 上海, 文淵山房

Kuo, Mo-jo, *Hsien-ch'in t'ien-tao kuan-nien ti chin-chan* (Shanghai: Chung-fa Wen-hua Ch'u-pan Wei-yuan-hui, 1936). 郭沫若, 先秦天道觀念的進展, 上海, 中法文化出版委員會

Li, Chien-nung, *Chung-kuo chin-pai-nien cheng-chih shih* (Shanghai: Commercial Press, 1947). 李劍農, 中國近百年政治史, 上海, 商務

Li, Ching-han, *Ting hsien she-hui kai-k'uang tiao-ch'a* (Peking: Chung-hua P'ing-min Chiao-yü Ch'u-chin Hui, 1932). 李景漢, 定縣社會概況調查, 北京, 中華平民教育促進會

Li, Shih-yü, *Hsien-tsai hua-pei mi-mi tsung-chiao* (Chengtu, 1948). 李世瑜, 當代華北的秘密宗教

Liang, Ch'i-ch'ao, *Yin-ping shih ch'uan-chi* (Shanghai: Chung-hua Shu-chü, 1929). 梁啓超, 飲氷室全集, 上海, 中華書局

_____, *Yin-ping shih wen-chi* (Shanghai: Chung-hua Shu-chü, 1924). 飲氷室全集, 上海, 中華書局

Lin, P'ing, *Chi-nien-jih shih-liao* (Shanghai, 1948). 林平, 紀念日史料

*Lo-tien chen chih* (1899). 羅店鎮誌

*Lo-ting hsien chih* (1935). 羅定縣誌

Lü, *Fu-ch'en, K'o-ch'ang i-wen lu* (1870). 呂獻臣, 科場異聞錄

*Ma-ch'eng hsien chih* (1881). 麻城縣誌

*Ma-ch'eng hsien chih* (1935). 麻城縣誌

*Min-kuo ching-shih wen pien* (Shanghai: Ching-shih Wen She, 1924). 民國經世文編, 上海, 經世文社

*Pao-shan hsien chih* (1879). 寶山縣誌

*Pao-shan hsien chih* (1921). 寶山縣誌

*Pao-shan hsien hs -chih* (1931). 寶山縣續誌

*Pi-ling kang-'hsiang t'an shi tsung-p'u* (1883). 毗陵缸巷譚氏宗譜

*(Ch'in-ting) P'ing-ting chiao-fei chih-l eh*, written by T'o Tsin and others at the Emperor's command(1816). 欽定平定教匪紀略, 托津等奉敕撰

*San-chiao ying-chieh tsung-kuan t'ung-shu*. 三教應劫總觀通書

*San-chiao yuan-liu shou shen ta-ch'uan* (written in the Yuan period, 1264-1367, author unknown). 三教源流搜神大全, 元闕名撰

*Sang-yuan wei chih* (1932). 桑園圍誌

*Sui-ning hsien chih* (1929). 遂寧縣誌

*Szu-shu ku-chin hs n-shih* (Fou-hsi-ts'ao T'ang, 1813). 四書古今訓釋, 浮漢草堂刊本

*(Ch'in-ting) Ta-ch'ing hui-tien* (Shanghai, 1900, lithographic reprint). 欽定大清會典, 光緒二十六年上海石印版

*Ta-ch'ing hui-tien shih-li* (Shanghai: Commerical Press, 1909). 大清會典事例, 上海, 商務

*Ta-ch'ing l -li cheng-hsiu t'ung-ts;uan chih-ch'eng* (Shanghai: Wen-yuan Shan-fang, 1908). 大清律例 增修通纂集成, 上海, 文淵山房

*Ta-tai li chi* (Shanghai: Commerical Press, 1929, as a part of the Szu-puts'ung-k'an collection). 大戴禮記, 上海, 商務, 四部總刊之內

Teng, Yün-t'e, *Chung-kuo chiu-fang shih* (Peking, 1958, reprint from Commerical Press, 1936, edition). 鄧云特, 中國救荒史, 上海, 商務, 北京重印

*Wan t'ung-i wu-shih chia-ch'eng*(1868). 皖桐邑吳氏家乘

Wang, Chih-hsin, *Chung-kuo tsung-chiao ssu-hsiang shih* (Shanghai: Chung-hua Shu-chü, 1930). 王治心, 中國宗教思想史, 上海, 中華書局

*Wang-tu hsien chih* (1905). 望都縣誌

*Wang-tu hsien chih* (1934). 望都縣誌

*Wang-tu hsien hsiang-t'u t'u-shuo* (1905). 望都縣鄉土圖說

Wu, Ching-tzu, *Ju-lin wai-shih* (Shanghai: Ya-tung T'u-shu Kuan, 1934). 吳敬梓, 儒林外史, 上海, 亞東圖書館

*Yeh-p'u li chih* (1933). 月浦里誌

*Yün-yang chang-shih tsung-p'u* (1887). 運陽張氏宗譜

## 3. 서구권 정기간행물 및 문헌

Ayscough, Florence, "The Chinese Cult of Ch'eng Huang Lao Yeh," in *Royal Asiatic Society, North China Branch*, Vol. 55 (1924), pp.136ff.

Balazs, Etienne, "La crise sociale et la philosophie a la fin des Han," *T'oung Pao*, Vol. 39 (1949), pp.83-131.

Ch'en, Kenneth, "On Some Factors Responsible for the Anti-Buddhist Persecution under the Pei Ch'ao," in *Harvard Journal of Asiatic Studies*, Vol. 17 (June, 1954), nos. 1 and 2, pp. 261-274.

Creel, H. G., "Was Confucius Agnostic?" in *T'oung Pao*, vol. 29 (1932), pp.55-59.

*Current Background*, American Consulate General, Hong Kong.

Day, Clarence B., "Shanghai Invites the God of Wealth," *China Journal* (June, 1928), pp.289-294.

*Extracts from China Mainland Magazines*, American Consulate General, Hong Kong.

Grootaers, Willem A., "The Hagiography of the Chinese God Chenwu," in *Folklore Studies*, Vol. II (1952), no. 2.

Hu Shih, "Ch'an Bhuddism in China," *Philosophy East and West*, Vol. 3(April, 1953), pp.17-22.

Johnston, R. F., "The Cult of Military Heroes in China," in *New China Review*, Vol. 8 (February, 1921), no. 1, pp. 49ff.

Levy, Howard S., "Yellow Turban Religion and Rebellion at the End of Han," *Journal of the American Oriental Society* (1956), issue LXXVI, 1956.

Li, shih-yü, and Wang, Fu-shih, "Rural Temples Around Hs?an Hua," in *Folklore Studies*, Vol. 10 (1951), no. 1.

Michael, Franz, "State and Society in Nineteenth-century China," in *World Politics*, Vol. 7 (April, 1955), no. 3, pp. 420-428.

Shang, C. S., "The Anti-Religious Movement," in *Chinese Recorder*, Vol. 4 (August 23, 1923), no. 8, p.460.

Shih, Vincent Y. C., "The Ideology of Taiping Tien Kuo," *Sinologica*, Vol. 3 (1951), no. 1, pp. 1-15.

Suiichi, Mizuno, "Archeological Survey of the Yünkang Grottoes," *Archives of the Chinese Art Society of America* (1950), issue IV, PP.39-60.

*Survey of China Mainland Press*, American Consulate General, Hong Kong.

## 4. 중국어 간행물

"Chan shih t'ung-hsin," in *Hai ch'ao yin Monthly*, Vol.19 (October, 1938), no.10, pp.53-60. 戰時通訊, 海潮音月刊

*Ch'ang-chiang jih-pao*, Hankow. 長江日報

Chang, Tung-sun, "Chung-kuo chieh-hsüeh shih shang fo-chiao ssuhsiang chih ti-wei," in *Yenching Journal* (1950), no.38, pp.147-178. 張東蓀, 中國哲學史上佛教思想之地位,

燕京學報

Ch'en, Pan, "Ch'ien-wei shu-yüan, shang," in *Academica Sinica Bulletin*(1947), issue XX, pp.317-335. 陳槃, 讖緯溯源上, 中央研究院歷史語言研究所集刊

_____, "Lun tsao-ch'i ch'ien-wei chi ch'i yü Tsou Yen shu-shuo chih kuan-hsi," *Academica Sinica Bulletin*(1946), issue XI, pp.159-178. 陳槃, 論早期讖緯及其與鄒衍書說之關係, 同上

Ch'en, Shou-i, "San-pai nien ch'ien ti li k'ung-chiao lun," *Academica Sinica bulletin*, Vol.9(1936), issu Ⅵ, 99.133-162. 陳受頤, 三百年前立孔教論, 中央研究院歷史語言研究所集刊

Ch'ü, T'ui-chih, "Shih wu," *Yenching Journal* (June, 1930), no.7, pp.1327-1347. 瞿兌之, 釋巫, 燕京學報

Chu, Yu-yü, "Chin-jih wo-kuo tsung-chiao chi hsin ts'ü-shih," in *Wen she Monthly*, Vol.2 (May, 1927), no.7, pp.37-52. 朱友漁, 今日我國宗教之新趨勢, 文社月刊

Creel, H. C., "Shih t'ien," *Yenching Journal* (1935), no. 8, pp. 1-77. 顧立雅, 釋天, 燕京學報

Feng, Yu-lan, "Ju-chia tui-yü hun sang chi chi li-lun," *Yenching Journal* (1928), no. 3, pp.343-358. 馮友蘭, 儒家對於婚喪祭之理論, 燕京學報

Han, Yü, "Chien ying fo ku piao," in *Ku wen p'ing chu* (Shanghai) (1921), chüan 6, pp.16-17. 韓愈, 諫迎佛骨表, 古文評注

Hsü, Tao-ling, "Hsüan-wu ti shih-yuan yü tui-pien," in Shih hsüeh chik'an(1947), no.5. 許道齡, 玄武的始原與蛻變, 史學季刊

Hsü, Ti-shan, "Tao-chia ssu-hsiang yü tao-chiao," in *Yenching Journal*(1927), no.2, pp.249-283. 許地山, 道家思想與道教, 燕京學報

Hu, Shih, "Shuo ju," *Academica Sinica Bulletin*(1934), issue Ⅲ, pp.233-284. 胡适, 說儒, 中央研究院歷史語言研究所集刊

Hung, Liang-chi, "Cheng hsieh-chiao su," in *Kuo-ch'ao wen lu* (Shanghai)(1903), chüan30, pp.46-47. 洪亮吉, 征邪教疏, 國組文錄

*Jen-min jih-pao* (Peking). 人民日報

Jung, Shao-tsu, "Chan-pu yüan-liu," *Academica Sinica bulletin*, Vol.1(1928), issue Ⅰ, pp.8-16 容肇祖, 占卜源流, 中央研究院歷史語言研究所集刊

Ku, Chieh-kang, "Wu-te chung-shih shuo hsia chih cheng-chih ho lishih," *Ku shih pien* (Shanghai), Vol. V(1921), pp.404-585. 顧頡剛, 五德終始說下之政治和歷史, 古史辨

Kuo, I-sheng, "Lun hsin-hsing shih-min teng-chi tsai taiping tien-kuo ke-ming chung ti tso-yung," in *Li-shih yen-chiu* (March, 1956), no.3, pp.11-20. 郭一生, 論新興市民等級在太平天國革命中的作用, 歷史研究

Li, shih-yü, "Wanchuan ti huang-t'ien tao," in *Wen-tsao y?eh-k'an*, Vol.1(1948), no. 4. 李世瑜, 萬全的黃天道, 文藻月刊

Liang, Ch'i-ch'ao, "Chung-kuo li-shih yen-chiu fa," in Liang Ch'i-ch'ao, *Yin-ping shih ch'uan-chi* (Shanghai)(1929), ch?an23. 梁啓超, 中國歷史研究法, 飲冰室全集

_____, "K'ang Nan-hai hsien-sheng chüan," in Liang Ch'i-ch'ao, *Yin ping shih wen-chih* (Shanghai), Vol. 3(1924). 康南海先生傳, 飲冰室全集

_____, "K'ung Tzu chiao-i chih-chi pi-i yü shin-jih kuo-min che ho-tsai, yü ch'ang-ming chih ch'ih tao ho-yuü" *Yin-ping shih ch'uan-chi* (Shanghai)(1929), chüan23. 梁啓超, 孔子教義實際裨益於今日國民者何在, 與昌明之其道何由頡 見飲冰室全集

_____, "Lun Chi-na tsung-chiao kai-ke," *Yin-ping shih ch'uan-chi*(Shanghai)(1929). 論支那宗教改革, 見同書

_____, "Yin-yang wu-hsing shuo chih lai-li," in Ku Chieh-kang, *Ku shih pien*(Shanghai), Vol. V(1921), pp.353-359. 陰陽五行說之來歷, 顧頡剛, 古史辨

Liu, Chen-ch'ing, "Ma shen miao ti chi shen k'ao," *Peiping ch'en-pao*(July 20, 1932), p.3. 劉振卿, 馬神廟的祭神考, 北平晨報

Ma, Hsü-lun, "Shuo ming," in *Hs eh lin* (1941), no.9, pp.15-34. 馬叙倫, 說明, 學林

Ma, Shao-po, "Yen-shu tui-tai cheng-li shen-hua chü ti kung-tso," *Jen-min chou-k'an*

(December, 1951), no.48, pp.26-27. 馬少波, 嚴肅對待整理神話劇的工作, 人民週刊

"Nei-cheng-pu ssu-miao teng-chih t'iao-li," *Hai ch'ao yin Monthly*, Vol.16 (1935), no.11, p.4. 內政部寺廟登記條例

Ta Sheng, "Shih-wu nien lai chiao-nan chih hui-ku," in *Hai ch'ao yin Monthly*, Vol.16(1935), no.1, pp.99-104. 大醒, 十午年來敎難之回顧, 海潮音月刊

T'ao, Hsi-sheng, "Chou tai ta chu ti hsin-yang ho tsu-chi," in *Tsinghua hs eh-pao*, Vol.10(1935), no.3, pp.565-585. 陶希聖, 周代大族的信仰和組織, 清華學報

Teng, Ssu-yü, "Ch'eng-huang k'ao," in *Historical Annual*, Vol.2(1936), no.2, pp.249-276. 鄧嗣禹,. 城隍考, 史學年報

Wang, Chao-hsiang, "Chung-kuo mi-mi hui-she ti tsung-chiao,"in *Wen she Monthly*, Vol.2(1927), no.3, pp.42-50. 汪兆翔, 中國秘密社會的宗教, 文社月刊

Wang, Chiao-wo, "Hung-ch'iang hui ti tsung-chiao kuan chi ch'i hsinyang ti ch'eng-shih," in *Wen she Monthly*, Vol.3(1928), no.8, pp.42-46. 王皎我, 紅槍會的宗教觀及其信仰的程式, 文社月刊

Wen, I -to, "T'ien-wen shih t'ien," *Tsinghua hs eh-pao*, Vol.9(1934), pp.73-895. 聞一多, 天問釋天, 清華學報

Yano, Jinichi, "Kuan-yü pai-nien-chiao chih luan," *Jen wen Monthly*, Vol.6(1935), nos.1 and 2. 矢野仁一, 關於白蓮敎之亂, 人民月刊

Y?, Mu-jen, "Taiping tien-kuo tsung-chiao-hua ti ch?n-shih yü cheng-chih," *Wen she Monthly*, Vol.2(December, 1927), no.2, pp.38-40. 余牧仁, 太平天國宗教化的軍事與政治, 文社月刊

_____, "T'an Ssu-t'ung ti tsung-chiao kuan," in *Wen she Monthly*, Vol.3(February, 1928), no.5, pp.24-26. 余牧仁, 譚嗣同的宗教觀, 文社月刊

Yü, Sun, "Tsao-ch'i tao-chiao chi cheng-chih hsin-nien," *Fu-jen hs eh-pao*(1942), issue XI, pp.87-136. 余遜, 早期道教之政治信念, 輔仁學報